Großkommentare der Prax

Ergänzungsband
zu
Müller, Straßenverkehrsrecht
21. Auflage

von

WERNER FULL
Landgerichtsrat in München

DR. WOLFGANG MÖHL
Oberstaatsanwalt in München

KARL RÜTH
Erster Staatsanwalt in München

BERLIN 1962

WALTER DE GRUYTER & CO.
vormals G. J. Göschen'sche Verlagshandlung, J. Guttentag, Verlagsbuchhandlung
Georg Reimer, Karl J. Trübner, Veit & Comp.

Archiv-Nr. 22 44 62

Satz und Druck: Walter de Gruyter & Co., Berlin W 30

Vorwort

Herr Geheimrat Dr. Fritz Müller hat sich aus Altersrücksichten von der Arbeit an dem von ihm geschaffenen und in 21 Auflagen weitergeführten Kommentar zum Straßenverkehrsrecht zurückgezogen.

Ich habe in Gemeinschaft mit Herrn Landgerichtsrat Werner Full und Herrn Ersten Staatsanwalt Karl Rüth die Aufgabe übernommen, den Kommentar im Geiste seines hochverehrten Begründers fortzuführen und ihn den Bedürfnissen der Praxis nach leichter Handhabung des Erläuterungswerkes anzupassen. Dies macht erhebliche Vorarbeiten nötig.

Die Gesetzgebung auf dem Gebiete des Verkehrsrechts ist aber im Flusse. Besonders durch die Verordnung vom 7. Juli 1960 zur Änderung von Vorschriften des Straßenverkehrsrechts wurde der Text zahlreicher Vorschriften geändert. Ferner wurde u. a. das Personenbeförderungsgesetz und das Kraftfahrzeugsteuergesetz erheblich umgestaltet und neugefaßt. Um den Benutzern der 21. Auflage für die Zeit bis zum Erscheinen einer neuen Auflage des Kommentars die geltende Fassung der Straßenverkehrsvorschriften in die Hand zu geben, wurde dieser Ergänzungsband geschaffen. Er ist mit Erläuterungen versehen, die die Anwendung der neuen Vorschriften erleichtern und klarstellen sollen, wieweit die bisherigen Anmerkungen weiter benützt werden können. Diese wurden überarbeitet, soweit im Hinblick auf die Gesetzesänderungen hierzu Anlaß bestand. Die Verordnung über den Betrieb von Kraftfahrunternehmen im Personenverkehr (BOKraft), das Personenbeförderungsgesetz und das Kraftfahrzeugsteuergesetz wurden durchwegs mit neuen Erläuterungen versehen.

Da der Ergänzungsband seinen Zweck nur erfüllen kann, wenn er rasch in die Hand des Benutzers gelangt, konnte im übrigen der seit dem Erscheinen der 21. Auflage angewachsene Stoff aus Schrifttum und Rechtsprechung hier im allgemeinen noch nicht berücksichtigt werden. Seine Verarbeitung muß der neuen Auflage des Kommentars vorbehalten bleiben.

Das Stoffgebiet wurde unter den Verfassern in der Weise geteilt, daß von Herrn Landgerichtsrat Full das Straßenverkehrs-Gesetz, Herrn Ersten Staatsanwalt Rüth die verkehrsrechtlichen Vorschriften des Strafgesetzbuches und die Straßenverkehrs-Zulassungs-Ordnung und von mir die Straßenverkehrs-Ordnung bearbeitet werden.

Die Bearbeitung des Anhanges wurde zwischen den Herren Full und Rüth geteilt.

Das Manuskript ist Ende Juli 1961 abgeschlossen worden.

Oberstaatsanwalt Dr. Wolfgang Möhl

Inhaltsverzeichnis

I. Verordnung zur Änderung von Vorschriften des Straßenverkehrsrechts

Vom 7. Juli 1960

Vorbemerkung

Die Verordnung wurde vom Bundesminister für Verkehr mit Zustimmung des Bundesrats erlassen auf Grund der §§ 6 und 27 des Straßenverkehrsgesetzes, des Artikel V Nr. 4 des Gesetzes vom 7. November 1939 über die Einführung der Pflichtversicherung für Kraftfahrzeughalter und zur Änderung des Gesetzes über den Verkehr für Kraftfahrzeuge sowie des Gesetzes über den Versicherungsvertrag (Reichsgesetzbl. I S. 2223), ferner des § 39 des Gesetzes über die Beförderung von Personen zu Lande in der Fassung vom 6. Dezember 1937 (Reichsgesetzbl. I S. 1319), vom 16. Januar 1952 (Bundesgesetzbl. I S. 21) und vom 12. September 1955 (Bundesgesetzbl. I S. 573) in Verbindung mit Artikel 129 Abs. 1 Satz 1 des Grundgesetzes für die Bundesrepublik Deutschland.

1. Allgemeines

(Möhl)

Die Verordnung trat im allgemeinen am 1. August 1960 in Kraft (Art. 10 der VO, abgedruckt bei Teil I 2 des Nachtrags, S. 3). Soweit hiervon Ausnahmen bestehen, wird bei den einzelnen Vorschriften auf den Zeitpunkt des Inkrafttretens hingewiesen. Der Geltungsbereich der VO ergibt sich aus Art. 8 und 9. Diese lauten:

Artikel 8

Diese Verordnung gilt nach § 14 des Dritten Überleitungsgesetzes vom 4. Januar 1952 (Bundesgesetzblatt I S. 1) in Verbindung mit Artikel 7 des Gesetzes zur Sicherung des Straßenverkehrs vom 19. Dezember 1952 (Bundesgesetzbl. I S. 832), Artikel 3 des Gesetzes zur Änderung des Straßenverkehrsgesetzes und des Gesetzes zur Sicherung des Straßenverkehrs vom 16. Juli 1957 (Bundesgesetzbl. I S. 709) und Artikel 9 des Gesetzes über Maßnahmen auf dem Gebiet des Verkehrsrechts und Verkehrshaftpflichtrechts vom 16. Juli 1957 (Bundesgesetzbl. I S. 710) sowie in Verbindung mit § 3 des Gesetzes über das Inkrafttreten von Vorschriften des Gesetzes über die Beförderung von Personen zu Lande vom 16. Januar 1952 (Bundesgesetzbl. I S. 21) auch im Land Berlin.

Artikel 9

(1) Im Saarland werden angewendet

1. die Straßenverkehrs-Zulassungs-Ordnung in der Fassung der Bekanntmachung vom 29. März 1956 (Bundesgesetzbl. I S. 271, 510) sowie der Verordnungen vom 16. Oktober 1956 (Bundesgesetzbl. I S. 814), 21. Februar 1957 (Bundesgesetzbl. I S. 35) und 25. Juli 1957 (Bundesgesetzbl. I S. 777) und dieser Verordnung,

2. **die Straßenverkehrs-Ordnung in der Fassung der Bekanntmachung vom 29. März 1956 (Bundesgesetzbl. I S. 271, 327), der Verordnung vom 25. Juli 1957 (Bundesgesetzbl. I S. 780) und dieser Verordnung.**

(2) Im Saarland werden eingeführt

1. **die Verordnung über die Pflichten und Kennzeichnung bauartgenehmigungspflichtiger Fahrzeugteile (Fahrzeugteileverordnung) in der Fassung der Bekanntmachung vom 10. Juli 1958 (Bundesgesetzbl. I S. 465),**
2. **die Dritte Verordnung über Ausnahmen von Vorschriften der Straßenverkehrs-Zulassungs-Ordnung (Dritte Ausnahmeverordnung zur StVZO) vom 18. Juli 1959 (Bundesgesetzbl. I S. 529).**

Der Inhalt der VO ergibt sich aus folgender Inhaltsübersicht:

Artikel 1: Änderung der Verordnung über den Betrieb von Kraftfahrunternehmen im Personenverkehr
Artikel 2: Änderung der Straßenverkehrs-Zulassungs-Ordnung
Artikel 3: Änderung der Straßenverkehrs-Ordnung
Artikel 4: Änderung der Verordnung über die Überwachung von gewerbsmäßig an Selbstfahrer zu vermietenden Personenkraftwagen und Krafträdern
Artikel 5: Ergänzung der Fahrlehrerverordnung
Artikel 6: Änderung der Kraftfahrsachverständigen-Verordnung
Artikel 7: Neufassung der Straßenverkehrs-Zulassungs-Ordnung und der Verordnung über den Betrieb von Kraftfahrunternehmen im Personenverkehr
Artikel 8: Geltung im Land Berlin
Artikel 9: Anwendung im Saarland
Artikel 10: Inkrafttreten dieser Verordnung, Außerkrafttreten anderer Vorschriften

Der Abdruck der Veränderungen und die Erläuterungen hierzu in diesem Nachtrag folgen nicht der Einteilung der Verordnung, sondern der Einteilung des Kommentars. Teil I 2 befaßt sich daher mit den Änderungen der Straßenverkehrs-Zulassungs-Ordnung, Teil I 3 der Straßenverkehrs-Ordnung und Teil I 4f. der im Anhang des Kommentars abgedruckten Verordnungen in der dortigen Reihenfolge. Soweit auf „Anm." verwiesen wird sind die Anmerkungen in der 21. Auflage des Kommentars gemeint. Die Erläuterungen des Kommentars können weiter verwendet werden soweit nicht in diesem Nachtrag ausdrücklich Gegenteiliges vermerkt ist. Die Erläuterungen wurden aber nur insoweit überarbeitet, als dies im Hinblick auf die gesetzlichen Änderungen veranlaßt war.

2. Straßenverkehrs-Zulassungs-Ordnung (StVZO)

vom 13. 11. 1937 (RGBl. I, 1212) in der Fassung vom 6. 12. 1960 (BGBl. I, 898)

(Rüth)

Vorbemerkungen

Durch Art. 2 der VO vom 7. 7. 60 (BGBl. I, 485) wurde die StVZO grundlegend geändert. Nur wenige Bestimmungen behielten ihren ursprünglichen Wortlaut. Einzelne Vorschriften der BOKraft wurden in die StVZO übernommen. Teilweise wurde auch die allgemeine Verwaltungsvorschrift aufgehoben. Eine neue Allgemeine Verwaltungsvorschrift ist bisher nicht erlassen. Es erschien zweckmäßig, die StVZO in der Neufassung vom 6. 12. 60 (BGBl. I, 898) insgesamt abzudrucken, um die Benutzung allgemein zu erleichtern. Die amtliche Begründung ist veröffentlicht in VerkBl. 60, 455ff.

Die allgemeine Verwaltungsvorschrift und die amtliche Begründung sind keine für den Richter bindenden Anordnungen, sie können jedoch als Erkenntnisquelle dienen.

Durch die VO vom 7. 7. 60, Art. 2 Nr. 1 wurden folgende Abkürzungen für Maßeinheiten eingeführt, soweit sie unmittelbar hinter Zahlen stehen:

„cm" für „Zentimeter",
„cm^3" für „Kubikzentimeter",
„kg" für „Kilogramm",
„kg/cm" für „Kilogramm je Zentimeter",
„kg/cm^2" für „Kilogramm je Quadratzentimeter",
„km" für „Kilometer",
„km/h" für „Kilometer je Stunde",
„l" für „Liter",
„m" für „Meter",
„mkg" für „Meterkilogramm",
„mm" für „Millimeter",
„mm^2" für „Millimeter im Geviert",
„t" für „Tonne".

Die amtliche Begründung führt hierzu aus, daß die Verwendung der Abkürzungen im Bereich der Technik allgemein üblich ist und sich auch im internationalen Recht festgesetzt hat (Anl. I zum Internationalen Übereinkommen über den Eisenbahnfrachtverkehr, BGBl. II 1958, 361).

In Art. 10 wird bestimmt, daß die Neufassung der StVZO, wie auch der übrigen Verordnungen, am 1. 8. 60 in Kraft tritt, soweit nicht ausdrücklich die einzeln aufgeführten Bestimmungen schon ab 1. 7. 60 gelten.

Da Art. 10 fast ausschließlich die StVZO betrifft, erscheint sein Abdruck in der Vorbemerkung zur StVZO gerechtfertigt.

Artikel 10

(1) Diese Verordnung tritt am 1. August 1960 in Kraft, jedoch gelten Artikel 2 Nr. 35, Nr. 38, Nr. 40, Nr. 49 Buchstabe h und Nr. 50 sowie die in Artikel 2 Nr. 85 enthaltenen Übergangsbestimmungen zu § 32 Abs. 1 und 2, § 35, § 41 Abs. 15 und § 42 der Straßenverkehrs-Zulassungs-Ordnung bereits ab 1. Juli 1960.

(2) Am gleichen Tage treten außer Kraft

1. **die Erste Verordnung über Ausnahmen von Vorschriften der Straßenverkehrs-Zulassungs-Ordnung (Erste Ausnahmeverordnung zur StVZO) vom 5. Juni 1957 (Bundesgesetzblatt I S. 606),**
2. **die Verordnung über die Arbeitszeit der privaten Kraftomnibusunternehmer vom 17. Februar 1938 (Deutscher Reichsanzeiger und Preußischer Staatsanzeiger Nr. 47) sowie die Ausführungsbestimmungen vom 17. Februar 1938 (Reichsverkehrsblatt B S. 39) zu dieser Verordnung,**
3. **§ 19 der Verordnung über die Prüfung und Kennzeichnung bauartgenehmigungspflichtiger Fahrzeugteile (Fahrzeugteileverordnung) in der Fassung vom 10. Juli 1958 (Bundesgesetzbl. I S. 465),**
4. **folgende Bestimmungen der Dienstanweisung vom 23. Mai 1939 (Reichsverkehrsblatt B 1939 S. 191; 1941 S. 27, 165 und 185; 1944 S. 145) zu den nachstehend genannten Vorschriften der Straßenverkehrs-Zulassungs-Ordnung:**
   a) **die Bestimmungen zu §§ 8, 18 Abs. 1, § 22 Abs. 3, § 23 Abs. 2 und 3 und zu den §§ 29, 30, 32, 33, 34, 35, 36, 40, 41, 42, 43, 44, 45, 46, 47, 49, 50, 51, 52, 53, 54, 55, 56, 57, 58, 59, 61, 67 und 70,**
   b) **die Absätze 6 und 8 der Bestimmungen zu den §§ 2 und 3,**
   c) **die Absätze 2 und 3 der Bestimmungen zu § 5,**
   d) **die Bestimmungen zu §§ 8 bis 10,**
   e) **Absatz 1 Satz 2 und die Absätze 2, 3 und 4 der Bestimmungen zu § 9,**
   f) **die Absätze 3 und 4 der Bestimmungen zu § 10,**
   g) **Absatz 3 der Bestimmungen zu § 18 Abs. 2,**
   h) **Satz 1 Halbsatz 2 der Bestimmungen zu § 19,**

i) Absatz 2 fünftletzter und viertletzter Satz der Bestimmungen zu § 21 und der nach Satz 2 eingefügte „Zusatz für Preußen", — die eingeklammerten Worte dieses Absatzes und des Absatzes 3 sowie die Worte „Zahlstelle, Berlin C 2, auf das Postscheckkonto Nr. 9 beim Postscheckamt Berlin" werden gestrichen —,

j) die Absätze 2 und 3 der Bestimmungen zu § 24,

k) Abs. 1 Satz 3, die Absätze 2 und 3 sowie Absatz 4 Satz 1 der Bestimmungen zu § 25 Abs. 1,

l) Absatz 2b Satz 2, die Absätze 2c und 2d, ferner Absatz 4a Satz 1 Halbsatz 2 und die Sätze 2 und 3, Absatz 4b Sätze 2 und 3 und Absatz 4c der Bestimmungen zu § 25 Abs. 2 — in Absatz 4b Satz 1 werden die Worte „und daß die Pfändung der Wirtschaftsgruppe Einzelhandel mitgeteilt worden ist" gestrichen —,

m) die Absätze 1, 2, 3a, 3b, 6 und 8 der Bestimmungen zu § 26 Abs. 1,

n) Nummer 1, Nummer 2 drittletzter und vorletzter Absatz, Nummer 3 fünftletzter und viertletzter Absatz, Nummer 4 fünftletzter Absatz Satz 1, viertletzter, vorletzter und letzter Absatz sowie die beiden letzten Sätze der Bestimmungen zu § 26 Abs. 3,

o) die Absätze 2a, 2b und 2c der Bestimmungen zu § 27 Abs. 1,

p) Absatz 1 Satz 2 und Absatz 2 der Bestimmungen zu § 27 Abs. 2,

q) Absatz 2c Sätze 3 und 4 und Absatz 2e Satz 3 der Bestimmungen zu § 27 Abs. 3, ferner in Absatz 3 Satz 1 der Bestimmungen zu § 27 Abs. 3, die Worte „unter Übersendung des erledigten Kraftfahrzeugscheins (Anhängerscheins)",

r) Absatz 5 Sätze 4 bis 7 der Bestimmungen zu § 27 Abs. 1 bis 3 sowie — in Absatz 5 Satz 3 dieser Bestimmungen — die Worte „(z. B. Reich, NSDAP und ihre Gliederungen)",

s) die Absätze 1 bis 6 der Vorschriften zu § 60,

5. die Dienstanweisung vom 25. April 1940 (Reichsverkehrsblatt B S. 127) mit Ausnahme

des Absatzes 2 der Bestimmungen zu § 28 der Straßenverkehrs-Zulassungs-Ordnung — in diesem Absatz werden die Worte „(§ 28 Abs. 4 Halbsatz 3)" gestrichen —,

der Absätze 3 und 6 der Bestimmungen zu § 29b der Straßenverkehrs-Zulassungs-Ordnung und

des Absatzes 2 der Bestimmungen zu § 29c der Straßenverkehrs-Zulassungs-Ordnung.

Die erste Ausnahmeverordnung zur StVZO konnte aufgehoben werden, da ihr Inhalt in § 50 StVZO aufgenommen wurde.

Die Höchstdauer der täglichen Lenkung ist nunmehr in § 15a StVZO geregelt. Neben dieser Bestimmung kommt der VO über die Arbeitszeit der privaten Kraftomnibusunternehmer und den dazu ergangenen Ausführungsbestimmungen keine Bedeutung mehr zu.

Durch Art. 10 Abs. 2 Nr. 3 wurde § 19 der Fahrzeugteileverordnung aufgehoben. Inzwischen wurde die Fahrzeugteileverordnung durch die Bekanntmachung vom 30. 9. 1960 neu gefaßt (VerkBl. 60, 538ff.). Sie ist im Nachtrag im Anschluß an § 22a StVZO zu finden.

In Nr. 4 werden verschiedene Bestimmungen der Dienstanweisung vom 23. 5. 39 und in Nr. 5 Bestimmungen der Dienstanweisung vom 25. 4. 40 gestrichen, soweit sie überholt sind. In Nr. 4d scheint ein redaktionelles Versehen vorzuliegen, da die Bestimmung zu § 8 schon in 4a aufgehoben wurde und in Nr. 4e und f jeweils nur einzelne Absätze der Bestimmungen zu den §§ 9, 10 als außer Kraft tretend aufgeführt sind. An Stelle der nicht mehr geltenden Bestimmungen sind allgemeine Verwaltungsvorschriften bisher noch nicht erlassen.

Inhaltsübersicht

A. Personen

I. Teilnahme am Verkehr im allgemeinen

§ 1 Grundregel der Zulassung

Zum Verkehr auf öffentlichen Straßen ist jedermann zugelassen, soweit nicht für die Zulassung zu einzelnen Verkehrsarten eine Erlaubnis vorgeschrieben ist. Als Straßen gelten alle für den Straßenverkehr oder für einzelne Arten des Straßenverkehrs bestimmten Flächen.

Die Bestimmung des § 1 wurde nicht geändert. Die hierzu in der **21. Auflage** abgedruckten **Erläuterungen** sind nach wie vor in vollem Umfang zu verwerten.

§ 2 Bedingte Zulassung

(1) Wer infolge körperlicher oder geistiger Mängel sich nicht sicher im Verkehr bewegen kann, darf am Verkehr nur teilnehmen, wenn in geeigneter Weise — für die Führung von Fahrzeugen nötigenfalls durch Vorrichtungen an diesen — Vorsorge getroffen ist, daß er andere nicht gefährdet. Die Pflicht zur Vorsorge obliegt dem Verkehrsteilnehmer selbst oder einem für ihn Verantwortlichen, z. B. einem Erziehungsberechtigten.

(2) Wie in geeigneter Weise Vorsorge zu treffen ist, richtet sich nach den Umständen; Ersatz fehlender Gliedmaßen durch künstliche Glieder, Begleitung durch einen Menschen oder durch einen Blindenhund kann angebracht sein, auch das Tragen von Abzeichen. Körperlich Behinderte können ihr Leiden durch gelbe Armbinden an beiden Armen oder andere geeignete deutlich sichtbare gelbe Abzeichen mit drei schwarzen Punkten kenntlich machen; die Abzeichen sind von der zuständigen örtlichen Behörde oder einer amtlichen Versorgungsstelle abzustempeln. Die gelbe Fläche muß wenigstens 125 mm × 125 mm, der Durchmesser der schwarzen Punkte, die auf den Binden oder anderen Abzeichen in Dreiecksform anzuordnen sind, wenigstens 50 mm betragen. Die Abzeichen dürfen nicht an Fahrzeugen angebracht werden.

(3) Blinde Fußgänger können ihre Behinderung durch einen weißen Stock oder durch gelbe Abzeichen nach Absatz 2 kenntlich machen. Stock und Abzeichen können gleichzeitig verwendet werden.

(4) Kennzeichen der in den Absätzen 2 und 3 genannten Art dürfen von anderen Verkehrsteilnehmern im Straßenverkehr nicht verwendet werden.

DA: Zu §§ 2 und 3. *(1) Die Einhaltung derjenigen Vorschriften der Verordnung, die sich an die Verkehrsteilnehmer richten, ist laufend zu überwachen. Daß und wie die laufende Überwachung durchzuführen ist, wird in der Verordnung nicht ausdrücklich bestimmt; soweit nicht besondere Bestimmungen (z. B. für Fahrzeuge in § 29 StVZO) gegeben sind, ist auch auf diesem Sondergebiet nach allgemeinen Vorschriften, z. B. nach Polizeiverwaltungs-Gesetzen, und allgemeinem Verwaltungsbrauch zu verfahren.*

(2) Die Vorschrift über die bedingte Zulassung in § 2 ist einerseits ein bedingtes Verbot der Teilnahme am Verkehr und andererseits ein Gebot zur Sicherung bei der (eingeschränkten) Bewegung im Verkehr. Zuwiderhandlungen sind strafbar nach § 71, soweit nicht nach den anderen Vorschriften schwerere Strafe verwirkt wird.

(3) Ein „Mangel" im Sinne des § 2 ist jedes Fehlen oder jede Schwäche einer körperlichen oder geistigen Fähigkeit, die für die Teilnahme auf öffentlichen Straßen bedeutsam ist. Solche Mängel können ständige körperliche oder geistige Anlagen oder Eigenschaften sein, oder auch vorübergehende Zustände, z. B. besonders infolge der Einwirkung von Alkohol. Die Mängel können auch durch das Lebensalter bedingt sein, und zwar durch die mangelnde Entwicklung in der Kindheit wie durch das Nachlassen der Kräfte im Alter.

(4) In § 2 ist für gelbe Binden oder andere Abzeichen zur Kenntlichmachung von körperlich Behinderten die Abstempelung durch die Ortspolizeibehörde oder eine amtliche Versorgungsstelle (z. B. für Kriegsbeschädigte) vorgeschrieben. Bei diesem Anlaß ist die ordnungsmäßige Beschaffenheit dieser Abzeichen zu prüfen.

(5) In § 3 Abs. 1 Satz 1 wird nur die Voraussetzung für das behördliche Eingreifen festgelegt und nicht bestimmt, daß und wie die Behörden diese Voraussetzung für ihr Einschreiten ermitteln sollen; dies ergibt sich aus allgemeinen Vorschriften und allgemeinem Verwaltungsbrauch. Die Eignung ist auf Grund allgemeiner Lebenserfahrung nach pflichtgemäßem Ermessen zu beurteilen; Richtlinien für besonders wichtige Fälle gibt der letzte Satz von § 3. Als „erheblich" sind schwere, aber auch solche Fälle (z. B. wiederholte) leichte Verstöße zu betrachten, die für die Beurteilung der Eignung zum Führen von Fahrzeugen oder Tieren bedeutsam sind. Neben den im § 3 Abs. 2 genannten Beispielen kommen z. B. in Betracht: grob fahrlässige Übermüdung eines Kraftfahrers; Anrichten eines Schadens, der nicht gedeckt werden kann. Dabei ist zu berücksichtigen, ob die Unterlassung des Abschlusses einer Haftpflichtversicherung dem Kraftfahrer selbst zur Last gelegt werden kann. Diese Frage ist zu verneinen, wenn z. B. ein angestellter Kraftfahrer ein Fahrzeug geführt hat, dessen Versicherung der Betriebsführer als Halter abzuschließen hätte. Hingegen ist der fehlende Versicherungsschutz nicht entschuldbar, wenn z. B. der Kraftfahrer das Fahrzeug für eine Vergnügungsfahrt entliehen und sich nicht über die Versicherung vergewissert hatte.

(6) Aufgehoben d. VO v. 7. 7. 60, Art. 10, BGBl. I, 485.

(7) Die Entziehung einer Fahrerlaubnis erfolgt grundsätzlich nicht auf Zeit. Jedoch kann die Behörde die Bedingungen für die Wiedererteilung nach Lage des Falles frei gestalten, also auch die Wiedererteilung nach Erfüllung von Bedingungen innerhalb eines gewissen Zeitraums in Aussicht stellen. Die Bedingungen müssen im Zusammenhang mit den Voraussetzungen für die Erteilung der Fahrerlaubnis stehen, sich also auf die Eignung oder die Befähigung zum Führen von Kraftfahrzeugen beziehen. Besteht bei der Wiedererteilung kein Zweifel über die Befähigung, kann von einer nochmaligen Prüfung durch einen amtlich anerkannten Sachverständigen vor Wiedererteilung der Fahrerlaubnis abgesehen werden.

(8) Aufgehoben d. VO v. 7. 7. 60, Art 10, BGBl. I, 485.

(9) Einarmigen ist die Benutzung eines Fahrrades nur zu gestatten, wenn die Abgabe von Zeichen zur Änderung der Fahrtrichtung durch entsprechende mechanische Vorrichtungen sichergestellt ist.

1 **1.** Abs. 3 u. 4 wurden durch VO vom 7. 7. 60, BGBl. I, 485, eingefügt. In Kraft seit 1. 8. 60 (Art. 10 d. VO v. 7. 7. 60). Nach der amtlichen Begründung (VerkBl. 60, 455ff.) hat sich die Benutzung von **weißen Stöcken** als Abzeichen für Blinde im benachbarten Ausland bewährt. Der weiße Stock und die bereits nach Abs. 2 zulässigen Abzeichen können nach ausdrücklicher Vorschrift gleichzeitig verwendet werden.

Die Größe des weißen Stockes, wie auch sein Umfang, wurden nicht bestimmt. Beides ist deshalb in das Belieben des jeweiligen Benutzers gestellt. Was ein Stock ist, ist nach der Verkehrsanschauung zu beurteilen. Nicht erforderlich ist es, daß es sich um einen sog. Spazierstock handelt, obwohl auch dieser als weißer Stock verwendet werden kann. Mangels ausdrücklicher Bestimmung bedarf der weiße Stock keiner Abstempelung wie die in Abs. 2 genannten Abzeichen.

2 Nach Abs. 4 sind diejenigen strafbar, die unberechtigt einen weißen Stock oder die gelbe Armbinde tragen. Nicht blinden Verkehrsteilnehmern ist deshalb auch die Benutzung eines weißen Spazierstockes, gleichgültig, ob er weiß angestrichen oder aus weißem Material ist, untersagt. Das Tragen einer weißen Reitpeitsche z. B., die objektiv kein Stock ist, mit einem solchen aber verwechselt werden kann, ist nicht verboten. Der Rechtsgültigkeit des Abs. 4 stehen verfassungsrechtliche Bedenken nicht entgegen.

2. Im übrigen sind die in der **21. Aufl.** abgedruckten **Anmerkungen** noch verwertbar. 3

Bei der Anm. 2 auf Seite 493, 2. Abs. von unten ist bezüglich der Zeilen 7—12 auf die Anm. 5 zu § 49 StVO zu verweisen. Hinsichtlich der Fahruntüchtigkeit bei Kraftrad- und Mopedfahrern (vgl. Weigelt DAR 59, 122) wird von der neueren Rechtsprechung die Ansicht vertreten, daß diese schon von einem Blutalkoholgehalt ab 1,3 ‰ vorliegt (BGHSt. 13, 83 u. 13, 278; Stuttgart, 4. 12. 59, DAR 60, 150; Hamm, 17. 3. 60, VRS 19, 159). Für Radfahrer soll dies keine Gültigkeit haben (Oldenburg, 7. 4. 60, NJW 60, 1399), bei ihnen tritt Verkehrsuntüchtigkeit erst bei einem höheren Blutalkoholgehalt ein, ist aber bei 1,71 nach OLG Oldenburg a. a. O. zu bejahen. Im übrigen verbleibt es bei dem von der Rechtsprechung ermittelten Grenzwert von 1,5 ‰. 4

Für Fußgänger gibt es keinen allgemein anerkannten Grenzwert der Blutalkoholkonzentration, der ohne weitere Ermittlung die Verkehrsuntüchtigkeit des Fußgängers bedingt. Vielmehr müssen in diesem Falle alle konkreten Einzelumstände herangezogen werden (ebenso KG, 28. 9. 59, VRS 18, 44). 5

Die Erläuterung auf Seite 496 unten der 21. Aufl. sind durch die Entscheidungen des OLG Braunschweig v. 8. 4. 60 (DAR 60, 270) und des BGH v. 15. 4. 59 (DAR 60, 340) zu ergänzen. Das OLG Braunschweig ist der Ansicht, daß die Resorption des Alkohols i. d. R. innerhalb von 60 Minuten, spätesten nach 1½ Stunden seit Trinkende abgeschlossen ist. Nach dem BGH beträgt die Alkohol-Aufnahmegeschwindigkeit ohne unmittelbar voraufgegangene oder gleichzeitige Nahrungsaufnahme nur wenige Minuten. 6

§ 3 Einschränkung und Entziehung der Zulassung

(1) Erweist sich jemand als ungeeignet zum Führen von Fahrzeugen oder Tieren, so muß die Verwaltungsbehörde ihm das Führen untersagen oder die erforderlichen Auflagen machen; der Betroffene hat das Verbot zu beachten oder der Auflage nachzukommen. Ungeeignet zum Führen von Fahrzeugen oder Tieren ist besonders, wer unter erheblicher Wirkung geistiger Getränke oder anderer berauschender Mittel am Verkehr teilgenommen oder sonst gegen verkehrsrechtliche Vorschriften oder andere Strafgesetze erheblich verstoßen hat.

(2) Besteht Anlaß zur Annahme, daß der Führer eines Fahrzeugs oder Tieres zum Führen von Fahrzeugen oder Tieren ungeeignet ist, so kann die Verwaltungsbehörde zur Vorbereitung einer Entscheidung nach Absatz 1 oder der Entscheidung über die Entziehung der Fahrerlaubnis je nach den Umständen die Beibringung

1. eines amts- oder fachärztlichen Zeugnisses oder

2. des Gutachtens einer amtlich anerkannten medizinisch-psychologischen Untersuchungsstelle oder

3. des Gutachtens eines amtlich anerkannten Sachverständigen oder Prüfers für den Kraftfahrzeugverkehr

über die geistige oder körperliche Eignung anordnen und wenn nötig mehrere solcher Anordnungen treffen. Gegenstand der Untersuchung ist die Begutachtung der körperlichen oder geistigen Eignung im allgemeinen, wenn nicht die Verwaltungsbehörde ein Gutachten über eine bestimmte Eigenschaft (z. B. Seh- oder Hörvermögen, Prothesenträger) anfordert.

(3) Die Anerkennung der in Absatz 2 Nr. 2 genannten Untersuchungsstelle wird von der zuständigen obersten Landesbehörde oder einer von ihr beauftragten Behörde ausgesprochen und kann an Auflagen gebunden werden.

DA *zu § 3 nicht bei § 2.*

Der § 3 wurde durch die VO vom 7. 7. 60, BGBl. I, 485, völlig neu gefaßt. In Kraft seit 1. 8. 60 (Art. 10 d. VO v. 7. 7. 60). Die Neufassung dient aber vor allem der Klarstellung. Die **bisherigen Anmerkungen** zu **§ 3 der 21. Aufl.** sind deshalb nach wie vor verwertbar. Die sich auf Abs. 2 a. F. beziehenden Erörterungen treffen nunmehr auf Abs. 1 Satz 2 zu (Anm. 12a—15). 1

2 Die Änderung des Wortes „Bedingungen“ in „Auflagen“ hat nur redaktionelle Bedeutung, wie auch die amtliche Begründung ausführt.

3 Die ausdrückliche Erwähnung, daß der Betroffene (Satz 1, 2. Halbsatz) das **Verbot zu beachten** oder den Auflagen nachzukommen hat, soll jeden Zweifel darüber beseitigen, daß Zuwiderhandlungen nach § 71 StVZO bestraft werden. Die amtliche Begründung bezieht sich insoweit auf die Abhandlung von Francke in DAR 58, 257 und ein Urteil des BayObLG vom 9. 6. 59 in BayObLGSt. 59, 165 = NJW 59, 1886, in dem ausgesprochen wurde, daß die Untersagung der Verwaltungsbehörde, ein Fahrrad mit Hilfsmotor zu führen, für sich allein nicht strafbewehrt ist.

4 Klargestellt ist weiter, daß die Verwaltungsbehörde, wenn nötig, **mehrere Anordnungen** über die Beibringung eines Gutachtens erlassen, also mehrere Zeugnisse oder Gutachten oder beides zusammen verlangen kann. Dies ist auch möglich zur Vorbereitung einer Entscheidung nach § 4 StVG (vgl. BVerwG, 2. 12. 60, DAR 61, 63).

5 Nach der amtlichen Begründung hat die Bezeichnung „eignungstechnisches Gutachten einer Untersuchungsstelle“ zu Zweifeln Anlaß gegeben. Durch die Neufassung (Abs. 2 Nr. 2) soll klargestellt werden, daß es sich um Institute handeln muß, in denen die Zusammenarbeit von Medizinern und Psychologen gesichert ist (vgl. auch die Anm. zu § 12 StVZO). Die amtliche Anerkennung des Instituts oder der Untersuchungsstelle wird nunmehr gefordert, was nach der alten Fassung nicht Voraussetzung war. Die Anerkennung wird gem. Abs. 3 erteilt.

II. Führen von Kraftfahrzeugen

§ 4 Erlaubnispflicht und Ausweispflicht für das Führen von Kraftfahrzeugen

(1) Wer auf öffentlichen Straßen ein Kraftfahrzeug (maschinell angetriebenes, nicht an Gleise gebundenes Landfahrzeug) mit einer durch die Bauart bestimmten Höchstgeschwindigkeit von mehr als 6 km/h führen will, bedarf der Erlaubnis der Verwaltungsbehörde (Fahrerlaubnis). Ausgenommen sind Krankenfahrstühle, deren durch die Bauart bestimmte Höchstgeschwindigkeit nicht mehr als 10 km/h beträgt, sowie einachsige Zug- oder Arbeitsmaschinen, die von Fußgängern an Holmen geführt werden.

(2) Die Fahrerlaubnis ist durch eine amtliche Bescheinigung (Führerschein) nachzuweisen. Der Führerschein ist beim Führen von Kraftfahrzeugen mitzuführen und zuständigen Personen auf Verlangen zur Prüfung auszuhändigen.

Die **DA** *zu § 4 wurde durch Art. 4 der ÄndVO vom 24. 8. 53 aufgehoben (BGBl. I, 1131, 1354).*

1 Die Bestimmung wurde in Abs. 2 geändert durch die VO v. 7. 7. 60, BGBl. I, 485. In Kraft (Änderung) seit 1. 8. 60 (Art. 10 d. VO v. 7. 7. 60). Übergangsbestimmung für Fahrerlaubnisse der Klasse 5 bei § 72 StVZO.

2 In der Neufassung wurden an Stelle der Worte „zuständigen Beamten“ die Worte „zuständigen Personen“ eingefügt. Die **Anmerkungen** 9 und 10 zu § 4 **der 21. Aufl.** sind deshalb nur noch beschränkt, die übrigen Anmerkungen unbeschränkt verwertbar.

3 Nach der amtlichen Begründung erfolgte die Ersetzung des Wortes „Beamten“ durch „Personen“ deshalb, weil bei Verkehrskontrollen nicht nur Beamte, sondern auch Angestellte tätig werden.

§ 5 Einteilung der Fahrerlaubnisse

(1) Die Fahrerlaubnis wird für jede Betriebsart (Verbrennungsmotor, Elektromotor und andere) in folgenden Klassen erteilt:

Klasse 1: Krafträder (Zweiräder, auch mit Beiwagen) mit einem Hubraum von mehr als 50 cm³,

Klasse 2: Kraftfahrzeuge, deren zulässiges Gesamtgewicht (einschließlich dem eines aufgesattelten Anhängers) mehr als 7,5 t beträgt,

und Züge mit mehr als drei Achsen ohne Rücksicht auf die Klasse des ziehenden Fahrzeugs — das Mitführen der nach § 18 Abs. 2 Nr. 6 zulassungsfreien Anhänger bildet keinen Zug im Sinne dieser Vorschrift —,

Klasse 3: alle Kraftfahrzeuge, die nicht zu Klasse 1, 2, 4 oder 5 gehören,

Klasse 4: Kraftfahrzeuge mit einem Hubraum von nicht mehr als 50 cm³, Krankenfahrstühle (§ 18 Abs. 2 Nr. 5) und Kraftfahrzeuge mit einer durch die Bauart bestimmten Höchstgeschwindigkeit von nicht mehr als 20 km/h, mit Ausnahme der zu Klasse 5 gehörenden Fahrzeuge,

Klasse 5: Fahrräder mit Hilfsmotor, Kleinkrafträder mit einer durch die Bauart bestimmten Höchstgeschwindigkeit von nicht mehr als 40 km/h sowie Krankenfahrstühle mit einem Hubraum von nicht mehr als 50 cm³ oder einer durch die Bauart bestimmten Höchstgeschwindigkeit von nicht mehr als 20 km/h.

Die Erlaubnis kann auf einzelne Fahrzeugarten dieser Klassen beschränkt werden. Sie gilt bezüglich der Klassen 4 und 5 für alle Betriebsarten, wenn sie insoweit nicht ausdrücklich auf eine bestimmte Betriebsart beschränkt worden ist.

(2) Fahrerlaubnisse der Klassen 1, 2 und 3 berechtigen zum Führen von Fahrzeugen der Klassen 4 und 5, Fahrerlaubnisse der Klasse 2 gelten auch für Fahrzeuge der Klasse 3, Fahrerlaubnisse der Klasse 4 für Fahrzeuge der Klasse 5. Beim Abschleppen eines Kraftfahrzeugs genügt die Fahrerlaubnis für die Klasse des abschleppenden Fahrzeugs.

(3) Fahrerlaubnisse, die auf Grund früheren Rechts in den Klassen 1, 2 und 3 (a und b) erteilt waren, gelten als solche der Klassen 1, 2 und 3 dieser Verordnung. Außerdem berechtigen

1. Fahrerlaubnisse, die vor dem 1. Dezember 1954 in der Klasse 1, 2, 3 oder 4 erteilt worden sind, auch zum Führen von Kraftfahrzeugen mit einem Hubraum von mehr als 50, jedoch nicht mehr als 250 cm³,

2. Fahrerlaubnisse, die nach dem 30. November 1954, jedoch vor dem 1. Oktober 1960 im Saarland in der Klasse 1, 2, 3 oder 4 erteilt worden sind, auch zum Führen von Kraftfahrzeugen mit einem Hubraum von mehr als 50, jedoch nicht mehr als 125 cm³.

(4) Für die den Angehörigen der Bundeswehr aus dienstlichen Gründen zu erteilenden Fahrerlaubnisse gelten statt der Klassen 1 bis 4 die aus dem Muster 1a ersichtlichen Klassen; Fahrzeuge zur Personenbeförderung werden bei Fahrten ohne Fahrgäste den Fahrzeugen zur Güterbeförderung gleichgestellt.

DA: *(1) Grundsätzlich sind Führerscheine für Fahrzeuge aller Art der jeweiligen Führerscheinklasse zu erteilen. Die Beschränkung (nach § 12) auf bestimmte Fahrzeuge oder bestimmte Fahrzeugarten kann jedoch geboten sein; sie soll erfolgen, wenn der Bewerber um den Führerschein nur eine bestimmte Fahrzeugart, z. B. nur Zugmaschinen mit beschränkter Höchstgeschwindigkeit, führen und nur auf einem solchen Fahrzeug die Prüfung ablegen will.*

(2) und (3) aufgehoben d. VO v. 7. 7. 60, Art. 10, BGBl. I, 485.

I. Die Bestimmung des § 5 wurde durch die VO vom 7. 7. 60, BGBl. I, 485, völlig neu 1
gefaßt. Es handelt sich zum Teil um wesentliche Änderungen. In Kraft seit 1. 8. 60 (Art. 10 d. VO v. 7. 7. 60). Übergangsbestimmung siehe § 72 StVZO.

In **Absatz 1** wurden in dem Klammervermerk die Dampfmaschinen entfernt, da im 2
Straßenverkehr solche keine Verwendung mehr finden. Nur noch Straßenwalzen werden in einigen Fällen mit Dampfmaschinen betrieben. Diese sind aber wegen ihrer geringen Ge-

schwindigkeit unter 6 km/h gem. § 4 StVZO fahrerlaubnisfrei und gemäß § 18 Abs. 1 StVZO zulassungsfrei. Sollte im Einzelfall eine Dampfmaschine dennoch im Straßenverkehr teilnehmen und eine Geschwindigkeit über 6 km/h entwickeln können, so bedarf der Führer der Dampfmaschine einer Fahrerlaubnis entweder nach Klasse 2 oder Klasse 3, da der Begriff „und andere" auch die Dampfmaschinen deckt und diese unter den Begriff des Kraftfahrzeugs fallen (§ 1 Abs. 2 StVG).

3 Bei der Abgrenzung der Klasse 2 zur Klasse 3 war bisher das Leergewicht maßgebend. Da sich hieraus in der Praxis vielfach Schwierigkeiten ergaben, wurde dieser Begriff durch das **„zulässige Gesamtgewicht"** ersetzt. Der Begriff Leergewicht findet nur noch Verwendung bei den Führerscheinen der Bundeswehr in Klasse A, die die Fahrerlaubnisse für Krafträder mit oder ohne Beiwagen sowie dreirädrige Kraftfahrzeuge mit einem Leergewicht bis einschließlich 400 kg betreffen (Muster 1 a).

4 Neu eingefügt wurde die Fahrerlaubnis **Klasse 5.** Nach der amtlichen Begründung waren gerade die tödlichen Unfälle bei den Fahrern von Fahrrädern mit Hilfsmotor im Verhältnis zu anderen Verkehrsteilnehmern, z. B. den Radfahrern, besonders hoch. Aus diesem Grunde liegt es im öffentlichen Interesse, als Führer eines Fahrrades mit Hilfsmotor nur solche teilnehmen zu lassen, die sich über die Verkehrsregeln unterrichtet haben. Die Führerscheine der Klasse 5 fallen künftig somit auch unter die Bestimmung des § 42m StGB.

Die Klassen 4 und 5 setzen keine Fahrprüfung voraus (siehe hinsichtlich der Klasse 5 § 12a und § 8 Abs. 2 Nr. 3 und hinsichtlich der Klasse 4 § 9 Satz 2 StVZO).

5 Die Klassen der Fahrerlaubnis für die **Bundeswehr** sind besonders geregelt. Nur für die Fahrerlaubnis der Klasse 5 ist eine besondere Bestimmung nicht vorhanden. Das für Zivilführerscheine vorgesehene Muster kann deshalb hinsichtlich der Fahrerlaubnisse der Klasse 5 auch für Bundeswehrangehörige verwendet werden (vgl. § 10 Abs. 4).

Die Muster der Fahrerlaubnisse sind im Anhang abgedruckt.

6 **II. 1.** Von den in der **21. Aufl.** abgedruckten **Anmerkungen** sind nicht mehr verwendbar:

a) Abs. 2 der Vorbemerkung
b) Anm. 2c
c) Anm. 3
d) Anm. 10
e) Anm. 11, zur Auslegung kann diese Bemerkung noch herangezogen werden.

2. Die übrigen Anmerkungen sind weiter verwertbar, jedoch mit folgender Einschränkung:

a) In Anm. 2b S. 507 unten muß es heißen (§ 18 II 4).
b) In Anm. 2b S. 508 oben ist „§ 9 BOKraft" zu streichen, da diese Bestimmung aufgehoben wurde. An deren Stelle sind die §§ 15d ff. StVZO getreten.
c) Hinsichtlich der Anhänger in Anm. 5 ist neben der Klasse 4 jeweils auch Klasse 5 zu setzen, wobei jedoch die Bestimmung des § 67a Abs. 5 StVZO zu beachten ist. An Stelle des Leergewichts von 3,5 t ist jeweils das Gesamtgewicht von 7,5 t zu setzen.
d) In der Anm. 6 muß es ebenfalls an Stelle von 3,5 t „bis 7,5 t Gesamtgewicht" heißen.
e) In Anm. 6a 2. Zeile muß es heißen § 18 II, 4.
f) In Anm. 7 ist in Zeile 4 § 55a zu streichen. Im 2. Absatz ist wieder 3,5 t jeweils durch 7,5 t Gesamtgewicht zu ersetzen.
g) Bei Anm. 7a ist zu beachten, daß es nunmehr 5 Klassen gibt.

§ 6 Übungs- und Prüfungsfahrten von Bewerbern um eine Fahrerlaubnis

(1) Wer die Fahrerlaubnis noch nicht erhalten hat, darf führerscheinpflichtige Kraftfahrzeuge auf öffentlichen Straßen führen, wenn er von einem Fahrlehrer (Inhaber der Ausbildungserlaubnis), der hierbei für die Führung des Fahrzeugs verantwortlich ist, beaufsichtigt wird.

(2) Lenken Mitglieder ausländischer Streikräfte, die sich auf Grund internationaler Verträge im Inland aufhalten, bei Übungs- und Prüfungsfahrten Kraftfahrzeuge, ohne eine entsprechende Fahrerlaubnis zu besitzen, so genügt die Beaufsichtigung durch eine von den ausländischen Streitkräften dazu ermächtigte und für die Führung des Fahrzeugs verantwortliche Begleitperson; dasselbe gilt, wenn Mitglieder der zivilen Arbeits- oder Dienstgruppen dieser Streitkräfte bei dienstlichen Übungs- und Prüfungsfahrten Kraftfahrzeuge ohne eine entsprechende Fahr-

erlaubnis lenken. Die Begleitperson hat die Ermächtigung durch eine mit deutscher Übersetzung versehene Bescheinigung der Streitkräfte (Ausbildungsschein) nachzuweisen. Diese Bescheinigung ist bei den Übungs- oder Prüfungsfahrten mitzuführen und auf Verlangen zuständigen Personen zur Prüfung auszuhändigen.

Die Bestimmung wurde geändert durch die VO v. 7. 7. 60, BGBl. I, 485. In Kraft seit 1. 8. 60 (Art. 10 d. VO v. 7. 7. 60). Durch letztere erhielt Absatz 2 Satz 1 eine neue Fassung. Bei den ausländischen Streitkräften braucht es sich somit bei den Übungs- und Prüfungsfahrten nicht mehr um dienstliche Fahrten handeln. Es genügt nunmehr jede Übungs- und Prüfungsfahrt. Bei den zivilen Arbeits- oder Dienstgruppen verblieb es bei der bisherigen Regelung. In diesem Sinne ist die Anm. 9 der **21. Aufl.** zu benutzen. Die übrigen **Erläuterungen** sind unbeschränkt zu verwerten. 1

§ 7 Mindestalter der Kraftfahrzeugführer

(1) Niemand darf führen

1. Kraftfahrzeuge der Klasse 1 vor Vollendung des 18. Lebensjahrs,

2. Kraftfahrzeuge der Klasse 2 vor Vollendung des 21. Lebensjahrs,

3. Kraftfahrzeuge der Klasse 3 vor Vollendung des 18. Lebensjahrs,

4. Kraftfahrzeuge der Klassen 4 und 5 vor Vollendung des 16. Lebensjahrs.

Die Nummer 2 gilt nicht für Inhaber von Fahrerlaubnissen der Klasse 2 aus der Zeit vor dem 1. August 1960.

(2) Ausnahmen von Absatz 1 kann die Verwaltungsbehörde zulassen, jedoch in anderen Fällen als denen des § 14 Abs. 1 zugunsten von Personen, die das 21. Lebensjahr noch nicht vollendet haben, nur mit Zustimmung des gesetzlichen Vertreters.

DA: *Eine Bewilligung von Ausnahmen ist nur zulässig, wenn die außergewöhnliche körperliche und geistige, besonders charakterliche Reife des Jugendlichen ihn zum Führen von Kraftfahrzeugen bereits geeignet erscheinen läßt. Wirtschaftliche Verhältnisse oder andere Gründe können ohne diese Voraussetzung eine Ausnahme nicht rechtfertigen. Zulässig ist auch die Erteilung der Ausnahmegenehmigung unter Beschränkungen, z. B. nur für einen bestimmten Weg zur Schule oder Arbeitsstelle. ... Soll die Ausnahmegenehmigung erteilt werden, so ist ihre besondere Ausfertigung nicht erforderlich; sie gilt mit Ausfertigung des Führerscheins als erteilt.*

Die Bestimmung wurde durch die VO v. 7. 7. 60, BGBl. I, 485, völlig neu gefaßt. Eine Übergangsregelung enthält § 72 StVZO nicht. § 7 gilt demnach in seiner jetzigen Fassung ab sofort; in Kraft seit 1. 8. 60 nach Art. 10 d. VO v. 7. 7. 60. Das erforderliche Lebensalter bei den Klassen 1, 3, 4 und 5 blieb gegenüber dem früheren Recht gleich. Heraufgesetzt wurde lediglich das Alter für die Klasse 2 von 18 auf 21 Jahre. Die vor Inkrafttreten des § 7 n. F. erteilten Fahrerlaubnisse der Klasse 2 bleiben als solche bestehen, werden also durch die Neufassung nicht berührt. Die Inhaber derselben brauchen um eine Ausnahmegenehmigung nach Satz 2 des Abs. 1 nicht nachsuchen. 1

Die in der **21. Aufl.** zu § 7 StVZO abgedruckten **Erläuterungen** können für die Fahrerlaubnisse 1, 3 und 4 weiter verwertet werden. Die Bemerkungen haben auch hinsichtlich der Klasse 2 ihre Gültigkeit, jedoch ist jeweils an Stelle von 18 Jahren das Alter von „21 Jahren" zu setzen. Im Absatz 1 der Anm. 1 ist der letzte Halbsatz zu streichen. Zu beachten sind jedoch auch die Vorschriften der §§ 15d bis 15k StVZO, die aus der BOKraft übernommen wurden. 2

Nach der amtlichen Begründung gelten folgende **Erleichterungen** (Auszug mit kleinen redaktionellen Änderungen): 3

1. Im internationalen Straßenverkehr kann bei ausländischen Kraftfahrzeugführern im Bundesgebiet nur verlangt werden, daß sie das 18. Lebensjahr vollendet haben (§ 8 Abs. 2 der Verordnung über internationalen Kraftfahrzeugverkehr von 1934, RGBl. I, 1137, und Art. 6 des Internationalen Abkommens über Kraftfahrzeugverkehr von 1926, RGBl. II 1930, 1233).

2. Im Interzonenverkehr gilt für die Zulassung zum Kraftfahrzeugverkehr gewohnheitsrechtlich das Recht des Wohnsitzes. Bei Fahrzeugführern aus der Sowjetzone genügt deshalb die Vollendung des 18. Lebensjahres.
3. Für die Dienstkraftfahrzeuge der Bundeswehr, die in die Klasse A bis F eingestuft sind, gilt die Vorschrift über das Mindestalter nicht, weil sie wegen der straffen Disziplinargewalt entbehrlich ist.
4. Die Verwaltungsbehörden können Ausnahmen genehmigen, wenn dies nach Lage des Einzelfalls unbedenklich erscheint.
5. Bei Fahrgastbeförderung in Fahrzeugen mit mehr als acht Sitzplätzen außer dem Führersitz beträgt das Mindestalter wegen der Notwendigkeit der besonderen Erlaubnis (vgl. §§ 15d—15k) außerhalb der Dienstbereiche der Bundeswehr, des Bundesgrenzschutzes und der Polizei 23 Jahre.

§ 8 Antrag auf Erteilung der Fahrerlaubnis

(1) Der Antrag auf Erteilung der Fahrerlaubnis ist bei der zuständigen örtlichen Behörde einzureichen.

(2) Beizufügen sind

1. ein amtlicher Nachweis über Ort und Tag der Geburt,

2. ein Lichtbild in der Größe 38 mm × 52 mm bis 45 mm × 60 mm, das den Antragsteller ohne Kopfbedeckung im Halbprofil zeigt,

3. bei einem Antrag auf Erteilung der Fahrerlaubnis der Klasse 5 die Bescheinigung einer von der zuständigen Behörde bestimmten Stelle darüber, daß der Antragsteller ausreichende Kenntnisse der Verkehrsvorschriften nachgewiesen hat.

1 Die Bestimmung wurde durch die VO v. 7. 7. 60, BGBl. I, 485, neu gefaßt. In Kraft seit 1. 8. 60 (Art. 10 d. VO v. 7. 7. 60); Abs. 2 Nr. 3 jedoch erst ab 1. 1. 62 nach § 72 StVZO. Abs. 1 und Abs. 2 Nr. 1 und 2 wurden aus der früheren Fassung wörtlich übernommen. Die **Anmerkungen** der **21. Aufl.** zu § 8 können deshalb insoweit sämtlich in vollem Umfang verwertet werden.

2 Neu ist lediglich die Nr. 3 des Abs. 2, Ab 1. 1. 62 haben die Fahrerlaubnisbewerber für die Klasse 5 bei einem Antrag die Bescheinigung über ausreichende Kenntnisse der Verkehrsvorschriften vorzulegen. Die Prüfung wird insoweit weder von der Verwaltungsbehörde durchgeführt noch von ihr veranlaßt. Hinsichtlich des Antrages auf Erteilung einer Fahrerlaubnis der Klasse 5 ist auch die Vorschrift des § 12a StVZO zu beachten.

§ 9 Ermittlungen über die Eignung des Antragstellers durch die Behörde

Die zuständige örtliche Behörde hat zu ermitteln, ob Bedenken gegen die Eignung des Antragstellers zum Führen von Kraftfahrzeugen vorliegen (z. B. Bedenken wegen schwerer oder wiederholter Vergehen gegen Strafgesetze, Neigung zum Trunke, zur Rauschgiftsucht oder zu Ausschreitungen, insbesondere Roheitsvergehen, ferner Bedenken gegen die körperliche oder geistige Eignung). Wird ein Führerschein der Klasse 4 beantragt, so hat, wenn die zuständige oberste Landesbehörde keine andere Stelle bestimmt, die zuständige örtliche Behörde oder eine von ihr beauftragte Stelle außerdem zu prüfen, ob der Antragsteller ausreichende Kenntnisse der für den Führer eines Kraftfahrzeugs maßgebenden Verkehrsvorschriften hat. Mit einem Bericht über das Ergebnis ihrer Ermittlungen legt die zuständige örtliche Behörde den Antrag der Verwaltungsbehörde vor.

DA: *(1) Regelmäßig ist ein Strafregisterauszug anzufordern und zu ermitteln, ob der Antragsteller polizeilich bestraft ist.*

1 Die Bestimmung blieb durch die VO v. 7. 7. 60, BGBl. I, 485, unverändert. Die **Erläuterungen der 21. Auflage** können unbedenklich verwertet werden. Aufgehoben wurde jedoch durch die VO v. 7. 7. 60 die DA zu § 9 StVZO bis auf den ersten Satz.

§ 10 Ausfertigung des Führerscheins

(1) Ergeben sich keine Bedenken gegen die Eignung des Antragstellers, so hat die Verwaltungsbehörde, wenn eine Fahrerlaubnis der Klassen 4 oder 5 beantragt ist, diese zu erteilen; einen Antrag auf Erteilung der Fahrerlaubnis der Klasse 1, 2 oder 3 hat sie einem amtlich anerkannten Sachverständigen oder Prüfer für den Kraftfahrzeugverkehr zur Prüfung der Befähigung des Antragstellers zum Führen von Kraftfahrzeugen zu übersenden. Ein vorbereiteter Führerschein (Muster 1) ist beizufügen, der vom Sachverständigen oder Prüfer dem Antragsteller auszuhändigen ist, wenn die Prüfung bestanden wird; die Aushändigung hat der Sachverständige oder Prüfer auf dem Führerschein zu vermerken und der Verwaltungsbehörde unter Angabe des Datums mitzuteilen. Ist der Antragsteller bereits im Besitz des Führerscheins für eine andere Klasse als die Klasse 5 oder für eine andere Betriebsart, so kann die Ausfertigung eines neuen Führerscheins unterbleiben und die Erweiterung der Fahrerlaubnis in den vorhandenen Schein eingetragen werden. Wird ein neuer Schein ausgefertigt, so ist bei seiner Aushändigung der bisherige Schein einzuziehen und die Einziehung auf dem neuen Schein unter Angabe des Tages zu vermerken, an dem die Fahrerlaubnis vor der Erweiterung erteilt worden ist.

(2) Die Verwaltungsbehörde hat die von ihr vorbereiteten Führerscheine vor Übersendung an den Sachverständigen oder Prüfer in eine Liste einzutragen, deren laufende Nummer im Führerschein anzugeben ist. Über die ausgehändigten Führerscheine hat die Verwaltungsbehörde außerdem eine Kartei zu führen, die nach den Anfangsbuchstaben der Namen der Führerscheininhaber zu ordnen ist.

(3) Sprechen keine besonderen Gründe dagegen, so kann die Verwaltungsbehörde von der Prüfung absehen,

1. **wenn der Bewerber bei den ausländischen Streitkräften im Geltungsbereich dieser Verordnung mit Erfolg eine Fahrprüfung abgelegt hat, bei der die deutschen Verkehrsvorschriften berücksichtigt worden sind,**
2. **wenn es sich um die Erweiterung einer vor dem 1. Dezember 1954 in der Klasse 2, 3 oder 4 erteilten Fahrerlaubnis auf die Klasse 1 handelt.**

Unterbleibt die nochmalige Prüfung, so gilt Absatz 1 Satz 1 Halbsatz 1 entsprechend auch für Fahrerlaubnisse der Klassen 1, 2 und 3.

(4) Für die den Angehörigen der Bundeswehr aus dienstlichen Gründen zu erteilenden Fahrerlaubnisse sind Führerscheine nach Muster 1a auszufertigen, sofern es sich nicht um eine Fahrerlaubnis der Klasse 5 handelt.

(5) Bei Fahrerlaubnissen der Klasse 5 sind Führerscheine nach Muster 1b auszufertigen.

DA (Auszug): *(1) Der Führerschein der Klasse 4 gilt ohne weiteres für alle Antriebsarten; eine praktische Prüfung wird nicht gefordert. Es ist deshalb im Führerschein einzutragen „mit Antrieb jeder Art", oder es sind die vorgedruckten Worte „mit Antrieb durch" zu streichen; unzulässig dagegen ist die Eintragung: „mit Verbrennungsmaschine". Nur dann, wenn im Einzelfall aus einem besonderen Grunde lediglich die Erlaubnis zum Führen von Kraftfahrzeugen einer bestimmten Antriebsart erteilt werden kann, ist die Antriebsart anzugeben unter gleichzeitiger Hervorhebung, daß nur die Führung von Kraftfahrzeugen dieser Antriebsart gestattet ist. Führerscheine der Klassen 1, 2 und 3 — ganz gleich, auf welche Antriebsart sie lauten, — gelten zum Führen von Kraftfahrzeugen der Klasse 4 jeglicher Antriebsart.*

(2) Wird ein Führerschein verloren, beschädigt oder sonst unbrauchbar, so ist auf Antrag eine neue Ausfertigung zu erteilen, die durch Aufschrift als „Ersatzführerschein" bezeichnet sein muß; darin sind die Worte „nach Ablegung der Prüfung" und der Vermerk über die Aus-

händigung zu streichen. Der Ersatzführerschein darf erst erteilt werden, wenn der Antragsteller nachweist, daß er die Fahrerlaubnis gehabt hat. An den Nachweis ist ein strenger Maßstab anzulegen; eine sogenannte eidesstattliche Versicherung des Antragstellers genügt dazu nicht. Der Nachweis kann z. B. geführt werden durch Anstellungsvertrag oder andere Urkunden, aus denen unzweifelhaft der Besitz der Fahrerlaubnis der betreffenden Klasse hervorgeht, Bescheinigungen oder Aussagen glaubwürdiger Personen oder ähnliche einwandfreie Beweismittel. Der Beteiligung der Ortspolizeibehörde bedarf es nicht. Zuständig ist die Behörde, welche die Fahrerlaubnis erteilt hatte, oder, wenn sie nicht mehr sachlich zuständig oder nicht mehr erreichbar ist oder überhaupt nicht mehr besteht, oder wenn feststeht, daß die Unterlagen bei der an sich noch bestehenden Behörde nicht mehr vorhanden sind, die für den Wohnsitz des Antragstellers zuständige Behörde. Vor Erneuerung eines angeblich verlorenen Führerscheins ist bei der Behörde, die den verlorenen Schein erteilt hatte, Rückfrage zu halten, wenn das möglich ist (vgl. außerdem § 13 Abs. 2). Über die neue Ausfertigung ist ein Vermerk auf dem Karteiblatt zu machen; ist ein solches noch nicht vorhanden, so ist es anzulegen. Ist nach den Umständen Mißbrauch des verlorenen Führerscheins zu befürchten, so ist der verlorene Schein auf Kosten des Antragstellers öffentlich für ungültig zu erklären.

(3) und (4) aufgehoben durch Art. 10 d. VO vom 7. 7. 60.

1 **1.** Die Bestimmung wurde geändert durch die VO v. 7. 7. 60, BGBl. I, 485. In Kraft seit 1. 8. 60 (Art. 10 d. VO v. 7. 7. 60).

2 **2.** In **Abs. 1** wurde der letzte Satz neu gefaßt. Dort war bestimmt, daß die Erweiterung der Fahrerlaubnis in den vorhandenen Führerschein einzutragen ist. Die neue Fassung stellt die Ausfertigung eines neuen Führerscheins als Regel auf, wobei jedoch die Verwaltungsbehörde davon absehen kann. Dies ist vor allem deshalb erforderlich, weil während der Dauer der Bearbeitung des Gesuchs des Antragstellers dieser nicht im Besitz des Führerscheines ist und damit auch während dieser Zeit ein Kfz nicht lenken darf, andernfalls er sich strafbar machen würde. Der Führerschein der Klasse 5 muß bei Erweiterung auf eine andere Klasse stets erneuert werden, weil das Muster 1b sich für Erweiterungszwecke nicht eignet. Die Einziehung des früher erteilten Führerscheines dient der Sicherheit vor Mißbrauch.

3 **3.** Geändert wurde auch der 1. Satz des **Abs. 3.** Nr. 1 entspricht dem bisherigen Satz 1. Neu ist demnach nur die Nr. 2. Die Erweiterung der Ausnahmevorschrift beruht auf dem Grundgedanken, daß die Fahrerlaubnisse der Klassen 2, 3 und 4, die vor dem 1. 12. 54 erteilt wurden, auch zum Führen von Krafträdern bis 250 cm^3 einschließlich berechtigten. Wer deshalb schon jahrelang mit einem Führerschein der genannten 3 Klassen ein Kraftrad gefahren hat, hat in der Regel hinreichende Erfahrungen gesammelt. Es wurde deshalb in das Ermessen der Verwaltungsbehörde gestellt, ob ihr ein Verzicht auf die Fahrprüfung bei Erweiterung der Fahrerlaubnisse Klasse 2, 3 und 4 auf die Klasse 1 vertretbar erscheint.

4 **4.** Neu gefaßt wurde der **Abs. 4.** Dies war durch die Änderung des § 5 Abs. 4 StVZO erforderlich.

5 **5.** Eingefügt wurde der **Abs. 5,** was durch die Neueinführung der Fahrerlaubnis der Klasse 5 bedingt ist. Es wird hier die Ausfertigung eines Führerscheines nach Muster 1b bestimmt. Das Muster 1 kann insoweit keine Verwendung finden, als in dem Führerschein für die Klasse 5 der sachliche Geltungsbereich genau bestimmt sein muß, um jede Verwechselung mit Klasse 4 auszuschließen. Außerdem enthält das Muster 1b keinen besonderen Prüfungsvermerk des Sachverständigen wie das Muster 1.

6 **6.** Die **Anmerkungen in der 21. Aufl.** 1—7 und 9 sind uneingeschränkt verwertbar, Anm. 8 jedoch mit der (Randbemerkung 2) sich aus der Änderung des 3. Satzes des Absatzes 1 ergebenden Einschränkung. Die Anmerkung 9 bezieht sich nicht mehr auf den ganzen Abs. 3, sondern nur noch auf dessen Nr. 1.

§ 11 Prüfung der Befähigung des Antragstellers durch einen amtlich anerkannten Sachverständigen oder Prüfer für den Kraftfahrzeugverkehr

(1) Der Sachverständige oder Prüfer bestimmt Zeit und Ort der Prüfung. Der Prüfling hat ein Kraftfahrzeug der Betriebsart und Klasse, für die er seine Befähigung nachweisen will, für die Prüfung bereitzustellen. Das Fahrzeug muß ausreichende Sitzplätze für den Sachverständigen, den Fahrlehrer und den Prüfling bieten; das gilt nicht bei Fahrzeugen der Klasse 1 sowie dann, wenn die Fahrerlaub-

nis nur für Fahrzeuge der Klassen 2 oder 3 mit nicht mehr als zwei Sitzen (z. B. nur für Zugmaschinen) erteilt werden soll.

(2) In der Prüfung hat sich der Sachverständige oder Prüfer zu überzeugen, ob der Prüfling ausreichende Kenntnisse der für den Führer eines Kraftfahrzeugs maßgebenden gesetzlichen und polizeilichen Vorschriften und die zur sicheren Führung eines Kraftfahrzeugs im Verkehr erforderlichen technischen Kenntnisse hat und zu ihrer praktischen Anwendung fähig ist. Hat der Bewerber die Prüfung nicht bestanden, so darf er sie wiederholen, wenn er nachweist, daß er in der Zwischenzeit gründlichen Unterricht genommen oder andere ihm von der Verwaltungsbehörde auferlegte Bedingungen erfüllt hat. Die Prüfung darf nicht vor Ablauf eines angemessenen Zeitraums (in der Regel nicht weniger als eines Monats) wiederholt werden.

(3) Macht der Sachverständige oder Prüfer Beobachtungen, die bei ihm Zweifel über die körperliche oder geistige Eignung des Prüflings (insbesondere Seh- oder Hörvermögen, körperliche Beweglichkeit, Nervenzustand) begründen, so hat er der Verwaltungsbehörde Mitteilung zu machen, damit sie nach § 12 verfahren kann.

(4) Nach der Prüfung sendet der Sachverständige oder Prüfer den Antrag unter Mitteilung des Prüfungsergebnisses an die Verwaltungsbehörde zurück.

DA: *(1) Das zur Prüfung bereitzustellende Fahrzeug muß geeignet sein, dem Sachverständigen die praktische Prüfung zu ermöglichen, ob nach seiner Überzeugung der Prüfling zur Führung von Kraftfahrzeugen der betreffenden Klasse befähigt ist. Dafür kann nicht allgemein ein Fahrzeug bestimmter Größe gefordert werden. Zur Feststellung der Fähigkeit des Prüflings ist jedes Fahrzeug brauchbar, bei dessen Führung die wichtigsten Eigenschaften des Prüflings als Kraftfahrer beobachtet werden können. Zweck der Prüfung ist nur die Feststellung der Fähigkeit zum Führen, nicht der Fertigkeit im Führen jeden Fahrzeugs der betreffenden Klasse. Nötigenfalls haben die Sachverständigen die Prüflinge darauf hinzuweisen, daß der Übergang auf ein größeres Fahrzeug derselben Klasse ohne gründliche Übung und besondere Vorsicht als Fahrlässigkeit ausgelegt werden kann.*

(2) Hat der Bewerber die Prüfung nicht bestanden, so kann der Sachverständige einen Zwischenbericht mit oder ohne Rückgabe der Akten an die Behörde erstatten, je nachdem ob er es für nötig hält, daß die Verwaltungsbehörde dem Antragsteller besondere Bedingungen auferlegt oder den Antrag endgültig ablehnt, oder ob die Wiederholung der Prüfung innerhalb kurzer Zeit möglich erscheint.

§ 11 wurde geändert durch die VO v. 7. 7. 60, BGBl. I, 485. In Kraft seit 1. 8. 60 (Art. 10 1
d. VO v. 7. 7. 60).

Die letzte Zeile des **Abs. 3** ist nun der Fassung des § 12 angepaßt, womit Zweifel über 2
die Auslegung des Begriffs „ärztliche Untersuchung" beseitigt sein dürften (vgl. bisherige Fassung).

Geändert wurde der **Abs. 4**. Nach der bisherigen Fassung hatten die Prüfer und Sachverständigen ein Verzeichnis über die Prüflinge und die Prüfungsergebnisse zu führen. Dieses ist nun nicht mehr erforderlich, den Prüfern und Sachverständigen aber gestattet. Von diesen braucht nach der amtlichen Begründung das Verzeichnis deshalb nicht mehr gefordert zu werden, weil nach § 10 Abs. 2 StVZO die Verwaltungsbehörde eine Liste der vorbereitenden und eine Kartei über die ausgehändigten Führerscheine führen muß.

Die **Erläuterungen der 21. Aufl.** zu § 11 sind noch im vollen Umfang verwertbar. 3

§ 12 Bedingte Erteilung der Fahrerlaubnis

(1) Werden Tatsachen bekannt, die Bedenken gegen die körperliche oder geistige Eignung des Bewerbers begründen, so kann die Verwaltungsbehörde die Beibringung eines amts- oder fachärztlichen Zeugnisses, des Gutachtens eines amtlich anerkannten Sachverständigen oder Prüfers für den Kraftfahrzeugverkehr oder des Gutachtens einer amtlich anerkannten medizinisch-psychologischen Untersuchungsstelle fordern.

(2) Ergeben der Bericht der zuständigen örtlichen Behörde, ein ärztliches Zeugnis, das Gutachten eines amtlich anerkannten Sachverständigen oder Prüfers für den Kraftfahrzeugverkehr oder das Gutachten einer amtlich anerkannten medizinisch-psychologischen Untersuchungsstelle, daß der Antragsteller zum Führen von Kraftfahrzeugen bedingt geeignet ist, so kann die Verwaltungsbehörde die Fahrerlaubnis unter den erforderlichen Auflagen erteilen; insbesondere kann sie die Erlaubnis auf eine bestimmte Fahrzeugart oder ein bestimmtes Fahrzeug mit besonderen, im Führerschein genau zu bezeichnenden Einrichtungen beschränken, auch die Nachuntersuchung des Inhabers der Fahrerlaubnis nach bestimmten Fristen anordnen.

DA: *(1) Betreffen die Bedenken das Hörvermögen, so hat der untersuchende Arzt festzustellen, in welcher Entfernung die gebräuchliche Umgangssprache auf jedem Ohr deutlich verstanden wird. Es genügt, wenn sie auf jedem Ohr ohne Hilfsvorrichtung auf fünf Meter bei abgewendetem Gesicht des zu Untersuchenden sicher verstanden wird. Ist das nicht der Fall, so hat die Verwaltungsbehörde zu prüfen, ob der Betroffene von der Führung von Kraftfahrzeugen auszuschließen ist, oder ob der Mangel ausgeglichen werden kann. Dies kann geschehen etwa (im Einzelfalle sind auch andere Mittel denkbar, worüber die Verwaltungsbehörde zu entscheiden hat) durch Begleitung einer Person, die ausreichendes Hörvermögen besitzt, oder durch Benutzung einer geeigneten Hilfsvorrichtung; ein weiteres Mittel kann auch die Gewöhnung sein. Wer trotz ungenügenden Hörvermögens lange Zeit beispielsweise ein Kleinkraftrad oder ein Fahrrad im Straßenverkehr geführt hat, ohne einen Unfall verschuldet zu haben, wird damit oft den Beweis erbringen, daß er für die Führung von Kleinkrafträdern sein mangelndes Hörvermögen durch die Gewöhnung auszugleichen in der Lage ist. Schließlich kann auch das Bedenken gegen die Betätigung als Kraftfahrzeugführer dadurch beseitigt werden, daß der Verkehrsbereich oder die Verkehrszeit beschränkt wird — Verkehr etwa nur zwischen Wohnung und Tätigkeitsort über verkehrsarme Straßen oder Einhaltung bestimmter Zeiten —. Bei der Prüfung, ob ein Mangel ausgeglichen werden kann, ist zur Wahrung der Verkehrssicherheit ein strenger Maßstab anzulegen.*

(2) Die Erteilung der (bedingten) Fahrerlaubnis an einarmige Kraftradfahrer setzt Sicherstellung einwandfreier Handhabung der Bedienungsvorrichtungen voraus. Die Abgabe von Zeichen zur Änderung der Fahrtrichtung muß durch entsprechende mechanische Vorrichtungen gewährleistet sein.

(3) Bei jeder Befassung mit einem Inhaber einer Fahrerlaubnis ist besonders auch auf etwaige körperliche Mängel zu achten. Zweifeln an der vollen Verkehrsfähigkeit ist nachzugehen.

1 § 12 wurde geändert durch die VO v. 7. 7. 60 BGBl. I, 485. In Kraft seit 1. 8. 60 (Art. 10 d. VO v. 7. 7. 60).

2 Nach der amtlichen Begründung (VerkBl. 60, 458) soll die Bezeichnung „eignungstechnisches Gutachten einer Untersuchungsstelle" in der bisherigen Fassung zu Zweifeln Anlaß gegeben haben. Ebenso wie in § 3 StVZO wurde deshalb durch die VO v. 7. 7. 60 jeweils der Ausdruck „Gutachten einer amtlich anerkannten medizinisch-psychologischen Untersuchungsstelle" gesetzt. Die Ersetzung des Wortes „Bedingungen" in „Auflagen" in Absatz 2 hat nur redaktionelle Bedeutung. (Vgl. auch Bem. 2 und 5 zu § 3 StVZO.)

3 Die **Anmerkungen der 21. Auflage** sind nach wie vor verwertbar.

§ 12a Sondervorschriften über Fahrerlaubnisse der Klasse 5

(1) Personen, die ausreichende Kenntnisse der für den Führer eines Kraftfahrzeugs der Klasse 5 geltenden Verkehrsvorschriften in einer Prüfung durch eine zuständige Stelle nachgewiesen haben und keine Fahrerlaubnis besitzen, können bis zum 1. Januar 1962 bei der Verwaltungsbehörde oder einer von ihr bestimmten Stelle die Ausfertigung eines Führerscheins der Klasse 5 mit der Wirkung beantragen, daß ihnen mit dem Eingang des Antrags die Fahrerlaubnis in der Klasse 5 als erteilt gilt.

(2) Dem Antrag sind die in § 8 Abs. 2 erwähnten Unterlagen beizufügen. Der Bewerber kann der für die Entgegennahme des Antrags zuständigen Stelle eine

Erklärung abgeben, aus der hervorgeht, ob ihm in der Zeit seit dem 8. Mai 1945 im Inland eine Fahrerlaubnis entzogen oder das Führen eines Fahrzeugs verboten worden ist; Entscheidungen, hinsichtlich deren die Voraussetzungen für die Tilgung in der Verkehrszentralkartei vorliegen (§ 13a), brauchen nicht berücksichtigt zu werden. Gibt er die Erklärung ab, so muß sie wahrheitsgemäß sein; unterläßt er sie oder bestehen Zweifel an ihrer Richtigkeit, so gilt § 13d entsprechend.

(3) Sind der für die Ausfertigung des Führerscheins zuständigen Stelle Tatsachen bekannt, die befürchten lassen, daß sich der Antragsteller zum Führen von Kraftfahrzeugen der Klasse 5 nicht eignet, so darf der Fahrausweis erst ausgefertigt werden, nachdem geklärt worden ist, daß die nach Absatz 1 bestehende Fahrerlaubnis nicht entzogen werden muß.

Die Bestimmung wurde eingefügt durch die VO v. 7. 7. 60, BGBl. I, 485. In Kraft seit 1. 8. 60 (Art. 10 d. VO v. 7. 7. 60).

1. Allgemeines: Die Vorschrift dient hauptsächlich der Entlastung der Verwaltungsbehörden und des Kraftfahrt-Bundesamtes. Beide Behörden wären nicht in der Lage, sämtliche zu stellenden Anträge bis zum 1. 4. 61 zu bearbeiten, da es in der Bundesrepublik etwa 2,2 Millionen Fahrräder mit Hilfsmotor gibt. Die Landesverkehrswachten der einzelnen Bezirke haben allerdings schon seit einiger Zeit sog. Mopedführerscheine ausgegeben. Viele Mopedbesitzer haben sich bereits einer Prüfung unterzogen. 1

2. Absatz 1. Personen, die ein Fahrzeug fahren, das zur Klasse 5 des § 5 StVZO gehört, müssen ab 1. 4. 61 gem. § 72 eine Fahrerlaubnis nach § 4 mit sich führen. Soweit der Antrag auf Ausfertigung des Führerscheins der Klasse 5 vor dem 1. 1. 62 bei der zuständigen Verwaltungsbehörde eingeht, gilt die Fahrerlaubnis rückwirkend schon von dem Tag des Antrages an als erteilt. Die Verwaltungsbehörde hat über den Eingang des Antrages dem Antragsteller eine entsprechende Bescheinigung auszustellen. Diese gilt als Ersatz für die Fahrerlaubnis und ist gem. § 4 StVZO von dem Führer des Fahrzeugs mitzuführen. Vom Tag der Antragstellung an kann demnach auch in diesen Fällen die Fahrerlaubnis entzogen werden (§ 42m StGB, § 4 StVG). 2

Voraussetzung für die Erleichterung des Abs. 1 ist die Einreichung eines formgültigen Antrages und daß der Antragsteller bisher keine Fahrerlaubnis besitzt. Beigefügt müssen dem Antrag die Unterlagen gem. § 8/II StVZO (siehe Randnr. 7) und die in § 12a/II erwähnten Erklärungen sein. Wird der Antrag vor dem 1. 1. 62 in nicht gültiger Form eingereicht, gilt die Erleichterung des Abs. 1 nicht (vgl. im einzelnen VerkBl. 61, 90). 3

Welche Stelle für den Nachweis der ausreichenden Kenntnisse zuständig sein soll, sagt weder das Gesetz noch die amtliche Begründung. Ausführungsbestimmungen oder eine AllgVerwV fehlen noch. Da es sich im Gegensatz zu § 8 um keine von der zuständigen Behörde bestimmte Stelle handeln muß, muß jede Stelle genügen, die sich allgemein mit Prüfungen dieser Art befaßt. Dies sind z. B. zur Zeit die Landesverkehrswachten. Es muß deshalb angenommen werden, daß der Gesetzgeber gerade im Hinblick auf diese die jetzige Fassung gewählt hat, da sie nicht zu den amtlich bestimmten Stellen zur Abnahme von Prüfungen gehören. Nach wie vor führen die Landesverkehrswachten Kurse und Prüfungen für Mopedfahrer durch. Die von ihnen erteilten Prüfungsbescheinigungen sind deshalb als Nachweise über ausreichende Kenntnisse der geltenden Verkehrsvorschriften anzusehen. 4

Da im Gesetz ausdrücklich die Kenntnis von den geltenden Verkehrsvorschriften verlangt wird, ist damit auch zugleich ausgesprochen, daß der Nachweis jüngeren Datums sein muß. Eine genaue Zeit wird man hierbei wohl nicht festlegen können. Man wird aber dabei bei zwischenzeitlich eingetretener Veränderung der gesetzlichen Bestimmungen berücksichtigen müssen, ob die Änderungen die Klasse 5 betreffen. Wenn ja, ist eine Bescheinigung über die Kenntnis der Änderung zu verlangen, wenn nicht, wird man sich mit dem vorgelegten Nachweis begnügen können. 5

Der Begriff der Verwaltungsbehörde ist der gleiche wie in § 68 StVZO. Diese soll bei Anträgen, die vor dem 1. 1. 62 eingehen und der Nachweis über ausreichende Kenntnisse der Verkehrsvorschriften beigebracht wird, nach der amtlichen Begründung (VerkBl. 60, 458), nicht Rückfrage beim Kraftfahrt-Bundesamt halten. 6

3. Absatz 2. Dem Antrag auf Erteilung einer Fahrerlaubnis nach Klasse 5 sind ebenso wie bei anderen Führerscheinanträgen ein Nachweis über Ort und Tag der Geburt und ein 7

Lichtbild (§ 8/II Nr. 1 und 2 StVZO) beizufügen. Bei dem Nachweis über Tag und Ort der Geburt wird es sich in der Regel um den Geburtsschein handeln, der zur Nachprüfung des erforderlichen Mindestalters von 16 Jahren dient. Die Vorlage einer Bescheinigung einer von der zuständigen Behörde bestimmten Stelle darüber, daß der Antragsteller ausreichende Kenntnisse der Verkehrsvorschriften nachgewiesen hat (Nr. 3 des § 8/II), gilt für Anträge, die nach dem 1. 1. 62 gestellt werden (vgl. im einzelnen VerkBl. 61, 90).

8 Der Führerscheinbewerber hat weiter eine Erklärung abzugeben, ob ihm seit dem 8. 5. 45 im Inland eine Fahrerlaubnis entzogen oder das Führen eines Fahrzeugs verboten worden ist. Daß diese Erklärung wahrheitsgemäß sein muß, versteht sich von selbst. Das Gesetz erwähnt dies aber nochmals ausdrücklich. Da dies kein Redaktionsversehen ist, kann daraus nur gefolgert werden, daß eine eidesstattliche Versicherung nicht gefordert werden kann; denn daß diese der Wahrheit entsprechen muß, bedarf keiner besonderen Erwähnung. Es kann sich somit nur um eine einfache Erklärung handeln, deren Unrichtigkeit allerdings dann, weil es sich um eine Nichtbefolgung einer Vorschrift der StVZO handelt, nach § 71 StVZO strafbar ist.

9 Verweigert der Bewerber die Erklärung darüber, ob ihm die Fahrerlaubnis entzogen oder das Führen eines Fahrzeugs verboten worden war, so bleibt sein Antrag auf Erteilung einer Fahrerlaubnis wirksam. In diesem Falle hat die Verwaltungsbehörde gemäß § 13d StVZO beim Kraftfahrt-Bundesamt anzufragen, genauso, als wenn sie Zweifel in die Richtigkeit der Erklärung des Bewerbers gesetzt hätte.

10 Der Bewerber hat über sämtliche Entscheidungen seit 8. 5. 45 Auskunft zu erteilen, die die Entziehung der Fahrerlaubnis oder ein Verbot über das Führen eines Fahrzeugs betreffen. Wenn die Voraussetzungen einer Tilgung einer solchen Entscheidung im Verkehrszentralregister vorliegen (§ 13a StVZO), brauchen diese Entscheidungen von der Verwaltungsbehörde nicht berücksichtigt werden. Die Auskunftspflicht des Bewerbers wird hierdurch nicht berührt.

11 **4. Absatz 3.** Wenn die zuständige Verwaltungsbehörde befürchtet, daß sich der Antragsteller zum Führen von Kfz der Klasse 5 nicht eignet, so hat sie Ermittlungen durchzuführen, wie bei anderen Führerscheinbewerbern. Der Fahrausweis darf erst ausgefertigt werden, wenn sich diese Befürchtungen als nicht stichhaltig erwiesen haben. Würden sich die Befürchtungen aber bestätigt haben, so ist die bereits mit Einreichung des Antrags erteilte Fahrerlaubnis gem. § 3 StVZO zu entziehen, und zwar durch die Verwaltungsbehörde.

§ 13 Zentralkartei über Versagungen und Entziehungen der Fahrerlaubnis, über Verbote des Führens von Fahrzeugen und über Verurteilung wegen Verkehrsstraftaten

(1) Das Kraftfahrt-Bundesamt erfaßt in einer Kartei

1. folgende Entscheidungen der Verwaltungsbehörden:

a) die Versagung einer Fahrerlaubnis, auch wenn sie noch anfechtbar ist, und die Erteilung einer Fahrerlaubnis nach einer in der Kartei eingetragenen Versagung oder Entziehung — als Versagung gilt auch die Ablehnung eines Antrags auf Verlängerung der Geltungsdauer einer Fahrerlaubnis zur Fahrgastbeförderung —,

b) die unanfechtbare und die vorläufig wirksame Entziehung einer Fahrerlaubnis,

c) das unanfechtbare und das vorläufig wirksame Verbot, ein Fahrzeug zu führen, und die Aufhebung des unanfechtbaren Verbots,

d) Anordnungen, durch die nach § 4 Abs. 4 des Straßenverkehrsgesetzes festgesetzte Fristen oder Bedingungen geändert werden;

2. folgende Entscheidungen der Strafgerichte:

a) die rechtskräftige und die vorläufige Entziehung einer Fahrerlaubnis,

b) Beschlüsse nach § 42m Abs. 4 des Strafgesetzbuchs,

c) rechtskräftige Verurteilungen wegen Straftaten nach den §§ 142, 315a, 316 Abs. 2 und § 316a des Strafgesetzbuchs, nach dem Straßenverkehrsgesetz (mit Ausnahme des § 26 Nr. 5), nach der Straßenverkehrs-Ordnung, nach den Gesetzen über die Pflichtversicherung für Kraftfahrzeuge und Kraftfahrzeuganhänger sowie nach dieser Verordnung, soweit es sich um Verstöße gegen § 2 Abs. 1, § 15a, § 18, die Vorschriften des § 22a über die Verwendung von Fahrzeugteilen, § 28 oder die §§ 30 bis 67b handelt,

d) rechtskräftige Verurteilungen wegen Straftaten nach den §§ 222, 230, 315 und 316 Abs. 1 des Strafgesetzbuchs, wenn sie in Zusammenhang mit der Teilnahme am Straßenverkehr begangen worden sind,

e) rechtskräftige Verurteilungen wegen Straftaten nach § 330a des Strafgesetzbuchs, wenn sie sich auf eine der unter Buchstabe c oder d genannten mit Strafe bedrohten Handlungen beziehen;

3. Entscheidungen der Gnadenbehörden über die Aufhebung oder Abkürzung einer nach § 42m Abs. 3 Satz 2 des Strafgesetzbuchs festgesetzten Frist.

(2) Die Erfassung unterbleibt, wenn das Gericht nach § 6a Abs. 2 des Straßenverkehrsgesetzes angeordnet hat, daß die Verurteilung wegen einer Übertretung nicht in die Kartei eingetragen wird.

(3) Enthält eine strafgerichtliche Entscheidung auch eine Verurteilung wegen anderer als der in Absatz 1 Nr. 2 bezeichneten Straftaten und ist die zu erfassende Straftat durch eine Gesamtstrafe geahndet worden, so ist die für diese Straftat eingesetzte Einzelstrafe einzutragen. Ist im Falle des Satzes 1 einheitlich auf Jugendstrafe erkannt worden, so wird nur die Verurteilung wegen einer in Absatz 1 Nr. 2 bezeichneten Straftat, nicht aber die Höhe der Jugendstrafe eingetragen. Sonst sind von Strafen oder gerichtlichen Maßnahmen nur diejenigen einzutragen, auf die wegen der nach Absatz 1 Nr. 2 zu berücksichtigenden Taten erkannt ist.

Allg. VerwV:

(1) Fahrzeuge im Sinne des § 13 Abs. 1 Nr. 1 Buchstabe c sind alle zur Verwendung im Straßenverkehr bestimmten Fahrzeuge.

(2) Folgende Entscheidungen der Verwaltungsbehörden werden in der Kartei nicht erfaßt:

1. *Entscheidungen, die außerhalb des räumlichen Geltungsbereichs der §§ 13 bis 13e ergangen sind;*
2. *Entscheidungen aus der Zeit vor dem 1. Januar 1958, es sei denn, daß sie die Versagung oder Entziehung einer Fahrerlaubnis oder das Verbot betreffen, ein Kraftfahrzeug zu führen;*
3. *die Entscheidung, eine Fahrerlaubnis nach § 14 Satz 1 nicht zu erteilen;*
4. *die Einziehung eines nach § 14 erteilten Führerscheines, wenn sie angeordnet wird, weil die Verwendung des Inhabers als Kraftfahrzeugführer beendet ist, ohne daß Tatsachen vorliegen, die ihn künftig als ungeeignet oder nicht befähigt zum Führen von Kraftfahrzeugen erscheinen lassen;*
5. *die Erteilung einer Fahrerlaubnis, wenn sie durch die Anfechtung der Versagung der Fahrerlaubnis erwirkt worden ist — der Vermerk über die anfechtbare Versagung ist in diesem Falle zu tilgen (§ 13a Abs. 4) —;*
6. *die anfechtbare, nicht für vorläufig wirksam erklärte Entziehung einer Fahrerlaubnis;*
7. *das anfechtbare, nicht für vorläufig wirksam erklärte Verbot, Fahrzeuge zu führen;*
8. *die anfechtbaren, nicht für vorläufig wirksam erklärten Anordnungen, durch die nach § 4 Abs. 4 des Straßenverkehrsgesetzes festgesetzte Fristen oder Bedingungen geändert werden.*

(3) Folgende Entscheidungen der Strafgerichte werden in der Kartei nicht erfaßt:

1. Entscheidungen, die außerhalb des räumlichen Geltungsbereichs der §§ 13 bis 13e ergangen sind;

2. Entscheidungen aus der Zeit vor dem 1. Januar 1958, es sei denn, daß sie sie Entziehung einer Fahrerlaubnis betreffen;

3. Entscheidungen im Wiederaufnahmeverfahren, die eine Verurteilung aus der Zeit vor dem 1. Januar 1958 rechtskräftig ändern, es sei denn, daß sie die Entziehung einer Fahrerlaubnis betreffen.

(4) Die Eintragungen erstrecken sich auf alle Angaben, die nach den Formblättern (§ 13e) bei den Mitteilungen über die Entscheidungen erforderlich sind.

(5) Die von den Strafgerichten angeordneten Entziehungen von Fahrerlaubnissen werden auch dann eingetragen, wenn auf sie wegen anderer als der in § 13 Abs. 1 Nr. 2 Buchstaben c bis e bezeichneten Taten erkannt ist.

(6) In den Fällen des § 13 Abs. 3 Satz 1 wird die Einzelstrafe eingetragen mit dem Vermerk, daß sie in einer Gesamtstrafe aufgegangen ist; Art und Höhe der Gesamtstrafe werden nicht eingetragen.

1 **1.** Die §§ 13 bis 13e sind auf Grund des § 6a StVG durch die VO v. 25. 7. 57, BGBl. I, 777 teils eingefügt (§§ 13a bis 13e), teils neu gefaßt (§ 13). In § 6a StVG ist bestimmt, daß die Entscheidungen der Strafgerichte in eine Kartei einzutragen sind. Die §§ 13ff StVZO bestimmen hingegen nur welche Entscheidungen einzutragen sind, wann ihre Tilgung zu erfolgen hat, wo die Kartei geführt wird, wie die Mitteilungen dorthin zu erfolgen haben, wer Auskunft aus der Kartei erhalten kann und wann Anfragen dorthin zu richten sind. Ihrer Natur nach sind die §§ 13ff StVZO Ausführungsbestimmungen zu § 6a StVG. Die amtliche Begründung zu den §§ 13 bis 13e StVZO ist abgedruckt in VerkBl. 57, 493.

2 Die Errichtung des Kraftfahrt-Bundesamtes beruht auf dem Gesetz v. 4. 8. 51, BGBl. I, 488. Als Sitz dieser Behörde wurde Flensburg bestimmt. (BAnz. 1951 Nr. 180; vgl. VerkBl. 51, 334). Vor Einführung der Kartei nach § 6a StVG führte das Kraftfahrt-Bundesamt eine Kartei gem. § 13 Abs. 1 StVZO a. F.. Auch die Ortspolizei- und Kommunalbehörden waren berechtigt die Verkehrsverstöße zu erfassen (AV Präs. ZJA v. 31. 5. 49 1431 — IIe — 4578/49). Die Verkehrssünderkartei war zulässig und verstieß nicht gegen das Grundgesetz (OVG Münster NJW 53, 1727; BVerwG VRS 10, 152; vgl. auch Händel NJW 54, 1516 und Booß Bulletin 55, 337).

3 Hinsichtlich der **Erläuterungen zu den §§ 13 bis 13e StVZO** siehe die **Anmerkungen bei § 6a StVG der 21. Aufl.**, die unbeschränkt verwertbar sind. An neuerer Literatur: Parigger, „Zwei Jahre Verkehrszentralregister — mit einer Bilanz über den Vielfachtäter" in DAR 60, 217, sowie vom gleichen Verfasser, „Der Wiederholungstäter im Verkehrszentralregister" in VerkMitt. 1959 Beilage zu Nr. 12; Müller, „Eintragungen in die Verkehrssünderkartei" in NJW 60, 1095; OLG Düsseldorf VerkMitt. 60, 17 Nr. 31 über die Verpflichtung des Strafrichters einen Auszug der sog. Verkehrssünderkartei beizuziehen.

4 **2.** Durch die VO v. 7. 7. 60 (BGBl. I, 485) wurde Abs. 1 Nr. 1a des § 13 neu gefaßt. Als einzutragende Entscheidung gilt nunmehr auch die Ablehnung eines Antrages auf Verlängerung der Geltungsdauer einer Fahrerlaubnis zur Fahrgastbeförderung. Dies konnte bisher nicht im Rahmen des § 13 StVZO angeordnet werden, weil die zusätzliche Fahrerlaubnis zur Personenbeförderung in der BOKraft geregelt war (§§ 12 u. 13 BOKraft a. F.) und diese nicht auf dem Straßenverkehrsgesetz beruht (§ 6a StVG). Durch die VO v. 7. 7. 60 wurde die Erteilung der besonderen Fahrerlaubnis in die StVZO (§§ 15d bis 15k) aufgenommen.

5 Die Änderung in Abs. 1 Nr. 2c von § 22 Abs. 3 in § 22a ist durch die Änderung dieser Bestimmungen erforderlich gewesen. Sie trat in Kraft am 1. 8. 60 (Art. 10 d. VO v. 7. 7. 60).

§ 13a Tilgung der Eintragungen in der Kartei

(1) Eintragungen in der Kartei sind nach Ablauf einer bestimmten Frist zu tilgen. Die Frist beginnt mit dem in der Kartei vermerkten Tag der beschwerenden Entscheidung. Sie beträgt

1. bei Versagung oder Entziehung einer Fahrerlaubnis und beim Verbot, Fahrzeuge zu führen, zehn Jahre, wenn jedoch der Betroffene im Zeit-

punkt der beschwerenden Entscheidung noch nicht achtzehn Jahre alt war, drei Jahre. Ist die Fahrerlaubnis in Verbindung mit Erziehungsmaßregeln, Zuchtmitteln oder Jugendstrafe entzogen worden, so beträgt die Frist beim Zusammentreffen der Entziehung mit Jugendstrafe von mehr als einem Jahr fünf Jahre, in den übrigen Fällen und bei Eintragungen nach § 13 Abs. 3 Satz 2 drei Jahre;

2. bei Verurteilungen, die nicht mit der Entziehung der Fahrerlaubnis verbunden sind,
   a) zehn Jahre, wenn auf Freiheitsstrafe von mehr als drei Monaten — mit Ausnahme von Jugendstrafe — erkannt worden ist,
   b) fünf Jahre, wenn auf Jugendstrafe von mehr als einem Jahr, auf eine andere Freiheitsstrafe von nicht mehr als drei Monaten oder auf Geldstrafe von mehr als einhundertfünfzig Deutsche Mark erkannt worden ist,
   c) drei Jahre, wenn auf Jugendstrafe von nicht mehr als einem Jahr erkannt worden ist,
   d) zwei Jahre, wenn auf Geldstrafe von nicht mehr als einhundertfünfzig Deutsche Mark oder auf Erziehungsmaßregeln oder Zuchtmittel erkannt oder wenn eine Verurteilung nach § 13 Abs. 3 Satz 2 eingetragen worden ist.

Nebenstrafen und Nebenfolgen werden bei der Berechnung der Fristen nicht berücksichtigt.

(2) Sind hinsichtlich einer Person mehrere strafgerichtliche Entscheidungen eingetragen, so wird jede von ihnen erst getilgt, wenn für alle Eintragungen dieser Art die Voraussetzungen der Tilgung vorliegen. Vermerke über Verurteilungen, die nur auf Geldstrafe, Erziehungsmaßregeln oder Zuchtmittel — allein oder in Verbindung mit Nebenstrafen — lauten, hindern die Tilgung anderer Eintragungen nicht.

(3) Ohne Rücksicht auf den Lauf der Fristen werden getilgt

1. Eintragungen über Verurteilungen, wenn sie im Strafregister nach § 8 des Straftilgungsgesetzes oder nach anderen gesetzlichen Vorschriften der beschränkten Auskunft unterworfen werden oder wenn die Tilgung oder die Beseitigung des Strafmakels (§ 97 des Jugendgerichtsgesetzes) angeordnet oder die Verurteilung im Wiederaufnahmeverfahren rechtskräftig aufgehoben wird,
2. Eintragungen, die in das Strafregister nicht aufzunehmen sind, wenn ihre Tilgung durch die nach Landesrecht zuständige Behörde angeordnet wird; die Anordnung darf nur ergehen, wenn dies zur Vermeidung ungerechtfertigter Härten erforderlich ist und öffentliche Interessen nicht gefährdet werden.

(4) Eintragungen von gerichtlichen Entscheidungen über die vorläufige Entziehung der Fahrerlaubnis und von anfechtbaren Entscheidungen der Verwaltungsbehörden sind zu tilgen, wenn die Entscheidungen aufgehoben werden. Wird die vorläufige Entziehung der Fahrerlaubnis nicht aufgehoben, so ist ihre Eintragung zusammen mit dem Vermerk über die rechtskräftige Entziehung zu tilgen.

(5) Die Tilgung nach den Absätzen 1 bis 4 unterbleibt, solange die Erteilung einer neuen Fahrerlaubnis untersagt ist. Die Tilgung der Eintragung eines Verbots, Fahrzeuge zu führen, unterbleibt auch, solange das Verbot wirksam ist.

(6) Mit der Eintragung einer beschwerenden Entscheidung sind auch die Eintragungen von nichtbeschwerenden Entscheidungen zu tilgen, die sich auf sie beziehen.

(7) Eintragungen, die zu tilgen sind, werden aus der Kartei entfernt oder darin unkenntlich gemacht.

AllgVerwV:

(1) Noch nicht tilgungsfähige Eintragungen nach § 13 Abs. 3 Satz 2 hindern die Tilgung der Vermerke über andere strafgerichtliche Entscheidungen.

(2) Die zuständigen obersten Landesbehörden teilen dem Kraftfahrt-Bundesamt mit, welche Behörden für die in § 13a Abs. 3 Nr. 2 bezeichneten Entscheidungen zuständig sind.

(3) Wird eine in die Kartei eingetragene Verurteilung im Wiederaufnahmeverfahren rechtskräftig geändert und liegen die Voraussetzungen für eine Eintragung nach der Änderung nicht mehr vor, so ist die Eintragung zu tilgen. Bleiben die Voraussetzungen für eine Eintragung bestehen, so ist bei der Berechnung der Tilgungsfrist vom Zeitpunkt der ursprünglichen Verurteilung auszugehen und der Inhalt der Änderung zu berücksichtigen.

Siehe Bemerkungen 1—3 bei § 13.

§ 13b Mitteilungen von Entscheidungen an das Kraftfahrt-Bundesamt

(1) Entscheidungen, die das Kraftfahrt-Bundesamt nach den §§ 13 und 13a zu berücksichtigen hat, werden ihm mitgeteilt. Insbesondere sind ihm mitzuteilen

1. Entscheidungen, die nach § 13 in die Kartei eingetragen werden,

2. Entscheidungen, welche die vorläufige Entziehung einer Fahrerlaubnis aufheben,

3. Entscheidungen, die eine anfechtbare, in die Kartei einzutragende Entscheidung einer Verwaltungsbehörde aufheben,

4. Entscheidungen, durch die für eine Eintragung im Strafregister die beschränkte Auskunft oder die Tilgung angeordnet oder die Beseitigung des Strafmakels angeordnet oder widerrufen wird, soweit sie eine in die Kartei einzutragende Entscheidung betreffen,

5. Entscheidungen im Wiederaufnahmeverfahren, durch die eine in die Kartei einzutragende Verurteilung rechtskräftig aufgehoben oder geändert wird,

6. Entscheidungen, durch welche die Tilgung einer Eintragung in der Kartei angeordnet wird.

(2) Entscheidungen nach Absatz 1 sind auch mitzuteilen, wenn sie sich auf die Versagung oder Entziehung einer Fahrerlaubnis oder das Verbot, ein Kraftfahrzeug zu führen, beziehen, und die Versagung, die Entziehung oder das Verbot vor dem 1. Januar 1958 angeordnet worden war.

(3) Zur Mitteilung an das Kraftfahrt-Bundesamt ist die Behörde, welche die Entscheidung erlassen hat, oder die von ihr bestimmte Behörde verpflichtet. Bei strafgerichtlichen Entscheidungen bestimmt sich die Zuständigkeit für die Mitteilungen nach den allgemeinen Justizverwaltungsvorschriften über Mitteilungen in Strafsachen.

AllgVerwV zu 13b:

(1) Mitzuteilen sind auch

1. Beschlüsse, durch die das Strafgericht auf Grund des § 6a Abs. 2 Satz 3 des Straßenverkehrsgesetzes die Eintragung einer bereits mitgeteilten Entscheidung nachträglich ausschließt;

2. rechtskräftige Beschlüsse des Strafgerichts, durch die die Wiederaufnahme eines durch rechtskräftiges Urteil abgeschlossenen Verfahrens und die Erneuerung der Hauptverhandlung angeordnet wird.

(2) War eine noch anfechtbare Entscheidung mitgeteilt worden, so ist die Unanfechtbarkeit mitzuteilen, sobald sie eingetreten ist.

(3) Beschlüsse nach § 42m Abs. 4 des Strafgesetzbuches sind erst nach Eintritt der Rechtskraft mitzuteilen.

(4) Die Mitteilungen sind möglichst innerhalb von zwei Wochen nach dem Zeitpunkt zu erstatten, von dem ab ihre Voraussetzungen erfüllt sind.

Siehe Bemerkungen 1—3 bei § 13.

§ 13c Auskünfte aus der Kartei

(1) Die Kartei darf nur für Zwecke der Strafverfolgung, für Verwaltungsmaßnahmen auf Grund des Straßenverkehrsgesetzes oder der auf ihm beruhenden Rechtsvorschriften und für die Vorbereitung von Rechts- und allgemeinen Verwaltungsvorschriften auf dem Gebiet des Straßenverkehrs verwertet werden. Unberührt bleibt die Befugnis, Auskünfte über Eintragungen im Strafregister zu berücksichtigen.

(2) Auskünfte aus der Kartei gibt das Kraftfahrt-Bundesamt den Stellen, denen die in Absatz 1 genannten Aufgaben obliegen. Auskünfte auf Anfragen sind, soweit sich aus diesen nichts anderes ergibt, so zu erteilen, daß die anfragende Stelle die Akten über die Entscheidungen beiziehen kann.

AllgVerwV:

(1) Sind zur Zeit der Eintragung einer strafgerichtlichen Verurteilung hinsichtlich derselben Person mindestens zwei weitere strafgerichtliche Verurteilungen eingetragen, so benachrichtigt das Kraftfahrt-Bundesamt von Amts wegen die nach § 68 Abs. 2 der Straßenverkehrs-Zulassungs-Ordnung zuständige Behörde von allen in diesem Zeitpunkt vorhandenen Eintragungen über den Betroffenen. Die Nachricht ist so zu gestalten, daß die benachrichtigte Behörde die Akten über die Entscheidungen beiziehen kann.

(2) Über strafgerichtliche Verurteilungen, die durch einen rechtskräftigen Beschluß über die Wiederaufnahme des Verfahrens und die Erneuerung der Hauptverhandlung unwirksam geworden sind, dürfen bis zum rechtskräftigen Abschluß des Wiederaufnahmeverfahrens keine Auskünfte gegeben werden.

(3) Fernmündliche Auskünfte dürfen aus der in § 13 bezeichneten Kartei nicht erteilt werden.

Siehe Bemerkungen 1—3 bei § 13.

§ 13d Anfragen beim Kraftfahrt-Bundesamt

Vor Erteilung einer Fahrerlaubnis, vor Verlängerung der Geltungsdauer einer Fahrerlaubnis zur Fahrgastbeförderung und vor der Ausfertigung einer Ersatzurkunde für einen verlorenen Führerschein hat die Verwaltungsbehörde beim Kraftfahrt-Bundesamt anzufragen, ob Nachteiliges über den Antragsteller bekannt ist. Die Anfrage kann auf Wunsch des Antragstellers und auf seine Kosten telegrafisch erfolgen. Bei Inhabern einer ausländischen Fahrerlaubnis (§ 15) kann von der Anfrage abgesehen werden.

AllgVerwV:

Zu Anfragen beim Kraftfahrt-Bundesamt sind in den Fällen des § 13d die in § 9 Satz 1 erwähnten örtlichen Behörden nicht befugt.

§ 13d wurde durch die VO v. 7. 7. 60, BGBl. I, 485, geändert. Neu gefaßt ist Satz 1. Dieser tritt nunmehr an die Stelle der früheren §§ 12 IV u. 13 III BOKraft a. F. Im übrigen wird auf die Bem. 1—4 zu § 13 StVZO verwiesen. 1

In Kraft seit 1. 8. 60 (Art. 10 d. VO v. 7. 7. 60). 2

§ 13e Vordrucke

Für die Mitteilungen nach § 13b, die Einholung von Auskünften nach § 13c und die Anfragen nach § 13d sind Vordrucke zu verwenden. Das Nähere über Inhalt und Ausgestaltung wird vom Bundesminister für Verkehr durch allgemeine Verwaltungsvorschriften mit Zustimmung des Bundesrates geregelt. Die Vordrucke für die Mitteilungen nach § 13b und die Anfragen nach § 13d werden vom Kraftfahrt-Bundesamt kostenfrei ausgegeben.

AllgVerwV:

(1) Für die Mitteilungen nach § 13b, die Einholung von Auskünften nach § 13c, die Anfragen nach § 13d sowie die Mitteilungen über den Eintritt der Unanfechtbarkeit einer Entscheidung sind Formblätter nach den aus dem Anhang ersichtlichen Mustern A bis N zu verwenden.

(2) In den Verhandlungen, die von den Behörden und Beamten des Polizeidienstes nach § 163 Abs. 3 oder nach § 413 Abs. 1 der Strafprozeßordnung der Staatsanwaltschaft oder dem Amtsgericht übersandt werden, sind bei den Angaben zur Person des Beschuldigten alle Tatsachen zu berücksichtigen, die auf der Vorderseite des Formblatts nach Muster E unter Nr. 1 bis 11 angegeben werden müssen und die erforderlich sind, um dort die Art der Teilnahme am Straßenverkehr zu bezeichnen.

(3) Mitteilungen, für die kein Formblatt vorgesehen ist, werden durch ein Schreiben im Format DIN A 4 erstattet.

(4) Mitteilungen nach § 13b sind dem Kraftfahrt-Bundesamt in zweifacher Ausfertigung zu erstatten.

(5) Die Formblätter sind in Maschinenschrift so sorgfältig auszufüllen, daß Rückfragen vermieden werden.

(6) Beruht eine einzutragende Verurteilung auf einer nur im Saarland geltenden Fassung einer Vorschrift der Straßenverkehrs-Ordnung oder der Straßenverkehrs-Zulassungs-Ordnung, so ist bei der Angabe dieser Vorschrift der Vermerk „(Saarland)“ hinzuzufügen (z. B.: § 35 StVZO [Saarland]).

(7) § 13e gilt nicht für telegrafische Anfragen nach § 13d Satz 2. Diese Anfragen müssen jedoch die zur Identifizierung nötigen Angaben zur Person des Betroffenen enthalten und den Zweck angeben, für den die Auskunft verwendet werden soll.

Siehe Bemerkungen 1—3 bei § 13.

§ 14 Sonderbestimmungen für das Führen von Kraftfahrzeugen im öffentlichen Dienst

(1) Die Erlaubnis zum Führen von Kraftfahrzeugen der Bundeswehr, der Deutschen Bundesbahn, der Deutschen Bundespost, des Bundesgrenzschutzes und der Polizei, die durch deren Dienststellen erteilt wird (§ 68 Abs. 3), berechtigt, soweit sich aus § 7 nichts anderes ergibt, zum Führen aller Fahrzeuge der betreffenden Betriebsart und Klasse, gleichgültig ob es sich um Dienstfahrzeuge handelt oder nicht. Sie gilt nur für die Dauer des Dienstverhältnisses; dies ist auf dem Führerschein zu vermerken, wenn es sich nicht um eine Fahrerlaubnis der Bundeswehr handelt. Außerdem ist auf dem Führerschein anzugeben, ob der Inhaber eine allgemeine Fahrerlaubnis besitzt.

(2) Bei Beendigung des Dienstverhältnisses oder der Verwendung als Kraftfahrzeugführer ist der Führerschein einzuziehen. Auf Antrag ist dem Inhaber zu bescheinigen, für welche Betriebsart und Klasse von Kraftfahrzeugen ihm die Erlaubnis erteilt war.

(3) Dem Inhaber einer Fahrerlaubnis nach Absatz 1 erteilt die Verwaltungsbehörde auf Antrag eine allgemeine Fahrerlaubnis für die entsprechende Betriebsart und Klasse von Kraftfahrzeugen ohne eine nochmalige Prüfung nach § 9 Satz 2

oder § 11, wenn nicht Tatsachen vorliegen, die den Bewerber als ungeeignet zum Führen von Kraftfahrzeugen erscheinen lassen. Dasselbe gilt bei Vorlage einer Bescheinigung nach Absatz 2, wenn die Erteilung der allgemeinen Fahrerlaubnis innerhalb von fünf Jahren nach dem Ausscheiden aus dem Kraftfahrdienst beantragt wird.

(4) In den Fällen des Absatzes 3 Satz 1 teilt die Verwaltungsbehörde der Stelle, die den Vermerk nach Absatz 1 letzter Satz anzubringen hat, die Gewährung der allgemeinen Fahrerlaubnis unverzüglich mit.

DA: *Von jedem Einschreiten gegen einen Inhaber eines Sonderführerscheins ist der Dienststelle, für die das von dem Betroffenen geführte Fahrzeug zugelassen ist, Mitteilung zu machen. Auf Antrag ist Einsicht in die Akten zu gewähren oder Abschrift der Akten oder von Auszügen fertigen zu lassen, um eine disziplinarische Behandlung des Falles durch die vorgesetzten Dienststellen zu ermöglichen.*

1. Der § 14 wurde durch die VO v. 7. 7. 60, BGBl. I, 485, völlig neu gefaßt. Die in der **21. Aufl.** gegebenen **Erläuterungen** können auch in bezug auf die Neufassung des § 14 verwertet werden, mit Ausnahme der Anm. 2. 1

2. Durch die Neufassung wird die Geltung der dienstlichen Fahrerlaubnisse der aufgezählten Behörden auf **alle Fahrzeuge** der betreffenden Betriebsart und Klasse erstreckt. Der Inhaber einer dienstlichen Fahrerlaubnis kann mit dieser nunmehr auch Fahrzeuge einer anderen Verwaltung führen. In der amtlichen Begründung wird ausdrücklich darauf hingewiesen, daß die Bestimmung insoweit von der Ansicht Müllers in Anm. 2 zu § 14 StVZO (21. Aufl.) abweicht. 2

3. Für die **Bundeswehrangehörigen** wird die Fahrerlaubnis nach dem Muster 1a erteilt, Die Bundeswehr nimmt insoweit gem. § 5 IV StVZO eine Sonderstellung ein. Da ausdrücklich bestimmt ist, daß die dienstliche Fahrerlaubnis zum Führen aller Fahrzeuge der betreffenden Betriebsart und Klasse nur dann berechtigt, wenn sich aus § 7 sich nichts anderes ergibt, dürfen die Bundeswehrangehörigen mit den dienstlichen Fahrerlaubnissen der Klassen B und E die zu den Klassen 2 und 3 gehörenden Fahrzeuge anderer Verwaltungen oder Privatfahrzeuge erst nach Erreichung des in § 7 vorgeschriebenen Alters fahren. 3

4. Hinsichtlich der nach Abs. 2 auszustellenden Bescheinigung wird auf die Anm. 2a der 21. Aufl. verwiesen. 4

5. Mangels ausdrücklicher Bestimmung braucht der Inhaber einer allgemeinen Fahrerlaubnis seinen **privaten Führerschein** nicht abzuliefern, wenn ihm eine dienstliche Fahrerlaubnis erteilt wird. In der Regel wird sich in diesen Fällen allerdings eine Dienstfahrerlaubnis erübrigen. Die für die Erteilung des Sonderführerscheins zuständige Behörde teilt der Verwaltungsbehörde die Erteilung mit. Diese wiederum benachrichtigt die zuständige ausstellende Behörde von der Gewährung der allgemeinen Fahrerlaubnis. Zuständig zur Eintragung der allgemeinen Fahrerlaubnis in den Sonderführerschein ist die ausstellende Behörde. 5

6. Die Vergünstigung in Abs. 3 entspricht der gegenwärtigen Praxis (vgl. VerkBl. 58, 325). 6

7. In Kraft seit 1. 8. 60 (Art. 10 d. VO v. 7. 7. 60), Abs. 1 letzter Satz seit 1. 1. 61 (§ 72 StVZO). 7

§ 15 Sonderbestimmungen für Inhaber einer ausländischen Fahrerlaubnis

Dem Inhaber einer ausländischen Fahrerlaubnis kann die deutsche Fahrerlaubnis für die entsprechende Betriebsart und Klasse von Kraftfahrzeugen erteilt werden, wenn er ausreichende Kenntnisse der deutschen Verkehrsvorschriften in einer Prüfung durch einen amtlich anerkannten Sachverständigen oder Prüfer für den Kraftfahrzeugverkehr oder durch die zuständige örtliche Behörde nachweist und im übrigen keine Zweifel an seiner Eignung bestehen.

Durch die VO v. 7. 7. 60, BGBl. I, 485, wurde der Abs. 2 gestrichen, da ihm neben dem § 10 Abs. 2 StVZO keine Bedeutung mehr zukam. 1

Die **Anm. 1—6 der 21. Aufl.** können weiter verwendet werden. 2

In Kraft seit 1. 8. 60 (Art. 10 d. VO v. 7. 7. 60). 3

§ 15a Höchstdauer der täglichen Lenkung

(1) Von demselben Kraftfahrzeugführer dürfen in einer Arbeitsschicht nicht länger als neun Stunden gelenkt werden

1. Kraftfahrzeuge mit einem zulässigen Gesamtgewicht von 7,5 t und darüber,
2. Zugmaschinen mit einer Motorleistung von 55 PS und darüber,
3. zur Beförderung von Personen bestimmte Kraftfahrzeuge mit mehr als acht Fahrgastplätzen.

Dies gilt nicht für Kraftfahrzeuge mit einer durch die Bauart bestimmten Höchstgeschwindigkeit von nicht mehr als 40 km/h.

(2) Die Zeit der Lenkung darf in den Fällen des Absatzes 1 Satz 1 bei besonderem Anlaß in zwei Arbeitsschichten der Woche bis zu zehn Stunden ausgedehnt werden, jedoch in der Kalenderwoche 54 Stunden nicht überschreiten. Bei den von den öffentlichen Verwaltungen oder in deren Auftrag verwendeten Fahrzeugen des Straßenwinterdienstes darf die Zeit der Lenkung die in Absatz 1 angegebene Grenze überschreiten, soweit die Überschreitung zur Aufrechterhaltung und Sicherung des Straßenverkehrs, insbesondere bei plötzlichem Witterungswechsel, unerläßlich ist.

(2a) Der Halter eines Fahrzeuges darf das nach den Absätzen 1 und 2 unzulässige Lenken des Fahrzeugs nicht anordnen oder zulassen.

(3) Hat ein Kraftfahrzeugführer ein Fahrzeug, für das die Beschränkungen der Absätze 1 und 2 gelten, ununterbrochen viereinhalb Stunden lang gelenkt, so hat er vor der weiteren Lenkung eine Pause von mindestens einer halben Stunde einzulegen; die Lenkungszeit gilt als ununterbrochen, wenn sie nicht wenigstens eine zusammenhängende halbe Stunde lang unterbrochen worden ist. Unbeschadet dieser Pflicht sind Pausen von solcher Dauer einzulegen, daß die zur Erhaltung der Fahrsicherheit erforderliche Erholung gewährleistet ist.

(4) Die Führer der in Absatz 1 Satz 1 genannten Kraftfahrzeuge haben die Zeit der Lenkung und die Pausen jeweils bei Beginn und am Ende in einen auf ihren Namen lautenden Fahrtennachweis einzutragen, aus dem das amtliche Kennzeichen des Fahrzeugs ersichtlich sein muß, das während der eingetragenen Zeit benutzt worden ist. Für jeden Kalendertag darf nur ein Fahrtennachweis geführt werden. Als Fahrtennachweis können entsprechende Aufzeichnungen verwendet werden, die durch andere Bestimmungen vorgeschrieben sind. Bei der Lenkung des Fahrzeugs sind die Fahrtennachweise der Kalenderwoche und am Tage der ersten Arbeitsschicht der Kalenderwoche die Fahrtennachweise der Vorwoche mitzuführen und zuständigen Personen auf Verlangen zur Prüfung auszuhändigen; als erster Tag der Kalenderwoche ist der Sonntag anzusehen. Die Fahrtennachweise sind ein Jahr lang zur Verfügung der zuständigen Behörde zu halten; verantwortlich ist bei Arbeitnehmern der Arbeitgeber, sonst der Kraftfahrzeugführer. Kraftfahrzeugführer, die im Dienst der in § 14 Abs. 1 genannten Verwaltungen stehen oder die nach § 8 der Verordnung über Schichtenbücher für Kraftfahrer und Beifahrer vom 8. Februar 1956 (Bundesgesetzbl. I S. 65) keine Arbeitszeitnachweise zu führen haben, sowie Kraftfahrzeugführer, für die § 8 der erwähnten Verordnung nur deshalb nicht gilt, weil sie in keinem unter den Geltungsbereich der Arbeitszeitordnung fallenden Arbeitsverhältnis stehen, sind von den Vorschriften über Fahrtennachweise befreit.

(5) Weitergehende arbeitsrechtliche Beschränkungen und Pflichten zugunsten der Arbeitnehmer sind zulässig.

(6) Hinsichtlich der Dauer der Ruhezeit zwischen zwei Arbeitsschichten sind die für Kraftfahrer geltenden arbeitsrechtlichen und tarifrechtlichen Vorschriften entsprechend auf Kraftfahrzeugführer anzuwenden, die nicht in einem Arbeitsverhältnis stehen. Kommen am Wohnort oder am Sitz des Gewerbebetriebes unterschiedliche Regelungen in Betracht oder ist die Regelung am Wohnort anders als am Sitz des Betriebes, so gilt in diesen Fällen die Regelung, die die kürzeste Ruhezeit vorschreibt.

(7) Unberührt bleibt die Pflicht der Kraftfahrzeugführer, das Fahrzeug nur zu lenken, solange sie in der Lage sind, es sicher zu führen.

Die Vorschrift wurde geändert durch die VO v. 7. 7. 60, BGBl. I, 485. In Kraft seit 1. 8. 60 (Art. 10 dieser VO; abweichende Bestimmungen hierzu in § 72 StVZO).

1. Neu gefaßt wurde durch die VO v. 7. 7. 60 der Abs. 1 und der letzte Satz des Abs. 4. 1
Neu eingefügt wurde Abs. 2 Satz 2 und Abs. 2a. Für folgende Fahrzeuge tritt die Höchstdauer der täglichen Lenkung erst am 1. 4. 61 in Kraft:

1. selbstfahrende Arbeitsmaschinen mit einem zulässigen Gesamtgewicht von 7,5 t und darüber,
2. Zugmaschinen mit einer Motorleistung von 55 PS und darüber,
3. zur Beförderung von Personen bestimmte Kraftfahrzeuge mit mehr als 8, jedoch nicht mehr als 14 Fahrgastplätzen,
4. Kraftomnibusse im Linienverkehr mit einem durchschnittlichen Haltestellenabstand von nicht mehr als 3 km.

§ 15a Abs. 4, nämlich die Führung von Fahrtennachweisen, gilt beim Führen von Fahrzeugen mit regelmäßigem Standort im Saarland erst ab 1. 1. 61.

2. Der Abs. 1 von § 15a wurde mit § 57a in Übereinstimmung gebracht, so daß das Er- 2
fordernis des Fahrtschreibers und die Vorschrift über die tägliche Lenkungszeit grundsätzlich für dieselben Fahrzeuge gelten. In diesem Sinne wurde auch § 57a I geändert. Unter die Nr. 1 des Abs. 1 fallen nunmehr alle Kraftfahrzeuge im Sinne des § 1 II StVG, nicht mehr, wie in der alten Fassung, nur Lastkraftwagen.

Bei einzelnen Fahrzeugen sind Ausnahmen von der täglichen Lenkungshöchstdauer allgemein gestattet (Abs. 1 Satz 2 u. Abs. 2 Satz 2).

Hierdurch werden Einzelausnahmegenehmigungen entbehrlich, was der Entlastung der Verwaltungsbehörden dient. Hierbei ist aber zu beachten, daß eine Übermüdung des Fahrers nicht eintritt; denn § 2 StVZO wird durch diese Bestimmung nicht außer Kraft gesetzt (vgl. Abs. 7).

Von den Vorschriften des § 15a StVZO sind die Fahrzeuge der **Bundeswehr** nicht aus- 3
genommen (im Gegensatz zu § 57a StVZO). Für diese gelten aber die Ausnahmen des § 70 IV StVZO.

Soweit das Lenken nach den Abs. 1 und 2 des § 15a unzulässig ist, darf der **Halter** des 4
Fahrzeugs es nicht anordnen oder zulassen. Der Begriff des Halters sowie der des Anordnens und Zulassens decken sich mit denen in § 31 II StVZO. Auf die dortigen Anmerkungen wird deshalb insoweit verwiesen (vgl. dazu auch § 25 ArbeitsZO).

Die Ersetzung des Wortes „Unterbrechung" in Abs. 3 durch das Wort „Pause" dient 5
der Angleichung an Abs. 4 und der Nr. 51 der AVO zur ArbeitsZO.

In Abs. 4 Satz 4 wurde der Begriff der zuständigen Beamten durch „zuständige Personen" 6
ersetzt (vgl. Anm. zu § 4 StVZO). Neugefaßt ist Satz 6, in dem verschiedene Ausnahmen von der Pflicht, Fahrtenbücher zu führen, aufgezählt sind.

3. Von den in der **21. Aufl.** abgedruckten **Anmerkungen** sind nach wie vor unbeschränkt 7
verwertbar die Nr. 1 und 4—17. Beschränkt anwendbar hinsichtlich der Arbeitszeit ist weiter die Anm. 2. Zur Auslegung der Begriffe LKW, Kombiwagen und Zugmaschinen kann die Anm. 3 noch Verwendung finden, wobei sie jedoch nur in bezug auf die Zugmaschinen im Rahmen des § 15a I Bedeutung hat.

§ 15b Entziehung der Fahrerlaubnis durch die Verwaltungsbehörde

(1) Erweist sich jemand als ungeeignet zum Führen von Kraftfahrzeugen, so muß ihm die Verwaltungsbehörde die Fahrerlaubnis entziehen. Die Erlaubnis erlischt mit der Entziehung.

(2) Solange gegen den Inhaber der Fahrerlaubnis ein Strafverfahren anhängig ist, in dem die Entziehung der Fahrerlaubnis durch das Gericht (§ 42m des Strafgesetzbuchs) in Betracht kommt, darf die Verwaltungsbehörde den Sachverhalt, der Gegenstand des Strafverfahrens ist, in dem Entziehungsverfahren nicht berücksichtigen. Zum Strafverfahren im Sinne dieser Vorschrift gehört das Ermittlungsverfahren der Anklagebehörde und der Polizei vor der Erhebung der Anklage.

(3) Will die Verwaltungsbehörde in dem Entziehungsverfahren einen Sachverhalt berücksichtigen, der Gegenstand der Urteilsfindung in einem Strafverfahren gegen den Inhaber der Fahrerlaubnis gewesen ist, so kann sie zu dessen Nachteil von dem Inhalt des Urteils soweit nicht abweichen, als es sich auf die Feststellung des Sachverhalts oder die Beurteilung der Schuldfrage oder der Eignung zum Führen von Kraftfahrzeugen bezieht. Eine gerichtliche Entscheidung, durch welche die Eröffnung des Hauptverfahrens abgelehnt wird, steht einem Urteil gleich.

(4) Die Verwaltungsbehörde kann Fristen und Bedingungen für die Erteilung einer neuen Fahrerlaubnis festsetzen.

(5) Die Entziehung der Fahrerlaubnis ist für das Inland wirksam.

(6) Nach der Entziehung ist der von einer deutschen Behörde ausgestellte Führerschein unverzüglich der Behörde abzuliefern, die die Entziehung ausgesprochen hat; ausländische Fahrausweise sind ihr zur Eintragung der Entziehung vorzulegen. Dies gilt auch, wenn die Entziehung angefochten worden ist, die zuständige Behörde die aufschiebende Wirkung der Anfechtung jedoch ausgeschlossen hat.

1 Durch die VO v. 7. 7. 60 (BGBl. I, 485) wurde in Abs. 6 das Wort „unverzüglich" eingesetzt. Die **Erläuterungen der 21. Aufl.** sind in vollem Umfang verwertbar.

§ 15c Erteilung einer neuen Fahrerlaubnis

Wird nach Entziehung einer Fahrerlaubnis eine neue Erlaubnis für dieselbe Betriebsart und eine entsprechende Klasse erteilt, so ist eine Prüfung nach § 9 Satz 2 oder § 11 nur erforderlich, wenn Tatsachen vorliegen, die die Annahme rechtfertigen, daß der Bewerber ausreichende Kenntnisse der Verkehrsvorschriften oder die Befähigung zum Führen von Kraftfahrzeugen nicht besitzt. Unterbleibt die Prüfung, so gilt § 10 Abs. 1 Satz 1 Halbsatz 1 auch für Führerscheine der Klassen 1, 2 oder 3.

Die Bestimmung blieb unverändert.

III. Beförderung von Fahrgästen mit Kraftfahrzeugen

Vorbemerkung

Die §§ 15d bis 15k wurden durch die VO v. 7. 7. 60 (BGBl. I, 485) eingefügt und enthalten die in den §§ 9 bis 19 BOKraft a. F. bisher zu findenden Vorschriften, allerdings mit nicht unwesentlichen Änderungen. Nach der amtlichen Begründung wurden sie deshalb in die StVZO übernommen, weil die erwähnten Bestimmungen auf dem Gedanken beruhen, daß der „besondere Ausweis" der Verkehrssicherheit dient und nicht nur bei gewerbsmäßiger Personenbeförderung zu fordern ist. Wie bisher ist eine besondere Erlaubnis zur Fahrgastbeförderung notwendig, die durch einen besonderen Führerschein nachzuweisen ist, wobei die Fahrerlaubnis im Gegensatz zur allgemeinen Fahrerlaubnis nach § 4 für die Kraftfahrzeuge gem. § 5 nicht unbefristet, sondern nur befristet ausgestellt wird (§ 15f I). Zweck der zusätzlichen Fahrerlaubnis ist der Schutz und die Sicherheit der beförderten Fahrgäste, Zweck der allgemeinen Fahrerlaubnis nach § 4 jedoch der Schutz der außerhalb des Fahrzeugs sich befindlichen Verkehrsteilnehmer.

§ 15d Erlaubnispflicht und Ausweispflicht

(1) Wer

1. einen Kraftomnibus (ein nach Bauart und Einrichtung zur Beförderung von Personen bestimmtes Kraftfahrzeug mit mehr als 8 Fahrgastplätzen) führt oder

2. eine Kraftdroschke führt oder

3. hinter einem Kraftfahrzeug einen Omnibusanhänger (einen nach Bauart und Einrichtung zur Beförderung von Personen bestimmten Anhänger mit mehr als 8 Fahrgastplätzen) mitführt,

bedarf einer zusätzlichen Erlaubnis der Verwaltungsbehörde, wenn in diesen Fahrzeugen ein Fahrgast oder mehrere Fahrgäste befördert werden (Fahrerlaubnis zur Fahrgastbeförderung). Dies gilt nicht für Dienstfahrzeuge der Bundeswehr, des Bundesgrenzschutzes, der Polizei, des Zollgrenzdienstes und der Zollfahndung.

(2) Die Erlaubnis ist durch einen Führerschein nach Muster 1c dieser Verordnung (Führerschein zur Fahrgastbeförderung) nachzuweisen. Der Ausweis ist bei der Fahrgastbeförderung neben dem nach den §§ 4 bis 15 erteilten Führerschein mitzuführen; zuständigen Personen ist er auf Verlangen jederzeit zur Prüfung auszuhändigen.

(3) Der Halter eines Fahrzeugs darf die Fahrgastbeförderung nicht anordnen oder zulassen, wenn der Führer des Fahrzeugs oder Zuges die erforderliche Fahrerlaubnis zur Fahrgastbeförderung nicht besitzt.

(4) Über die ausgehändigten Führerscheine zur Fahrgastbeförderung hat die Verwaltungsbehörde ein Verzeichnis zu führen.

1. Der § 15d entspricht im wesentlichen der früheren Vorschrift des § 9 BOKraft a. F. 1
In dieser waren jedoch die Lastwagen erwähnt, die nunmehr nicht mehr in § 15d aufgezählt sind. Nach der amtlichen Begründung (VerkBl. 60, 458) reichen insoweit die Vorschrift des § 34 StVO und die dort vorgesehenen Sicherheitsmaßnahmen aus. Dieser Ansicht ist zuzustimmen, da die Beförderung von Personen auf der Ladefläche überhaupt grundsätzlich verboten und nur unter den bestimmten Voraussetzungen der Abs. 2 und 3 des § 34 StVO möglich ist.

Die Begriffe des **Omnibusses** und des **Omnibusanhängers** werden in Abs. 1 des § 15d 2
definiert (vgl. § 47 BOKraft a. F.). Sowie beim Omnibus wie auch bei dem Omnibusanhänger sind jeweils Fahrgastplätze erwähnt. Hierunter sind nicht die Sitzplätze zu verstehen, sondern die Plätze überhaupt, also auch die Stehplätze (vgl. §§ 28, 22, 23 BOKraft n. F.). Hierdurch werden Umgehungen des Gesetzes zumindest erheblich erschwert.

Der Begriff der Kraftdroschke ist nicht erläutert, weil die Droschkenordnungen nach Landesrecht erlassen werden (§ 42 BOKraft n. F.).

In Abs. 1 Nr. 3 handelt es sich um ein Kfz im Sinne des § 1 II StVG. Es muß sich also nicht um einen Omnibus handeln, der einen Omnibusanhänger mitführt, vielmehr sind solche auch hinter anderen Kraftfahrzeugen möglich. Auch in diesen Fällen ist die besondere Fahrerlaubnis erforderlich.

2. In § 9 Abs. 4 BOKraft a. F. war ausdrücklich bestimmt, daß für **Leerfahrten** (ohne 3
Fahrgäste) keine Ausweispflicht bestand. Dies gilt auch nach § 15d I noch. Leere Omnibusse, Kraftdroschken oder Omnibusanhänger, also solche ohne Fahrgäste, können demnach mit dem Führerschein nach § 5 StVZO gefahren werden.

Fahrgast im Sinne des § 15d ist jeder, der das Fahrzeug zum Zwecke der Fortbewegung benutzt und nicht zum Betrieb des Fahrzeugs erforderlich ist. Nach der amtlichen Begründung (VerkBl. 60, 459) gehören zu den Fahrgästen im Sinne der Vorschriften über die Fahrerlaubnis zur Fahrgastbeförderung alle auf dem Fahrzeug beförderten Personen, die weder das Fahrzeug lenken noch zur Ablösung des Fahrers oder zur Beaufsichtigung oder Beobachtung des Fahrzeugs oder seiner Ladung mitfahren.

4 Keiner besonderen Fahrerlaubnis bedürfen die Fahrer von Dienstfahrzeugen der Bundeswehr, des Bundesgrenzschutzes, der Polizei, des Zollgrenzdienstes und der Zollfahndung. Bei diesen Organisationen ist durch die Ausbildung und die ständige Überwachung eine besondere Fahrerlaubnis entbehrlich.

5 **3.** Der **Halter** ist nach § 71 StVZO zu bestrafen, wenn er die Fahrgastbeförderung durch einen Fahrer anordnet oder zuläßt, der die erforderliche Fahrerlaubnis zur Fahrgastbeförderung nicht hat (Abs. 3).

Die Bestimmung stimmt mit § 24 Abs. 2 StVG im wesentlichen überein. Der Begriff des Halters deckt sich mit dem in dieser Bestimmung (ebenso wie auch des § 23 Abs. 2 StVG). Insoweit wird deshalb auf die Anm. B III, c zu § 23 StVG Seite 422 und B I zu § 24 StVG Seite 433 der 21. Aufl. verwiesen (vgl. auch die Anm. 18 zu § 31 StVZO der 21. Aufl.). Zur Strafbarkeit genügt Vorsatz oder Fahrlässigkeit. Der Halter muß sich den besonderen Führerschein zur Fahrgastbeförderung (Abs. 2 des § 15d) vorlegen lassen (vgl. OLG Düsseldorf, 22. 6. 53, Ss 197/53; vgl. auch Rechtsprechung zu § 24 Abs. 2 StVG).

6 **4.** Die Verwaltungsbehörde hat über die besonderen Führerscheine ein Verzeichnis zu führen, ähnlich dem für die allgemeinen Fahrerlaubnisse nach bestandener Prüfung (§ 10 Abs. 2, § 11 Abs. 4). Prüfungsrichtlinien VerkBl. 60, 518.

7 **5.** Die Vorschrift ist **in Kraft** seit 1. 8. 60 (Art. 10 d. VO v. 7. 7. 60). Vorher galt die Bestimmung des § 9 BOKraft. Für Fahrzeuge, die **nicht der gewerbsmäßigen** Personenbeförderung dienen, gilt § 15d erst ab **1. 1. 61** (§ 72 StVZO).

§ 15e Voraussetzungen für die Erteilung der Fahrerlaubnis zur Fahrgastbeförderung

(1) Die Fahrerlaubnis zur Fahrgastbeförderung ist zu erteilen, wenn gegen die persönliche Zuverlässigkeit des Bewerbers keine Bedenken bestehen und der Bewerber

1. **die nach den §§ 4 bis 15 erforderliche Fahrerlaubnis besitzt,**
2. **das 23. — bei Beschränkung des Ausweises auf Kraftdroschken das 21. — Lebensjahr vollendet hat,**
3. **seine geistige und körperliche Eignung durch ein amtsärztliches Zeugnis oder das Zeugnis eines hauptamtlich angestellten Betriebsarztes oder auf Verlangen der Behörde durch ein fachärztliches Zeugnis oder das Gutachten einer amtlich anerkannten medizinisch-psychologischen Untersuchungsstelle nachweist,**
4. **nachweist, daß er**
   a) **innerhalb der letzten fünf Jahre zwei Jahre lang ein Fahrzeug der Klasse 2 oder — falls die Fahrerlaubnis nur für Fahrzeuge mit nicht mehr als 14 Fahrgastplätzen erteilt werden soll — der Klasse 3 geführt hat oder**
   b) **für die betreffende Art der Fahrgastbeförderung mindestens 3 Monate lang bei der Deutschen Bundesbahn oder der Deutschen Bundespost oder in einem Betrieb ausgebildet worden ist, dessen Eignung für solche Ausbildung von der zuständigen obersten Landesbehörde oder einer von ihr beauftragten Behörde anerkannt worden ist,**
5. **in einer Prüfung durch einen amtlich anerkannten Sachverständigen oder Prüfer für den Kraftfahrzeugverkehr nachweist, daß er die Verkehrsvorschriften beherrscht, hinreichende Fahrfertigkeit besitzt und — falls die**

Erlaubnis für andere Fahrzeuge als Kraftdroschken gelten soll — über die nötigen Kenntnisse und Handfertigkeiten zur Beseitigung einfacher Störungen verfügt,

6. — falls die Erlaubnis für andere Fahrzeuge als Kraftdroschken gelten soll — durch ein Zeugnis über die erfolgreiche Teilnahme an einem Lehrgang des Deutschen Roten Kreuzes oder eines anderen Verbandes oder auf andere Art nachweist, daß er bei Verkehrsunfällen Erste Hilfe leisten kann,

7. — falls die Erlaubnis für Kraftdroschken gelten soll — nachweist, daß er die erforderlichen Ortskenntnisse besitzt.

Die Anerkennung im Sinne des Absatzes 1 Nr. 4 Buchstabe b ist Betrieben, denen geeignetes Ausbildungspersonal sowie ausreichende Unterrichtsräume und Lehrmittel zur Verfügung stehen, bezüglich der Fahrzeugarten zu erteilen, die sie zur Fahrgastbeförderung verwenden.

(2) Liegen keine Tatsachen vor, die befürchten lassen, daß dem Bewerber die erforderlichen Kenntnisse der Verkehrsvorschriften oder die hinreichende Fahrfertigkeit fehlen, so unterbleibt die Prüfung durch den amtlich anerkannten Sachverständigen oder Prüfer für den Kraftfahrzeugverkehr,

1. wenn der Bewerber während der letzten fünf Jahre vor der Stellung des Antrags eine entsprechende deutsche Erlaubnis oder eine von der Bundeswehr erteilte Fahrerlaubnis der Klasse D besessen hat oder

2. wenn die Erlaubnis auf Kraftdroschken beschränkt werden soll.

(3) Hat der Bewerber nur die Befähigung zur Leistung Erster Hilfe nicht nachgewiesen, so darf die Fahrerlaubnis zur Vermeidung von Härten für eine Dauer von nicht mehr als drei Monaten erteilt werden.

1. Die Bestimmung des § 15e wurde durch die VO v. 7. 7. 60, BGBl. I, 485 in die StVZO eingefügt. Sie ersetzt die bisherigen §§ 12 und 13 BOKraft. Die allgemeinen Bestimmungen, insbesondere die Erteilung der Fahrerlaubnis zur Fahrgastbeförderung, wurden verschärft. Die Bestimmung trat in Kraft ab 1. 8. 60 (Art. 10 d. VO v. 7. 7. 60). 1

2. Voraussetzung der künftigen Erteilung der Fahrerlaubnis zur Fahrgastbeförderung ist somit der Besitz der allgemeinen Fahrerlaubnis nach §§ 4 bis 15, ein das Mindestalter des § 7 StVO erheblich übersteigendes Alter und der Nachweis der geistigen und körperlichen Eignung. Bei der allgemeinen Fahrerlaubnis ist ein solcher Nachweis nur dann erforderlich, wenn die zuständige Verwaltungsbehörde irgendwelche Bedenken hat (§§ 3 und 10). Andererseits wird die Verwaltungsbehörde von dieser Möglichkeit nur Gebrauch machen und ein fachärztliches Zeugnis oder ein Gutachten einer amtlich anerkannten medizinisch-psychologischen Untersuchungsstelle verlangen, wenn sich aus dem vorgelegten Zeugnis des Amtsarztes oder des Betriebsarztes Bedenken gegen die Eignung ergeben können, ähnlich wie in § 3 StVZO (vgl. auch § 14 Nr. 2 FahrlVO v. 23. 7. 57, BGBl. I, 769, i. d. F. v. 7. 7. 60, BGBl. I, 485). 2

Des weiteren wird eine praktische Fahrerfahrung auf einem entsprechenden Fahrzeug während der Dauer von 2 Jahren innerhalb der letzten 5 Jahre verlangt. Nach der bisherigen Fassung war nur notwendig, daß überhaupt eine zweijährige Fahrpraxis vorlag. 3

Es braucht sich hierbei nicht um eine ununterbrochene Fahrpraxis gehandelt haben. Nur innerhalb der letzten 5 Jahre muß der Bewerber insgesamt 2 Jahre lang ein entsprechendes anderes Fahrzeug gefahren haben. Hierbei ist aber auch nicht wörtlich davon auszugehen, daß zweimal 365 Tage lang gefahren sein mußte, sondern es genügt die Beschäftigung als Fahrer für die Dauer von insgesamt 2 Jahren, so daß in diesen Zeitraum auch betriebsbedingte kürzere Unterbrechungen nicht entscheidend ins Gewicht fallen (vgl. Anm. 1 zu § 12 BOKraft in der 21. Aufl.).

4 In Abs. 1 Nr. 4b genügt an Stelle der Fahrpraxis eine Ausbildung von 3 Monaten bei den dort genannten Organisationen. Da die Frist von 5 Jahren ausdrücklich nur in Nr. 4a enthalten ist, muß daraus gefolgert werden, daß die in 4b genannte Ausbildungszeit von 3 Monaten auch längere Zeit zurückliegen darf, andernfalls hätten die Worte „innerhalb der letzten 5 Jahre" vor a) gesetzt werden müssen.

5 **3.** Die körperliche und geistige Eignung in § 15e ist nicht die allgemeine von jedem Kraftfahrer zu verlangende, sondern die den gesteigerten Anforderungen des besonderen Fahrdienstes entsprechende. Die geistige und körperliche Eignung ist eine vom Verwaltungsgericht nachzuprüfende Tat- und Rechtsfrage (OVG Hamburg, 23. 9. 54, DÖV 56, 94). Vgl. auch Anm. 2 zu § 12 BOKraft in der 21. Auflage.

6 **4.** Ausnahmen von der Prüfung bestimmt **Abs. 2.** Er entspricht in Nr. 1 nach der amtlichen Begründung dem Grundgedanken des § 14 III StVZO und in Nr. 2 dem bisherigen § 13 II BOKraft.

Die amtliche Begründung führt weiter aus, daß in Zukunft auf die Anerkennung der Eignung zur Ausbildung für die Fahrgastbeförderung ein Rechtsanspruch besteht. Zu dem Verfahren über die Anerkennung wird der Bundesminister für Verkehr im Einvernehmen mit den Ländern Richtlinien erlassen. Prüfungsrichtlinien VerkBl. 60, 518.

7 **5.** Hinsichtlich des Abs. 3 vgl. § 15f Abs. 2. Für den Nachweis über die erfolgreiche Teilnahme an einem Lehrgang in Erster Hilfe kommen gegenwärtig die Zeugnisse folgender vier Verbände in Betracht: Arbeiter-Samariter-Bund, Deutsches Rotes Kreuz, Johanniter-Unfall-Hilfe und Malteser-Hilfsdienst (VerkBl. 61, 25).

§ 15f Geltungsdauer der Fahrerlaubnis zur Fahrgastbeförderung

(1) Die Fahrerlaubnis zur Fahrgastbeförderung wird für eine Dauer von nicht mehr als drei Jahren erteilt.

(2) Die Geltungsdauer der Erlaubnis wird auf Antrag des Inhabers jeweils bis zu drei Jahren verlängert, wenn kein Anlaß zur Annahme besteht, daß eine der aus § 15e Abs. 1 Nr. 1 bis 3 und 5 bis 7 ersichtlichen Voraussetzungen fehlt; bei Erlaubnissen, die nach § 15e Abs. 3 befristet worden sind, wird sie nur verlängert, wenn die Befähigung zur Leistung Erster Hilfe nachgewiesen ist. Gilt die Erlaubnis für andere Fahrzeuge als Kraftdroschken, so hat der Inhaber seine geistige und körperliche Eignung vor jeder Verlängerung durch ein amtsärztliches Zeugnis oder durch das Zeugnis eines hauptamtlich angestellten Betriebsarztes oder auf Verlangen der Behörde durch ein fachärztliches Zeugnis oder das Gutachten einer amtlich anerkannten medizinisch-psychologischen Untersuchungsstelle nachzuweisen.

(3) Ausweise, die auf Grund der §§ 9 bis 19 der Verordnung über den Betrieb von Kraftfahrunternehmen im Personenverkehr vom 13. Februar 1939 (Reichsgesetzbl. I S. 231) erteilt worden sind, gelten als Führerscheine über Fahrerlaubnisse im Sinne des § 15d. Bei Verlängerung der Geltungsdauer ist ein Führerschein nach Muster 1c auszufertigen; der bisherige Ausweis ist einzuziehen.

1 **1.** Die Bestimmung wurde eingefügt durch die VO v. 7. 7. 60, BGBl. I, 485. Sie entspricht im wesentlichen dem bisherigen § 10 I und dem § 16 BOKraft a. F. Abs. 3 enthält Übergangsbestimmungen. Die Geltungs- und Verlängerungsfrist wurde von 2 auf 3 Jahre heraufgesetzt.

2 **2.** Der Bewerber hat auf die Verlängerung der Fahrerlaubnis einen Rechtsanspruch. Das Verlangen des fachärztlichen Zeugnisses oder des Gutachtens einer amtlich anerkannten medizinisch-psychologischen Untersuchungsstelle liegt zwar im Ermessen der Verwaltungsbehörde. Dieses Ermessen darf jedoch nach den allgemeinen Grundsätzen des Verwaltungsrechts nicht willkürlich angewendet werden. Das fachärztliche Zeugnis oder das Gutachten kann deshalb die zuständige Verwaltungsbehörde nur dann verlangen, wenn Anhaltspunkte vorliegen, nach denen das Zeugnis des Amtsarztes oder des Betriebsarztes nicht ausreicht.

3. Zuständige Behörde siehe § 15 1 StVZO. 3

4. In Kraft seit 1. 8. 60 (Art. 10 d. VO v. 7. 7. 60). 4

§ 15g Meldung der Einstellung von Kraftdroschkenfahrern

Wer zum Führen einer Kraftdroschke einen Kraftfahrer einstellt, hat dies der Verwaltungsbehörde zu melden. Bei der Meldung sind Name, Vorname und Geburtsort des Kraftfahrers sowie das Datum seines Führerscheins zur Fahrgastbeförderung und die ausstellende Behörde anzugeben.

1. Die Bestimmung wurde eingefügt durch die VO v. 7. 7. 60, BGBl. I, 485. Sie bringt eine Vereinfachung der bisher nach § 14 BOKraft a. F. bestehenden Meldepflicht. Zu melden sind nunmehr nur noch die Einstellungen von Droschkenfahrern. Ihre Ortskenntnisse sind von der Verwaltungsbehörde (§ 15 1) im Rahmen des § 15 h zu überprüfen. 1

2. Verpflichtet zur Meldung ist der Inhaber des Unternehmens. Hat jedoch dieser einen für die Einstellungen verantwortlichen Betriebsleiter, so trifft ihn diese Verpflichtung (vgl. BGHSt. 8, 139; OLG Celle VRS 14, 144; OLG Hamm VerkMitt. 59, 53 Nr. 87). 2

Eingestellt als Droschkenfahrer dürfen nur solche Personen werden, die die Fahrerlaubnis zur Fahrgastbeförderung besitzen (§ 15d Abs. 3). 3

3. In Kraft seit 1. 8. 60 (Art. 10 d. VO v. 7. 7. 60). 4

§ 15h Prüfung der Ortskenntnisse beim Wechsel des Beschäftigungsorts

Kraftdroschkenführer müssen beim Wechsel des Beschäftigungsorts der Verwaltungsbehörde nachweisen, daß sie die erforderlichen Ortskenntnisse besitzen.

1. § 15h wurde durch die VO v. 7. 7. 60, BGBl. I, 485 in die StVZO eingefügt. Mit dem neueingefügten § 15g ersetzt er den bisherigen § 14 BOKraft a. F. 1

2. Die Nachprüfung der Ortskenntnisse der Linienfahrer ist somit weggefallen. Nur bei Droschkenfahrern ist ein solcher Nachweis nunmehr noch erforderlich. Den Nachweis zu erbringen im Falle des Wechsels des Beschäftigungsortes haben aber nicht nur angestellte Droschkenfahrer, sondern auch die Unternehmer selbst, wenn sie als Kraftdroschkenführer tätig sind. 2

Beschäftigungsort ist der Ort der tatsächlichen Ausübung der Tätigkeit.

In Kraft seit 1. 8. 60 (Art. 10 d. VO v. 7. 7. 60). 3

§ 15i Überwachung der Inhaber von Fahrerlaubnissen zur Fahrgastbeförderung

Auf Verlangen der Verwaltungsbehörde hat sich der Inhaber der Erlaubnis einer Nachprüfung der Kenntnisse und Fähigkeiten, die von ihm nach § 15e Abs. 1 Nr. 5 gefordert werden können, zu unterziehen, wenn Tatsachen vorliegen, die befürchten lassen, daß er diese Kenntnisse und Fähigkeiten nicht besitzt. Besteht Anlaß, seine geistige oder körperliche Eignung zu bezweifeln, so kann die Verwaltungsbehörde die Beibringung eines amts- oder fachärztlichen Zeugnisses oder des Gutachtens einer amtlich anerkannten medizinisch-psychologischen Untersuchungsstelle fordern.

1. Die Bestimmung wurde durch die VO v. 7. 7. 60, BGBl. I, 485 in die StVZO eingefügt. Sie entspricht im wesentlichen dem § 15 BOKraft a. F. Diese Bestimmung macht es der Verwaltungsbehörde (§ 15 1) nicht zur Pflicht, die Nachprüfung zu fordern, sondern stellt es in deren Ermessen. Sie darf jedoch ihr Ermessen nicht mißbrauchen. Bei den Tatsachen, die zu Zweifeln Anlaß geben können, muß es sich deshalb auch um solche erheblicherer Art handeln. Diese können aber nicht allgemein festgelegt, sondern nur jeweils für den Einzelfall bestimmt werden. 1

2. Neu ist, daß die Verwaltungsbehörde die Beibringung eines amts- oder fachärztlichen Zeugnisses oder eines Gutachtens einer amtlich anerkannten medizinisch-psychologischen Untersuchungsstelle fordern kann. Auch insoweit darf die Verwaltungsbehörde nicht willkürlich vorgehen. Das oben Gesagte gilt entsprechend. 2

3. In Kraft seit 1. 8. 60 (Art. 10 d. VO v. 7. 7. 60). 3

§ 15k Entziehung und Erlöschen der Fahrerlaubnis zur Fahrgastbeförderung

(1) Die Erlaubnis ist von der Verwaltungsbehörde zu entziehen, wenn sich herausstellt, daß eine der aus § 15e Abs. 1 Nr. 1 bis 3 und 5 bis 7 ersichtlichen Voraussetzungen fehlt. Sie erlischt mit ihrer Entziehung sowie mit der Entziehung der nach den §§ 4 bis 15 erteilten Fahrerlaubnis.

(2) § 15b Abs. 2 bis 6 gilt entsprechend.

1 **1.** § 15k wurde durch die VO v. 7. 7. 60, BGBl. I, 485 in die StVZO eingefügt. Er tritt an die Stelle des bisherigen § 17 BOKraft a. F.

2 **2.** Künftig ist die besondere Fahrerlaubnis zu entziehen, wenn sich nachträglich herausstellt, daß die Voraussetzungen für eine Erteilung entweder schon bei Erteilung nicht vorlagen oder nunmehr nicht mehr vorliegen. Auch fehlerhafte Erteilungen können auf diese Weise von der Verwaltungsbehörde korrigiert werden. Eine Entziehung der besonderen Fahrerlaubnis auf eine bestimmte Dauer sieht § 15k nicht mehr vor.

3 Die besondere Fahrerlaubnis erlischt mit deren Entziehung und auch mit der Entziehung der allgemeinen Fahrerlaubnis nach den §§ 4 bis 15 StVZO. Einer Einziehung des Führerscheins bedarf es zum Erlöschen nicht. Der Führerschein ist jedoch abzuliefern (§ 15b Abs. 6 StVZO). Bei Nichtablieferung Strafbarkeit nach § 71 StVZO.

Einer Entziehung der besonderen Fahrerlaubnis im Rahmen einer Entscheidung nach § 42m StGB oder § 111a StPO bedarf es nicht, da die Entziehung der allg. Fahrerlaubnis das Erlöschen der bes. Fahrerlaubnis zur Folge hat.

4 **3. In Kraft** seit 1. 8. 60 (Art. 10 d. VO v. 7. 7. 60).

§ 15l Sondervorschrift über die örtliche Zuständigkeit der Verwaltungsbehörden

Abweichend von § 68 Abs. 2 Satz 1 ist bei Kraftfahrzeugführern, die im Rahmen eines gewerblichen Unternehmens oder eines sonstigen Betriebes Fahrgäste befördern oder befördern wollen, die Behörde des Betriebssitzes oder Ortes der beteiligten Niederlassung für Entscheidungen nach den §§ 15d bis 15k örtlich zuständig.

1 Die Bestimmung wurde durch die VO v. 7. 7. 60, BGBl. I, 485 in die StVZO eingefügt. Schon § 10 Abs. 2 BOKraft enthielt eine besondere Zuständigkeitsbestimmung. Zuständig ist nunmehr die Behörde des Betriebssitzes oder der Niederlassung.

In Kraft seit 1. 8. 60 (Art. 10 d. VO v. 7. 7. 60).

B. Fahrzeuge

I. Zulassung von Fahrzeugen im allgemeinen

§ 16 Grundregel der Zulassung

Zum Verkehr auf öffentlichen Straßen sind alle Fahrzeuge zugelassen, die den Vorschriften dieser Verordnung und der Straßenverkehrs-Ordnung entsprechen, soweit nicht für die Zulassung einzelner Fahrzeugarten ein Erlaubnisverfahren vorgeschrieben ist.

1 § 16 wurde durch die VO v. 7. 7. 60 nicht geändert. Die Anmerkungen der 21. Aufl. sind in vollem Umfang verwertbar.

§ 17 Einschränkung und Entziehung der Zulassung

(1) Erweist sich ein Fahrzeug als nicht vorschriftsmäßig, so kann die Verwaltungsbehörde dem Eigentümer oder Halter eine angemessene Frist zur Behebung

der Mängel setzen und nötigenfalls den Betrieb des Fahrzeugs im öffentlichen Verkehr untersagen oder beschränken; der Betroffene hat das Verbot oder die Beschränkung zu beachten.

(2) Nach Untersagung des Betriebs eines Fahrzeugs, für das ein amtliches Kennzeichen zugeteilt ist, hat der Fahrzeughalter unverzüglich das Kennzeichen von der Behörde entstempeln zu lassen. Kraftfahrzeug- oder Anhängerschein oder — bei zulassungsfreien (auch kennzeichenfreien) Fahrzeugen — der nach § 18 Abs. 5 erforderliche Nachweis über die Betriebserlaubnis sind abzuliefern. Handelt es sich um einen Anhänger, so sind der Behörde die etwa ausgefertigten Anhängerverzeichnisse zur Eintragung der Entstempelung des Kennzeichens vorzulegen.

(3) Besteht Anlaß zur Annahme, daß das Fahrzeug den Vorschriften dieser Verordnung nicht entspricht, so kann die Verwaltungsbehörde zur Vorbereitung einer Entscheidung nach Absatz 1, § 23 Abs. 2 oder § 27 Abs. 2 oder 3 je nach den Umständen

1. **die Beibringung eines Sachverständigengutachtens darüber, ob das Fahrzeug den Vorschriften dieser Verordnung entspricht, oder**
2. **die Vorführung des Fahrzeuges**

anordnen und wenn nötig mehrere solcher Anordnungen treffen.

1. § 17 wurde durch die VO vom 7. 7. 60, BGBl. I, 485 neu gefaßt. **In Kraft** seit 1. 8. 60 (Art. 10). 1

2. Gleichlautend blieb **Abs. 1** 1. Halbsatz. Auf Grund der ausdrücklichen Bestimmung im 2. Halbsatz ist nunmehr die Nichtbefolgung der Untersagung oder Beschränkung des Betriebes des Fahrzeugs mit Strafe bedroht (§ 71 StVZO), was nach der früheren Fassung nicht der Fall war (vgl. Anm, 1 Abs. 6 zu § 17 der 21. Aufl.). 2

3. Der **Abs. 2** des § 17 n. F. entspricht etwa dem Satz 2 u. 3 der früheren Fassung dieser Bestimmung. Die Neufassung ist klarer. Die Entstempelung der Kennzeichen (§ 23 StVZO) oder bei kennzeichenfreien Fahrzeugen die Ablieferung der Betriebserlaubnis und die Berichtigung des Anhängerverzeichnisses sind ausdrücklich vorgeschrieben. 3

4. Der **Abs. 3** entspricht etwa dem 2. Halbsatz des Satzes 1 des bisherigen § 17. Nur darf nunmehr die Beibringung eines Gutachtens oder die Vorführung eines Fahrzeuges nur noch dann angeordnet werden, wenn Anlaß zur Annahme besteht, daß das Fahrzeug nicht den Vorschriften der StVZO entspricht. Die Verwaltungsbehörden haben sich an diese Praxis schon immer gehalten. Der Abs. 3 bringt deshalb insoweit keine Änderung, sondern nur eine gesetzliche Regelung der bisherigen praktischen Handhabung. Außerdem wird genauer als bisher bestimmt, wann die Behörde ein Gutachten oder die Vorführung des Fahrzeugs verlangen kann und ausdrücklich darauf hingewiesen, daß mehrere solcher Anordnungen getroffen werden können. Damit wurde nach der amtlichen Begründung (VerkBl. 60, 460) dem Wunsch einiger Landesbehörden entsprochen. 4

5. Schon in der früheren Fassung war nicht bestimmt, daß die Gutachten von einem amtlich anerkannten Sachverständigen zu erstatten sind. Diese Regelung behält die Neufassung bei. 5

6. Die **Anmerkungen in der 21. Aufl.** zu § 17 StVZO sind hinsichtlich der Nummern 1—12 uneingeschränkt verwertbar. In Anm. 13 hat nur noch der letzte Satz Bedeutung. 6

II. Zulassungsverfahren für Kraftfahrzeuge und ihre Anhänger

§ 18 Zulassungspflichtigkeit

(1) Kraftfahrzeuge mit einer durch die Bauart bestimmten Höchstgeschwindigkeit von mehr als 6 km/h und ihre Anhänger (hinter Kraftfahrzeugen mitgeführte Fahrzeuge mit Ausnahme von betriebsunfähigen Fahrzeugen, die abgeschleppt

werden, und von Abschleppachsen) dürfen auf öffentlichen Straßen nur in Betrieb gesetzt werden, wenn sie durch Erteilung einer Betriebserlaubnis und durch Zuteilung eines amtlichen Kennzeichens für Kraftfahrzeuge oder Anhänger von der Verwaltungsbehörde (Zulassungsstelle) zum Verkehr zugelassen sind.

(2) Ausgenommen von den Vorschriften über das Zulassungsverfahren sind

1. selbstfahrende Arbeitsmaschinen (Fahrzeuge, die nach ihrer Bauart und ihren besonderen, mit dem Fahrzeug fest verbundenen Einrichtungen zur Leistung von Arbeit, nicht zur Beförderung von Personen oder Gütern bestimmt und geeignet sind), die zu einer vom Bundesminister für Verkehr bestimmten Art solcher Fahrzeuge gehören;

2. einachsige Zugmaschinen, wenn sie nur für land- oder forstwirtschaftliche Zwecke verwendet werden;

3. einachsige Zug- oder Arbeitsmaschinen, die von Fußgängern an Holmen geführt werden;

4. Kleinkrafträder und Fahrräder mit Hilfsmotor;

5. maschinell angetriebene Krankenfahrstühle (zum Gebrauch durch körperlich gebrechliche oder behinderte Personen nach der Bauart bestimmte Kraftfahrzeuge mit höchstens 2 Sitzen, einem Leergewicht von nicht mehr als 300 kg und einer durch die Bauart bestimmten Höchstgeschwindigkeit von nicht mehr als 30 km/h);

6. folgende Arten von Anhängern:

   a) Anhänger in land- oder forstwirtschaftlichen Betrieben, wenn die Anhänger nur für land- oder forstwirtschaftliche Zwecke verwendet und mit einer Geschwindigkeit von nicht mehr als 20 km/h hinter Zugmaschinen oder hinter selbstfahrenden Arbeitsmaschinen einer vom Bundesminister für Verkehr nach Nummer 1 bestimmten Art mitgeführt werden; beträgt die durch die Bauart bestimmte Höchstgeschwindigkeit des ziehenden Fahrzeugs mehr als 20 km/h, so sind diese Anhänger nur dann zulassungsfrei, wenn sie für eine Höchstgeschwindigkeit von nicht mehr als 20 km/h in der durch § 58 vorgeschriebenen Weise gekennzeichnet oder — beim Mitführen hinter Zugmaschinen mit einer Geschwindigkeit von nicht mehr als 8 km/h (Betriebsvorschrift) — eisenbereift sind;

   b) land- oder forstwirtschaftliche Arbeitsgeräte sowie hinter land- oder forstwirtschaftlichen einachsigen Zug- oder Arbeitsmaschinen mitgeführte Sitzkarren;

   c) Anhänger hinter Straßenwalzen;

   d) Maschinen für den Straßenbau, die von Kraftfahrzeugen mit einer Geschwindigkeit von nicht mehr als 20 km/h mitgeführt werden. Buchstabe a letzter Satz gilt entsprechend;

   e) Wohnwagen und Packwagen im Gewerbe nach Schaustellerart, die von Zugmaschinen mit einer Geschwindigkeit von nicht mehr als 20 km/h mitgeführt werden. Buchstabe a letzter Satz gilt entsprechend;

f) Anhänger, die lediglich der Straßenreinigung dienen;

g) eisenbereifte Möbelwagen;

h) einachsige Anhänger hinter Krafträdern;

i) Anhänger für Feuerlöschzwecke;

k) Anhänger des Abwehrdienstes gegen den Kartoffelkäfer;

l) Arbeitsmaschinen;

m) Spezialfahrzeuge zur Beförderung von Segelfluggerät und Segelflugzeugen;

n) Anhänger, die als Verladerampen dienen;

o) fahrbare Baubuden, die von Kraftfahrzeugen mit einer Geschwindigkeit von nicht mehr als 20 km/h mitgeführt werden. Buchstabe a letzter Satz gilt entsprechend.

(3) Fahrzeuge, die nach Absatz 2 von den Vorschriften über das Zulassungsverfahren ausgenommen sind, dürfen auf öffentlichen Straßen nur in Betrieb gesetzt werden, wenn die zuständige Behörde für sie eine Betriebserlaubnis erteilt hat. Ausgenommen sind

1. Fahrräder mit Hilfsmotor, deren durch die Bauart bestimmte Höchstgeschwindigkeit nicht mehr als 20 km/h beträgt oder die vor dem 1. Januar 1957 erstmals in den Verkehr gekommen sind;
2. Kleinkrafträder mit regelmäßigen Standort im Saarland, wenn sie vor dem 1. Oktober 1960 im Saarland erstmals in den Verkehr gekommen sind, sowie Fahrzeuge, die nach der Übergangsvorschrift des § 72 zu § 18 Abs. 2 Nr. 4 wie Kleinkrafträder zu behandeln sind;
3. Anhänger hinter Fahrrädern mit Hilfsmotor, wenn die durch die Bauart bestimmte Höchstgeschwindigkeit des ziehenden Fahrzeugs 20 km/h nicht überschreitet oder der Anhänger vor dem 1. April 1961 erstmals in den Verkehr gekommen ist;
4. einachsige Zug- oder Arbeitsmaschinen, die von Fußgängern an Holmen geführt werden;
5. land- oder forstwirtschaftliche Arbeitsgeräte sowie hinter land- oder forstwirtschaftlichen einachsigen Zug- oder Arbeitsmaschinen mitgeführte Sitzkarren (Absatz 2 Nr. 6 Buchstabe b).

(4) Die nach Absatz 3 betriebserlaubnispflichtigen selbstfahrenden Arbeitsmaschinen, einachsigen Zugmaschinen und maschinell angetriebenen Krankenfahrstühle müssen beim Verkehr auf öffentlichen Straßen amtliche Kennzeichen führen, wenn ihre durch die Bauart bestimmte Höchstgeschwindigkeit 20 km/h überschreitet; dasselbe gilt für Kleinkrafträder mit einer durch die Bauart bestimmten Höchstgeschwindigkeit von mehr als 40 km/h. Die Bestimmungen über die Kennzeichnung der im Zulassungsverfahren zu behandelnden Kraftfahrzeuge sind mit Ausnahme des § 23 Abs. 1 Satz 2 und Satz 4 Nr. 3 und 4 entsprechend anzuwenden.

Fahrräder mit Hilfsmotor und Kleinkrafträder mit einer durch die Bauart bestimmten Höchstgeschwindigkeit von nicht mehr als 40 km/h sind nach § 67b zu kennzeichnen. Für die Kennzeichnung von betriebserlaubnispflichtigen selbstfahrenden Arbeitsmaschinen und einachsigen land- oder forstwirtschaftlichen Zugmaschinen mit einer durch die Bauart bestimmten Höchstgeschwindigkeit von nicht mehr als 20 km/h gilt § 64b entsprechend.

(5) Wen ein nach Absatz 3 betriebserlaubnispflichtiges Fahrzeug führt oder mitführt, muß bei sich haben und zuständigen Personen auf Verlangen zur Prüfung aushändigen

die Ablichtung oder den Abdruck einer Allgemeinen Betriebserlaubnis (§ 20)
oder
eine Betriebserlaubnis im Einzelfall (§ 21), die von der Zulassungstelle durch den Vermerk „Betriebserlaubnis erteilt" auf dem Gutachten eines amtlich anerkannten Sachverständigen für den Kraftfahrzeugverkehr ausgestellt ist;

bei den in Absatz 2 Nr. 2 und Nr. 6 Buchstabe a genannten Fahrzeugen genügt es, daß der Fahrzeughalter einen dieser Nachweise aufbewahrt und zuständigen Personen auf Verlangen zur Prüfung aushändigt. Handelt es sich um eine Allgemeine Betriebserlaubnis, so muß deren Inhaber oder ein amtlich anerkannter Sachverständiger oder Prüfer für den Kraftfahrzeugverkehr auf der Ablichtung oder dem Abdruck unter Angabe der Fahrgestellnummer bestätigt haben, daß das Fahrzeug dem genehmigten Typ entspricht. In allen Fällen muß auf dem Nachweis das etwa zugeteilte amtliche Kennzeichen von der Zulassungsstelle vermerkt sein.

(6) Wer ein Fahrzeug der in Absatz 3 Nr. 1 oder 2 genannten Art führt, muß bei sich haben und zuständigen Personen auf Verlangen zur Prüfung aushändigen

die Ablichtung oder den Abdruck einer Allgemeinen Betriebserlaubnis für den Motor (§ 20)
oder
die Bescheinigung eines amtlich anerkannten Sachverständigen für den Kraftfahrzeugverkehr über den Hubraum des Motors sowie darüber, daß der Motor mit seinen zugehörigen Teilen den Vorschriften dieser Verordnung entspricht.

Handelt es sich um eine Allgemeine Betriebserlaubnis, so muß deren Inhaber oder ein amtlich anerkannter Sachverständiger oder Prüfer für den Kraftfahrzeugverkehr auf der Ablichtung oder dem Abdruck unter Angabe der Motornummer bestätigt haben, daß der Motor dem genehmigten Typ entspricht.

(7) Auf Antrag können für die in Absatz 2 genannten Fahrzeuge Kraftfahrzeug- oder Anhängerbriefe ausgestellt werden; die Fahrzeuge sind dann in dem üblichen Zulassungsverfahren zu behandeln.

DA zum § 18 Abs. 2: *(1) Für reihenweise gefertigte Arbeitsmaschinen braucht die Bescheinigung, daß das Fahrzeug den Vorschriften der StVZO entspricht, nur einmal erteilt zu werden. Der Führer eines solchen Fahrzeugs braucht dann nur eine beglaubigte Abschrift der Bescheinigung mitzuführen, vorausgesetzt, daß keine Zweifel an der Zugehörigkeit des Fahrzeugs zu dem bescheinigten Typ bestehen können.*

(2) Die Beibringung des Gutachtens eines amtlich anerkannten Sachverständigen ist stets anzuordnen, wenn das Fahrzeug eine Höchstgeschwindigkeit über 20 km/h erreichen kann.

(4) Als Arbeitsmaschinen sind bisher bezeichnet worden (zusammengestellt VkBl. 57, 520 nach dem Stand 15. 10. 57; dann hier ergänzt):

1. Abschleppwagen (Reichsverkehrsbl. B 1937 S. 1);

2. Turmwagen (Reichsverkehrsbl. B 1937 S. 1);

3. Fördermaschinen (z. B. Förderbänder) (Reichsverkehrsbl. B 1937 S. 1);

4. Bagger (Reichsverkehrsbl. B 1937 S. 1);

5. Straßenwalzen (Reichsverkehrsbl. B 1937 S. 1);

6. Kocher und Spritzmaschinen für Teer und Asphalt (Reichsverkehrsbl. B 1937 S. 1);

7. Bodenrüttler (Reichsverkehrsbl. B 1937 S. 1);

8. Bodenstampfer (Reichverkehrsbl. B 1937 S. 1);

9. Motorsägen (Reichverkehrsbl. B 1937 S. 1);

10. Motorspaltmaschinen (Reichsverkehrsbl. B 1937 S. 1);

11. Kernbohrmaschinen (Reichsverkehrsbl. B 1937 S. 1);

12. Motor- und Dampfpflüge (Reichsverkehrsbl. B 1937 S. 1);

13. Selbstfahrende Schneepflüge (Reichsverkehrsbl. B 1937 S. 1);

14. Land- und forstwirtschaftliche Motorhackmaschinen und Motorwalzen (Reichsverkehrsbl. B 1937 S. 1);

15. Bodenfräsen (Reichsverkehrsbl. B 1937 S. 1);

16. Mähmaschinen (Reichsverkehrsbl. B 1937 S. 1);

17. Lokomobilen (Reichsverkehrsbl. B 1937 S. 1);

18. Selbstfahrende Spritzen für Schädlingsbekämpfung in der Land- und Forstwirtschaft (Reichsverkehrsbl. B 1937 S. 1);

19. Maschinen zur Durchführung von Bodenverbesserungen (z. B. Mergelförder- und Grabenreinigungsmaschinen, Grabenherstellungsmaschinen, Drainagepflüge) (Reichsverkehrsbl. B 1937 S. 1);

20. Mähdrescher (Reichsverkehrsbl. B 1937 S. 1);

21. Kraftfahrzeuge, auf deren Plattform eine Steigeleiter zur Verrichtung von Arbeiten an Straßen- und Reklamebeleuchtungen aufgebaut ist (Reichsverkehrsbl. B 1937 S. 29);

22. Kraftfahrzeuge, die nach ihrer Bauart und Einrichtung zur Kanalreinigung und -entgasung geeignet und bestimmt sind und die ausschließlich diesen Zwecken dienen (Reichsverkehrsbl. B 1937 S. 29);

23. Kraftfahrzeuge, die der Versorgung der elektrischen Batterien in den Unterwerken der Elektrizitätswerke mit Schwefelsäure und destilliertem Wasser dienen und mit einem durch Steckkontakt in Gang zu setzenden Motor und einer Pumpe sowie Behältern fest verbunden sind (Reichsverkehrsbl. B 1937 S. 83);

24. Kraftfahrzeuge, die nach ihrer Bauart und Einrichtung zum Reinigen von Bettfedern geeignet und bestimmt sind (Reichsverkehrsbl. B 1937 S. 83);

25. Kraftfahrzeuge mit festen Einrichtungen zum Reinigen von Bierdruckapparaten (Reichsverkehrsbl. B 1937 S. 83);

26. Kraftfahrzeuge mit elektrischen Maschinen zum Schweißen von Straßenbahnschienen (Reichskehrsbl. B 1937 S. 133);

27. Zugmaschinen mit einem Gleichstrom-Schweißgenerator zur Instandsetzung der Eisenmasten in den Fernleitungsstrecken (Reichsverkehrsbl. B 1937 S. 133);

28. Elektrokarren mit Schweißumformer (Reichsverkehrsbl. B 1937 S. 133);

29. Kabelwinden (Reichsverkehrsbl. B 1938 S. 23; Verkehrsbl. 52 S. 68);

30. Kurvenschmierwagen für Straßen- und Kleinbahnen (Reichsverkehrsbl. B 1938 S. 53);

31. Straßensprengmaschinen (Reichsverkehrsbl. B 1938 S. 111);

32. Straßenkehrmaschinen (Reichsverkehrsbl. B 1938 S. 111);

33. *Elektro-Hilfsdienstfahrzeuge, wenn mit diesen eine Ausrüstung, bestehend aus Prüfgeräten mit der nötigen Stromquelle (Batterieanlage), Lötanlage, Schraubstock, Schleifstein, Tischdrehbank, Tischbohrmaschine usw. fest verbunden ist (Reichsverkehrsbl. B 1938 S. 177);*

34. *Lautsprecherkraftwagen, die ausschließlich der Durchführung von Musik- und Sprechübertragungen dienen und zur Beförderung von anderen Gütern als den zur Durchführung von Übertragungen notwendigen Arbeitsgeräten nicht geeignet und bestimmt sind (Reichsverkehrsbl. B 1939 S. 262);*

35. *Schleiferei-Kraftfahrzeuge (selbstfahrende Einrichtungen zum Schleifen von Schneidewerkzeugen [Scheren, Messern usw.]) (Reichsverkehrsbl. B 1939 S. 277);*

36. *Selbstfahrende Betonmischmaschinen, wenn die Mischvorrichtung durch die Antriebsmaschine des Fahrzeugs betrieben wird (Reichsverkehrsbl. B 1941 S. 197);*

37. *Selbstfahrende Steinbrecher (Reichsverkehrsbl. B 1942 S. 111);*

38. *Selbstfahrende Filtriereinrichtungen (Kraftfahrzeuge mit fest eingebauten und durch Rohrleitungen untereinander verbundenen Einrichtungen, wie Wasserbehältern, Pumpen, Filtern und den notwendigen sonstigen Apparaturen zum Filtrieren von Wasser) (Reichsverkehrsbl. B 1943 S. 53);*

39. *Kraftfahrzeuge mit fest eingebauter Vulkanisierwerkstatt, insbesondere mit vom Motor angetriebenem Stromerzeuger und davon angetriebenen Werkmaschinen (Verkehrsbl. 1949 S. 117);*

40. *Selbstfahrende Öldruckpressen, mit deren Hilfe Blechabfälle aller Art zu transportablen Ballen zusammengepreßt werden können (Verkehrsbl. 1951 S. 234);*

41. *Kraftfahrzeuge mit Einrichtungen zur Aufnahme und Übertragung von Rundfunksendungen oder zur Aufnahme von Tonfilmen (Verkehrsbl. 1951 S. 334);*

42. *Selbstfahrende Schrotmühlen (Verkehrsbl. 1951 S. 334);*

43. *Kraftfahrzeuge mit einem fest eingebauten Ladegerät (Netzersatzanlage) (Verkehrsbl. 1952 S. 68);*

44. *Kraftfahrzeuge mit einer fest eingebauten Druckluftprüfeinrichtung (Verkehrsbl. 1952 S. 68);*

45. *Kraftfahrzeuge mit einem in das Fahrzeug fest eingebauten Stromaggregat zur Herstellung von Drehstrom für Filmaufnahmen und mit fest aufmontierter Seilwinde (Verkehrsbl. 1952 S. 150);*

46. *Kraftfahrzeuge zur Durchführung geophysikalischer Untersuchungen:*

    1. *Registrierwagen zur Aufnahme seismischer Wellen mit fest eingebauten Verstärkern, Regelgeräten und Lichtschreibern,*
    2. *Kabelwagen mit fest eingebauten Kabeltrommeln,*
    3. *Spülbohrwagen mit fest eingebautem umklappbarem Kranausleger, Ansaugvorrichtung und Kreiselpumpenaggregat,*
    4. *Schießwagen zur Durchführung von Sprengungen im Bohrloch mit fest eingebauter Ansaugvorrichtung, Zündmoment-Übertragungsgerät und Generator zur Stromversorgung (Verkehrsbl. 1953 S. 313);*

47. *Kraftfahrzeuge zur Durchführung von Erdölbohr- und Förderarbeiten und zur Durchführung von technischen Meßarbeiten im Erdölbohr- und Förderbetrieb:*

    1. *selbstfahrende Bohranlagen für Untersuchungsbohrungen mit fest eingebautem Klappmast und einer Rotary-Bohranlage,*
    2. *selbstfahrende Zementierwagen zur Zementierung der Verrohrung mit fest eingebauter Wasserdruckpumpe und gesondertem Antriebsmotor,*
    3. *selbstfahrende Ausbauwinden zum Ein- und Ausbau der Pumprohre oder des Pumpengestänges mit fest eingebauten Fördertrommeln mit Schaltgetriebe,*
    4. *selbstfahrende Bohrlochmeßwagen zur Tiefen-, Temperatur-, Lot- und Abweichmessung usw. mit fest eingebauter Kabeltrommel,*
    5. *selbstfahrende Meßwagen für zerstörungsfreie Materialprüfung mit fest eingebautem induktiv-magnetischem Meßgerät (Verkehrsbl. 1953 S. 313);*

48. Kraftfahrzeuge zur Durchführung seismographischer Messungen mit fest eingebauten Meßgeräten und Kabeltrommeln (Verkehrsbl. 1953 S. 313);
49. Kraftfahrzeuge zum Reinigen der Weichen für Straßen- und Kleinbahnen (Verkehrsbl. 1953 S. 314);
50. Selbstfahrende Seilwinden (Verkehrsbl. 1953 S. 214; vgl. auch Reichsverkehrsbl. B 1937 S. 133);
51. Selbstfahrende Obstpressen (Verkehrsbl. 1954 S. 138);
52. Selbstfahrende Saatgutreinigungsmaschinen (Verkehrsbl. 1954 S. 315);
53. Selbstfahrende Kräne (Verkehrsbl. 1955 S. 266; vgl. auch Verkehrsbl. 1951 S. 148; 1952 S. 82);
54. Kraftfahrzeuge zur Durchführung von Hochfrequenzmessungen mit fest eingebauten Lichtmaschinen und Zusatzaggregaten zur Erzeugung des Hochfrequenzstroms, fest eingebauter Kabeltrommel und fest eingebauter Meßanlage zum Registrieren der Ergebnisse (Verkehrsbl. 1955 S. 226);
55. Selbstfahrende Melkmaschinen (Verkehrsbl. 1955 S. 462);
56. Selbstfahrende Stromaggregate, die zur Erzeugung von Notstrom bestimmt sind (Verkehrsbl. 1956 S. 286);
57. Selbstfahrende Stroh- und Heupressen (Verkehrsbl. 1956 S. 368);
58. Fahrzeuge mit fest eingebauten und durch besondere Anlagen verbundenen Einrichtungen zur Aufbereitung oder zur Untersuchung und Bestimmung des Zucker-, Asche- und Stickstoffgehaltes von Zuckerrüben (Verkehrsbl. 1956 S. 538);
59. Selbstfahrende Planiermaschinen (Verkehrsbl. 1956 S. 658), auch mit Aufreißbalken (Verkehrsbl. 1953 S. 214);
60. Selbstfahrende Teppich-Klopfmaschinen (Verkehrsbl. 1957 S. 139);
61. Kraftfahrzeuge mit einer fest aufmontierten Drucklufterzeugungsanlage (Verkehrsbl. 1957 S. 272);
62. Kraftfahrzeuge, die nach ihrer Bauart und ihren besonderen, mit dem Fahrzeug fest verbundenen Einrichtungen ausschließlich dem Impfen von Getreide mit Pilzsporen und der Ernte des Mutterkorn-Getreidegemisches dienen (Verkehrsbl. 1957 S. 373);
63. Kraftfahrzeuge mit einem fest eingebauten Aggregat und Gebläse, das der Druckentleerung von Silos dient (Verkehrsbl. 1957 S. 468);
64. Kraftfahrzeuge mit einem fest angebrachten Schienenhunt und hydraulischer Hebevorrichtung, die der Bergung entgleister Straßenbahnwagen dienen (Verkehrsbl. 1957 S. 502);
65. Maschinen, die für land- und forstwirtschaftliche Arbeiten bestimmt sind (Verkehrsbl. 1958 S. 203);
66. Kraftfahrzeuge mit fest montiertem Behälter, der für die Eichung von Durchflußmessern zugelassen ist (Verkehrsbl. 1958 S. 221);
67. Kraftfahrzeuge mit fest eingebautem Heißwassergerät zur Reinigung von Maschinen und Geräten (Verkehrsbl. 1958 S. 261);
68. Kraftfahrzeuge mit fest eingebauten Hochdruckpumpen (Verkehrsbl. 1958 S. 262);
69. Kraftfahrzeuge mit fest eingebauten Schweißmaschinen (Verkehrsbl. 1958 S. 325);
70. Kraftfahrzeuge zur Durchführung von Messungen radioaktiver Strahlungen mit fest eingebauten Meßgeräten und sonstigen Einrichtungen (Verkehrsbl. 1959 S. 230);
71. Kraftfahrzeuge mit fest eingebauten Rüttelsiebanlagen (Verkehrsbl. 1959, S. 398);
72. Kraftfahrzeuge mit fest eingebauten Bohrgeräten-Klappmast- und Bohranlage (VerkBl. 59, 535);
73. Kraftfahrzeuge mit fest eingebauten Vorrichtungen zur Markierung von Straßenfahrbahnen (Straßenmarkierungsmaschinen) (Verkehrsbl. 1961, 25).
74. Selbstfahrende Maschinen für den Straßenbau und die Straßenunterhaltung (VerkBl. 61, 192);
75. Schienenreinigungswagen (VerkBl. 61, 291).

1. Die Vorschrift des § 18 wurde neu gefaßt durch die VO v. 7. 7. 60, BGBl. I, 485. In Kraft seit 1. 8. 60 (Art. 10), abweichend geregelt in § 72 StVZO s. unten Bem. 6. 1

2. Unverändert blieb Abs. 1. In Abs. 2 Nr. 1 blieb nur der Satz 1. Die folgenden Sätze wurden gestrichen, weil sie infolge des neu hinzugefügten Abs. 3 überflüssig wurden. Das gleiche gilt auch für Nr. 4 des Abs. 2 (Nr. 2 a. F.). Hier wurden allerdings die Fahrräder mit Hilfsmotor dazu genommen. Der letzte Halbsatz in Nr. 5 wurde ebenfalls gestrichen. Es gilt das gleiche wie für Nr. 1 und 4. Ergänzt wurde Nr. 6b (Nr. 4b a. F.), wo in Verbindung mit Abs. 3 Nr. 5 nunmehr klargestellt ist, daß bei Sitzkarren, die hinter land- oder forstwirtschaftlichen einachsigen Zug- oder Arbeitsmaschinen mitgeführt werden, auch künftig weder eine Zulassung noch eine Betriebserlaubnis erforderlich ist. 2

Im übrigen sind die Nummern in Abs. 2 nunmehr durchnumeriert.

3 3. Die Zulassungsfreiheit des Abs. 2 bedeutet nicht, daß die betreffenden Fahrzeuge den Bauvorschriften nicht unterliegen. Von der Betriebserlaubnis sind nur die in Abs. 3 Nr. 1 bis 5 einzeln aufgeführten Fahrzeuge befreit (§§ 19 bis 22a). Einer ausdehnenden Auslegung sind diese Sondervorschriften nicht fähig. Nach der amtlichen Begründung (VerkBl. 60, 460) wurde die Betriebserlaubnispflicht des Abs. 3 für die dort nicht aufgezählten Fahrzeuge aus Gründen der Verkehrssicherheit eingefügt.

Die Bestimmungen über die Betriebserlaubnispflicht für Fahrräder mit Hilfsmotor und für Motoren solcher Fahrzeuge wurden aus § 67a Abs. 4 StVZO in den § 18 Abs. 3 übernommen (Nr. 1).

4 4. Der Nachweis über die Betriebserlaubnis ist wie bisher mitzuführen. Eine Ausnahme gilt nur bei land- und forstwirtschaftlichen Fahrzeugen, bei denen der Fahrzeughalter verpflichtet ist, die Papiere aufzubewahren (Abs. 5). Auf den Papieren muß angegeben sein (amtliche Begründung: VerkBl. 60, 461)

1. die Fahrgestellnummer, damit geprüft werden kann, zu welchem Fahrzeug das Papier gehört,
2. das etwa zugeteilte amtliche Kennzeichen, um wirksame Maßnahmen gegen den Mißbrauch dieses Kennzeichens zu ermöglichen.

5 5. **Aus der 21. Auflage** sind die Einleitung und die Vorbemerkung vor § 18 in vollem Umfang noch verwertbar. Von den **Anmerkungen** zu § 18 können die Nr. 1 bis 10, 12 bis 13, 16a, 16aa und 18 bis 21 uneingeschränkt weiter Verwendung finden. Bei den Anmerkungen Nr. 20 und 21 ist zu beachten, daß zwar der Satz 2 des Abs. 2 gestrichen wurde, die Anmerkungen aber allgemein gültige Gedanken enthalten (vgl. amtliche Begründung zu § 18, VerkBl. 60, 461). Nach wie vor kann die Anm. 14a Berücksichtigung finden (vgl. S. 276 der 21. Auflage), die jedoch der Anm. 12 beizufügen ist. Nicht mehr verwendet können werden die Anmerkungen Nr. 11, 13a, 16bb, 16c, 16d und 17a.

Hinsichtlich des Schleppens von Fahrzeugen vgl. nunmehr auch § 33 StVZO.

6 6. Inkrafttreten und Übergangsbestimmungen bei § 72 für
§ 18 Abs. 2 Nr. 4
§ 18 Abs. 3
§ 18 Abs. 4 Satz 1, Halbsatz 2
§ 18 Abs. 5 Satz 2 und Satz 3
§ 18 Abs. 6 Satz 2.

§ 19 Erteilung und Wirksamkeit der Betriebserlaubnis

(1) Die Betriebserlaubnis ist zu erteilen, wenn das Fahrzeug den Vorschriften dieser Verordnung und den zu ihrer Ausführung erlassenen Anweisungen des Bundesministers für Verkehr entspricht.

(2) Die Betriebserlaunbis bleibt, wenn sie nicht ausdrücklich entzogen wird, bis zur endgültigen Außerbetriebsetzung des Fahrzeugs wirksam, solange nicht Teile des Fahrzeugs verändert werden, deren Beschaffenheit vorgeschrieben ist oder deren Betrieb eine Gefährdung anderer Verkehrsteilnehmer verursachen kann. Nach solchen Änderungen hat der Verfügungsberechtige eine erneute Betriebserlaubnis unter Beifügung des Gutachtens eines amtlich anerkannten Sachverständigen oder Prüfers für den Kraftfahrzeugverkehr über den vorschriftsmäßigen Zustand des Fahrzeugs zu beantragen, wenn nicht für die an- oder eingebauten Teile einzeln eine besondere Betriebserlaubnis oder Bauartgenehmigung erteilt ist, deren Wirksamkeit nicht von einer Abnahme (§ 22) abhängt.

DA: *Eine neue Betriebserlaubnis ist nicht erforderlich, wenn ein Motor gegen einen anderen von gleicher Bauart ausgetauscht wird. Die Verwendung sogenannter Austauschmotoren soll erleichtert werden. Bei der ersten Ausfertigung dürfen im Kraftfahrzeugbrief und -schein mehrere Motornummern angegeben werden; dabei ist zu bemerken, daß es sich um Austauschmotoren handelt. Bei zuverlässigen Haltern, die eine sehr große Zahl von Austauschmotoren haben, darf auf die Angabe aller Nummern verzichtet werden; hinter der Nummer des zur Zeit der Ausstellung* *der Fahrzeugpapiere eingebauten Motors ist dann zu vermerken: „und andere Austauschmotoren"; dieser Vermerk ist bei Veräußerung des Fahrzeugs zu streichen. Als Austauschmotor gilt nur ein Motor von gleicher Bauart und gleichem Hubraum; geringe Abweichungen infolge Ausschleifens der Zylinder sind zulässig.*

1. Der § 19 wurde durch die VO v. 7. 7. 60, BGBl. I, 485 neu gefaßt. In Kraft seit 1. 8. 60 (Art. 10). In Abs. 1 wurden die Worte „nach dem Gutachten eines amtlich anerkannten Sachverständigen für den Kraftfahrzeugverkehr" gestrichen. In Abs. 2 wurde an Stelle des Wortes „Eigentümer" der „Verfügungsberechtigte" gesetzt. Eingefügt wurde auch, daß nunmehr auch ein Prüfer das erforderliche Gutachten erstellen darf. Ebenso wie beim Sachverständigen muß es sich hierbei um einen amtlich anerkannten Prüfer handeln. Da die einzelnen Fahrzeugteile nach § 22a einer Bauartgenehmigung bedürfen, wurde der Text insoweit ergänzt und die Bauartgenehmigung der Betriebserlaubnis beigefügt (letzter Satz). 1

2. Die Änderungen des § 19 haben nicht nur redaktionelle Bedeutung. Durch die Neufassung des Abs. 1 ist klargestellt, daß die Behörde die Betriebserlaubnis in eigener Verantwortung erteilt und an ein Gutachten eines Sachverständigen insoweit nicht gebunden ist. 2

Künftig hat nicht nur der Eigentümer das Recht, eine Betriebserlaubnis zu beantragen, sondern jeder, der über das Fahrzeug zu verfügen berechtigt ist.

3. Die **Anmerkungen der 21. Aufl.** zu § 19 StVZO sind mit Ausnahme der Nr. 13 noch in vollem Umfang verwertbar.

§ 20 Allgemeine Betriebserlaubnis für Typen

(1) Für reihenweise zu fertigende oder gefertigte Fahrzeuge kann die Betriebserlaubnis dem Hersteller nach einer auf seine Kosten vorgenommenen Prüfung allgemein erteilt werden (Allgemeine Betriebserlaubnis), wenn er die Gewähr für zuverlässige Ausübung der dadurch verliehenen Befugnisse bietet. Bei Herstellung eines Fahrzeugtyps durch mehrere Beteiligte kann die Allgemeine Betriebserlaubnis diesen gemeinsam erteilt werden. Für Fahrzeuge, die außerhalb des Geltungsbereichs dieser Verordnung hergestellt worden sind, kann die Allgemeine Betriebserlaubnis dem Händler erteilt werden, der seine Berechtigung zu ihrem alleinigen Vertrieb im Geltungsbereich dieser Verordnung nachweist.

(2) Über den Antrag auf Erteilung der Allgemeinen Betriebserlaubnis entscheidet das Kraftfahrt-Bundesamt. Das Kraftfahrt-Bundesamt kann einen amtlich anerkannten Sachverständigen für den Kraftfahrzeugverkehr oder eine andere Stelle mit der Begutachtung beauftragen. Es bestimmt, welche Unterlagen für den Antrag beizubringen sind.

(3) Der Inhaber einer Allgemeinen Betriebserlaubnis für Fahrzeuge hat für jedes dem Typ entsprechende, zulassungspflichtige Fahrzeug einen Kraftfahrzeug- oder Anhängerbrief (§ 25) einschließlich der von der Zulassungsstelle herauszutrennenden Blätter auszufüllen. Die Vordrucke für die Briefe werden vom Kraftfahrt-Bundesamt ausgegeben. In dem Brief sind die Angaben über das Fahrzeug von dem Inhaber der Allgemeinen Betriebserlaubnis für das Fahrzeug einzutragen oder, wenn mehrere Hersteller beteiligt sind, von jedem Beteiligten für die von ihm hergestellten Teile, sofern nicht ein Beteiligter die Ausfüllung des Briefs übernimmt; war die Erteilung der Betriebserlaubnis von der Genehmigung einer Ausnahme abhängig, so müssen die Ausnahme und die genehmigende Behörde im Brief bezeichnet werden. Die Richtigkeit der Angaben über die Beschaffenheit des Fahrzeugs und über dessen Übereinstimmung mit dem genehmigten Typ hat der für die Ausfüllung des Briefs (ganz oder jeweils zu einem bestimmten Teil) Verantwortliche zu bescheinigen.

(4) Abweichungen von den technischen Angaben, die das Kraftfahrt-Bundesamt bei Erteilung der Allgemeinen Betriebserlaubnis durch schriftlichen Bescheid für den

genehmigten Typ festgelegt hat, sind dem Inhaber der Allgemeinen Betriebserlaubnis nur gestattet, wenn diese durch einen entsprechenden Nachtrag ergänzt worden ist oder wenn das Kraftfahrt-Bundesamt auf Anfrage erklärt hat, daß für die vorgesehene Änderung eine Nachtragserlaubnis nicht erforderlich ist.

(5) Die Allgemeine Betriebserlaubnis erlischt nach Ablauf einer etwa festgesetzten Frist, bei Widerruf durch das Kraftfahrt-Bundesamt, und wenn der genehmigte Typ den Rechtsvorschriften nicht mehr entspricht. Der Widerruf kann ausgesprochen werden, wenn der Inhaber der Allgemeinen Betriebserlaubnis gegen die mit dieser verbundenen Pflichten verstößt oder sich als unzuverlässig erweist oder wenn sich herausstellt, daß der genehmigte Fahrzeugtyp den Erfordernissen der Verkehrssicherheit nicht entspricht.

(6) Das Kraftfahrt-Bundesamt kann jederzeit bei Herstellern oder Händlern die Erfüllung der mit der Allgemeinen Betriebserlaubnis verbundenen Pflichten nachprüfen oder nachprüfen lassen. Die Kosten der Nachprüfung trägt der Inhaber der Allgemeinen Betriebserlaubnis, wenn ihm ein Verstoß gegen die mit der Erlaubnis verbundenen Pflichten nachgewiesen wird.

1 **1.** § 20 wurde neugefaßt durch die VO v. 7. 7. 60, BGBl. I, 485 (unverändert blieb Abs. 2, eingeführt wurde Abs. 5 u. 6). In **Kraft** sind die Änderungen seit 1. 8. 60 (Art. 10 d. VO v. 7. 7. 60). Übergangsbestimmung § 72 StVZO.

2 **2.** In der Neufassung wurde der Begriff des **„Typscheins“** allgemein gestrichen und durch die „Allgemeine Betriebserlaubnis“ ersetzt.

Ersetzt wurden die Begriffe „Inland“ und „Ausland“ durch „Geltungsbereich dieser VO“. Dies war erforderlich, da zum Inland allgemein auch die Sowjetzone zählt, die Betriebserlaubnisse dort aber verschiedentlich an andere Voraussetzungen gebunden sind als in der Bundesrepublik. Die allgemeine Betriebserlaubnis für Fahrzeuge aus der Sowjetzone kann deshalb den Händlern in der Bundesrepublik besonders erteilt werden.

3 **3.** Es war bisher streitig, ob die in dem Brief vorhandenen für die **Karteiblätter** (§ 26) der Zulassungsstellen bestimmten herauszutrennenden Vordrucke von dem Inhaber der allgemeinen Betriebserlaubnis (bisher Typscheins) auszufüllen sind. In der Neufassung wurde diese Zweifelsfrage nunmehr ausdrücklich behoben (Abs. 3 Satz 1).

4 Aufgenommen in den Kraftfahrzeugbrief müssen nunmehr auch sämtliche **Ausnahmegenehmigungen** werden. Die Bestimmung entspricht dem § 21 letzter Satz StVZO n. F. Für eine neu zu erteilende Allgemeine Betriebserlaubnis gilt dies sofort. Für die bereits erteilte Betriebserlaubnis gilt die Übergangsbestimmung des § 72, die Eintragung muß spätestens bis 1. 7. 63 erfolgt sein.

5 **4.** Die Absätze 5 u. 6 entsprechen den Bestimmungen der Fahrzeugteileverordnung a. F. Wann eine Nachtragserlaubnis (Abs. 4) nötig ist, ergibt sich aus § 19 Abs. 2 StVZO.

6 **5.** Die **Anmerkungen der 21. Aufl.** zu § 20 sind noch verwertbar mit Ausnahme der Anmerkungen Nr. 13 u. 14. Bei sämtlichen Anmerkungen ist an Stelle des „Typscheins“ der Ausdruck „Allgemeine Betriebserlaubnis“ zu setzen. Hinsichtlich der Anm. 3 ist auch Abs. 5 der Neufassung von § 20 zu beachten.

7 **6.** Wegen des Antrags auf **Typprüfung** eines Kraftfahrzeugs oder Anhängers s. VerkBl. 48, 55 u. 49, 126. Für die in der **Sowjetzone** hergestellten und zugelassenen Fahrzeuge wurden dort keine Kraftfahrzeugbriefe seit 8. 5. 45 mehr ausgefertigt. Bei Zulassung solcher von dort eingeführter Fahrzeuge war in der Bundesrepublik oder in West-Berlin ein Ersatzbrief auszustellen (VerkBl. 54, 422, berichtigt: VerkBl. 55, 16). Seit 1957 werden wieder Kraftfahrzeugbriefe ausgefertigt.

§ 21 Betriebserlaubnis für Einzelfahrzeuge

Gehört ein Fahrzeug nicht zu einem genehmigten Typ, so hat der Hersteller oder ein anderer Verfügungsberechtigter die Betriebserlaubnis bei der Verwaltungsbehörde (Zulassungsstelle) zu beantragen. Bei zulassungspflichtigen Fahrzeugen

ist der Behörde mit dem Antrag ein Kraftfahrzeug- oder Anhängerbrief vorzulegen; der Vordruck für den Brief kann von der Zulassungsstelle bezogen werden. In dem Brief muß ein amtlich anerkannter Sachverständiger für den Kraftfahrzeugverkehr bescheinigt haben, daß das Fahrzeug richtig beschrieben ist und den geltenden Vorschriften entspricht. Hängt die Erteilung der Betriebserlaubnis von der Genehmigung einer Ausnahme ab, so müssen die Ausnahme und die genehmigende Behörde im Brief bezeichnet sein.

DA: *(1) Der Kraftfahrzeug- oder Anhängerbrief kann von der Zulassungsstelle bezogen werden, in deren Bezirk der Bezieher wohnt, oder die das Fahrzeug zuzulassen hat. Er kann aber auch von Herstellern (oder Vertretern), die als Inhaber von Typscheinen von der Sammelstelle Briefvordrucke in größerer Zahl erhalten haben, aus ihrem Vorrat entnommen werden. Besonders können ferner die amtlich anerkannten Sachverständigen Vordrucke beziehen, die sie der Einfachheit halber unmittelbar an die Antragsteller zur Ausfüllung überlassen oder selbst ausfüllen.*

(2) Die Zulassungsstelle bestätigt dem Kraftfahrt-Bundesamt unverzüglich den Empfang der Kraftfahrzeugbriefvordrucke und Anhängerbriefvordrucke. Zugleich ist der für die Vordrucke in Rechnung gestellte Betrag dem Kraftfahrt-Bundesamt zu überweisen.

Bei der Überweisung ist die Sendung, die bezahlt wird, durch Angabe der Nummernreihe der Vordrucke zu bezeichnen. Wird bei der Zulassungsstelle ein Vordruck ungültig, z. B. durch Verschreiben, so ist dieser an das Kraftfahrt-Bundesamt zurückzusenden; die Zulassungsstelle erhält dafür einen neuen Vordruck gebührenfrei, sofern sie bei der Rücksendung des Vordrucks erklärt, daß ein Dritter für die ausgefallene Gebühr nicht in Anspruch genommen werden kann. Wenn eine Zulassungsstelle Vordrucke nicht mehr benötigt, so sind sie dem Kraftfahrt-Bundesamt geschlossen zurückzugeben; für diese wird die Gebühr erstattet, sofern die Vordrucke unbeschädigt und noch verwendbar sind. Bei Überweisung durch Banken usw. haben die Zulassungsstellen dafür zu sorgen, daß auch von diesen die vorgeschriebenen Angaben gemacht werden. Unmittelbare Überweisungen von Geldbeträgen durch Fahrzeugeigentümer usw. an das Kraftfahrt-Bundesamt sind zu verhindern.

(3) Die Zulassungsstelle hat einen Nachweis über die Verwendung der ausgegebenen Briefvordrucke zu führen, aus dem die Nummer des Briefes, das amtliche Kennzeichen des Kraftfahrzeugs und der Tag der Abrechnung mit dem Kraftfahrt-Bundesamt ersichtlich ist. Ist ein Kennzeichen noch nicht zugeteilt, muß der Empfänger des Vordrucks angegeben werden.

Auf Anfordern ist der Verwendungsnachweis dem Kraftfahrt-Bundesamt zur Einsichtnahme vorzulegen.

§ 21 wurde durch die VO vom 7. 7. 60, BGBl. I, 485 neu gefaßt. **In Kraft** seit 1. 8. 60 (Art. 10 d. VO v. 7. 7. 60). Übergangsbestimmung für den letzten Satz in § 72 StVZO. 1

Nach der bisherigen Fassung war nur der Hersteller befugt, eine Betriebserlaubnis zu beantragen, nunmehr ist es jeder Verfügungsberechtigte, auch ohne daß er die Zuteilung eines amtlichen Kennzeichens beantragt. Mit dieser Änderung wird nach der amtlichen Begründung (VerkBl. 60, 461) der Tatsache Rechnung getragen, daß künftig viele Fahrzeuge zwar betriebserlaubnispflichtig sein werden, jedoch kein eigenes amtliches Kennzeichen zu haben brauchen. 2

Der letzte Satz tritt für Neuzulassungen ab sofort in Kraft, für Fahrzeuge, für die bereits eine Betriebserlaubnis erteilt ist, spätestens ab 1. 7. 1963 (§ 72 StVZO). 3

Die **Anmerkungen der 21. Aufl.** zu § 21 sind in vollem Umfang verwertbar. An Stelle von Typschein ist die Allgemeine Betriebserlaubnis getreten. 4

§ 22 Betriebserlaubnis für Fahrzeugteile

(1) Die Betriebserlaubnis kann auch gesondert für Teile von Fahrzeugen erteilt werden, wenn der Teil eine technische Einheit bildet, die im Erlaubnisverfahren selbständig behandelt werden kann. Die Erlaubnis ist gegebenenfalls zu beschränken, daß der Teil nur an Fahrzeugen bestimmter Art und nur bei einer bestimmten Art des Ein- oder Anbaues verwendet werden darf; die Wirksamkeit der Betriebserlaubnis kann von der Abnahme des Ein- oder Anbaues durch einen amtlich anerkannten Sachverständigen oder Prüfer für den Kraftfahrzeugverkehr abhängig gemacht werden.

(2) Für das Verfahren gelten die Vorschriften über die Erteilung der Betriebserlaubnis für Fahrzeuge entsprechend. Bei reihenweise zu fertigenden oder gefertigten Teilen ist sinngemäß nach § 20 zu verfahren; der Inhaber einer Allgemeinen Betriebserlaubnis für Fahrzeugteile hat durch Anbringung des ihm vorgeschriebenen Typzeichens auf jedem dem Typ entsprechenden Teil dessen Übereinstimmung mit dem genehmigten Typ zu bestätigen. Findet eine Abnahme statt, so hat der amtlich anerkannte Sachverständige oder Prüfer für den Kraftfahrzeugverkehr im Kraftfahrzeug- oder Anhängerbrief oder in dem nach § 18 Abs. 5 oder 6 erforderlichen Nachweis die abgenommenen Teile unter Angabe ihrer Typzeichen zu vermerken. Bei Fahrzeugteilen, die nicht zu einem genehmigten Typ gehören, ist nach § 21 zu verfahren; das Gutachten des amtlich anerkannten Sachverständigen für den Kraftfahrzeugverkehr ist, falls es sich nicht gegen die Erteilung der Betriebserlaubnis ausspricht, in den Kraftfahrzeug- oder Anhängerbrief einzutragen, wenn der Teil an einem bestimmten zulassungspflichtigen Fahrzeug an- oder eingebaut werden soll. Unter dem Gutachten hat die Zulassungsstelle gegebenenfalls einzutragen:

„Betriebserlaubnis erteilt".

Im Kraftfahrzeug- oder Anhängerschein oder in dem nach § 18 Abs. 5 oder 6 erforderlichen Nachweis, ferner in den etwa ausgestellten Anhängerverzeichnissen ist der gleiche Vermerk unter kurzer Bezeichnung des genehmigten Teils zu machen.

1 **1.** § 22 wurde geändert durch die VO v. 7. 7. 60, BGBl. I, 485. In Kraft seit 1. 8. 60 (Art. 10 d. VO v. 7. 7. 60).

2 **2.** Die Ersetzung des Wortes „einzeln" durch „gesondert" in der 1. Zeile des Absatzes 1 hat nur redaktionelle Bedeutung. Die Hinzufügung des Prüfers hat die gleiche Bedeutung wie in § 19 (siehe auch die Kraftfahrsachverständigenverordnung). Das Wort „Typschein" ist ersetzt worden durch „Allgemeine Betriebserlaubnis" (vgl. § 20). In Satz 2 des Absatzes 2 ist klargestellt, daß nach § 20 zu verfahren ist, auch wenn die Fertigung erst in Aussicht genommen ist, nicht erst dann, wenn die einzelnen Teile schon gefertigt wurden. Gestrichen wurden Abs. 3 und 4 der alten Fassung. Die Bauartgenehmigung ist jetzt umfassend in § 22a StVZO geregelt.

3 **3.** Die getrennte Behandlung von Betriebserlaubnis und Bauartgenehmigung wurde nach der amtlichen Begründung (Verkehrsblatt 60, 461) aus Zweckmäßigkeitsgründen nunmehr in zwei verschiedenen Bestimmungen geregelt. In § 22 soll künftig nur die Betriebserlaubnis behandelt werden, d. h. weder die Fahrzeugteileverordnung mit den zugehörigen Richtlinien noch die Strafvorschrift des § 26 Nr. 5 StVG oder der bisherige § 22 IV StVZO in Frage kommen.

4 **4.** Von den **Anmerkungen in der 21. Auflage** sind die Anm. 7a—14 in bezug auf § 22 nicht mehr verwendbar. Sie sind verwertbar für § 22a neuer Fassung. Die im Anschluß an § 22 in der 21. Aufl. abgedruckte Fahrzeugteileverordnung ist ebenfalls neu gefaßt und nunmehr im Anschluß an § 22a zu finden.

5 Verwertbar sind mit gewissen Einschränkungen die Anmerkungen 1—7 mit der Maßgabe, daß die Hinweise auf die Absätze 3 und 4 entfallen, die Bauartgenehmigung in § 22a StVZO geregelt ist, der Begriff des „Typscheins" durch die „Allg. Betriebserlaubnis" ersetzt wurde. Bei der Anm. 6 ist noch auf § 18 StVZO n. F. hinzuweisen.

§ 22a Bauartgenehmigung für Fahrzeugteile

(1) Die nachstehend aufgeführten Einrichtungen, gleichgültig ob sie an zulassungspflichtigen oder an zulassungsfreien Fahrzeugen verwendet werden, müssen in einer amtlich genehmigten Bauart ausgeführt sein:

1. **Heizungen (§ 35c), ausgenommen elektrische Heizungen sowie Warmwasserheizungen, bei denen als Wärmequelle das Kühlwasser des Motors verwendet wird,**
2. **Gleitschutzvorrichtungen (§ 37 Abs. 1),**
3. **Scheiben aus Sicherheitsglas (§ 40),**

4. Bremsbeläge (§ 41),
5. Auflaufbremsen (§ 41 Abs. 10),
6. Einrichtungen zur Verbindung von Fahrzeugen (§ 43 Abs. 1), mit Ausnahme von
   a) Einrichtungen, die aus technischen Gründen nicht selbständig im Genehmigungsverfahren behandelt werden können (z. B. Anhängerdeichseln an einachsigen Anhängern, wenn sie Teil des Rahmens und nicht verstellbar sind),
   b) Ackerschienen (Anhängeschienen), ihre Befestigungseinrichtung und der Dreipunktanbau an land- oder forstwirtschaftlichen Zug- oder Arbeitsmaschinen,
   c) Zugeinrichtungen an land- oder forstwirtschaftlichen Arbeitsgeräten, die hinter Kraftfahrzeugen mitgeführt werden und nur im Fahren eine ihrem Zweck entsprechende Arbeit leisten können, wenn sie zur Verbindung mit den unter Buchstabe b genannten Einrichtungen bestimmt sind,
   d) Abschlepp- und Rangiereinrichtungen einschließlich Abschleppstangen und Abschleppseilen, und
   e) Langbäumen,
7. Scheinwerfer für Fernlicht und für Abblendlicht sowie für Fern- und Abblendlicht (§ 50),
8. Begrenzungsleuchten (§ 51 Abs. 1),
9. Parkleuchten (§ 51 Abs. 3),
10. Nebelscheinwerfer (§ 52 Abs. 1),
11. Kennleuchten für blaues Blinklicht (§ 52 Abs. 3 und § 72 Abs. 2 zu § 52 Abs. 3),
12. Kennleuchten für gelbes Blinklicht (§ 52 Abs. 4 und § 72 Abs. 2 zu § 52 Abs. 4),
13. Schlußleuchten (§ 53 Abs. 1 und 6 und § 72 Abs. 2 zu § 52 Abs. 4),
14. Bremsleuchten (§ 53 Abs. 2),
15. Rückstrahler (§ 53 Abs. 4 und 6, § 67 Abs. 2 und 3 dieser Verordnung, § 24 der Straßenverkehrs-Ordnung),
16. Warneinrichtungen zur Sicherung haltender Fahrzeuge (§ 53a Abs. 1 und 2 Satz 2),
17. Fahrtrichtungsanzeiger (§ 54),
18. Glühlampen (§ 49a Abs. 5, § 67 Abs. 7, § 67a Abs. 4) — ausgenommen Glühlampen für 40 und 80 V und Glühlampen für die Innenbeleuchtung von Fahrzeugen —,
19. Warnvorrichtungen mit einer Folge verschieden hoher Töne (§ 55 Abs. 4),
20. Fahrtschreiber (§ 57a),
21. Beleuchtungseinrichtungen für amtliche Kennzeichen (§ 60),
22. Lichtmaschinen, Scheinwerfer und Schlußleuchten für Fahrräder (§ 67),
23. Scheinwerfer und Schlußleuchten für Fahrräder mit Hilfsmotor (§ 67a),

24. **Beiwagen von Krafträdern,**
25. **Sicherheitsgurte in Kraftfahrzeugen,**
26. **Leuchten zur Sicherung von Ladungen (§ 19 Abs. 3 der Straßenverkehrs-Ordnung).**

(2) Fahrzeugteile, die in einer amtlich genehmigten Bauart ausgeführt sein müssen, dürfen zur Verwendung im Geltungsbereich dieser Verordnung nur feilgeboten, veräußert, erworben oder verwendet werden, wenn sie mit einem amtlich vorgeschriebenen und zugeteilten Prüfzeichen gekennzeichnet sind. Die Ausgestaltung der Prüfzeichen und das Verfahren bestimmt der Bundesminister für Verkehr; insoweit gilt die Verordnung über die Prüfung und Kennzeichnung bauartgenehmigungspflichtiger Fahrzeugteile (Fahrzeugteileverordnung).

(3) Die Absätze 1 und 2 sind nicht anzuwenden auf

1. **Einrichtungen, die zur Erprobung im Straßenverkehr verwendet werden, wenn der Führer des Fahrzeugs eine entsprechende amtliche Bescheinigung mit sich führt und zuständigen Personen auf Verlangen zur Prüfung aushändigt,**
2. **Einrichtungen, die in den Geltungsbereich dieser Verordnung verbracht worden sind, an Fahrzeugen verwendet werden, die außerhalb des Geltungsbereichs dieser Verordnung gebaut worden sind, und in ihrer Wirkung etwa den nach Absatz 1 geprüften Einrichtungen gleicher Art entsprechen.**

(4) Absatz 2 ist nicht anzuwenden auf Einrichtungen, für die eine Einzelgenehmigung im Sinne der Fahrzeugteileverordnung erteilt worden ist. Werden solche Einrichtungen im Verkehr verwendet, so ist die Urkunde über die Genehmigung mitzuführen und zuständigen Personen auf Verlangen zur Prüfung auszuhändigen; dies gilt nicht, wenn die Genehmigung aus dem Kraftfahrzeug- oder Anhängerschein, aus dem Nachweis nach § 18 Abs. 5 oder aus dem statt des Anhängerscheins mitgeführten Anhängerverzeichnis hervorgeht.

(5) Mit einem amtlich zugeteilten Prüfzeichen der in Absatz 2 erwähnten Art darf ein Fahrzeugteil nur gekennzeichnet sein, wenn er der Bauartgenehmigung in jeder Hinsicht entspricht. Zeichen, die zu Verwechslungen mit einem amtlich zugeteilten Prüfzeichen Anlaß geben können, dürfen an den Fahrzeugteilen nicht angebracht sein.

1 1. § 22a wurde durch die VO vom 7. 7. 60, BGBl. I, 485 eingeführt. In Kraft seit 1. 8. 60 (Art. 10 d. VO v. 7. 7. 60). Abweichende Regelung siehe unter Randbem. 12. Er übernimmt zum großen Teil die Absätze 3 u. 4 des bisherigen § 22. Damit ist die Bauartgenehmigung einheitlich in einer Vorschrift zusammengefaßt (vgl. auch die im Anschluß abgedruckte Neufassung der Fahrzeugteileverordnung vom 30. 9. 60).

2 Gegenüberstellung:

jetzige Nr. in § 22 a Abs. 1	entspricht	bisheriger Nr. in § 22 Abs. 3
Abs. 1 Nr. 1 (inhaltlich jedoch geändert)		Abs. 3 Nr. 21
„ 2		„ 1
„ 3		„ 2
„ 4		„ 22
„ 5		„ 3
„ 6 (inhaltlich ergänzt)		„ 4
„ 7		„ 5
„ 8		„ 6
„ 9		„ 7

Abs. 1 Nr. 10 (eingeschränkt)	Abs. 3 Nr. 8
„ 11	„ —
„ 12	„ —
„ 13	„ 9
„ 14	„ 10
„ 15	„ 11
„ 16	„ —
„ 17	„ 13
„ 18	„ 14
„ 19	„ 15
„ 20	„ 17
„ 21	„ 18
„ 22	„ 19
„ 23	„ —
„ 24	„ 20
„ 25	„ —
„ 26	„ —

2. Bisher waren nur die Heizungen in Omnibussen und Omnibusanhängern genehmigungspflichtig (Abs. 3 Nr. 21 des § 22 a. F.). Die Notwendigkeit der Bauartgenehmigung wird mit zwei Ausnahmen auf die Heizungen anderer Fahrzeuge als Kraftomnibusse und Omnibusanhänger ausgedehnt, weil ungeeignete Heizungen die Insassen gefährden und die Leistungsfähigkeit des Fahrzeugführers beeinträchtigen können (so amtl. Begründung in VerkBl. 60, 461); vgl. Randnr. 12. Neu ist auch die Bauartgenehmigung von Sicherheitsgurten (Nr. 25) — für die Richtlinien erlassen wurden (VerkBl. 60, 630) — und von Leuchten zur Sicherung von Ladungen (Nr. 26). Der Genehmigung unterliegen künftig auch die Kennleuchten für blaues und gelbes Blinklicht (Nr. 11, 12) (vgl. VerkBl. 59, 164) und auch die Warneinrichtungen zur Sicherung haltender Fahrzeuge (Nr. 16). 3

Nicht mehr der Genehmigung unterliegen Such- und Rückfahrscheinwerfer (vgl. Nr. 7 u. 10 der neuen Fassung im Gegensatz zu Nr. 5 u. 8 der alten Fassung) und auch nicht mehr sämtliche Einrichtungen zur Verbindung von Fahrzeugen, da nunmehr Ausnahmen in Nr. 6a bis e ausdrücklich erwähnt sind. Nach der amtlichen Begründung reicht insoweit zur Überwachung die Betriebserlaubnispflicht hinsichtlich des Fahrzeugs und § 29 StVZO aus (VerkBl. 60, 462). 4

3. Der **Abs. 2** entspricht etwa dem bisherigen Abs. 4 des § 22 a. F. In der bisherigen Fassung war der Begriff des „feilbietens" unklar. Durch die Hinzufügung des Wortes „veräußert" dürfte eine Klarstellung erreicht worden sein. 5

Sicherheitsglasscheiben, die im Ausland hergestellt worden sind und in Fahrzeugen verwendet werden, die außerhalb der Bundesrepublik gebaut worden sind, können nach § 22a Abs. 3 Nr. 2 StVZO ohne deutsche Bauartgenehmigung zugelassen werden, wenn die Scheiben etwa die gleichen Eigenschaften aufweisen, wie sie von bauartgeprüften Scheiben gleicher Art verlangt werden (Abs. 3 Nr. 2). Richtlinien für die Prüfung von Sicherheitsglas s. VerkBl. 61, 2. 6

Die deutschen und italienischen Prüfvorschriften für Sicherheitsglas entsprechen sich etwa (vgl. VerkBl. 57, 204). Aus diesem Grunde hat die Bek. des Bundesmin. f. Verkehr v. 11. 10. 60 (VerkBl. 60, 582) unter den dort aufgeführten Voraussetzungen angeordnet, daß § 22a Abs. 1 u. 2 StVZO auf in Italien bauartgeprüfte Sicherheitsglasscheiben keine Anwendung findet.

4. Der **Abs. 3** entspricht dem bisherigen § 73 Abs. 1b u. e. 7

5. **Abs. 4** übernimmt inhaltlich den § 19 Abs. 1 u. 2 der FahrzeugteileVO a. F. Abweichend von dieser Bestimmung gilt als Nachweis der Einzelgenehmigung auch das mitgeführte Anhängerverzeichnis und die nach § 18 Abs. 5 erforderlichen Urkunden, wenn sich aus ihnen die Genehmigung ergibt. 8

6. Fahrzeugteile, die nicht im Geltungsbereich der Bundesrepublik oder West-Berlin Verwendung finden, bedürfen einer Bauartgenehmigung nicht, auch wenn sie innerhalb dieses Gebiets hergestellt werden. Wenn sie in ausländischen Fahrzeugen eingebaut und diese dann wieder eingeführt werden, so gilt in diesem Fall Abs. 3 Nr. 2. 9

7. Nach der amtlichen Begründung (VerkBl. 60, 462) war die Erfahrung, die man bei den zur Ausfuhr bestimmten Einrichtungen gemacht hat, der Grund für die ausdrücklichen Anordnungen in **Abs. 5**. Danach sind Prüfzeichen nur dann zulässig, wenn die Einrichtung der Bauartgenehmigung entspricht. Unzulässig sind sie, wenn dies nicht der Fall ist oder auch dann, 10 wenn eine solche Genehmigung überhaupt nicht erforderlich ist, weil es sich insoweit dann nicht um ein amtlich zugeteiltes Prüfzeichen handelt, mit einem solchen aber verwechselt werden kann.

11 8. Folgende **Anmerkungen zu § 22** der **21. Aufl.** können weiter verwendet werden:

Anm. 9a	zu Nr. 2	des § 22a Abs. 1
Anm. 9cc	zu Nr. 7	des § 22a Abs. 1
Anm. 9d	zu Nr. 19	des § 22a Abs. 1
Anm. 10 Satz 1	zu Nr. 21	des § 22a Abs. 1
Anm. 11a	zu Nr. 24	des § 22a Abs. 1
Anm. 11b	zu Nr. 4	des § 22a Abs. 1

Die **Anmerkungen** 12, 13 und 14 zu § 22 der **21. Aufl.** können mit Einschränkungen, die sich aus der Änderung der Fahrzeugteileverordnung ergeben, bei Abs. 2 des § 22a berücksichtigt werden.

Hinsichtlich des Inkrafttretens ist auch noch die Anm. 7a der 21. Aufl. zu § 22 zu beachten.

12 **9.** Gem. § 72 gilt § 22a nicht für Fahrzeugteile, die vor dem 1. 1. 54 (im Saarland vor dem 1. 7. 61) in Gebrauch genommen worden sind und an Fahrzeugen verwendet werden, die vor diesem Tag erstmals in den Verkehr genommen sind, mit Ausnahme von Warneinrichtungen nach § 53a Abs. 1. Das gleiche gilt für die Prüfzeichen nach § 22a Abs. 2.

Für folgende Einrichtungen ist das **Inkrafttreten** abweichend geregelt: § 22 Abs. 1 Nr. 1, 3, 4, 6, 10, 11, 12, 17, 18, 19, 22, 24, 25 und 26. Insoweit wird auf § 72 verwiesen.

Verordnung über die Prüfung und Kennzeichnung bauartgenehmigungspflichtiger Fahrzeugteile (Fahrzeugteileverordnung) in der Fassung vom 30. September 1960

(VerkBl. 60, 538)

I.

Allgemeines

§ 1

Arten der Genehmigung von Fahrzeugteilen

(1) Die in § 22a Abs. 1 der Straßenverkehrs-Zulassungs-Ordnung (StVZO) vorgeschriebene Genehmigung der Bauart von Einrichtungen kann für die Bauart eines Typs (Allgemeine Bauartgenehmigung) oder einer einzelnen Einrichtung (Bauartgenehmigung im Einzelfall — Einzelgenehmigung —) erteilt werden.

(2) Der in § 22a Abs. 1 StVZO vorgeschriebenen Genehmigung steht die Genehmigung gleich, die ein ausländischer Staat für die Bauart einer der in § 22a Abs. 1 StVZO genannten Einrichtungen unter Beachtung der mit der Bundesrepublik Deutschland vereinbarten Bedingungen erteilt.

II.

Allgemeine Bauartgenehmigung und Prüfzeichen

§ 2

Zulässigkeit der Bauartgenehmigung

Für reihenweise zu fertigende oder gefertigte Einrichtungen kann die Bauartgenehmigung dem Hersteller nach einer auf seine Kosten vorgenommenen Prüfung allgemein erteilt werden, wenn er die Gewähr für eine zuverlässige Ausübung der durch die Bauartgenehmigung verliehenen Befugnisse bietet. Bei Herstellung eines Typs durch mehrere Beteiligte kann diesen die Bauartgenehmigung gemeinsam erteilt werden. Für im Ausland hergestellte Einrichtungen kann die Bauartgenehmigung dem Händler erteilt werden, der seine Berechtigung zu ihrem alleinigen Vertrieb im Inland nachweist.

§ 3

Antrag auf Bauartgenehmigung

(1) Der Antrag auf Bauartgenehmigung ist schriftlich an das Kraftfahrt-Bundesamt zu richten. In dem Antrag ist eine Typbezeichnung anzugeben. Eine zweite Ausfertigung des Antrags ist bei der nach § 4 zuständigen Prüfstelle einzureichen.

(2) Der der Prüfstelle einzureichenden zweiten Ausfertigung des Antrags sind zwei Muster der zu prüfenden Einrichtung beizufügen. Abweichend hiervon sind beizufügen bei

a) Heizungen (§ 35c StVZO) folgende Unterlagen in vierfacher Ausfertigung:

1. ein Nachweis darüber, daß die Dichtheit des Heizraummantels durch eine Druckprobe mit 2 atü — bei Wärmetauschern mit 1 atü — geprüft worden ist,

2. eine Erklärung des Herstellers, daß sämtliche Heizmäntel und Wärmetauscher während der Fertigung einer Druckprobe mit dem Prüfdruck unterzogen werden,

3. ein Nachweis darüber, daß der für Heizmäntel und Wärmetauscher verwendete Baustoff bei den im Betrieb auftretenden Höchsttemperaturen ausreichend beständig ist,

4. eine ausführliche und leicht verständliche Bedienungsanweisung;

die Prüfstellen fordern Muster zur Prüfung an;

b) Sicherheitsglas (§ 40 StVZO):
eine Erklärung darüber, daß die zur Prüfung notwendige Anzahl Glasscheiben (Muster) in den Abmessungen 300 mm × 300 mm und 1100 mm × 360 mm zur Verfügung steht;

c) Auflaufbremsen (§ 41 Abs. 10 StVZO):
Angaben über die Typbezeichnung der Bremse und über das Anhänger-Gesamtgewicht, für das die Bremse zugelassen werden soll, ferner folgende Unterlagen in sechsfacher Ausfertigung:

1. Beschreibung der Wirkungsweise der Bremsanlage und der Höheneinstelleinrichtung, wenn diese gemeinsame Bauteile mit der Auflaufbremse hat, für jeden Typ und jede Größe;

2. maßstäbliche Zusammenstellungszeichnung der Auflaufbremse und der Höheneinstelleinrichtung, wenn diese gemeinsame Bauteile mit der Auflaufbremse hat, für jeden Typ, für jede Größe und jede Ausführung mit

   aa) den Abmessungen aller die Bremskraft übertragenden Teile von der Zugöse bis zu den Zuspanneinrichtungen,

   bb) den Hauptabmessungen der Bremsteile von den Zuspanneinrichtungen bis zu den Bremstrommeln und Angabe des verwendeten Bremsbelages und der Reifengröße des Anhängers, an dem die Bremse geprüft werden soll,

   cc) den Hauptabmessungen der Höheneinstelleinrichtung und ihrer Hauptbauteile, wenn die Höheneinstellung gemeinsame Bauteile mit der Auflaufbremse hat;

die Prüfstellen fordern Muster zur Prüfung an;

d) Einrichtungen zur Verbindung von Fahrzeugen (§ 43 Abs. 1 StVZO) — Anträge auf Bauartgenehmigung müssen für Anhängerkupplungen, Zugeinrichtungen und Höheneinstelleinrichtungen getrennt gestellt werden —:
Angaben über die Typbezeichnung der zu prüfenden Einrichtung und über die zulässigen Gesamtgewichte der Fahrzeuge, die durch die Einrichtungen miteinander verbunden werden sollen, ferner folgende Unterlagen in sechsfacher Ausfertigung:

1. Beschreibung der Einrichtung und ihrer Wirkungsweise für jeden Typ und jede Größe mit Angabe von Hersteller und Typbezeichnung, bei Kupplungen und Zugeinrichtungen außerdem die Angabe der zulässigen Gesamtgewichte der Fahrzeuge, die durch die Einrichtungen miteinander verbunden werden sollen,

2. maßstäbliche Zusammenstellungszeichnung für jeden Typ, jede Größe und jede Ausführung mit den Hauptmaßen, Zeichnungen der Hauptbauteile und Angaben über die verwendeten Werkstoffe,

3. Zeugnis des Herstellers über die Prüfung der Eigenschaften des Werkstoffs, wenn für tragende Bauteile der Anhängerkupplungen weder Stahl noch Stahlguß verwendet werden;

zur Prüfung sind den Prüfstellen Muster ohne Farbanstrich vorzulegen; die Prüfstellen fordern die Muster zur Prüfung an, und zwar von jedem Typ und jeder Größe im allgemeinen
bei Anhängerkupplungen je 3 Stück, nicht eingebaut,
bei Zugeinrichtungen je 1 Stück, nicht eingebaut, bei Höheneinstellungen je 1 Stück, nach Bestimmung der Prüfstelle nicht eingebaut oder in eingebautem Zustand;

e) Glühlampen (§ 49a Abs. 5, § 64 Abs. 7, § 67a Abs. 4 StVZO):
fünfzehn Muster,
jedoch
bei Glühlampen für asymmetrisches Abblendlicht: fünf Muster sowie eine pausfähige Zeichnung (DIN A 4) mit drei Abzügen über die Vorder- und Seitenansicht im Maßstab von 2 zu 1;

f) Kraftfahrzeug-Scheinwerfern für Fernlicht und asymmetrisches Abblendlicht oder nur für asymmetrisches Abblendlicht (§ 50 StVZO):
außer den zwei Mustern eine pausfähige Zeichnung (DIN A 4) mit drei Abzügen, die den Scheinwerfer mit den wichtigsten Maßen darstellt im Querschnitt und mit Blick auf die Abschlußscheibe;

g) Schlußleuchten (§ 53 Abs. 1 und 6 und § 72 Abs. 2 zu § 52 Abs. 4 StVZO), Bremsleuchten (§ 53 Abs. 2 StVZO) und Fahrtrichtungsanzeigern (§ 54 StVZO):
außer den zwei Mustern Unterlagen in einer pausfähigen Ausfertigung (DIN A 4) mit drei Abzügen (Erläuterungen, Zeichnungen, Ein- oder Anbauanweisungen für die Verbraucher), aus denen eindeutig hervorgeht, in welcher Lage die Einrichtungen am Fahrzeug angebracht werden sollen (Ausrichtung zur Fahrzeuglängsachse und zur Fahrbahn);

h) Rückstrahlern (§ 53 Abs. 4 und 6, § 67 Abs. 2 und 3 StVZO, § 24 StVO) aus Glas:
drei Muster,
bei Rückstrahlern aus Kunststoff:
fünf Muster;

i) Fackeln und ähnlichen Warnvorrichtungen (§ 53a Abs. 1 StVZO):
fünf Muster;

k) Beleuchtungseinrichtungen für amtliche Kennzeichen (§ 60 StVZO):
außer den zwei Mustern eine pausfähige Zeichnung (DIN 4 A) mit drei Abzügen, aus denen eindeutig die Lage der Leuchte zum Kennzeichen hervorgeht; das Muster der zu prüfenden Beleuchtungseinrichtung muß mit dem Muster des zu beleuchtenden Kennzeichens fest verbunden sein;

l) Beiwagen an Krafträdern:
1. eine Zeichnung des gesamten Fahrzeugs (Vorder-, Seiten- und Rückansicht), aus der die Hauptabmessungen und die in den §§ 51 und 53 StVZO vorgeschriebenen Maße ersichtlich sind,
2. eine Zeichnung der Radbremse mit Beschreibung;
falls Antrieb des Beiwagenrades in Frage kommt, eine schematische Zeichnung des Triebwerks,
3. eine Beschreibung des Fahrzeugs, die alle wesentlichen Merkmale enthalten muß; bei mehreren Aufbauten, Reifengrößen und dergleichen sind die für die einzelnen Ausführungen unterschiedlichen Maße, Gewichte und sonstigen Merkmale mit den Buchstaben A, B, C und weiteren Buchstaben in alphabetischer Reihenfolge zu kennzeichnen;

m) Sicherheitsgurten in Kraftfahrzeugen:
die Prüfstelle fordert Muster zur Prüfung an.

(3) Weitere Muster und Unterlagen sind den Prüfstellen auf Anfordern zur Verfügung zu stellen.

(4) An jedem Muster sind die Typbezeichnung und die Anschrift des Herstellers oder die eingetragene Schutzmarke außen sichtbar und dauerhaft anzubringen.

§ 4
Prüfstellen

Als Prüfstellen sind zuständig

1. das Forschungsinstitut für Kraftfahrwesen und Fahrzeugmotoren an der Technischen Hochschule in Stuttgart für
Heizungen (§ 35c StVZO);
2. die Prüfungskommission Gleitschutzvorrichtungen beim Kraftfahrt-Bundesamt in Flensburg-Mürwik für
Gleitschutzvorrichtungen (§ 37 Abs. 1 StVZO);
3. das Staatliche Materialprüfungsamt Nordrhein-Westfalen in Dortmund-Aplerbeck für
Scheiben aus Sicherheitsglas (§ 40 StVZO);
4. das Institut für Fahrzeugtechnik der Technischen Hochschule in Braunschweig für
Bremsbeläge (§ 41 StVZO);
5. die Forschungsstelle für die Kraftfahrzeugprüfung beim Technischen Überwachungs-Verein in Essen für die in den Ländern Bremen, Hamburg, Hessen, Niedersachsen, Niederrhein-Westfalen und Schleswig-Holstein hergestellten oder von einem dort ansässigen Händler in den Geltungsbereich dieser Verordnung eingeführten oder einzuführenden
Auflaufbremsen (§ 41 Abs. 10 StVZO),
Einrichtungen zur Verbindung von Fahrzeugen (§ 43 Abs. 1 StVZO);
6. die Technische Prüfstelle für den Kraftfahrzeugverkehr in München
für die in den Ländern Baden-Württemberg, Bayern und Rheinland-Pfalz sowie im Saarland hergestellten oder von einem dort ansässigen Händler in den Geltungsbereich dieser Verordnung eingeführten oder einzuführenden

Auflaufbremsen (§ 41 Abs. 10 StVZO),
Einrichtungen zur Verbindung von Fahrzeugen (§ 43 Abs. 1 StVZO);

7. das Lichttechnische Institut der Technischen Hochschule in Karlsruhe für
Glühlampen (§ 49a Abs. 5, § 67 Abs. 7, § 67a Abs. 4 StVZO),
Scheinwerfer für Fernlicht und für Abblendlicht sowie für Fern- und Abblendlicht (§ 50 StVZO),
Begrenzungsleuchten (§ 51 Abs. 1 StVZO),
Parkleuchten (§ 51 Abs. 3 StVZO),
Nebelscheinwerfer (§ 52 Abs. 1 StVZO),
elektrische Schlußleuchten (§ 53 Abs. 1 und 6 und § 72 Abs. 2 zu § 52 Abs. 4 StVZO),
Bremsleuchten (§ 53 Ab. 2 StVZO),
Rückstrahler (§ 53 Abs. 4 und 6, § 67 Abs. 2 und 3 StVZO, § 24 StVO),
elektrische Leuchten und rückstrahlende Einrichtungen zur Sicherung haltender Fahrzeuge (§ 53a Abs. 1 und Abs. 2 Satz 2 StVZO),
Fahrtrichtungsanzeiger (§ 54 StVZO),
Beleuchtungseinrichtungen für amtliche Kennzeichen (§ 60 StVZO),
Lichtmaschinen, Scheinwerfer und Schlußleuchten für Fahrräder (§ 67 StVZO),
Scheinwerfer und Schlußleuchten für Fahrräder mit Hilfsmotor (§ 67a StVZO),
Leuchten für blaues Blinklicht (§ 72 Abs. 2 zu § 52 Abs. 3 StVZO),
Leuchten für gelbes Blinklicht (§ 72 Abs. 2 zu § 52 Abs. 4 StVZO),
Leuchten zur Sicherung von Ladungen (§ 19 Abs. 3 StVO);

8. die Physikalisch-Technische Bundesanstalt in Braunschweig für
Kennleuchten für blaues und für gelbes Blinklicht — Rundumlicht — (§ 52 Abs. 3 und 4 StVZO),
Warnvorrichtungen mit einer Folge verschieden hoher Töne (§ 55 Abs. 4 StVZO),
Fahrtschreiber (§ 57a StVZO);

9. das Werkstoffprüfamt der Freien und Hansestadt Hamburg für
Fackeln und nicht elektrisch betriebene Schluß- und Sicherungsleuchten (§ 53 Abs. 1 und § 53a Abs. 1 StVZO);

10. alle Technischen Prüfstellen für den Kraftfahrzeugverkehr für
Beiwagen von Krafträdern;

11. die Staatliche Materialprüfungsanstalt an der Technischen Hochschule in Stuttgart für
Sicherheitsgurte in Kraftfahrzeugen.

Im Land Berlin sind für die Prüfung der nachstehend genannten, in Berlin hergestellten oder von einem dort ansässigen Händler in den Geltungsbereich dieser Verordnung eingeführten oder einzuführenden Fahrzeugteile zuständig

12. die Prüfstelle für den Kraftfahrzeugverkehr an der Technischen Universität in Berlin-Charlottenburg für
Heizungen (§ 35c StVZO),
Auflaufbremsen (§ 41 Abs. 10 StVZO),
Einrichtungen zur Verbindung von Fahrzeugen (§ 43 Abs. 1 StVZO);

13. die Physikalisch-Technische Bundesanstalt, Institut Berlin, in Berlin-Charlottenburg für
Glühlampen (§ 49a Abs. 5, § 67 Abs. 7, § 67a Abs. 4 StVZO),
Scheinwerfer für Fernlicht und für Abblendlicht sowie für Fern- und Abblendlicht (§ 50 StVZO),
Begrenzungsleuchten (§ 51 Abs. 1 StVZO),
Parkleuchten (§ 51 Abs. 3 StVZO),
Nebelscheinwerfer (§ 52 Abs. 1 StVZO),
Kennleuchten für blaues und gelbes Blinklicht — Rundumlicht — (§ 52 Abs. 3 und 4 StVZO),
elektrische Schlußleuchten (§ 53 Abs. 1 und 6 und § 72 Abs. 2 zu § 52 Abs. 4 StVZO),
Bremsleuchten (§ 53 Abs. 2 StVZO),
Rückstrahler (§ 53 Abs. 4 und 6, § 67 Abs. 2 und 3 StVZO, § 24 StVO),
Warneinrichtungen zur Sicherung haltender Fahrzeuge (§ 53a Abs. 1 und Abs. 2 Satz 2 StVZO),
Fahrtrichtungsanzeiger (§ 54 StVZO),
Warnvorrichtungen mit einer Folge verschieden hoher Töne (§ 55 Abs. 4 StVZO),
Fahrtschreiber (§ 57a StVZO),
Beleuchtungseinrichtungen für amtliche Kennzeichen (§ 60 StVZO),
Lichtmaschinen, Scheinwerfer und Schlußleuchten für Fahrräder (§ 67 StVZO),
Scheinwerfer und Schlußleuchten für Fahrräder mit Hilfsmotor (§ 67a StVZO),
Leuchten für blaues Blinklicht (§ 72 Abs. 2 zu § 52 Abs. 3 StVZO),
Leuchten für gelbes Blinklicht (§ 72 Abs. 2 zu § 52 Abs. 4 StVZO),
Leuchten zur Sicherung von Ladungen (§ 19 Abs. 3 StVO);

14. die Technische Prüfstelle für den Kraftfahrzeugverkehr in Berlin-Schöneberg für Beiwagen von Krafträdern.

§ 5

Prüfung durch die Prüfstelle

(1) Die Prüfstelle hat zu prüfen, ob die Fahrzeugteile den Anforderungen entsprechen, die zur Erhaltung der Ordnung und Sicherheit auf den öffentlichen Straßen und zur Verhütung vermeidbarer Belästigungen zu stellen sind.

(2) Die Prüfstelle kann die Hilfe geeigneter wissenschaftlicher Institute in Anspruch nehmen. Bei der Prüfung von Auflaufbremsen und Einrichtungen zur Verbindung von Fahrzeugen (§ 4 Nr. 5, 6 und 12) ist der Obmann des berufsgenossenschaftlichen Fachausschusses „Verkehr“, Hamburg-Altona, zu beteiligen.

(3) Bei Fahrzeugteilen, die auch in eingebautem Zustand geprüft werden müssen, bestimmt die Prüfstelle das Nähere über die Durchführung.

(4) Die Prüfstelle hat über das Ergebnis der Prüfung Prüfberichte und gegebenenfalls auch Gutachten anzufertigen und zwei Ausfertigungen mit den geprüften und bestätigten Unterlagen dem Kraftfahrt-Bundesamt zu übersenden; je eine Ausfertigung der geprüften und bestätigten Unterlagen verbleibt bei der Prüfstelle.

(5) Das Ergebnis der Prüfung darf nur den zur Kenntnisnahme befugten Behörden und dem Antragsteller mitgeteilt werden. Vor der Entscheidung des Kraftfahrt-Bundesamts über den Antrag auf Bauartgenehmigung ist die Mitteilung des endgültigen Ergebnisses an den Antragsteller nur mit Genehmigung des Kraftfahrt-Bundesamts zulässig.

§ 6

Entscheidung des Kraftfahrt-Bundesamts

(1) Über den Antrag entscheidet das Kraftfahrt-Bundesamt.

(2) Das Kraftfahrt-Bundesamt kann Ergänzungen zur Prüfung anordnen, insbesondere vom Antragsteller weitere Muster und Unterlagen fordern oder bestimmen, daß Fahrzeugteile auch in eingebautem Zustand zu prüfen sind.

§ 7

Erteilung der Bauartgenehmigung

(1) Die Bauartgenehmigung wird durch Zustellung eines schriftlichen Bescheides erteilt, aus dem das vom Kraftfahrt-Bundesamt zugeteilte Prüfzeichen (§ 22a Abs. 2 StVZO) und etwaige Beschränkungen oder Ausnahmen von den Bestimmungen der StVZO hervorgehen müssen.

(2) Abweichungen vom genehmigten Muster sind nur zulässig, wenn die Bauartgenehmigung durch einen entsprechenden Nachtrag ergänzt worden ist oder wenn das Kraftfahrt-Bundesamt auf Anfrage erklärt, daß für die vorgesehene Änderung eine Nachtragsgenehmigung nicht erforderlich ist.

§ 8

Prüfzeichen

(1) Das Prüfzeichen besteht aus einer Wellenlinie von drei Perioden, der Prüfnummer der Prüfstelle und einem vor dieser Nummer anzubringenden Unterscheidungsbuchstaben der Prüfstelle nach folgender Aufstellung:

Forschungsinstitut für Kraftfahrwesen und Fahrzeugmotoren an der Technischen Hochschule in Stuttgart	S
Prüfungskommission Gleitschutzvorrichtungen beim Kraftfahrt-Bundesamt in Flensburg-Mürwik.	L
Staatliches Materialprüfungsamt Nordrhein-Westfalen in Dortmund-Aplerbeck	D
Institut für Fahrzeugtechnik der Technischen Hochschule Braunschweig.	I
Forschungsstelle für die Kraftfahrzeugprüfung beim Technischen Überwachungs-Verein in Essen .	F
Technische Prüfstelle für den Kraftfahrzeugverkehr in München	M
Institut für Kraftfahrwesen an der Technischen Hochschule Hannover (nur bei Bauartgenehmigungen auf Grund einer vor dem 20. Juli 1958 durchgeführten Prüfung durch dieses Institut) . . .	H
Lichttechnisches Institut der Technischen Hochschule in Karlsruhe.	K
Physikalisch-Technische Bundesanstalt in Braunschweig	B
Werkstoffprüfamt der Freien und Hansestadt Hamburg	W
Technische Prüfstellen für den Kraftfahrzeugverkehr	T
Staatliche Materialprüfungsanstalt an der Technischen Hochschule in Stuttgart	G
Prüfstelle für den Kraftfahrzeugverkehr an der Technischen Universität in Berlin-Charlottenburg	C
Physikalisch-Technische Bundesanstalt, Institut Berlin, in Berlin-Charlottenburg	P
Technische Prüfstelle für den Kraftfahrzeugverkehr in Berlin-Schöneberg	A

(2) Ist das Genehmigungsverfahren unter Bedingungen durchgeführt worden, die von der Bundesrepublik Deutschland mit ausländischen Staaten vereinbart worden sind, und soll die Einrichtung im Bundesgebiet erstmalig hergestellt werden, so ist ein Prüfzeichen zuzuteilen, das aus der Angabe „E 1“ und einer Prüfnummer besteht. Die Angabe „E 1“ muß von einem Kreis umschlossen sein, die Prüfnummer muß außerhalb des Kreises stehen; im übrigen bestimmt das Kraftfahrt-Bundesamt auf Grund der internationalen Vereinbarungen, wie das Prüfzeichen anzuordnen ist. Das Kraftfahrt-Bundesamt ergänzt das Prüfzeichen unter Beachtung der internationalen Vereinbarungen, wenn die Ergänzung erforderlich ist, um Mißverständnisse zu vermeiden.

(3) In den Fällen des § 1 Abs. 2 besteht das Prüfzeichen aus einem Kreis, der den Buchstaben E und eine das genehmigende Land bezeichnende Ziffer umschließt, und aus einer Prüfnummer.

(4) Als Prüfzeichen gelten auch die vor dem 1. Januar 1954 angebrachten Zeichen „LTIK“ und „PTR“ und für Fahrtschreiber das Zeichen „PTB“.

(5) Der Inhaber der Bauartgenehmigung hat das ihm zugeteilte Prüfzeichen auf jeder dem Typ entsprechenden Einrichtung in der ihm vorgeschriebenen Anordnung dauerhaft und jederzeit feststellbar anzubringen.

§ 9

Versagung der Bauartgenehmigung

Wird die Bauartgenehmigung versagt, so ist ein schriftlicher, mit Gründen und Rechtsmittelbelehrung versehener Bescheid zuzustellen.

§ 10

Verwahrung und Rückgabe der Muster und Unterlagen

(1) Ist die Bauartgenehmigung erteilt worden, so ist je eine Ausfertigung der nach § 3 eingereichten und von der Prüfstelle geprüften und bestätigten Unterlagen beim Kraftfahrt-Bundesamt zu verwahren. Waren nach § 3 Abs. 2 zwei oder mehr Muster einzureichen, so hat die Prüfstelle je zwei Muster der genehmigten Einrichtung mit dem Prüfzeichen zu versehen. Ein mit dem Prüfzeichen versehenes Muster ist bei der Prüfstelle zu verwahren, das andere und etwa vorgelegte weitere Muster sowie nicht mehr benötigte Unterlagen sind dem Antragsteller zurückzugeben. Die Prüfstelle hat dem Kraftfahrt-Bundesamt auf Verlangen das dem Hersteller zurückzugebende Muster vorzulegen. Dann versieht das Kraftfahrt-Bundesamt das Muster mit dem durch die Bauartgenehmigung zugeteilten Prüfzeichen und gibt es dem Antragsteller zurück. Mit Zustimmung des Kraftfahrt-Bundesamts kann davon abgesehen werden, ein Muster bei der Prüfstelle aufzubewahren. In diesen Fällen hat der Antragsteller auf Verlangen des Kraftfahrt-Bundesamts oder der Prüfstelle ein Muster aufzubewahren und dem Kraftfahrt-Bundesamt oder der Prüfstelle auf Anfordern zur Verfügung zu stellen.

(2) Ist der Antrag auf Bauartgenehmigung abgelehnt worden, so sind die Muster und auf Antrag auch die sonstigen Unterlagen dem Antragsteller erst dann auszuhändigen, wenn die Ablehnung unanfechtbar geworden ist.

§ 11

Nachprüfung

(1) Das Kraftfahrt-Bundesamt kann jederzeit bei Herstellern und Händlern nachprüfen oder nachprüfen lassen, ob Fahrzeugteile, die in amtlich genehmigter Bauart ausgeführt sein müssen, in Ausführungen gewerbsmäßig feilgeboten werden, an denen das vorgeschriebene Prüfzeichen fehlt oder unbefugt angebracht ist. Es kann zu diesem Zweck auch Proben entnehmen oder entnehmen lassen.

(2) Die Kosten der Proben, ihrer Entnahme, ihres Versandes und der Prüfung trägt der Hersteller oder der Händler, wenn ein Verstoß gegen die Vorschriften über die Bauartgenehmigung oder die Prüfzeichen festgestellt wird.

§ 12

Erlöschen der Bauartgenehmigung

(1) Die Bauartgenehmigung für einen Typ erlischt nach Ablauf einer etwa festgesetzten Frist, bei Widerruf durch das Kraftfahrt-Bundesamt und dann, wenn sie den Rechtsvorschriften nicht mehr entspricht.

(2) Der Widerruf kann ausgesprochen werden, wenn der Inhaber der Bauartgenehmigung gegen die mit der Genehmigung verbundenen Pflichten verstößt oder sich als unzuverlässig erweist oder wenn sich herausstellt, daß die genehmigte Einrichtung den Erfordernissen der Verkehrssicherheit nicht entspricht.

(3) Die Bauartgenehmigung wird durch Zustellung eines schriftlichen, mit Gründen und Rechtsmittelbelehrung versehenen Bescheides widerrufen.

(4) Nach dem Erlöschen der Bauartgenehmigung ist die Urkunde dem Kraftfahrt-Bundesamt zur Eintragung eines Vermerks über das Erlöschen vorzulegen.

III.
Bauartgenehmigung im Einzelfall (Einzelgenehmigung)

§ 13
Antrag auf Einzelgenehmigung

Gehört eine der in § 22a Abs. 1 StVZO genannten Einrichtungen nicht zu einem genehmigten Typ, so kann eine Einzelgenehmigung unter Vorlage des Gutachtens eines amtlich anerkannten Sachverständigen für den Kraftfahrzeugverkehr oder der Prüfstelle (§ 4) bei der nach § 68 StVZO zuständigen Verwaltungsbehörde (Zulassungsstelle) beantragt werden.

§ 14
Prüfung durch die Verwaltungsbehörde (Zulassungsstelle)

(1) Die Zulassungsstelle ist an das Gutachten des amtlich anerkannten Sachverständigen für den Kraftfahrzeugverkehr oder der Prüfstelle nicht gebunden.

(2) Die Zulassungsstelle trifft die zur Prüfung etwa erforderlichen weiteren Maßnahmen (Anordnung der Vorführung der Einrichtung, Anforderung eines weiteren Gutachtens und ähnliche Anordnungen).

§ 15
Erteilung der Einzelgenehmigung

(1) Die Verwaltungsbehörde (Zulassungsstelle) erteilt die Einzelgenehmigung, indem sie auf dem Gutachten des amtlich anerkannten Sachverständigen für den Kraftfahrzeugverkehr oder der Prüfstelle unter Angabe von Ort und Datum vermerkt: „Einzelgenehmigung erteilt“. Etwaige Beschränkungen oder Ausnahmen von den Bestimmungen der StVZO sind in den Vermerk aufzunehmen. Wird die Einrichtung an einem Kraftfahrzeug oder Kraftfahrzeuganhänger verwendet, so ist die Einzelgenehmigung in den Brief und in den Schein einzutragen und in den etwa ausgestellten Anhängerverzeichnissen kenntlich zu machen.

(2) Wird die Einzelgenehmigung versagt, so ist ein schriftlicher, mit Gründen und Rechtsmittelbelehrung versehener Bescheid zuzustellen.

§ 16
Erlöschen der Einzelgenehmigung

(1) Die Einzelgenehmigung erlischt nach Ablauf einer etwa festgesetzten Frist, bei Widerruf durch die nach § 68 StVZO zuständige Verwaltungsbehörde (Zulassungsstelle), ferner dann, wenn sie den jeweils geltenden Rechtsvorschriften nicht mehr entspricht.

(2) Der Widerruf kann ausgesprochen werden, wenn sich herausstellt, daß die Einzelgenehmigung den Erfordernissen der Verkehrssicherheit nicht entspricht.

(3) Die Einzelgenehmigung wird durch Zustellung eines schriftlichen, mit Gründen und Rechtsmittelbelehrung versehenen Bescheides widerrufen.

(4) Nach dem Erlöschen der Einzelgenehmigung ist der Genehmigungsvermerk (§ 15 Abs. 1) der Zulassungsstelle zur Löschung vorzulegen, nötigenfalls von dieser einzuziehen.

IV.
Schlußvorschriften

§ 17
Geltung im Land Berlin

Diese Verordnung gilt nach § 14 des Dritten Überleitungsgesetzes vom 4. Januar 1952 (Bundesgesetzbl. I S. 1) in Verbindung mit Artikel 7 des Gesetzes zur Sicherung des Straßenverkehrs vom 19. Dezember 1952 (Bundesgesetzbl. I S. 832) und mit Artikel 9 des Gesetzes über Maßnahmen auf dem Gebiete des Verkehrsrechts und des Verkehrshaftpflichtrechts vom 16. Juli 1957 (Bundesgesetzbl. I S. 710) auch im Land Berlin.

§ 18
Inkrafttreten

Diese Verordnung tritt in der vorstehenden Fassung am 8. Oktober 1960 in Kraft.

Muster für Prüfbücher für die amtliche technische Untersuchung von Kraftfahrzeugen und Anhängern nach Ziffer 2 der Anlage VIII zur StVZO

Bek. d. Bundesministers f. Verkehr v. 25. Oktober 1960, StV 8 — 2212 —b— 256 Va/60 (VerkBl. 60, 542)

Im Einvernehmen mit den zuständigen obersten Landesbehörden sind die nachstehend bekanntgegebenen Muster für Prüfbücher für die amtliche technische Untersuchung von Kraftfahrzeugen und Anhängern ausgearbeitet worden. Das Kraftfahrt-Bundesamt hat diese Muster durch Bescheid vom 18. Oktober 1960 (Aktenz.: — 20 — 101 —) genehmigt. Die Genehmigung gilt zugunsten aller Personen, die sich der genehmigten Vordrucke bedienen.

Muster von Vordrucken der Prüfbücher für die amtliche technische Untersuchung von Kraftfahrzeugen und Anhängern nach Ziffer 2 der Anlage VIII zur StVZO
Muster des Deckblatts, vordere äußere Umschlagseite
(auf hellgrünem, glattem Karton; Breite 147 mm, Höhe 208 mm, Typendruck)

Prüfbuch

für Kraftfahrzeuge und Anhänger

nach Ziffer 2 der Anlage VIII zur StVZO

Amtliches Kennzeichen: ....

geändert am: ....in: ....

geändert am: ....in: ....

Fahrzeughalter: ....
(Name und Anschrift)

Fahrzeughalter: ....
(Name und Anschrift)

Fahrzeughalter: ....
(Name und Anschrift)

Prüfbuch Nr. .... begonnen am .... 19.......

„Dieses Prüfbuch entspricht den vom Kraftfahrt-Bundesamt durch Bescheid –20–101– vom 18. 10. 1960 genehmigten und im Verkehrsblatt 1960 auf Seite 542 bekanntgemachten Mustervordrucken."

Muster des Deckblatts, vordere, innere Umschlagseite
(auf hellgrünem, glattem Karton)

Bitte beachten:

(1) Die Untersuchungen der Fahrzeuge sind nach den folgenden Richtlinien durchzuführen:

a) Richtlinien für die Durchführung von **Hauptuntersuchungen** an Fahrzeugen, durch amtlich anerkannte Sachverständige, Prüfer oder gleichgestellte Personen nach Anlage VIII Ziffer 5 zur StVZO vom 22. Juli 1960 (Verkehrsbl. 1960 S. 485)

b) Richtlinien für die Durchführung von **Zwischenuntersuchungen** an Fahrzeugen durch Meister des Kraftfahrzeughandwerks oder gleichgestellten Personen nach Anlage VIII Ziffer 10 zur StVZO vom 22. Juli 1960 (Verkehrsbl. 1960 S. 486)

c) Richtlinien für die Durchführung von **Bremsensonderuntersuchungen** an Fahrzeugen durch hierfür besonders geschulte Fachkräfte nach Anlage VIII Ziffer 14 zur StVZO vom 22. Juli 1960 (Verkehrsbl. 1960 S. 489)

(2) Bei den Untersuchungen der Fahrzeuge sind diese entsprechend den Mängeln wie folgt zu beurteilen:

O = Fahrzeuge, bei denen keine Mängel festgestellt wurden.

NK = Fahrzeuge mit leichten Mängeln. Leichte Mängel sind solche, die gegen einschlägige Vorschriften verstoßen, jedoch vorübergehend die sichere Führung des Fahrzeugs nicht ausschließen; ihre Behebung muß durch Sichtprüfung festzustellen sein.

NP = Fahrzeuge mit Mängeln, deren Behebung jedoch nicht nur durch Sichtprüfung, sondern durch eine Untersuchung in einer Prüfstelle festgestellt werden kann. Eine Teilnahme am Straßenverkehr ist in diesem Zustand gegebenenfalls unter besonderen Auflagen und Bedingungen noch möglich.

VU = Verkehrsunsicher sind Fahrzeuge, deren Zustand eine sichere Führung im Straßenverkehr nicht mehr gewährleistet. In diesem Zustand ist eine Teilnahme am Straßenverkehr unzulässig.

(3) Die Ergebnisse der Untersuchungen sowie festgestellte Mängel und Angaben über notwendige Nachuntersuchungen sind in das Prüfbuch einzutragen und von der für die Untersuchung verantwortlichen Person zu unterschreiben. Außerdem hat die für die Untersuchung verantwortliche Person in dem Prüfbuch durch Unterschrift zu bestätigen, daß die Mängel beseitigt worden sind.

(4) Das Prüfbuch ist nach dessen Abschluß dem Fahrzeugbrief beizufügen und aufzubewahren.

Muster des Blattes 1 „Titelblatt“
(auf weißem Papier)

PRÜFBUCH

für Kraftfahrzeuge und Anhänger nach Ziffer 2 der Anlage VIII zur StVZO

---

1. **Art des Fahrzeugs:** ....

2. **Hersteller des Fahrzeugs:**

   a) Fahrgestell: ....

   b) Aufbau: ....

3. **Fahrgestell-Nr.:** ....

4. Die technischen Angaben über das Fahrzeug sind mit dem Kraftfahrzeug- oder Anhänger-Schein oder mit den nach § 18 Abs. 3 StVZO mitzuführenden oder aufzubewahrenden Nachweisen zu vergleichen.

5. **Sichtvermerke der zuständigen Behörde:**

   a) ....
   (Anschrift) (Aktenzeichen) (Datum) (Unterschrift)

   b) ....
   (Anschrift) (Aktenzeichen) (Datum) (Unterschrift)

   c) ....
   (Anschrift) (Aktenzeichen) (Datum) (Unterschrift)

   d) ....
   (Anschrift) (Aktenzeichen) (Datum) (Unterschrift)

   e) ....
   (Anschrift) (Aktenzeichen) (Datum) (Unterschrift)

Muster des Blattes 2, Vorderseite
„Ergebnis der Hauptuntersuchung“ (auf weißem Papier)

ERGEBNIS

der Hauptuntersuchung nach der Anlage VIII zur StVZO

Tag der Hauptuntersuchung: ....

Stand des Wegstreckenzählers: ....

Nur bei Fahrzeugen der Nr. 1, 4 u. 5 der Ziffer 2 der Anlage VIII auszufüllen!

In der Zeit vom .... bis .... war das Fahrzeug vorübergehend stillgelegt.

Kontrolle des Prüfbuches:

a) Anzahl der Zwischenuntersuchungen seit der letzten Hauptuntersuchung:

....

b) Die Bremsensonderuntersuchung erfolgte am: ....

c) Die Fahrtschreiberuntersuchung erfolgte am: ....

Kontrolle des Fahrzeugs:

Das Fahrzeug ist nach den Richtlinien für die Durchführung von Hauptuntersuchungen untersucht worden, es

a) entspricht den Vorschriften der StVZO *)

b) hat leichte/erhebliche Mängel *)

c) ist verkehrsunsicher und aus dem Verkehr zu nehmen *)

Beanstandet wird: ....

....

....

....

....

....

....

....

....

Eine Nachuntersuchung hat nicht *) zu erfolgen, hat *) zu erfolgen.

Die Nachuntersuchung ist bis zum .... durchzuführen, bevor das Fahrzeug wieder eingesetzt wird. *)

Die verantwortliche Person nach § 29 Anl. VIII zur StVZO

Stempel

....

(Unterschrift)

*) Nichtzutreffendes streichen

Muster des Blattes 2, Rückseite,
„Nachuntersuchungen“ (auf weißem Papier)

NACHUNTERSUCHUNGEN

Die bei der Hauptuntersuchung am .... 19.......... angeordnete

Nachuntersuchung hat am .... 19.......... stattgefunden.

Das Fahrzeug entspricht nach Beseitigung der bei der Hauptuntersuchung festgestellten Mängel den Vorschriften der StVZO *),

nicht den Vorschriften der StVZO, eine erneute Nachuntersuchung ist erforderlich.*)

.... , den .... 19..........
(Ort)

Die verantwortliche Person nach § 29 Anl. VIII zur StVZO

....
(Unterschrift)

Die am .... 19.......... angeordnete 2. Nachuntersuchung zur

Hauptuntersuchung vom .... 19.......... hat am .... 19..........
stattgefunden.

Die bei der Hauptuntersuchung festgestellten Mängel sind beseitigt, das Fahrzeug entspricht den Vorschriften der StVZO *),

nicht den Vorschriften der StVZO, es ist aus dem Verkehr zu nehmen. Bei Wiederinbetriebnahme ist eine erneute Hauptuntersuchung erforderlich.*)

.... , den .... 19..........
(Ort)

Die verantwortliche Person nach § 29 Anl. VIII zur StVZO

....
(Unterschrift)

*) Nichtzutreffendes streichen

Muster des Blattes 3,
„Ergebnis der Zwischenuntersuchungen" (auf weißem Papier)

ERGEBNIS

der Zwischenuntersuchungen nach der Anlage VIII zur StVZO

Tag der Zwischenuntersuchung: ....

Stand des Wegstreckenzählers: ....

Die Zwischenuntersuchung wurde nach den Richtlinien zur Durchführung von Zwischenuntersuchungen durchgeführt.

Dabei wurden
a) keine Mängel festgestellt; *)
b) folgende Mängel festgestellt: *)

....

....

....

....

....

....

....

....

Die Mängel wurden am .... behoben.

Das Fahrzeug entspricht den Vorschriften der StVZO.

Name und Ort oder Firmenstempel der die Zwischenuntersuchung ausführenden Firma:	**Die verantwortliche Person nach § 29 Anlage VIII zur StVZO:**
....	.... (Unterschrift)
	Der Fahrzeughalter:
.... (Unterschrift des Ausführenden)	.... (Unterschrift)

*) Nichtzutreffendes streichen

Muster des Blattes 4, Vorderseite,
„Ergebnis der Bremsensonderuntersuchungen“ (auf weißem Papier)

ERGEBNIS

der Bremsensonderuntersuchungen nach der Anlage VIII zur StVZO

Tag der Bremsensonderuntersuchung: ....

Stand des Wegstreckenzählers: ....

Die Bremsensonderuntersuchung wurde nach den Richtlinien zur Durchführung von Bremsensonderuntersuchungen durchgeführt.

Dabei wurden
a) an den Bremsanlagen keine Mängel festgestellt; *)
b) an den Bremsanlagen folgende Mängel festgestellt: *)

....

....

....

....

....

....

....

Die Mängel wurden am .... behoben.

Das Fahrzeug entspricht hinsichtlich seiner Bremsanlagen den Vorschriften der StVZO.

Name und Ort oder Firmenstempel der die Bremsensonderuntersuchung ausführenden Firma:

....

....
(Unterschrift des Ausführenden)

Die verantwortliche Person nach § 29 Anlage VIII zur StVZO:

....
(Unterschrift)

Der Fahrzeughalter:

....
(Unterschrift)

*) Nichtzutreffendes streichen

Muster des Blattes 4, Rückseite,
„Aufzeichnungen der schreibenden Prüfgeräte bei Bremsprüfungen für Bremsensonderuntersuchungen" (auf weißem Papier)

Aufzeichnungen der schreibenden Prüfgeräte bei Bremsprüfungen für Bremsensonderuntersuchungen

(Raum für die Einfügung der schriftlichen Aufzeichnungen der schreibenden Prüfgeräte bei den durchgeführten Bremsprüfungen.)

Es wird hiermit bescheinigt, daß die beigefügten schriftlichen Aufzeichnungen an dem im Prüfbuch bezeichneten Fahrzeug bei der am .... 19....... durchgeführten Bremsprüfung vorgenommen wurden.

Name und Ort oder Firmenstempel der die Bremsensonderuntersuchung ausführenden Firma:	**Die verantwortliche Person nach § 29 Anlage VIII zur StVZO**
....	.... (Unterschrift)
	Der Fahrzeughalter:
.... (Unterschrift des Ausführenden)	.... (Unterschrift)

Erläuterungen zum Prüfbuch

Bei den verschiedenen Fahrzeuggruppen (vgl. Ziffer 2 Absatz 1 der Anlage VIII zur StVZO) besteht die Möglichkeit, die Muster der Vordrucke für die Eintragung der Ergebnisse der Untersuchungen verschiedenartig zu einem Prüfbuch zusammenzustellen. Dabei erscheint es zweckmäßig, Vordrucke für einen Zeitraum von mindestens 5 Jahren vorzusehen.

1) Für folgende prüfbuchpflichtige Fahrzeuge der Ziffer 2 Absatz 1 der Anlage VIII zur StVZO sind bei Druckluft- oder Druckluft-Hydraulik-Bremssysteme Haupt-, Zwischen- und Bremsensonderuntersuchungen vorgeschrieben:

Fahrzeuge, die der Personenbeförderung dienen, mit mehr als 8 Fahrgastplätzen,

Lastkraftwagen und zulassungspflichtige Anhänger, wenn das zulässige Gesamtgewicht 9 t oder mehr beträgt,

Zugmaschinen mit einer Motorleistung von 55 PS und darüber, wenn ihre durch die Bauart bestimmte Höchstgeschwindigkeit mehr als 40 km/h beträgt.

Die Reihenfolge der Muster der Vordrucke für Untersuchungsergebnisse muß für den Zeitraum eines Jahres wie folgt sein:

Musterblatt 2, Vorder- und Rückseite, Ergebnis der Haupt- und Nachuntersuchungen
Musterblatt 3, Ergebnis der Zwischenuntersuchungen (in 4facher Ausfertigung)
Musterblatt 4, Vorder- und Rückseite, Ergebnis der Bremsensonderuntersuchungen und Aufzeichnungen der schreibenden Prüfgeräte bei Bremsprüfungen für Bremsensonderuntersuchungen.

2) Nur Haupt- und Zwischenuntersuchungen sind vorgeschrieben für:

Personenkraftwagen und Krafträder zur gewerbsmäßigen Vermietung an Selbstfahrer, und die unter 1) genannten Fahrzeuge ohne Druckluft- oder Druckluft-Hydraulik-Bremssysteme.

Die Reihenfolge der Muster der Vordrucke für Untersuchungsergebnisse muß für den Zeitraum eines Jahres wie folgt sein:

Musterblatt 2, Vorder- und Rückseite, Ergebnis der Haupt- und Nachuntersuchungen
Musterblatt 3, Ergebnis der Zwischenuntersuchungen (in 4facher Ausfertigung).

3) Nur Hauptuntersuchungen sind vorgeschrieben für:

Kraftdroschken und Mietwagen sowie Krankenwagen, ferner die unter 1) und 2) nicht genannten Fahrzeuge, die der Halter im eigenen Betrieb den vorgeschriebenen Untersuchungen unterziehen darf oder die von anerkannten Überwachungsorganisationen untersucht werden.

Es genügen hier neben dem Deck- und Titelblatt Vordrucke für die Ergebnisse der Haupt- und Nachuntersuchungen.

Die Seiten der Prüfbücher sind vom Titelblatt beginnend fortlaufend zu numerieren.

Die Prüfbücher sind nach Ziffer 2 Abs. 1 der Anlage VIII zur StVZO anzulegen, sobald die Voraussetzungen zum Führen eines Prüfbuches vorliegen.

Die Titelseiten des Prüfbuches sind sofort auszufüllen. Die Angaben über den Halter und das Fahrzeug müssen mit dem Kraftfahrzeug- oder Anhängerschein übereinstimmen.

§ 23 Zuteilung der amtlichen Kennzeichen

(1) Die Zuteilung des amtlichen Kennzeichens für ein Kraftfahrzeug oder einen Kraftfahrzeuganhänger hat der Verfügungsberechtigte bei der Verwaltungsbehörde (Zulassungsstelle) zu beantragen, in deren Bezirk das Fahrzeug seinen regelmäßigen Standort (Heimatort) haben soll. Mit dem Antrag ist der Kraftfahrzeug- oder Anhängerbrief vorzulegen und, wenn noch keine Betriebserlaubnis erteilt ist, diese zugleich zu beantragen. Als Kraftfahrzeug- oder Anhängerbrief dürfen nur die amtlich hergestellten Vordrucke mit einem für die Bundesdruckerei geschützten Wasserzeichen verwendet werden. Der Antrag muß enthalten

1. **Namen, Geburtstag und -ort, genaue Angabe von Beruf, Gewerbe oder Stand und Anschrift dessen, für den das Fahrzeug zugelassen werden soll, — die Richtigkeit dieser Personalien ist der Zulassungsstelle auf Verlangen nachzuweisen — und den regelmäßigen Standort des Fahrzeugs,**
2. **Art des Fahrzeugs,**
3. **Nummer des beigefügten Kraftfahrzeug- oder Anhängerbriefs,**

4. genaue Anschrift dessen, dem die Zulassungsstelle den Brief aushändigen soll,
5. den Nachweis, daß eine ausreichende Kraftfahrzeughaftpflichtversicherung (§ 29a) besteht oder daß der Halter der Versicherungspflicht nicht unterliegt.

Bei den Angaben zu Nr. 2 sind Kraftwagen mit einem zulässigen Gesamtgewicht von nicht mehr als 2,8 t als Kombinationskraftwagen zu bezeichnen, wenn sie nach ihrer Bauart und Einrichtung geeignet und bestimmt sind, im Innenraum — mit Ausnahme des für die Mitnahme von Reisegepäck bestimmten Raums — wahlweise oder gleichzeitig der Beförderung von nicht mehr als 8 Fahrgästen und von Gütern zu dienen; das nach der Bauart vorgesehene Herausnehmen oder Anbringen von Sitzplätzen und das Vorhandensein fest eingebauter Sitze neben dem Führersitz berührt die Eigenschaft des Fahrzeugs als Kombinationskraftwagen nicht.

(2) Das von der Zulassungsstelle zuzuteilende Kennzeichen enthält das Unterscheidungszeichen für den Verwaltungsbezirk und die Erkennungsnummer, unter der das Fahrzeug bei der Zulassungsstelle eingetragen ist. Das Unterscheidungszeichen für den Verwaltungsbezirk besteht aus einem bis drei Buchstaben nach dem Plan in Anlage I. Die Erkennungsnummer besteht aus Buchstaben und Zahlen. Sie ist in fortlaufender Folge nach der Einteilung in Anlage II in der Reihenfolge der Buchstabentafel der Anlage III auszugeben. Die Fahrzeuge der Bundes- und Landesorgane und des Diplomatischen Corps werden nach dem Plan in Anlage IV gekennzeichnet. Die Erkennungsnummern dieser Fahrzeuge, der Fahrzeuge der unter Abschnitt A und B der Anlage IV nicht angegebenen Behörden und des Personals der diplomatischen und konsularischen Vertretungen bestehen nur aus Zahlen; die Zahlen dürfen nicht mehr als fünf — bei Fahrzeugen der Bundeswehr sechs — Stellen haben.

(3) Das Kennzeichen ist nach § 60 auszugestalten und anzubringen.

(4) Amtliche Kennzeichen müssen mit dem Dienststempel der Zulassungsstelle oder einer von ihr beauftragten Behörde versehen sein; die an zulassungsfreien Anhängern nach § 60 Abs. 5 zu führenden Kennzeichen dürfen nicht amtlich abgestempelt werden. Als Abstempelung gilt auch die Anbringung von Stempelplaketten; die Plaketten müssen so beschaffen sein und so befestigt werden, daß sie beim Ablösen in jedem Falle zerstört werden. Zur Abstempelung der Kennzeichen ist das Fahrzeug vorzuführen, wenn die Zulassungsstelle nicht darauf verzichtet. Bei der Abstempelung ist zu prüfen, ob das Kennzeichen, insbesondere seine Ausgestaltung und seine Anbringung, den Rechtsvorschriften entspricht. Fahrten zur Abstempelung der Kennzeichen und Rückfahrten nach Entfernung des Stempels dürfen mit ungestempelten Kennzeichen ausgeführt werden. Die Zulassungsstelle kann das zugeteilte Kennzeichen ändern und hierbei das Fahrzeug vorführen lassen.

DA zum Abs. 1: *(1) Bei Anwendung der Bestimmung, daß Antragsteller der Eigentümer sein soll, haben die Zulassungsstellen den Begriff „Eigentümer" nicht im engen bürgerlich-rechtlichen Sinne auszulegen. Ein Vorbehaltseigentümer kann den Antrag ebensowohl stellen, wie derjenige, der ein Fahrzeug unter Vorbehalt des Eigentums eines anderen bis zur vollen Bezahlung des Kaufpreises erworben hat. Zu beachten ist, daß der Antragsteller nicht derjenige sein muß, für den das Fahrzeug zugelassen werden soll. Wer vom Eigentümer als Inhaber der Zulassung angegeben wird, ist zunächst als Halter des Fahrzeugs zu betrachten, der besonders für die Erfüllung der in §§ 17, 27 Abs. 1 und 31 begründeten Pflichten verantwortlich zu machen ist.*

(2) Ohne Kraftfahrzeugbrief (Anhängerbrief) darf kein Kraftfahrzeug (Anhänger) zugelassen werden. Ein Fahrzeug, das zu einer durch Typschein genehmigten Gattung gehört, darf nur auf Grund eines Briefes zugelassen werden, den der dazu berechtigte Hersteller ausgestellt hat.

(3) Der vorgelegte Brief ist auf ordnungsmäßige Ausführung zu prüfen. Insbesondere ist darauf zu achten:

a) daß die Firmenbescheinigung (Kraftfahrzeugbrief Muster I, Seite 8, Muster II, Seite 5. Anhängerbrief Seite 6) genau (auch z. B. mit Datum) eingetragen und der zugrunde liegende Typschein vorschriftsmäßig angegeben ist (faksimilierte Unterschriften bei der Firmenbescheinigung sind zulässig);

b) daß Motor- und Fahrgestellnummern stimmen und daß Angaben, die in irgendeiner Beziehung miteinander stehen, das richtige Verhältnis zueinander haben. Wird z. B. bei Lastwagen unter Aufbau „Plattform" angegeben, kann bei den Maßen des Laderaums eine Höhe nicht verzeichnet sein;

c) daß der Brief keine im Vordruck nicht vorgesehenen oder sonst amtlich angeordneten oder zugelassenen Eintragungen enthält. Hat ein Brief unzulässige Eintragungen, insbesondere solche über Eigentums- oder sonstige Rechtsverhältnisse des Fahrzeugs, oder sind dem Brief weitere Blätter eingefügt, deren Herausnahme nicht ohne weiteres möglich ist, so ist der Brief unbearbeitet dem Antragsteller zurückzugeben und dafür zu sorgen, daß er in bestimmungsmäßigem Zustande unverzüglich wieder eingereicht wird.

(4) Erstreckt sich die Firmenbescheinigung nicht auf alle im Brief enthaltenen Angaben, ist für die übrigen Angaben eine Bescheinigung des Herstellers der betreffenden Teile erforderlich. Sofern es sich dabei um betriebserlaubnispflichtige, nicht getypte Teile handelt, ist die Bescheinigung eines amtlich anerkannten Sachverständigen im Brief notwendig.

(5) a) Wird ein Kraftfahrzeugbrief (Anhängerbrief) bei der Zulassungsstelle eingereicht, so hat sie demjenigen, der den Brief einreicht, auf Verlangen eine Empfangsbestätigung zu erteilen. Kosten und Gebühren sind dafür nicht zu erheben, mit Ausnahme etwaiger Postgebühren, die zu Lasten des Antragstellers gehen.

b) Für die Empfangsbestätigung ist ein Formblatt gemäß Muster 9 zu verwenden. Der untere Abschnitt ist dem Antragsteller auszuhändigen. Soll der Brief nicht an denjenigen ausgehändigt werden, für den das Fahrzeug zugelassen wird, so dient der obere Abschnitt als Merkzettel für die Aushändigung des Briefes; er ist zu diesem Zweck am Brief zu befestigen, und zwar auf der ersten inneren Umschlagseite, um ein Ablösen während des Geschäftsverkehrs zu vermeiden.

c) Die Zulassungsstelle kann die Vollziehung der Empfangsbestätigung davon abhängig machen, daß der Antragsteller das Formblatt zuvor richtig ausfüllt, wenn nach dem Ermessen der Zulassungsstelle damit eine Geschäftsvereinfachung erreicht wird. Vor der Vollziehung der Empfangsbestätigung ist die richtige Ausfüllung nachzuprüfen; ungenaue oder unrichtige Ausfüllung kann zu Unregelmäßigkeiten führen, die Ersatzansprüche nach sich ziehen können. Namentlich ist sorgfältig zu vergleichen, ob die Angaben über den Empfänger des Briefes im unteren und im oberen Abschnitt übereinstimmen.

DA zum Abs. 4: *(1) Die Stempelung der amtlichen Kennzeichen an Kraftfahrzeugen hat mit roter oder schwarzer Farbe zu geschehen.*

(2) Wenn zur Abstempelung nicht Schablonen oder Gummistempel verwendet, sondern die Dienststempel in Form von Plaketten angebracht werden sollen, ist die Plakette durch eine Plombe oder einen anderen ausreichenden Verschluß mit dem Kennzeichen zu verbinden. Als ausreichend gilt ein Verschluß, der nicht ohne sichtbare Beschädigung geöffnet werden kann.

(4) Wenn land- und forstwirtschaftlichen Betrieben die Vorführung einer Zugmaschine mit Rücksicht auf weite Entfernung und damit verbundenem Zeitaufwand nicht zuzumuten ist, ist die Überwachung der Ordnungsmäßigkeit des zuzulassenden Fahrzeugs in geeigneter Weise sicherzustellen. Dies kann insbesondere dadurch geschehen, daß die Zulassungsstelle den zuständigen Gendarmeriebeamten um Aushändigung der gestempelten Kennzeichentafeln und Überprüfung des Fahrzeugs (insbesondere auch auf vorschriftsmäßige Anbringung der Kennzeichentafeln) ersucht, oder daß sie einen ihrer Beamten dazu entsendet.

1. § 23 wurde in Abs. 1 und Abs. 4 geändert durch die VO vom 7. 7. 1960, BGBl. I, 485. 1
In Kraft seit 1. 8. 60 (Art. 10 d. VO v. 7. 7. 60). Übergangsbestimmungen in § 72 StVZO.

2. Nach der amtlichen Begründung (VerkBl. 60, 462) hat die bisherige Begriffsbestimmung für Kombinationskraftwagen zu Zweifeln geführt, ob für solche Fahrzeuge mit mehr als 8 Plätzen die Kraftomnibusvorschriften gelten. Unter Plätzen sind hierbei Sitzplätze zu verstehen. Die Neufassung bringt insoweit eine klare Regelung und erhöht das zulässige Gesamtgewicht zugleich von 2,5 auf 2,8 t. 2

3. Nunmehr sind zulässig als Stempelplaketten auch Klebefolien, da ein Zerbrechen beim Ablösen nicht mehr erforderlich, nur ihre Zerstörung notwendig ist. 3

4 **4.** Die **Anmerkungen der 21. Aufl.** zu § 23 sind noch in vollem Umfang verwertbar.

5 **5.** Bis zum 1. 1. 1960 waren die Kraftfahrzeugbriefe und Kraftfahrzeugscheine von Kombinationswagen und Kraftomnibussen den Zulassungsstellen zur Berichtigung vorzulegen, wenn die Art des Fahrzeugs unrichtig angegeben war (§ 72 StVZO).

6 **6.** Für das Saarland enthält § 72 StVZO hinsichtlich der vor dem 1. 9. 1959 ausgefertigten Fahrzeugbriefe eine abweichende Regelung.

§ 24 Ausfertigung des Kraftfahrzeug- oder Anhängerscheins

Auf Grund der Betriebserlaubnis und nach Zuteilung des Kennzeichens wird der Kraftfahrzeugschein (Muster 2, 2a oder 2b) oder Anhängerschein (Muster 3 oder 3a) ausgefertigt und ausgehändigt; fehlt noch die Betriebserlaubnis, wird sie durch Ausfertigung des Kraftfahrzeug- oder Anhängerscheins erteilt; einer besonderen Ausfertigung der Betriebserlaubnis bedarf es nur, wenn umfangreiche Bedingungen gestellt werden, auf die im Kraftfahrzeug- oder Anhängerschein alsdann hinzuweisen ist. Die Scheine sind mitzuführen und zuständigen Personen auf Verlangen zur Prüfung auszuhändigen. Sind für denselben Halter mehrere Anhänger zugelassen, so kann statt des Anhängerscheins ein von der Zulassungsstelle ausgestelltes Verzeichnis der für den Halter zugelassenen Anhänger mitgeführt und zur Prüfung ausgehändigt werden; aus dem Verzeichnis müssen Name, Vornamen und genaue Anschrift des Halters sowie Hersteller, Tag der ersten Zulassung, Art, Leergewicht, zulässiges Gesamtgewicht, Fahrgestellnummer und amtliches Kennzeichen der Anhänger ersichtlich sein.

DA: *(1) Als Unterlage für die Eintragungen im Kraftfahrzeug- oder Anhängerschein ist der Kraftfahrzeug- oder Anhängerbrief zu benutzen. Enthält der Brief Vermerke über Ausnahmegenehmigungen (§ 70 Abs. 1), so sind zur Erleichterung der Überwachung des Kraftfahrzeugverkehrs auch diese in dem Schein zu übernehmen. Soweit in älteren Kraftfahrzeugbriefen Angaben fehlen, die in den neuen Vorschriften über Kraftfahrzeug- und Anhängerscheine verlangt werden (z. B. über Bereifung und Geschwindigkeit), darf auf die Ausfüllung dieser Angaben verzichtet werden. Sie sind bei einer Prüfung des Fahrzeugs durch einen amtlich anerkannten Sachverständigen nachzutragen, wenn sich die Gelegenheit bietet.*

(2) und (3) aufgehoben d. VO v. 7. 7. 60, Art. 10, BGBl. I, 485.

(4) [Auszug] *Wird ein Kraftfahrzeug- oder Anhängerschein verloren, beschädigt oder sonst unbrauchbar, so ist auf Antrag eine neue Ausfertigung zu erteilen, die durch Aufschrift als solche bezeichnet sein muß. Zuständig ist die Behörde, die den bisherigen Kraftfahrzeug- oder Anhängerschein ausgestellt hat oder, wenn sie nicht mehr besteht oder nicht erreichbar ist, die für den Wohnsitz zuständige Zulassungsbehörde. Über die neue Ausfertigung ist ein Vermerk auf dem Karteiblatt zu machen. Für die Erteilung des Ersatzscheins sind die festgesetzten Gebühren zu erheben. — Ist nach den Umständen Mißbrauch des verlorenen oder unbrauchbar gewordenen Kraftfahrzeug- oder Anhängerscheins zu befürchten, so ist der verlorene oder unbrauchbar gewordene Schein auf Kosten des Antragstellers öffentlich für ungültig zu erklären.*

(Wegen Gebühren s. GebO f. Maßnahmen i. Straßenverkehr v. 17. 7. 53 i. d. F. v. 21. 2. 57, BGBl. I, 35; Anhang 9 der 21. Auflage; geändert d. VO v. 15. 3. 61 BAnz. 61 Nr. 56.)

1 **1.** Durch die VO v. 7. 7. 60, BGBl. I, 485 wurden kleinere Änderungen vorgenommen. **In Kraft** seit 1. 8. 60 (Art. 10 d. VO v. 7. 7. 60). Übergangsbestimmung § 72 StVZO.

2 **2.** Die Änderung in Satz 1 war wegen der Ergänzung der Muster erforderlich. Die amtliche Begründung (VerkBl. 60, 462) führt hierzu aus:

> Die neuen Fahrzeugscheine entsprechen in Form und Inhalt den Karteikarten und sollen mit diesen im Durchschreibeverfahren ausgefüllt werden. Für die Zulassungsstellen bedeutet dies eine wesentliche Arbeitsersparnis. Angaben, die nach den Mustern 2 und 3 nicht erforderlich sind, sollen auch bei Verwendung der Muster 2a, 2b oder 3b nicht obligatorisch sein.

3 **3.** In Satz 2 wurde an Stelle von „Beamten" das Wort „Personen" gesetzt. Insoweit wird auf die Anm. zu § 4 StVZO verwiesen.

4. Bei den Anhängerverzeichnissen wird nunmehr durch § 24 auch bestimmt, daß der Tag der ersten Zulassung eingetragen werden muß. Daß der Tag der ersten Zulassung auch in die Kraftfahrzeugscheine eingetragen werden muß, brauchte in § 24 nicht besonders ausgesprochen werden, da durch Art. 2 Nr. 96 und Nr. 98 d. VO v. 7. 7. 60 die Muster 2, 3, 4 und 5 dementsprechend geändert wurden und die neu eingeführten Muster diesen Vermerk schon enthalten. Die Muster sind im Anhang zur StVZO abgedruckt (Übergangsbestimmung in § 72). 4

Die Angabe des Tages der ersten Zulassung hat zweierlei Bedeutung. Einmal erleichtert sie die Prüfung, ob das Fahrzeug im Hinblick auf die Übergangsbestimmungen des § 72 StVZO den geltenden Vorschriften entspricht. Zum anderen entsprechen damit die deutschen Kraftfahrzeugscheine dem Art. 18 Abs. 2 des Genfer Abkommens v. 19. 9. 49, das allerdings von der Bundesrepublik noch nicht ratifiziert ist. Die dem Art. 18 Abs. 2 IntAbk. entsprechenden nationalen Zulassungsscheine werden von den Vertragsstaaten bis zum Beweis des Gegenteils anerkannt. 5

5. Die **Anmerkungen der 21. Aufl.** zu § 24 können im vollen Umfang verwertet werden. 6

§ 25 Behandlung der Kraftfahrzeug- und Anhängerbriefe bei den Zulassungsstellen

(1) Die Zulassungsstelle hat das amtliche Kennzeichen des Fahrzeugs und die Personalien dessen, für den das Fahrzeug zugelassen wird, in den Kraftfahrzeug- oder Anhängerbrief einzutragen. Sie hat den Brief unverzüglich dem im Antrag nach § 23 Abs. 1 Nr. 4 bezeichneten Empfänger zu übergeben. Dieser hat grundsätzlich seinen Brief bei der Zulassungsstelle selbst abzuholen und dabei den Empfang zu bescheinigen; tut er dies innerhalb von zwei Wochen nicht, so ist der Brief unter „Einschreiben" gebührenpflichtig zu übersenden.

(2) Der Verlust eines Vordrucks für einen Kraftfahrzeug -oder Anhängerbrief ist der Ausgabestelle für den Vordruck, der Verlust eines ausgefertigten Briefs ist der für das Fahrzeug zuständigen Zulassungsstelle und durch diese dem Kraftfahrt-Bundesamt zu melden. Vor Ausfertigung eines neuen Briefs ist der verlorene Brief unter Festsetzung einer Frist für die Vorlage bei der Zulassungsstelle auf Kosten des Antragstellers im „Verkehrsblatt" aufzubieten, wenn nicht im Einzelfall eine Ausnahme unbedenklich ist. Das Verfahren wird durch Verwaltungsanweisung geregelt.

(3) Sind in einem Kraftfahrzeug- oder Anhängerbrief die für die Eintragung der Zulassungen des Fahrzeugs bestimmten Seiten ausgefüllt oder ist der Brief beschädigt, so darf er nicht durch Einfügung selbstgefertigter Blätter ergänzt werden. Vielmehr ist ein neuer Brief gebührenpflichtig auszustellen. Die Zulassungsstelle macht auf Grund des alten Briefs in dem neuen Brief die Angaben über die Beschreibung des Fahrzeugs, über Typschein und amtliches Gutachten, vermerkt darin, für wen das Fahrzeug früher zugelassen war, und bescheinigt in ihm, daß er als Ersatz für den als erledigt eingezogenen Brief ausgestellt worden ist.

(4) Die mit den Kraftfahrzeug- und Anhängerbriefen befaßten Behörden haben bei der Entgegennahme von Anträgen und bei der Aushändigung der Briefe über auftretende privatrechtliche Ansprüche nicht zu entscheiden. Rechtsansprüche sind gegebenenfalls mit Hilfe der ordentlichen Gerichte zu verfolgen. Zur Sicherung des Eigentums oder anderer Rechte am Fahrzeug ist der Brief bei jeder Befassung der Zulassungsstelle mit dem Fahrzeug, besonders bei Meldungen über den Eigentumswechsel (§ 27 Abs. 3), vorzulegen. Sofern es sich nicht um den Nachweis der Verfügungsberechtigung eines Antragstellers handelt, ist zur Vorlage des Briefs neben dem Halter und dem Eigentümer bei Aufforderung durch die Zulassungsstelle jeder verpflichtet, in dessen Gewahrsam der Brief sich befindet. Wird das Fahrzeug ohne Änderung seines regelmäßigen Standorts vorübergehend aus dem Verkehr gezogen

oder nach einer vorübergehenden Zurückziehung aus dem Verkehr wieder in den Verkehr gebracht, so kann die Zulassungsstelle auf die Vorlage des Briefes verzichten.

DA zum § 25 Abs. 1: *(1) Bei der Eintragung des zugeteilten Kennzeichens und des Inhabers der Zulassung im Brief ist besonders deutliche Schrift notwendig. Ferner ist zu beachten: Datum, Unterschrift und Dienststempel müssen beigesetzt werden, das Kennzeichen muß mit dem auf der ersten Umschlagseite angegebenen übereinstimmen, der Beruf des Inhabers der Zulassung ist genau zu bezeichnen.*

(2) und (3) aufgehoben d. VO v. 7. 7. 60, Art. 10, BGBl. I, 60, 485.

(4) . . . . Über die Aushändigung jedes einzelnen Briefes muß die Zulassungsstelle einen genauen Nachweis haben. Der Nachweis (Quittung des Abholenden, Posteinlieferungsschein, Hinweis auf das Posteinlieferungsbuch) soll auf der Rückseite der Karteikarte geführt werden. Briefe, die für eine Firma bestimmt sind, sollen möglichst in Sammelsendung verschickt werden, wenn dadurch keine Verzögerung der Aushändigung eintritt; bei größeren Zulassungsstellen ist die Versendung mindestens zweimal wöchentlich, bei kleineren wenigstens einmal wöchentlich vorzunehmen; Sonderwünschen ist nach Möglichkeit Rechnung zu tragen. Bei Sammelsendungen empfiehlt es sich, eine Liste der in der Sendung enthaltenen Briefe aufzustellen, von der ein Durchschlag bei der Zulassungsstelle verbleibt, ein anderer der Sendung gegen Rückgabe mit unterschriebener Empfangsbestätigung beizufügen ist. Die Übersendung der Briefe kann auch durch Postnachnahme erfolgen.

(5) Da der Brief dem im Antrag nach § 23 Abs. 1d bezeichneten Empfänger zu übergeben ist, dürfen nachträglich geäußerte abweichende Wünsche auf Aushändigung des Briefes nur berücksichtigt werden, wenn der im ursprünglichen Antrag bezeichnete Empfänger zustimmt.

Zum § 25 Abs. 2: *(1) Von der öffentlichen Aufbietung kann nur abgesehen werden, wenn die Straßenverkehrsbehörde gegen eine solche Ausnahme keine Bedenken hat, weil ein Mißbrauch des Briefes ausgeschlossen erscheint, oder wenn eine Bescheinigung eines Gerichtsvollziehers oder Vollstreckungsbeamten (Abs. 4b) vorgelegt wird. Ist der Brief an eine andere Person oder Stelle als den Inhaber der Zulassung (nach § 23 Abs. 1d) ausgehändigt worden, kann die Aufbietung nur mit Zustimmung dieser Person oder Stelle unterbleiben. Wenn von der öffenttichen Aufbietung abgesehen wird, hat das die Straßenverkehrsbehörde in dem Ersatzbrief auf der letzten Seite im Raum für sonstige Eintragungen ausdrücklich zu vermerken.*

(2) Kraftfahrzeug- und Anhängerbriefe werden im „Verkehrsblatt" in folgender Weise aufgeboten:

a) Die Straßenverkehrsbehörden senden die Verlustanzeigen nach Muster 10 in zweifacher Ausfertigung unverzüglich und zugleich mit dem neu ausgefertigten Kraftfahrzeug- oder Anhängerbrief an die Sammelstelle für Nachrichten über Kraftfahrzeuge. Diese gibt nach Prüfung des Ersatzbriefes die beiden Verlustanzeigen sofort an das Kraftfahrt-Bundesamt weiter, das die Veröffentlichung veranlaßt.

b) Bei Annahme der Verlustanzeige erhebt die Straßenverkehrsbehörde neben den Kosten für den Kraftfahrzeug- oder Anhängerbrief einen Betrag von 20,— DM.

(3) Der Ersatzbrief kann an Hand der bei der Straßenverkehrsbehörde vorliegenden Karteikarte leicht ausgefertigt werden. Dagegen wird die Übersendung des Briefes an die Herstellerfirma, die den ursprünglichen Brief ausgefertigt hat bzw. an den amtlich anerkannten Sachverständigen, der in dem ursprünglichen Brief seine Bescheinigung erteilt hat, zur Nachholung dieser Bescheinigung im Ersatzbrief zeitraubend sein. Deshalb wird, wenn nicht im Einzelfalle die Mitwirkung der Herstellerfirma bzw. des amtlich anerkannten Sachverständigen bei der Ausfüllung des Ersatzbriefes aus besonderen Gründen für notwendig gehalten wird, genügen, wenn die Straßenverkehrsbehörde im Ersatzbrief vermerkt, daß die Firmenbescheinigung bzw. das Gutachten des amtlich anerkannten Sachverständigen in dem verlorenen Brief . . . Nr. . . . erhalten war.

(4) a) Wenn ein Gerichtsvollzieher oder Vollstreckungsbeamter bei einer Zwangsvollstreckung den Brief nicht vorgefunden hat, teilt er dies in der Regel der Zulassungsstelle mit.

b) Wird das Fahrzeug versteigert, ohne daß sich bis dahin der Brief vorgefunden hat, so erteilt der Gerichtsvollzieher (Vollstreckungsbeamte) dem Erwerber in der Regel eine mit seiner Unterschrift und dem Dienststempel versehene Bescheinigung dahin, daß der Erwerber das näher zu bezeichnende Kraftfahrzeug in der Zwangsvollstreckung erworben hat, daß der Gerichtsvollzieher (Vollstreckungsbeamte) den Brief bei der Pfändung nicht aufgefunden hat.

1. § 25 wurde in Abs. 2 und 4 geändert durch VO v. 7. 7. 60, BGBl. I, 485. **In Kraft** seit 1. 8. 60 (Art. 10 d. VO v. 7. 7. 60). 1

2. Neu ist in Satz 2 des Abs. 2, daß die Aufbietung im Verkehrsblatt unter Festsetzung einer Frist zur Vorlage zu erfolgen hat. Hierdurch wird jedoch der in Verlust geratene Kraftfahrzeug- oder Anhängerbrief nicht ungültig. Der Ersatzbrief wird gegenstandslos, wenn später der aufgebotene Vordruck sich wieder auffindet (anders § 27 Abs. 5). 2

2. Durch die Einfügung des Satzes 3 in Abs. 4 wird nunmehr klargestellt, daß auch der Besitzer des Briefes zur Vorlage desselben bei Aufforderung durch die Zulassungsstelle verpflichtet ist. Hierdurch werden in der Regel die Vorbehalts- und Sicherungseigentümer berührt. 2

3. Nach der Neufassung des letzten Satzes des Abs. 4 ist es die Regel, daß der Brief vorgelegt wird. Davon ist nur abzusehen, wenn die Zulassungsstelle hierauf verzichtet. Dieser Verzicht kann ausdrücklich oder stillschweigend erfolgen. Bei der Vorlage des Briefes kann die Zulassungsstelle die vorübergehende Stillegung in diesem vermerken. Wird nicht binnen eines Jahres das Fahrzeug wieder zugelassen, so sind die Vermerke über das Fahrzeug aus der Kartei (§ 26) zu entfernen (§ 27 Abs. 6). Ob nun die Zulassungsstellen künftig neben der endgültigen Stillegung (neben dem Zerschneiden) auch die vorübergehende Stillegung in die Briefe eintragen werden, ist ihrem Ermessen zu überlassen. Sie müssen hierbei aber die Interessen aller Beteiligten berücksichtigen (vgl. auch amtl. Begründung in VerkBl. 60, 462). 3

4. Die **Anmerkungen der 21. Aufl.** zu § 25 können in vollem Umfang verwertet werden. 4

§ 26 Karteiführung und Meldungen an das Kraftfahrt-Bundesamt

(1) Die Zulassungsstellen haben die zum Verkehr zugelassenen Kraftfahrzeuge und Anhänger bis zur endgültigen Zurückziehung aus dem Verkehr in je einer Kartei nachzuweisen. Die Karteikarte ist nach dem vom Kraftfahrt-Bundesamt entworfenen Muster auf Grund des Kraftfahrzeug- oder Anhängerbriefs zu fertigen. Eine Durchschrift der Karte ist dem Kraftfahrt-Bundesamt zu übersenden.

(2) Die Kartei ist nach den Erkennungsnummern der Fahrzeuge zu ordnen.

(3) Änderungen in der Kartei hat die Zulassungsstelle dem Kraftfahrt-Bundesamt zu melden.

(4) Zulassungsfreie Kraftfahrzeuge, denen ein amtliches Kennzeichen zugeteilt worden ist (§ 18 Abs. 4 Satz 1), sind von der Zulassungsstelle in einer Kartei nachzuweisen, aus der Name, Vornamen, Ort und Tag der Geburt, Beruf (Stand, Gewerbe) und Anschrift dessen, für den das Kennzeichen dem Fahrzeug zugeteilt worden ist, ferner die Art und der regelmäßige Standort des Fahrzeugs hervorgehen müssen. Absatz 2 gilt entsprechend.

DA zum Abs. 1: *(4) Die Kartei muß ein genaues Verzeichnis der zugelassenen Fahrzeuge darstellen. Die Zulassungsstellen haben alle Maßnahmen zu ergreifen, die eine zuverlässige Karteiführung sicherzustellen geeignet sind. Die Vorlage der Kraftfahrzeuge- oder Anhängerbriefe und die Beibringung der erforderlichen Angaben durch die Fahrzeugeigentümer oder -halter ist von den Zulassungsstellen notfalls durch Androhung und Verhängung von Strafen zu erzwingen. Wird aus grober Nachlässigkeit oder aus bösem Willen die Arbeit der Zulassungsstellen erschwert, ist rücksichtslos durchzugreifen. Im allgemeinen bietet § 71 StVZO eine ausreichende Handhabe für Strafen. Unter Umständen lassen sich auch landesrechtliche Bestimmungen anwenden. . . . (Der letzte Satz ist überholt.)*

(5) Oberster Grundsatz ist, daß jedes zulassungspflichtige Fahrzeug im Inland von der ersten Zulassung bis zur endgültigen Außerbetriebsetzung ständig in der Kartei irgendeiner Zulassungsstelle nachgewiesen sein muß. Wird die Karteikarte für ein Fahrzeug in einem Bezirk gelöscht, etwa weil es durch Veräußerung in einen anderen Bezirk gekommen ist, muß feststehen, daß das Fahrzeug in dem anderen Bezirk weiter geführt wird. Unklarheiten sind unbedingt zu klären. Ist ein Fahrzeug nicht mehr vorhanden, darf es in keiner Kartei mehr erscheinen. Karteikarten zu Fahrzeugen, die endgültig außer Betrieb gesetzt (z. B. verschrottet) oder die in einen anderen Bezirk gekommen sind, sind deutlich zu durchstreichen. Ist das Fahrzeug endgültig außer Betrieb gesetzt worden, ist dies auf der Karteikarte zu vermerken. Ist das Fahrzeug in einen anderen Bezirk gekommen, ist die Mitteilung des KfBAmts, daß das Fahrzeug umgeschrieben worden

und deshalb die bisher geführte Karteikarte abzulegen ist, auf ihr zu befestigen, Die abgelegten Karteikarten sind nach dem Kennzeichen geordnet besonders aufzubewahren und nicht in die übrigen Akten einzuordnen; sie bilden einen Auszug aus den Akten, der die wichtigsten Vorgänge enthält, d. h. insbesondere erkennen läßt, welchem Fahrzeug und zu welcher Zeit das einzelne Kennzeichen zugeteilt war und an wen der Brief jeweils ausgehändigt wurde (vgl. Abs. 4 der DA zum § 25 Abs. 1).

(6) Aufgehoben d. VO v. 7. 7. 60, Art. 10.

(7) Für die der Zulassungsstelle obliegende Überwachung einzelner Vorgänge, z. B. von Umschreibungen, Verkäufen an Händler, vorübergehenden Abmeldungen aus steuerrechtlichen Gründen oder vorläufigen Außerbetriebsetzungen wegen des Fehlens einer ausreichenden Haftpflichtversicherung, ist von der Führung besonderer Listen möglichst abzusehen, statt dessen sind zweckentsprechende verschiedenfarbige Reiter, auf denen die Überwachungstermine verzeichnet werden können, zu verwenden. Auch über freigewordene Kennzeichen brauchen besondere Aufzeichnungen nicht geführt zu werden, wenn die freien Kennzeichen auf Hilfskarteikarten die an besonderer Stelle zu führen sind, vorgetragen werden.

(8) Aufgehoben d. VO v. 7. 7. 60, Art. 10.

Zum Abs. 2: *(1) Die Karteikarten der Hauptkartei sind ausschließlich nach dem Kennzeichen — nicht z. B. nach Fahrzeuggattungen — zu ordnen. Etwa vorhandene Karteikarten über Kraftfahrzeuge, die von der Verpflichtung zur Führung amtlicher Kennzeichen befreit sind, sind nach dem ihnen zugeteilten (wenn auch nicht am Fahrzeug geführten) Kennzeichen einzuordnen. Auch die Karteikarten für Kraftfahrzeuge, die auf Grund der steuerlichen Bestimmungen vorübergehend abgemeldet oder wegen des Fehlens einer ausreichenden Haftpflichtversicherung vorläufig außer Betrieb gesetzt werden, sind in der Kartei an der durch das Kennzeichen gegebenen Stelle weiter zu führen; es empfiehlt sich, diese durch Reiter zu kennzeichnen, um sie leichter überwachen zu können.*

(2) Kennzeichen dürfen nicht mehrfach, z. B. für Krafträder und Kraftwagen, ausgegeben werden. Wo noch mehrfach ausgegebene Kennzeichen vorhanden sind, ist dieser Zustand zu beseitigen. Über die Neuausgabe freigewordener Ernennungsnummern vgl. zum § 27 Abs. 3 (3) letzter Satz.

Zum Abs. 3: *Die Angaben im Kraftfahrzeug- (Anhänger-)brief müssen ständig den tatsächlichen Verhältnissen entsprechen; Eigentümer und Halter haben Änderungen unverzüglich der Zulassungsstelle zu melden (§ 27 StVZO).*

1 Die VO v. 7. 7. 60, BGBl. I, 485 brachte in Abs. 4 nur eine redaktionelle Änderung, die sich aus der Änderung des § 18 StVZO ergab.

2 Die **Anmerkung der 21. Aufl.** zu § 26 ist weiter zu verwerten.

§ 27 Meldepflichten der Eigentümer und Halter von Kraftfahrzeugen oder Anhängern; Zurückziehung aus dem Verkehr und erneute Zulassung

(1) Die Angaben im Kraftfahrzeug- oder Anhängerbrief, im Kraftfahrzeug- oder Anhängerschein und in den Anhängerverzeichnissen müssen ständig den tatsächlichen Verhältnissen entsprechen; Änderungen sind unter Einreichung des Briefs und Scheins und gegebenenfalls der Anhängerverzeichnisse unverzüglich der zuständigen Zulassungsstelle zu melden. Verpflichtet zur Meldung ist der Eigentümer und, wenn er nicht zugleich Halter ist, auch dieser. Die Verpflichtung besteht, bis die Behörde durch einen der Verpflichteten Kenntnis von den meldepflichtigen Tatsachen erhalten hat.

(2) Wird der regelmäßige Standort des Fahrzeugs für mehr als drei Monate in den Bezirk einer anderen Zulassungsstelle verlegt, so ist bei dieser unverzüglich die Zuteilung eines neuen Kennzeichens zu beantragen; ist die Verlegung voraussichtlich nur vorübergehend, so genügt eine Anzeige an die Zulassungsstelle, die dem Fahrzeug ein Kennzeichen zugeteilt hat.

(3) Wird ein Fahrzeug veräußert, so hat der Veräußerer unverzüglich der für das Fahrzeug zuständigen Zulassungsstelle die Anschrift des Erwerbers anzuzeigen; er hat dem Erwerber zur Weiterbenutzung des Fahrzeugs Kraftfahrzeugschein und -brief (Anhängerschein und -brief) gegen Empfangsbestätigung auszuhändigen und letztere seiner Anzeige beizufügen. Der Erwerber hat unverzüglich bei der für den neuen Standort des Fahrzeugs zuständigen Zulassungsstelle die Ausfertigung eines neuen Kraftfahrzeug- oder Anhängerscheins und, wenn dem Fahrzeug bisher ein Kennzeichen von einer anderen Zulassungsstelle zugeteilt war, auch die Zuteilung eines neuen Kennzeichens zu beantragen; wenn ein Händler das Fahrzeug zum Wiederverkauf erwirbt, so genügt eine Anzeige an die Zulassungsstelle, die dem Fahrzeug ein Kennzeichen zugeteilt hat. Kommt der Erwerber diesen Pflichten nicht nach, so kann die Zulassungsstelle für die Zeit bis zur Erfüllung der Pflichten den Betrieb des Fahrzeugs im öffentlichen Verkehr untersagen. Der Betroffene hat das Verbot zu beachten; § 17 Abs. 2 gilt entsprechend.

(4) Dem Antrag nach den Absätzen 2 und 3 ist der bisherige Kraftfahrzeugschein (Anhängerschein) oder eine amtlich beglaubigte Abschrift beizufügen; der bisherige Schein ist jedenfalls vor Übergabe des neuen abzuliefern. Wird ein neues Kennzeichen erteilt, so gilt für das bisherige Kennzeichen Absatz 5 Satz 1 entsprechend.

(5) Wird ein Fahrzeug für mehr als ein Jahr aus dem Verkehr gezogen, so hat der Halter dies der Zulassungsstelle unter Vorlage des Briefs, des Scheins und gegebenenfalls der Anhängerverzeichnisse, bei zulassungsfreien Fahrzeugen, für die ein amtliches Kennzeichen zugeteilt ist, unter Vorlage des Nachweises über die Zuteilung des Kennzeichens (§ 18 Abs. 5) unverzüglich anzuzeigen und das amtliche Kennzeichen entstempeln zu lassen, es sei denn, daß die Zulassungsstelle eine Frist bewilligt. Der Brief ist von der Zulassungsstelle durch Zerschneiden unbrauchbar zu machen und — ebenso wie nötigenfalls die Anhängerverzeichnisse — mit einem Vermerk über die Zurückziehung aus dem Verkehr zurückzugeben. Lassen sich der Brief, der Schein oder die Bescheinigung über die Zuteilung des amtlichen Kennzeichens nicht beiziehen, so sind sie auf Kosten des Halters unter Festsetzung einer Frist für die Vorlage bei der Zulassungsstelle im „Verkehrsblatt" aufzubieten, wenn nicht im Einzelfall eine Ausnahme unbedenklich ist. Wird kein Ersatzbrief ausgefertigt (§ 25 Abs. 2), so erteilt die Zulassungsstelle dem Halter auf Antrag eine Bescheinigung über das Fehlen des Briefes sowie über die Erfolglosigkeit der Aufbietung oder den Verzicht auf die Aufbietung.

(6) Absatz 5 gilt nicht

1. **für Fahrzeuge, die durch Ablieferung des Scheins und durch Entstempelung des amtlichen Kennzeichens vorübergehend stillgelegt worden sind, wenn die Zulassungsstelle die Stillegung im Brief vermerkt hat,**
2. **für zulassungsfreie Fahrzeuge, die durch Ablieferung der amtlichen Bescheinigung über die Zuteilung des Kennzeichens und durch Entstempelung des amtlichen Kennzeichens vorübergehend stillgelegt worden sind,**
3. **für Fahrzeuge, für die nach dem 1. Mai 1956 kein amtliches Kennzeichen neuen Rechts zugeteilt worden ist.**

Die Fahrzeuge zu Nummer 1 und 2 gelten nach Ablauf eines Jahres seit der Stillegung, die Fahrzeuge zu Nummer 3 in allen Fällen als endgültig aus dem Verkehr zurückgezogen; die Vermerke über sie können aus den Karteien entfernt werden, ohne daß die Vorlage der Briefe zu verlangen ist.

(7) Soll ein endgültig aus dem Verkehr gezogenes zulassungspflichtiges Fahrzeug wieder zum Verkehr zugelassen werden, so sind der Brief oder — falls dieser noch unauffindbar ist — die in Absatz 5 letzter Satz vorgesehene Bescheinigung vorzulegen und von der Zulassungsstelle einzuziehen; ein neuer Brief ist auszufertigen.

DA zum § 27 Abs. 1: *(1) Meldepflichtige Änderungen (Abs. 1) sind hauptsächlich: Änderungen der Angaben über die Beschaffenheit des Fahrzeugs und Angaben über den Inhaber der Zulassung und seine Anschrift. Daneben sind Änderungen des regelmäßigen Standorts des Fahrzeugs nach Abs. 2 und die Veräußerung des Fahrzeugs nach Abs. 3 zu melden. Schließlich ist nach Abs. 5 zu melden, wenn das Fahrzeug endgültig aus dem Verkehr gezogen wird. Neben diesen in § 27 begründeten verkehrsrechtlichen Meldepflichten sind die steuerrechtlich begründeten zu beachten. Die Zulassungsstellen haben nach den steuerrechtlichen Bestimmungen die vorgeschriebenen Meldungen entgegenzunehmen und an die Finanzämter weiterzugeben.*

(2) Aufgehoben d. VO. v. 7. 7. 60, Art. 10.

(3) Die Zulassungsstelle braucht in den Fällen des § 27 Abs. 2 die Vorlage von Brief und Schein nicht zu verlangen. Sie kann die Vorlage des Briefes jederzeit auch außerhalb meldepflichtiger Vorgänge fordern.

(4) Ein Verstoß gegen die Meldepflicht ist als sog. Dauerdelikt der Verjährung nicht unterworfen. Der unverzüglichen und pünktlichen Erfüllung der Meldepflicht ist besondere Aufmerksamkeit zuzuwenden. Versäumnisse und Nachlässigkeiten sind streng zu bestrafen.

Zum Abs. 2: *(1) Erhält eine Zulassungsstelle den Antrag auf Zuteilung eines neuen Kennzeichens oder Zulassungszeichens wegen Verlegung des regelmäßigen Standorts des Fahrzeugs in ihren Bezirk, so hat sie der Zulassungsstelle, bei der das Fahrzeug bisher geführt wurde, unverzügtich Mitteilung nach Formblatt zu machen.*

Zum Abs. 3: *(1) Wird ein Fahrzeug in einem Zwangsvollstreckungsverfahren veräußert, so wird die Anzeige des Veräußerers gemäß § 27 Abs. 3 von dem Gerichtsvollzieher oder Vollstreckungsbeamten bewirkt. Vgl. hierzu im übrigen zum § 25 Abs. 2.*

(2) a) Wenn ein Händler (das ist eine Person oder Firma, die sich gewerbsmäßig mit dem Vertrieb von Kraftfahrzeugen oder Anhängern befaßt) ein Fahrzeug zum Wiederverkauf erwirbt, braucht er nicht die Ausfertigung eines neuen Kraftfahrzeug- oder Anhängerscheins und die Zuteilung eines neuen Kennzeichens zu beantragen; vielmehr braucht er den Erwerb zum Wiederverkauf nur der Zulassungsstelle anzuzeigen, die dem Fahrzeug ein amtliches Kennzeichen (Zulassungszeichen) zugeteilt hat. Die Vorschrift, daß das Fahrzeug auf den Namen des Händlers umgeschrieben werden muß, wenn es nicht binnen acht Wochen weiter veräußert wird, ist fortgefallen. Die Verpflichtungen des Veräußerers nach § 27 Abs. 3 Satz 1 bleiben unberührt.

b) Erhält eine Zulassungsstelle die Anzeige (des Veräußerers oder Händlers), daß ein Händler ein Fahrzeug zum Wiederverkauf erworben hat, so hat sie, wenn sie weiterhin für das Fahrzeug örtlich zuständig bleibt, den Verbleib des Fahrzeugs selbst zu überwachen. Wird dagegen eine andere Zulassungsstelle örtlich zuständig, so hat die Zulassungsstelle, die dem Fahrzeug ein amtliches Kennzeichen (Zulassungszeichen) zugeteilt hat, die Veräußerung der für den neuen Standort zuständigen Zulassungsstelle mitzuteilen, der sodann die Überwachung des Fahrzeugs obliegt.

c) Die zur Überwachung des Fahrzeugs verpflichtete Zulassungsstelle hat von dem Händler den Brief einzuziehen und darin auf der letzten Seite unter Beisetzung von Datum, Dienststempel und Unterschrift die Veräußerung zu vermerken und sodann den Brief sofort dem Händler wieder auszuhändigen. Sie teilt die Veräußerung dem Kraftfahrt-Bundesamt mit Formblatt (Muster H) mit.

d) Die Karteikarten zu den auf Händler zum Wiederverkauf übergegangenen Fahrzeugen werden in den Karteien des Kraftfahrt-Bundesamts und der Zulassungsstellen an besonderer Stelle nach der Briefnummer geführt, so daß die Fahrzeuge in den Karteien jederzeit festgestellt werden können.

e) Änderungen in der Anschrift des Eigentümers oder des Standorts des Fahrzeugs hat der Händler, wie üblich, gemäß § 27 Abs. 1 der Zulassungsstelle zu melden. Insbesondere hat er auch jeden Wiederverkauf anzuzeigen.

(3) Die Zulassungsstelle, bei der die Ausfertigung eines neuen Kraftfahrzeug- oder Anhängerscheins und die Zuteilung eines neuen Kennzeichens oder Zulassungszeichens beantragt wird, hat hiervon unverzüglich der Zulassungsstelle Mitteilung zu machen, bei der das Fahrzeug bisher geführt worden war. (Vgl. ferner zum § 26 Abs. 3 [1].) Diese darf die Karteikarte

für das Fahrzeug erst endgültig ablegen, wenn sie die Aufforderung dazu von dem Kraftfahrt-Bundesamt erhält. Freigewordene Erkennungsnummern dürfen erst nach Ablegung der Karteikarte wieder ausgegeben werden.

Zum Abs. 1—3: *(1) Änderungen in Kraftfahrzeug- oder Anhängerbriefen haben die Zulassungsstellen unter Beisetzung von Datum, Dienststempel und Unterschrift als richtig zu bescheinigen. Bei geringfügigen Änderungen genügt die Beidrückung des Dienststempels. Einer solchen Eintragung der Zulassungsstelle bedarf es nicht, wenn die Änderung durch einen amtlich anerkannten Sachverständigen bescheinigt wird.*

(2) Bei Umbau eines Fahrzeugs, z. B. eines Personenwagens in einen Lastwagen, ist kein neuer Brief auszufertigen, sondern der vorhandene Brief unter Eintragung der Änderungen weiter zu verwenden. Dem zuständigen Finanzamt ist die Änderung mitzuteilen.

(3) Bei Mitteilung von Änderungen an das Kraftfahrt-Bundesamt ist zu bestätigen, daß die Karteikarte der Zulassungsstelle berichtigt ist.

(4) Kann bei der Ummeldung eines Fahrzeugs der Brief ausnahmsweise nicht sofort beigebracht werden, ist für seine Vorlage eine Frist zu setzen, nach deren Ablauf Zwangsmittel anzuwenden sind. Bestehen Bedenken, ob das Fahrzeug zu Recht umgemeldet wird, kann die Stempelung des Kennzeichens und die Aushändigung des Kraftfahrzeug- oder Anhängerscheins bis zur Beibringung des Briefes ausgesetzt werden. Ebenso ist unabhängig von der Entgegennahme der Ummeldung zu verfahren, wenn der bisherige Eigentümer die Aushändigung des Kraftfahrzeugbriefes an einen anderen beantragt hatte oder der Zulassungsstelle selbst bekannt geworden ist, daß der Kraftfahrzeugbrief einem anderen als Sicherheit überlassen worden ist, bis das Einverständnis des anderen vorliegt.

(5) Die Gebühren, die für Berichtigung von Briefen erhoben werden, sind durch Gebührenmarken zu entrichten. Bei der Gebühr für Umschreibungen und andere Berichtigungen handelt es sich (im Gegensatz zu der Gebühr für die Überlassung des Vordruckes eines Briefes, die zugleich einen Kaufpreis darstellt) lediglich um eine Verwaltungsgebühr für eine behördliche Tätigkeit. Von der Gebühr für die Berichtigung eines Briefes sind daher diejenigen befreit, die von der Zahlung der Verwaltungsgebühren befreit sind.

Zum Abs. 4: *Soll ein aus Gründen der Steuerersparnis vorübergehend abgemeldetes oder wegen des Fehlens einer ausreichenden Haftpflichtversicherung vorläufig außer Betrieb gesetztes Kraftfahrzeug in einem anderen Zulassungsbezirk wieder in Betrieb genommen werden, so genügt dazu nicht die Vorlage des Kraftfahrzeugscheins (oder einer begl. Abschrift davon), vielmehr sind zusätzliche Angaben über das Datum der Außerbetriebsetzung und über die steuerlichen Verhältnisse des Kraftfahrzeugs notwendig. Diese Angaben werden nach Verwaltungsbrauch durch einen Auszug aus der Kraftfahrzeugkartei, den sog. Listenauszug, gemacht. Zur Verhinderung von Fälschungen sind die Listenauszüge nicht mehr, wie es bisher in der Regel geschah, den Antragstellern auszuhändigen, sondern unmittelbar von einer Zulassungsstelle zur anderen zu senden. Wird einer Zulassungsstelle von einem Antragsteller ein Listenauszug unmittelbar vorgelegt, so hat sie zunächst bei der anderen Zulassungsstelle über die Richtigkeit nachzufragen.*

1. § 27 wurde durch die VO v. 7. 7. 60, BGBl. I, 485 geändert. Die Überschrift wurde dem tatsächlichen Inhalt angepaßt. Die Ergänzung des Abs. 3 soll es nach der amtlichen Begründung (VerkBl, 60, 462) den Zulassungsstellen ermöglichen, wirksamere Maßnahmen zur Durchführung des § 27 Abs. 3 zu ergreifen als bisher. Die Änderung in Abs. 4 letzte Ziele hat nur redaktionelle Bedeutung und ist durch die Änderung des § 18 StVZO bedingt. Neu gefaßt wurde Abs. 5, hinzugefügt der Abs. 6 und der Abs. 7. Neufassung in Kraft seit 1. 8. 60 (Art. 10 d. VO v. 7. 7. 60). Übergangsbestimmung § 72 StVZO. 1

2. Durch die Änderung des **Abs. 5**, in dem bestimmt ist, daß der Halter die Stilllegung eines Fahrzeugs für einen längeren Zeitraum als ein Jahr der Zulassungsstelle anzuzeigen hat, hat künftig die Abmeldung nur noch deklaratorische Bedeutung. Die Zulassungsstellen können also Vermerke in der Kartei tilgen, auch wenn keine Abmeldung seitens des Halters erfolgt ist. Dies hat insbesondere Bedeutung, wenn der Halter seinen Pflichten nicht nachkommt. Die Anzeige ist auch bei zulassungsfreien Fahrzeugen erforderlich, für die ein amtliches Kennzeichen zugeteilt worden ist. Gewisse Erleichterungen der Abmeldung nach Abs. 5 werden durch Abs. 6 gewährt, da in den drei dort genannten Fällen die Stillegung schon anderweitig vermerkt ist bzw. die Kennzeichen oder die Zulassungsbescheinigung abgeliefert wurde (vgl. auch amtl. Begründung a. a. O.). 2

3. Bei **Wiederzulassung** eines endgültig aus dem Verkehr gezogenen Fahrzeugs ist der Brief, der in der Regel zerschnitten ist, oder die Bescheinigung über das Fehlen des Briefes vorzulegen. Durch beide legitimiert sich der Antragsteller als Berechtigter gegenüber der Zulassungsstelle. Der Brief und die Bescheinigung hat die Zulassungsstelle einzuziehen und einen neuen 3

Brief auszufertigen, der jedoch kein Ersatzbrief ist. Durch die Abmeldung ist die Betriebserlaubnis nach § 19 Abs. 2 StVZO erloschen. Die Richtigkeit der Eintragung im neuen Brief hat gemäß § 21 StVZO ein amtlich anerkannter Sachverständiger für den Kraftfahrzeugverkehr zu bescheinigen.

4 **4.** Die Nichtanzeige des Halters ist nach wie vor strafbar nach § 71 StVZO, auch wenn die Zulassungsstelle die Berichtigung der Kartei nunmehr von Amts wegen vornehmen kann. Unrichtige Angaben sind strafbar nach § 23, 71 (BayObLG 21. 10. 59, VRS 18, 378). Die Zuwiderhandlung gegen § 27 ist ein Unterlassungsdelikt, das bis zur Erfüllung der Pflicht andauert (OLG Hamm 13. 11, 59, DAR 60, 186).

5 **5.** Die **Anmerkungen der 21. Aufl.** zu § 27 StVZO sind weiter verwertbar. Bei der Anmerkung 10 ist auf Seite 591 der 4. Abs. zu streichen, da die DA v. 25. 4. 40 aufgehoben wurde (Art. 10, VO v. 7. 7. 60, BGBl. I, 485). Die Vorbemerkung zu Abs. 5 auf Seite 592 kann mit gewissen sich aus der Änderung ergebenden Einschränkungen weiter verwertet werden.

6 **6.** Für die **Berichtigung der Fahrzeugpapiere** gilt die Übergangsbestimmung des § 72 StVZO.

§ 28 Prüfungsfahrten, Probefahrten, Überführungsfahrten

(1) Fahrten anläßlich der Prüfung des Fahrzeugs durch einen amtlich anerkannten Sachverständigen für den Kraftfahrzeugverkehr können ohne Betriebserlaubnis mit vom Sachverständigen zugeteilten und amtlich abgestempelten roten Kennzeichen ausgeführt werden. Als Fahrten anläßlich der Prüfung können auch Fahrten zur Verbringung des Fahrzeugs an den Prüfungsort und von dort zurück behandelt werden. Nach Anmeldung eines Fahrzeugs zur Prüfung übersendet der Sachverständige eine Vorladung, die als Ausweis auf der Fahrt mitzuführen ist, und gegebenenfalls ein rotes Kennzeichen. Die roten Kennzeichen für Prüfungsfahrten hat der amtlich anerkannte Sachverständige für den Kraftfahrzeugverkehr zu beschaffen; er kann für Überlassung des Kennzeichens eine Gebühr erheben. Die Erkennungsnummern teilt dem Sachverständigen die für seinen Wohnsitz zuständige Zulassungsstelle zu, deren Unterscheidungszeichen (§ 23 Abs. 2) zu verwenden ist.

(2) Fahrten zur Feststellung und zum Nachweis der Gebrauchsfähigkeit von Kraftfahrzeugen oder Anhängern (Probefahrten) und Fahrten, die in der Hauptsache zur Überführung des Kraftfahrzeugs oder des Anhängers an einen anderen Ort dienen (Überführungsfahrten), dürfen auch ohne Betriebserlaubnis unternommen werden. Auf solchen Fahrten müssen rote Kennzeichen an den Fahrzeugen geführt werden. Für die mit roten Kennzeichen versehenen Kraftfahrzeuge sind besondere Kraftfahrzeugscheine (Muster 4), für die in dieser Weise gekennzeichneten Anhänger besondere Anhängerscheine (Muster 5) mitzuführen. Als Probefahrten gelten auch Fahrten zur allgemeinen Anregung der Kauflust durch Vorführung in der Öffentlichkeit, nicht aber Fahrten gegen Vergütung für Benutzung des Kraftfahrzeugs oder Anhängers.

(3) Für die besonderen Kennzeichen während Probe-, Überführungs- und Prüfungsfahrten gelten die Bestimmungen für allgemeine Kennzeichen entsprechend. Jedoch bestehen die Erkennungsnummern aus einer Null (0) mit einer oder mehreren nachfolgenden Ziffern; das Kennzeichen ist in roter Schrift auf weißem, rot gerandetem Grund herzustellen; es braucht am Fahrzeug nicht fest angebracht zu sein.

(4) Kennzeichen und Kraftfahrzeug- oder Anhängerscheine für Probe- und Überführungsfahrten hat die Zulassungsstelle bei nachgewiesenem Bedürfnis auszugeben; nach Verwendung sind sie unverzüglich wieder abzuliefern; sie können jedoch

für wiederkehrende Verwendung, auch bei verschiedenen Fahrzeugen und auch ohne vorherige Bezeichnung eines bestimmten Fahrzeugs durch die Zulassungsstelle im Kraftfahrzeug- oder Anhängerschein, an zuverlässige Hersteller, Händler oder Handwerker ausgegeben werden. Der Empfänger dieser Scheine hat die Bezeichnung des Fahrzeugs vor Verwendung des Scheins in diesen und in ein Verzeichnis der Scheine einzutragen; jede einzelne Fahrt ist zu verzeichnen. Die Verzeichnisse sind zuständigen Personen auf Verlangen zur Prüfung auszuhändigen. Das den Verbleib der ausgestellten Scheine nachweisende Verzeichnis und etwa innerhalb eines Jahres nicht verwendete Scheine sind der Zulassungsstelle einzureichen.

(5) Rote Kennzeichen (Absatz 1 bis 4) sind erst auszugeben, wenn der Nachweis erbracht ist, daß eine ausreichende Kraftfahrzeughaftpflichtversicherung (§ 29a) besteht oder daß der Halter der Versicherungspflicht nicht unterliegt.

DA: *Beim Führen roter Kennzeichen müssen etwa vorhandene schwarze Kennzeichen verdeckt sein (vgl. § 25 des Kraftfahrzeuggesetzes).*

DA vom 25. 4. 40: *(2) Für die Zuteilung eines roten Kennzeichens für wiederkehrende Verwendung genügt der Nachweis einer Haftpflichtversicherung über 100 000 DM für Personen- und 10 000 DM für Sachschäden. Diese Verfahrensvorschrift befreit den Halter nicht von der Erfüllung etwa bestehender Pflicht zum Abschluß einer Versicherung über höhere Summen (vgl. §§ 7—10 der Durchführungsverordnung); die Zulassungsstelle hat das Bestehen und die Erfüllung dieser weitergehenden Pflicht nicht zu prüfen.*

(1) und (3) aufgehoben d. VO. v. 7. 7. 60, Art. 10.

Die VO v. 7. 7. 60, BGBl. I, 485 hat in Abs. 4 nur das Wort „Beamte" durch „Personen" ersetzt. Sonst blieb § 28 unverändert. In Kraft seit 1. 8. 60 (Art. 10 d. VO v. 7. 7. 60). Vgl. Anm. zu § 4 StVZO. 1

Die **bisherigen Anmerkungen der 21. Aufl.** zu § 28 sind in vollem Umfang verwertbar. Die Anm. 10 kann durch die bestätigende Entscheidung des OLG Celle MDR 59, 416 und die Anm. 11 durch die bestätigende Entscheidung des OLG Stuttgart NJW 59, 2078 ergänzt werden. 2

Übergangsbestimmung für Saarland s. § 72 StVZO. 3

§ 29 Überwachung der Kraftfahrzeuge und Anhänger

(1) Die Halter von zulassungspflichtigen oder nach § 18 Abs. 2 zulassungsfreien Fahrzeugen haben auf ihre Kosten in regelmäßigen Zeitabständen feststellen zu lassen, ob die Fahrzeuge den Vorschriften dieser Verordnung entsprechen; dies gilt nicht in den Fällen des § 18 Abs. 3 Nr. 1 bis 5. Die Fahrzeuge sind hierzu nach Maßgabe der Vorschriften der Anlage VIII dem amtlich anerkannten Sachverständigen oder Prüfer für den Kraftfahrzeugverkehr vorzuführen; er bestimmt Ort und Zeit der Vorführung.

(2) Die Untersuchungen der Fahrzeuge sind nach Anlage VIII durchzuführen.

(3) Wird bei der Untersuchung festgestellt, daß das Fahrzeug verkehrsunsicher ist, so darf es vor Beseitigung der Mängel nicht im Straßenverkehr verwendet werden.

(4) Der Monat, in dem das Fahrzeug zur nächsten Hauptuntersuchung spätestens vorgeführt werden muß, ist durch eine Plakette nach Anlage IX nachzuweisen. Die Plakette wird von der Zulassungsstelle oder vom amtlich anerkannten Sachverständigen oder Prüfer zugeteilt, wenn die bei der letzten Hauptuntersuchung festgestellten Mängel beseitigt worden sind und keine Bedenken gegen die Verkehrssicherheit des Fahrzeugs bestehen. Inhaber von Betrieben, denen die Eigenüberwachung gestattet worden ist, und Überwachungsorganisationen sowie amtlich anerkannte Werkstätten dürfen mit Zustimmung der zuständigen obersten Landes-

behörde oder der von ihr beauftragten Behörde Plaketten anbringen, die nicht von den in Satz 2 genannten Stellen zugeteilt worden sind. Die Plakette muß am hinteren Kennzeichen des Fahrzeugs möglichst oberhalb des Dienststempels angebracht und so befestigt sein, daß sie sich nicht drehen läßt und beim Ablösen in jedem Fall zerstört wird; bei Fahrzeugen, die rote Kennzeichen (§ 28) führen, ist keine Plakette erforderlich. An Fahrzeugen ohne eigenes amtliches Kennzeichen muß die Plakette auf einem etwa 4 cm × 6 cm großen Schild angebracht sein, das an zugänglicher Stelle am vorderen Teil der rechten Seite des Fahrzeugs dauerhaft befestigt ist und gut lesbar den Hersteller des Fahrzeugs sowie die Fahrgestellnummer angibt. Die Plaketten und die für sie vorgesehenen Schilder dürfen weder verdeckt noch verschmutzt sein.

(5) Monat und Jahr des Ablaufs der Frist für die Vorführung zur nächsten Hauptuntersuchung müssen von demjenigen, der die Plakette nach Absatz 4 Satz 2 zugeteilt oder nach Absatz 4 Satz 3 angebracht hat, vermerkt werden

1. **bei den im üblichen Zulassungsverfahren behandelten Fahrzeugen im Kraftfahrzeug- oder Anhängerschein und in den etwa ausgestellten Anhängerverzeichnissen,**
2. **bei anderen Fahrzeugen auf dem nach § 18 Abs. 5 oder 6 mitzuführenden oder aufzubewahrenden Nachweis.**

(6) Befindet sich an einem Fahrzeug, das mit einer Plakette versehen sein muß, eine solche Plakette nicht oder ist die auf ihr angezeigte Frist verstrichen, so kann die Zulassungsstelle für die Zeit bis zur Anbringung der erforderlichen Plakette den Betrieb des Fahrzeugs im öffentlichen Verkehr untersagen oder beschränken. Der Betroffene hat das Verbot oder die Beschränkung zu beachten; § 17 Abs. 2 gilt entsprechend.

(7) Einrichtungen aller Art, die zu Verwechslungen mit der in Anlage IX beschriebenen Plakette Anlaß geben können, dürfen an Kraftfahrzeugen und ihren Anhängern nicht angebracht sein.

1 **1.** Der § 29 wurde die durch VO v. 7. 7. 60, BGBl. I, 485 völlig neu gefaßt. In Kraft seit 1. 8. 60 (Art. 10 d. VO v. 7. 7. 60). Übergangsbestimmungen: § 72 StVZO. Nach der amtlichen Begründung (VerkBl. 60, 463) konnten auf Grund der früheren Vorschrift nur etwa die Hälfte der überwachungspflichtigen Fahrzeuge tatsächlich überprüft werden.

2 **2.** Die bisherigen Absätze 2—4 wurden in die Anlage VIII eingearbeitet, nach der die Untersuchung der Fahrzeuge gem. Abs. 2 durchzuführen ist. Die Anlage ist im Anschluß an die StVZO abgedruckt.

3 **3.** Nach **Abs. 1** der Neufassung sind die Halter nunmehr verpflichtet, die Fahrzeuge in regelmäßigen Abständen untersuchen zu lassen, ob das Fahrzeug den Bestimmungen der StVZO entspricht. Die Prüfung erstreckte sich bisher auf die Verkehrssicherheit des Fahrzeugs. Künftig hat sich die Untersuchung auf alle Fahrzeugteile zu erstrecken. Auch kann sich der mit der Prüfung betraute den Kraftfahrzeugbrief vorlegen lassen. Die Untersuchungspflicht gilt für Fahrräder mit Hilfsmotor gem. § 72 StVZO erst von einem vom Bundesminister für Verkehr näher zu bestimmenden Tag.

4 **4.** Nach der amtlichen Begründung (VerkBl. 60, 485) dient **Abs. 3** nur der Klarstellung. In der Praxis werden die Fahrzeuge in folgende Wertungsgruppen eingeteilt:

Gruppe 1: Keine Mängel,
Gruppe 2: leichte Mängel,
Gruppe 3: erhebliche Mängel,
Gruppe 4: verkehrsunsicher.

Wie im einzelnen zu verfahren ist, bestimmt die Anlage VIII. Eine Weiterverwendung des Fahrzeugs darf nur bei Gruppe 4 nicht mehr erfolgen, wie sich aus Nr. 8 Abs. 2 der Anlage VIII ergibt.

5. In **Abs. 4** wurde die Anbringung einer Plakette zur Überprüfung der durchgeführten Untersuchungen neu eingeführt. Die Anlage IX schreibt vor, wie die Plakette beschaffen sein muß. 5

Zwischen Abs. 4 letzter Satz und § 22 StVO kann **Idealkonkurrenz** bestehen. 6

6. Die Fälligkeit der nächsten Hauptuntersuchung ist in den in **Abs. 5** näher bezeichneten Papieren einzutragen. Dies soll vor allem der Verwaltungsvereinfachung im Falle des Verlustes der Plakette dienen (ebenso auch Amtl. Begründung, VerkBl. 60, 463). 7

7. Der **Abs. 6** stellt die Einhaltung der Untersuchungstermine sicher. Von der Möglichkeit einer Untersagung des Betriebes des Fahrzeugs wird die Zulassungsstelle zweckmäßigerweise erst dann Gebrauch machen, nachdem die von ihr gesetzte Frist zur Beschaffung der Plakette fruchtlos verstrichen ist. Bei Nichtbeachtung des Verbots oder der Beschränkung Strafbarkeit nach § 71 StVZO. 8

8. Der **Abs. 7** entspricht in seinem Grundgedanken dem § 60 Abs. 7 StVZO. 9

9. Für die Untersuchung der Fahrzeuge gilt ab 1. 1. 61 die Anlage VIII. Im übrigen enthält § 72 **Übergangsbestimmungen,** getrennt für Fahrzeuge mit und ohne amtliches Kennzeichen. 10

10. Durch die Neufassung ist nunmehr auch bestimmt, daß die Vorführung auf **Kosten** des Halters zu erfolgen hat. Nach dem bisherigen Stand, war er zwar verpflichtet, das Fahrzeug vorzuführen, nicht aber die Gebühr zu entrichten. (Vgl. hierzu auch BVerwG, 13. 1. 59, NJW 59, 835.) 11

11. Von den **Anmerkungen der 21. Aufl.** können die Anmerkungen Nr. 1 und 3a mit den sich aus der Änderung ergebenden Einschränkungen weiter verwendet werden. Die übrigen Anmerkungen sind überholt. 12

II a. Pflichtversicherung

§ 29a Ausreichende Kraftfahrzeughaftpflichtversicherung

Ausreichend ist eine Kraftfahrzeughaftpflichtversicherung, die dem Gesetz über die Einführung der Pflichtversicherung für Kraftfahrzeughalter und zur Änderung des Gesetzes über den Verkehr mit Kraftfahrzeugen sowie des Gesetzes über den Versicherungsvertrag vom 7. November 1939 (Reichsgesetzblatt I S. 2223) und den zu seiner Durchführung ergangenen Vorschriften entspricht.

Durch die VO v. 7. 7. 60 blieb die Bestimmung unverändert. 1
Die **Anmerkung der 21. Aufl.** ist weiter zu verwerten.

§ 29b Versicherungsnachweis

(1) Der Nachweis, daß eine ausreichende Kraftfahrzeughaftpflichtversicherung besteht, ist durch eine vom Versicherer zu erteilende Versicherungsbestätigung nach Muster 6 zu erbringen; Betriebe des Kraftfahrzeughandels und -handwerks dürfen den Nachweis durch eine Sammelbestätigung (Muster 7) führen, wenn es sich bei dem Fahrzeug nicht um einen Kraftomnibus oder eine Kraftdroschke handelt. Der Versicherer ist verpflichtet, dem Versicherungsnehmer bei dem Beginn des Versicherungsschutzes die Versicherungsbestätigung kostenlos zu erteilen. Verlangt der Versicherungsnehmer die nochmalige Ausfertigung einer Versicherungsbestätigung, so ist diese als „Zweite Ausfertigung“ zu bezeichnen.

(2) Die Zulassungsstelle hat dem Versicherer das dem Fahrzeug zugeteilte amtliche Kennzeichen mitzuteilen.

(3) Die Zulassungsstelle kann jederzeit die Vorlage des Verischerungsscheins und den Nachweis über die Zahlung des letzten Beitrags verlangen.

(4) Hat der Halter zur vorübergehenden Stillegung des Fahrzeugs den Kraftfahrzeug- oder Anhängerschein an die Zulassungsstelle abgeliefert und das amtliche

Kennzeichen entstempeln lassen, so kann die Zulassungsstelle die Aushändigung des Scheins und die Abstempelung des amtlichen Kennzeichens von der Bestätigung des Versicherers abhängig machen, daß ihm die Absicht mitgeteilt worden ist, das Fahrzeug wieder in Betrieb zu nehmen.

DA v. 25. 4. 40 *RVkBl. B, 132: (1)* und *(2) aufgehoben d. VO v. 7. 7. 60, Art. 10, BGBl. I, 485.*

(3) Die Zulassungsstelle hat zu prüfen, ob die in der Versicherungsbestätigung eingetragene Versicherungssumme für Personenschäden mindestens so hoch ist, wie in § 7 Abs. 1 und 2 und § 10 der Durchführungsverordnung bestimmt; dabei sind im Sinne dieser Vorschriften unter Plätzen auch Stehplätze zu verstehen. Die Zulassungsstelle hat nicht zu prüfen, ob die Voraussetzungen der §§ 8 und 9 der Durchführungsverordnung erfüllt sind. Ist die Versicherungssumme für Personenschäden nicht ausreichend, so hat die Zulassungsstelle die Versicherungsbestätigung zurückzuweisen.

(4) und (5) aufgehoben d. VO v. 7. 7. 60, Art. 10, BGBl. I, 485.

(6) Die in § 29b Abs. 2 vorgeschriebene Mitteilung hat die Zulassungsstelle unter Benutzung der der Versicherungsbestätigung anhängenden Durchschrift zu machen. Zur Verhinderung von Mißbrauch darf die Mitteilung dem Fahrzeughalter nicht ausgehändigt werden. Auch bei einer Sammelbestätigung ist die anhängende Durchschrift an den Versicherer abzusenden, jedoch ohne Eintragung eines amttichen Kennzeichens (Zulassungszeichens). Die Mitteitung der Zulassungsstelle ist Voraussetzung für die Erfüllung der dem Versicherer in § 29c auferlegten Anzeigepflicht, sie ist daher sofort nach Zuteilung des amtlichen Kennzeichens abzusenden, und zwar freigemacht (d. h, mit dem Gebührenablösungsvermerk oder mit Postwertzeichen versehen).

1 Durch die VO v. 7. 7. 60, BGBl. I, 485 blieb die Bestimmung unverändert. Die **Anmerkungen der 21. Auflage** können weiter verwendet werden.

§ 29c Anzeigepflicht des Versicheres

Der Versicherer hat der zuständigen Versicherungsstelle mit Formblatt nach Muster 8 Anzeige zu erstatten, sobald die Versicherungsbestätigung (§ 29b Abs. 1) ihre Geltung verloren hat. Kennt er die zuständige Zulassungsstelle nicht, so genügt die Anzeige an diejenige Zulassungsstelle, die ihm das amtliche Kennzeichen mitgeteilt hat (§ 29b Abs. 2).

DA vom 25. 4. 40: *(1) Aufgehoben durch VO v. 7. 7. 60, Art. 10.*

(2) Die Anzeige wird erst erstattet und ist von der Zulassungsstelle erst entgegenzunehmen, nachdem die Versicherungsbestätigung ihre Geltung verloren hat. Die Zulassungsstelle hat daher unverzüglich nach dem Eingang der Anzeige die Außerbetriebsetzung des Fahrzeugs zu veranlassen (§ 29d Abs. 2). Die Zulassungsstelle ist nicht berechtigt, dem Fahrzeughalter einen Aufschub zu bewilligen. Die Außerbetriebsetzung des Fahrzeugs kann nach Eingang der Anzeige nur durch sofortige Vorlage einer neuen Versicherungsbestätigung abgewendet werden, nicht aber z. B. durch das Versprechen des Fahrzeughalters, eine solche alsbald nachzureichen. (Die Rechte eines etwa zwischen Ungültigwerden der Versicherungsbestätigung und Außerbetriebsetzung des Fahrzeugs verletzten Dritten werden dadurch gewahrt, daß der Versicherer gemäß § 158c Abs. 2 des Versicherungsvertragsgesetzes noch während einer bestimmten kurzen Frist nach Erstattung der Anzeige haftet.)

1 Durch die VO v. 7. 7. 60, BGBl. I, 485 blieb die Bestimmung unverändert. Die **Anmerkungen der 21. Aufl.** können weiter benutzt werden.

§ 29d Maßnahmen beim Fehlen des Versicherungsschutzes

(1) Besteht für ein Fahrzeug, für das ein amtliches Kennzeichen zugeteilt ist, zugunsten des Halters und des berechtigten Führers die vorgeschriebene Kraftfahrzeughaftpflichtversicherung nicht, so gilt § 17 Abs. 2 entsprechend.

(2) Erfährt die Zulassungsstelle durch eine Anzeige (§ 29c) oder auf andere Weise, daß für das Fahrzeug zugunsten des Halters und des berechtigten Führers die vorgeschriebene Kraftfahrzeughaftpflichtversicherung nicht besteht, so hat sie

unverzüglich den Kraftfahrzeug- oder Anhängerschein oder — bei zulassungsfreien Fahrzeugen, für die ein amtliches Kennzeichen zugeteilt ist — die amtliche Bescheinigung über die Zuteilung des Kennzeichens einzuziehen und das Kennzeichen zu entstempeln. Handelt es sich um einen Anhänger, so ist die Entstempelung in den etwa ausgefertigten Anhängerverzeichnissen zu vermerken.

1. § 29a wurde abermals neugefaßt durch die VO v. 7. 7. 60 BGBl. I, 485. In Kraft seit 1. 8. 60 (Art. 10 d. VO v. 7. 7. 60). 1

2. Die nunmehrige Neufassung wird in Abs. 1 dem § 17 Abs. 2 angeglichen. Abs. 1 begründet ebenso wie § 17 Abs. 2 lediglich für den Halter Pflichten. Abs. 2 hingegen verpflichtet die Zulassungsstelle bei mangelndem Versicherungsschutz zum Einschreiten. Dies entspricht der früheren DA zum Abs. 2 des § 29a alter Fassung. Bei Verletzung dieser Amtspflicht können Schadensersatzansprüche entstehen. Der Versicherungsschutz nach § 158c VVG gilt nicht als Bestehen der vorgeschriebenen Kraftfahrzeughaftpflichtversicherung (ebenso auch Amtl. Begründung VerkBl. 60, 464). 2

3. Von den **Anmerkungen der 21. Auflage** können die Nummern 1—8, 11a und 12 weiter verwertet werden. Nicht mehr verwertbar sind Anm. 9 bis 11. 3

III. Bau- und Betriebsvorschriften

1. Allgemeine Vorschriften

§ 30 Beschaffenheit der Fahrzeuge

Fahrzeuge müssen so gebaut und ausgerüstet sein, daß ihr verkehrsüblicher Betrieb niemanden schädigt oder mehr als unvermeidbar gefährdet, behindert oder belästigt; sie müssen in straßenschonender Bauweise hergestellt sein und in dieser erhalten werden. Für die Verkehrs- oder Betriebssicherheit wichtige Fahrzeugteile, die der Abnützung oder den Beschädigungen besonders ausgesetzt sind, müssen leicht auswechselbar sein.

§ 30 blieb durch die VO v. 7. 7. 60, BGBl. I, 485 unverändert. 1

Die bisherigen **Anmerkungen der 21. Aufl.** sind weiter zu verwenden. Zu streichen ist lediglich der letzte Absatz der Anm. 12. An dessen Stelle ist auf § 55a und auf die Übergangsbestimmung des § 72 StVZO zu verweisen. 2

§ 31 Verantwortung für den Betrieb der Fahrzeuge

(1) Jedes Fahrzeug und jeder Zug miteinander verbundener Fahrzeuge muß einen zur selbständigen Leitung geeigneten Führer haben. Er hat dafür zu sorgen, daß sich das Fahrzeug oder der Zug einschließlich der Zugkraft und der Ladung in vorschriftsmäßigen Zustand befindet, und das Fahrzeug auf dem kürzesten Wege aus dem Verkehr zu ziehen, falls unterwegs auftretende Mängel, welche die Verkehrssicherheit des Fahrzeugs wesentlich beeinträchtigen, nicht unverzüglich beseitigt werden können.

(2) Der Halter eines Fahrzeugs darf die Inbetriebnahme nicht anordnen oder zulassen, wenn ihm bekannt ist oder bekannt sein muß, daß das Fahrzeug einschließlich der Zugkraft und der Ladung den Vorschriften nicht entspricht.

DA: *(1) Durch die Überprüfung eines Fahrzeugs bei den Zulassungsstellen und bei Verkehrskontrollen nimmt die Behörde dem Halter oder Führer des Fahrzeugs die Verantwortung für den vorschriftsmäßigen Zustand desselben nicht ab.*

(2) Bei unvorschriftsmäßigem Zustand eines Fahrzeugs oder der Ladung sind stets Ermittlungen anzustellen, ob neben dem Fahrer auch den Halter ein Verschulden trifft. Ist ein solches nicht nachzuweisen, so ist bei mehrfach festgestellten Mängeln dem Halter aufzugeben, in Zukunft für

Abhilfe zu sorgen (durch Einrichtung einer geeigneten Aufsicht, durch Fahrerwechsel oder dgl.). Streitet der Halter im Wiederholungsfalle die Kenntnis von Mängeln ab, so ist anzunehmen, daß die Unkenntnis vorsätzlich herbeigeführt ist. In diesen Fällen ist Anzeige zu erstatten.

(3) Als kürzester Weg, auf dem das Fahrzeug aus dem Verkehr zu ziehen ist, gilt der nächste Weg bis zu einem Ort, an dem das Fahrzeug nicht verkehrsbehindernd oder -gefährdend abgestellt und gegebenenfalls instand gesetzt werden kann. Kleine Umwege sind gestattet, wenn der nächste Weg über besonders verkehrsreiche Straßen führt.

(4) Abs. 1 und 2 des § 31 sind inhaltlich gleich mit § 7 Abs. 1 StVO; bei Verstößen sind in der Anzeige beide Bestimmungen anzuziehen.

1 Die Bestimmung blieb unverändert. Die **Anmerkungen der 21. Aufl.** können in vollem Umfang weiter verwertet werden.

2. Kraftfahrzeuge und ihre Anhänger

§ 32 Abmessungen von Fahrzeugen und Zügen

(1) Bei Kraftfahrzeugen und Anhängern beträgt die höchstzulässige

1. Breite über alles

a) allgemein — ausgenommen bei Schneeräumgeräten — 2,5 m,

b) bei land- oder forstwirtschaftlichen Arbeitsgeräten 3,0 m,

c) bei Anhängern hinter Krafträdern 1,0 m,

2. Höhe über alles 4,0 m,

3. Länge über alles

a) bei Einzelfahrzeugen — ausgenommen Sattelanhänger —

1. mit nicht mehr als zwei Achsen 11,0 m,
jedoch bei Kraftomnibussen 12,0 m,

2. mit mehr als zwei Achsen 12,0 m,

b) bei Sattelkraftfahrzeugen (Sattelzugmaschine und Sattelanhänger) 15,0 m,

c) bei Kraftomnibussen, die als Gelenkfahrzeuge ausgebildet sind (Kraftfahrzeuge, die durch ein Gelenk unterteilt sind, bei denen der angelenkte Teil jedoch kein selbständiges Fahrzeug darstellt), 16,5 m,

d) bei Zügen (unter Beachtung der Vorschriften über die Einzelfahrzeuge)

1. allgemein 16,5 m,

2. aus Kraftfahrzeugen mit Anhängern der in § 18 Abs. 2 Nr. 6 Buchstaben a, b, c, d, e und i genannten Art unter den dort erwähnten Voraussetzungen 18,0 m.

(2) Kraftfahrzeuge und Züge müssen so gebaut und eingerichtet sein, daß die bei einer Kreisfahrt von 360° überstrichene Ringfläche mit einem äußeren Radius von 12 m keine größere Breite als 5,5 m hat. Dabei muß die vordere äußerste Begrenzung des Kraftfahrzeugs auf dem Kreis von 12 m Radius geführt werden. Beim Einfahren aus der tangierenden Geraden in diesen Kreis darf kein Teil des Kraftfahrzeugs oder Zuges diese Gerade um mehr als 0,8 m nach außen überschneiden.

(3) Am Umriß der Fahrzeuge dürfen keine Teile so hervorragen, daß sie den Verkehr mehr als unvermeidbar gefährden.

1 1. § 32 wurde durch die VO v. 7. 7. 60 BGBl. I, 485 geändert. Nur Abs. 3 blieb unverändert. Die DA wurde durch Art. 10 der VO v. 7. 7. 60 aufgehoben. Abs. 1 u. 2 gelten nach Art. 10 d. VO v. 7. 7. 60 ab 1. 7. 60 zusammen mit den Übergangsbestimmungen des § 72 StVZO. Vgl. allgemein dazu auch § 19 StVO.

2. Die Abmessungen und Gewichte der Nutzkraftfahrzeuge wurden im Laufe der letzten Jahre mehrfach geändert. Die letzte Änderung beruht auf dem Grundgedanken der Vereinheitlichung im internationalen Verkehr (vgl. Amtliche Begründung, VerkBl. 60, 464). 2

3. Geändert wurde im einzelnen die zulässige Breite bei land- und forstwirtschaftlichen Arbeitsgeräten von 2,5 auf 3,0 m. Gestrichen wurden die bisherigen Vorschriften in § 32/I Nr. 2 a. F. über die Profilbegrenzung, weil nach der amtlichen Begründung Zweifel bestehen, ob § 6 StVG insoweit als Grundlage ausreicht. In Nr. 3 wurde die Länge der Fahrzeuge allgemein heraufgesetzt. Die Änderung des Abs. 2 entspricht der bisherigen Praxis bei der Überprüfung der Fahrzeuge. Ausnahmegenehmigungen können nach § 70 StVZO erteilt werden. 3

4. Die **Anmerkungen der 21. Aufl.** zu § 32 sind mit der Maßgabe weiter verwendbar, daß die Hinweise auf die aufgehobene DA entfallen (Art. 10 der VO v. 7. 7. 60) und daß sich die Breite und Länge der Fahrzeuge allgemein geändert hat. Ausnahmen von Zuglänge bei dreiachsigem Anhänger siehe Vierte AusnahmeVO v. 20. 3. 61, BGBl. I, 229; Ausnahmen bei grenzüberschreitendem Verkehr siehe VO v. 8. 3. 61, BGBl. I, 216. 4

§ 32a Mitführen von Anhängern

Hinter Kraftfahrzeugen darf nur ein Anhänger mitgeführt werden. Es dürfen jedoch hinter Zugmaschinen zwei Anhänger mitgeführt werden, wenn die für Züge mit einem Anhänger zulässige Länge nicht überschritten wird. Hinter Sattelkraftfahrzeugen darf kein Anhänger mitgeführt werden. Hinter Kraftomnibussen darf nur ein lediglich für die Gepäckbeförderung bestimmter Anhänger mitgeführt werden. Für Kraftomnibusse, die im Linienverkehr, besonders im Berufsverkehr, eingesetzt werden, kann die Genehmigungsbehörde in dringenden Bedarfsfällen das Mitführen eines Omnibusanhängers zulassen; die Gesamtlänge des Zuges darf 18 m nicht übersteigen.

1. Die Bestimmung wurde geändert durch VO v. 7. 7. 60, BGBl. I, 485. In Kraft seit 1. 8. 60 (Art. 10), für Satz 4 abweichend durch § 72 StVZO bestimmt. 1

2. Durch die Einfügung des Wortes „lediglich" in Satz 4 ist klargestellt, daß der Anhänger einem anderen Zweck als der Gepäckbeförderung nicht dienen darf (vgl. Anm. 6 zu § 32 der 21. Aufl.). Die Mitführung von Wohnanhängern ist verboten. 2

3. Mit Ausnahme der Nummern 4 u. 5 (1. Satz) können die **Anmerkungen der 21. Aufl.** zu § 32a StVZO weiter verwertet werden; Anmerkung 2 Satz 1 jedoch mit der Maßnahme der sich aus der Änderung des § 32 sich ergebenden Abweichung. 3

§ 33 Schleppen von Fahrzeugen

(1) Fahrzeuge, die nach ihrer Bauart zum Betrieb als Kraftfahrzeug bestimmt sind, dürfen nicht als Anhänger betrieben werden. Die Verwaltungsbehörden (Zulassungsstellen) können in Einzelfällen Ausnahmen genehmigen und dabei die erforderlichen Auflagen machen.

(2) Werden Ausnahmen nach Absatz 1 genehmigt, so gelten folgende Sondervorschriften:

1. **Das schleppende Fahrzeug darf jeweils nur ein Fahrzeug mitführen. Dabei muß das geschleppte Fahrzeug durch eine Person gelenkt werden, die die beim Betrieb des Fahrzeugs als Kraftfahrzeug erforderliche Fahrerlaubnis besitzt. Satz 2 gilt nicht, wenn die beiden Fahrzeuge durch eine Vorrichtung verbunden sind, die ein sicheres Lenken auch des geschleppten Fahrzeugs gewährleistet, und die Anhängelast nicht mehr als die Hälfte des Leergewichts des ziehenden Fahrzeugs, jedoch in keinem Fall mehr als 750 kg beträgt.**
2. **Das geschleppte Fahrzeug unterliegt nicht den Vorschriften über das Zulassungsverfahren.**

3. **Vor Erteilung der Ausnahmegenehmigung hat der Antragsteller nachzuweisen, daß für das zu schleppende Fahrzeug eine ausreichende Kraftfahrzeughaftpflichtversicherung (§ 29a) besteht oder daß der Halter der Versicherungspflicht nicht unterliegt.**
4. **Das geschleppte Fahrzeug bildet mit dem ziehenden Fahrzeug keinen Zug im Sinne des § 32.**
5. **Bezüglich der §§ 41, 53, 54, 55 und 56 gilt das geschleppte Fahrzeug als Kraftfahrzeug.**
6. **§ 43 Abs. 1 Satz 2 und 3 sowie Absatz 4 Satz 1 ist nicht anzuwenden.**
7. **Fahrzeuge mit mehr als 4 t zulässigen Gesamtgewichts dürfen nur mit Hilfe einer Abschleppstange mitgeführt werden.**
8. **Die für die Verwendung als Kraftfahrzeug vorgeschriebenen oder für zulässig erklärten Beleuchtungseinrichtungen dürfen am geschleppten Fahrzeug angebracht sein. Soweit sie für Anhänger nicht vorgeschrieben sind, brauchen sie nicht betriebsfertig zu sein.**

1 1. Die frühere Bestimmung des § 33 wurde schon durch die VO vom 25. 11. 51, BGBl. I, 908 aufgehoben. Neu eingefügt wurde § 33 wieder durch die VO vom 7. 7. 60, BGBl. I, 485. **In Kraft** seit 1. 10. 60 (§ 72).

2 2. § 33 regelt nun einheitlich das Schleppen von Fahrzeugen. Bisher fehlte es an einer ausdrücklichen Bestimmung hierfür. § 33 gilt jedoch nicht für **unterwegs liegengebliebene Fahrzeuge**, die von anderen Kraftfahrzeugen zur nächsten Reparaturwerkstatt, sondern nur für diejenigen Fahrzeuge, die von einem Ort zum anderen mittels Anhängung an ein anderes Kfz. befördert werden sollen. Dies ergibt sich vor allem aus Abs. 1, nach dem die abgeschleppten Fahrzeuge als Anhänger anzusehen sind, die unterwegs liegengebliebene Fahrzeuge aber keine Anhänger im Sinne der StVZO sind (§ 18 Abs. 1 StVZO). Die gleiche Ansicht vertritt der Bundesminister für Verkehr (VerkBl. 60, 582). Ausnahmen vom Verbot des Schleppens können bewilligt werden (VerkBl. 60, 650).

Vgl. auch BayObLG NJW 58, 1505; OLG Celle DAR 58, 224; OLG Frankfurt DAR 57, 192 u. a. m. zum Begriff des Anhängers.

§ 34 Achslast und Gesamtgewicht, Laufrollenlast von Gleiskettenfahrzeugen

(1) Die Achslast ist die Gesamtlast, die von den Rädern einer Achse auf die Fahrbahn übertragen wird. Zu einer Achse gehören alle Räder, deren Mittelpunkte zwischen zwei parallelen, 1 m voneinander entfernten, zur Fahrzeuglängsachse senkrecht stehenden Vertikalebenen liegen. Als Doppelachse gelten zwei Achsen mit einem Abstand von mindestens 1 m und weniger als 2 m voneinander.

(2) Die zulässige Achslast ist die Achslast, die unter Berücksichtigung der Werkstoffbeanspruchung und der in Absatz 3 festgelegten Höchstwerte nicht überschritten werden darf. Das zulässige Gesamtgewicht ist das Gewicht, das unter Berücksichtigung der Werkstoffbeanspruchung, der zulässigen Achslasten und der in Absatz 3 festgelegten Höchstwerte nicht überschritten werden darf.

(3) Bei Kraftfahrzeugen und Anhängern mit Luftreifen oder den in § 36 für zulässig erklärten Gummireifen dürfen die zulässige Achslast und das zulässige Gesamtgewicht folgende Werte nicht übersteigen:

1. Achslast der Einzelachse	**8,0 t,**
jedoch der Antriebsachse von Kraftfahrzeugen	**10,0 t,**

2. Achslast der Doppelachse
   a) allgemein 14,5 t,
   b) wenn der Abstand der Achsen voneinander mindestens 1,3 m beträgt 16,0 t,
3. zulässiges Gesamtgewicht
   a) Einzelfahrzeug — ausgenommen Sattelanhänger —
      1. Fahrzeug mit nicht mehr als zwei Achsen 16,0 t,
      2. Fahrzeug mit mehr als zwei Achsen 22,0 t,
   b) Kraftomnibus, der als Gelenkfahrzeug ausgebildet ist, 22,0 t,
   c) Sattelkraftfahrzeug 32,0 t,
   d) Zug (unter Beachtung der Vorschriften über die Einzelfahrzeuge) 32,0 t.

Sind Fahrzeuge mit anderen Reifen versehen, so darf die Achslast höchstens 4 t betragen. Straßenwalzen sind von den Vorschriften über Achslasten befreit.

(4) Bei Lastkraftwagen und Sattelzugmaschinen und bei Anhängern zur Lastenbeförderung müssen außen an der rechten Seite des Fahrzeugs jeweils über den Rädern die zulässigen Achslasten sowie am vorderen Teil der Fahrzeuge das zulässige Gesamtgewicht — bei Sattelanhängern auch die zulässige Aufliegelast — angeschrieben sein; die Höhe der Schriftzeichen muß mindestens 49 mm, die Schriftstärke mindestens 7 mm betragen. Dies gilt nicht für eisenbereifte Anhänger, die nur für land- oder forstwirtschaftliche Zwecke verwendet werden.

(5) Kann der Führer eines Fahrzeugs auf Verlangen einer zuständigen Person die Einhaltung der für das Fahrzeug zugelassenen Achslasten nicht glaubhaft machen, so ist er verpflichtet, sie nach Weisung dieser Person auf einer Waage oder einem Achslastmesser (Radlastmesser) feststellen zu lassen. Liegt die Waage nicht in der Fahrtrichtung des Fahrzeugs, so besteht diese Verpflichtung nur, wenn der zurückzulegende Umweg nicht mehr als 6 km beträgt. Nach der Wägung ist dem Führer eine Bescheinigung über das Ergebnis der Wägung zu erteilen. Die Kosten der Wägung fallen dem Halter des Fahrzeugs zur Last, wenn ein zu beanstandendes Übergewicht festgestellt wird. Die prüfende Person kann eine der Überlastung entsprechende Um- oder Entladung fordern, deren Kosten der Halter zu tragen hat.

(6) Bei Fahrzeugen, die ganz oder teilweise auf endlosen Ketten oder Bändern laufen (Gleiskettenfahrzeuge), darf die Last einer Laufrolle auf ebener Fahrbahn 1,5 t nicht übersteigen. Laufrollen müssen bei Fahrzeugen mit einem Gesamtgewicht von mehr als 8 t so angebracht sein, daß die Last einer um 6 cm angehobenen Laufrolle bei stehendem Fahrzeug nicht mehr als doppelt so groß ist, wie die auf ebener Fahrbahn zulässige Laufrollenlast. Das Gesamtgewicht von Gleiskettenfahrzeugen darf 18 t nicht übersteigen.

(7) Ein Gleiskettenfahrzeug (Absatz 6) darf die Fahrbahn zwischen der ersten und letzten Laufrolle höchstens mit 4 t je Meter belasten; die Belastung darf 6 t je Meter betragen, wenn sich das Gewicht auf zwei hintereinander laufende Gleiskettenpaare oder eine Radachse und ein Gleiskettenpaar verteilt und der Längenabstand zwischen der Mitte der vorderen und hinteren Auflageflächen mindestens 3 m beträgt.

1. Die Bestimmung wurde durch die VO v. 7, 7. 60, BGBl. I, 485 geändert. Die DA wurde durch Art. 10 dieser VO aufgehoben. Inkrafttreten und Übergangsbestimmungen siehe unten Randbem. 6. 1

2 Durch die letzte Änderung wurden die Gewichte, die im Jahre 1956 herabgesetzt wurden, wieder erhöht. Dies beruht vor allem ebenso wie bei den Abmessungen nach § 32 auf der internationalen Vereinheitlichung. Die gegenwärtigen Gewichte sind also Kompromißlösungen.

3 **2.** Der bisherige Abs. 4 wurde in der Neufassung in **Abs. 3** aufgenommen. Der nunmehrige **Abs. 4** wurde seinem Inhalt nach eingefügt, Künftig müssen im einzelnen aufgestellte Fahrzeuge Angaben über die Achslast, das zulässige Gesamtgewicht und der Aufliegelast jeweils über den Rädern deutlich sichtbar vermerkt haben. Diese Angaben sollen nach der amtlichen Begründung (VerkBl. 60, 465) den Führern und Verladern die Einhaltung der Gewichtsvorschriften erleichtern und darüber hinaus für Erhebungen der Straßenbauverwaltungen zur Feststellung der Verkehrsbelastung der Straßen von Bedeutung sein.

4 In **Abs. 5** wurde der Begriff „Beamte" durch „Person" ersetzt (vgl. insoweit die Anm. zu § 4).

5 **3.** Die **Anmerkungen der 21. Aufl.** sind noch weiter in vollem Umfang verwertbar. Bei Anm. 7 und 7a ist an Stelle von 24t „32t" zu setzen.

6 **4.** In § 72 ist für § 34 das **Inkrafttreten** abweichend geregelt. **Übergangsbestimmungen** sind vorgesehen, und zwar für Abs. 1 Satz 3 in bezug auf das Saarland, Abs. 3 Satz 1 hinsichtlich der Achslasten und des Gesamtgewichtes, Abs. 3 Satz 1 Nr, 1 Nr. 2a, Abs. 4 tritt am 1. 4. 61 in Kraft. Nach Art. 10 d. VO v. 7. 7. 60 gelten die Abs. 3—5 ab 1. 7. 60, ebenso die Übergangsbestimmungen zu Abs. 3.

Ausnahmen vom zulässigen Gesamtgewicht für dreiachsige Anhänger siehe Vierte AusnahmeVO v. 20. 3. 61, BGBl. I, 229; Ausnahmen vom zulässigen Gesamtgewicht beim grenzüberschreitendem Verkehr siehe VO v. 8. 3. 61, BGBl. I, 216.

§ 34a Besetzung von Kraftomnibussen

(1) In Kraftomnibussen dürfen nicht mehr Personen befördert werden, als nach den Angaben im Kraftfahrzeugschein Plätze zulässig sind.

(2) Die Zahl der zulässigen Plätze ergibt sich aus dem zulässigen Gesamtgewicht des Fahrzeugs und einem Durchschnittsgewicht von 65 kg — bei Kraftomnibussen im Gelegenheitsverkehr von 75 kg — für jede erwachsene Person. Für Kinder bis zum vollendeten 14. Lebensjahr ist ein Durchschnittsgewicht von 50 kg zugrunde zu legen. Auf Antrag des Verfügungsberechtigten, oder wenn die Ausstattung des Fahrzeugs dies erfordert, ist eine niedrigere Zahl von Plätzen festzulegen. Durch bauliche Maßnahmen muß sichergestellt sein, daß das zulässige Gesamtgewicht durch eine Überbesetzung des Fahrzeugs nicht überschritten werden kann; dies gilt nicht, wenn das Fahrzeug ausschließlich für Fahrten verwendet wird, bei denen Stehplätze unzulässig sind.

(3) Je zwei nebeneinanderliegende Plätze dürfen im Rahmen des zulässigen Gesamtgewichts des Fahrzeugs mit drei Kindern bis zum vollendeten 14. Lebensjahr besetzt werden.

(4) Für Stehplätze müssen geeignete Haltevorrichtungen vorhanden sein.

(5) Glasscheiben, die unmittelbar an Stehplätze angrenzen, müssen mit Schutzstangen versehen sein, wenn der untere Rand der Scheibe weniger als 1400 mm über dem Fußboden liegt und die Scheibe nicht aus vorgespanntem Glas besteht.

(6) Die Zahl der zugelassenen Sitz- und Stehplätze ist an gut sichtbarer Stelle in gut lesbarer Schrift anzuschreiben.

1 **1.** Die Vorschrift wurde durch die VO v. 7. 7. 60, BGBl. I, 485 in die StVZO eingefügt und aus der BOKraft übernommen. (Amtliche Begründung in VerkBl. 60, 465.) In Kraft seit 1. 8. 60 (Art. 10), abweichende Regelung in § 72 StVZO (s. Randbemerkung 6 unten).

Abs. 1 entspricht mit redaktioneller Änderung § 26 Abs. 1 BOKraft a. F.. **Abs. 2 Satz 1** entspricht mit redaktioneller Änderung § 26 Abs. 2 BOKraft. **Abs. 2 Satz 2** und **Abs. 3** entsprechen dem Runderlaß des BVM v. 17. 7. 51, VerkBl. 51, 254.

Abs. 4 entspricht mit redaktioneller Änderung dem § 48 Abs. 3 Nr. 1 BOKraft.
Abs. 5 entspricht mit redaktioneller Änderung dem § 48 Abs. 3 Nr. 3 BOKraft.
Abs. 6 entspricht im wesentlichen dem § 26 Abs. 3 BOKraft.

2. Die Bestimmung des § 34a gilt nunmehr nur für **Kraftomnibusse** und nach § 61 StVZO auch für Omnibusanhänger. Die bisherigen Vorschriften des § 26 BOKraft galten für Kraftomnibusse, Omnibusanhänger, Kraftdroschken und Mietwagen und die bisherigen Vorschriften des § 48 BOKraft für Kraftomnibusse und Omnibusanhänger. Bei der Neueinfügung des § 34a StVZO wurden nach der amtlichen Begründung (VerkBl. 60, 465) entsprechende Vorschriften für Kraftdroschken und für PKWs als Mietwagen für entbehrlich gehalten. 2

3. Gegenüber § 26 BOKraft wird in Abs. 1 bis 3 des § 34a nur noch von **Plätzen** gesprochen, die im Kraftfahrzeugschein einzutragen sind (Muster 2, 2b, 3, 3a, 4, 5). Zu den Plätzen zählen Sitz- und Stehplätze, wie sich aus den angeführten Mustern und Abs. 4 bis 6 ergibt. Stehplätze sind nur im Linienverkehr zulässig (§ 22 BOKraft). Sitze im Gang siehe § 23 BOKraft. 3

4. Eine wesentliche Änderung gegenüber der bisherigen Fassung des § 48 Abs. 3 Nr. 3 BOKraft a. F. enthält nunmehr Abs. 2 Satz 4 des § 34a. Bauliche Maßnahmen müssen eine Überschreitung des **zulässigen Gesamtgewichts** durch Überbesetzung des Fahrzeugs verhindern. Früher war die Größe des Stehplatzes vorgeschrieben. Dies konnte aber eine Überbesetzung nicht ausschließen. Die Fahrzeughersteller werden nach § 34a verpflichtet, bei den Fahrzeugen, bei denen Stehplätze vorgeschrieben sind, durch entsprechende Maßnahmen Vorsorge zu treffen, daß auch im Spitzenverkehr eine Überbesetzung nicht erfolgen kann. Wie dies im Einzelfall zu geschehen hat, überläßt das Gesetz den Herstellern. 4

5. Weiter verwertbar ist **Anmerkung** Nr. 1 bei § 26 BOKraft der **21. Auflage.** 5

6. Gemäß § 72 StVZO gelten die Absätze 1, 2 Satz 1, 5 bis 6 für die der gewerbsmäßigen Personenbeförderung dienenden Fahrzeuge und für die anderen Fahrzeuge ab 1. 1. 61. Abs. 2 Satz 4 tritt am 1. 1. 62 **in Kraft** für die Fahrzeuge, die von diesem Tag ab erstmals in den Verkehr kommen, für andere Fahrzeuge nach Bestimmung durch den Bundesminister für Verkehr. 6

§ 35 Motorleistung

Bei Lastkraftwagen und Kraftomnibussen, bei Sattelkraftfahrzeugen zur Güter- oder Personenbeförderung sowie bei Lastkraftwagen- und Kraftomnibuszügen muß eine Motorleistung von mindestens 6 PS je Tonne des zulässigen Gesamtgewichts des Kraftfahrzeugs und der jeweiligen Anhängelast vorhanden sein; das gilt nicht für die mit elektrischer Energie angetriebenen Fahrzeuge.

1. Durch die VO v. 7. 7. 60, BGBl. I, 485 wurde die Bestimmung geändert. 1

2. Das **Inkrafttreten** dieser Bestimmung ist in § 72 StVZO abweichend geregelt. Die darin enthaltene Übergangsvorschrift sowie § 35 selbst gilt nach Art. 10 d. VO v. 7. 7. 60 bereits ab 1. 7. 60. § 35 StVZO ist im grenzüberschreitenden Güterverkehr nicht anzuwenden (VO v. 8. 3. 61, BGBl. I, 216). 2

3. Bei den **Sattelkraftfahrzeugen** ist nunmehr klargestellt, daß es bei ihnen auf den Verwendungszweck ankommt. Die Mindestmotorleistung braucht also nicht erreicht werden, wenn die Sattelkraftfahrzeuge als Arbeitsmaschinen verwendet werden. Bei den **Zügen** kommt es künftig nicht mehr auf das zulässige Gesamtgewicht von Kraftfahrzeug und Anhänger an, sondern auf das zulässige Gesamtgewicht des Kraftfahrzeugs und des tatsächlichen Gewichts des Anhängers zusätzlich seiner Ladung. Hierdurch soll nach der amtlichen Begründung (VerkBl. 60, 465) eine freizügigere Verwendung ermöglicht werden. 3

§ 35a Sitze

(1) Der Sitz oder Stand des Fahrzeugführers muß so beschaffen und angeordnet sein, daß das Fahrzeug sicher geführt werden kann.

(1a) Die Sitze, ihre Lehnen und ihre Befestigung müssen so ausgeführt sein, daß sie sicheren Halt bieten und allen im Betrieb auftretenden Beanspruchungen gewachsen sind. Die obere Kante von Rücklehnen muß so beschaffen sein, daß für Personen auf den dahinterliegenden Sitzen keine Verletzungen zu erwarten sind.

(2) Zugmaschinen — ausgenommen Elektrozugkarren und einachsige Zugmaschinen — müssen mit einem fest angebrachten Sitz für mindestens einen Beifahrer ausgerüstet sein.

(3) Krafträder, auf denen ein Beifahrer befördert wird, müssen mit einem Sitz, einem Handgriff und beiderseits mit Fußstützen für den Beifahrer ausgerüstet sein. Dies gilt nicht bei der Mitnahme eines Kindes unter sieben Jahren, wenn dafür eine besondere Sitzgelegenheit vorhanden und gewährleistet ist, daß die Füße des Kindes nicht in die Speichen geraten.

(4) Die Abmessungen der Sitze in Kraftomnibussen müssen den aus Anlage X ersichtlichen Mindestmaßen entsprechen. Die Sitzplätze müssen bei Fahrzeugen mit mehr als 14 Fahrgastplätzen so angeordnet sein, daß in der Längsrichtung ein mindestens 350 mm breiter Gang frei bleibt. Soweit im Gang Sitze zulässig sind, darf die Gangbreite durch Vorrichtungen für das Anbringen bis auf 280 mm verringert werden.

1 **1.** Die Bestimmung wurde geändert durch die VO v. 7. 7. 60, BGBl. I, 485. **In Kraft** seit 1. 8. 60 (Art. 10). Abweichende Bestimmungen hiervon in § 72 StVZO.

2 Durch die Änderung erhielt die Überschrift eine andere Fassung, Satz 1 in Abs. 1 wurde gestrichen und die Absätze 1a und 4 wurden hinzugefügt. Dadurch sind nunmehr in § 35a nur noch Vorschriften über die Sitze enthalten. Das Auf- und Absteigen wird jetzt in § 35d behandelt.

3 **2.** Der Abs. 1a entspricht etwa dem Abs. 2 des § 48 BOKraft a. F., jedoch ist die Beschaffenheit der Sitze näher beschrieben. Gerade die obere Kante der Rückenlehnen hat beim scharfen Bremsen mitunter zu erheblichen Verletzungen geführt. Ob eine Polsterung der an den Sitzen befindlichen Haltestangen ausreicht, muß im Einzelfall geprüft werden.

4 Die Abmessungen der Sitze und die Breite des Ganges sind ebenfalls in ihren Maßen geändert. Bisher waren die Vorschriften über die Sitze und den Gang in § 48 Abs. 1 und § 49 Abs. 1 Satz BOKraft a. F. enthalten. Künftig wird bei Fahrzeugen mit 14 Fahrgastsitzplätzen auf einen Mittelgang verzichtet.

Nach § 23 BOKraft n. F. sind Sitze im Gang (Klappsitze) nur zulässig im Berufsverkehr, wenn ein Fahrgastwechsel nicht stattfindet.

5 **3.** Die **Anmerkungen** zu §§ 49 BOKraft a. F. der **21. Aufl.** sind weiter verwertbar.

§ 35b Einrichtungen zum sicheren Führen der Fahrzeuge

(1) Die Einrichtungen zum Führen der Fahrzeuge müssen leicht und sicher zu bedienen sein.

(2) Für den Fahrzeugführer muß ein ausreichendes Sichtfeld unter allen Betriebs- und Witterungsverhältnissen gewährleistet sein. Bei Kraftomnibussen muß durch bauliche Maßnahmen sichergestellt sein, daß sich neben dem Fahrzeugführer weder sitzende noch stehende Personen aufhalten können.

1 **1.** Die Vorschrift wurde durch die VO v. 7. 7. 60, BGBl. I, 485 in die StVZO aufgenommen. In Kraft siehe Anm. 3 unten.

2 **2.** Eine ähnliche Vorschrift enthielt bisher § 33 BOKraft a. F. Diese Bestimmung galt jedoch nur für die in § 1 BOKraft genannten Fahrzeuge. Durch die Übernahme in die StVZO und die Fassung des § 35b wurden die Forderungen über die Einrichtungen zum sicheren Führen der Fahrzeuge auf alle Kraftfahrzeuge ausgedehnt. Betroffen werden durch § 35b nur **Kraftfahrzeuge** und deren Anhänger, da die Bestimmung in Abschnitt B III 2 der StVZO steht, der die Überschrift „Kraftfahrzeuge und ihre Anhänger" trägt.

3 **3.** Für die Kraftomnibusse werden in Abs. 2 Satz 2 besondere Maßnahmen gefordert. Für diese tritt die Vorschrift am 1. 1. 61 **in Kraft**, soweit sie von diesem Tag ab erstmals in den Verkehr kommen, für die anderen Kraftomnibusse ab 1. 7. 61 72 (§ StVZO). Vgl. Fünfte AusnahmeVO v. 21. 6. 61, VerkBl. 61, 343.

§ 35c Heizung und Lüftung

Geschlossene Führerräume in Kraftfahrzeugen mit einer durch die Bauart bestimmten Höchstgeschwindigkeit von mehr als 20 km/h müssen ausreichend beheizt und belüftet werden können.

1. Die Vorschrift wurde durch die VO v. 7. 7. 60, BGBl. I, 485 in die StVZO eingefügt. Vorschriften über die Heizung und Lüftung enthielten bisher die §§ 51 und 40 BOKraft a. F. Inkrafttreten am 1. 1. 62 (§ 72 StVZO). 1

2. Die Vorschriften gelten nunmehr für sämtliche Kraftfahrzeuge mit geschlossenen Führerräumen. Unter **geschlossenen Führerräumen** sind nicht von den übrigen Insassen abgeschlossene Führerkabinen gemeint, sondern jeder Fahrzeugführerraum, der durch Schließen der Fenster und Türen von der Außenluft abgeschlossen werden kann. Es ist nach der amtlichen Begründung auch der Führerplatz in einem Kraftomnibus ein „geschlossener Führerraum" (VerkBl. 60, 465). 2

3. Die Heizungen bedürfen der Bauartgenehmigung gem. § 22a Abs. 1 Nr. 1 (vgl. insoweit auch § 72 StVZO). 3

§ 35d Vorrichtungen zum Auf- und Absteigen, Fußboden

(1) Die Beschaffenheit der Fahrzeuge muß sicheres Auf- und Absteigen ermöglichen.

(2) Bei Kraftomnibussen darf die Trittstufe der Ein- und Ausstiege für Fahrgäste — bei mehreren Trittstufen die untere — höchstens 400 mm über der Fahrbahn liegen.

(3) Der Fußboden in Kraftomnibussen muß ausreichende Sicherheit gegen Ausgleiten bieten.

(4) Übergänge innerhalb von Kraftomnibussen, die Gelenkfahrzeuge sind, müssen so ausgeführt sein, daß sie von den Fahrzeuginsassen ohne Gefahr betreten werden können.

1. Die Vorschrift wurde durch die VO vom 7. 7. 60, BGBl. I, 485 in die StVZO eingefügt. In Kraft siehe Randbem. 7. 1

2. Abs. 1 ist aus § 35a StVZO übernommen. Die Bestimmung sagt nichts darüber, welche Maßnahmen ergriffen werden müssen, sondern überläßt diese den Herstellern der Fahrzeuge. Die Bestimmung gilt für alle Kraftfahrzeuge und Anhänger, nicht für alle Fahrzeuge (also nicht für Fahrräder), weil die Vorschrift unter B III, 2. „Kraftfahrzeuge und ihre Anhänger" steht. Betroffen von Abs. 1 sind jedoch Fahrräder mit Hilfsmotor, wie alle anderen Kraftfahrzeuge (vgl. § 67a Abs. 4 StVZO). 2

Bei der Zulassung der Fahrzeuge kann z. B. bei Kraftomnibussen (Abs. 2) eine Trittstufenbeleuchtung gefordert werden, wenn die Innenbeleuchtung nicht ausreicht (vgl. amtliche Begründung, VerkBl. 60, 465). 3

3. Abs. 3 wurde aus § 41 BOKraft a. F. übernommen. Für Personenkraftwagen wurden nach der amtlichen Begründung (a. a. O.) entsprechende Vorschriften für entbehrlich gehalten. 4

4. Der **Abs. 4** entspricht dem bisherigen § 60 BOKraft a. F.. 5

5. Die Vorschriften des § 35d dienen der Sicherheit der Fahrgäste. Die Abs. 2 bis 4 gelten gem. § 61 auch für **Omnibusanhänger.** 6

6. Mit Ausnahme von Abs. 2, der nur für erstmals in den Verkehr kommende Fahrzeuge am 1. 7. 61 **in Kraft** tritt, gilt die Bestimmung ab 1. 8. 60 (Art. 10 d. VO v. 7. 7. 60, BGBl. I, 485). 7

§ 35e Türen

(1) Türen und Türverschlüsse müssen so beschaffen sein, daß beim Schließen störende Geräusche vermeidbar sind.

(2) Türverschlüsse müssen so beschaffen sein, daß ein unbeabsichtigtes Öffnen der Türen nicht zu erwarten ist.

(3) Die Türbänder (Scharniere) von Drehtüren — ausgenommen Falttüren — an den Längsseiten von Kraftfahrzeugen mit einer durch die Bauart bestimmten Höchstgeschwindigkeit von mehr als 20 km/h müssen auf der in der Fahrtrichtung vorn liegenden Seite der Türen angebracht sein. Dies gilt bei Doppeltüren für den Türflügel, der zuerst geöffnet wird; der andere Türflügel muß für sich verriegelt werden können. Türen müssen bei Gefahr von jedem erwachsenen Fahrgast geöffnet werden können.

(4) In Kraftomnibussen müssen Ein- und Ausstiege für die Fahrgäste an der rechten Fahrzeugseite liegen. Es müssen mindestens vorhanden sein

1. **bei Fahrzeugen mit nicht mehr als 26 Fahrgastplätzen ein Ein- und Ausstieg mit mindestens 650 mm lichter Weite,**
2. **bei Fahrzeugen mit mehr als 26 Fahrgastplätzen zwei Ein- und Ausstiege mit mindestens je 650 mm oder ein Ein- und Ausstieg mit mindestens 1200 mm lichter Weite.**

(5) Bei Kraftomnibussen dürfen beim Einmannbetrieb im Linienverkehr für die Fahrgäste höchstens zwei Ein- und Ausstiege vorhanden oder in Gebrauch sein. Die Ein- und Ausstiege müssen so angeordnet sein, daß der Führer von seinem Sitz aus das Ein- und Aussteigen der Fahrgäste beobachten kann. Türen müssen vom Führersitz aus geöffnet und geschlossen werden können; die Endstellungen der Türen müssen dem Führer sinnfällig angezeigt werden. Satz 3 gilt nicht, wenn der durchschnittliche Haltestellenabstand mehr als 3 km beträgt.

(6) Türen müssen während der Fahrt geschlossen sein.

1 **1.** Die Vorschrift wurde durch die VO v. 7. 7. 60, BGBl. I, 485 in die StVZO eingefügt. Entsprechende Vorschriften waren früher in der BOKraft a. F. (§ 46 Abs. 2) enthalten.

In Kraft seit 1. 8. 60 (Art. 10 d. VO v. 7. 7. 60); hiervon abweichende Bestimmungen enthält § 72 StVZO für die Absätze 1—4. Abs. 1 u. 2 treten in Kraft am 1. 7. 61 für erstmals in den Verkehr kommende Fahrzeuge; ebenso Abs. 4. Abs. 3 tritt in Kraft am 1. 7. 63 für nach diesem Tag erstmals in den Verkehr kommende Fahrzeuge, er gilt jedoch an Stelle von § 46 Abs. 2 Satz 2 BOKraft a. F. für Kraftomnibusse, die der gewerbsmäßigen Personenbeförderung dienen ab 1. 8. 60.

2 **2. Abs. 1** dient der allgemeinen Lärmbekämpfung und soll vermeidbare Geräuschbelästigungen verhindern.

3 **Abs. 2** dient der Sicherheit der Fahrzeuginsassen.

4 Der **Abs. 3** hat die bisherige Vorschrift des § 46 Abs. 2 BOKraft a. F. aus Sicherheitsgründen auf alle Fahrzeuge ausgedehnt. Nach der amtlichen Begründung gilt die Vorschrift ihrem Zweck nach nicht für Türen, die in keiner Lage über die seitliche Begrenzung des Fahrzeugs hinausragen (VerkBl. 60, 466).

5 **Abs. 4** wurde aus § 46 Abs. 1 BOKraft a. F. und dem Runderlaß des RVM v. 25. 11. 41 (RVerkBl. B 41, 213) übernommen. Die Bestimmung ist auf Omnibusanhänger anwendbar (§ 61 StVZO). Bei Fahrzeugen, die vor dem 1. 7. 61 erstmals in den Verkehr kommen, darf die lichte Weite der Einstiege weniger als 650 mm betragen.

Die Bestimmungen der **Abs. 5 und 6** waren bisher in der BOKraft nicht enthalten. Da beim Einmannbetrieb das Verschließen der Türen mit großen Schwierigkeiten verbunden ist, waren die Vorschriften des Abs. 5 zur Sicherung der Fahrgäste erforderlich. Verantwortlich für das Schließen und Öffnen der Türen ist der Fahrer des Omnibusses nach Abs. 5.

3. Die **Anmerkungen zu § 46 BOKraft a. F.** der 21. Aufl. sind weiter noch verwertbar.

§ 35f Notausstiege in Kraftomnibussen

(1) In Kraftomnibussen müssen Notausstiege vorhanden sein, und zwar an jeder Längsseite mindestens

1. ein Notausstieg bei nicht mehr als 26 Fahrgastplätzen,

2. zwei Notausstiege bei 27 bis 50 Fahrgastplätzen,

3. drei Notausstiege bei 51 bis 80 Fahrgastplätzen,

4. vier Notausstiege bei mehr als 80 Fahrgastplätzen.

An der rechten Längsseite darf ein Notausstieg weniger vorgesehen werden, wenn sich in der Rückwand eine Tür mit einer lichten Weite von mindestens 430 mm oder ein Notausstieg befindet.

(2) Notausstiege sind

1. Fenster mit lichten Abmessungen von mindestens 600 mm × 430 mm. Sie müssen sich leicht und schnell öffnen, zerstören oder entfernen lassen. Die Ecken der Fenster, die als Notausstiege vorgesehen sind, können mit einem Radius bis zu 250 mm abgerundet sein. Durch Schutzstangen darf die Benutzung von Fenstern als Notausstiege nicht erschwert werden. Fenster mit lichten Abmessungen von mindestens 1200 mm × 430 mm gelten als zwei Notausstiege.

2. Türen in der linken Seitenwand mit einer lichten Weite von mindestens 430 mm. Die Türen müssen von innen jederzeit leicht geöffnet werden können.

3. bei Kraftomnibussen mit nicht mehr als 14 Fahrgastplätzen die Ein- und Ausstiege, wenn alle Fahrzeuginsassen sie erreichen können.

(3) Notausstiege müssen durch die Aufschrift „Notausstieg" deutlich gekennzeichnet sein, soweit es sich nicht um Türen handelt.

1. Die Vorschrift wurde durch die VO v. 7. 7. 60, BGBl. I, 485 in die StVZO eingefügt. Eine inhaltlich ähnliche Bestimmung enthielten früher der § 47 BOKraft a. F. und die Runderlasse v. 25. 11. 41 (RVerkBl. 41 B, 213), v. 5. 10. 42 (RVerkBl. 42 B, 159) und v. 20. 3. 49 (VerkBl. 49, 23). 1

2. Nach der amtlichen Begründung (VerkBl. 60, 466) ist Zweck der Vorschrift, daß die Fahrgäste auch Kraftomnibusse mit großer Fahrgastzahl bei Gefahr schnell verlassen können. 2

Der Begriff der **Fahrgastplätze** umfaßt Sitz- und Stehplätze (wegen der Plätze siehe auch §§ 22, 23 BOKraft). **Ausnahmen** von der Vorschrift des § 35f können nunmehr im Rahmen des § 70 StVZO gewährt werden. § 35f gilt auch für **Omnibusanhänger** (§ 61 StVZO). 3

3. Die **Anmerkung zu § 47 BOKraft a. F.** ist nicht mehr anwendbar. Ebensowenig die in Randnr. 1 angeführten Runderlasse. 4

4. Nach § 72 StVZO tritt Abs. 1 und 2 für erstmals in den Verkehr kommende Fahrzeuge am 1. 1. 62 **in Kraft**. Fahrzeuge, die vor diesem Zeitpunkt erstmals in den Verkehr gekommen sind und der gewerbsmäßigen Personenbeförderung dienen, müssen die in § 72 StVZO aufgezählten Voraussetzungen erfüllen. 5

§ 35g Feuerlöscher in Kraftomnibussen

(1) In Kraftomnibussen dürfen nur Handfeuerlöscher mit der amtlichen Zulassung für die Brandklassen

A (feste Stoffe, flammen- und glutbildend),

B (flüssige Stoffe, flammenbildend) und

C (auch unter Druck ausströmende gasförmige Stoffe, flammenbildend),
bei Oberleitungsomnibussen für die Brandklasse

E (Stoffe der Brandklassen A bis C unter Einwirkung elektrischen Stroms bis 1000 V)

mitgeführt und verwendet werden; es müssen in betriebsbereitem Zustand mindestens vorhanden sein

1. ein Löscher mit einem Füllgewicht von 6 kg in Kraftomnibussen mit nicht mehr als 26 Fahrgastplätzen sowie in Kraftomnibussen im innerstädtischen Linienverkehr,
2. zwei Löscher mit einem Füllgewicht von je 6 kg in anderen Kraftomnibussen.

(2) Handfeuerlöscher sind in den Fahrzeugen an gut sichtbarer und leicht zugänglicher Stelle unterzubringen, ein Löscher in unmittelbarer Nähe des Fahrzeugführers.

(3) Das Fahrpersonal muß mit der Handhabung der Löscher vertraut sein; hierfür ist neben dem Fahrpersonal auch der Halter des Fahrzeugs verantwortlich.

(4) Die Fahrzeughalter müssen Handfeuerlöscher durch die Prüfdienste der Hersteller mindestens einmal innerhalb von 12 Monaten auf Einsatzfähigkeit prüfen lassen. Auf einem am Löscher befestigten Schild müssen der Name des Prüfdienstes und des Prüfers sowie der Tag der Prüfung angegeben sein.

(5) Verkehrsbetriebe mit größeren Fahrzeugbeständen können die Prüfung der Handfeuerlöscher nach Absatz 4 selbst durchführen, wenn der Nachweis erbracht wird, daß das damit betraute Personal eine fachliche Ausbildung durch die betreffenden Herstellerwerke erhalten hat und daß den landesrechtlichen Vorschriften über Feuerlöschmittel und Feuerlöschgeräte entsprochen wird.

1. Die Vorschrift wurde durch die VO v. 7. 7. 60, BGBl. I, 485 in die StVZO eingefügt. § 52 BOKraft a. F. enthielt bisher Bestimmungen über die Mitführung von Handfeuerlöschern in Omnibussen und Omnibusanhängern. Mit gewissen Abweichungen wurde sie und die Runderlasse v. 31. 3. 40 (RVerkBl. 40 B, 107), v. 2. 7. 40 (RVerkBl. 40 B, 238), v. 5. 10. 42 (RVerkBl. 42 B, 159), v. 5. 7. 49 (VerkBl. 49, 92, 102) und v. 30. 11. 49 (VerkBl. 49, 153) in die Neufassung übernommen.

2. Der Begriff des **Fahrzeughalters** ist der gleiche wie in § 31 Abs. 2 StVZO. Nach der amtlichen Begründung ist die Weiterverwendung von Tetrachlorkohlenstoff- und Bromid-Löschern nach Angabe der amtlichen Prüfstelle für Feuerlöschmittel und -geräte in Warendorf/Westf. nicht vertretbar (VerkBl. 60, 466).

§ 35g gilt auch für **Omnibusanhänger** (§ 61 StVZO).

3. § 35g trat am 1. 10. 60 **in Kraft**. Bis dahin genügte die Mitführung eines Handfeuerlöschers anderer Art (§ 72 StVZO).

§ 35h Verbandkästen in Kraftomnibussen

(1) In Kraftomnibussen sind Verbandkästen, die dem Normblatt DIN 13163, Ausgabe November 1957, entsprechen, mitzuführen, und zwar mindestens

1. ein Verbandkasten in Kraftomnibussen mit nicht mehr als 26 Fahrgastplätzen sowie in Kraftomnibussen im innerstädtischen Linienverkehr,
2. zwei Verbandkästen in anderen Kraftomnibussen.

(2) Die Verbandkästen müssen an leicht zugänglicher Stelle untergebracht sein; diese Stelle ist deutlich zu kennzeichnen.

1. Die Vorschrift wurde durch die VO v. 7. 7. 60, BGBl. I, 485, in die StVZO eingefügt. Sie wurde in neuer Fassung aus § 53 BOKraft und dem Runderlaß v. 12. 8. 39 (RVerkBl. 39 B, 277) übernommen. 1

2. § 35h gilt auch für **Omnibusanhänger** (§ 61). 2

3. Abs. 2 tritt am 1. 8. 60 **in Kraft** (Art. 10 d. VO v. 7. 7. 60). Abs. 1 jedoch erst am 1. 1. 61. Bis dahin genügte es, wenn in den der gewerbsmäßigen Personenbeförderung dienenden Fahrzeugen ein Verbandkasten mitgeführt wird, der den „Regeln für Einheitsverbandkästen der Berufsgenossenschaft", Ausgabe ZH 1/146/147 DK: 6148883, entspricht (§ 72 StVZO). 3

§ 36 Bereifung und Laufflächen

(1) Maße und Bauart der Reifen müssen den Betriebsbedingungen, besonders der Belastung und Geschwindigkeit, entsprechen. Reifen oder andere Laufflächen dürfen keine Unebenheiten haben, die eine feste Fahrbahn beschädigen können; eiserne Reifen müssen abgerundete Kanten haben. Nägel müssen eingelassen sein.

(2) Die Räder der Kraftfahrzeuge und Anhänger müssen mit Luftreifen versehen sein, soweit nicht nachstehend andere Bereifungen zugelassen sind. Als Luftreifen gelten Reifen, deren Arbeitsvermögen überwiegend durch den Überdruck des eingeschlossenen Luftinhalts bestimmt wird. Luftreifen an Kraftfahrzeugen und Anhängern müssen am ganzen Umfang und auf der ganzen Breite der Lauffläche mit Profilrillen oder Einschnitten versehen sein. Die Profilrillen oder Einschnitte müssen an jeder Stelle der Lauffläche mindestens 1 mm tief sein.

(3) Statt Luftreifen sind für Fahrzeuge mit Geschwindigkeiten von nicht mehr als 25 km/h (für Kraftfahrzeuge ohne gefederte Triebachse jedoch nur bei Höchstgeschwindigkeiten von nicht mehr als 16 km/h Gummireifen zulässig, die folgenden Anforderungen genügen: Auf beiden Seiten des Reifens muß eine 10 mm breite, hervorstehende und deutlich erkennbare Rippe die Grenze angeben, bis zu welcher der Reifen abgefahren werden darf; die Rippe darf nur durch Angaben über den Hersteller, die Größe und dergleichen sowie durch Aussparungen des Reifens unterbrochen sein. Der Reifen muß an der Abfahrgrenze noch ein Arbeitsvermögen von mindestens 6 mkg haben. Die Flächenpressung des Reifens darf unter der höchstzulässigen statischen Belastung 8 kg/cm² nicht übersteigen. Der Reifen muß zwischen Rippe und Stahlband beiderseits die Aufschrift tragen: „6 mkg". Das Arbeitsvermögen von 6 mkg ist noch vorhanden, wenn die Eindrückung der Gummibereifung eines Rades mit Einzel- oder Doppelreifen beim Aufbringen einer Mehrlast von 1000 Kilogramm auf die bereits mit der höchstzulässigen statischen Belastung beschwerte Bereifung um einen Mindestbetrag zunimmt, der sich nach folgender Formel errechnet:

$$f = \frac{6000}{P + 500};$$

dabei bedeutet f den Mindestbetrag der Zunahme des Eindrucks in Millimetern und P die höchstzulässige statische Belastung in Kilogramm. Die höchstzulässige statische Belastung darf 100 kg/cm der Grundflächenbreite des Reifens nicht übersteigen; sie darf jedoch 125 kg betragen, wenn die Fahrzeuge eine Höchstgeschwindigkeit von 8 km/h nicht überschreiten und entsprechende Geschwindigkeitsschilder (§ 58) angebracht sind. Die Flächenpressung ist unter der höchstzulässigen statischen Belastung ohne Berücksichtigung der Aussparung auf der Lauffläche zu ermitteln. Die Vorschriften über das Arbeitsvermögen gelten nicht für Gummireifen an Elektrokarren mit gefederter Triebachse und einer durch die

Bauart bestimmten Höchstgeschwindigkeit von nicht mehr als 20 km/h sowie deren Anhänger.

(4) Eiserne Reifen mit einem Auflagedruck von nicht mehr als 125 kg/cm Reifenbreite sind zulässig

1. **für Zugmaschinen in land- oder forstwirtschaftlichen Betrieben, deren zulässiges Gesamtgewicht 4 t und deren durch die Bauart bestimmte Höchstgeschwindigkeit 8 km/h nicht übersteigt,**
2. **für Arbeitsmaschinen (§ 18 Abs. 2), deren durch die Bauart bestimmte Höchstgeschwindigkeit 8 km/h nicht übersteigt, und für Fahrzeuge, die von ihnen mitgeführt werden,**
3. **hinter Zugmaschinen mit einer Geschwindigkeit von nicht mehr als 8 km/h (Betriebsvorschrift)**
   a) **für Möbelwagen,**
   b) **für Wohn- und Schaustellerwagen, wenn sie nur zwischen dem Festplatz oder Abstellplatz und dem nächstgelegenen Bahnhof oder zwischen dem Festplatz und einem in der Nähe gelegenen Abstellplatz befördert werden,**
   c) **für Unterkunftswagen der Bauarbeiter, wenn sie von oder nach einer Baustelle befördert werden und nicht gleichzeitig zu einem erheblichen Teil der Beförderung von Gütern dienen,**
   d) **für die beim Wegebau und bei der Wegeunterhaltung verwendeten fahrbaren Geräte und Maschinen bei der Beförderung von oder nach einer Baustelle,**
   e) **für land- oder forstwirtschaftliche Arbeitsgeräte und für Fahrzeuge zur Beförderung von land- oder forstwirtschaftlichen Bedarfsgütern, Arbeitsgeräten oder Erzeugnissen.**

(5) Bei Gleiskettenfahrzeugen (§ 34 Abs. 6) darf die Kette oder das Band (Gleiskette) keine schädlichen Kratzbewegungen gegen die Fahrbahn ausführen. Die Kanten der Bodenplatten und ihrer Rippen müssen rund sein. Die Rundungen metallischer Bodenplatten und Rippen müssen an den Längsseiten der Gleisketten einen Halbmesser von mindestens 60 mm haben. Der Druck der durch eine Laufrolle belasteten Auflagefläche von Gleisketten auf die ebene Fahrbahn darf 15 kg/cm² nicht übersteigen. Als Auflagefläche gilt nur derjenige Teil der Gleiskette, der tatsächlich auf einer ebenen Fahrbahn aufliegt. Im Hinblick auf die Beschaffenheit der Laufflächen und der Federung wird für Gleiskettenfahrzeuge und Züge, in denen Gleiskettenfahrzeuge mitgeführt werden,

1. **allgemein die Geschwindigkeit auf 8 km/h,**
2. **wenn die Laufrollen der Gleisketten mit 4 cm hohen Gummireifen versehen sind oder die Auflageflächen der Gleisketten ein Gummipolster haben, die Geschwindigkeit auf 16 km/h**

beschränkt; sind die Laufflächen gummigepolstert und die Laufrollen mit 4 cm hohen Gummireifen versehen oder besonders abgefedert, so ist die Geschwindigkeit nicht beschränkt.

1 **1.** Die Vorschrift wurde geändert durch die VO v. 7. 7. 60, BGBl. I, 485. Die DA wurde durch Art. 10 d. VO v. 7. 7. 60 aufgehoben.

Die Neufassung ist **in Kraft** seit 1. 8. 60 (Art. 10 d. VO. v. 7. 7. 60). Abs. 2 Satz 3 u. 4 trat für Reifen an Anhängern hinter Kraftfahrzeugen mit einer durch die Bauart bestimmten Höchstgeschwindigkeit von nicht mehr als 20 km/h am 1. 10. 60 in Kraft (§ 72 StVZO).

2. Durch die VO v. 7. 7. 60 wurde Abs. 2 durch die Sätze 3 und 4 ergänzt. Die 1 mm tiefen Profilrillen oder Einschnitte können auch durch sog. „Sommern" oder Nachschneiden geschaffen werden. Ausnahmen für die Verwendung von Reifen ohne Profilrillen oder Einschnitte werden nach § 70 StVZO genehmigt. Für die Beurteilung der Reifen sind Richtlinien erlassen worden (VerkBl. 60, 99). Die Richtlinien sind abgedruckt im Anhang zu Anlage X. 2

3. Der Ersatz der Worte „land- und forstwirtschaftliche" durch die Worte „land- oder forstwirtschaftliche" soll klarstellen, daß es genügt, wenn das Fahrzeug entweder land -oder forstwirtschaftlichen Zwecken dient. In Abs. 4 Nr. 1 u. Nr. 2 wurde nunmehr bei der Höchstgeschwindigkeit bestimmt, daß diese durch die Bauart bestimmt sein muß. Dies bringt jedoch keine sachliche Änderung (vgl. Anm. 18 u. 25a der 21. Aufl.). 3

4. Die Anmerkungen der 21. Aufl. zu § 36 sind noch verwertbar. 4

§ 36a Radabdeckungen

Die Räder von Kraftfahrzeugen mit einer durch die Bauart bestimmten Höchstgeschwindigkeit von mehr als 20 km/h und von Anhängern hinter solchen Fahrzeugen müssen mit hinreichend wirkenden Abdeckungen (Kotflügel, Schmutzfänger oder Radeinbauten) versehen sein. Dies gilt nicht für eisenbereifte Fahrzeuge sowie für Anhänger, die in der durch § 58 vorgeschriebenen Weise für eine Höchstgeschwindigkeit von nicht mehr als 20 km/h gekennzeichnet sind.

1. Die Vorschrift wurde durch die VO v. 7. 7. 60, BGBl. I, 485, in die StVZO eingefügt. Sie tritt in Kraft am 1. 1. 62 (§ 72 StVZO). 1

2. Die **amtliche Begründung** führt hierzu aus (VerkBl. 60, 466): 2

„Im Rahmen eines Forschungsauftrags ‚Untersuchungen über die Wirksamkeit von Kotflügeln' ist durch das Institut für Fahrzeugtechnik der TH Braunschweig untersucht worden, ob die Verschmutzung der Windschutzscheiben durch Verwendung von Schmutzfängern an den Hinterrädern der Kraftfahrzeuge und Anhänger verringert werden kann. Das Ergebnis ist in Heft 109 „Deutsche Kraftfahrtforschung und Straßenverkehrstechnik' enthalten.

Aus den Versuchen über die Abspritzwinkel geht hervor, daß Kotflügel an den Hinterrädern aller Fahrzeuge notwendig sind. Sie müssen stets so tief wie möglich herabgezogen werden. Da der größte Teil des Spritzguts unter sehr flachem Winkel abgeschleudert wird, sind in der Regel zusätzliche Gummischürzen erforderlich.

Die Radverkleidungen verringern außerdem die Gefahr, daß andere Wegebenutzer von den Rädern erfaßt und überfahren werden."

§ 37 Gleitschutzvorrichtungen und Schneeketten

(1) Vorrichtungen, die die Greifwirkung der Räder bei Fahrten außerhalb befestigter Straßen erhöhen sollen (sogenannte Bodengreifer und ähnliche Einrichtungen), müssen beim Befahren befestigter Straßen abgenommen werden, sofern nicht durch Auflegen von Schutzreifen oder durch Umklappen der Greifer oder durch Anwendung anderer Mittel nachteilige Wirkungen auf die Fahrbahn vermieden werden. Satz 1 gilt nicht, wenn die Vorrichtungen in einer nach § 22a Abs. 1 genehmigten Bauart ausgeführt sind; in der Bauartgenehmigung kann die Verwendung auf Straßen mit bestimmten Decken und auf bestimmte Zeiten beschränkt werden.

(2) Vorrichtungen, die das sichere Fahren auf schneebedeckter oder vereister Fahrbahn ermöglichen sollen (Schneeketten), müssen so beschaffen und angebracht sein, daß sie die Fahrbahn nicht beschädigen können. Schneeketten aus Metall dürfen nur bei elastischer Bereifung (§ 36 Abs. 2 und 3) verwendet werden. Schneeketten müssen die Lauffläche des Reifens so umspannen, daß bei jeder Stellung des Rades ein Teil der Kette die ebene Fahrbahn berührt. Die die Fahrbahn berührenden

Teile der Ketten müssen kurze Glieder haben, deren Teilung etwa das Fünffache der Drahtstärke betragen muß. Schneeketten müssen sich leicht auflegen und abnehmen lassen und leicht nachgespannt werden können.

1 Die VO v. 7. 7. 60, BGBl. I, 485, brachte durch die Ersetzung von „§ 22 Abs. 3" in § 22a Abs. 1 nur eine durch die Änderung der §§ 22 und 22a bedingte redaktionelle Angleichung und keine sachliche Änderung.

2 Die **Anmerkungen der 21. Aufl.** sind weiter verwertbar.

§ 38 Lenkvorrichtung

(1) Die Lenkvorrichtung muß leichtes und sicheres Lenken des Fahrzeugs gewährleisten; sie ist, wenn nötig, mit einer Lenkhilfe zu versehen.

(2) Die Lenkvorrichtung von Kraftomnibussen, bei denen die zulässige Achslast der Vorderachse — bei mehreren gelenkten Vorderachsen die Summe der zulässigen Achslasten dieser Achsen — mehr als 4,5 t beträgt, muß mit einer Lenkhilfe versehen sein.

(3) Bei Versagen der Lenkhilfe muß die Lenkbarkeit des Fahrzeugs erhalten bleiben.

1 **1.** Die Vorschrift wurde durch die VO v. 7. 7. 60, BGBl. I, 485 geändert und neu gefaßt. In Kraft seit 1. 8. 60 (Art. 10); für Abs. 2 abweichend in § 72 StVZO bestimmt.

2 **2.** In der Neufassung unterblieben die Angaben über die einzelnen technischen Einrichtungen der Lenkvorrichtung. Nach der amtlichen Begründung (VerkBl. 60, 466) ist dies bei dem heutigen Stand der Technik unbedenklich.

3 Völlig neu ist die Einführung einer Lenkhilfe, die dann nötig ist, wenn anders ein leichtes und sicheres Lenken nicht möglich ist, oder es sich um einen Kraftomnibus gem. Abs. 2 handelt. Die Vorschrift sagt nichts darüber, wie die Lenkhilfe beschaffen sein muß. Vielmehr wird dies den Herstellern überlassen. Wann ein leichtes Lenken erreicht ist, ist ebenfalls nicht bestimmt. Sie wird, wenn nötig, nach der amtl. Begr. durch einen Wert in kg/Zug bestimmt werden.

4 **3.** Von den **Anmerkungen in der 21. Aufl.** ist die Anm. 2 zu streichen. Die übrigen Anmerkungen sind nach wie vor unbeschränkt anwendbar.

§ 38a Sicherung von Kraftfahrzeugen gegen unbefugte Benutzung

Personenkraftwagen, Kombinationskraftwagen und Krafträder müssen eine hinreichend wirkende Sicherungseinrichtung gegen unbefugte Benutzung der Fahrzeuge haben. Das Abschließen der Türen und das Abziehen des Schalterschlüssels gelten nicht als Sicherung im Sinne des Satzes 1.

1 **1.** Die Vorschrift wurde durch die VO v. 7. 7. 60, BGBl. I, 485 in die StVZO eingefügt. Inkrafttreten 1. 7. 61 für erstmals in den Verkehr kommende Fahrzeuge, für die übrigen 1. 7. 62.

2 Die ständige Zunahme der Kraftfahrzeuge und der Mangel an geeigneten Unterstellräumen setzt die Kraftfahrzeuge in zunehmendem Maße dem Zugriff Unbefugter aus. Letzteres zu verhindern war nach der amtlichen Begründung der Zweck der Einführung der Vorschrift des § 38a. Übersichten über die Kraftfahrzeugdiebstähle (und unbefugte Benutzung eines Kfzs.) sind in der amtlichen Begründung enthalten (VerkBl. 60, 466). Da bei den Diebstählen immer wieder grobe Verstöße gegen die Verkehrsregeln auftreten, kann deshalb aus Gründen der Verkehrssicherheit nicht länger auf die Ausrüstung der in Betracht kommenden Fahrzeuge mit entsprechenden Sicherungseinrichtungen verzichtet werden.

3 **2.** Als geeignet sind nach der amtlichen Begründung alle **Sicherungseinrichtungen** anzusehen, nach deren Beseitigung oder Zerstörung die Fahrzeuge nicht in Betrieb gesetzt werden können, aber auch solche, deren Beseitigung oder Zerstörung einen längeren Zeitaufwand erfrdert. Die gebräuchlichste Sicherung ist zur Zeit das Lenkradschloß. Eine Bauartgenehmigung ist für die Sicherungseinrichtungen nicht vorgeschrieben.

§ 39 Rückwärtsgang

Kraftfahrzeuge — ausgenommen einachsige Zug- oder Arbeitsmaschinen mit einem zulässigen Gesamtgewicht von nicht mehr als 400 kg sowie Krafträder mit oder ohne Beiwagen — müssen vom Führersitz aus zum Rückwärtsfahren gebracht werden können.

1. Die Vorschrift wurde durch die VO v. 7. 7. 60, BGBl. I, 485 geändert. Hierdurch wurde die Überschrift auf das Wort „Rückwärtsgang" beschränkt und der Text völlig neu gefaßt. Die Vorschrift gilt für Kfz. mit einem Leergewicht von mehr als 400 kg und tritt in Kraft am 1. 7. 61 für andere mehrspurige Kfz., die nach diesem Tag erstmals in den Verkehr kommen (§ 72). 1

2. Der Kreis der Fahrzeuge, die mit einem Rückwärtsgang ausgerüstet sein müssen, wurde erheblich erweitert. Nach der amtlichen Begründung geschah dies angesichts der zunehmenden Verkehrsdichte (VerkBl. 60, 467). 2

Einen **Rückwärtsgang** müssen nunmehr alle Fahrzeuge haben mit Ausnahme der Krafträder und der einachsigen Zug = oder Arbeitsmaschinen, letztere beide aber nur, soweit sie ein zulässiges Gesamtgewicht von nicht mehr als 400 kg haben.

Der frühere Abs. 2 wurde in § 42 Abs. 3 StVZO aufgenommen.

3. Die **Anmerkungen zu** § 39 der **21. Aufl.** sind nicht mehr zu verwenden. 3

§ 40 Scheiben und Scheibenwischer

(1) Sämtliche Scheiben — ausgenommen Spiegel sowie Abdeckscheiben an Beleuchtungseinrichtungen und Instrumenten — müssen aus Sicherheitsglas bestehen. Als Sicherheitsglas gilt Glas (oder ein glasähnlicher Stoff), dessen Bruchstücke keine ernstlichen Verletzungen verursachen können.

(2) Windschutzscheiben müssen mit selbsttätig wirkenden Scheibenwischern versehen sein. Bei Kraftfahrzeugen mit einer durch die Bauart bestimmten Höchstgeschwindigkeit von nicht mehr als 20 km/h genügen Scheibenwischer, die von Hand betätigt werden. Der Wirkungsbereich der Scheibenwischer ist so zu bemessen, daß ein ausreichendes Blickfeld für den Führer des Fahrzeugs geschaffen wird.

Durch die VO v. 7. 7. 60 blieb die Vorschrift unverändert. Die DA wurde durch Art. 10 d. VO v. 7. 7. 60, BGBl. I, 485 aufgehoben. 1

Die **Anmerkungen der 21. Aufl.** sind weiter verwertbar. Vgl. auch die Erläuterungen zu § 22a Abs. 1 Nr. 3 StVZO. (Wegen Sicherheitsglas vgl. Richtlinien in VerkBl. 60, 582 u. 61,2.) 2

§ 41 Bremsen und Unterlegkeile

(1) Kraftfahrzeuge müssen zwei voneinander unabhängige Bremsanlagen haben oder eine Bremsanlage mit zwei voneinander unabhängigen Bedienungsvorrichtungen, von denen jede auch dann wirken kann, wenn die andere versagt. Die voneinander unabhängigen Bedienungsvorrichtungen müssen durch getrennte Übertragungsmittel auf verschiedene Bremsflächen wirken, die jedoch in oder auf derselben Bremstrommel liegen können. Können mehr als zwei Räder gebremst werden, so dürfen gemeinsame Bremsflächen und (ganz oder teilweise) gemeinsame mechanische Übertragungseinrichtungen benutzt werden; diese müssen jedoch so gebaut sein, daß beim Bruch eines Teils noch mindestens zwei Räder, die nicht auf derselben Seite liegen, gebremst werden können. Alle Bremsflächen müssen auf zwangsläufig mit den Rädern verbundene, nicht auskuppelbare Teile wirken. Ein Teil der Bremsflächen muß unmittelbar auf die Räder wirken oder auf Bestandteile, die mit den Rädern ohne Zwischenschaltung von Ketten oder Getriebeteilen ver-

bunden sind. Das gilt nicht, wenn die Getriebeteile (nicht Ketten) so beschaffen sind, daß ihr Versagen nicht anzunehmen und für jedes in Frage kommende Rad eine besondere Bremsfläche vorhanden ist. Die Bremsen müssen leicht nachstellbar sein oder eine selbsttätige Nachstellvorrichtung haben.

(2) Bei einachsigen Zug- oder Arbeitsmaschinen genügt eine Bremse (Betriebsbremse), die so beschaffen sein muß, daß beim Bruch eines Teils der Bremsanlage noch mindestens ein Rad gebremst werden kann. Beträgt das zulässige Gesamtgewicht nicht mehr als 250 kg und wird das Fahrzeug von Fußgängern an Holmen geführt, so ist keine Bremsanlage erforderlich; werden solche Fahrzeuge mit einer weiteren Achse verbunden und vom Sitz aus gefahren, genügt eine an der Zug- oder Arbeitsmaschine oder an dem einachsigen Anhänger befindliche Bremse nach § 65, sofern die durch die Bauart bestimmte Höchstgeschwindigkeit 20 km/h nicht übersteigt.

(3) Bei Gleiskettenfahrzeugen, bei denen nur die beiden Antriebsräder der Laufketten gebremst werden, dürfen gemeinsame Bremsflächen für die Betriebsbremse und für die Feststellbremse benutzt werden, wenn mindestens 70 vom Hundert des Gesamtgewichts des Fahrzeugs auf dem Kettenlaufwerk ruht und die Bremsen so beschaffen sind, daß der Zustand der Bremsbeläge von außen leicht überprüft werden kann. Hierbei dürfen auch die Bremsnocken, die Nockenwellen mit Hebel oder ähnliche Übertragungsteile für beide Bremsen gemeinsam benutzt werden.

(4) Bei Kraftfahrzeugen — ausgenommen Krafträder — muß mit der einen Bremse (Betriebsbremse) eine mittlere Verzögerung von mindestens 2,5 m/sek^2 erreicht werden; bei Kraftfahrzeugen mit einer durch die Bauart bestimmten Höchstgeschwindigkeit von nicht mehr als 20 km/h genügt jedoch eine mittlere Verzögerung von 1,5 m/sek^2.

(5) Bei Kraftfahrzeugen — ausgenommen Krafträder — muß die Bedienungsvorrichtung der anderen Bremse feststellbar sein; bei Krankenfahrstühlen und bei Fahrzeugen, die die Baumerkmale von Krankenfahrstühlen aufweisen, deren Geschwindigkeit aber 30 km/h übersteigt, darf jedoch die Betriebsbremse anstatt der anderen Bremse feststellbar sein. Die festgestellte Bremse muß ausschließlich durch mechanische Mittel und ohne Zuhilfenahme der Bremswirkung des Motors das Fahrzeug auf der größten von ihm befahrbaren Steigung am Abrollen verhindern können. Mit der Feststellbremse muß eine mittlere Verzögerung von mindestens 1,5 m/sek^2 erreicht werden.

(6) Bei Krafträdern — auch mit Beiwagen — muß mit jeder der beiden Bremsen eine mittlere Verzögerung von mindestens 2,5 m/sek^2 erreicht werden. Beiwagen an Krafträdern müssen eine ausreichende Bremse haben.

(7) Bei Kraftfahrzeugen, die mit gespeicherter elektrischer Energie angetrieben werden, kann eine der beiden Bremsanlagen eine elektrische Widerstands- oder Kurzschlußbremse sein; in diesem Falle finden der fünfte Satz des Absatzes 1 und Absatz 4 keine Anwendung. Bei solchen Fahrzeugen muß jedoch mit der mechanischen Feststellbremse eine mittlere Verzögerung von mindestens 2,5 m/sek^2 erreicht werden. Wenn die durch die Bauart bestimmte Höchstgeschwindigkeit nicht mehr als 20 km/h beträgt, genügt eine mittlere Verzögerung von 1,5 m/sek^2.

(8) Betriebsfußbremsen an Zugmaschinen — ausgenommen an Gleiskettenfahrzeugen —, die zur Unterstützung des Lenkens als Einzelradbremsen ausgebildet sind, müssen auf öffentlichen Straßen so gekoppelt sein, daß eine gleichmäßige

Bremswirkung gewährleistet ist, sofern sie nicht mit einem besonderen Bremshebel gemeinsam betätigt werden können. Eine unterschiedliche Abnutzung der Bremsen muß durch eine leicht bedienbare Nachstellvorrichtung ausgleichbar sein oder sich selbsttätig ausgleichen.

(9) Zwei- oder mehrachsige Anhänger müssen eine ausreichende, leicht nachstellbare oder sich selbsttätig nachstellende Bremsanlage haben; mit ihr muß eine mittlere Verzögerung von mindestens 2,5 m/sek² erreicht werden. Bei Anhängern hinter Kraftfahrzeugen mit einer Geschwindigkeit von nicht mehr als 20 km/h (Betriebsvorschrift) genügt eine eigene mittlere Verzögerung von 1,5 m/sek², wenn die Anhänger für eine Höchstgeschwindigkeit von nicht mehr als 20 km/h gekennzeichnet sind (§ 58). Die Bremse muß feststellbar sein. Die festgestellte Bremse muß ausschließlich durch mechanische Mittel den vollbelasteten Anhänger auch bei einer Steigung von 20 vom Hundert auf trockener Straße am Abrollen verhindern können. Die Bremsanlage muß vom ziehenden Fahrzeug aus bedient werden können oder selbsttätig wirken; sie muß den Anhänger beim Lösen vom ziehenden Fahrzeug auch bei einer Steigung von 20 vom Hundert selbsttätig zum Stehen bringen. Anhänger hinter Kraftfahrzeugen mit einer durch die Bauart bestimmten Höchstgeschwindigkeit von mehr als 20 km/h müssen eine auf alle Räder wirkende Bremsanlage haben; das gilt nicht für die nach § 58 für eine Höchstgeschwindigkeit von nicht mehr als 20 km/h gekennzeichneten Anhänger hinter Fahrzeugen, die mit einer Geschwindigkeit von nicht mehr als 20 km/h gefahren werden (Betriebsvorschrift).

(10) Auflaufbremsen (Bremsen, deren Wirkung ausschließlich durch die Auflaufkraft erzeugt wird) sind nur bei Anhängern mit einem zulässigen Gesamtgewicht von nicht mehr als 8 t zulässig. In einem Zuge darf nur ein Anhänger mit Auflaufbremse mitgeführt werden; jedoch sind hinter Kraftfahrzeugen mit einer durch die Bauart bestimmten Höchstgeschwindigkeit von nicht mehr als 20 km/h zwei Anhänger mit Auflaufbremse zulässig, soweit nicht das Mitführen von mehr als einem Anhänger durch andere Vorschriften untersagt ist.

(11) An einachsigen Anhängern ist keine eigene Bremse erforderlich, wenn der Zug die für das ziehende Fahrzeug vorgeschriebene Bremsverzögerung erreicht und die Achslast des Anhängers die Hälfte des Leergewichts des ziehenden Fahrzeugs, jedoch 3 t nicht übersteigt. Soweit einachsige Anhänger mit einer eigenen Bremse ausgerüstet sein müssen, gelten die Vorschriften des Absatzes 9 entsprechend; bei Sattelanhängern muß die Wirkung der Betriebsbremse dem von der Achse (auch Doppelachse, § 34 Abs. 1) getragenen Anteil des zulässigen Gesamtgewichts des Sattelanhängers entsprechen.

(12) Die vorgeschriebenen Bremsverzögerungen müssen auf ebener, trockener Straße mit gewöhnlichem Kraftaufwand bei voll belastetem Fahrzeug, erwärmten Bremstrommeln und (außer bei der im Absatz 5 vorgeschriebenen Bremse) auch bei Höchstgeschwindigkeit erreicht werden, ohne daß das Fahrzeug seine Spur verläßt. Die in den Absätzen 4, 6 und 7 vorgeschriebenen Verzögerungen müssen auch beim Mitführen von Anhängern erreicht werden. Die mittlere Bremsverzögerung ist aus der Ausgangsgeschwindigkeit und dem Weg zu errechnen, der vom Beginn der Bremstätigkeit bis zum Stillstand des Fahrzeugs zurückgelegt wird. Von dem in den Sätzen 1 bis 3 vorgeschriebenen Verfahren kann, insbesondere bei Nachprüfungen nach § 29, abgewichen werden, wenn Zustand und Wirkung der Bremsanlage auf andere Weise feststellbar sind. Bei der Prüfung neu zuzulassender Fahrzeuge muß eine dem betriebsüblichen Nachlassen der Bremswirkung entsprechend

höhere Verzögerung erreicht werden; außerdem muß eine ausreichende, dem jeweiligen Stand der Technik entsprechende Dauerleistung der Bremsen für längere Talfahrten gewährleistet sein.

(13) Von den vorstehenden Vorschriften über Bremsen sind befreit:

1. Zugmaschinen in land- oder forstwirtschaftlichen Betrieben, wenn ihr zulässiges Gesamtgewicht nicht mehr als 4 t und ihre durch die Bauart bestimmte Höchstgeschwindigkeit nicht mehr als 8 km/h beträgt.
2. selbstfahrende Arbeitsmaschinen mit einer durch die Bauart bestimmten Höchstgeschwindigkeit von nicht mehr als 8 km/h und von ihnen mitgeführte Fahrzeuge,
3. hinter Zugmaschinen, die mit einer Geschwindigkeit von nicht mehr als 8 km/h gefahren werden, mitgeführte
   a) Möbelwagen,
   b) Wohn- und Schaustellerwagen, wenn sie nur zwischen dem Festplatz oder Abstellplatz und dem nächstgelegenen Bahnhof oder zwischen dem Festplatz und einem in der Nähe gelegenen Arbeitsplatz befördert werden,
   c) Unterkunftswagen der Bauarbeiter, wenn sie von oder nach einer Baustelle befördert werden und nicht gleichzeitig zu einem erheblichen Teil der Beförderung von Gütern dienen,
   d) beim Wegebau und bei der Wegeunterhaltung verwendete fahrbare Geräte und Maschinen bei der Beförderung von oder nach einer Baustelle,
   e) land- oder forstwirtschaftliche Arbeitsgeräte,
   f) Fahrzeuge zur Beförderung von land- oder forstwirtschaftlichen Bedarfsgütern, Geräten oder Erzeugnissen, wenn die Fahrzeuge eisenbereift oder in der durch § 58 vorgeschriebenen Weise für eine Geschwindigkeit von nicht mehr als 8 km/h gekennzeichnet sind.

Die Fahrzeuge müssen jedoch eine ausreichende Bremse haben, die während der Fahrt leicht bedient werden kann und feststellbar ist. Ungefederte land- oder forstwirtschaftliche Arbeitsmaschinen, deren Leergewicht das Leergewicht des ziehenden Fahrzeugs nicht übersteigt, jedoch höchstens 3 t erreicht, brauchen keine eigene Bremse zu haben.

(14) Auf Kraftfahrzeugen — ausgenommen Gleiskettenfahrzeuge — mit einem zulässigen Gesamtgewicht von mehr als 4 t und auf Anhängern mit einem zulässigen Gesamtgewicht von mehr als 750 kg ist mindestens ein Unterlegkeil für die Räder mitzuführen. Unterlegkeile müssen ausreichend wirksam, leicht zugänglich und sicher zu handhaben sein.

(15) Kraftomnibusse mit einem zulässigen Gesamtgewicht von mehr als 5,5 t sowie andere Kraftfahrzeuge und Anhänger mit einem zulässigen Gesamtgewicht von mehr als 9 t müssen außer den Bremsen nach den vorstehenden Vorschriften mit einer Dauerbremse ausgerüstet sein. Dauerbremsen an Anhängern müssen vom ziehenden Kraftfahrzeug aus bedient werden können. Satz 1 gilt für Sattelanhänger nur dann, wenn das um die Aufliegelast verringerte zulässige Gesamtgewicht 9 t übersteigt. Als Dauerbremse gelten Motorbremsen oder in der Bremswirkung gleichartige Vorrichtungen. Die Dauerbremse muß mindestens eine

Leistung aufweisen, die der Bremsbeanspruchung beim Befahren eines Gefälles von 7 vom Hundert und 6 km Länge durch das voll beladene Fahrzeug mit einer Geschwindigkeit von 30 km/h entspricht. Eine Dauerbremse ist nicht erforderlich

1. **bei Kraftfahrzeugen mit einer durch die Bauart bestimmten Höchstgeschwindigkeit von nicht mehr als 20 km/h,**
2. **bei Anhängern hinter solchen Kraftfahrzeugen,**
3. **bei den nach § 58 für eine Höchstgeschwindigkeit von nicht mehr als 20 km/h gekennzeichneten Anhängern hinter Kraftfahrzeugen, die mit einer Geschwindigkeit von nicht mehr als 20 km/h gefahren werden,**
4. **bei Anhängern, bei denen die geforderte Dauerbremsleistung mit der in Absatz 9 vorgeschriebenen Bremse ohne Beeinträchtigung der geforderten Wirkung als Betriebsbremse erreicht wird.**

(16) Druckluftbremsen und hydraulische Bremsen von Kraftomnibussen müssen auch bei Undichtigkeit an einer Stelle mindestens zwei Räder bremsen können, die nicht auf derselben Seite liegen. Bei Druckluftbremsen von Kraftomnibussen muß das unzulässige Absinken des Drucks im Druckluftbehälter dem Führen durch eine optisch oder akustisch wirkende Warnvorrichtung deutlich angezeigt werden.

1. Die Vorschrift wurde geändert durch die VO v. 7. 7. 60, BGBl. I, 485, wodurch auch die DA aufgehoben wurde (Art. 10). **Inkrafttreten** und Übergangsbest. siehe § 72 StVZO. Abs. 15 ist im grenzüberschreitenden Güterverkehr nicht anzuwenden, wenn das Fahrzeug vor dem 1. 1. 58 (1. 1. 61 Saarland) erstmals in den Verkehr gekommen ist (VO v. 8. 3. 61, BGBl. I, 216). 1

Geändert wurden durch die VO v. 7. 7. 60 die Absätze 2, 5, 6, 9, 10, 13 und 15. Abs. 16 wurde hinzugefügt. In Abs. 11, 3. Zeile wurde vor Achslast das Wort „zulässige" gestrichen. 2

2. Nach der bisherigen Fassung des **Abs. 2** war bei Zugmaschinen mit einem zulässigen Gesamtgewicht von nicht mehr als 2 t und 20 km/h Höchstgeschwindigkeit nur eine Bremse erforderlich. Diese Erleichterung gilt künftig nur noch für einachsige Zug- oder Arbeitsmaschinen, deren Beschaffenheit aber Abs. 2 noch besonders vorschreibt. Abs. 2 letzter Satz enthält gegenüber der früheren Bestimmung eine geringfügige Änderung. Im übrigen wird bereits entsprechend verfahren (VerkBl. 55, 252). 3

3. In **Abs. 5** wurde eingefügt, daß bei Fahrzeugen, die die Baumerkmale von **Krankenfahrstühlen** aufweisen, deren Geschwindigkeit aber 30 km/h übersteigt, für die Betriebsfeststellbremse das gleiche gilt, wie für Krankenfahrstühle. Die amtliche Begründung führt hierzu aus (VerkBl. 60, 467), daß die Einfügung in Abs. 5 Satz 1 nicht den Kreis der Fahrzeuge erweitert, bei denen die Betriebsbremse feststellbar sein darf, weil das BVM das Kraftfahrt-Bundesamt auf Grund des § 70 Abs. 1 Nr. 4 ermächtigt hat, bei Erteilung oder Ergänzung der Allgemeinen Betriebserlaubnisse entsprechende Ausnahmen zu genehmigen; durch Veröffentlichung vom 10. 11. 53 (VerkBl. 53, 537) ist empfohlen worden, bei Betriebserlaubnissen im Einzelfall ebenso zu verfahren. 4

4. Der **Abs. 6** wurde ergänzt. Nunmehr müssen auch die **Beiwagen an Krafträdern** eine Bremse haben. Der Sinn der Bestimmung ist, daß dadurch die Bremsfähigkeit und besonders die Spurhaltung des Kraftrades beim Bremsen verbessert wird (vgl. amtl. Begr., VerkBl. 60, 467). Aus diesem Zweck ergibt sich, daß die im Beiwagen angebrachte Bremse zusammen mit der nichtfeststellbaren Bremse im Kraftrad wirken muß; denn auf eine andere Weise würde durch Anbringung der Bremse im Beiwagen beim Abbremsen eine Spurhaltung nicht erreicht werden. 5

5. Bisher war es gestattet, daß die Anhänger durch einen auf diesem mitfahrenden **Bremser** abgebremst werden konnten. Hierdurch sind vielfach Schwierigkeiten aufgetreten. Nunmehr muß gem. **Abs. 9** die Bremsanlage vom ziehenden Fahrzeug aus bedient werden können oder selbsttätig wirken (z. B. Auflaufbremse). Die Vorschrift gilt zunächst jedoch nicht für Fahrzeuge, die vor dem 1. 1. 61 erstmalig in den Verkehr gekommen sind (vgl. § 72 StVZO). 6

6. In **Abs. 10** wurden die Sätze 3, 4 und 5 gestrichen. Der Grund ist nach der amtlichen Begründung (VerkBl. 60, 467) der, daß es eine befriedigende technische Lösung für die Notbremseinrichtung in auflaufgebremsten Anhängern nicht gibt. 7

8 7. Durch die Änderung wurde in **Abs. 11** das Wort „zulässige“ vor Achslast gestrichen. Dies erfolgte, um Widersprüche mit der Fassung des § 42 zu beseitigen (vgl. amtliche Begründung a. a. O.). Dieser lag darin, daß nach § 42 Abs. 2 bei Kombinationsfahrzeugen der ohne eigene Bremse ausgerüstete einachsige Anhänger die Anhängerlast höchstens die Hälfte des Leergewichts des ziehenden Fahrzeugs betragen darf, nach § 41 Abs. 11 Satz 1 aber ein Anhänger, dessen „zulässige“ Achslast die Hälfte des Leergewichts des ziehenden Fahrzeugs überschritt, auch im leeren Zustand nicht mitgeführt werden durfte, auch wenn sein Gewicht leichter war als die Hälfte des Leergewichts des ziehenden Fahrzeugs. Künftig kommt es deshalb auf die **tatsächliche Achslast** und nicht mehr auf die zulässige an.

9 8. Nach der amtlichen Begründung bringt **Abs. 13** nur eine Klarstellung und enthält insoweit eine redaktionelle Änderung. Siehe hierzu auch die Zweite AusnahmeVO zu StVZO v. 5. 3. 59, BGBl. I, 84.

10 9. Geändert wurde **Abs. 15**. An Stelle des früheren Begriffs der Motorbremse enthält die jetzige Bestimmung den Ausdruck **Dauerbremse**. Da jedoch die Motorbremse ausdrücklich als Dauerbremse gilt, ist nur insoweit eine Änderung gegen früher eingetreten, als außer der Motorbremse auch in der Bremswirkung gleichartige Vorrichtungen gestattet sind.

Die Regelung für Anhänger (Nr. 4) entspricht der Veröffentlichung v. 25. 2. 58 (VerkBl. 58, 191). Auf eine besondere Dauerbremse für bestimmte Fahrzeuge wurde verzichtet. Abs. 15 ist in Kraft seit 1. 7. 60 (Art. 10 d. VO v. 7. 7. 60).

11 **10.** Abs. 16 ist neu eingefügt. Wegen des Sicherheitsbedürfnisses bei Kraftomnibussen ist nunmehr die sog. Zweikreisbremse vorgeschrieben, die verhindert, daß die Bremsanlage wegen einer undichten Stelle niemals ganz ausfallen kann. Die gleiche Bestimumng war schon in § 43 Abs. 3 BOKraft a. F., ist jedoch nicht wirksam geworden (vgl. Anm. 1 bei § 43 BOKraft in der 21. Aufl.; RVerkBl. 42 B, 159 u. VerkBl. 49, 23).

Richtlinien über Bremsanlagen in Zügen mit durchgehender hydraulischer Kraftübertragung s. VerkBl. 60, 170.

13 **11.** Von den **Anmerkungen der 21. Aufl.** sind nicht mehr verwendbar die Nr. 10 u. 12 bis 15. Die übrigen Anm. sind nach wie vor verwertbar.

§ 42 Anhängelast hinter Kraftfahrzeugen

(1) Die von Krafträdern, Personenkraftwagen, Kombinationskraftwagen und Lastkraftwagen gezogene Anhängelast darf weder das zulässige Gesamtgewicht des ziehenden Fahrzeugs noch den etwa vom Hersteller des ziehenden Fahrzeugs angegebenen oder amtlich als zulässig erklärten Wert übersteigen.

(2) Hinter Krafträdern, Personenkraftwagen und Kombinationskraftwagen dürfen Anhänger ohne ausreichende eigene Bremse nur mitgeführt werden, wenn das ziehende Fahrzeug Allradbremse und der Anhänger nur eine Achse hat; Krafträder gelten trotz getrennter Bedienungsvorrichtungen für die Vorderrad- und Hinterradbremse als Fahrzeuge mit Allradbremse, Krafträder mit Beiwagen jedoch nur dann, wenn auch das Beiwagenrad eine Bremse hat. Werden einachsige Anhänger ohne ausreichende eigene Bremse mitgeführt, so darf die Anhängelast

1. bei Krafträdern und Personenkraftwagen höchstens die Hälfte des um 75 kg erhöhten Leergewichts,

2. bei Kombinationskraftwagen höchstens die Hälfte des Leergewichts des ziehenden Fahrzeugs, aber nicht mehr als 750 kg betragen.

(3) Das Leergewicht ist das Gewicht des betriebsfertigen Fahrzeugs mit vollständig gefüllten eingebauten Kraftstoffbehältern einschließlich des Gewichts aller im Betrieb mitgeführten Ausrüstungsteile (z. B. Ersatzräder und -bereifung, Ersatzteile, Werkzeug, Wagenheber, Feuerlöscher, Aufsteckwände, Planengestell mit Planenbügeln und Planenlatten oder Planenstangen, Plane, Gleitschutzvorrichtungen, Belastungsgewichte), bei anderen Kraftfahrzeugen als Krafträdern und Personenkraftwagen zuzüglich 75 kg als Fahrergewicht.

1. Die Vorschrift wurde neu gefaßt durch die VO v. 7. 7. 60, BGBl. I, 485. Art. 10 der VO hob die DA auf, soweit sie noch galt. Inkrafttreten siehe Randbem. 8 unten. 1

2. In Abs. 1 wird das Erfordernis, daß die **Anhängelast** das zulässige Gesamtgewicht des ziehenden Fahrzeugs nicht übersteigen darf (vgl. Abs. 3 der alten Fassung) auf Krafträder, Personenkraftwagen und Kombinationskraftwagen erweitert. Eintragungen im Kraftfahrzeugbrief und im Kraftfahrzeugschein sind künftig hinsichtlich der Anhänglast nicht mehr erforderlich, es sei denn, sie wäre niedriger als die in § 42 zugelassene (vgl. amtl. Begr. in VerkBl. 60, 467). 2

3. In **Abs. 2** sind an Stelle der Kraftfahrzeuge mit Personenwagenfahrgestellen in der Neufassung die Kombinationswagen getreten. Damit fallen künftig Lastwagen auch wenn sie auf Personenwagenfahrgestellen montiert sind, nicht mehr unter Abs. 2. Nunmehr sind auch nur noch einachsige Anhänger bei Vorliegen der übrigen Voraussetzungen ohne ausreichende eigene Bremse zulässig. Für Anhänger mit 2 und mehr Achsen gilt § 41 Abs. 9. Für Anhänger hinter Kleinkrafträdern oder Fahrrädern mit Hilfsmotor enthält § 67a Abs. 5 besondere Vorschriften. Neu ist auch die Bestimmung des Abs. 2 Satz 1, 2. Halbsatz, wann Krafträder als Fahrzeuge mit Allradantrieb anzusehen sind. 3

4. In **Abs. 3** wurde der bisherige Abs. 2 des § 39 a. F. übernommen. Klargestellt ist nunmehr, daß lose mitgeführte Kraftstoffbehälter nicht zum Leergewicht zählen. Der Klammervermerk führt nur Beispiele auf. Die Anm. 2 der 21. Auflage zu § 39 ist mit Ausnahme des Abs. 2 derselben weiter für Abs. 3 des § 42 n. F. verwertbar. 4

Die jetzige Fassung „bei anderen Kraftfahrzeugen als Krafträdern und Personenkraftwagen zuzüglich 75 kg als Fahrergewicht" dient der Klarstellung und der einheitlichen Berechnung. Die frühere Fassung in § 39 Abs. 2 a. F. hat zu manchen Zweifeln Anlaß gegeben. 5

5. Von den **Anmerkungen** zu § 42 der **21. Aufl.** sind die Nr. 1, 3 und 5 weiter verwertbar. Die übrigen Anmerkungen sind nicht mehr zu berücksichtigen (siehe auch Randnr. 4). 6

6. Nach Art. 10 der VO v. 7. 7. 60, BGBl. I, 485 gilt § 42 bereits ab 1. 7. 60. In § 72 StVZO ist das **Inkrafttreten** der Abs. 1—3 jeweils verschieden geregelt. Diese Übergangsvorschriften gelten nach Art. 10 ebenfalls schon ab 1. 7. 60, d. h. sie sind von diesem Tag an als Übergangsvorschriften anzuwenden. 7

Abs. 1 ist im grenzüberschreitenden Güterverkehr nicht anzuwenden (VO v. 8. 3. 61, BGBl. 1, 216). Abweichend von § 72 StVZO wurde durch die Vierte AusnahmeVO v. 20. 3. 61, BGBl. I, 229, für Abs. 1 eine weitergehende Übergangsregelung geschaffen.

§ 43 Einrichtungen zur Verbindung von Fahrzeugen

(1) Einrichtungen zur Verbindung von Fahrzeugen müssen so ausgebildet und befestigt sein, daß die nach dem Stand der Technik erreichbare Sicherheit — auch bei der Bedienung der Kupplung — gewährleistet ist. Die Zuggabel von Mehrachsanhängern muß bodenfrei sein. Die Zugöse dieser Anhänger muß jeweils in Höhe des Kupplungsmauls einstellbar sein; das gilt bei anderen Kupplungsarten sinngemäß. Die Sätze 2 und 3 gelten nicht für Anhänger hinter Elektrokarren mit einer durch die Bauart bestimmten Höchstgeschwindigkeit von nicht mehr als 20 km/h, wenn das zulässige Gesamtgewicht des Anhängers nicht mehr als 2 t beträgt.

(2) Kraftfahrzeuge mit einem zulässigen Gesamtgewicht von mehr als 4 t und Zugmaschinen mit mehr als einer Achse müssen vorn eine ausreichend bemessene Vorrichtung zur Befestigung einer Abschleppstange oder eines Abschleppseils haben.

(3) Bei Verwendung von Abschleppstangen oder Abschleppseilen darf der lichte Abstand vom ziehenden zum gezogenen Fahrzeug nicht mehr als 5 m betragen. Bei einem Abstand von mehr als 2,75 m sind Abschleppstangen und Abschleppseile ausreichend erkennbar zu machen, z. B. durch einen roten Lappen.

(4) Anhängerkupplungen müssen selbsttätig wirken. Nicht selbsttätige Anhängerkupplungen sind jedoch zulässig,

1. wenn Kugelgelenkflächenkupplungen verwendet werden,

2. an Zugmaschinen und an selbstfahrenden Arbeitsmaschinen, wenn der Führer den Kupplungsvorgang von seinem Sitz aus beobachten kann,

3. an Krafträdern, Personenkraftwagen und Kombinationskraftwagen,

4. an Anhängern hinter Zugmaschinen in land- oder forstwirtschaftlichen Betrieben,

5. zur Verbindung von Kraftfahrzeugen mit einachsigen Anhängern mit einer zulässigen Achslast von nicht mehr als 3 t.

In jedem Fall muß die Herstellung einer betriebssicheren Verbindung leicht und gefahrlos möglich sein.

1 **1.** Die Vorschrift wurde geändert durch die VO v. 7. 7. 60, BGBl. I, 485. Die DA wurde durch Art. 10 d. VO v. 7. 7. 60 aufgehoben. In Kraft seit 1. 8. 60 (Art. 10), abweichende Regelung in § 72 StVZO für Abs. 1 S. 3 u. Abs. 4 S. 1 (auch für das Saarland).

Durch die letztgenannte VO wurde die Überschrift geändert und dem tatsächlichen Inhalt der Bestimmung angepaßt. Abs. 1 wurde durch den Satz 4 ergänzt. Abs. 4 wurde neu gefaßt.

2 **2.** Nach der amtlichen Begründung (VerkBl. 60, 485) konnten leichtere Anhänger von dem Erfordernis der Bodenfreiheit der Zuggabel und der Einstellbarkeit der Zugöse, einem Bedürfnis der Praxis entsprechend, befreit werden, ohne daß Sicherheitsgründe entgegenstünden.

3 **3.** Gegenüber der bisherigen Bestimmung enthält Abs. 4 Erleichterungen in bezug auf die nicht selbsttätige Kupplung (vgl. amtl. Begr. a. a. O.).

4 **4.** Die **Anmerkungen der 21. Aufl.** sind nach wie vor verwertbar. In Anm. 1 Abs. 2 ist jedoch der letzte Satz zu streichen. Hinsichtlich der Anhänger hinter Fahrrädern mit Hilfsmotor wird auf § 67a Abs. 5 StVZO verwiesen.

§ 44 Stützvorrichtung an Anhängern

(1) Sattelanhänger müssen eine Stützvorrichtung haben oder so beschaffen sein, daß eine solche Vorrichtung angebracht werden kann.

(2) Einachsige Anhänger müssen eine der Höhe nach einstellbare Stützvorrichtung haben, wenn die Deichsellast am Kuppelpunkt bei gleichmäßiger Lastverteilung mehr als 50 kg beträgt. Dies gilt jedoch nicht für Anhänger hinter Kraftfahrzeugen mit zum Anheben der Deichsel geeignetem Kraftheber.

1 **1.** Die frühere Vorschrift des § 44 wurde durch die VO v. 25. 11. 51, BGBl. I, 908 aufgehoben. Die VO v. 7. 7. 60, BGBl. I, 485, hat den § 44 wieder in die StVZO eingefügt.

2 **2.** Die Stützvorrichtungen an den in § 44 bezeichneten Fahrzeugen sind eine unerläßliche Voraussetzung zum sicheren Abstellen der genannten Anhänger und dienen auch der Erleichterung beim An- und Auskuppeln. Die meisten der genannten Anhänger sind bereits mit solchen Stützvorrichtungen versehen.

3 **3.** Die Vorschrift tritt **in Kraft** am 1. 7. 61 für erstmals in den Verkehr kommende Anhänger, für andere Anhänger am 1. 7. 63 (§ 72 StVZO).

§ 45 Kraftstoffbehälter

(1) Kraftstoffbehälter müssen korrosionsfest hergestellt und bei doppeltem Betriebsdruck, mindestens bei 0,3 atü, auf Dichtheit geprüft sein; weichgelötete Behälter müssen auch nach dem Ausschmelzen des Lotes zusammenhalten. Auftretender Überdruck oder den Betriebsdruck übersteigender Druck muß sich durch geeignete Vorrichtungen (Öffnungen, Sicherheitsventile und dergleichen) selbsttätig ausgleichen. Der Behälter muß an seinem tiefsten Punkt eine Ablaßvorrichtung haben. Entlüftungsöffnungen sind gegen Hindurchschlagen von Flammen zu sichern. Am Behälter weich angelötete Teile müssen zugleich vernietet, angeschraubt oder in

anderer Weise sicher befestigt sein. Kraftstoff darf aus dem Füllverschluß oder den zum Ausgleich von Überdruck bestimmten Vorrichtungen auch bei Schräglage, Kurvenfahrt oder Stößen nicht ausfließen.

(2) Kraftstoffbehälter für Vergaserkraftstoff dürfen nicht unmittelbar hinter der Frontverkleidung des Fahrzeugs liegen; sie müssen so vom Motor getrennt sein, daß auch bei Unfällen eine Entzündung des Kraftstoffs nicht zu erwarten ist. Das gilt nicht für Krafträder und für Zugmaschinen mit offenem Führersitz.

(3) Bei Kraftomnibussen dürfen Kraftstoffbehälter nicht im Fahrgast- oder Fahrerraum liegen. Sie müssen so angebracht sein, daß bei einem Brand die Ausstiege nicht unmittelbar gefährdet sind. Bei Kraftomnibussen müssen Behälter für Vergaserkraftstoff hinten oder seitlich unter dem Fußboden in einem Abstand von mindestens 500 mm von den Türöffnungen untergebracht sein. Kann dieses Maß nicht eingehalten werden, so ist ein entsprechender Teil des Behälters mit Ausnahme der Unterseite durch eine Blechwand abzuschirmen.

1. Die Vorschrift wurde durch Anfügung des Abs. 3 geändert durch die VO v. 7. 7. 60, BGBl. I, 485. Die DA wurde aufgehoben d. VO v. 7. 7. 60 (Art. 10). 1

Art. 10 der VO bestimmt das Inkrafttreten allgemein (1. 8. 60). Abweichend für Abs. 2 und 3 jedoch in § 72 StVZO bestimmt.

2. Eingefügt wurde durch die VO v. 7. 7. 60 nur der Abs. 3. Ansonsten blieb die Bestimmung unverändert. Der neue Abs. 3 entspricht dem bisherigen § 37 Abs. 1 und 2 BOKraft a. F.. Er gilt nur für Kraftomnibusse, während § 37 BOKraft für der gewerbsmäßigen Personenbeförderung dienende Fahrzeuge galt. Die Veröffentlichungen in RVerkBl. 41 B, 61 und 41 B, 161, wonach gewisse Ausnahmen für Mietwagen und Droschken genehmigt wurden, sind durch die Neufassung des § 45 StVZO und die Aufhebung des § 37 BOKraft (Art. 1 Nr. 11 d. VO v. 7. 7. 60, BGBl. I, 485) gegenstandslos. 2

3. Die **Anmerkungen** zu § 37 BOKraft **der 21. Aufl.** sind nicht mehr verwertbar. Bei der Anm. zu § 45 StVZO ist die letzte Zeile zu streichen. Statt dieser: Abs. 1 Satz 3 gilt nicht für Kleinkrafträder und Fahrräder mit Hilfsmotor (§ 67a Abs. 4 StVZO). 3

§ 46 Kraftstoffleitungen

(1) Kraftstoffleitungen sind so auszuführen, daß Verwindungen des Fahrzeugs, Bewegungen des Motors und dergleichen keinen nachteiligen Einfluß auf die Haltbarkeit ausüben.

(2) Rohrverbindungen sind durch Verschraubung ohne Lötung oder mit hart aufgelötetem Nippel herzustellen. In die Kraftstoffleitung muß eine vom Führersitz aus während der Fahrt leicht zu bedienende Absperrvorrichtung eingebaut sein; sie kann fehlen, wenn die Fördervorrichtung für den Kraftstoff den Zufluß zu dem Vergaser oder zur Einspritzpumpe bei stehendem Motor unterbricht, oder wenn das Fahrzeug ausschließlich mit Dieselkraftstoff betrieben wird. Als Kraftstoffleitungen können fugenlose, elastische Metallschläuche oder kraftstoffeste andere Schläuche aus schwer brennbaren Stoffen eingebaut werden; sie müssen gegen mechanische Beschädigungen geschützt sein.

(3) Kraftstoffleitungen, Vergaser und alle anderen kraftstoffführenden Teile sind gegen betriebsstörende Wärme zu schützen und so anzuordnen, daß abtropfender oder verdunstender Kraftstoff sich weder ansammeln noch an heißen Teilen oder an elektrischen Geräten entzünden kann.

(4) Bei Kraftomnibussen dürfen Kraftstoffleitungen nicht im Fahrgast- oder Führerraum liegen. Bei diesen Fahrzeugen darf der Kraftstoff nicht durch Schwerkraft oder durch Überdruck im Kraftstoffbehälter gefördert werden.

1 **1.** Abs. 4 wurde durch d. VO v. 7. 7. 60, BGBl. I, 485 eingefügt. Die DA wurde durch Art. 10 d. VO v. 7. 7. 60 aufgehoben. Inkrafttreten siehe Anm. 4 unten.

2 **2.** Mit Ausnahme der Anfügung des Abs. 4 wurde durch die VO v. 7. 7. 60 eine Änderung nicht herbeigeführt. Der Abs. 4 entspricht dem bisherigen § 37 Abs. 1 und 3 BOKraft a. F., jedoch mit der Einschränkung, daß Abs. 4 nur für Kraftomnibusse gilt, während § 37 BOKraft auf alle der gewerbsmäßigen Personenbeförderung dienenden Fahrzeuge Anwendung fand. Für diese gelten nunmehr die Bestimmungen des § 46 Abs. 1—3 StVZO.

3 **3.** Die **Anmerkungen zu § 37** BOKraft **der 21. Aufl.** sind nicht mehr verwertbar. Die Anm. bei § 46 StVZO ist weiter zu verwenden, der letzte Satz aber zu streichen.

4 **4.** § 46 (Abs. 4) gilt ab 1. 8. 60 (Art. 10 d. VO v. 7. 7. 60 a. a. O.) für die der gewerbsmäßigen Personenbeförderung dienenden Kraftomnibusse und tritt am 1. 4. 61 für andere Kraftomnibusse **in Kraft,** die nach diesem Tag erstmals in den Verkehr kommen (§ 72 StVZO).

§ 47 Abgase und deren Ableitung

Kraftfahrzeuge müssen so beschaffen sein, daß die Verunreinigung der Luft durch Abgase das nach dem jeweiligen Stand der Technik unvermeidbare Maß nicht übersteigt. Die Mündungen von Auspuffrohren dürfen nur nach oben oder nach hinten oder nach hinten links bis zu einem Winkel von 45° zur Fahrzeuglängsachse gerichtet sein; sie dürfen zur Fahrbahn nur so geneigt sein, daß Aufwirbeln von Staub vermieden wird. Auspuffrohre dürfen über die seitliche Begrenzung der Fahrzeuge nicht hinausragen.

1 **1.** Die Vorschrift wurde geändert d. VO v. 7. 7. 60, BGBl. I, 485. Durch diese wurde auch die DA aufgehoben (Art. 10). In Kraft seit 1. 8. 60 (Art. 10).

2 **2.** Die Überschrift ist nunmehr der neuen Fassung des § 47 angepaßt.

3 Die **amtliche Begründung** (VerkBl. 60, 468) führt zur Begründung der Neufassung u. a. aus (Auszug):

Die bisherige Fassung berücksichtigte die Wirkung der Abgase nach außen nicht ausreichend; der hierfür geltende § 30 wurde nicht immer beachtet.

Die neue Fassung, die nunmehr — ebenso wie § 49 — die Anpassung an den jeweiligen Stand der Technik fordert, soll diesen Mangel beseitigen und wirksame Maßnahmen gegen die Verunreinigung der Luft durch Abgase erleichtern.

4 **3.** Von den **Anmerkungen der 21. Aufl.** sind die Anm. 2 und 3 noch verwertbar.

§ 48 Dampfkessel und Gaserzeuger

(1) Dampfkessel mit Zwangsdurchlauf und mit einer Rohrschlange bis zu 35 l Gesamtinhalt, Sauggaserzeugeranlagen und Druckgaserzeugeranlagen mit einem Aufladedruck von nicht mehr als 2 atü sind in dem Zulassungsverfahren für Kraftfahrzeuge nach dieser Verordnung, nicht nach anderen Vorschriften, genehmigungs- oder abnahmepflichtig.

(2) Funkenauswurf und Herausfallen von Brennstoffresten müssen ausgeschlossen sein. Brennbare Teile des Fahrzeugs sind gegen starke Erhitzung im Betrieb zu schützen.

1 Die VO v. 7. 7. 60, BGBl. I, 485 ließ die Vorschrift unverändert.

§ 49 Geräuschentwicklung

(1) Kraftfahrzeuge und Anhänger müssen so beschaffen sein, daß die Geräuschentwicklung das nach dem jeweiligen Stand der Technik unvermeidbare Maß nicht übersteigt.

(2) Besteht Anlaß zur Annahme, daß die Geräuschentwicklung des Fahrzeugs dieses Maß übersteigt, so ist der Führer des Fahrzeugs auf Weisung einer zuständigen Person verpflichtet, die Geräuschentwicklung durch ein Geräuschmeßgerät

feststellen zu lassen. Liegt die Meßstelle nicht in der Fahrtrichtung des Fahrzeugs, so besteht die Verpflichtung nur, wenn der zurückzulegende Umweg nicht mehr als 6 km beträgt. Nach der Messung ist dem Führer eine Bescheinigung über das Ergebnis der Messung zu erteilen. Die Kosten der Messung fallen dem Halter des Fahrzeugs zur Last, wenn eine zu beanstandende Überschreitung des Geräuschwerts festgestellt wird.

1. Die VO v. 7. 7. 60, BGBl. I, 485 hat die Vorschrift völlig neu gefaßt. Inkrafttreten siehe unten Randbem. 4. 1

Bisher enthielt § 49 nur Bestimmungen über Auspuffgeräusch und Fahrgeräusch. Die Neufassung ermöglicht es nun allgemein, die **Geräuschbelästigung** wirksam zu bekämpfen. Auf Weisung einer zuständigen Person hat nun künftig der Fahrer eines Kraftfahrzeugs die Geräuschentwicklung seines Fahrzeugs unter in Abs. 2 genannten Voraussetzungen messen zu lassen, wenn eine übermäßige Geräuschentwicklung bemerkt wird.

Zuständig, eine solche Weisung zu erteilen, ist jede Person, die im Rahmen ihrer Dienstobliegenheiten mit der Verkehrsüberwachung beauftragt ist. 2

2. Von den **Anmerkungen** zu § 49 der **21. Aufl.** sind die Nr. 1 und 2 noch verwertbar. Bei der Anm. 1 ist jedoch die letzte Zeile zu streichen. Sie ist dahin zu erweitern, daß unter Geräuschentwicklung jede Art von Geräusch, also auch das Klappern von Karrosserieteilen zu verstehen ist (hierzu: VerkBl. 60, 101 und 61, 46). 3

3. Die Neufassung des § 49 trat am 1. 8. 60 nach Art. 10 d. VO v. 7. 7. 60 **in Kraft**. Sie gilt auch für Kleinkrafträder und Fahrräder mit Hilfsmotor (§ 67a Abs. 4). 4

§ 49a Beleuchtungseinrichtungen, allgemeine Grundsätze

(1) An Kraftfahrzeugen und ihren Anhängern dürfen nur die vorgeschriebenen und die für zulässig erklärten Beleuchtungseinrichtungen angebracht werden; als Beleuchtungseinrichtungen gelten auch Leuchtstoffe und rückstrahlende Mittel. Die Beleuchtungseinrichtungen müssen vorschriftsmäßig angebracht und ständig betriebsfertig sein; sie dürfen weder verdeckt noch verschmutzt sein. Laternen (Sturmlaternen und ähnliche) können jedoch am Tage zum Schutz gegen Beschädigungen an anderer Stelle des Fahrzeugs oder Zuges mitgeführt werden.

(2) Die Beleuchtungseinrichtungen an einem Fahrzeug müssen so beschaffen und angebracht sein, daß sie sich gegenseitig in ihrer Wirkung auch dann nicht beeinträchtigen, wenn verschiedene Beleuchtungseinrichtungen in einem Gerät vereinigt sind.

(3) Sind Beleuchtungseinrichtungen paarweise angebracht, so müssen sie gleichen Abstand von der Mittellinie der Fahrzeugspur und — mit Ausnahme von Schlußleuchten an Krafträdern mit Beiwagen — gleiche Höhe über der Fahrbahn haben; sie müssen — mit Ausnahme von Fahrtrichtungsanzeigern und Parkleuchten — gleichzeitig und gleichstark leuchten.

(4) Alle nach vorn wirkenden elektrischen Beleuchtungseinrichtungen — ausgenommen Fahrtrichtungsanzeiger und Parkleuchten — müssen so geschaltet sein, daß sie nur zusammen mit der Schluß- und Kennzeichenbeleuchtung brennen können, wenn sie nicht zur Abgabe von Leuchtzeichen (§ 12 der Straßenverkehrs-Ordnung) verwendet werden.

(5) In den Leuchten dürfen nur die nach ihrer Bauart dafür bestimmten Glühlampen verwendet werden.

1. Durch die VO v. 7. 7. 60, BGBl. I, 485 wurde Abs. 5 angefügt. In Kraft seit 1. 8. 60 (Art. 10). Abs. 1 ist nur redaktionell geändert. 1

2 **2.** In **Abs.** 5 wird vorgeschrieben, daß nur bestimmte Glühlampen verwendet werden dürfen. Zu dem Begriff der Leuchten in Abs. 5 zählen sämtliche Beleuchtungseinrichtungen der Kraftfahrzeuge und ihrer Anhänger. Für Fahrräder mit Hilfsmotor und Kleinkrafträder gilt die Sonderbestimmung des § 67a Abs. 4. Es ist also insoweit § 67 anzuwenden, wenn ihre durch die Bauart bestimmte Höchstgeschwindigkeit nicht mehr als 20 km/h beträgt.

3 **3.** Bei der **Übersicht über die Beleuchtungsvorschriften** nach § 49a in der 21. Aufl. ist nach der Überschrift „Inhalt der Beleuchtungsvorschriften" A I auf Seite 656 nunmehr zu berichtigen, daß nach der Neufassung Fahrräder mit Hilfsmotor als Kraftfahrzeuge gelten und insoweit die Vorschriften für Kleinkrafträder (mit gewissen Ausnahmen) Anwendung finden (67a Abs. 4 StVZO).

Die Bemerkung A I b 5 ist zu streichen. Die Kenntlichmachung und das Freizeichen für Droschken sind jetzt in §§ 39 und 40 BOKraft geregelt. Im übrigen ist die Übersicht weiter zu verwenden.

4 **4.** Die **Anmerkungen der 21. Aufl.** sind weiter verwertbar. In der Anm. 2, vorletzte Zeile ist an Stelle von „§ 38 BOKraft" der „§ 20 BOKraft" zu setzen. In Anm. 3 ist „§ 39 BOKraft" zu streichen. Die Anm. 2 ist in der drittletzten Zeile von unten durch den Hinweis auf die Veröffentlichung v. 24. Juni 1960, VerkBl. 60, 255, zu ergänzen, die die Unterscheidung von Kraftfahrzeugen gegenüber Schienenfahrzeugen durch das Signalbild betrifft.

Wegen Fahrtrichtungsanzeigern an Anhängern siehe VerkBl. 61, 46.

§ 50 Scheinwerfer für Fern- und Abblendlicht

(1) Für die Beleuchtung der Fahrbahn darf nur weißes oder schwachgelbes Licht verwendet werden.

(2) Kraftfahrzeuge müssen mit zwei gleichfarbig und gleichstark nach vorn wirkenden Scheinwerfern ausgerüstet sein, Krafträder — auch mit Beiwagen — mit einem Scheinwerfer. An mehrspurigen Kraftfahrzeugen, deren Breite 1000 mm nicht übersteigt, sowie an Krankenfahrstühlen und an Fahrzeugen, die die Baumerkmale von Krankenfahrstühlen haben, deren Geschwindigkeit aber 30 km/h übersteigt, genügt ein Scheinwerfer. Bei Kraftfahrzeugen mit einer durch die Bauart bestimmten Höchstgeschwindigkeit von nicht mehr als 8 km/h genügen Leuchten ohne Scheinwerferwirkung. Bei einachsigen Zug- oder Arbeitsmaschinen, die von Fußgängern an Holmen geführt werden, ist vom Hereinbrechen der Dunkelheit an, oder wenn die Witterung es erfordert, eine Leuchte ohne Scheinwerferwirkung für weißes oder schwachgelbes Licht auf der linken Seite so anzubringen oder von Hand so mitzuführen, daß ihr Licht entgegenkommenden und überholenden Verkehrsteilnehmern gut sichtbar ist. Scheinwerfer für asymmetrisches Abblendlicht sind nur an mehrspurigen Kraftfahrzeugen zulässig.

(3) Die untere Spiegelkante von Scheinwerfern darf nicht höher als 1000 mm, bei Zugmaschinen in land- oder forstwirtschaftlichen Betrieben nicht höher als 1200 mm über der Fahrbahn liegen. Dies gilt nicht für Fahrzeuge des Straßendienstes der öffentlichen Verwaltungen sowie für selbstfahrende Arbeitsmaschinen, deren Bauart das vorschriftsmäßige Anbringen der Scheinwerfer nicht zuläßt und deren durch die Bauart bestimmte Höchstgeschwindigkeit nicht mehr als 20 km/h beträgt. Scheinwerfer müssen an den Fahrzeugen einstellbar und so befestigt sein, daß eine unbeabsichtigte Verstellung nicht eintreten kann.

(4) Für das Fernlicht und für das Abblendlicht dürfen besondere Scheinwerfer vorhanden sein; sie dürfen so geschaltet sein, daß bei Fernlicht die Abblendscheinwerfer mitbrennen.

(5) Die Scheinwerfer müssen bei Dunkelheit die Fahrbahn so beleuchten (Fernlicht), daß die Beleuchtungsstärke in einer Entfernung von 100 m in der Längsachse des Fahrzeugs in Höhe der Scheinwerfermitten mindestens beträgt

1. 0,25 Lux bei Krafträdern mit einem Hubraum von nicht mehr als 100 cm^3,

2. 0,50 Lux bei Krafträdern mit einem Hubraum über 100 cm^3,

3. 1,00 Lux bei anderen Kraftfahrzeugen.

Die Einschaltung des Fernlichts muß durch eine blau leuchtende Lampe im Blickfeld des Fahrzeugführers angezeigt werden; bei Krafträdern und Zugmaschinen mit offenem Führersitz kann die Einschaltung des Fernlichts durch die Stellung des Schalthebels angezeigt werden. Kraftfahrzeuge mit einer durch die Bauart bestimmten Höchstgeschwindigkeit von nicht mehr als 30 km/h brauchen nur mit Scheinwerfern ausgerüstet zu sein, die den Vorschriften des Absatzes 6 Sätze 2 und 3 entsprechen.

(6) Paarweise verwendete Scheinwerfer für Fern- und Abblendlicht müssen so eingerichtet sein, daß sie nur gleichzeitig und gleichmäßig abgeblendet werden können. Die Blendung gilt als behoben (Abblendlicht), wenn die Beleuchtungsstärke in einer Entfernung von 25 m vor jedem einzelnen Scheinwerfer auf einer Ebene senkrecht zur Fahrbahn in Höhe der Scheinwerfermitte und darüber nicht mehr als 1 Lux beträgt. Liegt die untere Spiegelkante der Scheinwerfer (Absatz 3 Satz 1) höher als 1000 mm, so darf die Beleuchtungsstärke unter den gleichen Bedingungen oberhalb einer Höhe von 1000 mm 1 Lux nicht übersteigen. Bei den an selbstfahrenden Arbeitsmaschinen angebrachten Scheinwerfern, deren Anbringungshöhe 1200 mm übersteigt, darf die Hell-Dunkel-Grenze 15 m vor dem Scheinwerfer nur halb so hoch liegen wie die Scheinwerfermitte. Bei Scheinwerfern für asymmetrisches Abblendlicht darf die 1 Lux-Grenze von dem der Scheinwerfermitte entsprechenden Punkt unter einem Winkel von 15° nach rechts ansteigen. Die Scheinwerfer müssen die Fahrbahn so beleuchten, daß die Beleuchtungsstärke in einer Entfernung von 25 m vor den Scheinwerfern senkrecht zum auffallenden Licht in 150 mm Höhe über der Fahrbahn mindestens die in Absatz 5 angegebenen Werte erreicht.

(7) Die Beleuchtungsstärke ist bei stehendem Motor, vollgeladener Batterie und bei richtig eingestellten Scheinwerfern zu messen.

(8) Kraftfahrzeuge müssen so beschaffen sein, daß sich die Neigung des Abblendlichtbündels in 10 m Entfernung auch im ungünstigsten Belastungszustand des Fahrzeugs um höchstens 200 mm verändern kann.

1. Die Vorschrift wurde neu gefaßt durch die VO v. 7. 7. 60, BGBl. I, 485. Die DA wurde aufgehoben (Art. 10 der VO). In Kraft seit 1. 8. 60 (Art. 10); siehe Randbem. 13. 1

2. Unverändert durch die VO v. 7. 7. 60 blieben die Absätze 1 und 5. Abs. 8 wurde angefügt. Die Überschrift wurde klarer gefaßt. 2

3. Neu in **Abs. 2** eingeführt ist, daß Fahrzeuge bis 1 m Breite einschließlich, sowie Fahrzeugen, die die **Baumerkmale von Krankenfahrstühlen** haben, deren Geschwindigkeit 30 km/h übersteigt, nur einen Scheinwerfer benötigen. Hinsichtlich der letztgenannten Fahrzeuge hatte das BVM das Kraftfahrt-Bundesamt auf Grund des § 70 Abs. 1 Nr. 4 StVZO ermächtigt bei Erteilung oder Ergänzung der Allgemeinen Betriebserlaubnis dementsprechende Ausnahmen zu genehmigen (vgl. auch VerkBl. 53, 537). Die Änderung des Abs. 2 beinhaltet deshalb insoweit keine sachliche Änderung der bestehenden Praxis. 3

Das **asymmetrische Abblendlicht** wurde durch die Erste AusnahmeVO (BGBl. I, 57, 606) zugelassen. Diese wurde durch Art. 10 d. VO v. 7. 7. 60 aufgehoben. Die entsprechenden Bestimmungen über das asymmetrische Abblendlicht sind nunmehr in Abs. 6 Satz 5 des § 50 enthalten. Nach Abs. 2 Satz 5 ist es jedoch nur an mehrspurigen Fahrzeugen zulässig. Der Grund hierfür ist, daß die bei einspurigen Fahrzeugen notwendigen Lenkbewegungen bei Lenkeinschlägen nach links ein Blenden entgegenkommender Verkehrsteilnehmer nicht ausschließen können (vgl. auch amtl. Begründung, VerkBl. 60, 469). Vgl. hierzu auch die Dritte Ausnahmeverordnung v. 18. 7. 59, BGBl. I, 529 (im Anschluß an die StVZO abgedruckt). 4

5 **4.** In **Abs. 3** Satz 1 bezweckt die Ersetzung der Worte „land- und forstwirtschaftlichen" durch „land- oder forstwirtschaftlichen" nur die Klarstellung, daß es sich nicht um Fahrzeuge handeln muß, die in beiden Betrieben verwendet werden oder verwendet werden können.

6 Neu gefaßt ist der Satz 2. Damit wurde der Kreis der Fahrzeuge, die von der vorschriftsmäßigen Anbringung der Scheinwerfer ausgenommen sind, erweitert. Nicht nur die **Fahrzeuge** des Straßenwinterdienstes, sondern alle **des Straßendienstes** der öffentlichen Verwaltungen fallen nunmehr unter die Ausnahmebestimmung, ebenso wie die **selbstfahrenden Arbeitsmaschinen** unter den festgelegten Voraussetzungen des Satzes 2 in Abs. 3; jedoch ist bei letzteren Abs. 6 Satz 4 zu beachten.

Hinsichtlich der Arbeitsmaschinen siehe Abs. 4 der DA zu § 18 StVZO.

7 Einer Anerkennung als Fahrzeug des Straßendienstes bedarf es nicht. Es genügt insoweit die von der Verwaltungsbehörde dem Fahrzeug gegebene Zweckbestimmung. Auch selbstfahrende Arbeitsmaschinen können Fahrzeuge des Straßendienstes sein. Wann die Ausnahme für die Arbeitsmaschinen vorliegt wird entweder für den Einzelfall nach § 70 StVZO oder allgemein durch die allgemeine Betriebserlaubnis (§§ 19, 20, 21) festgelegt.

8 **5.** Der **Abs. 4** ist neu gefaßt. Er entspricht der Veröffentlichung v. 10. 10. 55 (VerkBl. 55, 502). Der bisherige Abs. 4 wurde überflüssig, da die Scheinwerfer einer Bauartgenehmigung nach § 22a (Übergangsbestimmung § 72) bedürfen.

9 **6.** In **Abs. 6** ist Satz 4 und 5 neu eingefügt. Bei den selbstfahrenden Arbeitsmaschinen muß es sich um solche des Abs. 3 Satz 2 handeln. Der Satz 5 ist aus der Ersten AusnahmeVO v. 5. 6. 57 (BGBl. I, 606) übernommen, die durch Art. 10 d. VO v. 7. 7. 60 (BGBl. I, 485) aufgehoben wurde.

10 **7.** Die Neufassung des **Abs. 7** steht nach der amtlichen Begründung (VerkBl. 60, 469) im Zusammenhang mit den Richtlinien für die Einstellung von Scheinwerfern an Kraftfahrzeugen und Fahrrädern v. 26. 3. 59 (VerkBl. 59, 165), die noch weiter als gültig anzusehen sind. Weiter zu beachten sind die Richtlinien für die Prüfung von Scheinwerfern für Teilfernlicht v. 18. 7. 59 (VerkBl. 59, 358).

11 **8.** Der neu angefügte **Abs. 8** soll nach Möglichkeit die Blendung ausschließen. Nach der amtlichen Begründung (VerkBl. 60, 469) liegen bis jetzt technisch ausgereifte Lösungen zur Erreichung des in Abs. 8 geforderten Zustandes noch nicht vor. Der Abs. 8 tritt deshalb erst zu einem späteren vom BVM zu bestimmenden Zeitpunkt in Kraft (§ 72).

12 **9.** Die **Anmerkungen der 21. Aufl.** zu § 50 können weiter verwendet werden, mit Ausnahme der Nr. 11a, 12a und 18. In Nr. 1 ist der Abs. 3, in Nr. 5 der Satz 1 und in Nr. 10 der letzte Satz zu streichen.

13 **10.** Gemäß § 72 gilt Abs. 5 Satz 2 (Fernlichtkontrolleuchte) im **Saarland** erst ab 1. 1. 61 für erstmals in den Verkehr kommende Fahrzeuge und ab 1. 7. 61 für andere Fahrzeuge mit regelmäßigem Standort im Saarland.

Hinsichtlich Abs. 8 siehe Randbem. 11.

§ 51 Begrenzungsleuchten, Parkleuchten

(1) Kraftfahrzeuge — ausgenommen Krafträder ohne Beiwagen und Kraftfahrzeuge mit einer Breite von weniger als 1000 mm — müssen zur Kenntlichmachung ihrer seitlichen Begrenzung nach vorn mit zwei Begrenzungsleuchten ausgerüstet sein, bei denen der äußere Rand der Lichtaustrittsfläche nicht mehr als 400 mm von der breitesten Stelle des Fahrzeugumrisses entfernt sein darf. Zulässig sind zwei zusätzliche Begrenzungsleuchten, die Bestandteil der Scheinwerfer sein müssen. Beträgt dre Abstand des äußeren Randes der Lichtaustrittsfläche der Scheinwerfer von den breitesten Stellen des Fahrzeugumrisses nicht mehr als 400 mm, so genügen in die Scheinwerfer eingebaute Begrenzungsleuchten. Das Licht der Begrenzungsleuchten muß weiß oder schwachgelb sein; es darf nicht blenden. Die Begrenzungsleuchten müssen auch bei Fernlicht und Abblendlicht ständig leuchten. Bei Krafträdern mit Beiwagen muß eine Begrenzungsleuchte auf der äußeren Seite des Beiwagens angebracht sein. Krafträder ohne Beiwagen dürfen im Scheinwerfer eine Leuchte nach

Art der Begrenzungsleuchten führen; Satz 5 ist nicht anzuwenden. An Elektrokarren sind Begrenzungsleuchten nicht erforderlich, wenn der Abstand des äußeren Randes der Lichtaustrittsfläche der Scheinwerfer von den breitesten Stellen des Fahrzeugumrisses nicht mehr als 400 mm beträgt; dasselbe gilt für einachsige Zug- oder Arbeitsmaschinen, wenn sie von Fußgängern an Holmen geführt werden oder ihre durch die Bauart bestimmte Höchstgeschwindigkeit 30 km/h nicht übersteigt.

(2) Die seitliche Begrenzung von Anhängern, die mehr als 400 mm über den äußeren Rand der Lichtaustrittsfläche der Begrenzungsleuchten des vorderen Fahrzeugs hinausragen, muß nach Absatz 1 kenntlich gemacht werden.

(3) An Personenkraftwagen ohne Anhänger und an anderen Kraftfahrzeugen, deren Länge 6 m und deren Breite 2 m nicht übersteigen, genügen zur Kenntlichmachung der seitlichen Begrenzung beim Parken innerhalb geschlossener Ortschaften an der dem Verkehr zugewandten Fahrzeugseite

1. **eine Leuchte (Parkleuchte), die nach vorn weißes und nach hinten rotes Licht zeigt und mindestens 600 mm (unterer Rand der Lichtaustrittsfläche) und höchstens 1550 mm (oberer Rand der Lichtaustrittsfläche) über der Fahrbahn angebracht sein muß, oder**
2. **eine mit der Schlußleuchte in einem Gerät vereinigte Parkleuchte für rotes Licht und eine mit der Begrenzungsleuchte in einem Gerät vereinigte Parkleuchte für weißes Licht oder**
3. **eine Schlußleuchte und eine Begrenzungsleuchte.**

(4) Die Längsseiten von Kraftfahrzeugen und Kraftfahrzeuganhängern dürfen durch weiße rückstrahlende Mittel kenntlich gemacht werden.

(5) An Fahrzeugen des Straßenwinterdienstes der öffentlichen Verwaltungen können statt Begrenzungsleuchten rote, von besonderen Scheinwerfern angestrahlte Warnflaggen verwendet werden. Die Warnflaggen müssen mindestens 500 mm × 500 mm groß sein; sie dürfen oben und unten einen weißen Querstrich tragen. Die besonderen Scheinwerfer dürfen nicht blenden.

1. Die Vorschrift wurde neu gefaßt durch die VO v. 7. 7. 60, BGBl. I, 485. Inkrafttreten siehe Randbem. 6. 1

Unverändert durch letztere VO blieb Abs. 4. Die Absätze 2 und 5 wurden nur redaktionell geändert. In der Überschrift wurde das Wort „Seitliche“ gestrichen.

2. In **Abs. 1 Satz 1** ist nunmehr klargestellt, daß der Abstand der 400 mm vom äußeren Rand der Lichtaustrittsfläche zu messen ist. Neu eingefügt ist der Satz 2. Dieser entspricht jedoch der Veröffentlichung v. 30. 12. 52, VerkBl. 53, 29; 54, 315, 374, nach der auch bisher schon zwei zusätzliche Begrenzungsleuchten zulässig waren. Der bisherige Satz 3 des Abs. 1 wurde durch die Einfügung der Sätze 2 und 3 gegenstandslos. Er wurde deshalb in der Neufassung gestrichen. 2

3. Abs. 3 ist neu gefaßt. Die Parkleuchten sind künftig nur mehr zulässig an Personenkraftfahrzeugen ohne Anhänger und an anderen Kraftfahrzeugen dann, wenn deren Länge 6 m und deren Breite 2 m nicht übersteigt. Die immer wieder auftretenden Zweifel nach der früheren Fassung sind dadurch beseitigt. 3

Eingefügt in Abs. 3 sind die Nr. 2 und 3. Schluß- und Begrenzungsleuchte können mit der Parkleuchte vereinigt werden oder als Parkleuchten Verwendung finden. Nicht genügt entweder Schluß- oder Begrenzungsleuchte. Diese Regelung war auch bisher schon zulässig, wenn entsprechende Ausnahmen genehmigt worden waren (vgl. amtliche Begründung VerkBl. 60, 469). 4

4. Von den **Anmerkungen der 21. Aufl.** sind zu streichen die Nr. 5, 6, 7a, 8c, 12, 14 und 16. Bei der Anm. 2 ist an Stelle von „Satz 5“ in der 2. Zeile v. o. „Satz 6“ zu setzen. Die übrigen Anmerkungen können weiter verwertet werden. 5

5. Inkrafttreten der Neufassung nach Art. 10 der VO v. 7. 7. 60 am 1. 8. 60. Übergangsvorschriften für das Saarland § 72 StVZO. 6

§ 52 Zusätzliche Scheinwerfer und Leuchten

(1) Außer den in § 50 vorgeschriebenen Scheinwerfern können zur Beleuchtung der Fahrbahn ein oder zwei Nebelscheinwerfer mit weißem oder schwachgelbem Licht verwendet werden (§ 33 der Straßenverkehrs-Ordnung). Sie dürfen nicht höher als die in § 50 vorgeschriebenen Scheinwerfer angebracht sein. Die Beleuchtungsstärke jedes Nebelscheinwerfers darf bei einer Entfernung von 25 m senkrecht zur Fahrbahn in Höhe der Mitte der Lichtaustrittsfläche und darüber höchstens 1 Lux betragen. Nebelscheinwerfer müssen an den Fahrzeugen einstellbar und so befestigt sein, daß eine unbeabsichtigte Verstellung nicht eintreten kann.

(2) Suchscheinwerfer und Rückfahrscheinwerfer fallen nicht unter die Vorschriften des Absatzes 1. Ein Suchscheinwerfer für eine Leistungsaufnahme von höchstens 35 W mit weißem oder schwachgelbem Licht ist zulässig; er darf nur zugleich mit dem Schlußlicht und der Beleuchtung des hinteren Kennzeichens einschaltbar sein. Ein oder zwei Rückfahrscheinwerfer für weißes oder schwachgelbes Licht sind zulässig, wenn sie so geneigt sind, daß sie die Fahrbahn auf höchstens 10 m hinter dem Fahrzeug beleuchten. Rückfahrscheinwerfer ümssen so geschaltet sein, daß sie bei Vorwärtsfahrt oder nach Abziehen des Schalterschlüssels nicht brennen können. Als Rückfahrscheinwerfer gelten Leuchten zur Beleuchtung von Arbeitsgeräten hinter land- oder forstwirtschaftlichen Zugmaschinen nicht; sie dürfen jedoch an solchen Zugmaschinen angebracht sein.

(3) Mit einer oder zwei Kennleuchten für blaues Blinklicht (Rundumlicht) dürfen ausgerüstet sein

1. **Kraftfahrzeuge, die dem Vollzugsdienst der Polizei, der Militärpolizei, des Bundesgrenzschutzes, des Zollgrenzdienstes oder der Zollfahndung dienen, insbesondere Kommando-, Streifen-, Mannschaftstransport-, Verkehrsunfall-, Mordkommissionsfahrzeuge,**
2. **Lösch- und Sonderkraftfahrzeuge aller Feuerwehren und Kommando-Kraftfahrzeuge der Berufsfeuerwehren,**
3. **Einsatz- und Kommando-Kraftfahrzeuge des Technischen Hilfswerks und des Luftschutzhilfsdienstes,**
4. **Kraftfahrzeuge, die nach dem Kraftfahrzeugschein als Unfallhilfswagen öffentlicher Verkehrsbetriebe anerkannt sind,**
5. **Kraftfahrzeuge, die nach ihrer Bauart zur Beförderung von kranken oder verletzten Personen geeignet sind, von jedermann benutzt werden können und nach dem Kraftfahrzeugschein als Krankenwagen anerkannt sind.**

(4) Mit einer oder zwei Kennleuchten für gelbes Blinklicht (Rundumlicht) dürfen ausgerüstet sein

1. **Kraftfahrzeuge des Straßendienstes der öffentlichen Verwaltungen,**
2. **Weichenreinigungswagen, Kurvenschmierwagen und Turmwagen für Oberleitungen der Straßenbahnen und der Oberleitungsomnibusse,**
3. **Abschleppwagen,**
4. **Fahrzeuge mit einerBreite von mehr als 2,50 m, sofern die genehmigende Behörde die Führung der Kennleuchten vorgeschrieben hat.**

1 1. Die Vorschrift wurde neu gefaßt durch die VO v. 7. 7. 60, BGBl. I, 485. Durch Art. 10 der letztgenannten VO wurde die DA aufgehoben. Inkrafttreten siehe Randbem. 8 unten.

2 Die Überschrift wurde dem Wortlaut der Bestimmung angepaßt.

2. In **Abs. 1** konnte auf Bestimmung über die Stärke der Glühlampen verzichtet werden, da diese der Bauartgenehmigung nach § 22a StVZO unterliegen. (Übergangsvorschrift § 72 StVZO.) 3

3. Nach **Abs. 2** sind nunmehr auch zwei Rückfahrscheinwerfer zulässig. Dies entspricht aber nur einer bisher schon getroffenen, gültigen Regelung (vgl. Veröffentlichung v. 1. 10. 57, VerkBl. 57, 519). Die Rückfahrscheinwerfer dürfen künftig dann nicht brennen, wenn der Wagen vorwärts gefahren wird oder wenn der Zündschlüssel abgezogen ist. Dem Zweck der Vorschrift entsprechend, nämlich der Ausschaltung der Möglichkeit, daß bei mit eingelegten Rückwärtsgang abgestellten Fahrzeugen der Rückscheinwerfer brennen kann (vgl. amtliche Begründung, VerkBl. 60, 470), kann dies nur bedeuten, daß bei abgezogenem Zündschlüssel in jedem Fall der Rückfahrscheinwerfer zum Erlöschen kommen muß. Untersagt ist nach der Neufassung nicht mehr ein Brennen des Rückfahrscheinwerfers im Leergang oder bei eingelegtem Vorwärtsgang ohne Vorwärtsfahrt. 4

4. Die Neufassung des **Abs. 3** stellt in Verbindung mit der Bauartgenehmigungspflicht des § 22a Abs. 1 StVZO eine Vereinfachung dar. In Buchstabe c sind nunmehr auch die Fahrzeuge des Luftschutzhilfsdienstes genannt, weil diese Organisation Aufgaben übernommen hat, wie die amtliche Begründung ausführt (VerkBl. 60, 470 und 478 Nr. 12b), die denen des technischen Hilfswerkes ähneln. Vgl. Anm. zu § 48 Abs. 3 Buchst. c StVO (n. F.). 5

5. Durch **Abs. 4** der Neufassung ist nunmehr auch gelbes Blinklicht (Rundumlicht) zulässig, was der rückwärtigen Fahrzeugsicherung dient. Der Kreis der Fahrzeuge, die mit einem solchen Blinklicht ausgerüstet sein darf, ist erheblich erweitert worden. Der Grund hierfür ist, daß auch andere Fahrzeuge als die des Straßenwinterdienstes die Fahrbahn abweichend von § 8 StVO gegebenenfalls in Anspruch nehmen müssen. Verwendung der gelben Kennleuchten s. Anm. zu § 33 Abs. 6 StVO (n. F.). 6

6. Die **Anmerkungen** Nr. 1, 4, 9, 18 und 19 der **21. Aufl.** sind zu streichen. Die übrigen Anmerkungen können weiter verwertet werden. Hinsichtlich des Gebrauchs der Nebelscheinwerfer wird auf § 33 Abs. 5 StVO n. F. verwiesen. 7

7. Inkrafttreten der Neufassung nach Art. 10 d. VO v. 7. 7. 60 am 1. 8. 60. Abweichende Bestimmungen zu Abs. 2 Satz 4, Abs. 3 und Abs. 4 enthält § 72 StVZO. 8

§ 53 Schlußleuchten, Bremsleuchten, Rückstrahler

(1) Kraftfahrzeuge müssen nach hinten mit zwei ausreichend wirkenden Schlußleuchten für rotes Licht ausgerüstet sein, deren Lichtaustrittsflächen wenigstens 400 mm (unterer Rand) bis höchstens 1550 mm (oberer Rand) über der Fahrbahn liegen müssen. Kraftomnibusse dürfen mit zwei zusätzlichen, höher als 1550 mm über der Fahrbahn angebrachten Schlußleuchten ausgerüstet sein. Die Schlußleuchten müssen möglichst weit voneinander angebracht, der äußere Rand ihrer Lichtaustrittsfläche darf nicht mehr als 400 mm von der breitesten Stelle des Fahrzeugumrisses entfernt sein. Elektrische Schlußleuchten dürfen an einer gemeinsamen Sicherung nur angeschlossen sein, wenn die Wirksamkeit der Schlußleuchten vom Führersitz aus überwacht werden kann. Krafträder ohne Beiwagen brauchen nur mit einer Schlußleuchte ausgerüstet zu sein. An Fahrzeugen des Straßendienstes der öffentlichen Verwaltungen darf die Lichtaustrittsfläche der Schlußleuchten höher als 1550 mm über der Fahrbahn liegen.

(2) Kraftfahrzeuge müssen mit zwei Bremsleuchten für rotes oder gelbes Licht ausgerüstet sein, die nach rückwärts die Betätigung der Betriebsbremse, bei Fahrzeugen nach § 41 Abs. 7 der mechanischen Bremse, anzeigen und auch bei Tage deutlich aufleuchten. Dies gilt nicht für Krafträder mit oder ohne Beiwagen sowie für Kraftfahrzeuge mit einer durch die Bauart bestimmten Höchstgeschwindigkeit von nicht mehr als 20 km/h und für Krankenfahrstühle; an diesen Fahrzeugen vorhandene Bremsleuchten müssen den Vorschriften dieses Absatzes entsprechen, jedoch ist bei Krafträdern ohne Beiwagen nur eine Bremsleuchte zulässig. Bremsleuchten für rotes Licht, die in der Nähe der Schlußleuchten angebracht oder damit

zusammengebaut sind, müssen stärker als diese leuchten. Bremsleuchten dürfen höchstens 300 mm (unterer Rand der Lichtaustrittsfläche) oberhalb der Höhe der Schlußleuchten (oberer Rand der Lichtaustrittsfläche) und höchstens 1550 mm (oberer Rand der Lichtsautrittsfläche) über der Fahrbahn angebracht sein; die Bremsleuchten von Fahrzeugen des Straßendienstes der öffentlichen Verwaltungen dürfen höher als 1550 mm über der Fahrbahn liegen. Werden an Mehrspurfahrzeugen Bremsleuchten verwendet, die mit Blinkleuchten in einem Gerät vereinigt sind, genügt es, wenn bei gleichzeitigem Bremsen und Einschalten einer Blinkleuchte nur eine der beiden Bremsleuchten brennt.

(3) Beim Mitführen von Anhängern müssen die Schluß- und Bremsleuchten, soweit sie für das ziehende Kraftfahrzeug vorgeschrieben sind, auch am Ende des Zuges angebracht sein; jedoch müssen mehrspurige Anhänger mit Schlußleuchten ausgerüstet sein, wie sie für mehrspurige Kraftfahrzeuge vorgeschrieben sind. Die Vorschriften der Absätze 1 und 2 sind entsprechend anzuwenden.

(4) Kraftfahrzeuge müssen an der Rückseite mit zwei roten Rückstrahlern ausgerüstet sein. Die wirksame Fläche jedes Rückstrahlers muß mindestens 20 cm^2 betragen. Anhänger müssen mit zwei dreieckigen roten Rückstrahlern ausgerüstet sein; die Seitenlänge solcher Rückstrahler muß mindestens 150 mm betragen, die Spitze des Dreiecks muß nach oben zeigen. Rückstrahler dürfen nicht mehr als 400 mm (äußerer Rand) von der breitesten Stelle des Fahrzeugumrisses entfernt und höchstens 700 mm (untere Rand) über der Fahrbahn angebracht sein. Krafträder ohne Beiwagen brauchen nur mit einem Rückstrahler ausgerüstet zu sein. An den hinter Kraftfahrzeugen mitgeführten Schneeräumgeräten mit einer Breite von mehr als 3 m muß in der Mitte zwischen den beiden anderen Rückstrahlern ein zusätzlicher dreieckiger Rückstrahler angebracht sein. Dreieckige Rückstrahler sind an Kraftfahrzeugen nicht zulässig.

(5) Schlußleuchten, Bremsleuchten und Rückstrahler müssen möglichst am äußersten Ende des Fahrzeugs angebracht sein. Ist dies wegen der Bauart des Fahrzeugs nicht möglich, und beträgt der Abstand des äußersten Endes des Fahrzeugs von den zur Längsachse des Fahrzeugs senkrecht liegenden Ebenen, an denen sich die Schlußleuchten oder die Rückstrahler befinden, mehr als 1000 mm, so muß je eine der genannten Einrichtungen zusätzlich möglichst weit hinten und möglichst in der nach den Absätzen 1, 2 und 4 vorgeschriebenen Höhe etwa in der Mittellinie der Fahrzeugspur angebracht sein. Nach hinten hinausragende fahrbare Anhängeleitern, Förderbänder und Kräne sind außerdem am Tage wie eine Ladung nach § 19 Abs. 3 der Straßenverkehrs-Ordnung kenntlich zu machen.

(6) Die Absätze 1 und 2 gelten nicht für einachsige Zug- oder Arbeitsmaschinen. Sind einachsige Zug- oder Arbeitsmaschinen mit einem Anhänger verbunden, so müssen — abgesehen von den Fällen des Absatzes 7 — an der Rückseite des Anhängers die für Kraftfahrzeuge vorgeschriebenen Schlußleuchten angebracht sein. An einspurigen Anhängern hinter einachsigen Zug- oder Arbeitsmaschinen und hinter Krafträdern — auch mit Beiwagen — genügen für die rückwärtige Sicherung eine Schlußleuchte und ein dreieckiger Rückstrahler.

(7) § 24 der Straßenverkehrs-Ordnung gilt entsprechend für die rückwärtige Sicherung von

1. land- oder forstwirtschaftlichen Arbeitsgeräten, die hinter Kraftfahrzeugen mitgeführt werden und nur im Fahren eine ihrem Zweck entsprechende Arbeit leisten können,

2. eisenbereiften Anhängern, die nur für land- oder forstwirtschaftliche Zwecke verwendet werden.

1. Die Vorschrift wurde neu gefaßt durch die VO v. 7. 7. 60, BGBl. I, 485. Die DA wurde durch Art. 10 der letztgenannten VO förmlich aufgehoben (Abs. 4 der DA war schon seit dem 1. 9. 53 durch Abs. 7 des § 53 ersetzt worden, BayObLG, 15. 11. 60, 2 St 515/60). Inkrafttreten siehe Randbem. 11. 1

In der Überschrift wurde das Wort „Sicherungsleuchten" gestrichen, weil der bisherige Abs. 5, der diese zum Gegenstand hatte, gestrichen und in § 53a übernommen wurde. 2

2. Die Einfügungen „unterer Rand" und „oberer Rand" stellen klar, wie die Abstände der Leuchten zu messen sind. Neu eingefügt ist der Satz in Abs. 1. Hiernach können Kraftomnibusse zwei zusätzliche, höher liegende (als nach Satz 1 vorgeschrieben) Schlußleuchten haben. Nach der amtlichen Begründung (VerkBl. 60, 470) trägt dies dem Umstand Rechnung, daß an Haltestellen die üblichen Schlußleuchten gelegentlich durch Personen verdeckt sein können. Die Vorschrift ist auch auf Omnibusanhänger anwendbar (§ 61). Ausnahmen von der Höhe der Schlußleuchten sind für Fahrzeuge des Straßendienstes nach Abs. 1 letzter Satz allgemein gestattet, sie sind nicht mehr auf Fahrzeuge des Straßenwinterdienstes beschränkt. Als Fahrzeuge des Straßendienstes sind solche anzusehen, die ausschließlich von der zuständigen Verwaltungsbehörde zum Straßendienst bestimmt sind und zu anderen Zwecken nicht verwendet werden. Zusätzliche Schlußleuchten für orangfarbenes Licht sind nicht mehr zulässig (vgl. auch § 52 Abs. 4). 3

3. In **Abs. 2** Satz wurde das Wort „orangfarbenes" durch „gelbes" ersetzt. Dies bedeutet nach der amtlichen Begründung (VerkBl. 60, 470) keine sachliche Änderung, weil die bisherigen orangefarbenen Bremsleuchten in dem international vereinbarten Gelbbereich liegen. Künftig ist eine Bremsleuchte nicht mehr ausreichend, soweit es sich um mehrspurige Fahrzeuge handelt und diese nach dem 1. 7. 61 erstmals in den Verkehr kommen (§ 72 StVZO). Abstände sind nach Satz 4 zu messen. 4

Nach der amtlichen Begründung hat sich ein Bedürfnis, Krafträder mit Bremsleuchten auszurüsten nicht ergeben, jedoch ist eine zulässig. 5

4. In **Satz 4 des Abs. 4** ist klargestellt wie die Abstände der Rückstrahler zu messen sind. Die Heraufsetzung der Anbringungshöhe entspricht nach der amtlichen Begründung VerkBl. 60, 470) den Erfordernissen der Praxis. Schon bisher konnte das Kraftfahrt-Bundesamt Ausnahmen von der Anbringungshöhe genehmigen (vgl. amtliche Begründung a. a. O.). 6

5. Durch die Änderung des **Satz 1 in Abs. 6** müssen künftig an einachsigen Zug- oder Arbeitsmaschinen Rückstrahler vorhanden sein. Werden solche Fahrzeuge mit einem Anhänger verbunden (Ausnahmen siehe Abs. 7), so sind an den Anhängern nicht nur dreieckige Rückstrahler nach Abs. 4 anzubringen (so die amtliche Begründung), sondern auch nach der ausdrücklichen Bestimmung des Abs. 6 auch mit Schlußleuchten nach Abs. 1 zu versehen. An einspurigen Anhängern hinter einachsigen Zug- oder Arbeitsmaschinen und hinter Krafträdern genügt eine Schlußleuchte und ein dreieckiger Rückstrahler. 7

6. Die Änderungen in **Abs. 7** dienen nur der **Klarstellung** (so auch amtl. Begründunga. a. O.). 8

7. **Kleinkrafträder** gelten im Sinne dieser Vorschrift als Krafträder. 9

8. Von den **Anmerkungen der 21. Aufl.** sind zu streichen: Nr. 1, 2. Zeile (Hinweis auf die Fahrräder mit Hilfsmotor), 10

die Nr. 5a, 5b,
in Nr. 12 Buchstabe a (Hinweis auf die DA),
in Nr. 16 Hinweis auf Fahrrad mit Hilfsmotor,
in Nr. 18a die Absätze 2 und 3,
die Nr. 18b bis 24 ganz.

Die übrigen Anmerkungen können weiter verwertet werden.

9. Die Neufassung trat allgemein **in Kraft** am 1. 8. 60 (Art. 10 d. VO v. 7. 7. 60). In § 72 StVZO ist die Geltung und das Inkrafttreten abweichend geregelt: 11

Abs. 2 Satz 1, nämlich das Erfordernis zweier Bremsleuchten, gilt nicht für Fahrzeuge, die vor dem 1. 7. 61 erstmals in den Verkehr gekommen sind.

Bei Fahrrädern mit Hilfsmotor, die vor dem 1. 7. 61 erstmals in den Verkehr gekommen sind, darf die wirksame Fläche des Rückstrahlers kleiner als 20 cm^2 sein (Abs. 4 Satz 2).

Im übrigen ist das Inkrafttreten für Abs. 4 Satz 1 und Satz 3 und für Abs. 5 Sätze 1 und 2 in § 72 besonders bestimmt.

§ 53a Warneinrichtungen zur Sicherung haltender Fahrzeuge

(1) In oder an Kraftfahrzeugen mit einem zulässigen Gesamtgewicht von mehr als 2,5 t müssen zwei von der Lichtanlage des Fahrzeugs unabhängige, tragbare Sicherungsleuchten für gelbes oder rotes Dauerlicht oder gelbes Blinklicht oder zwei Fackeln oder diesen ähnliche Beleuchtungseinrichtungen mit ausreichender Brenndauer oder rückstrahlende Warneinrichtungen in betriebsbereitem Zustand mitgeführt werden, die zur Kenntlichmachung des Fahrzeugs auf ausreichende Entfernung bestimmt sind.

(2) An der Rückseite von Kraftfahrzeugen und Anhängern vorhandene Bremsleuchten für gelbes Licht (§ 53 Abs. 2) oder Blinkleuchten für gelbes Licht (§ 54) dürfen so geschaltet sein, daß bei haltendem Fahrzeug abwechselnd an der linken und an der rechten Seite eine der beiden Leuchten aufleuchtet (Springlicht). Für diesen Zweck dürfen zwei zusätzliche Leuchten für gelbes Licht angebracht sein, wenn Bremsleuchten für gelbes Licht oder Blinkleuchten für gelbes Licht nicht vorhanden sind. Es muß gewährleistet sein, daß das Springlicht während der Fahrt nicht eingeschaltet sein kann.

1 **1.** Die Vorschrift wurde eingefügt durch die VO v. 7. 7. 60, BGBl. I, 485.

2 **2. Abs. 1** stimmt inhaltlich mit Abs. 5 des § 53 a. F. überein. Es handelt sich lediglich um redaktionelle Änderungen. Die Anm. Nr. 20 bis 24 zu § 53 der 21. Aufl. können hier weiter verwertet werden.

3 **3. Abs. 2** führt das sog. Springlicht ein. Nach der amtlichen Begründung (VerkBl. 60, 470) soll es durch seine Auffälligkeit die Auffahrunfälle vermindern. Es wurde aber bisher nur zugelassen und nicht vorgeschrieben, weil noch weitere Erfahrungen gesammelt werden müssen.

4 **4. Inkrafttreten** am 1. 8. 60 (Art. 10 d. VO v. 7. 7. 60), im Saarland am 1. 1. 61 (§ 72 StVZO).

§ 54 Fahrtrichtungsanzeiger

(1) Kraftfahrzeuge und ihre Anhänger müssen mit Fahrtrichtungsanzeigern ausgerüstet sein, die so angebracht und beschaffen sein müssen, daß die Anzeige der beabsichtigten Richtungsänderung unter allen Beleuchtungs- und Betriebsverhältnissen von anderen Verkehrsteilnehmern, für die ihre Erkennbarkeit von Bedeutung ist, deutlich wahrgenommen werden kann.

(2) Sind Fahrtrichtungsanzeiger nicht im Blickfeld des Führers angebracht, so muß ihre Wirksamkeit dem Führer sinnfällig angezeigt werden; dies gilt nicht für Fahrtrichtungsanzeiger an Krafträdern. Fahrtrichtungsanzeiger dürfen die Sicht des Fahrzeugführers nicht behindern.

(3) Als Fahrtrichtungsanzeiger sind zulässig

1. an der Vorderseite
Blinkleuchten für gelbes Licht,

2. an der Rückseite
- **a) Blinkleuchten für gelbes Licht oder**
- **b) Blinkleuchten für rotes Licht,**

3. an den beiden Längsseiten
- **a) Blinkleuchten für gelbes Licht oder**
- **b) Winker für gelbes Blinklicht oder**
- **c) Pendelwinker für gelbes Dauerlicht.**

(4) Erforderlich sind

1. an mehrspurigen Kraftfahrzeugen
paarweise angebrachte Blinkleuchten an der Vorderseite und an der Rückseite. Statt der Blinkleuchten an der Vorderseite dürfen Fahrtrichtungsanzeiger am vorderen Teil der beiden Längsseiten angebracht sein. An Fahrzeugen mit einer Länge von nicht mehr als 4 m und einer Breite von nicht mehr als 1,60 m genügen Fahrtrichtungsanzeiger an den beiden Längsseiten. An Fahrzeugen, bei denen der Abstand zwischen den einander zugekehrten äußeren Rändern der Lichtaustrittsflächen der Blinkleuchten an der Vorderseite und an der Rückseite mehr als 6 m beträgt, müssen zusätzliche Fahrtrichtungsanzeiger an den beiden Längsseiten angebracht sein.

2. an Krafträdern

a) paarweise angebrachte Blinkleuchten an der Vorderseite und an der Rückseite. Der Abstand des inneren Randes der Lichtaustrittsfläche der Blinkleuchten muß von der durch die Längsachse des Kraftrades verlaufenden senkrechten Ebene bei den an der Rückseite angebrachten Blinkleuchten mindestens 120 mm, bei den an der Vorderseite angebrachten Blinkleuchten mindestens 170 mm und vom Rand der Lichtaustrittsfläche des Scheinwerfers mindestens 100 mm betragen oder

b) Blinkleuchten an den beiden Längsseiten. Der Abstand des inneren Randes der Lichtaustrittsfläche der Blinkleuchten von der durch die Längsachse des Kraftrades verlaufenden senkrechten Ebene muß mindestens 280 mm betragen.

Der untere Rand der Lichtaustrittsfläche von Blinkleuchten an Krafträdern muß mindestens 350 mm über der Fahrbahn liegen. Wird ein Beiwagen mitgeführt, so müssen die für die betreffende Seite vorgesehenen Blinkleuchten an der Außenseite des Beiwagens angebracht sein.

3. an Anhängern
paarweise angebrachte Blinkleuchten an der Rückseite.

(5) Fahrtrichtungsanzeiger sind nicht erforderlich an offenen Elektrokarren, einachsigen Zugmaschinen, einachsigen Arbeitsmaschinen, offenen Krankenfahrstühlen, Kleinkrafträdern sowie an folgenden Arten von Anhängern:
eisenbereiften Anhängern, die nur für land- oder forstwirtschaftliche Zwecke verwendet werden,
land- oder forstwirtschaftlichen Arbeitsgeräten,
einachsigen Anhängern hinter Krafträdern.

(6) Fahrtrichtungsanzeiger an Fahrzeugen, für die sie nicht vorgeschrieben sind, müssen den vorstehenden Vorschriften entsprechen.

1. Die Vorschrift wurde neu gefaßt durch die VO v. 7. 7. 60, BGBl. I, 485. Die DA wurde durch Art. 10 der letztgenannten VO aufgehoben. Inkrafttreten siehe Randbem. 10. 1

2. Die Neufassung des § 54 ist wesentlich übersichtlicher als die bisherige Bestimmung. Abs. 1 war bisher Abs. 2, Abs. 2 bisher ein Teil des Abs. 3. 2

3. In **Abs. 3** werden die nunmehr allein zulässigen Fahrtrichtungsanzeiger aufgezählt. 3
Mit Ausnahme der Rückseite, wo rotes Licht für Blinkleuchten zulässig ist, ist für alle anderen Blinkleuchten oder Winker gelbes Licht vorgeschrieben. Das bisher zulässige und orangefarbenes Licht bleibt insoweit weiter zulässig, weil es in dem international vereinbarten

Gelbbereich liegt. Insoweit trat also eine sachliche Änderung nicht ein. Blinkleuchten mit weißem Licht oder Winker mit Dauerlicht, mit Ausnahme von Pendelwinkern, sind nicht mehr gestattet.

4 **4.** Nach **Abs. 4 Nr. 1** müssen Kraftfahrzeuge bis zu 4 m Länge und 1,60 m Breite Fahrtrichtungsanzeiger an den beiden Längsseiten haben, über 4 m bis einschließlich 6 m Blinkleuchte an der Vorderseite oder Fahrtrichtungsanzeiger am vorderen Teil der Längsseiten und Blinkleuchte an der Rückseite, und bei Fahrzeugen über 6 m Länge Blinkleuchten vorn und hinten und zusätzlich Fahrtrichtungsanzeiger an den beiden Längsseiten.

5 **5.** Neu ist das Erfordernis von **Fahrtrichtungsanzeigern für Krafträder.** Der Zweck der Bestimmung ist, daß der Kraftradfahrer bei Anzeige der Richtungsänderung beide Hände an der Lankstange lassen kann. Abs. 4 Nr. 2 gilt aber nicht für Kleinkrafträder (Krafträder von nicht mehr als 50 cm^3, § 67a).

6 **6. Abs. 4 Nr. 3** entspricht etwa dem bisherigen Abs. 1a Satz 1 mit der Maßgabe, die sich aus Abs. 3 Nr. 2 der Neufassung ergibt. Wegen Fahrtrichtungsanzeigern an Anhängern vgl. auch VerkBl. 61, 46.

7 **7.** Der Kreis der Fahrzeuge, bei denen ein Fahrtrichtungsanzeiger nicht erforderlich ist, wurde durch die Neufassung des **Abs. 5,** der etwa dem bisherigen Abs. 4 entspricht, wesentlich verringert, was im Interesse der Verkehrssicherheit liegt.

8 **8.** Der **Abs. 6** entspricht dem bisherigen Abs. 5 Satz 1.

9 **9.** Von den **Anmerkungen der 21. Aufl.** sind zu streichen die Nr. 8, 9a und 15a. In Nr. 1 Zeile 1 ist zu streichen „grundsätzlich (aber Abs. 2) nicht für Anhänger" in Nr. 10a Zeile 3 muß es an Stelle von Abs. 4 nunmehr „Abs. 5" heißen. Die Anm. 20 trifft jetzt auf Abs. 6 zu. Im übrigen sind die Anmerkungen noch weiter verwertbar.

10 **10.** Die Vorschrift trat allgemein am 1. 8. 60 **in Kraft** (Art. 10 d. VO v. 7. 7. 60), jedoch enthält § 72 StVZO abweichende Bestimmungen.

§ 54a Innenbeleuchtung in Kraftomnibussen

Kraftomnibusse müssen eine elektrische Innenbeleuchtung haben. Durch die Innenbeleuchtung darf die Sicht des Führers nicht beeinträchtigt werden.

1 **1.** Die Vorschrift wurde eingefügt durch die VO v. 7. 7. 60, BGBl. I, 485.

2 **2.** Sie wurde aus § 39 Abs. 1 und 2 BOKraft übernommen.
Die **Anmerkung zu § 39 BOKraft** a. F. der 21. Aufl. ist weiter verwertbar.

3 **3.** Die Vorschrift gilt für die der gewerbsmäßigen Personenbeförderung dienenden Kraftomnibusse. Für die anderen Kraftomnibusse trat sie am 1. 10. 60 **in Kraft** (§ 72 StVZO).

§ 54b Windsichere Handlampe

In Kraftomnibussen muß außer den nach § 53a Abs. 1 erforderlichen Warneinrichtungen eine von der Lichtanlage des Fahrzeugs unabhängige windsichere Handlampe mitgeführt werden.

1 **1.** Die Vorschrift wurde durch die VO v. 7. 7. 60, BGB.l I, 485, in die StVZO eingefügt. Der Wortlaut entspricht etwa dem § 39/III BOKraft a. F., wurde jedoch nicht unwesentlich erweitert.

2 **2.** Die **Anmerkung zu § 39 BOKraft** a. F. der 21. Aufl. kann weiter verwertet werden.

3 **3.** § 54b gilt für die der gewerbsmäßigen Personenbeförderung dienenden Kraftomnibusse und trat für die anderen Kraftomnibusse am 1. 10. 60 **in Kraft.**

§ 55 Vorrichtungen für Schallzeichen

(1) Kraftfahrzeuge müssen eine Vorrichtung für Schallzeichen haben, deren Klang gefährdete Verkehrsteilnehmer auf das Herannahen eines Kraftfahrzeugs aufmerksam macht, ohne sie zu erschrecken und andere mehr als unvermeidbar zu belästigen.

(2) Als Vorrichtungen für Schallzeichen dürfen Hupen und Hörner angebracht sein, die einen in seiner Tonhöhe gleichbleibenden Klang (auch harmonischen Akkord) erzeugen, der frei von Nebengeräuschen ist. Die Lautstärke darf in 7 m Entfernung von dem Anbringungsort der Schallquelle am Fahrzeug und in einem Höhenbereich von 500 mm bis 1500 mm über der Fahrbahn an keiner Stelle 104 DIN-phon übersteigen. Die Messungen sind auf einem freien Platz mit möglichst glatter Oberfläche bei Windstille durchzuführen; Hindernisse (Bäume, Sträucher u. a.), die durch Widerhall oder Dämpfung stören können, müssen von der Schallquelle mindestens doppelt so weit entfernt sein wie der Schallempfänger.

(3) Andere als die in den Absätzen 2 und 4 beschriebenen Vorrichtungen für Schallzeichen sowie Sirenen dürfen an Kraftfahrzeugen nicht angebracht sein.

(4) Eine Warnvorrichtung mit einer Folge verschieden hoher Töne muß an Fahrzeugen angebracht werden, die auf Grund des § 52 Abs. 3 Kennleuchten führen. Warnvorrichtungen mit einer Folge verschieden hoher Töne dürfen nur an diesen Fahrzeugen geführt werden.

(5) Bei Kraftomnibussen der Deutschen Bundespost dürfen Zweiklanghupen mit der Tonfolge der Postquinte verwendet werden.

(6) Absatz 1 gilt nicht für eisenbereifte Kraftfahrzeuge mit einer durch die Bauart bestimmten Höchstgeschwindigkeit von nicht mehr als 8 km je Stunde und für einachsige Zug- oder Arbeitsmaschinen, die von Fußgängern an Holmen geführt werden.

1. Die Vorschrift wurde durch die VO v. 7. 7. 60, BGBl. I, 485 in Abs. 2 und 3 geändert. 1
In Abs. 4 wurde der letzte Satz gestrichen. Die Neufassung ist **in Kraft** seit 1. 8. 60 (Art. 10 d. VO v. 7. 7. 60). Abs. 3 trat in Kraft am 1. 1. 61 (§ 72 StVZO). Die DA wurde durch Art. 10 (a. a. O.) aufgehoben.

2. Bisher waren in Abs. 2 nur Beispiele für Schallzeichen angeführt. Nunmehr ist klargestellt, 2
daß als Schallzeichen an Kraftfahrzeugen nur Hupen und Hörner angebracht sein dürfen. Der Satz 2 des Abs. 2 ist durch die Worte „von dem Anbringungsort der Schallquelle am Fahrzeug" ergänzt worden. Außerdem wurde der Höhenbereich für die Lautstärkemessung festgelegt.

3. Nach der bisherigen Fassung des Abs. 3 durften außerorts Schallzeichen mit einer Laut- 3
stärke von mehr als 104 Phon verwendet werden. Dies ist nun nicht mehr gestattet. Die bisher zulässigen Glocken an Kraftfahrzeugen dürfen künftig nicht mehr angebracht werden. Da nunmehr Sirenen schon nach Abs. 3 verboten sind, konnte der letzte Satz des Abs. 4 gestrichen werden.

4. Von den **Anmerkungen der 21. Auflage** zu § 55 ist die Nr. 1 durch den Hinweis auf § 67a 4
Abs. 4 zu ergänzen. Die Nr. 3, 13, 14 bis 19 sind nicht mehr zu verwenden. Die übrigen Anmerkungen können weiter verwertet werden.

§ 55a Funkentstörung

Die Zündanlagen von Otto-Motoren in Kraftfahrzeugen müssen funkentstört sein.

Die Vorschrift wurde eingefügt durch die VO v. 7. 7. 60, BGBl. I, 485. Sie tritt **in Kraft** 1
für erstmals in den Verkehr kommende Kraftfahrzeuge 1. 10. 60 und am 1. 7. 61 für andere Kraftfahrzeuge.

Die Richtlinien über Funkentstörung v. 24. 2. 41 (RVerkBl. 41 B, 32) sind durch die Ver- 2
öffentlichung v. 5. 7. 49 (VerkBl. 49, 92) aufgehoben worden. Da durch nichtentstörte Otto-Motore insbesondere der UKW-Empfang empfindlich gestört sein kann, waren nach der amtlichen Begründung (VerkBl. 60, 471) Maßnahmen dagegen erforderlich. Mit den Herstellerfirmen waren Absprachen getroffen worden, wonach die seit dem 1. 7. 58 erstmals in den Verkehr kommenden Fahrzeuge bereits serienmäßig mit Störschutz versehen sein sollten. Die Mindestforderungen an den Störschutz sind in VDE 0879 „Regeln für die Funk-Entstörung der

Hochspannungs-Zündanlagen von Otto-Motoren" enthalten. Seitens der Herstellerfirmen wird hiernach bereits verfahren (VerkBl. 58, 431). Die mit einem Radiogerät ausgestatteten Kraftfahrzeuge sind bereits funkentstört.

3 § 55a ist auch auf Fahrräder mit Hilfsmotor anzuwenden, was sich aus § 67a Abs. 4 Satz 1 ergibt.

§ 56 Rückspiegel

(1) Kraftfahrzeuge müssen Rückspiegel haben, die so beschaffen und angebracht sind, daß der Führer des Fahrzeugs nach rückwärts alle für ihn wesentlichen Verkehrsvorgänge beobachten kann. Es sind erforderlich

1. ein Innenspiegel und ein Außenspiegel bei allen Kraftfahrzeugen außer bei den unter den Nummern 2 und 3 aufgeführten,

2. zwei Außenspiegel an Kraftfahrzeugen, bei denen die Beobachtung der Fahrbahn nach rückwärts durch Innenspiegel nicht oder nur bei unbeladenem Fahrzeug möglich ist,

3. ein Rückspiegel bei

a) Krafträdern,'

b) anderen Zugmaschinen als Straßenzugmaschinen mit Führerhaus.

(2) Absatz 1 gilt nicht für einachsige Zugmaschinen und einachsige Arbeitsmaschinen sowie offene Elektrokarren und Kraftfahrzeuge mit offenem, auch nach rückwärts Ausblick bietendem Führersitz, wenn die durch die Bauart bestimmte Höchstgeschwindigkeit nicht mehr als 20 km/h beträgt.

1 **1.** Die Vorschrift wurde in Abs. 1 durch die VO v. 7. 7. 60, BGBl. I, 485, neu gefaßt. Abs. 2 blieb unverändert. Die DA wurde durch Art. 10 d. VO v. 7. 7. 60 aufgehoben.

Die Vorschrift ist **in Kraft** seit 1. 8. 60 (Art. 10). Übergangsvorschrift für Fahrräder mit Hilfsmotor und für Saarland siehe § 72.

2 **2.** In der Neufassung werden die Art und die Anzahl der einzelnen Rückspiegel für die einzelnen Fahrzeugarten festgelegt. Dies entspricht jedoch der bisher schon üblichen Praxis (vgl. VerkBl. 57, 182). Zu den Krafträdern in Abs. 1 Nr. 3 zählen auch die Fahrräder mit Hilfsmotor, es sei denn, deren Höchstgeschwindigkeit beträgt nicht mehr als 20 km/h (§ 67a Abs. 4). Straßenzugmaschinen sind nach der amtlichen Begründung (VerkBl. 60, 471) solche Zugmaschinen, nach deren Bauart die Verwendung im Straßenverkehr, nicht die Verwendung an Arbeitsstellen der überwiegende Zweck ist. Wegen der Rückspiegel vgl. auch § 66.

Es müssen stets zwei verwendbare Rückspiegel vorhanden sein. Wird ein Spiegel durch die Ladung wirkungslos, so ist Weiterfahrt Verstoß gegen § 7 Abs. 1 StVO, nicht gegen § 56 StVZO (Hamm, 20. 5. 58, DAR 59, 55; Hamm, 10. 12. 59, VRS 19, 69; Oldenburg, 13. 1. 59, VRS 16, 297).

3 **3.** Bei den **Anmerkungen der 21. Aufl.** sind zu streichen in Nr. 2 Abs. 2 der Satz 2, in Nr. 6 der Satz 3 und der Abs. 2 zu Nr. 10. Die übrigen Anmerkungen können weiter verwertet werden.

§ 57 Geschwindigkeitsmesser und Wegstreckenzähler

(1) Kraftfahrzeuge müssen mit einem im Blickfeld des Führers liegenden Geschwindigkeitsmesser, der mit einem Wegstreckenzähler verbunden sein kann, ausgerüstet sein; ausgenommen sind Kraftfahrzeuge mit einer durch die Bauart bestimmten Höchstgeschwindigkeit von nicht mehr als 20 km/h sowie mit Fahrtschreibern ausgerüstete Kraftfahrzeuge, wenn die Geschwindigkeitsskala des Fahrtschreibers im Blickfeld des Führers liegt.

(2) Die Anzeige der in Absatz 1 genannten Geräte darf vom Sollwert abweichen

1. bei Geschwindigkeitsmessern in den letzten beiden Dritteln des Anzeigebereichs — jedoch mindestens von der 50 km/h-Anzeige ab, wenn die letzten beiden Drittel des Anzeigebereichs oberhalb der 50 km/h-Anzeige

liegen — 0 bis plus 7 vom Hundert des Skalenendwerts; bei Geschwindigkeiten von 20 km/h und darüber darf die Anzeige den Sollwert nicht unterschreiten,

2. bei Wegstreckenzählern plus/minus 4 vom Hundert.

(3) Die Absätze 1 und 2 gelten nicht für Fahrzeuge mit den in § 36 Abs. 3 für zulässig erklärten Gummireifen.

1 Die Vorschrift wurde mit Ausnahme des Abs. 3 durch die VO v. 7. 7. 60, BGBl. I, 485 geändert. Sie trat **in Kraft** am 1. 8. 60 (Art. 10). Abweichende Bestimmungen über das Inkrafttreten enthält § 72 StVZO. Die DA wurde durch Art. 10 d. VO v. 7. 7. 60 aufgehoben.

2. In der Neufassung wurde an Stelle des Wortes „Kilometerzähler" das der Eichordnung angepaßte Wort" Wegstreckenzähler" gesetzt. Eine sachliche Änderung ist insoweit nicht eingetreten.

3. Künftig ist ein Geschwindigkeitsmesser und ein Wegstreckenzähler an allen Kraftfahrzeugen erforderlich, die mit einer höheren Geschwindigkeit als 20 km/h fahren können. Die Aufhebung der Befreiung für die anderen bisher befreiten Kraftfahrzeuge ergab sich vor allem aus der Geschwindigkeitsbegrenzung innerhalb geschlossener Ortschaften und sonstigen Geschwindigkeitsbegrenzungen, da eine annähernd richtige Schätzung der Geschwindigkeit auch bei langjähriger Fahrpraxis nicht möglich ist (vgl. auch amtliche Begründung in VerkBl. 60, 471).

4. In Abs. 2 ist klarer als bisher bestimmt, wie und wann eine Abweichung vom Sollwert zulässig ist.

5. In den **Anmerkungen der 21. Aufl.** sind bei Nr. 1 die 1. Zeile und in der letzten Zeile die Worte nach dem Gedankenstrich zu streichen. Weiterhin ist nunmehr unbeachtlich in Anm. 2 die Erläuterung unter Buchstabe a. Die übrigen Anmerkungen können unbegrenzt verwertet werden.

§ 57a Fahrtschreiber

(1) Mit einem eichfähigen Fahrtschreiber sind auszurüsten

1. Kraftfahrzeuge mit einem zulässigen Gesamtgewicht von 7,5 t und darüber,

2. Zugmaschinen mit einer Motorleistung von 55 PS und darüber,

3. zur Beförderung von Personen bestimmte Kraftfahrzeuge mit mehr als 8 Fahrgastplätzen.

Dies gilt nicht für Kraftfahrzeuge mit einer durch die Bauart bestimmten Höchstgeschwindigkeit von nicht mehr als 40 km/h, ferner nicht für Kraftfahrzeuge der Bundeswehr, es sei denn, daß es sich um Kraftfahrzeuge der Bundeswehrverwaltung oder um Kraftomnibusse handelt.

(2) Der Fahrtschreiber muß vom Beginn bis zum Ende jeder Fahrt ununterbrochen in Betrieb sein und auch die Haltezeiten aufzeichnen. Die Schaublätter — bei mehreren miteinander verbundenen Schaublättern (Schaublattbündel) das erste Blatt — sind vor Antritt der Fahrt mit dem Namen der Führer sowie dem Ausgangspunkt und Datum der ersten Fahrt zu bezeichnen; ferner ist der Stand des Wegstreckenzählers am Beginn und am Ende der Fahrt oder beim Einlegen und bei der Entnahme des Schaublatts vom Kraftfahrzeughalter oder dessen Beauftragten einzutragen. Es dürfen nur Schaublätter mit Prüfzeichen verwendet werden, die für den verwendeten Fahrtschreibertyp zugeteilt sind. Die Schaublätter sind zuständigen Personen auf Verlangen jederzeit vorzulegen; der Kraftfahrzeughalter hat sie ein Jahr lang aufzubewahren. Auf jeder Fahrt muß mindeestens ein Ersatzschaublatt mitgeführt werden.

(3) Weitergehende Anforderungen in Sondervorschriften bleiben unberührt.

1 1. Durch die VO v. 7. 7. 60, BGBl. I, 485 wurde die Vorschrift in Abs. 1 und 2 geändert. Die Vorschrift trat in ihrer Neufassung **in Kraft** am 1. 8. 60 (Art. 10). Das hiervon abweichende Inkrafttreten bestimmt für einzelne Fahrzeuge, für das Saarland und für Abs. 2 Satz 2 der § 72 StVZO.

2 2. Durch die Neufassung wurde der Zwang zur Mitführung eines Fahrtschreibers auf alle Kfz über 7,5 t Gesamtgewicht (bisher nur Güterbeförderung) und auf Kfz zur Personenbeförderung mit mehr als 8 Fahrgastplätzen (bisher 14) ausgedehnt (Abs. 1). Nach der amtlichen Begründung (VerkBl. 60, 472) lag dies im Interesse der Verkehrssicherheit, da nicht der Verwendungszweck als Gradmesser für die Verkehrsgefährdung anzusehen ist, sondern die kinetische Energie, die durch die Größe der bewegten Masse und ihre Geschwindigkeit bestimmt ist. Außerdem soll die erzieherische Wirkung des Fahrtschreibers unfallverhütend sein. Bei den Kraftomnibussen im Linienverkehr können durch die Fahrtschreiber die Möglichkeiten ausgeschaltet werden, daß durch erhöhte Fahrgeschwindigkeit Verspätungen ausgeglichen werden. Auch bei einer Versuchsfahrt ohne Fahrgäste muß ein Kraftomnibus mit einem betriebsfähigen Fahrtschreiber ausgerüstet sein (BayObLG, 29. 11. 60, 2 St 549/60).

Unter dem Begriff **Fahrgastplätze** sind Sitz- und Stehplätze zu verstehen. (vgl. § 22, 23 BOKraft).

3 3. Die Freistellung der Fahrzeuge der Bundeswehr von der Ausrüstungspflicht mit Fahrtschreibern beruht auf dem Grundgedanken, daß diese Fahrzeuge meist im Rahmen eines Verbandes fahren und die Kraftfahrer der Bundeswehr einer besonderen Überwachung unterliegen.

4 4. Die Neufassung des Abs. 2 beinhaltet im wesentlichen als Änderung das bereits in der Praxis übliche Verfahren (vgl. VerkBl. 55, 212). Die Mitführung eines Ersatzschreibblattes wurde deshalb vorgeschrieben, weil es möglich sein kann, daß das im Fahrtschreiber befindliche Blatt aus Beweisgründen sichergestellt werden muß.

5 5. Das Schaublatt unterliegt der Bauartgenehmigung als Teil des Fahrtschreibers (OVG Lüneburg, 7. 8. 58, DAR 59, 83). Das Schaublatt ist keine Urkunde (Stuttgart, 17. 4. 59, VerkMitt. 60, 4 Nr. 8; Hamm, 8. 5. 59, VRS 17, 211.

6 6. Von den **Anmerkungen der 21. Aufl.** zu § 57a ist nicht gegenstandslos die Nr. 2. In Nr. 1 und Nr. 8a ist jeweils der Hinweis auf § 30 BOKraft zu streichen. Die übrigen Anmerkungen können nach wie vor im vollen Umfang ausgewertet werden.

§ 58 Geschwindigkeitsschilder

(1) Kraftfahrzeuge, die nicht an allen Rädern luftbereift sind — mit Ausnahme der in § 36 Abs. 5 letzter Halbsatz bezeichneten Gleiskettenfahrzeuge — und ebensolche Anhänger sowie Anhänger mit einer eigenen mittleren Bremsverzögerung von weniger als 2,5 m/sek^2 müssen an beiden Seiten und an der Rückseite ein kreisrundes, weißes Schild mit einem Durchmesser von 200 mm führen, das nicht verdeckt sein darf. Auf diesem Schild muß angegeben sein, mit welcher Höchstgeschwindigkeit das Fahrzeug fahren darf (z. B. 25 km). In der Aufschrift müssen betragen

	Buchstabenhöhe	**Strichstärke**
der Ziffer:	**75 mm**	**12 mm**
des „k“ :	**35 mm**	**6 mm**
des „m“ :	**24 mm**	**5 mm**

(2) Absatz 1 gilt nicht für eisenbereifte Kraftfahrzeuge und Anhänger, für land- oder forstwirtschaftliche Arbeitsgeräte, die hinter Kraftfahrzeugen mitgeführt werden, sowie für Kraftfahrzeuge, die infolge ihrer Bauart die für sie zulässige Höchstgeschwindigkeit nicht überschreiten können.

1 1. Die Vorschrift wurde geändert durch die VO v. 7. 7. 60, BGBl. I, 485. An der Rückseite der genannten Fahrzeuge müssen ab 1. 10. 60 Geschwindigkeitsschilder angebracht sein (§ 72 StVZO). Die DA wurde durch Art. 10 der VO aufgehoben.

2. Die amtliche Begründung führt aus, daß die Anbringung der Geschwindigkeitsschilder an der Rückseite die Überwachung der Einhaltung der Geschwindigkeitsgrenze erleichtern soll und es den nachfolgenden Fahrern dadurch ermöglicht wird, sich auf das Fahrverhalten entsprechend einzustellen (VerkBl. 60, 472). 2

Durch die Einfügung der Worte in Abs. 2 „land- oder forstwirtschaftliche Arbeitsgeräte, die hinter Kraftfahrzeugen mitgeführt werden" wurde die DA in den Text des § 58 aufgenommen. Aus diesem Grund konnte sie aufgehoben werden. 3

3. Die **Anmerkungen der 21. Aufl.** können weiter verwertet werden. 4

§ 59 Fabrikschilder und Fabriknummern der Fahrgestelle

(1) An allen Kraftfahrzeugen und Anhängern muß an zugänglicher Stelle am vorderen Teil der rechten Seite gut lesbar und dauerhaft ein Fabrikschild mit folgenden Angaben angebracht sein:

1. **Hersteller des Fahrzeugs,**
2. **Fahrzeugtyp,**
3. **Baujahr (nicht bei zulassungspflichtigen Fahrzeugen),**
4. **Fabriknummer des Fahrgestells,**
5. **zulässiges Gesamtgewicht,**
6. **zulässige Achslasten (nicht bei Krafträdern).**

Dies gilt nicht für die in § 53 Abs. 7 bezeichneten Anhänger.

(2) Die Fabriknummer des Fahrgestells muß außerdem an zugänglicher Stelle am vorderen Teil der rechten Seite des Fahrzeugs gut lesbar am Rahmen oder an einem ihn ersetzenden Teil eingeschlagen oder auf einem angenieteten Schild oder in anderer Weise dauerhaft angebracht sein. Wird nach dem Austausch des Rahmens oder des ihn ersetzenden Teils der ausgebaute Rahmen oder Teil wieder verwendet, so ist

1. **die eingeschlagene Fabriknummer dauerhaft so zu durchkreuzen, daß sie lesbar bleibt,**
2. **die Fahrgestellnummer des Fahrzeugs, an dem der Rahmen oder Teil wieder verwendet wird, neben der durchkreuzten Nummer anzubringen und**
3. **die durchkreuzte Nummer der Zulassungsstelle zum Vermerk auf dem Brief und der Karteikarte des Fahrzeugs zu melden, an dem der Rahmen oder Teil wieder verwendet wird.**

(3) Ist eine Fabriknummer des Fahrgestells nicht vorhanden oder läßt sie sich nicht mit Sicherheit feststellen, so kann die Zulassungsstelle eine Nummer zuteilen. Absatz 2 gilt für diese Nummer entsprechend.

1. Die Vorschrift wurde durch die VO v. 7. 7. 60, BGBl. I, 485, geändert. Die Vorschrift gilt für Fahrzeuge, die nach dem 1. 4. 52 erstmals in den Verkehr gekommen sind. Übergangsbestimmungen siehe § 72 StVZO. Vorschrift gilt nicht für Mopeds die vor dem 1. 1. 57 in den Verkehr gekommen sind (§ 72 StVZO). 1

Die DA wurde durch Art. 10 der VO aufgehoben.

2. Nach Abs. 1 Buchst. a braucht künftig das Baujahr bei zulassungspflichtigen Fahrzeugen nicht mehr angegeben sein. Die amtliche Begründung (VerkBl. 60, 472) führt hierzu aus, daß die jahreszeitlich bedingten Schwankungen im Absatz der Kraftfahrzeuge die Hersteller zwingt, bereits im Spätsommer oder Herbst mit den Vorbereitungen für die Absatzsteigerung im folgenden Frühjahr zu beginnen. Der Zwang, an den für das folgende Jahr gebauten Fahrzeugen das abgelaufene Jahr als Baujahr anzugeben, gab zu Auseinandersetzungen mit den Käufern Anlaß. 2

3 Im Kraftfahrzeugschein muß nunmehr der Tag der ersten Zulassung angegeben werden. Deshalb konnte bei den zulassungspflichtigen Fahrzeugen auf die Angabe des Baujahres auf dem Fabrikschild verzichtet werden. Auf die Angabe des Baujahres im Fahrzeugbrief kann nach der amtlichen Begründung (a. a. O.) aus statistischen Gründen nicht verzichtet werden.

Als Baujahr gilt der Herstellungszeitraum vom 1. 10. bis zum 30. 9. des folgenden Jahres (siehe Verlautbarung des BVM v. 27. 10. 58 in VerkBl. 58, 618).

4 **3.** Durch die Einfügung in Abs. 1, daß an bestimmten Anhängern Fabrikschilder nicht erforderlich sind, wird eine Vorschrift übernommen, die früher in der DA 1939 zu § 61 a. F. enthalten war. Gründe zur Beseitigung dieser Vergünstigung liegen nach der amtl. Begründung nicht vor.

Zu den **Anhängern** in Abs. 1 Satz 2 zählen nicht nur die in § 53 Abs. 7b ausdrücklich als Anhänger bezeichneten Fahrzeuge, sondern auch die dort in Abs. 7a aufgeführten Arbeitsgeräte, die hinter Kraftfahrzeugen mitgeführt werden, da auch sie Anhänger im tatsächlichen Sinne sind (ebenso auch amtl. Begründung, VerkBl. 60, 472).

5 **4.** Die **Anmerkungen der 21. Aufl.** können nach wie vor in vollem Umfang verwertet werden.

§ 60 Ausgestaltung und Anbringung der amtlichen Kennzeichen

(1) Unterscheidungszeichen und Erkennungsnummern (§ 23 Abs. 2) sind in schwarzer Schrift auf weißem Grund anzugeben. Bei Fahrzeugen, deren Halten von der Kraftfahrzeugsteuer befreit ist, ist die Beschriftung grün auf weißem Grund; dies gilt nicht für Fahrzeuge von Behörden, für Fahrzeuge des Personals von diplomatischen und konsularischen Vertretungen sowie für Fahrzeuge, deren Haltern Steuererlaß gewährt worden ist. Kennzeichen können erhaben sein. Sie dürfen nicht spiegeln, und sie dürfen weder verdeckt noch verschmutzt sein. Form, Größe und Ausgestaltung von Kennzeichen müssen den Mustern und Angaben in Anlage V entsprechen.

(2) Das Kennzeichen ist an der Vorderseite und an der Rückseite des Kraftfahrzeugs fest anzubringen; bei einachsigen Zugmaschinen genügt die Anbringung an deren Vorderseite, bei Anhängern die Anbringung an deren Rückseite. An schrägen Außenwänden können an Stelle jedes vorderen und hinteren Kennzeichens je zwei Kennzeichen beiderseits an jedem Ende des Fahrzeugs angebracht sein. Das hintere Kennzeichen darf bis zu einem Vertikalwinkel von 30 Grad in Fahrtrichtung geneigt sein. Bei allen Fahrzeugen mit Ausnahme von Elektrokarren und ihren Anhängern darf der untere Rand des vorderen Kennzeichens nicht weniger als 200 mm, der des hinteren Kennzeichens nicht weniger als 300 mm — bei Kraftrollern nicht weniger als 200 mm — über der Fahrbahn liegen. Die Kennzeichen dürfen die sonst vorhandene Bodenfreiheit des Fahrzeugs nicht verringern. Der obere Rand des hinteren Kennzeichens darf nicht höher als 1250 mm über der Fahrbahn liegen; dies gilt nicht für Fahrzeuge des Straßenwinterdienstes der öffentlichen Verwaltungen sowie für Fahrzeuge mit Türen in der Rückwand. Kennzeichen müssen vor und hinter dem Fahrzeug in einem Winkelbereich von je 45 Grad beiderseits der Fahrzeuglängsachse stets auf ausreichende Entfernung lesbar sein.

(3) Krafträder brauchen im innerdeutschen Verkehr ein vorderes Kennzeichen nicht zu führen. Wird ein solches Kennzeichen in der Fahrtrichtung angebracht, so kann es der Kotflügelrundung entsprechend gekrümmt sein. Seine Vorderecken sind abzurunden; seine vordere und seine obere Kante müssen wulstartig ausgestaltet sein.

(4) Hintere Kennzeichen müssen eine Beleuchtungseinrichtung haben, die das ganze Kennzeichen bei Fahrzeugen der Gattung a der Anlage V auf 20 m, bei Fahrzeugen der Gattungen b, c und d dieser Anlage auf 25 m lesbar macht. Sie darf kein Licht unmittelbar nach hinten austreten lassen.

(5) Beim Mitführen von zulassungsfreien Anhängern mit Ausnahme der in § 53 Abs. 7 bezeichneten oder im Straßenwinterdienst der öffentlichen Verwaltungen eingesetzten Anhänger muß an der Rückseite des letzten Anhängers das gleiche Kennzeichen wie am Kraftfahrzeug angebracht werden. Für die Anbringung und Beleuchtung des hinteren Kennzeichens gelten die Vorschriften der Absätze 2 und 4; auswechselbare Kennzeichentafeln sind zulässig.

(6) Außer dem amtlichen Kennzeichen darf das Nationalitätszeichen „D“ nach den Vorschriften der Verordnung über internationalen Kraftfahrzeugverkehr vom 12. November 1934 (Reichsgesetzbl. I S. 1137) angebracht werden.

(7) Einrichtungen aller Art, die zu Verwechslungen mit amtlichen Kennzeichen Anlaß geben oder die Wirkung dieser Zeichen beeinträchtigen können, dürfen an Kraftfahrzeugen und ihren Anhängern nicht angebracht werden; über Ausnahmen, insbesondere für die Zeichen „CD“ (Fahrzeuge von Angehörigen anerkannter diplomatischer Vertretungen) und „CC“ (Fahrzeuge von Angehörigen zugelassener konsularischer Vertretungen), entscheidet der Bundesminister für Verkehr nach § 70. Als amtliche Kennzeichen im Sinne dieser Vorschrift gelten auch die nach der Verordnung über internationalen Kraftfahrzeugverkehr angeordneten oder zugelassenen Kennzeichen und Nationalitätszeichen.

DA:

(1) bis (6) aufgehoben d. VO v. 7. 7. 60, Art. 10.

(7) Die Beleuchtung des Nationalitätszeichens „D“ (Abs. 6) ist nicht nachzuprüfen.

(8) Ausländische Fahrzeuge können mit folgenden Kennzeichen in Deutschland verkehren:

a) mit ihren heimischen Kennzeichen und Nationalitätszeichen, wenn sie einen Internationalen Zulassungsschein oder einen ausländischen Zulassungsschein in deutscher Sprache (Übersetzung) haben,

b) mit einer länglichrunden deutschen Zollnummer, wenn sie mit einem ausländischen Zulassungsschein, aber ohne (heimische) Nationalitätszeichen nach Deutschland kommen,

c) mit einer länglichrunden deutschen Zollnummer und dem deutschen Nationalitätszeichen „D“, wenn sie mit einem ausländischen Zulassungsschein, aber ohne (heimisches) Nationalitätszeichen nach Deutschland kommen und hier einen (deutschen) Internationalen Zulassungsschein erwerben, um nach anderen außerdeutschen Ländern weiterzufahren.

1. Geändert wurde durch die VO vom 7. 7. 60, BGBl. I, 485 der Abs. 2. Die Änderung ist **in Kraft** seit 1. 8. 60 (Art. 10). Abweichende Bestimmungen enthält für Krafträder und Fahrräder mit Hilfsmotor der § 72 StVZO. 1

2. In der Neufassung wird nunmehr auf Anbringung von Kennzeichen an der Rückseite einachsiger Zugmaschinen verzichtet. Nach der amtlichen Begründung (VerkBl. 60, 472) wurde insoweit Rücksicht auf technische Besonderheiten genommen. Im Hinblick auf die geringe Geschwindigkeit dieser Fahrzeuge sei der Verzicht unbedenklich. 2

Die Änderung des Wortes „Winkel“ in „Vertikalwinkel“ dient nur der Klarstellung und bringt keine sachliche Änderung. 3

4. Eine weitere Änderung gegenüber der bisherigen Fassung liegt darin, daß nunmehr bei Kraftrollern das hintere Kennzeichen nur noch eine Mindesthöhe von 200 mm haben muß. Der Grund hierfür liegt darin, daß bei Mitnahme von Gepäck auf einem hinten angebrachten Gepäckhalter das hintere Kennzeichen noch lesbar bleiben muß, andernfalls größere Räder Verwendung finden müssen. Hierfür aber und auch für die Anbringung einer besonderen Halterung liegen keine Verkehrssicherheitsgründe vor (vgl. amtl. Begründung, a. a. O.). 4

5. Die **Anmerkungen der 21. Aufl.** zu § 60 sind weiter verwertbar. In Nr. 11 ist „§ 18 II 4“ durch „§ 18 II 6“ zu ersetzen. 5

§ 61 Besondere Vorschriften für Omnibusanhänger

(1) Auf Omnibusanhänger sind die nachstehend bezeichneten, für Kraftomnibusse geltenden Vorschriften entsprechend anzuwenden:

§ 34a (Besetzung der Fahrzeuge),
§ 35a Abs. 4 (Sitze, Durchgang),
§ 35d Abs. 2 bis 4 (Vorrichtungen zum Auf- und Absteigen, Fußboden),
§ 35e Abs. 4 (Türen),
§ 35f (Notausstiege),
§ 35g (Feuerlöscher), es genügt jedoch ein Feuerlöscher auch in Omnibusanhängern mit mehr als 26 Fahrgastplätzen,
§ 35h (Verbandkästen), es genügt jedoch ein Verbandkasten auch in Omnibusanhängern mit mehr als 26 Fahrgastplätzen,
§ 53 Abs. 1 Satz 2 (zusätzliche Schlußleuchten),
§ 54a (Innenbeleuchtung),
§ 72 Abs. 2 (Übergangsvorschriften zu den vorstehend genannten Vorschriften).

(2) Omnibusanhänger dürfen nicht breiter sein als das ziehende Fahrzeug.

(3) Das zulässige Gesamtgewicht von Omnibusanhängern — außer von aufgesattelten Anhängern — darf nicht mehr als 80 vom Hundert des zulässigen Gesamtgewichts des ziehenden Fahrzeugs betragen.

(4) Omnibusanhänger müssen eine Einrichtung haben, die eine sichere Verständigung mit dem Fahrpersonal des ziehenden Fahrzeugs gestattet.

(5) Übergänge zwischen Kraftomnibussen und Omnibusanhängern müssen so ausgeführt sein, daß sie von den Fahrzeuginsassen ohne Gefahr betreten werden können.

(6) Omnibusanhänger müssen mit einer auf alle Räder wirkenden Druckluftbremse versehen sein.

1 **1.** Die Vorschrift wurde durch die VO v. 7. 7. 60, BGBl. I, 485 in die StVZO eingefügt. Sie trat **in Kraft** am 1. 8. 60 (Art. 10 d. VO). Abweichende Bestimmungen hiervon für die Absätze 1, 3, 4, 5 und 6 enthält § 72 StVZO.

2 **2.** Seit 1. 7. 60 (Art. 10 d. VO v. 7. 7. 60) darf hinter Kraftomnibussen nur ein zur Gepäckbeförderung bestimmter Anhänger mitgeführt werden (§ 32a Satz 4 StVZO). Auf Vorschriften für Omnibusanhänger kann aber auch künftig nicht verzichtet werden im Hinblick auf mögliche Ausnahmegenehmigungen nach § 70 und 32a Satz 5 und die Übergangsbestimmungen in § 72 zu § 32a StVZO (vgl. auch amtl. Begr. in VerkBl. 60, 472).

3 **3.** Bisher waren die Vorschriften über die Omnibusanhänger in der BOKraft enthalten. Hinsichtlich der früheren entsprechenden Vorschriften der BOKraft zu Abs. 1 wird auf die Anmerkungen zu den in Abs. 1 angeführten Paragraphen verwiesen. Im übrigen entspricht

Abs. 2 dem bisherigen § 42 Abs. 1 BOKraft
Abs. 3 dem bisherigen § 42 Abs. 2 BOKraft
Abs. 4 dem bisherigen § 57 Satz 2 BOKraft
Abs. 5 dem bisherigen § 60 BOKraft.

Neu eingefügt ist Abs. 6. Dieser tritt aber nur für erstmals in den Verkehr kommende Omnibusanhänger am 1. 4. 61 in Kraft (§ 72).

4 **4.** Von den **Anmerkungen der 21. Aufl.** sind die Nr. 1, 3, 4 und 5 zu § 42 BOKraft a. F. und die Anmerkung zu § 57 BOKraft weiter verwertbar.

§ 62 Elektrische Einrichtungen von elektrisch angetriebenen Kraftfahrzeugen

Elektrische Einrichtungen von elektrisch angetriebenen Kraftfahrzeugen müssen so beschaffen sein, daß bei verkehrsüblichem Betrieb der Fahrzeuge durch elektrische Einwirkung weder Personen verletzt noch Sachen beschädigt werden können.

1. Die Vorschrift des § 62 wurde durch die VO v. 7. 7. 60, BGBl. I, 485 völlig neu gefaßt. Sie trat **in Kraft** am 1. 8. 60 (Art. 10 d. VO). 1

2. Die nunmehr geltende Fassung des § 62 enthält nicht mehr die ins einzelne gehenden Sondervorschriften, wie das in der bisherigen Fassung der Fall war. Besondere Sicherungsmaßnahmen sind jedoch nach wie vor bei elektrisch angetriebenen Fahrzeugen nötig. Aus diesem Grunde ist die Vorschrift neben dem § 30 erforderlich. Wie das Ziel der Sicherheit erreicht werden kann, wird künftig, soweit dies nötig ist, durch Richtlinien des Bundesministers für Verkehr geklärt, wodurch erreicht wird, daß die notwendigen Sicherungsmaßnahmen jeweils dem neuesten Stand der Technik angeglichen werden können, ohne die StVZO ändern zu müssen. 2

3. Andere Straßenfahrzeuge

§ 63 Anwendung der für Kraftfahrzeuge geltenden Vorschriften und der Vorschriften anderer Verordnungen

Die Vorschriften über Abmessungen, Achslast, Gesamtgewicht und Bereifung von Kraftfahrzeugen und ihren Anhängern (§§ 32, 34, 36 Abs. 1) gelten für andere Straßenfahrzeuge entsprechend. Für die Nachprüfung der Achslasten gilt § 34 Abs. 5 mit der Abweichung, daß der Umweg zur Waage nicht mehr als 2 km betragen darf.

1. Der Abs. 2 wurde durch die VO v. 7. 7. 60, BGBl. I, 485 gestrichen, weil ihm neben dem § 69 StVZO keine Bedeutung mehr zukam. **In Kraft** seit 1. 8. 60 (Art. 10). 1

2. Die **Anmerkungen** 1 und 2 der **21. Aufl.** können weiter verwendet werden. Zu streichen sind die Anmerkungen 3 und 4. 2

Die Veröffentlichung des BVM v. 24. 12. 59, VerkBl. 60, 2 weist ausdrücklich darauf hin, daß § 32 Abs. 3 StVZO und die zu seiner einheitlichen Anwendung erlassenen Richtlinien über die Beschaffenheit und Anbringung der äußeren Fahrzeugteile (VerkBl. 58, 102) auch auf andere Fahrzeuge als Kraftfahrzeuge und deren Anhänger anzuwenden sind.

§ 64 Lenkvorrichtung, sonstige Ausrüstung und Bespannung

(1) Fahrzeuge müssen leicht lenkbar sein. § 35a Abs. 1 und 1a und § 35d Abs. 1 sind entsprechend anzuwenden, soweit nicht die Beschaffenheit der zu befördernden Güter eine derartige Ausrüstung der Fahrzeuge ausschließt.

(2) Die Bespannung zweispänniger Fuhrwerke, die (nur) eine Deichsel (in der Mitte) haben, mit nur einem Zugtier ist unzulässig, wenn die sichere und schnelle Einwirkung des Gespannführers auf die Lenkung des Fuhrwerks nicht gewährleistet ist; dies kann durch Anspannung mit Kumtgeschirr oder mit Sielen mit Schwanzriemen oder Hinterzeug, durch Straffung der Steuerkette und ähnliche Mittel erreicht werden. Unzulässig ist die Anspannung an den Enden der beiden Ortscheite (Schwengel) der Bracke (Waage) oder nur an einem Ortscheit der Bracke, wenn diese nicht mit einer Kette oder dergleichen festgelegt ist. Bei Pferden ist die Verwendung sogenannter Zupfleinen (Stoßzügel) unzulässig.

Durch die VO v. 7. 7. 60, BGBl. I, 485 wurde die Vorschrift sachlich nicht geändert. Die Änderung in Zeile 1 des Abs. 1 ist durch die Änderung des § 35a und durch die Einfügung des § 35d bedingt. 1

Die **Anmerkungen** 2 und 3 der **21. Aufl.** können weiter verwertet werden. Die Anmerkung 1 ist zu streichen. 2

§ 64 a Vorrichtungen für Schallzeichen

Fahrräder und Schlitten müssen mit mindestens einer hell tönenden Glocke ausgerüstet sein; ausgenommen sind Handschlitten. Andere Vorrichtungen für Schallzeichen dürfen an diesen Fahrzeugen nicht angebracht sein. An Fahrrädern sind auch Radlaufglocken nicht zulässig.

1 **1.** Die Sätze 2 und 3 der Vorschrift wurden durch die VO v. 7. 7. 60, BGBl. I, 485 angefügt. Abweichend von Art. 10 d. VO tritt die Änderung nach § 72 am 1. 1. 61 in Kraft.

2 **2.** Das allgemein gebräuchliche und deshalb charakteristische Schallzeichen für Fahrräder ist die Glocke und für Kraftfahrzeuge die Hupe. Die Verwendung anderer Schallzeichen führt zu Mißdeutungen, die die Unfallgefahr erhöhen.

Das Verbot der Radlaufglocken soll der Lärmbelästigung entgegenwirken (vgl. amtl. Begründung in VerkBl. 60, 473).

3 **3.** Die **Anmerkungen** zu § 64a in der **21. Aufl.** können weiter verwertet werden. In Nr. 2 Abs. 3 ist der Satz 1 zu streichen.

§ 64 b Kennzeichnung

An jedem Gespannfahrzeug — ausgenommen Kutschwagen, Personenschlitten und fahrbare land- oder forstwirtschaftliche Arbeitsgeräte — müssen auf der linken Seite Vorname, Zuname und Wohnort (Firma und Sitz) des Besitzers in unverwischbarer Schrift deutlich angegeben sein.

DA (früher zu § 22 StVZO): *(1) Zur Angabe des Namens an Fahrzeugen ist ein besonderes Schild nicht erforderlich. Es genügt, wenn die Angaben über Vorname, Zuname und Wohnort (Firma und Sitz) auf der linken Wand des Fahrzeugs aufgemalt werden. Die Schrift muß jedoch unverwischbar sein; Beschriftung mit Kreide genügt nicht.*

(2) Unterscheidungsnummern für mehrere Fahrzeuge des gleichen Besitzers sind nicht vorgeschrieben. In der Regel werden die Führer aller nicht maschinell angetriebenen Fahrzeuge zur Feststellung der Personalien ohne Schwierigkeit angehalten werden können. Ergeben sich bei Fahrzeughaltern mit größeren Wagenparks hinsichtlich der Vorführung von Fahrzeugen zur Beseitigung der Mängel Schwierigkeiten, so kann die Verkehrspolizei-Behörde gegebenenfalls die Anbringung von Unterscheidungsnummern durch polizeiliche Verfügung anordnen. (Siehe ferner § 7 StVO — Fahrtenbuch.)

1 **1.** Die Vorschrift wurde durch die VO v. 7. 7. 60, BGBl. I, 485 geändert. Nach der amtlichen Begründung handelt es sich jedoch nur um eine redaktionelle Änderung (VerkBl. 60, 473).

2 **2.** Die **Anmerkungen der 21. Aufl.** zu § 64b sind weiter verwertbar. In Anm. 5 ist der Satz 2 zu streichen.

§ 65 Bremsen

(1) Alle Fahrzeuge müssen eine ausreichende Bremse haben, die während der Fahrt leicht bedient werden kann und ihre Wirkung erreicht, ohne die Fahrbahn zu beschädigen. Fahrräder müssen zwei voneinander unabhängige Bremsen haben. Bei Handwagen und Schlitten sowie bei land- oder forstwirtschaftlichen Arbeitsmaschinen, die nur im Fahren Arbeit leisten können (z. B. Pflüge, Drillmaschinen, Mähmaschinen), ist eine Bremse nicht erforderlich.

(2) Als ausreichende Bremse gilt jede am Fahrzeug fest angebrachte Einrichtung, welche die Geschwindigkeit des Fahrzeugs zu vermindern und das Fahrzeug festzustellen vermag.

(3) Sperrhölzer, Hemmschuhe und Ketten dürfen nur als zusätzliche Hilfsmittel und nur dann verwendet werden, wenn das Fahrzeug mit einer gewöhnlichen Bremse nicht ausreichend gebremst werden kann.

DA: *Außerdeutsche Radfahrer brauchen an ihren Fahrrädern nur eine Bremse zu haben. Außerdeutscher Radfahrer ist ohne Rücksicht auf Staatsangehörigkeit, wer im Auslande wohnt und im Reichsgebiet vorübergehend (d. i. nicht länger als ein Jahr) radfährt.*

1 Durch die VO v. 7. 7. 60, BGBl. I, 485 wurde das Wort „und“ zwischen „land-“ und „forstwirtschaftlichen“ durch das Wort „oder“ ersetzt. Dies dient nur der Klarstellung, daß es sich nicht um ein Fahrzeug handeln muß, das in beiden Betriebsarten Verwendung finden muß.

Zu **Anmerkung 5 der 21. Aufl.** ist zu bemerken, daß das Fahrrad mit Hilfsmotor nach § 67a Abs. 4 als Kraftfahrzeug gilt. Lediglich für bestimmte Fahrräder mit Hilfsmotor (Höchstgeschwindigkeit nicht mehr als 20 km/h) sind die Vorschriften für Fahrräder anzuwenden. 2

Die **übrigen Anmerkungen** zu § 65 können weiter verwertet werden. Vgl. auch die Zweite Ausnahme VO v. 5. 3. 59 (abgedruckt nach der StVZO).

§ 66 Rückspiegel

Lastfahrzeuge müssen einen Spiegel für die Beobachtung der Fahrbahn nach rückwärts haben. Dies gilt nicht, wenn eine zweckentsprechende Anbringung des Rückspiegels an einem Fahrzeug technisch nicht möglich ist, ferner nicht für land- oder forstwirtschaftliche Maschinen.

Durch die VO v. 7. 7. 60, BGBl. I, 485 wurde an Stelle des Wortes „und" in der letzten Zeile zwischen „land-" und „forstwirtschaftliche" das Wort „oder" eingesetzt. Diese Änderung dient nur der Klarstellung, daß das Fahrzeug nicht in beiden Betriebsarten Verwendung finden muß. Vgl. auch § 56. 1

Die **Anmerkungen der 21. Aufl.** sind weiter verwertbar. In Anm. 2 ist der vorletzte Satz zu streichen. 2

§ 67 Beleuchtungseinrichtungen an Fahrrädern

(1) Fahrräder müssen mit einem nach vorn wirkenden Scheinwerfer für weißes oder schwachgelbes Licht ausgerüstet sein. Der Lichtkegel muß mindestens so geneigt sein, daß seine Mitte in 5 m Entfernung vor dem Scheinwerfer nur halb so hoch liegt wie bei seinem Austritt aus dem Scheinwerfer. Der Scheinwerfer muß am Fahrrad so angebracht sein, daß eine unbeabsichtigte Verstellung nicht eintreten kann. Bei elektrischer Fahrradbeleuchtung sind nur Lichtanlagen für 3 W Nennleistung zulässig.

(2) Fahrräder müssen an der Rückseite mit einer Schlußleuchte für rotes Licht und mit einem roten Rückstrahler ausgerüstet sein. Der untere Rand der Schlußleuchte muß mindestens 400 mm, der untere Rand des Rückstrahlers darf nicht höher als 600 mm über der Fahrbahn liegen. Beiwagen von Fahrrädern müssen mit einem roten Rückstrahler versehen sein; Satz 2 gilt entsprechend.

(3) Fahrräder müssen an beiden Seiten der Tretteile (Pedale) mit gelben Rückstrahlern versehen sein.

(4) An Fahrrädern dürfen nur die vorgeschriebenen und die für zulässig erklärten Beleuchtungseinrichtungen angebracht sein; als Beleuchtungseinrichtungen gelten auch Leuchtstoffe und rückstrahlende Mittel. Die Beleuchtungseinrichtungen müssen vorschriftsmäßig angebracht und ständig betriebsfertig sein; sie dürfen weder verdeckt noch verschmutzt sein. Verdecken hinter Fahrrädern mitgeführte Anhänger die Schlußleuchte oder den roten Rückstrahler, so müssen die Schlußleuchte oder der Rückstrahler auch am Anhänger angebracht sein.

(5) Die Anbringung von Fahrtrichtungsanzeigern für gelbes Licht ist zulässig. Die Seiten der Fahrräder dürfen durch weiße rückstrahlende Mittel zusätzlich kenntlich gemacht sein.

(6) Elektrische Fahrradscheinwerfer müssen so geschaltet sein, daß sie nur zusammen mit der Schlußleuchte brennen können.

(7) In den Leuchten dürfen nur die nach ihrer Bauart dafür bestimmten Glühlampen verwendet werden.

(8) Rennräder sind für die Dauer der Teilnahme an Rennen von den Vorschriften der Absätze 1 bis 7 befreit.

1 **1.** Die Vorschrift wurde durch die VO vom 7. 7. 60, BGBl. I, 485 neu gefaßt. Die Änderung ist **in Kraft** seit 1. 8. 60 (Art. 10). Abweichende Regelung des Inkrafttretens enthält § 72 StVZO für Abs. 1 Satz und Abs. 2.

2 **2.** Nach der Neufassung müssen Fahrräder nunmehr ständig mit einem Scheinwerfer ausgerüstet sein (Ausnahmebestimmung bis zum 1. 1. 61 siehe § 72). Die Scheinwerfer müssen fest angebracht werden, da eine unbeabsichtigte Verstellung nicht eintreten kann. Die in der bisherigen Fassung enthaltenen Angaben über die Lichtstärke sind entbehrlich geworden, da die Scheinwerfer einer Bauartgenehmigung bedürfen (§ 22a Abs. 1). Aus dem gleichen Grunde wurde Abs. 2 überflüssig (siehe auch Richtlinien für die Prüfung von Fahrzeugteilen, abgedruckt im Anschluß an § 22a StVZO).

3 **3.** In dem neuen **Abs. 2** (das ist der bisherige Abs. 3) ist die Kontrolleinrichtung für die Schlußleuchten gestrichen. Nach der amtlichen Begründung (VerkBl. 60, 473) sind die Schlußleuchten und die Glühlampen so wesentlich verbessert worden, daß Ausfälle nur selten eintreten. Eine Beeinträchtigung der Sicherheit des Straßenverkehrs ist dadurch nicht zu erwarten.

Für Saarland siehe § 72 StVZO.

4 **4.** In dem neuen **Abs. 4 und 6** werden die einzelnen Bestimmungen über die zulässigen Beleuchtungseinrichtungen im einzelnen aufgeführt. Bisher enthielt Abs. 5 a. F. nur eine Bezugnahme auf § 49a. Jedoch ebenso wie in dieser Bestimmung dürfen nur die zulässigen Beleuchtungseinrichtungen angebracht sein. Nach **Abs.. 5** dürfen, ebenso wie die Kraftfahrzeuge und ihre Anhänger (§ 51 Abs. 4), die Seiten der Fahrräder durch weiße rückstrahlende Mittel kenntlich gemacht werden. Unter elektrischen Fahrrad-Scheinwerfern sind solche mit Dynamo- oder Batteriebetrieb zu verstehen.

5 **5.** Die Bestimmungen für **Rennräder** (bisher Abs. 6, jetzt Abs. 8) wurden neu gefaßt. Nach der amtlichen Begründung (VerkBl. 60, 473) hat die bisherige Fassung „Erleichterungen für Rennräder, die ihrem Bestimmungszweck dienen“ in der Rechtsprechung eine den Erfordernissen der Sicherheit nicht genügende Auslegung gefunden, wobei auf das Urteil des OLG Düsseldorf vom 17. 10. 1955 (2) 55 680/55, 583 E 5 Cs (P) 598/55, hingewiesen wird. Durch die Neufassung ist klargestellt, daß die Befreiungen für Rennräder nur für die Dauer der Teilnahme an Rennen gelten.

6 **6.** Die **Anmerkungen der 21. Aufl.** zu § 67 sind weiter verwertbar, jedoch mit folgender Einschränkung:

In Nr. 1 ist der 4. Abs. (Hinweis auf Inkrafttreten), der 5. Abs. mit Ausnahme des 1. Satzes und der 6. Abs. zu streichen. Nr. 4a ist dahin zu ergänzen, daß die Bemerkung nur für Fahrräder mit Hilfsmotor mit nicht mehr als 20 km/h Höchstgeschwindigkeit zutrifft.

VI. Kleinkrafträder und Fahrräder mit Hilfsmotor

§ 67 a Begriffsbestimmungen; Bau- und Betriebsvorschriften

(1) Kleinkrafträder im Sinne des § 27 des Straßenverkehrsgesetzes vom 19. Dezember 1952 (Bundesgesetzbl. I S. 837) sind Krafträder (Zweiräder, auch mit Beiwagen) mit einem Hubraum von nicht mehr als 50 cm³.

(2) Fahrräder mit Hilfsmotor sind Fahrzeuge, die hinsichtlich der Gebrauchsfähigkeit die üblichen Merkmale von Fahrrädern aufweisen, jedoch zusätzlich als Antriebsmaschine einen Verbrennungsmotor mit einem Hubraum von nicht mehr als 50 cm³ haben. Die üblichen Merkmale von Fahrrädern gelten als vorhanden, wenn

1. **der Durchmesser des Hinterrades einschließlich der Bereifung nicht kleiner ist als 580 mm,**
2. **die wirksame Länge der Tretkurbel mindestens 125 mm beträgt,**
3. **die durch die Bauart bestimmte Höchstgeschwindigkeit des Fahrzeugs 40 km/h nicht überschreitet.**

(3) Wie Fahrräder mit Hilfsmotor werden beim Vorliegen der sonstigen Voraussetzungen des Absatzes 2 behandelt

1. Fahrzeuge mit einem Hubraum von mehr als 50 cm³, wenn sie vor dem 1. September 1952 erstmals in den Verkehr gekommen sind und die durch die Bauart bestimmte Höchstleistung ihres Motors 1 PS nicht überschreitet,

2. Fahrzeuge mit einer durch die Bauart bestimmten Höchstgeschwindigkeit von mehr als 40 km/h, wenn sie vor dem 1. Januar 1957 erstmals in den Verkehr gekommen sind und das Gewicht des betriebsfähigen Fahrzeugs mit dem Hilfsmotor, jedoch ohne Werkzeug und ohne den Inhalt des Kraftstoffbehälters, bei Fahrzeugen, die für die Beförderung von Lasten eingerichtet sind, auch ohne Gepäckträger, 33 kg nicht übersteigt; diese Gewichtsgrenze gilt nicht bei zweisitzigen Fahrzeugen (Tandems) und Fahrzeugen mit drei Rädern.

(4) Für Fahrräder mit Hilfsmotor und für Kleinkrafträder mit einer durch die Bauart bestimmten Höchstgeschwindigkeit von nicht mehr als 40 km/h gelten die Vorschriften für Kleinkrafträder. § 45 Abs. 1 Satz 3 und § 50 Abs. 2 bis 6 sind nicht anzuwenden. Die Fahrzeuge müssen mit einem Scheinwerfer für Dauerabblendlicht ausgerüstet sein, dessen Beleuchtungsstärke in einer Entfernung von 25 m vor dem Scheinwerfer auf einer Ebene senkrecht zur Fahrbahn in Höhe der Scheinwerfermitte und darüber nicht mehr als 1 Lux beträgt. Die Leistungsaufnahme der Glühlampe im Scheinwerfer muß 15 W betragen. Statt § 55 gilt § 64a. Die Ausrüstung mit Pedalrückstrahlern (§ 67 Abs. 3) ist zulässig. Beträgt bei Fahrrädern mit Hilfsmotor die durch die Bauart bestimmte Höchstgeschwindigkeit nicht mehr als 20 km/h, so sind auch die §§ 38a und 57 nicht anzuwenden, jedoch gelten § 65 statt § 41, § 66 statt § 56 und statt der Vorschriften dieses Absatzes über Scheinwerfer für Dauerabblendlicht die Vorschriften des § 67 Abs. 1; außerdem ist § 67 Abs. 2 bis 7 statt der §§ 49a, 53 und 54 anzuwenden.

(5) Anhänger hinter den in den Absätzen 2 und 3 bezeichneten Fahrzeugen werden bei Anwendung der Bau- und Betriebsvorschriften wie Anhänger hinter Fahrrädern behandelt, wenn

1. die durch die Bauart bestimmte Höchstgeschwindigkeit des ziehenden Fahrzeugs 20 km/h nicht überschreitet oder

2. die Anhänger vor dem 1. April 1961 erstmals in den Verkehr gekommen sind.

Auf andere Anhänger hinter den in den Absätzen 2 und 3 bezeichneten Fahrzeugen sind die Vorschriften über Anhänger hinter Kleinkrafträdern anzuwenden.

1. Die Vorschrift wurde durch die VO vom 7. 7. 60, BGBl. I, 485 neu gefaßt. Sie **gilt** in der jetzigen Fassung ab 1. 8. 60 (Art. 10). Bei Fahrzeugen, die vor dem 1. 1. 61 erstmals in den Verkehr genommen sind, genügt es, wenn die Anforderungen des § 67 Abs. 1 erfüllt sind (§ 72 StVZO). Abs. 4 Sätze 3 u. 4 gelten insoweit nicht. 1

2. Der bisherige **Abs. 2** konnte gestrichen werden, da die Verwaltungsgerichtsordnung vom 21. 1. 60 (BGBl. I, 17) nunmehr die Bestimmungen enthält, welche Rechtsbehelfe die Betroffenen bei Entziehung einer Fahrerlaubnis der Klasse 4 (oder anderer Klassen) ergreifen können (vgl. amtl. Begr., VerkBl. 60, 473). 2

3 **3.** Die in **Abs. 3** Nr. 1 neu gefaßten Vorschriften entsprechen den Bestimmungen des bisherigen § 74 Abs. 2, die Vorschriften unter Nr. 2 annähernd den Bestimmungen des bisherigen § 72a Abs. 3.

4 **4.** Eine wesentliche Änderung gegenüber der früheren Fassung ist in **Abs. 4** enthalten. Hiernach gelten für **Fahrräder mit Hilfsmotor** die Vorschriften für Kleinkrafträder, weil, wie die amtliche Begründung ausführt (VerkBl. 60, 473) die Bauart dieser Fahrzeuge die Merkmale von Fahrrädern weitgehend verloren hat (bisher waren die Bestimmungen für Fahrräder anzuwenden). Kleinkrafträder mit einer durch die Bauart bestimmten Höchstgeschwindigkeit von nicht mehr als 40 km/h sollen den gleichen Vorschriften unterliegen wie die mit dem gleichen Motor ausgerüsteten Fahrräder mit Hilfsmotor. Für den Bereich der StVO wurden die Fahrräder mit Hilfsmotor schon durch die VO v. 14. 3. 56 den übrigen Kraftfahrzeugen (mit einigen Ausnahmen) gleichgestellt. Die Sätze 2 bis 6 des Abs. 4 enthalten Ausnahmen von den Bauvorschriften für Kleinkrafträder. Satz 7 enthält besondere weitere Ausnahmen für Fahrräder, deren durch die Bauart bestimmte Höchstgeschwindigkeit 20 km/h nicht übersteigt.

Zum Führen eines Mopeds ist eine Fahrerlaubnis der Klasse 5 nach § 5 StVZO erforderlich. Kleinkrafträder mit einer durch die Bauart bestimmten Höchstgeschwindigkeit von nicht mehr als 40 km/h gehören ab 1. 8. 60 (Art. 10 der VO v. 7. 7. 60) nicht mehr zur Klasse 4, sondern zur Klasse 5. Für die Fahrzeuge der Klasse 5 gilt aber § 4 StVZO erst vom 1. 4. 61 nach § 72 StVZO (vgl. auch VerkBl. 61, 75).

5 **5.** Der neue **Abs. 5** enthält Vorschriften, wie beim Mitführen von Anhängern zu verfahren ist.

6 **6.** Von den **Anmerkungen der 21. Aufl.** sind zu streichen die Nr. 5, 6, 7, 14, 15, 16, 16a, 18, 20 bis 25. Die übrigen Anmerkungen sind noch verwertbar.

§ 67 b Kennzeichen für Fahrräder mit Hilfsmotor sowie für Kleinkrafträder mit einer durch die Bauart bestimmten Höchstgeschwindigkeit von nicht mehr als 40 km/h

(1) Fahrräder mit Hilfsmotor und Kleinkrafträder mit einer durch die Bauart bestimmten Höchstgeschwindigkeit von nicht mehr als 40 km/h dürfen, wenn ihr regelmäßiger Standort sich im Geltungsbereich dieser Verordnung befindet, auf öffentlichen Straßen nur in Betrieb gesetzt werden, wenn sie ein gültiges Versicherungskennzeichen (Absätze 2 bis 7) oder ein amtliches Kennzeichen (Absatz 8) führen.

(2) Durch das Versicherungskennzeichen wird nachgewiesen, daß für das Fahrzeug eine ausreichende Haftpflichtversicherung (§ 29a) besteht. Der Versicherer händigt dem Halter auf Antrag ein Versicherungkennzeichen aus und erteilt hierüber eine Bescheinigung; für den Nachweis von Namen und Anschrift des Halters gilt § 23 Abs. 1 Nr. 1 sinngemäß. Der Führer des Fahrzeugs hat die Bescheinigung mitzuführen und zuständigen Personen auf Verlangen zur Prüfung auszuhändigen. Versicherungskennzeichen und Bescheinigung dürfen dem Halter erst nach Entrichtung der Prämie für das Verkehrsjahr ausgehändigt werden, für das sie gelten sollen; sie verlieren ihre Geltung mit dem Ablauf dieses Verkehrsjahrs. Als Verkehrsjahr gilt der Zeitraum vom 1. März bis zum Ablauf des nächsten Monats Februar.

(3) Das Versicherungskennzeichen besteht aus einer Tafel, die eine Erkennungsnummer und das Zeichen des zuständigen Verbandes der Kraftverkehrsversicherer oder, wenn kein Verband zuständig ist, das Zeichen des Versicherers trägt sowie das Verkehrsjahr angibt, für welches das Versicherungskennzeichen gelten soll. Die Erkennungsnummer setzt sich aus nicht mehr als drei Ziffern und nicht mehr als drei Buchstaben zusammen. Die Ziffern sind in einer Zeile über den Buchstaben anzugeben. Die Nummer ist so zu wählen, daß jedes für das laufende Verkehrsjahr

ausgegebene Versicherungskennzeichen sich von allen anderen gültigen Versicherungskennzeichen unterscheidet. Das Verkehrsjahr ist durch die Angabe des Kalenderjahrs zu bezeichnen, in welchem es beginnt. Der zuständige Verband der Kraftverkehrsversicherer oder, wenn kein Verband zuständig ist, das Kraftfahrt-Bundesamt teilt mit Genehmigung des Bundesministers für Verkehr den Versicherern die Erkennungsnummern zu.

(4) Die Beschriftung der Versicherungskennzeichen ist im Verkehrsjahr 1960 schwarz auf weißem Grund, im Verkehrsjahr 1961 blau auf weißem Grund und im Verkehrsjahr 1962 grün auf weißem Grund; die Farben wiederholen sich in den folgenden Verkehrsjahren jeweils in dieser Reihenfolge und Zusammensetzung. Der Rand hat dieselbe Farbe wie die Schriftzeichen. Form, Größe und Ausgestaltung des Versicherungskennzeichens müssen dem Muster und den Angaben in Anlage VI entsprechen. Das Versicherungskennzeichen ist an der Rückseite des Fahrzeugs möglichst unter der Schlußleuchte fest anzubringen. § 60 Abs. 1 Satz 3 und 4, Abs. 2 Satz 3, 4 und 7, Abs. 6 und 7 Satz 1 Halbsatz 1 gilt entsprechend. Wird ein Anhänger mitgeführt, so ist die Erkennungsnummer des Versicherungskennzeichens an der Rückseite des Anhängers so zu wiederholen, daß sie in einem Winkelbereich von je 45 Grad beiderseits der Fahrzeuglängsachse bei Tageslicht auf eine Entfernung von mindestens 15 Metern lesbar ist; die Farben der Schrift und ihres Untergrundes müssen denen des Versicherungskennzeichens des ziehenden Fahrzeugs entsprechen. Eine Einrichtung zur Beleuchtung des Versicherungskennzeichens am ziehenden Fahrzeug und der Erkennungsnummer am Anhänger ist zulässig, jedoch nicht erforderlich.

(5) Der Versicherer meldet dem Kraftfahrt-Bundesamt auf einer Karteikarte, deren Muster vom Kraftfahrt-Bundesamt genehmigt ist,

1. die Erkennungsnummer des ausgehändigten Versicherungskennzeichens,

2. Namen und Anschrift des Halters,

3. den Hersteller des Fahrzeugs,

4. die Fabriknummer des Fahrgestells,

5. den Zeitpunkt der Beendigung des Versicherungsverhältnisses gemäß § 158 c Abs. 2 des Versicherungsvertragsgesetzes.

(5a) Fahrten zur Feststellung und zum Nachweis der Gebrauchsfähigkeit von Fahrrädern mit Hilfsmotor (Probefahrten) und Fahrten, die in der Hauptsache zur Überführung des Fahrrades mit Hilfsmotor an einen anderen Ort dienen (Überführungsfahrten) dürfen mit Versicherungskennzeichen unternommen werden, deren Beschriftung und Rand rot sind; § 28 Abs. 2 letzter Satz ist entsprechend anzuwenden. Für die Meldung solcher Versicherungskennzeichen gilt Absatz 5 Nr. 3—5 nicht; als Halter ist der Versicherungsnehmer anzugeben.

(6) Das Kraftfahrt-Bundesamt erteilt im Einzelfall auf Antrag Behörden und bei Darlegung eines berechtigten Interesses auch Privatpersonen Auskunft über die Fahrzeuge, die Halter und die Versicherer.

(7) Endet das Versicherungsverhältnis vor dem Ablauf des Verkehrsjahrs, das auf dem Versicherungskennzeichen angegeben ist, so hat der Versicherer den Halter zur unverzüglichen Rückgabe des Versicherungskennzeichens und der darüber

erteilten Bescheinigung aufzufordern. Kommt der Halter der Aufforderung nicht nach, so hat der Versicherer hiervon die zuständige Behörde (§ 68) in Kenntnis zu setzen. Die Behörde zieht das Versicherungskennzeichen und die Bescheinigung ein.

(8) Ist der Halter eines der in Absatz 1 genannten Fahrzeuge nicht verpflichtet, bei einem Versicherer, der im Inland zum Geschäftsbetrieb befugt ist, eine Haftpflichtversicherung zu nehmen, so teilt ihm die Zulassungsstelle auf Antrag ein amtliches Kennzeichen zu. Form, Größe und Ausgestaltung des amtlichen Kennzeichens müssen dem Muster und den Angaben in Anlage VII oder den Vorschriften entsprechen, die Anlage V für Kleinkrafträder enthält. Im übrigen gelten mit Ausnahme von § 23 Abs. 4 Satz 1 bis 5 die Bestimmungen über die amtlichen Kennzeichen von Kleinkrafträdern mit einer durch die Bauart bestimmten Höchstgeschwindigkeit von mehr als 40 km/h entsprechend. Die Zuteilung des amtlichen Kennzeichens muß von der Zulassungsstelle auf dem Nachweis eingetragen sein, den der Führer des Fahrzeugs nach § 18 Abs. 5 oder 6 mitführt. Eine Einrichtung zur Beleuchtung des amtlichen Kennzeichens ist zulässig, jedoch nicht erforderlich.

1 **1.** Die Vorschrift wurde durch die VO v. 7. 7. 60, BGBl. I, 485 geändert. Die Änderung ist **in Kraft** seit 1. 8. 60 (Art. 10 d. VO). Übergangsbestimmungen für das Saarland enthält § 72 StVZO.

2 **2.** In der Neufassung des **Abs. 1** ist die Pflicht zur Führung eines Versicherungskennzeichens auf die Kleinkrafträder mit einer durch die Bauart bestimmten Höchstgeschwindigkeit von nicht mehr als 40 km/h ausgedehnt worden. Aus dieser Änderung ergeben sich auch der Ersatz der Worte „Fahrrad mit Hilfsmotor" in Abs. 2, 4 und 8 durch den Begriff „Fahrzeug".

3 **3.** Bisher konnte die Ausgabe der Versicherungskennzeichen nicht immer von der Entrichtung der am 1. März fälligen Prämie abhängig gemacht werden. Zum Schutz der Verkehrsopfer und zur Entlastung der für die Sicherheit des Straßenverkehrs zuständigen Behörden (vgl. amtl. Begründung, VerkBl. 60, 473) ist nunmehr in der Neufassung des **Abs. 2** ausdrücklich untersagt, die Versicherungskennzeichen und die Bescheinigung vor der Entrichtung der Prämie auszugeben.

4 **4.** In **Abs. 3** wurde der Satz 5 gestrichen. Insoweit wird auf die Anlage VI verwiesen. In **Abs. 4** wird nun die Farbe der Versicherungskennzeichen genau bestimmt. Die bisher verwendeten Farben haben sich nach der amtlichen Begründung (a. a. O.) nicht sämtlich bewährt.

5 **5.** Neu eingefügt ist der **Abs. 5a**, wonach auch bei Fahrrädern mit Hilfsmotor Probefahrtkennzeichen erforderlich sind. Auf Grund eines Erlasses des Bundesministers für Verkehr (VerkBl. 58, 2) wurden solche bisher bereits verwendet. Hinsichtlich der Verwendung der Probefahrtkennzeichen gilt das gleiche wie zu § 28 StVZO ausgeführt. Auf die Anmerkungen zu dieser Bestimmung wird verwiesen.

6 **6.** Von den **Anmerkungen der 21. Aufl.** sind zu streichen die Nr. 11, 14, 15, 19 und 20 Buchstabe c. Die übrigen Anmerkungen sind weiter verwertbar mit der Maßgabe, daß § 67b nicht nur für Fahrräder mit Hilfsmotor, sondern auch für Kleinkrafträder mit einer durch die Bauart bestimmten Höchstgeschwindigkeit von nicht mehr als 40 km/h gilt.

7 **7.** Übersicht der **Ausgabestellen** von Kennzeichen für Fahrräder mit Hilfsmotor siehe VerkBl. 58, 390; 58, 564; 59, 279; Kennzeichen für Prüfungs-, Probe- und Überführungsfahrten siehe VerkBl. 58, 393; 59, 279.

C. Schlußbestimmungen

§ 68 Zuständigkeiten

(1) Diese Verordnung wird, soweit nicht die höheren Verwaltungsbehörden zuständig sind, von den nach Landesrecht zuständigen unteren Verwaltungsbehörden

oder den Behörden, denen durch Landesrecht die Aufgaben der unteren Verwaltungsbehörde zugewiesen werden, ausgeführt. Die höheren Verwaltungsbehörden werden von den zuständigen obersten Landesbehörden bestimmt.

(2) Örtlich zuständig ist, soweit nichts anderes vorgeschrieben ist, die Behörde des Wohnorts, mangels eines solchen des Aufenthaltsorts des Antragstellers oder Betroffenen, bei juristischen Personen, Handelsunternehmen oder Behörden die Behörde des Sitzes oder des Orts der beteiligten Niederlassung oder Dienststelle. Anträge können mit Zustimmung der örtlich zuständigen Behörde von einer gleichgeordneten auswärtigen Behörde behandelt und erledigt werden. Die Verfügungen der Behörde (Satz 1 und 2) sind im Inland wirksam. Verlangt die Verkehrssicherheit ein sofortiges Eingreifen, so kann an Stelle der örtlich zuständigen Behörde jede ihr gleichgeordnete Behörde mit derselben Wirkung Maßnahmen auf Grund dieser Verordnung vorläufig treffen.

(3) Die Zuständigkeiten der Verwaltungsbehörden und höheren Verwaltungsbehörden auf Grund dieser Verordnung werden für die Dienstbereiche der Bundeswehr, der Deutschen Bundesbahn, der Deutschen Bundespost, des Bundesgrenzschutzes und der Polizei durch deren Dienststellen nach Bestimmung der Fachminister wahrgenommen.

Die Bestimmung bleibt durch die VO v. 7. 7. 60, BGBl. I, 485 unverändert. Die **Anmerkungen** sind weiter **verwertbar**. Hinsichtlich der Zuständigkeit vgl. auch § 151 StVZO. 1

§ 69 Geltungsbereich

(1) Diese Verordnung ist auf den gesamten Straßenverkehr anzuwenden. Sie enthält zusammen mit

den Rechtsvorschriften zu ihrer Durchführung,

der Straßenverkehrs-Ordnung in der Fassung vom 29. März 1956 (Bundesgesetzbl. I S. 271, 327) mit späteren Änderungen,

der Verordnung über internationalen Kraftfahrzeugverkehr vom 12. November 1934 (Reichsgesetzbl. I S. 1137),

der Verordnung über den Betrieb von Kraftfahrunternehmen im Personenverkehr in der Fassung vom 7. Juli 1960 (Bundesgesetzbl. I S. 553),

der Verordnung über den Bau und Betrieb der Straßenbahnen (Straßenbahn-Bau- und Betriebsordnung),

den Bestimmungen über die Beförderung gefährlicher Güter auf Straßen,

der Verordnung über die Überwachung von gewerbsmäßig an Selbstfahrer zu vermietenden Personenkraftwagen und Krafträdern vom 4. April 1955 (Bundesgesetzbl. I S. 186)
und

den Bestimmungen über die Rechte und Pflichten ausländischer Streitkräfte und ihrer Mitglieder im Straßenverkehr

die ausschließliche Regelung des Straßenverkehrs.

(2) Unberührt bleiben die Bestimmungen des Gewerberechts; unberührt bleiben ferner die Vorschriften der Eisenbahn-Bau- und Betriebsordnungen über

a) die bahnpolizeiliche Zuständigkeit,

b) die technische und betriebliche Ausrüstung der Fahrzeuge,

c) die Führung von Schienenfahrzeugen,

d) die Anbringung von Warnkreuzen.

1 Durch die VO v. 7. 7. 60, BGBl. I, 485 wurde die Vorschrift nur redaktionell geändert, soweit dies durch die Änderungen anderer Bestimmungen erforderlich war. Sachlich blieb § 69 unverändert.

2 Die Anmerkungen der 21. Aufl. können weiter verwertet werden.

§ 70 Ausnahmen

(1) Ausnahmen können genehmigen

1. die höheren Verwaltungsbehörden in bestimmten Einzelfällen oder allgemein für bestimmte einzelne Antragsteller von den Vorschriften der §§ 32, 34 und 36, auch in Verbindung mit § 63, ferner der §§ 52 und 65, bei Elektrokarren und ihren Anhängern auch von den Vorschriften des § 18 Abs. 1, des § 41 Abs. 9 und der §§ 53, 58, 59 und 60 Abs. 5,

2. die zuständigen obersten Landesbehörden oder von ihnen bestimmte Stellen von allen Vorschriften dieser Verordnung in bestimmten Einzelfällen oder allgemein für bestimmte einzelne Antragsteller, es sei denn, daß die Auswirkungen sich nicht auf das Gebiet des Landes beschränken und eine einheitliche Entscheidung erforderlich ist,

3. der Bundesminister für Verkehr von allen Vorschriften dieser Verordnung, sofern nicht die Landesbehörden nach den Nummern 1 und 2 zuständig sind — allgemeine Ausnahmen ordnet er durch Rechtsverordnung ohne Zustimmung des Bundesrats nach Anhören der zuständigen obersten Landesbehörden an—,

4. das Kraftfahrt-Bundesamt mit Ermächtigung des Bundesministers für Verkehr bei Erteilung oder in Ergänzung einer allgemeinen Betriebserlaubnis oder Bauartgenehmigung.

(2) Vor der Genehmigung einer Ausnahme von den §§ 32, 34 und 36 und einer allgemeinen Ausnahme von § 65 sind die obersten Straßenbaubehörden der Länder und, wo noch nötig, die Träger der Straßenbaulast zu hören.

(3) Der örtliche Geltungsbereich jeder Ausnahme ist festzulegen.

(3a) Durch Verwaltungsakt für ein Fahrzeug genehmigte Ausnahmen von der Zulassungspflicht, der Betriebserlaubnispflicht, der Kennzeichenpflicht oder den Bau- oder Betriebsvorschriften sind vom Fahrzeugführer durch eine Urkunde (z. B. Kraftfahrzeugschein) nachzuweisen, die bei Fahrten mitzuführen und zuständigen Personen auf Verlangen zur Prüfung auszuhändigen ist. Bei Fahrzeugen der in § 18 Abs. 2 Nr. 2 und 6 Buchstabe a und b bezeichneten Arten und bei den auf Grund des § 70 Abs. 1 Nr. 1 von der Zulassungspflicht befreiten Elektrokarren genügt es, daß der Halter eine solche Urkunde aufbewahrt; er hat sie zuständigen Personen auf Verlangen zur Prüfung auszuhändigen.

(4) Die Bundeswehr, die Polizei, der Bundesgrenzschutz, die Feuerwehr, der Zollgrenzdienst und die Zollfahndung sind von den Vorschriften dieser Verordnung befreit, soweit dies zur Erfüllung hoheitlicher Aufgaben unter gebührender Berücksichtigung der öffentlichen Sicherheit und Ordnung dringend geboten ist. Abweichungen von den Vorschriften über die Ausrüstung mit Kennleuchten, über Warnvorrichtungen mit einer Folge verschieden hoher Töne und über Sirenen sind nicht zulässig.

1. Durch die VO v. 7. 7. 60, BGBl. I, 485 wurde der Abs. 3a eingefügt. Die Änderung ist **in Kraft** seit 1. 8. 60 (Art. 10 d. VO). Eine Übergangsbestimmung enthält § 72 StVZO. Die DA wurde durch Art. 10 der VO aufgehoben. 1

2. Der Grund für die Einfügung des **Abs. 3** ist, daß Ausnahmegenehmigungen leicht feststellbar sein müssen, nicht nur bei zulassungspflichtigen, sondern auch bei zulassungsfreien Fahrzeugen (vgl. amtliche Begründung in VerkBl. 60, 474). Soweit es sich um zulassungspflichtige Fahrzeuge handelt, ist die Ausnahmegenehmigung im Kraftfahrzeugbrief zu vermerken (§§ 21, 22) und in den Kraftfahrzeugschein zu übernehmen (§§ 22, 24, 70 Abs. 3a; früher: DA 1939 Abs. 1 zu § 24 StVZO). Bei zulassungsfreien Fahrzeugen wird eine besondere Urkunde über die Ausnahmegenehmigung erteilt. 2

Für verschiedene Fahrzeuge gewährt Abs. 3a Erleichterungen. Ein Verzicht auf das ständige Mitführen der Urkunde ist bei den land- oder forstwirtschaftlichen Fahrzeugen und bei den Elektrokarren vertretbar, weil diese Fahrzeuge in der Regel in einem eng begrenzten Gebiet eingesetzt werden und die Halter dieser Fahrzeuge den Überwachungsorganen meist bekannt sind (vgl. amtl. Begründung a. a. O.). 3

3. Die **Anmerkungen zu § 70 der 21. Aufl.** sind weiter verwertbar. 4

§ 71 Strafbestimmungen

Wer Vorschriften dieser Verordnung oder zu ihrer Ausführung erlassenen Anweisungen vorsätzlich oder fahrlässig zuwiderhandelt, wird mit Geldstrafe bis zu einhundertfünfzig Deutsche Mark oder mit Haft bestraft, wenn die Tat nicht nach anderen Vorschriften mit schwererer Strafe bedroht ist.

Die Vorschrift blieb durch die VO v. 7. 7. 60, BGBl. I, 485 unverändert. Die Anmerkungen der 21. Aufl. hierzu sind nach wie vor verwertbar. 1

§ 72 Inkrafttreten und Übergangsbestimmungen

(1) Diese Verordnung tritt am 1. Januar 1938 in Kraft.

(2) Zu den nachstehend bezeichneten Vorschriften gelten folgende Bestimmungen:

§ 4 (Erlaubnispflicht und Ausweispflicht für das Führen von Kraftfahrzeugen)

gilt für Fahrzeuge der Klasse 5 ab 1. April 1961. Jedoch dürfen Personen, die vor dem 1. Januar 1962 eine Fahrerlaubnis der Klasse 5 beantragt haben, bis zu diesem Tage Kraftfahrzeuge der Klasse 5 ohne Fahrerlaubnis führen, wenn sie die Bestätigung der zuständigen Behörde über die Einreichung des Antrags bei sich haben. Die Bestätigung ist zuständigen Personen auf Verlangen zur Prüfung auszuhändigen; sie ist von der Verwaltungsbehörde bei der Aushändigung des Führerscheins einzuziehen.

§ 5 (Einteilung der Fahrerlaubnisse)

Fahrerlaubnisse der Klasse 3 gelten bis zum 1. Januar 1961 auch für Kraftfahrzeuge mit einem Leergewicht von nicht mehr als 3,5 t; sind sie vor dem 1. September 1953 erteilt worden, so darf das Leergewicht des Fahrzeugs 3,7 t betragen. Der Inhaber

der Fahrerlaubnis kann bis zum 1. Juli 1961 beantragen, daß die Erlaubnis für die Zeit nach dem 31. Dezember 1960 gebührenfrei entsprechend erweitert wird; § 11 ist in diesen Fällen nicht anzuwenden.

§ 8 Abs. 2 Nr. 3 (Beifügung einer Bescheinigung über den Nachweis ausreichender Kenntnisse bei Anträgen auf Erteilung von Fahrerlaubnissen der Klasse 5)
tritt am 1. Januar 1962 in Kraft.

§ 14 Abs. 1 letzter Satz (Vermerke über allgemeine Fahrerlaubnisse auf Sonderführerscheinen)
tritt am 1. Januar 1961 in Kraft.

§ 15a (Höchstdauer der täglichen Lenkung bestimmter Fahrzeuge)
tritt für folgende Fahrzeuge erst am 1. April 1961 in Kraft:

1. selbstfahrende Arbeitsmaschinen mit einem zulässigen Gesamtgewicht von 7,5 t und darüber,
2. Zugmaschinen mit einer Motorleistung von 55 PS und darüber,
3. zur Beförderung von Personen bestimmte Kraftfahrzeuge mit mehr als 8, jedoch nicht mehr als 14 Fahrgastplätzen,
4. Kraftomnibusse im Linienverkehr mit einem durchschnittlichen Haltestellenabstand von nicht mehr als 3 km.

§ 15a Abs. 4 (Fahrtennachweise)
gilt beim Führen von Fahrzeugen mit regelmäßigem Standort im Saarland erst ab 1. Januar 1961.

§ 15d (Erlaubnispflicht und Ausweispflicht)
gilt für die Führer von Fahrzeugen, die nicht der gewerbsmäßigen Personenbeförderung dienen, erst vom 1. Januar 1961 an.

§ 18 Abs. 2 Nr. 4 (Kleinkrafträder)
Krafträder mit einem Hubraum von mehr als 50 cm³ sind wie Kleinkrafträder zu behandeln, wenn sie vor dem 1. September 1952 erstmals in den Verkehr gekommen sind und die durch die Bauart bestimmte Höchstleistung ihres Motors 1 PS nicht überschreitet.

§ 18 Abs. 3 (Betriebserlaubnis für zulassungsfreie Fahrzeuge)
gilt

ab sofort für Kleinkrafträder sowie für Kraftfahrzeuge der Klasse 5, mit Ausnahme der Krankenfahrstühle,
ab 1. Juli 1961 für Fahrzeuge, die erstmals in den Verkehr kommen,
ab 1. Januar 1964 für die anderen Kraftfahrzeuge,
von einem vom Bundesminister für Verkehr zu bestimmenden Tage an für die anderen Anhänger.

Beim Führen von selbstfahrenden Arbeitsmaschinen, einachsigen land- oder forstwirtschaftlichen Zugmaschinen und maschinell angetriebenen Krankenfahrstühlen genügt es bis zum Inkrafttreten des § 18 Abs. 3, statt eines der in § 18 Abs. 5 vorgeschriebenen Nachweise eine Bescheinigung der Zulassungsstelle darüber mitzuführen, daß das Fahrzeug den Vorschriften dieser Verordnung entspricht. Die Bescheinigung darf für Arbeits- und Zugmaschinen mit einer durch die Bauart bestimmten Höchstgeschwindigkeit von mehr als 20 km/h nur erteilt werden, wenn der Zulassungsstelle nachgewiesen worden ist, daß eine ausreichende Kraftfahrzeughaftpflichtversicherung (§ 29a) besteht oder daß der Halter der Versicherungspflicht nicht unterliegt; vom 1. Oktober 1960 an muß auf ihr das etwa zugeteilte amtliche

Kennzeichen von der Zulassungsstelle vermerkt sein. Die Zulassungsstelle kann die Beibringung des Gutachtens eines amtlich anerkannten Sachverständigen für den Kraftfahrzeugverkehr über die vorschriftsmäßige Beschaffenheit des Fahrzeugs anordnen.

§ 18 Abs. 4 Satz 1 Halbsatz 2 (Kennzeichenpflicht für Kleinkrafträder)
gilt für Kleinkrafträder mit regelmäßigem Standort im Saarland vom 1. Oktober 1960 an.

§ 18 Abs. 5 Satz 2 (Bestätigung der Übereinstimmung des Fahrzeugs mit dem genehmigten Typ)
gilt
ab 1. Oktober 1960 für erstmals in den Verkehr kommende Fahrzeuge,
ab 1. Juli 1963 für die anderen Fahrzeuge.

§ 18 Abs. 5 Satz 3 (Bescheinigung über die Zuteilung eines amtlichen Kennzeichens)
gilt ab 1. Oktober 1960.

§ 18 Abs. 6 Satz 2 (Bestätigung der Übereinstimmung des Motors mit dem genehmigten Typ)
gilt
ab 1. Oktober 1960 für Motoren, die erstmals in den Verkehr kommen,
ab 1. Juli 1963 für die anderen Motoren.

§ 20 Abs. 3 Satz 3 Halbsatz 2 und § 21 letzter Satz (Eintragung von Ausnahmen in den Fahrzeugbrief)
Soweit bisher anders verfahren worden ist, sind die Eintragungen von der Zulassungsstelle nachzuholen, wenn diese sich aus anderen Gründen mit dem Brief befaßt, spätestens bis zum 1. Juli 1963; der Verfügungsberechtigte hat den Brief der Zulassungsstelle nötigenfalls rechtzeitig vorzulegen.

§ 22a (Bauartgenehmigung für Fahrzeugteile)
gilt — mit Ausnahme von Warneinrichtungen nach § 53a Abs. 1 — nicht für Fahrzeugteile, die vor dem 1. Januar 1954 (im Saarland: vor dem 1. Juli 1961) in Gebrauch genommen worden sind und an Fahrzeugen verwendet werden, die vor diesem Tage erstmals in den Verkehr gekommen sind.

§ 22a Abs. 1 Nr. 1 (Heizungen)
gilt für Heizungen für die der gewerbsmäßigen Personenbeförderung dienenden Fahrzeuge mit mehr als 8 Fahrgastplätzen und tritt im übrigen in Kraft
am 1. April 1961 für Heizgeräte (Heizanlagen mit selbständiger Wärmeerzeugung),
am 1. Januar 1962 für Heizeinrichtungen (Heizanlagen zur Übertragung von Wärme, die beim Betrieb des Fahrzeugmotors entsteht), wenn die Fahrzeuge, in denen sie angebracht sind, nach diesem Tage erstmals in den Verkehr kommen,
für andere Heizeinrichtungen nach Bestimmung durch den Bundesminister für Verkehr.

§ 22a Abs. 1 Nr. 3 (Sicherheitsglas)
gilt nicht für Sicherheitsglas, das vor dem 1. April 1957 in Gebrauch genommen worden ist und an Fahrzeugen verwendet wird, die vor diesem Tage erstmals in den Verkehr gekommen sind.

§ 22a Abs. 1 Nr. 4 (Bremsbeläge)
gilt nur für Bremsbeläge, die nach dem 1. April 1958 hergestellt worden sind und an Fahrzeugen verwendet werden, die ab 1. Januar 1959 erstmals in den Verkehr kommen.

§ 22a Abs. 1 Nr. 6 (Einrichtungen zur Verbindung von Fahrzeugen)
gilt bei Fahrrädern mit Hilfsmotor und ihren Anhängern nicht für Einrichtungen, die vor dem 1. Juli 1961 erstmals in Gebrauch genommen worden sind und an Fahrzeugen verwendet werden, die vor diesem Tage erstmals in den Verkehr gekommen sind.

§ 22a Abs. 1 Nr. 10 (Nebelscheinwerfer)
gilt nicht für Nebelscheinwerfer, die vor dem 1. Januar 1961 in Gebrauch genommen worden sind und an Fahrzeugen verwendet werden, die vor diesem Tage erstmals in den Verkehr gekommen sind.

§ 22a Abs. 1 Nr. 11 (Kennleuchten für blaues Blinklicht)
gilt nicht für Kennleuchten für blaues Blinklicht, die vor dem 1. Januar 1961 in Gebrauch genommen worden sind und an Fahrzeugen verwendet werden, die vor diesem Tage erstmals in den Verkehr gekommen sind.

§ 22a Abs. 1 Nr. 12 (Kennleuchten für gelbes Blinklicht)
gilt nicht für Kennleuchten für gelbes Blinklicht, die vor dem 1. Januar 1961 in Gebrauch genommen worden sind und an Fahrzeugen verwendet werden, die vor diesem Tage erstmals in den Verkehr gekommen sind.

§ 22a Abs. 1 Nr. 17 (Fahrtrichtungsanzeiger)
gilt nicht für Blinkleuchten als Fahrtrichtungsanzeiger, die vor dem 1. April 1957 in Gebrauch genommen worden sind und an Fahrzeugen verwendet werden, die vor diesem Tage erstmals in den Verkehr gekommen sind.

§ 22a Abs. 1 Nr. 18 (Glühlampen)
gilt für Glühlampen für Kraftfahrzeug-Scheinwerfer mit asymmetrischem Abblendlicht und ab 1. Januar 1961 für sonstige nach diesem Tage hergestellte Glühlampen. Soweit für Glühlampen für Kraftfahrzeug-Scheinwerfer danach eine Bauartgenehmigung noch nicht erforderlich ist, darf die Leistungsaufnahme der Glühlampen bei einer Nennspannung von 6 oder 12 V höchstens je 35 W, bei einer Nennspannung von 24 V höchstens je 50 W betragen.

§ 22a Abs. 1 Nr. 19 (Warnvorrichtungen mit einer Folge verschieden hoher Töne)
gilt nicht für Warnvorrichtungen mit einer Folge verschieden hoher Töne, die vor dem 1. Januar 1959 in Gebrauch genommen worden sind und an Fahrzeugen verwendet werden, die vor diesem Tage erstmals in den Verkehr gekommen sind.

§ 22a Abs. 1 Nr. 22 (Lichtmaschinen für Fahrräder)
gilt nicht für Lichtmaschinen, die vor dem 1. Juli 1956 erstmals in den Verkehr gekommen sind.

§ 22a Abs. 1 Nr. 24 (Beiwagen)
gilt bei Fahrrädern mit Hilfsmotor und Kleinkrafträdern mit einer durch die Bauart bestimmten Höchstgeschwindigkeit von nicht mehr als 40 km/h nicht für Beiwagen, die vor dem 1. Juli 1961 erstmals in Gebrauch genommen worden sind und an Fahrzeugen verwendet werden, die vor diesem Tage erstmals in den Verkehr gekommen sind.

§ 22a Abs. 1 Nr. 25 (Sicherheitsgurte in Kraftfahrzeugen)
gilt nur für Sicherheitsgurte, die nach dem 1. April 1961 erstmals in den Verkehr kommen.

§ 22a Abs. 1 Nr. 26 (Leuchten zur Sicherung von Ladungen)
tritt für Leuchten zur Sicherung von Ladungen erst am 1. Juli 1963 in Kraft, jedoch nur für Leuchten, die nach diesem Tage erstmals in Gebrauch genommen werden.

§ 22a Abs. 2 (Prüfzeichen)
gilt nicht für Einrichtungen zur Verbindung von Fahrzeugen und lichttechnische Einrichtungen — ausgenommen Warneinrichtungen nach § 53a Abs. 1 —, wenn die Einrichtungen vor dem 1. Januar 1954 erstmals in den Verkehr gekommen sind.

§ 23 Abs. 1 Satz 3 (Anforderungen an Fahrzeugbriefe)
Im Saarland vor dem 1. September 1959 ausgefertigte Fahrzeugbriefe bleiben auch dann gültig, wenn sie kein für die Bundesdruckerei geschütztes Wasserzeichen haben.

§ 23 Abs. 1 letzter Satz (Verwendung der Bezeichnung „Kombinationskraftwagen“)
Bis zum 1. Oktober 1960 sind Kraftfahrzeugbriefe und Kraftfahrzeugscheine von Kombinationskraftwagen und Kraftomnibussen den Zulassungsstellen zur Berichtigung vorzulegen, wenn die Art des Fahrzeugs unrichtig angegeben ist.

§ 24 letzter Halbsatz (Eintragung des Tages der ersten Zulassung in das Anhängerverzeichnis)
tritt am 1. Juli 1963 in Kraft. Ist der Tag der ersten Zulassung nicht bekannt und nicht festzustellen, so genügt die Angabe des Jahres der ersten Zulassung.

§ 27 Abs. 1 (Berichtigung der Fahrzeugpapiere)
Hat die Zulassungsstelle bei der bis zum 30. Juni 1958 (im Saarland: bis zum 31. Dezember 1958) durchzuführenden Umkennzeichnung der Fahrzeuge auf die Vorlage eines Fahrzeugbriefs verzichtet, so genügt es, wenn sie den Brief berichtigt, sobald er aus anderem Anlaß vorgelegt wird.

§ 28 (Prüfungsfahrten, Probefahrten, Überführungsfahrten)
Im Saarland dürfen bis zum 1. Januar 1961 Kennzeichen auf Grund der Dritten Verordnung zur Änderung der Straßenverkehrs-Zulassungs-Ordnung vom 3. Januar 1950 (Amtsblatt des Saarlandes S. 293) zugeteilt werden; sie werden spätestens am 1. Juli 1961 ungültig.

§ 29 und die Anlagen VIII und IX (Untersuchung der Fahrzeuge, Plakette)
treten für Kraftfahrzeuge der Klasse 5 nach näherer Bestimmung durch den Bundesminister für Verkehr in Kraft. Im übrigen gelten sie

1. hinsichtlich der Fahrzeuge mit eigenem amtlichen Kennzeichen
   ab 1. Januar 1961 für Fahrzeuge, die erstmals in den Verkehr kommen, sowie für Personenkraftwagen und Krafträder zur gewerbsmäßigen Vermietung an Selbstfahrer,
   von dem Tage, den die Zulassungsstelle für das Fahrzeug bestimmt und dem Halter mitteilt, spätestens vom 1. Januar 1963 an für die anderen Fahrzeuge. Der Tag, den die Zulassungsstelle für das Fahrzeug bestimmt hat, ist in den Fahrzeugschein und gegebenenfalls in die Anhängerverzeichnisse, bei zulassungsfreien Fahrzeugen in den nach § 18 Abs. 5 erforderlichen Nachweis einzutragen; der Halter hat der Zulassungsstelle den Schein und die Verzeichnisse oder den Nachweis zu diesem Zweck unverzüglich vorzulegen. Bis zum Inkrafttreten des § 29 haben die Zulassungsstellen in angemessenen, von den zuständigen obersten Landesbehörden festzusetzenden Zeitabständen die Vorführung der kennzeichenpflichtigen Fahrzeuge und ihrer Anhänger zur Prüfung durch einen amtlich anerkannten Sachverständigen oder Prüfer für den Kraftfahrzeugverkehr anzuordnen. Die Fahrzeuge sind zur Prüfung an dem in der Anordnung bestimmten Ort und zur bestimmten Zeit vorzuführen. Für die Untersuchung gilt vom 1. Januar 1961 an die Anlage VIII;

2. hinsichtlich der Fahrzeuge ohne eigenes amtliches Kennzeichen
   ab 1. Januar 1961 für Fahrzeuge, die erstmals in den Verkehr kommen,
   vom Tage der ersten Hauptuntersuchung an für die anderen Fahrzeuge.
   Zur ersten Hauptuntersuchung sind vorzuführen
   im Jahre 1962 die Fahrzeuge, die vor dem 1. Januar 1954 erstmals in den Verkehr gekommen sind,
   im Jahre 1963 die Fahrzeuge, die in den Jahren 1954, 1955, 1956 und 1957 erstmals in den Verkehr gekommen sind,
   im Jahre 1964 die Fahrzeuge, die in den Jahren 1958, 1959 und 1960 erstmals in den Verkehr gekommen sind.

§ 32 Abs. 1 Nr. 1 Buchstabe b (Breite von land- oder forstwirtschaftlichen Arbeitsgeräten)
tritt für erstmals in den Verkehr kommende Fahrzeuge am 1. Juli 1961,
für die anderen Fahrzeuge nach näherer Bestimmung durch den Bundesminister für Verkehr in Kraft.

§ 32 Abs. 1 Nr. 3 Buchstabe d (Länge von Zügen) gilt

1. für Züge, bei denen jedes der miteinander verbundenen Fahrzeuge ab 1. Januar 1958 (im Saarland oder bei regelmäßigem Standort im Saarland: ab 1. August 1960) erstmals in den Verkehr gekommen ist,
2. ab 1. April 1963 (im Saarland oder bei regelmäßigem Standort im Saarland: ab 1. August 1966) für andere Züge, jedoch für Züge, bei denen für das ziehende Fahrzeug eine vor dem 1. Mai 1956 (im Saarland: vor dem 1. August 1960) erteilte Genehmigung nach dem Güterkraftverkehrsgesetz oder nach dem Gesetz über die Beförderung von Personen zu Lande besteht, erst vom Ablauf der Genehmigung an und spätestens ab 1. April 1964 (im Saarland: ab 1. August 1968).

Soweit § 32 Abs. 1 Nr. 3 Buchstabe d hiernach noch nicht gilt, ist ab 1. Juli 1960 bis zum 1. April 1961 — bei Kraftomnibuszügen bis zum 1. April 1962 — eine Zuglänge von 20 m und ab 1. April 1961 — bei Kraftomnibuszügen ab 1. April 1962 — eine Zuglänge von 18 m zulässig.

§ 32 Abs. 2 (Kurvenläufigkeit)
gilt für die der gewerbsmäßigen Personenbeförderung dienenden Kraftomnibuszüge, außerdem ab 1. Januar 1958 (bei regelmäßigem Standort im Saarland: ab 1. Juli 1961) für erstmals in den Verkehr kommende Fahrzeuge sowie für Züge und Sattelkraftfahrzeuge aus solchen Fahrzeugen.

§ 32 a Satz 4 (hinter Kraftomnibussen nur Gepäckanhänger zulässig)
tritt bei Kraftomnibussen, für die nach dem Gesetz über die Beförderung von Personen zu Lande Genehmigungen erteilt worden sind, erst mit dem Ablauf der Genehmigungen in Kraft, die am 1. Mai 1956 (im Saarland: am 1. August 1960) bestanden haben, spätestens aber am 1. April 1964. Soweit es sich um Linien handelt, die von der Deutschen Bundesbahn oder der Deutschen Bundespost bereits vor dem 1. Mai 1956 betrieben worden sind, gilt § 32a Satz 4 für Kraftomnibusse der Deutschen Bundesbahn und der Deutschen Bundespost erst ab 1. April 1962.

§ 33 (Schleppen von Fahrzeugen)
tritt in Kraft am 1. Oktober 1960.

§ 34 Abs. 1 Satz 3 (Achsabstand bei Doppelachsen)
Im Saarland gelten bis zur Anwendung des § 34 Abs. 3 Satz 1 als Doppelachse zwei Achsen mit einem Abstand von nicht weniger als 0,9 m und nicht mehr als 1,35 m voneinander.

§ 34 Abs. 3 Satz 1 (Achslasten und Gesamtgewichte) gilt

1. für die ab 1. Januar 1958 (im Saarland: ab 1. Januar 1961) erstmals in den Verkehr gekommenen Fahrzeuge sowie für Sattelkraftfahrzeuge und Züge, bei denen jedes der miteinander verbundenen Fahrzeuge von diesem Tage ab erstmals in den Verkehr gekommen ist,
2. ab 1. April 1961 (im Saarland oder bei regelmäßigem Standort im Saarland: ab 1. August 1966) für andere Fahrzeuge, Sattelkraftfahrzeuge und Züge, jedoch für Fahrzeuge, für die eine vor dem 1. Mai 1956 (im Saarland: vor dem 1. August 1960) erteilte Genehmigung nach dem Güterkraftverkehrsgesetz oder dem Gesetz über die Beförderung von Personen zu Lande besteht, sowie für Sattelkraftfahrzeuge und Züge, bei denen für das ziehende Fahrzeug eine solche Genehmigung vorliegt, erst vom Ablauf der Genehmigung an und spätestens ab 1. April 1964 (im Saarland: ab 1. August 1968).

Soweit § 34 Abs. 3 Satz 1 hiernach noch nicht in Kraft getreten ist und § 35 oder § 42 nicht entgegenstehen, dürfen ab 1. Juli 1960 betragen:

	Im Bundesgebiet ohne Saarland	Im Saarland oder bei regelmäßigem Standort im Saarland
a) Die Achslast		
1. Einzelachse	10 t	13 t
2. Doppelachse	16 t	21 t
b) das zulässige Gesamtgewicht		
1. Fahrzeug mit zwei Achsen	16 t	19 t
2. Fahrzeug mit mehr als zwei Achsen	24 t	26 t
3. Sattelkraftfahrzeug	35 t	35 t
4. Zug (unter Beachtung der Vorschriften über die Einzelfahrzeuge)	40 t	35 t

§ 34 Abs. 3 Satz 1 Nr. 2 Buchstabe a gilt nicht für Fahrzeuge, die vor dem 1. August 1960 erstmals in den Verkehr gekommen sind; bei diesen Fahrzeugen darf die Doppelachslast 16 t betragen.

§ 34 Abs. 4 (Angabe der Achslasten und Gewichte am Fahrzeug)
tritt in Kraft am 1. April 1961.

§ 34a (Besetzung von Kraftomnibussen)
Absatz 1, Absatz 2 Satz 1 und die Absätze 4 bis 6 gelten für die der gewerbsmäßigen Personenbeförderung dienenden Fahrzeuge und ab 1. Januar 1961 auch für andere Fahrzeuge. Absatz 2 Satz 4 tritt in Kraft am 1. Januar 1962 für Fahrzeuge, die von diesem Tage ab erstmals in den Verkehr kommen, für andere Fahrzeuge nach Bestimmung durch den Bundesminister für Verkehr.

§ 35 (Motorleistung)
gilt

1. für die ab 1. Januar 1958 (bei regelmäßigem Standort im Saarland: ab 1. August 1960) erstmals in den Verkehr gekommenen Kraftfahrzeuge sowie für Sattelkraftfahrzeuge und Züge, bei denen jedes der miteinander verbundenen Fahrzeuge von diesem Tage ab erstmals in den Verkehr gekommen ist,

2. ab 1. April 1963 (bei regelmäßigem Standort im Saarland: ab 1. August 1966) für andere Fahrzeuge, Sattelkraftfahrzeuge und Züge, jedoch für Fahrzeuge, für die eine vor dem 1. Mai 1956 (im Saarland: vor dem 1. August 1960) erteilte Genehmigung nach dem Güterkraftverkehrsgesetz oder dem Gesetz über die Beförderung von Personen zu Lande besteht, sowie für Sattelkraftfahrzeuge und Züge, bei denen für das ziehende Fahrzeug eine solche Genehmigung vorliegt, erst vom Ablauf der Genehmigung an und spätestens ab 1. April 1964 (im Saarland: ab 1. August 1968).

§ 35a Abs. 1a Satz 1 (Beschaffenheit von Sitzen)
Die Vorschrift über die Beschaffenheit der Lehnen tritt in Kraft am 1. Juli 1961 für erstmals in den Verkehr kommende Fahrzeuge, für andere nach Bestimmung durch den Bundesminister für Verkehr.

§ 35a Abs. 1a Satz 2 (Beschaffenheit der oberen Kante von Rückenlehnen an Sitzen)
tritt in Kraft am 1. Januar 1961.

§ 35a Abs. 2 (Beifahrersitz an Zugmaschinen)
gilt nicht für Zugmaschinen, die vor dem 1. April 1952 (im Saarland: vor dem 1. Januar 1961) erstmals in den Verkehr gekommen sind.

§ 35a Abs. 4 (Sitze, Gangbreite)
gilt für die der gewerbsmäßigen Personenbeförderung dienenden Kraftomnibusse und tritt in Kraft am 1. Januar 1961 für andere Kraftomnibusse, die nach diesem Tage erstmals in den Verkehr kommen.

§ 35b Abs. 2 Satz 2 (Sichtfeld für die Führer von Kraftomnibussen)
tritt in Kraft am 1. Januar 1961 für Kraftomnibusse, die von diesem Tage ab erstmals in den Verkehr kommen, am 1. Juli 1961 für andere Kraftomnibusse.

§ 35c (Heizung und Lüftung)
tritt in Kraft am 1. Januar 1962.

§ 35d Abs. 2 (Höhe der Trittstufen bei Kraftomnibussen)
tritt in Kraft am 1. Juli 1961, jedoch nur für erstmals in den Verkehr kommende Fahrzeuge.

§ 35e Abs. 1 (Vermeidung störender Geräusche beim Schließen der Türen)
tritt in Kraft am 1. Juli 1961, jedoch nur für erstmals in den Verkehr kommende Fahrzeuge.

§ 35e Abs. 2 (Vermeidung des unbeabsichtigten Öffnens der Türen)
tritt in Kraft am 1. Juli 1961, jedoch nur für erstmals in den Verkehr kommende Fahrzeuge.

§ 35e Abs. 3 (Türbänder)
gilt für Kraftomnibusse, die der gewerbsmäßigen Personenbeförderung dienen, und tritt in Kraft am 1. Juli 1963 für andere Fahrzeuge, die nach diesem Tage erstmals in den Verkehr kommen.

§ 35e Abs. 4 (Ein- und Ausstiege bei Kraftomnibussen)
tritt in Kraft am 1. Juli 1961, jedoch nur für erstmals in den Verkehr kommende Fahrzeuge. Bei Fahrzeugen, die vor diesem Zeitpunkt erstmals in den Verkehr gekommen sind, darf die lichte Weite der Einstiege weniger als 650 mm betragen.

§ 35f Abs. 1 und 2 (Notausstiege)
tritt in Kraft am 1. Januar 1962, jedoch nur für erstmals in den Verkehr kommende Fahrzeuge. Fahrzeuge, die vor diesem Zeitpunkt erstmals in den Verkehr gekommen sind und der gewerbsmäßigen Personenbeförderung dienen, müssen in der

Rückwand oder am hinteren Teil der linken Seitenwand eine Nottür haben. Die Nottür in der Rückwand kann durch ein Fenster in der Rückwand ersetzt werden, dessen lichte Weite mindestens 1200 mm × 430 mm betragen muß, und dessen Verglasung im Falle der Gefahr in kürzester Zeit beseitigt werden kann. Abrundungen des Fensters in der Rückwand sind zulässig, wenn dadurch seine Verwendung als Notausstieg nicht beeinträchtigt wird.
Die Vorschriften über den Notausstieg in der Rückwand gelten nicht, wenn mindestens zwei Fenster auf jeder Seite so beschaffen sind, daß sie als Notausstieg dienen können.

§ 35g Abs. 1 (Feuerlöscher)
tritt in Kraft am 1. Oktober 1960; bis dahin genügt es, wenn in den der gewerbsmäßigen Personenbeförderung dienenden Fahrzeugen ein Handfeuerlöscher anderer Art mitgeführt wird.

§ 35h Abs. 1 (Verbandkästen)
tritt in Kraft am 1. Januar 1961; bis dahin genügt es, wenn in den der gewerbsmäßigen Personenbeförderung dienenden Fahrzeugen ein Verbandkasten mitgeführt, wird der den „Regeln für Einheitsverbandkästen der Berufsgenossenschaften", Ausgabe ZH 1/146/147 DK: 614.888.3, entspricht.

§ 36 Abs. 2 (Profilrillen oder Einschnitte auf der Lauffläche von Reifen)
tritt für Reifen an Anhängern hinter Kraftfahrzeugen mit einer durch die Bauart bestimmten Höchstgeschwindigkeit von nicht mehr als 20 km/h erst am 1. Oktober 1960 in Kraft.

§ 36a (Radabdeckungen)
tritt in Kraft am 1. Januar 1962.

§ 38 Abs. 2 (Lenkhilfe)
tritt in Kraft am 1. Juli 1961, jedoch nur für erstmals in den Verkehr kommende Kraftomnibusse.

§ 38a (Sicherung gegen unbefugte Benutzung)
tritt in Kraft am 1. Juli 1961 für erstmals in den Verkehr kommende Fahrzeuge, für andere Fahrzeuge am 1. Juli 1962.

§ 39 (Rückwärtsgang)
gilt für Kraftfahrzeuge mit einem Leergewicht von mehr als 400 kg und tritt in Kraft im 1. Juli 1961 für andere mehrspurige Kraftfahrzeuge, die nach diesem Tage erstmals in den Verkehr kommen.

§ 40 Abs. 1 Satz 1 (sämtliche Scheiben aus Sicherheitsglas)
Bei den vor dem 1. November 1956 (im Saarland: vor dem 1. Januar 1961) erstmals in den Verkehr gekommenen Fahrzeugen müssen — außer bei den der gewerbsmäßigen Personenbeförderung dienenden Kraftomnibussen und Omnibusanhängern — Seitenscheiben erst ab 1. Juli 1963 aus Sicherheitsglas bestehen.

§ 41 (Bremsen)
Bei den vor dem 1. Januar 1962 erstmals in den Verkehr gekommenen Zugmaschinen, deren zulässiges Gesamtgewicht 2 t und deren durch die Bauart bestimmte Höchstgeschwindigkeit 20 km/h nicht übersteigt, genügt eine vom Führersitz aus feststellbare Bremsanlage, die so beschaffen sein muß, daß die Räder festgestellt (blockiert) werden können und beim Bruch eines Teils der Bremsanlage noch mindestens ein Rad gebremst werden kann. Der Zustand der betriebswichtigen Teile

der Bremsanlage muß leicht nachprüfbar sein. An solchen Zugmaschinen muß der Kraftstoff- oder Drehzahlregulierungshebel feststellbar oder die Bremse auch von Hand bedienbar sein.

§ 41 Abs. 5 (Wirkung der Feststellbremse)
Für die Feststellbremse genügt eine mittlere Verzögerung von 1 m/sek² bei den vor dem 1. April 1952 (im Saarland: vor dem 1. Januar 1961) erstmals in den Verkehr gekommenen Kraftfahrzeugen mit einer durch die Bauart bestimmten Höchstgeschwindigkeit von nicht mehr als 20 km/h.

§ 41 Abs. 6 (Bremsen an Krafträdern)
Für Fahrräder mit Hilfsmotor, die vor dem 1. Januar 1957 (im Saarland: vor dem 1. Oktober 1960) erstmals in den Verkehr gekommen sind, gilt § 65.

§ 41 Abs. 6 letzter Satz (Bremse an Beiwagen von Krafträdern)
tritt in Kraft am 1. April 1961, jedoch nur für erstmals in den Verkehr kommende Beiwagen.

§ 41 Abs. 9 Satz 6 (Allradbremse an Anhängern)
gilt nicht für die vor dem 1. April 1952 (im Saarland: vor dem 1. Januar 1961) erstmals in den Verkehr gekommenen Anhänger.

§ 41 Abs. 9 (Bremsen an Anhängern)
Bis zu einem vom Bundesminister für Verkehr zu bestimmenden Tage genügen an den vor dem 1. Januar 1961 erstmals in den Verkehr gekommenen und für eine Höchstgeschwindigkeit von nicht mehr als 20 km/h gekennzeichneten Anhängern Bremsen, die weder vom Führer des ziehenden Fahrzeugs bedient werden noch selbsttätig wirken können. Diese Bremsen müssen durch einen auf dem Anhänger befindlichen Bremser bedient werden; der Bremsersitz mindestens des ersten Anhängers muß freie Aussicht auf die Fahrbahn in Fahrtrichtung bieten.

§ 41 Abs. 15 (Dauerbremse)
gilt

1. für die ab 1. Januar 1958 (bei regelmäßigem Standort im Saarland: ab 1. Januar 1961) erstmals in den Verkehr gekommenen Fahrzeuge,
2. ab 1. April 1963 (bei regelmäßigem Standort im Saarland: ab 1. August 1966) für andere Fahrzeuge, jedoch für Kraftfahrzeuge, für die eine vor dem 1. Mai 1956 (im Saarland: vor dem 1. August 1960) erteilte Genehmigung nach dem Güterkraftverkehrsgesetz oder dem Gesetz über die Beförderung von Personen zu Lande besteht und für Anhänger hinter solchen Fahrzeugen erst vom Ablauf der Genehmigung an und spätestens ab 1. April 1964 (im Saarland: ab 1. August 1968).

§ 41 Abs. 16 (Zweikreisbremsanlage und Warndruckanzeiger bei Druckluftbremsanlagen)
tritt in Kraft am 1. Juli 1963, die Vorschrift über Zweikreisbremsanlagen jedoch nur für erstmals in den Verkehr kommende Kraftomnibusse.

§ 42 Abs. 1 (Anhängelast)
Die Vorschrift über das Verhältnis der Anhängelast zum zulässigen Gesamtgewicht des ziehenden Fahrzeugs gilt

1. ab 1. Oktober 1960 für Krafträder, Personenkraftwagen und Kombinationskraftwagen beim Mitführen von Anhängern, die nach diesem Tage erstmals in den Verkehr gekommen sind,

2. ab 1. Juli 1963 für Krafträder, Personenkraftwagen und Kombinationskraftwagen beim Mitführen von anderen Anhängern,
3. ab 1. Januar 1957 (im Saarland und bei regelmäßigem Standort im Saarland: ab 1. August 1960) für Lastkraftwagen beim Mitführen von Anhängern, die nach dem 1. Januar 1957 (im Saarland: nach dem 1. August 1960) erstmals in den Verkehr gekommen sind,
4. ab 1. April 1963 (im Saarland und bei regelmäßigem Standort im Saarland: ab 1. August 1966) für Lastkraftwagen beim Mitführen von anderen Anhängern. Bei diesen Anhängern darf jedoch ab 1. April 1961 (im Saarland und bei regelmäßigem Standort im Saarland: ab 1. August 1964) bis 1. April 1963 (im Saarland und bei regelmäßigem Standort im Saarland: bis 1. August 1966) das Verhältnis der Anhängelast zum zulässigen Gesamtgewicht des Lastkraftwagens höchstens 1,2 : 1 betragen.

§ 42 Abs. 2 (Anhängelast bei Anhängern ohne ausreichende eigene Bremse)
gilt auch für zweiachsige Anhänger, die vor dem 1. Oktober 1960 erstmals in den Verkehr gekommen sind.

§ 42 Abs. 3 (Leergewicht)
Soweit bisher bei anderen Kraftfahrzeugen als Personenkraftwagen und Krafträdern bei der Berechnung des Leergewichts das Fahrergewicht nicht berücksichtigt worden ist, sind die Angaben über das Leergewicht im Kraftfahrzeugbrief und -schein durch die Zulassungsstelle zu berichtigen, sobald sie sich aus anderem Anlaß mit den Papieren befaßt, spätestens bis zum 1. Juli 1963.

§ 43 Abs. 1 Satz 3 (Höheneinstellung an der Anhängerdeichsel)
gilt nicht für Fahrzeuge, die vor dem 1. April 1952 (im Saarland: vor dem 1. Januar 1961) erstmals in den Verkehr gekommen sind.

§ 43 Abs. 4 Satz 1 (Anhängerkupplungen)
gilt im Saarland erst ab 1. Januar 1961 für erstmals in den Verkehr kommende Fahrzeuge und ab 1. Juli 1963 für andere Fahrzeuge mit regelmäßigem Standort im Saarland.

§ 44 (Stützvorrichtung an Anhängern)
tritt in Kraft am 1. Juli 1961 für erstmals in den Verkehr kommende Anhänger, am 1. Juli 1963 für andere Anhänger.

§ 45 Abs. 2 (Lage des Kraftstoffbehälters)
gilt nicht für reihenweise gefertigte Fahrzeuge, für die eine Allgemeine Betriebserlaubnis vor dem 1. April 1952 erteilt worden ist, und nicht für Fahrzeuge, die im Saarland vor dem 1. Januar 1961 erstmals in den Verkehr gekommen sind.

§ 45 Abs. 3 (Kraftstoffbehälter in Kraftomnibussen)
gilt für die der gewerbsmäßigen Personenbeförderung dienenden Kraftomnibusse und tritt in Kraft am 1. April 1961 für andere Kraftomnibusse, die nach diesem Tage erstmals in den Verkehr kommen.

§ 46 Abs. 4 (Kraftstoffleitungen und Förderung des Kraftstoffs bei Kraftomnibussen)
gilt für die der gewerbsmäßigen Personenbeförderung dienenden Kraftomnibusse und tritt in Kraft am 1. April 1961 für andere Kraftomnibusse, die nach diesem Tage erstmals in den Verkehr kommen.

§ 50 Abs. 5 Satz 2 (Fernlichtkontrolleuchte)
gilt im Saarland erst ab 1. Januar 1961 für erstmals in den Verkehr kommende Fahrzeuge und ab 1. Juli 1961 für andere Fahrzeuge mit regelmäßigem Standort im Saarland.

§ 50 Abs. 8 (größte zulässige Belastungsabhängigkeit)
tritt in Kraft nach Bestimmung durch den Bundesminister für Verkehr.

§ 51 Abs. 1 Satz 5 (ständiges Mitleuchten der Begrenzungsleuchten)
gilt im Saarland erst ab 1. Januar 1961 für erstmals in den Verkehr kommende Fahrzeuge und ab 1. Juli 1961 für andere Fahrzeuge mit regelmäßigem Standort im Saarland.

§ 52 Abs. 2 Satz 4 (Schaltung der Rückfahrscheinwerfer)
Bei den vor dem 1. Juli 1961 erstmals in den Verkehr gekommenen Fahrzeugen genügt es, wenn die Rückfahrscheinwerfer nur bei eingeschaltetem Rückwärtsgang brennen können.

§ 52 Abs. 3 (Kennleuchten für blaues Blinklicht)
Bei den vor dem 1. April 1961 erstmals in den Verkehr kommenden Fahrzeugen sind bis zum 1. Oktober 1962 Kennleuchten zulässig, die kein Rundumlicht zeigen.

§ 52 Abs. 4 (Kennleuchten für gelbes Blinklicht)
Bis zum 1. Oktober 1962 dürfen an den vor dem 1. April 1961 erstmals in den Verkehr gekommenen Kraftfahrzeugen des Straßenwinterdienstes der öffentlichen Verwaltungen statt der Kennleuchten für gelbes Blinklicht (Rundumlicht) bis zu zwei nach vorn gerichtete Blinkleuchten für gelbes Licht und bis zu zwei zusätzliche Schlußleuchten für gelbes Licht angebracht sein.

§ 53 Abs. 2 Satz 1 (Bremsleuchten)
An Fahrzeugen, die vor dem 1. Juli 1961 erstmals in den Verkehr gekommen sind, genügt eine Bremsleuchte.

§ 53 Abs. 4 Satz 1 (Rückstrahler an Kraftfahrzeugen)
tritt für einachsige Zug- und Arbeitsmaschinen am 1. Januar 1961 in Kraft. An Fahrzeugen, die vor dem 1. Oktober 1960 im Saarland erstmals in den Verkehr gekommen sind, genügt bis zum 1. Januar 1961 ein roter Rückstrahler.

§ 53 Abs. 4 Satz 2 (wirksame Fläche von Rückstrahlern mindestens 20 cm²)
An Fahrrädern mit Hilfmotor, die vor dem 1. Juli 1961 erstmals in den Verkehr gekommen sind, darf die wirksame Fläche des Rückstrahlers kleiner als 20 cm² sein.

§ 53 Abs. 4 Satz 3 (dreieckige Rückstrahler an Anhängern)
tritt für Anhänger hinter einachsigen Zug- und Arbeitsmaschinen erst am 1. Januar 1961 in Kraft und gilt bei regelmäßigem Standort im Saarland erst ab 1. Januar 1961 für Anhänger aller Art.

Bis zum Inkrafttreten genügen außerhalb des Saarlands an mehrspurigen Anhängern zwei andere rote Rückstrahler, an einspurigen Anhängern genügt ein anderer roter Rückstrahler, im Saarland an Anhängern aller Art ein runder roter Rückstrahler mit mindestens 20 cm² wirksamer Fläche.

§ 53 Abs. 5 Sätze 1 und 2 (zusätzliche Schlußleuchten, Bremsleuchten und Rückstrahler)
gilt ab 1. Januar 1961 für erstmals in den Verkehr kommende Fahrzeuge, ab 1. Juli 1961 für andere Fahrzeuge. Bis dahin sind nach hinten hinausragende fahrbare Anhängeleitern, Förderbänder und Kräne auch nachts wie eine Ladung nach § 19 Abs. 3 der Straßenverkehrs-Ordnung kenntlich zu machen.

§ 53a Abs. 1 (Warneinrichtungen)
gilt im Saarland erst ab 1. Januar 1961.

§ 54 (Fahrtrichtungsanzeiger)
Fahrtrichtungsanzeiger sind erst ab 1. Januar 1962 erforderlich an

a) Zug- und Arbeitsmaschinen mit nach hinten offenem Führersitz,
b) Krafträdern, die nach diesem Tage erstmals in den Verkehr kommen, von einem vom Bundesminister für Verkehr zu bestimmenden Tage ab an anderen Krafträdern,
c) den in § 18 Abs. 2 Nr. 6 Buchstaben a, c, d, e, f, g, i, k, l, m, n und o bezeichneten Anhängern,
d) Anhängern mit einem zulässigen Gesamtgewicht von nicht mehr als 750 kg,
e) Anhängern mit regelmäßigem Standort im Saarland.

§ 54 Abs. 3 (zulässige Fahrtrichtungsanzeiger)
Bis zum 1. Juli 1963 dürfen

a) Blinkleuchten an der Vorderseite der Fahrzeuge weißes Licht und andere Winker als Pendelwinker gelbes Dauerlicht haben, jedoch ab 1. Juli 1961 nicht bei erstmals in den Verkehr kommenden Fahrzeugen,
b) Blinkleuchten an den Längsseiten von Fahrzeugen, die vor dem 1. Januar 1961 erstmals in den Verkehr gekommen sind und im Saarland ihren regelmäßigen Standort haben, nach vorn weißes und nach hinten rotes Licht zeigen.

§ 54 Abs. 4 Nr. 1 (vorgeschriebene Fahrtrichtungsanzeiger an mehrspurigen Kraftfahrzeugen)
Blinkleuchten an der Rückseite der Fahrzeuge sind ab 1. Juli 1961 an erstmals in den Verkehr kommenden Fahrzeugen, ab 1. Juli 1963 an den anderen Fahrzeugen erforderlich. Zusätzliche Fahrtrichtungsanzeiger brauchen an den Längsseiten der im letzten Satz bezeichneten Fahrzeuge erst ab 1. Juli 1961 angebracht zu sein.

§ 54a (Innenbeleuchtung)
gilt für die der gewerbsmäßigen Personenbeförderung dienenden Kraftomnibusse und tritt in Kraft am 1. Oktober 1960 für die anderen Kraftomnibusse.

§ 54b (windsichere Handlampe)
gilt für die der gewerbsmäßigen Personenbeförderung dienenden Kraftomnibusse und tritt in Kraft am 1. Oktober 1960 für die anderen Kraftomnibusse.

§ 55 Abs. 3 (Verbot bestimmter Warnvorrichtungen)
tritt in Kraft am 1. Januar 1961.

§ 55a (Funkentstörung)
tritt in Kraft am 1. Oktober 1960 für erstmals in den Verkehr kommende und am 1. Juli 1961 für die anderen Kraftfahrzeuge.

§ 56 Abs. 1 (Rückspiegel)
tritt für erstmals in den Verkehr kommende Fahrräder mit Hilfsmotor erst am 1. Januar 1961 und für andere Fahrräder mit Hilfsmotor am 1. Juli 1961 in Kraft; bis dahin ist § 66 anzuwenden.
Absatz 1 Nr. 1 und 2 (zwei Rückspiegel) gilt für Fahrzeuge, die im Saarland ihren regelmäßigen Standort haben und nicht der gewerbsmäßigen Personenbeförderung dienen, erst ab 1. Januar 1961; bis dahin genügt ein Rückspiegel.

§ 57 Abs. 1 Halbsatz 1 (Geschwindigkeitsmesser und Wegstreckenzähler)
gilt erst ab 1. Januar 1961

1. für Fahrzeuge, die vor dem 1. April 1952 erstmals in den Verkehr gekommen sind,

2. für Fahrzeuge mit einem Leergewicht von nicht mehr als 400 kg,
3. für Fahrzeuge mit regelmäßigem Standort im Saarland,
4. für die nach diesem Tage erstmals in den Verkehr kommenden Fahrräder mit Hilfsmotor,

für andere Fahrräder mit Hilfsmotor nach Bestimmung durch den Bundesminister für Verkehr.

§ 57 Abs. 2 Nr. 1 (Abweichungen der Anzeige von Geschwindigkeitsmessern vom Sollwert)

Bei Geschwindigkeitsmessern, die vor dem 1. Juli 1961 erstmals in den Verkehr gekommen sind, darf die Anzeige vom Sollwert in den letzten beiden Dritteln des Anzeigebereichs um 0 bis plus 7 vom Hundert des Skalenendwerts abweichen.

§ 57a (Fahrtschreiber)

tritt für folgende Fahrzeuge erst am 1. April 1961 in Kraft:

1. selbstfahrende Arbeitsmaschinen mit einem zulässigen Gesamtgewicht von 7,5 t und darüber,
2. zur Beförderung von Personen bestimmte Kraftfahrzeuge mit mehr als 8, jedoch nicht mehr als 14 Fahrgastplätzen,
3. Kraftomnibusse im Linienverkehr mit einem durchschnittlichen Haltestellenabstand von nicht mehr als 3 km.

Für Fahrzeuge mit regelmäßigem Standort im Saarland gilt § 57a erst ab 1. Juli 1961, soweit es sich nicht um die der gewerbsmäßigen Personenbeförderung dienenden Kraftomnibusse handelt, die ausschließlich oder überwiegend im Gelegenheitsverkehr verwendet werden.

§ 57a Abs. 2 Satz 2 (Verwendung von Schaublättern mit Prüfzeichen, die für den verwendeten Fahrtschreibertyp zugeteilt sind)

tritt in Kraft am 1. Oktober 1960.

§ 58 (Geschwindigkeitsschilder)

Geschwindigkeitsschilder an der Rückseite der Fahrzeuge müssen ab 1. Oktober 1960 angebracht sein.

§ 59 (Fabrikschilder)

An Fahrzeugen, die vor dem 1. April 1952 erstmals in den Verkehr gekommen sind, genügen Fabrikschilder, die in folgenden Punkten von § 59 abweichen:

1. Die Angabe des Fahrzeugtyps kann fehlen.
2. Bei Anhängern braucht das zulässige Gesamtgewicht nicht angegeben zu sein.
3. Bei Kraftfahrzeugen kann das Fabrikschild an jeder Stelle des Fahrgestells anbegracht sein, sofern es leicht zugänglich und gut lesbar ist.

An Fahrzeugen, die im Saarland in der Zeit vom 8. Mai 1945 bis zum 1. Januar 1961 erstmals in den Verkehr gekommen sind, genügen Fabrikschilder, die den Hersteller des Fahrzeugs angeben. § 59 gilt nicht für die vor dem 1. Januar 1957 (im Saarland: vor dem 1. Januar 1961) erstmals in den Verkehr gekommenen Fahrräder mit Hilfsmotor.

§ 60 Abs. 1 (Größe der Kennzeichenschilder an Krafträdern)

An Krafträdern, die vor dem 1. Juli 1958 (im Saarland: vor dem 1. Januar 1959) erstmals in den Verkehr gekommen sind, deren Hubraum 50 cm³ übersteigt und bei denen das vorschriftsmäßige Anbringen und Beleuchten der Kennzeichen nach Muster b der Anlage V außergewöhnlich schwierig ist, dürfen Kennzeichen nach Muster a der Anlage V verwendet werden.

§ 60 Abs. 2 Satz 4 (Abstand der hinteren Kennzeichen von der Fahrbahn)
An Krafträdern, die vor dem 1. Juli 1958 (im Saarland: vor dem 1. Januar 1959) erstmals in den Verkehr gekommen sind, darf der Abstand des unteren Randes des hinteren Kennzeichens von der Fahrbahn wenn nötig bis auf 150 mm verringert werden.
Bei Fahrrädern mit Hilfsmotor, die vor dem 1. März 1961 erstmals in den Verkehr gekommen sind, darf der untere Rand des hinteren Kennzeichens nicht weniger als 270 mm über der Fahrbahn liegen.

§ 61 Abs. 1 (Anwendung des § 35e Abs. 4 auf Omnibusanhänger)
Ist bei Omnibusanhängern, die vor dem 1. Juli 1961 erstmals in den Verkehr gekommen sind, die Länge der nutzbaren Grundfläche kleiner als 7 m, so genügt ein Mitteleinstieg von 1000 mm lichter Weite.

§ 61 Abs. 3 (zulässiges Gesamtgewicht von Omnibusanhängern)
Abs. 4 (Verständigungsvorrichtung)
Abs. 5 (Übergänge)
gilt für die der gewerbsmäßigen Personenbeförderung dienenden Omnibusanhänger und tritt in Kraft am 1. Oktober 1960 für andere Omnibusanhänger.

§ 61 Abs. 6 (Druckluftbremse)
tritt in Kraft am 1. April 1961, jedoch nur für erstmals in den Verkehr kommende Omnibusanhänger.

§ 64a Sätze 2 und 3 (Verbot bestimmter Vorrichtungen für Schallzeichen an Fahrrädern und Schlitten)
tritt in Kraft am 1. Januar 1961.

§ 67 Abs. 1 Satz 1 (Ausrüstung von Fahrrädern mit Scheinwerfern)
Bis zum 1. Januar 1961 genügt es, daß bei Dunkelheit, oder wenn die Witterung es erfordert, ein Scheinwerfer am Fahrrad angebracht ist.

§ 67 Abs. 2 (Schlußleuchten und Rückstrahler an Fahrrädern)
Die Vorschriften über Schlußleuchten gelten für Fahrräder mit regelmäßigem Standort im Saarland erst ab 1. Januar 1961.

§ 67a Abs. 4 Sätze 3 und 4 (Scheinwerfer für Dauerabblendlicht an Fahrrädern mit Hilfsmotor und an Kleinkrafträdern mit einer durch die Bauart bestimmten Höchstgeschwindigkeit von nicht mehr als 40 km/h)
Bei Fahrzeugen, die vor dem 1. Januar 1961 erstmals in den Verkehr gekommen sind, genügt es, wenn die Anforderungen des § 67 Abs. 1 erfüllt sind.

§ 67b (Kennzeichen für Fahrräder mit Hilfsmotor und für Kleinkrafträder mit einer durch die Bauart bestimmten Höchstgeschwindigkeit von nicht mehr als 40 km/h)
gilt für Fahrzeuge mit regelmäßigem Standort im Saarland erst vom 1. Oktober 1960 an. Solange § 67b danach nicht anzuwenden ist, haben die Führer der Fahrzeuge eine Bestätigung des Versicherers über die Dauer der Kraftfahrzeughaftpflichtversicherung mitzuführen und zuständigen Personen auf Verlangen zur Prüfung auszuhändigen.

§ 70 Abs. 3a (Nachweis über genehmigte Ausnahmen durch eine Urkunde)
Soweit bisher anders verfahren worden ist, ist die Urkunde auszufertigen oder der Fahrzeugschein zu ergänzen, wenn sich die Zulassungsstelle mit dem Fahrzeug befaßt, spätestens bis zum 1. Juli 1963.

Anlage VI (Versicherungskennzeichen in den Fällen des § 67b)
Bis zum 1. März 1961 müssen die Versicherungskennzeichen der Anlage VI in der Fassung der Verordnung vom 21. Februar 1957 (Bundesgesetzbl. I S. 35) entsprechen.

Anlage VII (amtliche Kennzeichen in den Fällen des § 67b)
Bis zum 1. März 1961 genügt es, wenn die amtlichen Kennzeichen von versicherungsfreien Fahrrädern mit Hilfsmotor und Kleinkrafträdern mit einer durch die Bauart bestimmten Höchstgeschwindigkeit von nicht mehr als 40 km/h der Anlage VII in der Fassung der Verordnung vom 21. Februar 1957 (Bundesgesetzbl. I S. 35) entsprechen.

Muster 1 (Führerschein)
Gültig bleiben

1. Führerscheine, die vor dem 1. Januar 1961 nach den vor dem 1. August 1960 im Saarland geltenden Vorschriften von saarländischen Verwaltungsbehörden ausgefertigt worden sind,
2. Führerscheine, die vor dem 1. April 1957 nach dieser Verordnung von deutschen Verwaltungsbehörden außerhalb des Bundesgebiets ausgefertigt worden sind.

Muster 1a (Bundeswehrführerschein)
Führerscheine, die vor dem 1. Oktober 1960 von Dienststellen der Bundeswehr nach Muster 1a dieser Verordnung in der Fassung der Bekanntmachung vom 29. März 1956 (Bundesgesetzbl. I S. 271) ausgefertigt worden sind, bleiben gültig.

Muster 2 und 3 (Kraftfahrzeug- und Anhängerscheine)
Fahrzeugscheine, die den Mustern 2 und 3 dieser Verordnung in der Fassung der Bekanntmachung vom 29. März 1956 (Bundesgesetzbl. I S. 271) entsprechen, dürfen weiter verwendet werden. Soweit sie die nunmehr geforderten Angaben nicht enthalten, sind sie der Zulassungsstelle zur — gebührenfreien — Ergänzung vorzulegen; sie müssen spätestens am 1. Juli 1963 ergänzt sein.
Fahrzeugscheine, die im Saarland vor dem 1. Oktober 1960 ausgefertigt worden sind und den Vorschriften entsprechen, die dort am 1. August 1960 galten, werden mit Ablauf des 1. Juli 1963 ungültig; der Umtausch ist gebührenfrei.

Muster 4 und 5 (Kraftfahrzeug- und Anhängerscheine in den Fällen des § 28)
Bis zum 1. Juli 1961 dürfen Fahrzeugscheine verwendet werden, die den am 31. Juli 1960 geltenden Vorschriften entsprechen.

Anlagen zur Straßenverkehrszulassungs-Ordnung

i. d. Fassung v. 6. Dezember 1960

Durch die VO v. 7. 7. 60, BGBl. I, 485 (Art. 2 Nr. 86ff.) wurden die Anlagen zur StVZO und die Muster geändert bzw. ergänzt. Von einem Abdruck der Anlagen I bis IV wird aus Platzgründen abgesehen. Insoweit muß sich der Nachtrag zur 21. Auflage auf die Wiedergabe der Änderungen beschränken.

Anlage I (Unterscheidungskennzeichen der Verwaltungsbezirke)
wurde durch Art. 2 Nr. 86 wie folgt geändert:

a) Die Worte „LI Lindau Bodensee, Land" werden ersetzt durch die Worte „LI Lindau im Bodensee (Stadt, Anl. II, Gruppe Ia; Land, Anl. II, Gruppe Ib)".

b) Nach der alphabetischen Reihenfolge ihrer Anfangsbuchstaben werden folgende Unterscheidungszeichen mit nachstehenden Angaben eingefügt:

„HOM Homburg, Land
MZG Merzig-Wadern, Land
OTW Ottweiler, Land
SB Saarbrücken (Stadt, Anl. II, Gruppe I und IIIa; Land, Anl. II, Gruppe II)
SLS Saarlouis, Land
IGB St. Ingbert, Land
WND St. Wendel, Land".

Anlage III (Buchstabentafel für die Ausgabe von Kraftfahrzeugkennzeichen) wurde durch Art. 2 Nr. 87 dahin ergänzt, daß der Überschrift das Zeichen*) und am unteren Rand der Tafel folgende Fußnote angefügt wird:

„*) Amtliche Kennzeichen, in deren Erkennungsnummern der Buchstabe ‚I' enthalten ist, bleiben bis auf weiteres für die Fahrzeuge gültig, für die sie bei Beginn des 1. März 1957 zugeteilt waren."

(Vgl. § 72a StVZO a. F.).

Anlage IV (Unterscheidungskennzeichen der Kraftfahrzeuge der Bundes- und Landesorgane, des Bundesgrenzschutzes, der Deutschen Bundespost, der Deutschen Bundesbahn, der Bundes-Wasser- und Schiffahrtsverwaltung, der Bundeswehr und des Diplomatischen Corps)
wurde durch Art. 2 Nr. 88 wie folgt geändert:

a) In Abschnitt I A werden die Worte „(Auskunft: Bundesministerium für Verteidigung)" ersetzt durch die Worte „(Auskunft: Zentrale Militärkraftfahrtstelle — ZMK —, Düsseldorf)".

b) In Abschnitt I B wird als vorletzte Angabe eingefügt:
„SAL Saarland Landesregierung und Landtag, Zulassungsstelle Saarbrücken, Stadt".

Die übrigen Anlagen und Muster werden vollständig in ihrer jetzt gültigen Fassung wiedergegeben.

Die amtliche Begründung zu den Änderungen der Anlagen und Muster ist veröffentlicht in VerkBl. 60, 474ff. Die Muster wurden der Neufassung der Straßenverkehrszulassungs-Ordnung angepaßt, teils auch aus Gründen der Vereinfachung des Arbeitsvorganges geändert. Übergangsbestimmungen in § 72.

Anlage V (§ 60 Abs. 4) Seite 1

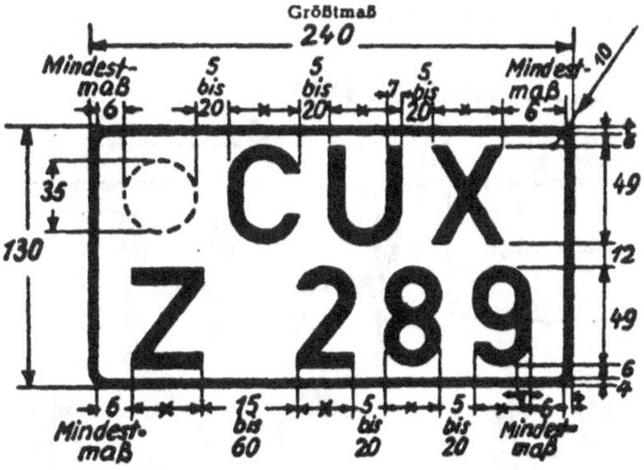

a) Kleinkrafträder, Krankenfahrstühle, Elektrokarren mit einer durch die Bauart bestimmten Höchstgeschwindigkeit von nicht mehr als 20 km/h und solche Zugmaschinen in land- oder forstwirtschaftlichen Betrieben, deren durch die Bauart bestimmte Höchstgeschwindigkeit 30 km/h nicht überschreitet, sowie Anhänger hinter diesen Fahrzeugen

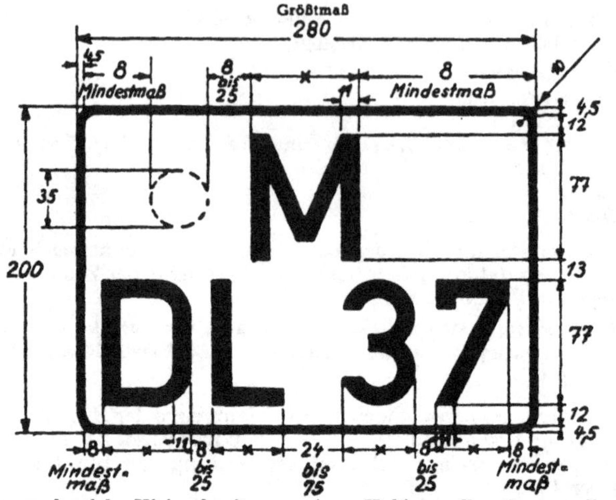

b) Andere Krafträder und solche Kleinstkraftwagen (sog. Kabinenroller, Lastenroller und Rikschas), an denen sich nach der Konstruktion des Fahrzeugs große Kennzeichen nicht anbringen lassen

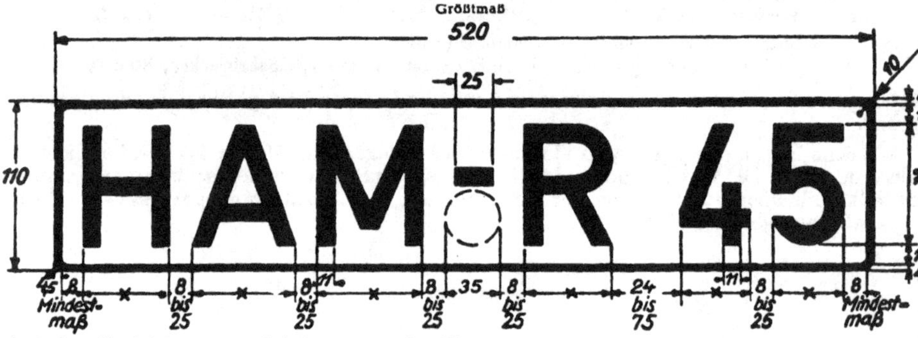

c) Andere Kraftfahrzeuge und Anhänger — einzeilig

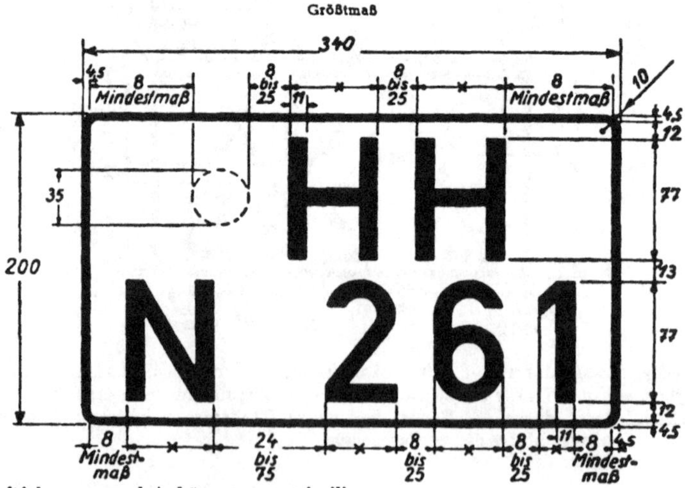

d) Andere Kraftfahrzeuge und Anhänger — zweizeilig

Maße der Kennzeichen **Anlage V,** Seite 2

Art des Fahrzeugs	Schrifthöhe mm	Strichstärke mm	Waagerechter Abstand der Buchstaben oder Ziffern voneinander¹) mm	Waagerechter Abstand der Beschriftung vom schwarzen Rand²) mindestens mm	Senkrechter Abstand der Buchstaben oder Ziffern voneinander mm	Senkrechter Abstand der Beschriftung vom schwarzen Rand mm	Länge des Trennungsstrichs mm	Breite des schwarzen Randes mm	Höhe des Kennzeichens einschließlich schwarzem Rand: einzeilig mm	Höhe des Kennzeichens einschließlich schwarzem Rand: zweizeilig mm	Größte zulässige Breite des Kennzeichens einschließlich schwarzem Rand: einzeilig mm	Größte zulässige Breite des Kennzeichens einschließlich schwarzem Rand: zweizeilig mm
a) Kleinkrafträder, Krankenfahrstühle, Elektrokarren mit einer durch die Bauart bestimmten Höchstgeschwindigkeit von nicht mehr als 20 km/h und solche Zugmaschinen in land u. forstwirtschaftlichen Betrieben, deren durch die Bauart bestimmte Höchstgeschwindigkeit 30 km/h nicht überschreitet, sowie Anhänger hinter diesen Fahrzeugen	49	7	5 bis 20	6	12	6	—	4	—	130	—	240
b) andere Krafträder und solche Kleinstkraftwagen (sog. Kabinenroller, Lastenroller und Rikschas), an denen sich nach der Konstruktion des Fahrzeugs große Kennzeichen nicht anbringen lassen	77	11	8 bis 25	8	13	12	—	4½	—	200	—	280
c) andere Kraftfahrzeuge und Anhänger	77	11	8 bis 25	8	13	12	25	4½	110	200	520	340

¹) Der Abstand der Buchstaben und Ziffern untereinander muß gleich sein; zwischen der Buchstaben- und Zahlengruppe der Fahrzeugerkennungsnummer ist ein Gruppenabstand in dreifacher Größe des normalen Abstands freizulassen. Stempelfläche 35 mm Durchmesser.

²) Der waagerechte Abstand der Beschriftung vom schwarzen Rand muß auf beiden Seiten gleich sein.

Anlage V Seite 3

Ergänzungsbestimmungen

Die Ecken des Kennzeichens müssen mit einem Halbmesser von 10 mm abgerundet sein.

Ist das Kennzeichen erhaben, so darf die Beschriftung nicht mehr als 2 mm über die Grundfläche hervortreten.

Die Beschriftung erfolgt nach dem anliegenden Schriftmuster der Normvorschrift DIN 1451 (nach dem Hilfsnetz hergestellt), und zwar grundsätzlich für Buchstaben und Zahlen in fetter Mittelschrift. Reicht die vorgesehene Höchstlänge des Kennzeichens hierfür nicht aus, so kann für die Buchstaben und bei Krafträdern auch für die Zahlen fette Engschrift verwendet werden. Bei Umlauten darf die vorgesehene Schrifthöhe nicht überschritten werden (siehe Muster in Anlage V Seite 4).

Die Farbtöne der Beschriftung sind dem Farbton-Register RAL 840 R des Ausschusses für Lieferbedingungen und Gütesicherung (RAL) beim Deutschen Normenausschuß, Ausgabe 1953, zu entnehmen, und zwar für schwarz: RAL 9005, grün: RAL 6001, rot: RAL 2002 und weiß: RAL 9001.

Fette Mittelschrift
DIN 1451

Anlage V, Seite 4

Fette
Engschrift
DIN 1451

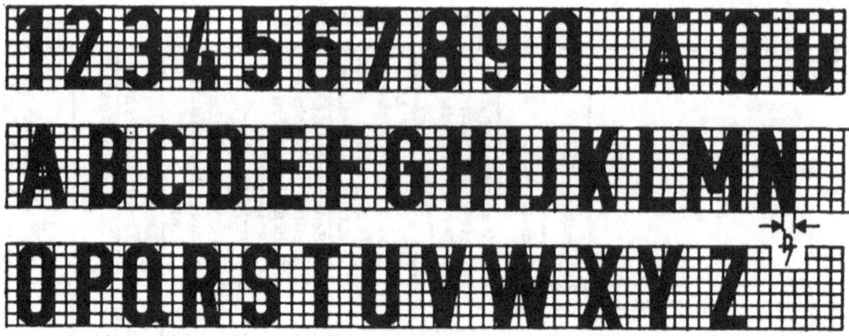

Amtliche Kennzeichen für Dienstkraftfahrzeuge der Bundeswehr

Anlage V Seite 5

a) Kleinkrafträder

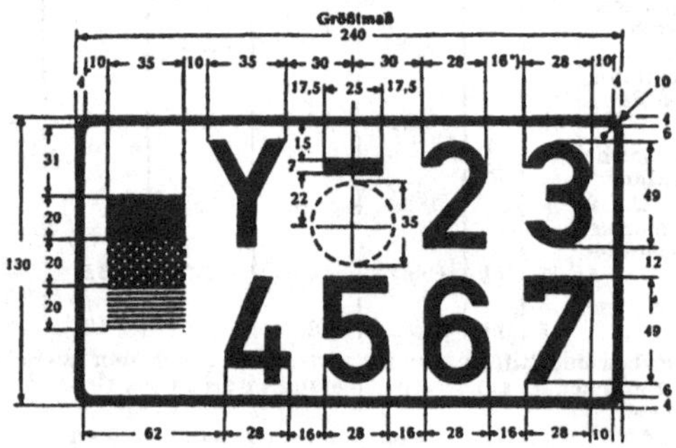

b) Andere Krafträder

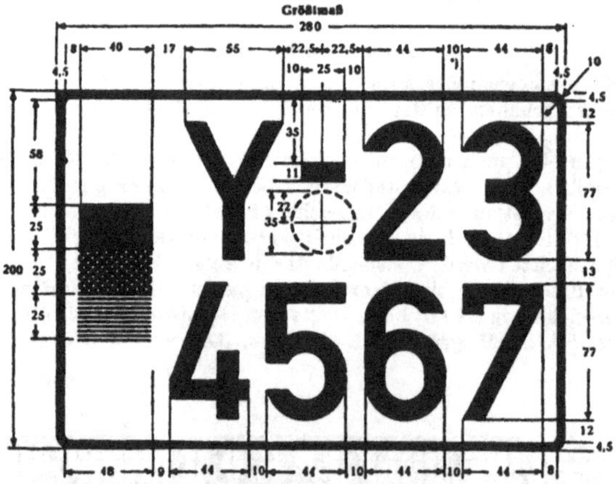

c) Andere Kraftfahrzeuge und Anhänger einzeilig

d) Andere Kraftfahrzeuge und Anhänger zweizeilig

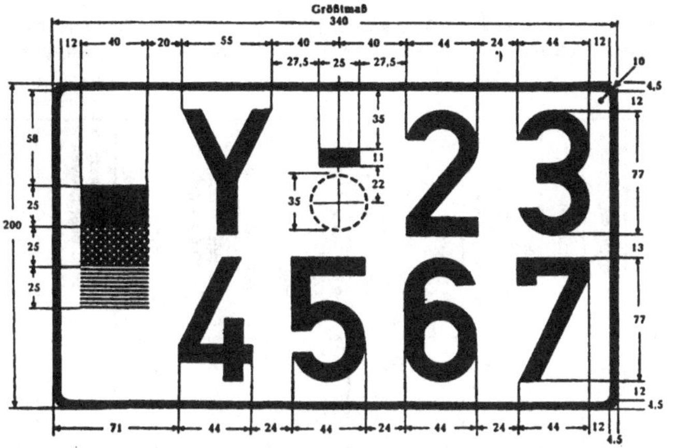

Wird die Ziffer „1“ verwendet oder enthält eine Zeile weniger Ziffern als die entsprechende Zeile des Musters, so vergrößern sich die Abstände zwischen den Ziffern der Zeile gleichmäßig. Die Ergänzungsbestimmungen der Seite 3 sind anzuwenden. Als Farbtöne sind bei den Bundesfarben zu wählen für schwarz RAL 9005, für rot RAL 3002 und für gold RAL 1006. Bei Kennzeichen nach Muster c werden die letzten drei Ziffern von den vorhergehenden durch einen Gruppenabstand in dreifacher Größe des normalen Abstands getrennt.

Anlage VI (§ 67b Abs. 4) Seite 1

Versicherungskennzeichen für Fahrräder mit Hilfsmotor sowie für Kleinkrafträder mit einer durch die Bauart bestimmten Höchstgeschwindigkeit von nicht mehr als 40 km/h*)

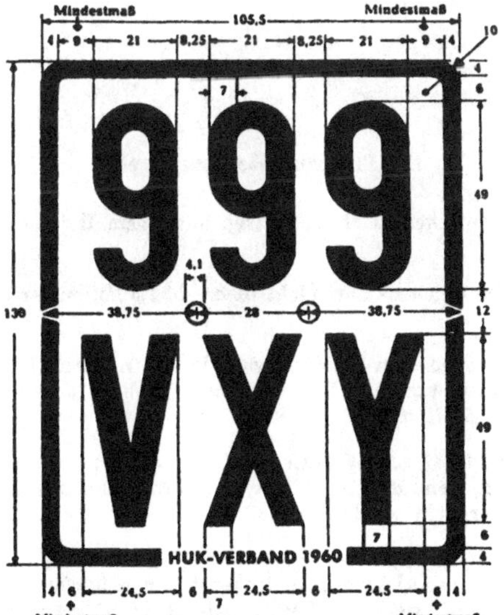

Enthält eine Zeile nur 1 oder 2 Ziffern oder 1 oder 2 Buchstaben, so sind Zahlen und Buchstaben in der Mitte der Zeile anzubringen. Der Abstand vom Rand ist entsprechend zu vergrößern; die übrigen Abstände dürfen nur bis zum angegebenen Höchstmaß vergrößert werden.

Schriftart und -größe nach DIN 1451 (Anlage V Seite 4). Näheres ergibt sich aus Anlage VI Seite 2 Buchstabe a und b nebst Ergänzungsbestimmungen in Anlage VI Seite 3.

*) Übergangsbestimmung: § 72 StVZO zu Anlage VI.

Anlage VI Seite 2

Maße der Versicherungskennzeichen für Fahrräder mit Hilfsmotor sowie für Kleinkrafträder mit einer durch die Bauart bestimmten Höchstgeschwindigkeit von nicht mehr als 40 km/h

Art der Beschriftung	Schrifthöhe mm	Strichstärke mm	Waagerechter Abstand der Ziffern oder Buchstaben voneinander[1]) mm	Waagerechter Abstand der Beschriftung vom schwarzen, blauen oder grünen Rand[2]) mindestens mm	Senkrechter Abstand der Ziffern und Buchstaben voneinander mm	Senkrechter Abstand der Beschriftung vom schwarzen, blauen oder grünen Rand mm	Länge des Trennungsstrichs mm	Breite des schwarzen blauen oder grünen Randes mm	Höhe des Kennzeichens einschließlich schwarzem, blauem oder grünem Rand mm	Breite des Kennzeichens einschließlich schwarzem, blauem oder grünem Rand mm
a) des Kennzeichens	49	7	Ziffern: 8 bis 15 Buchstaben: 5 bis 15	Ziffern: 9 Buchstaben: 6	12	6	–	4	130	105,5
b) des unteren Randes	4	0,57	1[3])	2	–	–	2	–	–	–

[1]) Der Abstand der Buchstaben oder Ziffern untereinander muß gleich sein.

[2]) Der waagerechte Abstand der Beschriftung vom schwarzen, blauen oder grünen Rand muß auf beiden Seiten gleich sein.

[3]) Zwischen den Buchstaben- und Zahlengruppen (Jahreszahl) ist ein Gruppenabstand in dreifacher Größe des normalen Abstandes frei zu lassen.

Anlage VI, Seite 3

Ergänzungsbestimmungen

Die Ecken des Versicherungskennzeichens müssen mit einem Halbmesser von 10 Millimetern abgerundet sein.

Die Beschriftung des Kennzeichens darf nicht mehr als 1,5 Millimeter über die Grundfläche hervortreten.

Die Beschriftung erfolgt nach dem Schriftmuster der Normschrift DIN 1451 (nach dem Hilfsnetz hergestellt; Anlage V Seite 4), und zwar in fetter Mittelschrift, beim Zusammentreffen von mehr als zwei Buchstaben oder mehr als zwei Ziffern in fetter Engschrift.

Die Buchstaben A, J, M, O, Q und W dürfen nicht verwendet werden, die Buchstaben B, F und G dürfen nur verwendet werden, wenn die Anzahl der nach § 67b Abs. 3 letzter Satz zuzuteilenden Erkennungsnummern sonst nicht erreicht werden würde.

Die Farbtöne der Beschriftung sind dem Farbton-Register RAL 840 R des Ausschusses für Lieferbedingungen und Gütesicherung (RAL) beim Deutschen Normenausschuß, Ausgabe 1953, zu entnehmen, und zwar für schwarz: RAL 9005, weiß: RAL 9001, blau: RAL 5012 und grün: 6010.

Bei Verwendung von Stahlblech muß die Blechstärke mindestens 0,35 Millimeter, bei Aluminiumblech mindestens 0,50 Millimeter betragen. Wird anderes Material verwendet, so muß es eine entsprechende Festigkeit besitzen.

Zur Lackierung darf nur matter, gegen Witterungseinflüsse und Reinigungsmittel unempfindlicher, biegefester Lack verwendet werden.

Anlage VII (§ 67b Abs. 8) Seite 1

Amtliche Kennzeichen für Fahrräder mit Hilfsmotor sowie für Kleinkrafträder mit einer durch die Bauart bestimmten Höchstgeschwindigkeit von nicht mehr als 40 km/h*)

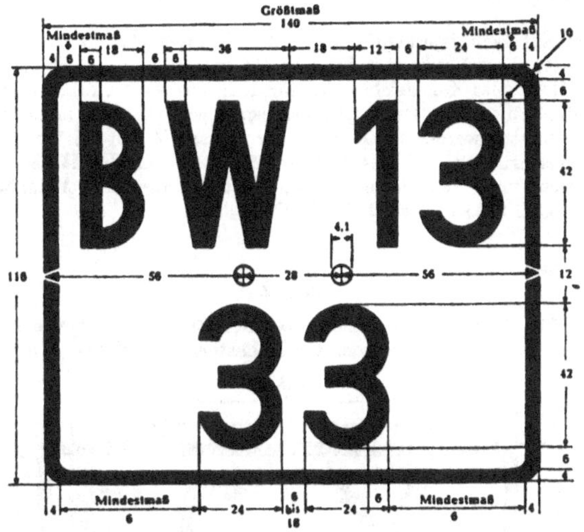

Enthält eine Zeile nur 1 oder 2 Buchstaben oder 1 oder 2 Ziffern, so sind Buchstaben und Zahlen in der Mitte der Zeile anzubringen. Der Abstand vom Rand ist entsprechend zu vergrößern; die übrigen Abstände dürfen nur bis zum Höchstmaß vergrößert werden (Anlage VII Seite 2).

Schriftart und -größe nach DIN 1451 (Anlage V Seite 4). Näheres ergibt sich aus Anlage VII Seite 2 nebst Ergänzungsbestimmungen in Anlage VII Seite 3.

***) Übergangsbestimmung: § 72 zu Anlage VII.**

Anlage VII Seite 2

Maße der amtlichen Kennzeichen für Fahrräder mit Hilfsmotor sowie für Kleinkrafträder mit einer durch die Bauart bestimmten Höchstgeschwindigkeit von nicht mehr als 40 km/h

Art des Fahrzeugs	Schrifthöhe mm	Strichstärke mm	Waagerechter Abstand der Buchstaben oder Ziffern voneinander[1]) mm	Waagerechter Abstand der Beschriftung vom schwarzen Rand[2]) mindestens mm	Senkrechter Abstand der Buchstaben oder Ziffern voneinander mm	Senkrechter Abstand der Beschriftung vom schwarzen Rand mm	Breite des schwarzen Randes mm	Höhe des Kennzeichens einschließlich schwarzem Rand mm	Größte zulässige Breite des Kennzeichens einschließlich schwarzem Rand mm
Versicherungsfreie Fahrräder mit Hilfsmotor und Kleinkrafträder mit einer durch die Bauart bestimmten Höchstgeschwindigkeit von nicht mehr als 40 km/h, wenn der regelmäßige Standort sich im Geltungsbereich der Straßenverkehrs-Zulassungs-Ordnung befindet, sowie Anhänger hinter solchen Fahrzeugen	42	6	5 bis 15	6	12	6	4	116	140

[1]) Der Abstand der Buchstaben und Ziffern untereinander muß gleich sein, zwischen Buchstaben- und Zahlengruppen ist, soweit möglich, ein Gruppenabstand in dreifacher Größe des normalen Abstands frei zu lassen.
[2]) Der waagerechte Abstand der Beschriftung vom schwarzen Rand muß auf beiden Seiten gleich sein.

Seite 3

Ergänzungsbestimmungen

Die Ecken des Kennzeichens müssen mit einem Halbmesser von 10 Millimetern abgerundet sein.

Die Beschriftung des Kennzeichens darf nicht mehr als 1,5 Millimeter über die Grundfläche hervortreten.

Die Beschriftung erfolgt nach dem Schriftmuster der Normvorschrift DIN 1451 (nach dem Hilfsnetz hergestellt; Anlage V Seite 4), und zwar grundsätzlich für Buchstaben und Zahlen in fetter Mittelschrift. Reicht die vorgesehene Breite des Kennzeichens hierfür nicht aus, so kann für die Buchstaben und, soweit erforderlich, auch für die Zahlen fette Engschrift verwendet werden. Bei Umlauten darf die vorgesehene Schrifthöhe nicht überschritten werden (siehe Muster in Anlage V Seite 4).

Die Farbtöne der Beschriftung sind dem Farbton-Register RAL 840 R des Ausschusses für Lieferbedingungen und Gütesicherung (RAL) beim Deutschen Normenausschuß, Ausgabe 1953, zu entnehmen, und zwar für schwarz: RAL 9005 und weiß: RAL 9001.

4. Folgende Seite 4 wird angefügt:

Seite 4

Amtliche Kennzeichen für Fahrräder mit Hilfsmotor der Bundeswehr sowie für Kleinkrafträder der Bundeswehr mit einer durch die Bauart bestimmten Höchstgeschwindigkeit von nicht mehr als 40 km/h.

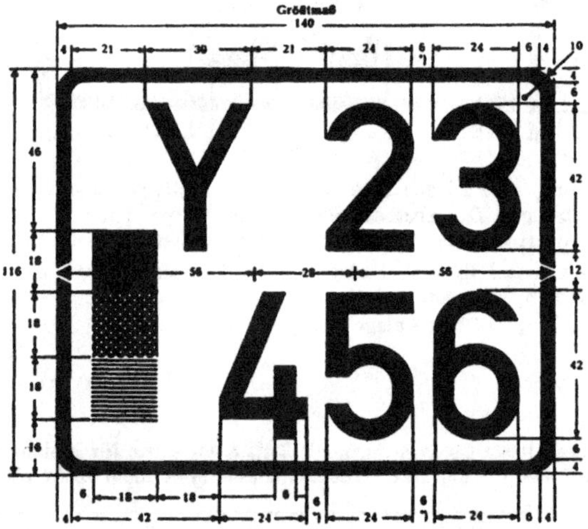

Wird die Ziffer „1" verwendet oder enthält eine Zeile weniger Ziffern als die entsprechende Zeile des Musters, so vergrößern sich die Abstände in der Zeile gleichmäßig. Die Ergänzungsbestimmungen der Seiten 1 und 3 sind anzuwenden. Als Farbtöne sind bei den Bundesfarben zu wählen für schwarz RAL 9005, für rot RAL 3002 und für gold RAL 1006.

Anlage VIII (§ 29 Abs. 1 und 2)

Untersuchung der Fahrzeuge

Gliederung

A. Allgemeine Vorschriften

1. Arten der Untersuchungen
2. Prüfbücher
3. Aushändigung und Aufbewahrung

B. Hauptuntersuchungen

4. Zeit und Gegenstand der Hauptuntersuchungen
5. Ausführung der Hauptuntersuchungen, Untersuchungsberichte
6. Hauptuntersuchungen im eigenen Betrieb
7. Hauptuntersuchungen durch Überwachungsorganisationen
8. Mängelbeseitigung

C. Zwischenuntersuchungen

9. Zeit und Gegenstand der Zwischenuntersuchungen
10. Ausführung der Zwischenuntersuchungen, Anerkennung der Werkstätten
11. Zwischenuntersuchungen im eigenen Betrieb
12. Mängelbeseitigung

A. Allgemeine Vorschriften

1. Arten der Untersuchungen

Die Untersuchungen sind
Hauptuntersuchungen,
Zwischenuntersuchungen oder
Bremsensonderuntersuchungen.

2. Prüfbücher

(1) Prüfbücher sind zu führen für

1. Fahrzeuge, die der Personenbeförderung dienen, mit mehr als 8 Fahrgastplätzen,
2. Personenkraftwagen und Krafträder zur gewerbsmäßigen Vermietung an Selbstfahrer,
3. Kraftdroschken und Mietwagen sowie Krankenwagen,
4. Lastkraftwagen und zulassungspflichtige Anhänger, wenn das zulässige Gesamtgewicht 9 t oder mehr beträgt,
5. Zugmaschinen mit einer Motorleistung von 55 PS und darüber, wenn ihre durch die Bauart bestimmte Höchstgeschwindigkeit mehr als 40 km/h beträgt,
6. Fahrzeuge, die der Halter im eigenen Betrieb den vorgeschriebenen Untersuchungen unterziehen darf (Ziffer 6),
7. Fahrzeuge, die von anerkannten Überwachungsorganisationen untersucht werden (Ziffer 7).

Das Prüfbuch ist anzulegen, sobald die Voraussetzungen einer dieser Fälle vorliegen, bei fabrikneuen Fahrzeugen der in den Nummern 1, 4 und 5 genannten Arten und bei fabrikneuen Krankenwagen zur Zeit der ersten Zulassung.

(2) Die Ergebnisse der Untersuchungen sowie festgestellte Mängel und Angaben über notwendige Nachuntersuchungen sind in die Prüfbücher einzutragen und von der für die Untersuchung verantwortlichen Person zu unterschreiben. Außerdem hat die für die Untersuchung verantwortliche Person in den Prüfbüchern durch Unterschrift zu bestätigen, daß die Mängel beseitigt worden sind.

(3) Für die Prüfbücher sind Vordrucke nach einem vom Kraftfahrt-Bundesamt genehmigten Muster zu verwenden. Tag und Aktenzeichen des Genehmigungsbescheids müssen im Vordruck angegeben sein.

3. Aushändigung und Aufbewahrung

(1) Die Prüfbücher nach Ziffer 2 sind zuständigen Personen, insbesondere bei Prüfung des Fahrzeugs dem amtlich anerkannten Sachverständigen oder Prüfer für den Kraftfahrzeugverkehr, auf Verlangen zur Prüfung auszuhändigen.

(2) Der Halter des Fahrzeugs hat das Prüfbuch nach dessen Abschluß dem Fahrzeugbrie beizufügen. Bei Veräußerung des Fahrzeugs ist das Prüfbuch dem Erwerber zu übergeben, wenn es sich um eins der in Ziffer 2 Abs. 1 Nr. 1 bis 5 genannten Fahrzeuge handelt.

B. Hauptuntersuchungen

4. Zeit und Gegenstand der Hauptuntersuchungen

(1) Die Fahrzeuge sind, sofern sich aus Absatz 2 und aus Ziffer 7 nichts anderes ergibt, mindestens in folgenden Zeitabständen einer Hauptuntersuchung zu unterziehen:

1. Fahrzeuge, die der Personenbeförderung dienen, mit mehr als 8 Fahrgastplätzen	1 Jahr
2. Personenkraftwagen und Krafträder zur gewerbsmäßigen Vermietung an Selbstfahrer	1 Jahr
3. Kraftdroschken und Mietwagen sowie Krankenwagen	1 Jahr
4. Lastkraftwagen und zulassungspflichtige Anhänger	1 Jahr
5. zulassungspflichtige Zugmaschinen mit einer durch die Bauart bestimmten Höchstgeschwindigkeit von mehr als 20 km/h	1 Jahr

6. Personenkraftwagen, Kombinationswagen, Krafträder und sonstige Fahrzeuge, die nicht von den Nummern 1 bis 5 erfaßt werden 2 Jahre

(2) Bei

1. Kraftdroschken und Mietwagen sowie Krankenwagen,
2. Lastkraftwagen und zulassungspflichtigen Anhängern, wenn das zulässige Gesamtgewicht weniger als 9 t beträgt,
3. zulassungspflichtigen Zugmaschinen mit einer Motorleistung bis 55 PS oder einer durch die Bauart bestimmten Höchstgeschwindigkeit von nicht mehr als 40 km/h,
4. anderen Personenkraftwagen, Kombinationskraftwagen, Krafträdern und sonstigen Fahrzeugen, die nicht von Abs. 1 Nr. 1 bis 5 erfaßt werden,

verdoppelt sich die Frist für die Hauptuntersuchung, wenn der Halter sein Fahrzeug in höchstens halbjährlichen — in den Fällen der Nummer 4 in höchstens jährlichen — Abständen in amtlich anerkannten Werkstätten Untersuchungen mindestens im Umfang der Zwischenuntersuchungen unterziehen und festgestellte Mängel beseitigen läßt. Über die Untersuchung und die Beseitigung der Mängel ist von der amtlich anerkannten Werkstatt dem Halter eine Bescheinigung auszustellen.

(3) Die zuständige Behörde kann in besonders gelagerten Einzelfällen die Frist für die Hauptuntersuchung um höchstens zwei Monate verlängern.

(4) Ohne Rücksicht auf die in Absatz 1 genannten Zeitabstände hat der Halter Hauptuntersuchungen durchführen zu lassen

1. bei vorübergehend stillgelegten (§ 29b Abs. 4) Fahrzeugen der unter Ziffer 2 Abs. 1 Nr. 1 bis 5 genannten Arten vor ihrer Wiederinbetriebnahme — die Dauer der Stillegung ist in den Prüfbüchern zu vermerken — und
2. bei veräußerten (§ 27 Abs. 3) Kraftomnibussen und Omnibusanhängern vor Erteilung neuer Kraftfahrzeug- oder Anhängerscheine,

wenn die letzte Hauptuntersuchung länger als ein halbes Jahr zurückliegt.

(5) Bei der Hauptuntersuchung ist festzustellen, ob das Fahrzeug den Vorschriften dieser Verordnung entspricht.

5. Ausführung der Hauptuntersuchungen, Untersuchungsberichte

(1) Die Hauptuntersuchungen sind von einem amtlich anerkannten Sachverständigen oder Prüfer für den Kraftfahrzeugverkehr durchzuführen.

(2) Sofern die Ergebnisse nicht in Prüfbücher einzutragen sind, müssen über sie Untersuchungsberichte gefertigt werden, die vom amtlich anerkannten Sachverständigen oder Prüfer zu unterschreiben sind.

6. Hauptuntersuchungen im eigenen Betrieb

(1) Fahrzeughaltern, die im eigenen Betrieb über Fachkräfte und die erforderlichen technischen Einrichtungen verfügen, kann widerruflich gestattet werden, die Hauptuntersuchungen ihrer Fahrzeuge selbst vorzunehmen.

(2) Die Erlaubnis wird von der zuständigen obersten Landesbehörde oder einer von ihr beauftragten Behörde erteilt und kann an Auflagen gebunden werden.

(3) Die zuständigen Behörden sollen sich insbesondere bei Fahrzeugen, für die nach Ziffer 2 Prüfbücher geführt werden müssen, durch Stichproben überzeugen, daß die Hauptuntersuchungen ordnungsgemäß vorgenommen werden.

7. Hauptuntersuchungen durch Überwachungsorganisationen

(1) Fahrzeughalter, die freiwillig ihre Fahrzeuge auf Grund eines entsprechenden Vertrags regelmäßig von der Überwachungsorganisation untersuchen lassen, sind von der Pflicht der Vorführung bei einem amtlich anerkannten Sachverständigen oder Prüfer für den Kraftfahrzeugverkehr befreit.

(2) Die Untersuchungen haben mindestens in halbjährlichen — unter den Voraussetzungen der Ziffer 4 Abs. 2 Nr. 4 mindestens in jährlichen — Abständen zu erfolgen.

(3) Die Überwachungsorganisationen müssen über entsprechende Fachkräfte sowie über die erforderlichen technischen Einrichtungen verfügen und anerkannt sein. Die Anerkennung wird von der zuständigen obersten Landesbehörde oder einer von ihr beauftragten Behörde widerruflich ausgesprochen und kann an Auflagen gebunden werden.

8. Mängelbeseitigung

(1) Die bei den Untersuchungen festgestellten Mängel sind in angemessener Frist zu beseitigen. Die Frist ist von der für die Untersuchung verantwortlichen Person festzusetzen. Die verantwortliche Person hat in den Untersuchungsberichten oder Prüfbüchern durch Unterschrift zu bestätigen, daß die Mängel beseitigt worden sind.

(2) Werden Mängel festgestellt, die das Fahrzeug verkehrsunsicher machen, so hat die für die Untersuchung verantwortliche Person die Plakette (Anlage IX) zu entfernen und die Zulassungsstelle unverzüglich zu benachrichtigen.

C. Zwischenuntersuchungen

9. Zeit und Gegenstand der Zwischenuntersuchungen

(1) Die in Ziffer 2 Abs. 1 Nr. 1, 2, 4 und 5 genannten Fahrzeuge sind mindestens alle drei Monaten einer Zwischenuntersuchung zu unterziehen.

(2) Die Zwischenuntersuchungen haben alle für die Verkehrssicherheit wichtigen Teile und Einrichtungen, einschließlich der Rauchentwicklung zu umfassen.

10. Ausführung der Zwischenuntersuchungen, Anerkennung der Werkstätten

(1) Die Zwischenuntersuchungen sind unter Verantwortung eines Meisters des Kraftfahrzeughandwerks oder einer entsprechenden Fachkraft in einem Fahrzeugherstellerwerk oder in einer amtlich anerkannten Kraftfahrzeugwerkstatt vorzunehmen.

(2) Die Anerkennung einer Kraftfahrzeugwerkstatt wird von der zuständigen obersten Landesbehörde oder einer von ihr beauftragten Behörde widerruflich ausgesprochen und kann an Auflagen gebunden werden.

11. Zwischenuntersuchungen im eigenen Betrieb

(1) Fahrzeughaltern, die im eigenen Betrieb über Fachkräfte und die erforderlichen technischen Einrichtungen verfügen, kann widerruflich gestattet werden, die Zwischenuntersuchungen ihrer Fahrzeuge selbst vorzunehmen.

(2) Die Erlaubnis wird von der zuständigen obersten Landesbehörde oder einer von ihr beauftragten Behörde erteilt und kann an Auflagen gebunden werden.

12. Mängelbeseitigung

Für die Wirkung der Bremsanlagen wichtige Einbauteile, wie Kompressor, Behälter, Zylinder und Ventile, dürfen nur von Fahrzeug- oder Bremsenherstellerwerken oder von amtlich anerkannten Bremsendiensten instandgesetzt werden.

D. Bremsensonderuntersuchungen

13. Zeit und Gegenstand der Bremsensonderuntersuchungen

(1) Die Halter von

1. Fahrzeugen, die der Personenbeförderung dienen, mit mehr als 8 Fahrgastplätzen,
2. Lastkraftwagen und zulassungspflichtigen Anhängern, wenn das zulässige Gesamtgewicht 9 t oder mehr beträgt,
3. Zugmaschinen mit einer Motorleistung von 55 PS und darüber, wenn deren durch die Bauart bestimmte Höchstgeschwindigkeit mehr als 40 km/h beträgt,

müssen, soweit Druckluft- oder Druckluft-Hydraulik-Bremssysteme vorhanden sind, mindestens in Abständen von einem Jahr Bremsensonderuntersuchungen durchführen lassen.

(2) Die Bremsensonderuntersuchungen dürfen zum Zeitpunkt der Hauptuntersuchung nicht mehr als drei Monate zurückliegen.

(3) Die Bremsensonderuntersuchungen haben eine Augenscheinnahme, eine innere Untersuchung der einzelnen Bauteile nach den Erfordernissen der einzelnen Bremssysteme und eine Feststellung der Wirkung der Bremsen zu umfassen.

14. Ausführung der Bremsensonderuntersuchungen, Anerkennung der Bremsendienste

(1) Die Bremsensonderuntersuchungen sind in einem Fahrzeug- oder Bremsenherstellerwerk oder von einem amtlich anerkannten Bremsendienst vorzunehmen.

(2) Die Anerkennung der Bremsendienste wird von der zuständigen obersten Landesbehörde oder einer von ihr beauftragten Behörde widerruflich ausgesprochen und kann an Auflagen gebunden werden.

15. Bremsensonderuntersuchungen im eigenen Betrieb

(1) Fahrzeughaltern, die im eigenen Betrieb über Fachkräfte und die erforderlichen technischen Einrichtungen verfügen, kann widerruflich gestattet werden, die Bremsensonderuntersuchungen bei ihren Fahrzeugen selbst vorzunehmen.

(2) Die Erlaubnis wird von der zuständigen obersten Landesbehörde oder einer von ihr beauftragten Behörde erteilt und kann an Auflagen gebunden werden.

16. Mängelbeseitigung

Für die Wirkung der Bremsanlagen wichtige Einbauteile, wie Kompressor, Behälter, Zylinder und Ventile, dürfen nur von Fahrzeug- oder Bremsenherstellerwerken oder von amtlich anerkannten Bremsendiensten instandgesetzt werden.

E. Ausnahmen von den Bestimmungen der Anlage VIII

17. Verfahren bei der Bundeswehr, dem Bundesgrenzschutz, der Deutschen Bundesbahn und der Deutschen Bundespost

(1) Die Bundeswehr und der Bundesgrenzschutz können die Untersuchungen selbst vornehmen und sind von den Vorschriften über die Zeit der Hauptuntersuchungen, über die Art der Untersuchungsnachweise sowie über die Zwischen- und die Bremsensonderuntersuchungen befreit.

(2) Die Deutsche Bundesbahn und die Deutsche Bundespost können die Untersuchungen selbst vornehmen und statt der Prüfbücher andere Nachweise über die Untersuchungen führen.

Amtliche Begründung in VerkBl. 60, 474 Nr. 91. Die zu der Anlage ergangenen Richtlinien sind im Anschluß an die Muster der StVZO abgedruckt. Zum Teil entspricht die Anlage VIII den bisherigen Bestimmungen der BOKraft. **Übergangsvorschrift** siehe § 72 StVZO zu § 29.

Anlage IX (§ 29 Abs. 4 bis 7)

Prüfplakette für die Fahrzeugüberwachung

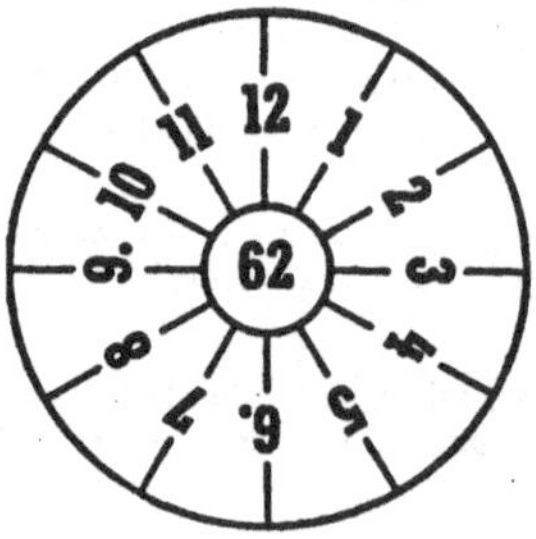

Vorgeschriebene Abmessungen der Plakette

Durchmesser: 35 mm
Schrifthöhe der Ziffern bei den Monatszahlen: 4 mm
Schrifthöhe der Ziffern bei der Jahreszahl: 5 mm

Ergänzungsbestimmungen

1. Die Beschriftung muß erhaben sein und ist nach dem Schriftmuster der Normschrift DIN 1451 auszuführen, und zwar in schwarzer Schrift auf farbigem Untergrund. Die Farbe des Untergrunds ist nach dem Kalenderjahr zu bestimmen, in dem das Fahrzeug der nächsten Hauptuntersuchung unterzogen werden muß (Untersuchungsjahr). Sie ist für das Untersuchungsjahr

1961	weiß
1962	grün
1963	gelb
1964	blau.

Die Farben wiederholen sich für die folgenden Untersuchungsjahre jeweils in dieser Reihenfolge. Die Farbtöne der Beschriftung und des Untergrunds sind dem Farbtonregister RAL 840 R, Ausgabe 1953, des Ausschusses für Lieferbedingungen und Gütesicherung (RAL) beim Deutschen Normenausschuß zu entnehmen, und zwar ist als Farbton zu wählen für

schwarz	RAL 9005
weiß	RAL 9001
grün	RAL 6011
gelb	RAL 1012
blau	RAL 5007.

2. Die Jahreszahl im Mittelkreis ist in Engschrift auszuführen; die Ziffern 6 und 9 erhalten unten rechts einen Punkt.
3. Die einstelligen Monatszahlen am Rand der Plakette sind in Mittelschrift, die zweistelligen in Engschrift auszuführen.
4. Das Plakettenfeld muß durch 12 Striche in 12 gleiche Teile geteilt sein; jeder Strich zeigt auf eine Zahl. Die oberste Zahl bezeichnet den Prüfmonat des Jahres, dessen letzte beiden Ziffern sich im Mittelkreis befinden.

Anlage X (§ 35a Abs. 4)

Abmessungen und Anordnung der Sitze in Kraftomnibussen
Mindestmaße in mm

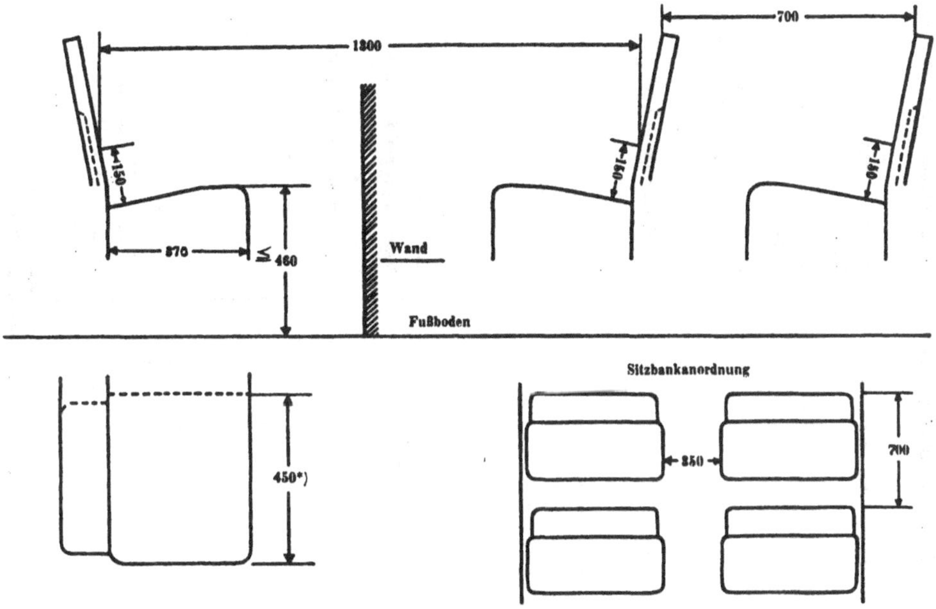

*) Auf dieses Maß können geringfügige Zwischenräume zwischen Sitzplatz und Seitenwand angerechnet werden. Bei den die ganze Breite eines Fahrzeugs ausfüllenden Bänken genügt für einen der Sitze eine Breite von mindestens 350 mm.

Muster 1 (§ 10)

(Auf dunkelgrauem, glattem Leinwandpapier; Breite 105 mm, Höhe 148 mm; Typendruck. Für das Lichtbild und die Unterschrift des Inhabers kann statt der Seite 3 die Seite 2 gewählt werden; die für Seite 2 vorgeschriebenen Angaben müssen dann auf Seite 3 gemacht werden)

(1. Seite)

Führerschein

für

Herrn
Frau ____________________
Fräulein

geboren am ____________________

in ____________________ 19____

____

wohnhaft in ____________________

____

Straße ____________________

(2. Seite)

Herr
Frau ____________________
Fräulein

erhält die Erlaubnis, nach Ablegung der Prüfung*)
ein Kraftfahrzeug mit Antrieb durch

____

der Klasse eins — zwei — drei — vier*) zu führen.

____________________, den ____________________

____
(Verwaltungsbehörde)

(Stempel)

____
(Unterschrift)

*) Nichtzutreffendes ist zu streichen.

Vermerk des amtlich anerkannten Sachverständigen für den Kraftfahrzeugverkehr*)**)

Nach bestandener Prüfung ausgehändigt.

____________________, den ____________________ 19____

Der amtlich anerkannte Sachverständige
Prüfer *) für den Kraftfahrzeugverkehr

____
(Unterschrift)

Liste Nr. ____________

*) Nichtzutreffendes ist zu streichen.
**) Bei Führerscheinen der Klasse 4, bei erneuter Erteilung nach Entziehung der Fahrerlaubnis und in den Fällen der § 10 Abs. 3 und § 14 Abs. 4 StVZO ist dieser Vermerk gegebenenfalls zu streichen.

Übergangsbestimmung: § 72 StVZO

Noch Muster 1

(3. Seite)

(Raum für das Lichtbild des Inhabers)

(38 mm × 52 mm bis 45 mm × 60 mm)

Stempel

Eigenhändige Unterschrift des Inhabers:

(4. Seite)

(Raum für weitere amtliche Eintragungen insbesondere über Bedingungen der Erlaubnis oder die Ausdehnung der Erlaubnis nach Ergänzungsprüfungen)

 Muster 1a §§ 5, 10 (Übergangsbestimmung § 72)

(Auf hellgrauem, glattem Leinwandpapier, dreifach gefaltet; Breite 3 × 74 mm; Höhe 105 mm; Typendruck)

(Außenseiten)

Klasse A für Krafträder mit oder ohne Beiwagen sowie dreirädrige Kraftfahrzeuge, deren Leergewicht 400 kg nicht übersteigt.	Führerschein der Bundeswehr
Klasse B für Kraftfahrzeuge zur Personenbeförderung mit höchstens 8 Sitzen außer dem Führersitz oder Kraftfahrzeuge zur Güterbeförderung mit nicht mehr als 3500 kg zulässigen Gesamtgewichts. Ein Anhänger mit nicht mehr als 750 kg zulässigen Gesamtgewichts darf mitgeführt werden.	
Klasse C für Kraftfahrzeuge zur Güterbeförderung mit mehr als 3500 kg zulässigen Gesamtgewichts. Ein Anhänger mit nicht mehr als 750 kg zulässigen Gesamtgewichts darf mitgeführt werden.	
Klasse D für Kraftfahrzeuge zur Personenbeförderung mit mehr als 8 Sitzen außer dem Führersitz. Ein Anhänger mit nicht mehr als 750 kg zulässigen Gesamtgewichts darf mitgeführt werden.	
Klasse E für Kraftfahrzeuge der Klassen B, C oder D, soweit der Führer für diese Klassen die Fahrerlaubnis erhalten hat, mit Anhängern, deren zulässiges Gesamtgewicht 750 kg überschreitet.	
Klasse F für Voll- und Halbkettenfahrzeuge mit und ohne Anhänger (F 1 bis 15 t, F 2 bis 30 t, F 3 bis 55 t und F 4 über 55 t zulässigen Gesamtgewichts).	

Muster 1a

(Innenseiten)

Name: ____________________

Vorname: ____________________

Geburtstag: ____________________

Geburtsort: ____________________

Einheit/Dienststelle ____________________

____
Dienststempel

Lichtbild
(35 mm
×
45 mm)

____
Ausbildende Stelle

Dienststempel ____________________
Unterschrift der Ausbildungsstelle

Datum — Lfd. Nr.

____
Eigenhändige Unterschrift des Inhabers

*) Nichtzutreffendes streichen.

Klasse A B C D E*)
F 1 F 2 F 3 F 4*)

Dienststempel des Hauptprüfers

____
Unterschrift des Hauptprüfers

Datum — Listen-Nr.

Erweiterung auf
Klasse A B C D E*)
F 1 F 2 F 3 F 4*)

____
Ausbildende Stelle

Datum — Lfd. Nr

Dienststempel des Hauptprüfers

____
Unterschrift des Hauptprüfers

Datum — Listen-Nr.

Erweiterung auf
Klasse A B C D E*)
F 1 F 2 F 3 F 4*)

____
Ausbildende Stelle

Datum — Lfd. Nr.

Dienststempel des Hauptprüfers

Unterschrift des Hauptprüfers

Datum — Listen-Nr.

Erweiterung auf
Klasse A B C D E*)
F 1 F 2 F 3 F 4*)

____
Ausbildende Stelle

Datum — Lfd. Nr.

Dienststempel des Hauptprüfers

____
Unterschrift des Hauptprüfers

Datum — Listen-Nr.

Muster 1b (§ 10)

(Auf dunkelgrauem, glattem Leinwandpapier; Breite 105 mm, Höhe 148 mm; Typendruck; vierseitig)

(1. Seite)

Führerschein

für

Herrn
Frau ______________________
Fräulein

geboren am: ______________________

in: ______________________

wohnhaft in ______________________

____

Straße ______________________

(2. Seite)

Herr
Frau ______________________
Fräulein

ist — nach Ablegung der Prüfung*) — berechtigt,

ein Fahrrad mit Hilfsmotor, ein Kleinkraftrad mit einer durch die Bauart bestimmten Höchstgeschwindigkeit von nicht mehr als 40 km/h oder einen maschinell angetriebenen Krankenfahrstuhl zu führen, dessen Hubraum nicht mehr als 50 cm³ oder dessen durch die Bauart bestimmte Höchstgeschwindigkeit nicht mehr als 20 km/h beträgt.

______________________, den ____________

Verwaltungsbehörde

Stempel

Liste Nr. ____________

____
Unterschrift

*) Nichtzutreffendes ist zu streichen.

Muster 1b

(3. Seite)

Raum für das Lichtbild
38 mm × 52 mm bis
45 mm × 60 mm

Stempel

Eigenhändige Unterschrift des Inhabers:

(4. Seite)

(Raum für weitere amtliche Eintragungen)

Muster 1c § 15d

(Auf hellgelbem, glattem Leinwandpapier; Breite 105 mm, Höhe 148 mm; Typendruck; vierseitig)

(1. Seite)

Führerschein zur Fahrgastbeförderung

Herr
Frau | ______________________
Fräulein
geboren am: | ______________________

in: | ______________________

wohnhaft in: | ______________________

Straße | ______________________

ist berechtigt,

einen Kraftomnibus mit nicht mehr als 14 Fahrgastplätzen*) — oder einen Zug mit Omnibusanhänger*) — eine Kraftdroschke*)

zu führen, wenn darin Fahrgäste befördert werden.

Dieser Führerschein gilt nur in Verbindung mit dem Führerschein der Klasse _____ und verliert seine Geltung mit Ablauf des __________ wenn die Geltungsdauer nicht durch Vermerk auf den Seiten 3 oder 4 verlängert worden ist.

*) Nichtzutreffendes streichen.

(2. Seite)

Dieser Führerschein ist auf Fahrten mit Fahrgästen mitzuführen und zuständigen Personen auf Verlangen zur Prüfung auszuhändigen.

______________________, den ______________

Stempel ______________________
Name der Verwaltungsbehörde

Liste Nr.: ____________

____
Unterschrift

(4. Seite)

(3. Seite)

Verlängerung der Geltungsdauer und sonstige Eintragungen:

Muster 1c

Muster 2 **§ 24** (Übergangsbestimmung § 72)

(Auf hellgrünem, glattem Leinwandpapier; Breite 105 mm, Höhe 148 mm; Typendruck. Mehrseitig, auf den Seiten 3 und 4 und den etwa folgenden Seiten Raum für weitere Eintragungen)

(1. Seite)

Kraftfahrzeugschein

Herr
Frau ______________________
Fräulein

in ______________________

______________________ Straße Nr. ______

ist das amtliche Kennzeichen

für das umseitig beschriebene Kraftfahrzeug zugeteilt worden.

______________________, den ____________ 19____

(Stempel) ______________________
(Name der Verwaltungsbehörde)

____
(Unterschrift)

Liste Nr. ____________

(2. Seite)

Art des Fahrzeugs		
Hersteller des Fahrgestells		
Fabriknummer des Fahrgestells		
Art des Antriebs (z. B. Verbrennungsmaschine, Elektromotor)		
Bei Antrieb durch Verbrennungsmaschine	Hubraum der Maschine in cm^3	
	Nummer der Maschine*)	
	Motorleistung in PS**)	
Leergewicht des Fahrzeugs (bei Krafträdern:) mit Beiwagen		kg kg
Tag der ersten Zulassung		
Nutzlast bei Lastkraftwagen oder Kombinationskraftwagen bei Omnibussen		kg Sitzplätze Stehplätze
Ladefläche (nur bei Kombinationskraftwagen)		m^2
Zulässiges Gesamtgewicht (bei Krafträdern:) mit Beiwagen		kg kg
Zulässige Achslast (außer bei Krafträdern)		vorn kg mitten kg hinten kg
Höchstgeschwindigkeit auf ebener Bahn		km/h
Art und Mindestgröße — bei Zugmaschinen: zulässige Größen — der Bereifung		vorn mitten hinten
Geräuschentwicklung		Standgeräusch DIN-phon Fahrgeräusch DIN-phon

*) Nicht auszufüllen bei land- oder forstwirtschaftlichen Sonderfahrzeugen sowie bei Zugmaschinen für land- oder forstwirtschaftliche Zwecke.
**) Nur fürFahrzeuge, für die § 35 StVZO gilt.

Muster 2a (§ 24; für Krafträder)

(Auf hellgrünem, glattem Leinwandpapier; Breite 105 mm, Höhe 148 mm; Typendruck; vierseitig; auf Seite 4 Raum für weitere Eintragungen. Erforderlich sind alle auch in Muster 2 vorgesehenen Angaben; die anderen sind zulässig. Die Seiten 2 und 3 sind drucktechnisch so zu gestalten, daß der Schein mit den Karteikarten (§ 26) im Durchschreibeverfahren ausgefüllt werden kann.)

(1. Seite)

Kraftfahrzeugschein

Das vorstehende amtliche Kennzeichen ist

Herrn
Frau
Fräulein | ______

in | ______

Straße | ______

für das umstehend beschriebene Kraftrad zugeteilt worden.

______, den ______

Stempel

______
Name der Verwaltungsbehörde

______
Unterschrift

Liste Nr. ______

(2. Seite)

Art des Kraftrads — Schlüssel-Nr.

Rahmen
- Hersteller
- Typ
- Fabriknummer
- Baujahr

Motor
- Hersteller
- Typ
- Fabriknummer
- Art des Antriebs
- Leistung (PS bei U/min)[1])
- Hubraum (cm^3)

[1]) Bei Elektromotoren: kW/h

Noch Muster 2a

(3. Seite)

Leergewicht (kg)

mit Beiwagen (kg)

Zulässiges Gesamtgewicht (kg)

mit Beiwagen (kg)

Zahl der Sitzplätze (einschl. Fahrerpl.)

Mindestgröße der Bereifung, vorn

hinten

Anhängerkupplung, ja/nein

Typ

Prüfzeichen

Höchstgeschwindigkeit (km/h)

Standgeräusch (DIN-phon)

Fahrgeräusch (DIN-phon)

Tag der ersten Zulassung

Muster 2b (§ 24; nicht für Krafträder)

(Auf hellgrünem, glattem Leinwandpapier; Breite 105 mm, Höhe 148 mm; Typendruck; vierseitig; auf Seite 4 Raum für weitere Eintragungen. Erforderlich sind alle auch in Muster 2 vorgesehenen Angaben; die anderen Angaben sind zulässig. Die Seiten 2 und 3 sind drucktechnisch so zu gestalten, daß der Schein mit den Karteikarten (§ 26) im Durchschreibeverfahren ausgefüllt werden kann.)

(1. Seite)

Kraftfahrzeugschein

Das vorstehende amtliche Kennzeichen ist

Herrn
Frau ______
Fräulein

in ______

Straße ______

für das umstehend beschriebene Kraftfahrzeug zugeteilt worden.

______, den ______

Stempel

______
Name der Verwaltungsbehörde

______
Unterschrift

Liste Nr. ______

(2. Seite)

Art des Fahrzeugs		Schlüssel-Nr.
Fahrgestell	Hersteller Typ Fabriknummer Baujahr	
Motor	Hersteller Typ Fabriknummer¹) Antriebsart Leistung (PS bei U/min)²) Hubraum (cm³)	
Aufbau	Hersteller Art Sitzplätze (einschl. Führerplatz) davon Notsitze Steh- und/oder Liegeplätze Laderaum (mm), Länge Breite Höhe Fassungsvermögen des Kessels (m³) Ladefläche m²)³)	
Gewichte	Leergewicht (kg) Nutz-⁴) oder Aufliegelast⁵) (kg) Zulässiges Gesamtgewicht (kg) Zulässige Achslast (kg) vorn, mitten und hinten	

¹) Nicht auszufüllen bei land- oder forstwirtschaftlichen Sonderfahrzeugen sowie bei Zugmaschinen für land- oder forstwirtschaftliche Zwecke.
²) Bei Elektromotoren kW.
³) Nur bei Kombinationskraftwagen.
⁴) Bei Last- und Kombinationskraftwagen.
⁵) Bei Sattelzugmaschinen.

Noch Muster 2b

(3. Seite)

Fahrwerk	Art: Rad und/oder Gleisketten Räderzahl (ohne Ersatzräder) Zahl der angetriebenen Achsen Radstand Art der Bereifung vorn, mitten und hinten[6]) Größe der Bereifung[7]) vorn, mitten und hinten
	Art der Bremsen (mechanisch, Druckluft, Hydraulik, Saugluft, elektrisch)
	Anhängerkupplung ja/nein, Typ Prüfzeichen
	Höchstgeschwindigkeit (km/h) Standgeräusch (DIN-phon) Fahrgeräusch (DIN-phon) Tag der ersten Zulassung

[6]) Einfach oder doppelt; Luft, Elastik, Eisen.

[7]) Mindestgröße — bei Zugmaschinen zulässige Größen — der Bereifung.

Muster 3 (§ 24) (Übergangsbestimmung § 72)

(Auf hellblauem, glattem Leinwandpapier; Breite 105 mm, Höhe 148 mm; Typendruck. Vierseitig, auf Seite 3 und 4 Raum für weitere Eintragungen)

(1. Seite)

Anhängerschein

Herrn
Frau | ______
Fräulein

in | ______

Straße | ______

ist das amtliche Kennzeichen

______

für den umseitig beschriebenen Anhänger zugeteilt worden.

______, den ______

Stempel

______
Name der Verwaltungsbehörde

______
Unterschrift

Liste Nr. ______

(2 Seite)

Art des Fahrzeugs	
Hersteller des Fahrgestells	
Fabriknummer des Fahrgestells	
Leergewicht des Fahrzeugs	kg
Tag der ersten Zulassung	
Nutzlast beim Lastkraftwagen-Anhänger beim Omnibus-Anhänger	kg Sitzplätze Stehplätze
Zulässiges Gesamtgewicht (soweit sich nicht aus der im Kraftfahrzeugschein des ziehenden Fahrzeugs vermerkten zulässigen Anhängelast ein geringerer Wert ergibt)	kg
Zahl der Achsen	
Zulässige Achslast	vorn kg*) mitten kg hinten kg
Art der Bremse (z. B. Druckluft, Angabe der Betriebserlaubnis oder Bauartgenehmigung, wenn vorhanden)	
Hersteller der Bremse	
Art und Mindestgröße der Bereifung	vorn mitten hinten

*) Bei Sattelanhängern ist hier die zulässige Aufliegelast (Sattellast) einzutragen.

Muster 3a (§ 24; für Anhänger)

(Auf hellblauem, glattem Leinenpapier; Breite 105 mm, Höhe 148 mm; Typendruck; vierseitig; auf Seite 4 Raum für weitere Eintragungen. Erforderlich sind alle auch in Muster 3 vorgesehenen Angaben; die anderen Angaben sind zulässig. Die Seiten 2 und 3 sind drucktechnisch so zu gestalten, daß der Schein mit den Karteikarten [§ 26] im Durchschreibeverfahren ausgefüllt werden kann).

(1. Seite)

Anhängerschein

Das vorstehende amtliche Kennzeichen ist

Herrn
Frau | ______________________
Fräulein

in | ______________________

Straße | ______________________

für den umstehend beschriebenen Anhänger zugeteilt worden.

______________________, **den** ______________________

Stempel ______________________
Name der Verwaltungsbehörde

____
Unterschrift

Liste Nr. __________

(2. Seite)

Art des Anhängers	Schlüssel-Nr.
Fahrgestell	Hersteller Typ Fabriknummer Baujahr
Aufbau	Hersteller Art Sitzplätze davon Notsitze Stehplätze Liegeplätze Laderaum (mm) Länge Breite Höhe Fassungsvermögen des Kessels (m^3)
Gewichte	Leergewicht (kg) Nutzlast beim Lastanhänger (kg)[1] Zulässiges Gesamtgewicht (kg) Zulässige Achslast (kg) vorn[2], mitten und hinten

[1]) Soweit sich nicht aus der zulässigen Anhängelast ein geringerer Wert ergibt.

[2]) Bei Sattelanhängern ist hier die zulässige Aufliegelast (Sattellast) einzutragen.

(3. Seite)

Fahrwerk	Zahl der Achsen Radstand (bei Last- u. Omnib.-Anh.) Art der Bereifung vorn, mitten und hinten[3]) Mindestgröße der Bereifung vorn, mitten und hinten
Bremsanlage	Hersteller Art (mechanisch, Druckluft, Saugluft, Auflaufbremse) Betriebserlaubnis oder Bauartgenehmigung (wenn vorhanden)
	Anhängerkupplung ja/nein[4]) Typ Prüfzeichen
	Maße über alles (mm) Länge Breite Höhe
	Tag der ersten Zulassung

[3]) Einfach oder doppelt; Luft, Elastik, Eisen.

[4]) Zum Mitführen eines weiteren Anhängers.

Muster 4 (§ 28) (Übergangsbestimmung § 72)

(Auf weißem Papier; Breite 105 mm, Höhe 148 mm; Typendruck. Zwei- oder mehrseitig, auf Seite 3 und den folgenden Seiten derselbe Vordruck wie auf Seite 2. Mit Ausnahme von Seite 1 darf jede Seite Angaben über nur ein Fahrzeug enthalten.)

(1. Seite)

Kraftfahrzeugschein

Herrn
Frau ______________________
Fräulein

in ______________________

Straße ______________________

ist für das umseitig beschriebene Fahrzeug zu Probefahrten — Überführungsfahrten — das (eines der) rote(n) Kennzeichen

zugeteilt worden.
Dieser Schein ist nur gültig, wenn die umstehende Beschreibung vom Inhaber in dauerhafter Schrift ausgefüllt und unterschrieben ist.

______________, den ______________

Stempel

____
Name der Verwaltungsbehörde

____
Unterschrift

Liste Nr. ________

(2 Seite)

Art des Fahrzeugs		
Hersteller des Fahrgestells		
Fabriknummer des Fahrgestells		
Art des Antriebs (z. B. Verbrennungsmaschine, Elektromotor)		
Bei Antrieb durch Verbrennungsmaschine	Hubraum der Maschine in cm³	
	Nummer der Maschine*)	
	Motorleistung in PS**)	
Leergewicht des Fahrzeugs (bei Krafträdern:) mit Beiwagen		kg kg
Tag der ersten Zulassung		
Nutzlast bei Lastkraftwagen oder Kombinationskraftwagen		kg
bei Omnibussen		Sitzplätze Stehplätze
Ladefläche (nur bei Kombinationskraftwagen)		m²
Zulässiges Gesamtgewicht (bei Krafträdern:) mit Beiwagen		kg kg
Zulässige Achslast (außer bei Krafträdern)		vorn kg mitten kg hinten kg
Höchstgeschwindigkeit auf ebener Bahn		km/h
Art und Mindestgröße — bei Zugmaschinen: zulässige Größen — der Bereifung		vorn mitten hinten

______________, den ______________

____
Unterschrift des Inhabers

*) Nicht auszufüllen bei land- oder forstwirtschaftlichen Sonderfahrzeugen sowie bei Zugmaschinen für land- oder forstwirtschaftliche Zwecke.
**) Nur für Fahrzeuge, für die § 35 StVO gilt.

Muster 5 (§ 28) (Übergangsbestimmung § 72)

(Auf weißem Papier; Breite 105 mm, Höhe 148 mm; Typendruck. Zwei- oder mehrseitig, auf Seite 3 und den folgenden Seiten derselbe Vordruck wie auf Seite 2. Mit Ausnahme von Seite 1 darf jede Seite Angaben über nur ein Fahrzeug enthalten.)

(1. Seite)

Anhängerschein

Herrn
Frau | ______________________
Fräulein

in | ______________________

Straße | ______________________

ist für den umseitig beschriebenen Kraftfahrzeuganhänger zu Probefahrten — Überführungsfahrten — das (eines der) rote(n) Kennzeichen

zugeteilt worden.

Dieser Schein ist nur gültig, wenn die umstehende Beschreibung vom Inhaber in dauerhafter Schrift ausgefüllt und unterschrieben ist.

______________, den ______________

Stempel

____
Name der Verwaltungsbehörde

____
Unterschrift

Liste Nr. ______

(2. Seite)

Hersteller des Fahrgestells	
Fabriknummer des Fahrgestells	
Leergewicht des Fahrzeugs	kg
Tag der ersten Zulassung	
Nutzlast beim Lastkraftwagen-Anhänger beim Omnibus-Anhänger	kg Sitzplätze Stehplätze
Zulässiges Gesamtgewicht (soweit sich nicht aus der im Kraftfahrzeugschein des ziehenden Fahrzeugs vermerkten zulässigen Anhängelast ein geringerer Wert ergibt)	kg
Zahl der Achsen	
Zulässige Achslast	vorn kg*) mitten kg hinten kg
Art der Bremse (z. B. Druckluft, Angabe der Betriebserlaubnis oder Bauartgenehmigung, wenn vorhanden)	
Hersteller der Bremse	

______________, den ______________

____
Unterschrift des Inhabers

*) Bei Sattelanhängern ist hier die zulässige Aufliegelast (Sattellast) einzutragen.

Muster 6 (§ 29b)

(Format: DIN A 6. Die Formblätter dürfen nicht handschriftlich oder mit Schreibmaschine hergestellt, sondern müssen — zur Verhütung von Mißbräuchen — gedruckt sein. Auch Firma und Unterschrift des Versicherers müssen gedruckt [letztere faksimiliert] sein. Dem ausgefüllten Vordruck ist eine Durchschrift auf einem gleichartigen Vordruck beizufügen.)

Bestätigung des Bestehens einer Haftpflichtversicherung nach § 29b Abs. 1 Satz 1 Halbsatz 1 StVZO (für die Verwaltungsbehörde — Zulassungsstelle — bestimmt)

Amtliches Kennzeichen:
(von der Zulassungsstelle auszufüllen)

Versicherungssumme für Personenschäden DM	Beginn des Versicherungsschutzes	Nummer des Versicherungsscheins

Anschrift des Versicherten:

Art des Fahrzeugs	Hersteller des Fahrgestells	Fabriknummer des Fahrgestells

Unterschrift des Versicherers

Muster 7 (§ 29b)

(Format: DIN A 6. Die Formblätter dürfen nicht handschriftlich oder mit Schreibmaschine hergestellt, sondern müssen — zur Verhütung von Mißbräuchen — gedruckt sein. Auch Firma und Unterschrift des Versicherers müssen gedruckt [letztere faksimiliert] sein.)

Bestätigung des Bestehens einer Haftpflichtversicherung nach § 29b Abs. 1 Satz 1 Halbsatz 2 StVZO (für die Verwaltungsbehörde — Zulassungsstelle — bestimmt)

Versicherungssumme für Personenschäden DM	Beginn des Versicherungsschutzes	Nummer des Versicherungsscheins

Anschrift des Versicherten:

Maschinell angetriebene Landfahrzeuge und ihre Anhänger, ausgenommen Omnibusse und Droschken

Unterschrift des Versicherers

Muster 8 (§ 29 c)

(Format: DIN A 6)

Anzeige des Versicherers an die Verwaltungsbehörde (Zulassungsstelle) nach § 29 c StVZO

Die von uns ausgestellte Versicherungsbestätigung (Sammelbestätigung)[1]) mit den nachstehenden Merkmalen hat ihre Geltung verloren. Tag der Beendigung des Versicherungsverhältnisses: Anschrift des Versicherten:	Amtliches Kennzeichen[2]) Nummer des Versicherungsscheins

Art des Fahrzeugs[2])	Hersteller des Fahrgestells[2])	Fabriknummer des Fahrgestells[2])

Wir bitten um baldigen Bescheid über das Weitere mittels anhängender Antwortkarte. Diese dient uns als Beleg für die Erfüllung der Anzeigepflicht nach § 29 c StVZO.

__________________, den ____________

____

Unterschrift des Versicherers

[1]) Nichtzutreffendes ist zu streichen.
[2]) Entfällt bei Sammelbestätigungen.

Der Anzeige des Versicherers hängt eine Antwortkarte nach folgendem Muster an:

(Format: DIN A 6)

Bescheid der Verwaltungsbehörde (Zulassungsstelle) an den umseitig bezeichneten Versicherer auf die Anzeige nach § 29 c StVZO

Betrifft:	Amtliches Kennzeichen Nummer des Versicherungsscheins

Die Anzeige vom ist am eingegangen

Das Fahrzeug ist ab aus dem Verkehr genommen worden*).

Durch Vorlage einer neuen Versicherungsbestätigung ist der Nachweis erbracht worden, daß für das bezeichnete Fahrzeug mit Wirkung vom bei einem anderen Versicherer ausreichender Versicherungsschutz besteht*).

__________________, den ____________

____

Stempel und Unterschrift der Verwaltungsbehörde (Zulassungsstelle)

*) Nichtzutreffendes ist zu streichen.

Richtlinien
für die amtliche Anerkennung von Betrieben, die ihre Fahrzeuge im eigenen Betrieb untersuchen, nach Anlage VIII Ziffer 6 zur StVZO vom 22. Juli 1960

(VerkBl. 60, 481)

A. **Allgemeines**

Fahrzeughaltern, die im eigenen Betrieb über Fachkräfte und die erforderlichen technischen Einrichtungen verfügen, kann widerruflich gestattet werden, die Haupt- und Zwischenuntersuchungen oder auch die Bremsensonderuntersuchungen ihrer Fahrzeuge selbst vorzunehmen.

B. **Voraussetzungen**

Voraussetzung für eine Überwachung im eigenen Betrieb ist die Erteilung einer besonderen Erlaubnis der für den Verkehr zuständigen obersten Landesbehörde oder einer von ihr beauftragten Behörde.
Die Erlaubnis kann in der Regel nur erteilt werden, wenn der Antragsteller

1. die Gewähr für zuverlässige Ausübung der durch die amtliche Anerkennung verliehenen Befugnisse bietet,
2. über mindestens 15 betriebseigene Kraftfahrzeuge (außer Krafträdern) verfügt,
3. zur Überwachung der Fahrzeuginstandhaltung mindestens einen geprüften Meister des Kraftfahrzeughandwerks hauptberuflich beschäftigt, der die Kenntnisse und Fähigkeiten für die ordnungsgemäße technische Überwachung der Kraftfahrzeuge besitzt,
4. im eigenen Betrieb über eine Werkstatt verfügt, deren Ausstattung den Richtlinien für die amtliche Anerkennung von Kraftfahrzeugwerkstätten (vgl. Anlage VIII StVZO) entspricht,
5. einen Betriebsleiter zur Verfügung hat, der ausreichende technische Kenntnisse besitzt, um die durchgeführten Untersuchungen beurteilen zu können. Als Voraussetzung muß der Betriebsleiter ein Studium des Maschinenbaufachs oder der Elektrotechnik an einer deutschen oder an einer als gleichwertig anerkannten ausländischen Technischen Hochschule oder Universität oder an einer staatlich anerkannten Ingenieurschule abgeschlossen haben.

C. **Antragstellung**

Der Antrag auf Erteilung einer Erlaubnis für die Durchführung von Untersuchungen im eigenen Betrieb ist der zuständigen obersten Landesbehörde oder einer von ihr beauftragten Behörde vorzulegen. Die zuständige Behörde kann die Beibringung eines Gutachtens eines amtlich anerkannten Sachverständigen für den Kraftfahrzeugverkehr über die vorhandenen Prüfgeräte und Einrichtungsgegenstände der Werkstatt verlangen.

D. **Auflagen**

In die Erlaubnis sind die folgenden Mindestauflagen aufzunehmen:

1. Veränderungen des anzuerkennenden Personals sind der Erlaubnisbehörde unter Angabe der Namen unverzüglich anzuzeigen.
2. Die Untersuchungen an Kraftfahrzeugen und Anhängern nach Anlage VIII zur StVZO sind nach den amtlichen Richtlinien durchzuführen.
3. Die Untersuchungen sind in die durch Ziffer 2 der Anlage VIII zur StVZO vorgeschriebenen Prüfbücher einzutragen.
4. Wird bei den Untersuchungen und bei den Nachprüfungen ein Mangel des überprüften Fahrzeugs festgestellt, so darf eine Prüfplakette nach § 29 Abs. 4 StVZO nur nach Behebung des Mangels angebracht werden.
5. Zur laufenden Unterrichtung des Personals sind folgende Unterlagen bereitzuhalten:
   a) Straßenverkehrs-Zulassungs-Ordnung (StVZO), in der jeweils gültigen Fassung.
   b) Verordnung über den Betrieb von Kraftfahrunternehmen im Personenverkehr (BOKraft), in der jeweils gültigen Fassung.
   c) Verkehrsblatt — Amtsblatt des Bundesministers für Verkehr —.
6. Die Erlaubnisbehörde kann weitere Auflagen machen.

E. **Hinweise**

Wird die Erlaubnis nur für die Durchführung von Haupt- und Zwischenuntersuchungen erteilt, so ist folgender Hinweis aufzunehmen:
„Bremsensonderuntersuchungen nach Ziff. 15 der Anlage VIII zur StVZO können im eigenen Betrieb nur dann durchgeführt werden, wenn eine besondere Erlaubnis von der zuständigen Behörde erteilt worden ist."

Richtlinien
für die amtliche Anerkennung von Überwachungsorganisationen nach Anlage VIII Ziffer 7 zur StVZO vom 22. Juli 1960

(VerkBl. 60, 481)

A. **Allgemeines**

Fahrzeughalter, die freiwillig ihre Fahrzeuge auf Grund eines entsprechenden Vertrags regelmäßig von einer amtlich anerkannten Überwachungsorganisation untersuchen lassen, sind nach Ziffer 7 der Anlage VIII zur StVZO von der Pflicht der Vorführung bei einem amtlich anerkannten Sachverständigen oder Prüfer für den Kraftfahrzeugverkehr befreit.

B. **Voraussetzungen**

Voraussetzung für eine selbständige Durchführung von Hauptuntersuchungen an Fahrzeugen der Mitglieder einer Überwachungsorganisation ist die Erteilung einer besonderen Erlaubnis der für den Verkehr zuständigen obersten Landesbehörde oder einer von ihr beauftragten Behörde.

Die Erlaubnis kann in der Regel nur widerruflich und nur dann erteilt werden, wenn die Antragstellerin

1. die Gewähr für zuverlässige Ausübung der durch die amtliche Anerkennung verliehenen Befugnisse bietet,
2. eine entsprechende Bedeutung und einen namhaften Mitgliederbestand hat,
3. über die erforderlichen dem Stand der Technik angepaßten Einrichtungen verfügt,
4. nachweist, daß die für die Untersuchung von Fahrzeugen verantwortlichen Personen als fachliche Voraussetzungen ein Studium des Maschinenbaufachs oder der Elektrotechnik an einer deutschen oder an einer als gleichwertig anerkannten ausländischen Technischen Hochschule oder Universität oder an einer staatlich anerkannten Ingenieurschule abgeschlossen haben und ausreichende Erfahrungen auf dem Gebiet der Kraftfahrzeugtechnik besitzen,
5. nachweist, daß die für die Untersuchung von Fahrzeugen verantwortlichen Personen von der Zahl und dem Ergebnis der Untersuchungen wirtschaftlich nicht abhängig sind,
6. eine ausreichende Haftpflichtversicherung zur Deckung aller bei Durchführung der Untersuchungen verursachten Sach- und Personenschäden abgeschlossen hat und aufrechterhält.

C. **Antragstellung**

Der Antrag auf amtliche Anerkennung als Überwachungsorganisation ist bei der zuständigen obersten Landesbehörde oder einer von ihr beauftragten Behörde zu stellen.

D. **Auflagen**

In die Erlaubnis sind die folgenden Mindestauflagen aufzunehmen:

1. Veränderungen des anzuerkennenden Personals sind der Erlaubnisbehörde unter Angabe der Namen unverzüglich anzuzeigen.
2. Die Hauptuntersuchungen an Kraftfahrzeugen und Anhängern nach Anlage VIII zur StVZO sind nach den amtlichen Richtlinien durchzuführen.
3. Die Untersuchungen sind in die durch Ziffer 2 der Anlage VIII zur StVZO vorgeschriebenen Prüfbücher einzutragen.
4. Wird bei den Untersuchungen und bei den Nachprüfungen ein Mangel des überprüften Fahrzeugs festgestellt, so darf eine Prüfplakette nach § 29 Abs. 4 StVZO nur nach Behebung des Mangels angebracht werden.
5. Wird bei Untersuchungen ein verkehrsunsicherer Zustand eines Fahrzeugs festgestellt, so hat die Überwachungsorganisation der zuständigen Zulassungsstelle hierüber eine Meldung zu erstatten.
6. Werden bei den Untersuchungen konstruktive Mängel festgestellt, die eine Abweichung von der Allgemeinen Betriebserlaubnis oder den Bauartgenehmigungen erkennen lassen, so hat die Überwachungsorganisation hierüber dem Kraftfahrt-Bundesamt zu berichten.
7. Zur laufenden Unterrichtung des verantwortlichen Personals sind folgende Unterlagen bereitzuhalten:
   a) Straßenverkehrs-Zulassungs-Ordnung (StVZO), in der jeweils gültigen Fassung.
   b) Verordnung über den Betrieb von Kraftfahrunternehmen im Personenverkehr (BOKraft), in der jeweils gültigen Fassung.
   c) Verkehrsblatt — Amtsblatt des Bundesministers für Verkehr —.
8. Die Erlaubnisbehörde kann weitere Auflagen machen.

Richtlinien
für die amtliche Anerkennung von Kraftfahrzeugwerkstätten für Zwischenuntersuchungen an Fahrzeugen nach Anlage VIII Ziffer 10 zur StVZO vom 22. Juli 1960
(VerkBl. 60, 482)

A. **Allgemeines**

Für die Durchführung von Zwischenuntersuchungen an

1. Fahrzeugen, die der Personenbeförderung dienen, mit mehr als 8 Fahrgastplätzen,
2. Personenkraftwagen und Krafträdern zur gewerbsmäßigen Vermietung an Selbstfahrer,
3. Lastkraftwagen und zulassungspflichtigen Anhängern, wenn das zulässige Gesamtgewicht 9 t oder mehr beträgt,
4. Zugmaschinen mit einer Motorleistung von 55 PS und darüber, wenn ihre durch die Bauart bestimmte Höchstgeschwindigkeit mehr als 40 km/h beträgt,
5. allen anderen Fahrzeugen auf freiwilliger Grundlage können Kraftfahrzeugwerkstätten widerruflich und für alle oder für einzelne Fahrzeugarten und Fabrikate amtlich anerkannt werden.

B. **Voraussetzungen**

Voraussetzung für die Durchführung von Zwischenuntersuchungen ist die Erteilung einer besonderen Erlaubnis der für den Verkehr zuständigen obersten Landesbehörde oder einer von ihr beauftragten Behörde. Die Erlaubnis kann in der Regel erteilt werden, wenn der Antragsteller

1. die Gewähr für zuverlässige Ausübung der durch die amtliche Anerkennung verliehenen Befugnisse bietet,
2. einen verantwortlichen Werkstattleiter hat, der die Meisterprüfung für das Kraftfahrzeughandwerk oder für die Kraftfahrzeug-Elektrotechnik oder ein Studium des Maschinenbaufachs oder der Elektrotechnik an einer deutschen oder an einer als gleichwertig anerkannten ausländischen Technischen Hochschule oder Universität oder an einer staatlich anerkannten Ingenieurschule abgeschlossen hat,
3. einen verantwortlichen Werkstattleiter hat, der die Meisterprüfung für das Schmiede- oder Landmaschinenhandwerk besitzt, sofern die Anerkennung der Werkstatt auf die Durchführung von Zwischenuntersuchungen an land- oder forstwirtschaftlichen Fahrzeugen beschränkt wird,
4. eine Einrichtung besitzt, die den Vorschriften der Anlage 1 entspricht.

C. **Antragstellung**

Der Antrag auf Anerkennung als amtlich anerkannte Werkstatt für die Durchführung von Zwischenuntersuchungen ist der zuständigen Behörde in doppelter Ausfertigung vorzulegen. Für diese Anträge sind Formblätter nach Anlage 2, die durch die Landesinnungsverbände ausgegeben werden, zu verwenden.

Der zuständige Landesinnungsverband für das Kraftfahrzeughandwerk, beziehungsweise für das Schmiede- oder Landmaschinenhandwerk oder die Industrie- und Handelskammer ist zu dem Antrag zu hören; dies gilt nicht für firmeneigene Niederlassungen von Fahrzeugherstellerwerken.

Im Antrag ist anzugeben, ob die Werkstatt bereits als Kunden- oder Bremsendienst oder als „sonstige Stelle“ im Sinne des § 29 Abs. 4 StVZO in der Fassung vom 29. März 1956 amtlich anerkannt ist; in diesem Falle genügt jedoch der Nachweis, daß sie den Voraussetzungen der Anlage 1 entspricht.

Die zuständige Behörde hat die Beibringung eines Gutachtens eines amtlich anerkannten Sachverständigen für den Kraftfahrzeugverkehr über die vorhandenen Prüfgeräte und Einrichtungsgegenstände der Werkstatt zu verlangen.

D. **Auflagen**

In die Erlaubnis sind die folgenden Mindestauflagen aufzunehmen:

1. Veränderungen des anzuerkennenden Personals sind der Erlaubnisbehörde unter Angabe der Namen unverzüglich anzuzeigen.
2. Die Zwischenuntersuchungen an Kraftfahrzeugen und Anhängern nach Anlage VIII zur StVZO sind nach den amtlichen Richtlinien durchzuführen.
3. Die Untersuchungen sind in die durch Ziffer 2 der Anlage VIII zur StVZO vorgeschriebenen Prüfbücher einzutragen oder bei freiwilligen Untersuchungen nach Ziffer 4 Abs. 2 durch eine Bescheinigung zu bestätigen.
4. Werden bei den Untersuchungen oder Nachprüfungen Mängel festgestellt, so darf eine Prüfplakette nach § 29 Abs. 4 StVZO nur nach ihrer Behebung angebracht werden.

5. Zum Zwecke der laufenden Unterrichtung des anerkannten Personals sind folgende Unterlagen bereitzuhalten:
   a) Straßenverkehrs-Zulassungs-Ordnung (StVZO), in der jeweils gültigen Fassung.
   b) Verordnung über den Betrieb von Kraftfahrunternehmen im Personenverkehr (BOKraft), in der jeweils gültigen Fassung.
   c) Verkehrsblatt — Amtsblatt des Bundesministers für Verkehr oder Auszüge des Verkehrsblattes, die von der Berufsorganisation oder den Innungsverbänden ausgegeben werden.
6. Die Erlaubnisbehörde kann weitere Auflagen machen.

Anlage 1
zu den
Richtlinien
für die amtliche Anerkennung von Kraftfahrzeugwerkstätten für Zwischenuntersuchungen an Fahrzeugen nach Anlage VIII Ziffer 10 zur StVZO

Ausstattung der Kraftfahrzeug-Werkstätten

Die Werkstatt muß zur Durchführung der Zwischenuntersuchungen über folgende Einrichtungen und Geräte verfügen:

I. **Meß- und Prüfgeräte:**
   1. Stoppuhr;
   2. Bremsmeßgerät (z. B. Rollen- oder Plattenprüfstände, schreibende Bremsmeßgeräte usw.);
   3. Prüfeinrichtung für Druckluft- und Hydraulikbremsanlagen, bestehend aus Prüfschlauch mit Manometer zur Kontrolle der im Fahrzeug eingebauten Manometer, der Anhänger-Bremsvoreilung und der Abstufbarkeit sowie Geräte zum Durchmessen der Bremsanlagen am Fahrzeug und Spurprüfgerät;
   4. Lichttechnische Prüfgeräte (Scheinwerfereinstellgerät usw.).

II. **Werkzeuge:**
   Spezialwerkzeuge nach Empfehlung der einzelnen Fahrzeughersteller.

III. **Einrichtung:**
   1. Der Betrieb muß die Möglichkeit bieten, einen Zug unterzubringen, sofern er Zwischenuntersuchungen von Fahrzeugen nach Abschnitt A Ziffer 1, 3 und 4 durchführt.
   2. Es muß eine Grube oder eine Hebebühne oder Rampe für schwere Fahrzeuge vorhanden sein.

Anlage 2
zu den
Richtlinien
für die amtliche Anerkennung von Kraftfahrzeugwerkstätten für Zwischenuntersuchungen an Fahrzeugen nach Anlage VIII Ziffer 10 zur StVZO

Antrag auf Anerkennung als Kraftfahrzeugwerkstatt für die Durchführung von Zwischenuntersuchungen nach Anlage VIII Ziffer 10 StVZO

A. 1. Welche Fahrzeugfabrikate werden vertreten?
____
2. Für welche Fahrzeugarten und Fahrzeugfabrikate wird die Anerkennung beantragt? ________

B. Personal:
1. Wird der Betrieb durch einen Kfz.-Ingenieur oder Meister des Kraftfahrzeughandwerks geleitet? — Name ________ Berufsbezeichnung ________
2. Steht ein weiterer Meister oder Monteur mit Spezial-Bremsenausbildung zur Verfügung? — Name ________ Berufsbezeichnung ________

C. Einrichtung:
1. Größe des überdachten Arbeitsplatzes ________ m²
2. Ist eine Grube bzw. eine Hebebühne oder Rampe für schwere Fahrzeuge vorhanden? — ja ________ nein ________ / ja ________ nein ________

D. Welche Meß- und Prüfgeräte für Bremsen sind vorhanden?

1. Stoppuhr ja ________ nein ________
2. Bremsmeßgeräte:
   a) ortsfeste Bremsprüfanlage ja ________ nein ________
   b) schreibendes Bremsmeßgerät ja ________ nein ________
   c) sonstiges Bremsmeßgerät

   ________ (Bezeichnung) ________
3. Manometerprüfeinrichtung ja ________ nein ________
4. Wenn eine Prüfung des Luftpressers auf einem Prüfstand nicht möglich ist, ist eine besondere Einrichtung dafür vorhanden? ja ________ nein ________
5. Werkzeuge:
   a) Spezialwerkzeuge nach Empfehlung der einzelnen Bremsenhersteller ja ________ nein ________
   b) Gerät zum Entlüften des Hydraulikteiles ja ________ nein ________
   c) Bördelwerkzeug für die gebräuchlichen Rohrdurchmesser ja ________ nein ________
   d) Rohrbiegezange ja ________ nein ________
   e) Kolbenklammer für Hydraulikbremszylinder ja ________ nein ________
   f) Federzangen, klein, mittel, groß ja ________ nein ________
   g) Gewindebohrer mit Schneideisen ja ________ nein ________

E. Sind Prüfgeräte für Beleuchtungseinrichtungen vorhanden? ja ________ nein ________

F. War die Werkstatt bereits als Kunden- und Bremsendienst oder als „sonstige Stelle" nach § 29 Abs. 4 StVZO vom 29. März 1956 anerkannt? ja ________ nein ________

Wenn ja, Aktenzeichen: ________

Ich versichere, daß obige Angaben den Tatsachen entsprechen. Ich bin bereit, die Kosten für die vor der Entscheidung notwendige Begutachtung zu tragen.

____
(Unterschrift)

Richtlinien
für die amtliche Anerkennung von Bremsendiensten für Bremsensonderuntersuchungen an Fahrzeugen nach Anlage VIII Ziffer 14 zur StVZO vom 22. Juli 1960

(VerkBl. 60, 484)

A. **Allgemeines**

Für die Durchführung von Bremsensonderuntersuchungen an

1. Fahrzeugen, die der Personenbeförderung dienen, mit mehr als 8 Fahrgastplätzen,
2. Lastkraftwagen und zulassungspflichtigen Anhängern, wenn das zulässige Gesamtgewicht 9 t oder mehr beträgt,
3. Zugmaschinen mit einer Motorleistung von 55 PS und darüber, wenn deren durch die Bauart bestimmte Höchstgeschwindigkeit mehr als 40 km/h beträgt,

mit Druckluft- oder Druckluft-Hydraulik-Bremssystemen können Bremsendienste widerruflich für alle oder für einzelne Bremssysteme amtlich anerkannt werden.

B. **Voraussetzungen**

Voraussetzung für die Durchführung von angeordneten Bremsensonderuntersuchungen ist die Erteilung einer besonderen Erlaubnis der für den Verkehr zuständigen obersten Landesbehörde oder einer von ihr beauftragten Behörde.

Die Erlaubnis kann in der Regel erteilt werden, wenn der Antragsteller

1. die Gewähr für zuverlässige Ausübung der durch die amtliche Anerkennung verliehenen Befugnisse bietet,
2. einen verantwortlichen Leiter hat, der mindestens ein geprüfter Meister des Kraftfahrzeughandwerks mit einer zusätzlichen Ausbildung für Bremsenuntersuchungen ist. Neben dem Leiter muß ein Monteur mit Spezial-Bremsenausbildung zur Verfügung stehen,
3. eine Einrichtung besitzt, die den Vorschriften der Anlage 1 entspricht.

C. **Antragstellung**

Der Antrag auf Anerkennung als amtlich anerkannter Bremsendienst ist der zuständigen Behörde in doppelter Ausfertigung vorzulegen. Für diese Anträge sind Formblätter nach Anlage 2 zu verwenden.

Im Antrag ist anzugeben, ob der Bremsendienst bereits als amtlich anerkannter Bremsendienst im Sinne des § 29 Abs. 4 StVZO in der Fassung vom 29. März 1956 amtlich anerkannt ist; in diesem Falle genügt der Nachweis, daß der Bremsendienst den Voraussetzungen der Anlage 1 entspricht. Die zuständige Behörde hat die Beibringung eines Gutachtens eines amtlich anerkannten Sachverständigen für den Kraftfahrzeugverkehr über die vorhandenen Prüfgeräte und Einrichtungsgegenstände des Bremsendienstes zu verlangen.

D. **Auflagen**

In die Erlaubnis sind die folgenden Mindestauflagen aufzunehmen:

1. Veränderungen des anzuerkennenden Personals sind der Erlaubnisbehörde unter Angabe der Namen unverzüglich anzuzeigen.
2. Die Bremsensonderuntersuchungen an Kraftfahrzeugen und Anhängern nach Anlage VIII zur StVZO sind nach den amtlichen Richtlinien durchzuführen.
3. Die durchgeführten Untersuchungen sind in die durch Ziffer 2 der Anlage VIII zur StVZO vorgeschriebenen Prüfbücher einzutragen.
4. Zur Durchführung der Bremsensonderuntersuchungen an Kraftfahrzeugen und Anhängern und zur laufenden Unterrichtung des Personals sind folgende Unterlagen bereitzuhalten:
   a) Straßenverkehrs-Zulassungs-Ordnung (StVZO), in der jeweils gültigen Fassung.
   b) Verordnung über den Betrieb von Kraftfahrunternehmen im Personenverkehr (BOKraft), in der jeweils gültigen Fassung.
   c) Verkehrsblatt — Amtsblatt des Bundesministers für Verkehr — oder Auszüge des Verkehrsblatts, die von den Fahrzeug- oder Bremsenherstellern ausgegeben werden.
   d) Technische Ratgeber oder Mitteilungshefte derjenigen Hersteller oder Bremssysteme, für die eine Anerkennung beantragt ist.
5. Die Erlaubnisbehörde kann weitere Auflagen machen.

Anlage 1

zu den

Richtlinien

für die amtliche Anerkennung von Bremsendiensten

für Bremsensonderuntersuchungen an Fahrzeugen

nach Anlage VIII Ziffer 14 zur StVZO

Ausstattung des Bremsendienstes

Der Bremsendienst muß zur Durchführung der Bremsensonderuntersuchungen über folgende Einrichtungen und Geräte verfügen:

I. **Meß- und Prüfgeräte:**

1. Stoppuhr;
2. schreibendes Bremsmeßgerät;
3. Prüfeinrichtung für hydrauliche Bremsanlage;
4. Prüfeinrichtung für Druckluftbremsanlage;
5. Prüfstand mit Zubehör, auf dem alle Bremsaggregate einschl. Luftpresser geprüft werden können.

II. **Werkzeuge:**

Spezialwerkzeuge nach Empfehlung der einzelnen Bremsenhersteller.

III. **Einrichtung:**

1. Der Betrieb muß die Möglichkeit bieten, einen Zug unterzubringen.
2. Es muß eine Grube oder eine Hebebühne oder Rampe für schwere Fahrzeuge vorhanden sein.

Anlage 2

zu den

Richtlinien

für die amtliche Anerkennung von Bremsendiensten

für Bremsensonderuntersuchungen an Fahrzeugen

nach Anlage VIII Ziffer 14 zur StVZO

Antrag auf Anerkennung als Bremsendienst für die Durchführung von Bremsensonderuntersuchungen nach Anlage VIII Ziffer 14 zur StVZO

A. 1. Welche Bremsenfabrikate werden vertreten?

---

2. Für welche Bremsenfabrikate und Bremsensysteme wird die Anerkennung beantragt?

B. Personal:

1. Wird der Betrieb durch einen Kfz.-Ingenieur oder Meister des Kraftfahrzeughandwerks mit einer zusätzlichen Ausbildung für Bremsenuntersuchungen geleitet? — Name ________ Berufsbezeichnung ________
2. Monteur mit Bremsenausbildung? — Name ________

C. Einrichtung:

1. Größe des überdachten Arbeitsplatzes ________ m²
2. Ist eine Grube bzw. eine Hebebühne oder Rampe für schwere Fahrzeuge vorhanden? — ja ________ nein ________

D. Welche Meß- und Prüfgeräte für Bremsen sind vorhanden?

1. Stoppuhr — ja ________ nein ________
2. Bremsmeßgeräte:
   a) schreibendes Bremsmeßgerät — ja ________ nein ________
   b) ortsfeste Bremsprüfanlage — ja ________ nein ________
3. Manometereinrichtung — ja ________ nein ________
4. Prüfstand mit Zubehör, auf dem alle Bremsaggregate geprüft werden können — ja ________ nein ________
5. Wenn eine Prüfung des Luftpressers auf dem Prüfstand nicht möglich ist, ist eine besondere Einrichtung dafür vorhanden? — ja ________ nein ________
6. Brems-Pedal-Druckmesser — ja ________ nein ________
7. Werkzeuge:
   a) Spezialwerkzeuge nach Empfehlung der einzelnen Bremsenhersteller — ja ________ nein ________
   b) Gerät zum Entlüften des Hydraulikteiles — ja ________ nein ________
   c) Bördelwerkzeug für die gebräuchlichen Rohrdurchmesser — ja ________ nein ________
   d) Rohrbiegezange — ja ________ nein ________
   e) Kolbenklammer für Hydraulikbremszylinder — ja ________ nein ________
   f) Federzangen, klein, mittel, groß — ja ________ nein ________
   g) Gewindebohrer mit Schneideisen — ja ________ nein ________

E. War der Betrieb bereits früher als Bremsendienst nach § 29 Abs. 4 StVZO in der Fassung vom 29. März 1956 anerkannt — ja ________ nein ________

Wenn ja, Aktenzeichen: ________

Ich versichere, daß die obigen Angaben den Tatsachen entsprechen. Ich bin bereit, die Kosten für die vor der Entscheidung notwendige Begutachtung zu tragen.

____
(Unterschrift)

Richtlinien
für die Durchführung von Hauptuntersuchungen an Fahrzeugen durch amtlich anerkannte Sachverständige, Prüfer oder gleichgestellte Personen nach Anlage VIII Ziffer 5 zur StVZO vom 22. Juli 1960

(VerkBl. 60, 485)

Bei den Hauptuntersuchungen ist festzustellen, ob das Fahrzeug in folgenden Punkten den Vorschriften der StVZO und gegebenenfalls der BOKraft entspricht:

1. Ausrüstung
2. Beleuchtung
3. Lenkung
4. Bremsanlagen
5. Bereifung
6. Fahrgestell und Antrieb (einschl. Räder und Anhängevorrichtung)
7. Feuersicherheit und Funkentstörung
8. Geräusch- und Abgasentwicklung
9. Ausstattung von Kraftomnibussen, Kraftdroschken und Mietwagen.

Untersuchungspunkt	Umfang der Prüfung	Hinweise
1. Ausrüstung	Kennzeichen	§ 60 StVZO
	Fahrtschreiber	§§ 22a, 57a StVZO
	Geschwindigkeitsmesser und Kilometerzähler	§ 57 StVZO
	Scheiben und Scheibenwischer	§ 40 StVZO
	Hupe	§ 55 StVZO
	Lichthupe	§ 49a Abs. 4 StVZO
	Rückspiegel	§ 56 StVZO
	„Richtlinien für die Ausführung und Anbringung von Rückspiegeln an Straßenfahrzeugen"	Verkehrsbl. 1957 S. 182
	Unterlegkeile	§ 41 Abs. 14 StVZO DIN 76051
	Warneinrichtungen zur Sicherung haltender Fahrzeuge	§§ 22a, 53a StVZO
	„Richtlinien über die Beschaffenheit und Anbringung der äußeren Fahrzeugteile"	Verkehrsbl. 1958 S. 102, 1959 S. 92, 1960 S. 2
	Verkehrsgefährdende Teile	§§ 30, 32 Abs. 3 StVZO
	Sicherung gegen unbefugte Benutzung	§ 38a StVZO
	Radabdeckungen	§ 36a StVZO
2. Beleuchtung	Anordnung und Wirkung	§§ 49a, 50—54, 60, 67a, 67b, StVZO
	Scheinwerfer	§§ 22a, 50 StVZO
	Nebelscheinwerfer	§§ 22a, 52 Abs. 1 StVZO
	„Richtlinien für die Einstellung von Scheinwerfern an Kraftfahrzeugen und Fahrrädern"	Verkehrsbl. 1959 S. 165
	Rückfahrscheinwerfer	§ 52 Abs. 2 StVZO
	Suchscheinwerfer	§ 52 Abs. 2 StVZO
	Seitliche Begrenzungsleuchten	§§ 22a, 51 Abs. 1 StVZO
	Parkleuchten	§§ 22a, 51 Abs. 3 StVZO
	Fahrtrichtungsanzeiger	§§ 22a, 54 StVZO
	Bremsleuchten	§§ 22a, 53 Abs. 2, 3 und 5 StVZO
	Schlußleuchten	§§ 22a, 53 Abs. 1 StVZO
	Rückstrahler	§§ 22a, 53 Abs. 4 StVZO
	Sicherungsleuchten und rückstrahlende Warneinrichtungen	§ 53a Abs. 1 StVZO
	Kennzeichenbeleuchtung	§§ 22a, 60 Abs. 4 StVZO
	Lichtschirme	§§ 30, 32 Abs. 3 StVZO
	„Richtlinien für die Beschaffenheit und Anbringung der äußeren Fahrzeugteile"	Verkehrsbl. 1958, S. 102
3. Lenkung	Zustand und Wirkung	§ 38 StVZO
4. Bremsanlage	Betriebsbremsanlage Zustand und Wirkung	§ 41 StVZO
	Feststellbremsanlage Zustand und Wirkung	§ 41 StVZO
	Dauerbremsanlage Zustand und Wirkung	§ 41 Abs. 15 StVZO
	„Hinweise auf Dauerbremswirkung; Anwendung auf Anhänger"	Verkehrsbl. 1958 S. 191
5. Bereifung	Zustand	§ 36 StVZO
	„Richtlinien für die Reifenbeurteilung"	Verkehrsbl. 1960 S. 99
6. Fahrgestell und Antrieb	Zustand von:	
	Rahmen (bei rahmenlosen Fahrzeugen die tragenden Teile des Aufbaues)	
	„Hinweise für das Instandsetzungsschweißen an Kraftfahrzeugen"	(Fachbuchreihe Schweißtechnik (DVS) Düsseldorf 1959)

Untersuchungspunkt	Umfang der Prüfung	Hinweise
	Achsen	
	Spureinstellung der Vorderachsen	
	Federung	
	Kraftübertragung	
	Anhängerkupplung	§ 22a StVZO (DIN 74051 und 74058)
	Zuggabel	§ 22a StVZO (DIN 74054)
	Gelenkzapfen für Sattelkupplung	§ 22a StVZO (DIN 74080)
	„Hinweise für das Schweißen von Anhängerzuggabeln“	(Fachbuchreihe Schwei Schweißtechnik (DVS) Düsseldorf 1959)
7. Feuersicherheit u. Funkentstörung	Zustand von Kraftstoff- und elektrischer Anlage	§§ 45, 46 StVZO
	Funkentstörung der Zündanlage von Otto-Motoren	§ 55a StVZO
8. Geräusch- u. Abgasentwicklung	Fahr- und Standgeräusche	§ 49 StVZO
	„Richtlinien für die Geräuschmessung an Kraftfahrzeugen und Anhängern“	Verkehrsbl. 1958 S. 446
	Rauchentwicklung	§ 47 StVZO
	„Richtlinien zur Vermeidung des Auspuffrauches bei Dieselkraftfahrzeugen“	Kr-Merkblatt D 15—1, Juli 1950*)
9. Ausstattung von Kraftomnibussen, Kraftdroschken und Mietwagen	Türen, Türverschlüsse, Einstieg und Fußboden	§§ 35d, 35e StVZO
	Notausstieg	§ 35f StVZO
	Feuerlöscher	§ 35g StVZO
	Verbandkasten	§ 35h StVZO
	Handlampe	§ 54b StVZO
	Wegstreckenzähler	§ 17 BOKraft
	Fahrpreisanzeiger	§ 35 Abs. 6 BOKraft
	Platzanordnung	§§ 34a, 35a Abs. 4 StVZO
	Beschriftung und Kenntlichmachung	§§ 34a Abs. 7 35f Abs. 3 StVZO
	Freizeichen	§ 40 BOKraft
	Schutzstangen vor Glasscheiben	§§ 34a Abs. 6, 35f Abs. 2 StVZO
	Innenbeleuchtung	§ 54a StVZO
	Verständigung mit dem Fahrzeugführer	§ 26 BOKraft § 61 Abs. 4 StVZO
	Kraftstoffanlage	§§ 45 Abs. 3, 46 Abs. 4 StVZO
	Heizung und Lüftung	§§ 22a, 35c StVZO
	Kochstellen	Kr-Merkblatt B 14, August 1951*)
	Prüfbuch	§ 29 Anl. VIII Ziff. 2 StVZO

*) Erschienen beim W. Bertelsmann-Verlag KG, Bielefeld, Gütersloher Straße 21/23.

Richtlinien

für die Durchführung von Zwischenuntersuchungen an Fahrzeugen durch Meister des Kraftfahrzeughandwerks oder gleichgestellte Personen nach Anlage VIII Ziffer 10 zur StVZO vom 22. Juli 1960

(VerkBl. 60, 486)

Bei den Zwischenuntersuchungen eines Fahrzeugs auf Verkehrssicherheit in einer amtlich anerkannten Werkstatt sind folgende Punkte zu beachten:

1. Beleuchtung und Signaleinrichtung
2. Lenkung
3. Bremsanlagen
4. Bereifung
5. Fahrgestell und Antrieb
6. Rauchentwicklung

Untersuchungspunkt		Umfang der Prüfung
1. Beleuchtung und Signaleinrichtung	1.1	**Allgemein** Auf ausreichende Wirkung achten, es genügt nicht die Feststellung, daß Leuchte überhaupt brennt. Leistung der Glühlampe muß mit der Leistungsangabe in den Leuchten übereinstimmen. Paarweise vorhandene Leuchten: Gleiche Anbauhöhe und gleicher Abstand von der Mittellinie der Fahrzeugspur, gleiche Farbe, gleich hell. Die volle Wirksamkeit der Einrichtungen darf durch anderweitige Auf- und Anbauteile nicht beeinträchtigt werden (z. B. teilweise Verdeckung von Schlußleuchten, Rückstrahlern und Kennzeichen). Der Farbton der Leuchten muß den Bestimmungen der Straßenverkehrs-Zulassungs-Ordnung entsprechen. Bei Austausch oder Ersatz von Teilen nur die für das betreffende Gerät laut Ersatzteilliste vorgesehenen Teile verwenden, weil diese aufeinander abgestimmt sein müssen. Häufige Mängel sind:
	1.1.1	Verbrauchte Glühlampen; sobald Schwärzung erkennbar, muß Glühlampe ersetzt werden. Auf saubere Kontakte achten, auch Masse.
	1.1.2	Beschädigte und lose oder entfärbte bzw. verblichene Abschlußscheiben. Verschmutzung, Wasseransammlung und Rostbildung, die die Wirkung der Leuchten beeinträchtigen. Gegebenenfalls Dichtungen und Teile erneuern.
	1.1.3	Falsche Anbringung, schlechte Befestigung oder falsche Verwendung von Leuchten; Anbauanweisungen sorgfältig beachten. **Auch eine bauartgenehmigte Leuchte verliert bei falscher Anbringung an Wirkung.** Fester Sitz der Halterung für Scheinwerfer.
	1.1.4	Unzureichende Spannungen an den Glühlampen. Gegebenenfalls Zuleitung, Schalter, Sicherungen, Batterie und ihre Belastbarkeit prüfen. Bei der Prüfung der einzelnen Geräte ist außerdem noch folgendes besonders zu beachten:
	1.2	**Scheinwerfer** Bauartgenehmigung berücksichtigen. Scheinwerfereinstellung prüfen und gegebenenfalls nachstellen. Dabei „Richtlinien für die Einstellung von Scheinwerfern" (Verkehrsbl. 1959 S. 165) beachten. Scheinwerferspiegel dürfen nicht beschlagen sein. Nur die für den betreffenden Scheinwerfertyp laut Ersatzteilliste vorgesehenen Abschlußscheiben verwenden, weil Spiegel und Scheibe aufeinander abgestimmt sein müssen.
	1.3	**Nebelscheinwerfer** Bauartgenehmigung berückrichtigen. Ein oder zwei, nicht höher angebrachte als Abblendscheinwerfer; Einstellung prüfen und gegebenenfalls nachstellen. Dabei „Richtlinien für die Einstellung von Scheinwerfern" (Verkehrsbl. 59 S. 165) beachten.

Untersuchungspunkt	Umfang der Prüfung
1.4	**Seitliche Begrenzungsleuchten** Bauartgenehmigung berücksichtigen. Müssen auch bei Fern- und Abblendlicht ständig leuchten.
1.5	**Parkleuchten** Bauartgenehmigung berücksichtigen. Nur zulässig an
1.5.1	Pkw und
1.5.2	Kfz mit einer Höchstlänge von 6 m und einer Höchstbreite von 2 m. Als Parkleuchten gelten auch eine Schlußleuchte und eine Begrenzungsleuchte an der dem Verkehr zugewendeten Fahrzeugseite.
1.6	**Fahrtrichtungsanzeiger** Bauartgenehmigung berücksichtigen. Unter allen Beleuchtungs- und Betriebsverhältnissen deutlich wahrnehmbar, Kontrollvorrichtung zuverlässig anzeigend.
1.6.1	**Blinkleuchten** Deutlich hell-dunkel wechselnd mit einer Frequenz von 90 ± 30 Impulsen pro Minute.
1.6.2	**Winker** Hell leuchtend. Winker darf ausgeschaltet nicht sichtbar sein.
1.7	**Bremsleuchten** Bauartgenehmigung berücksichtigen. 15-Watt-Glühlampen verwenden, falls keine andere Leistung in der Leuchte angegeben. Sie müssen unter allen Beleuchtungsverhältnissen, auch bei Sonneneinstrahlung, gut erkennbar sein.
1.8	**Schlußleuchten** Bauartgenehmigung berücksichtigen.
1.9	**Rückstrahler** Bauartgenehmigung berücksichtigen. Unbeschädigt (z. B. keine gesprungenen Scheiben, keine lockeren Bolzen). Anbau so, daß Rückstrahlerfläche senkrecht zur Fahrbahn und Fahrtrichtung steht.
2. Lenkung	Lenkungsteile leichtgängig. Lenkung darf nicht klemmen und rauh gehen. Kein zu großer „toter Gang". Zu prüfen ist insbesondere, ob Lenksäule und Lenkgetriebe festsitzen und gesichert, Lenkgetriebe richtig eingestellt; Lenkwelle, Gelenke an Lenkhebel, Schubstange, Spurstange nicht ausgeschlagen, gesichert und gut geschmiert; Achsschenkelbolzen und Radlager ohne zu großes Spiel; Radaufhängung nicht ausgeschlagen; Radeinschlag einwandfrei, Räder dürfen an keinem Fahrzeugteil streifen. Sturz und Vorspur der Vorderräder entsprechend den Angaben des Herstellerwerkes überprüfen.
3. Bremsanlagen 3.1	**Feststellung der Wirkung** Die Wirkung der Bremse ist durch Bremsmeßgeräte möglichst auf ebener, trockener Fahrbahn oder auf stationären Bremsprüfständen festzustellen. Zur Feststellung der Wirkung der Anhängerbremse sind Fahrversuche sowohl mit dem Zugfahrzeug als auch mit dem Zug durchzuführen. Bei beiden Versuchen ist mit gleichem Betätigungsdruck zu bremsen. Die Anhängerabbremsung errechnet sich dann aus: ${}^{a}A = \frac{{}^{a}Z \cdot ({}^{G}K + {}^{G}A) - {}^{a}K \cdot {}^{G}K}{{}^{G}A}$ in v. H. ${}^{a}A$ = Anhänger-Abbremsung in v. H. ${}^{a}K$ = Zugwagen-Abbremsung in v. H. ${}^{a}Z$ = Lastzug-Abbremsung in v. H. ${}^{G}A$ = Anhänger-Prüfgewicht in kg ${}^{G}K$ = Zugwagen-Prüfgewicht in kg
3.1.1	**Betriebsbremsanlage** Bei gleichmäßiger Wirkung auf die Räder darf die Abbremsung bei gewöhnlichem Kraftaufwand und bei vollbelastetem Fahrzeug nicht weniger als 36 v. H. betragen (ca. 3,6 m/s² max. Verzögerung, damit entspricht es der Vorschrift

Untersuchungspunkt	Umfang der Prüfung
	des § 41 StVZO über die mittlere Verzögerung). Unter Abbremsung versteht man das Verhältnis zwischen der Summe der Bremskräfte am Radumfang zum Prüfgewicht in v. H.. Die Abbremsung entspricht etwa dem zehnfachen Wert der am Pendelmeßgerät angezeigten Vollverzögerung. Bei voller Bremswirkung muß eine ausreichende Wegreserve vorhanden sein. Bei mechanischen und hydraulischen Bremsanlagen volle Bremswirkung nach $^{1}/_{3}$ bis höchstens $^{1}/_{2}$ Pedalweg.
3.1.2	**Feststellbremsanlage** Bei gleichmäßiger Wirkung auf die Räder darf die Abbremsung nicht weniger als 20 v. H. betragen. Feststellvorrichtung sicher wirksam, Sperre nicht abgenutzt, Hebel nicht ausgeschlagen. Volle Bremswirkung spätestens nach $^{1}/_{3}$ Hebelweg.
3.1.3	**Dauerbremsanlage** (Auspuffklappen-, Kompressor-, hydraulichse Wirbel-, Wirbelstrombremse und dgl.). Die Abbremsung muß mindestens 7 v. H. bei einer Geschwindigkeit von 30 km/h betragen. Prüfbedingungen siehe Verkehrsbl. 1958 S. 191.
3.2	**Bremstrommeln** Nicht angerissen, nicht unrund und nicht riefig. Ausschleifen oder Ausdrehen nur bis zu dem vom Hersteller angegebenen Höchstmaß zulässig.
3.3	**Bremsbeläge** Auf den Bremsbacken gut aufliegend, nicht bis an die Nieten abgenutzt, auf der ganzen Fläche tragend, nicht gebrochen, frei von Verschmutzung. Auswaschen verölter Beläge sowie Aufrauhen unzulässig. Nach Erneuerung auf gleichmäßige Bremswirkung beider Räder einer Achse achten, hierbei Bauartgenehmigung berücksichtigen.
3.4	**Mechanische Übertragungsteile** Gelenke gesichert und nicht ausgeschlagen, Seile geschmiert und einwandfrei geführt, keine erkennbaren Anrisse, nichts aufgespleißt oder verknotet, Gestänge nicht reparaturgeschweißt, nicht verbogen, leichtgängig und ohne Beschädigungen.
3.5	**Hydraulische Übertragungsteile** Bremsanlage luftfrei, Bremsleitung korrosionsfrei. Einwandfreie Schutzkappen. Besonders beachten: Anweisungen der Fahrzeug- und Bremsenhersteller, Stand der Bremsflüssigkeit in Nachfüllbehälter. Dichtheit der Anlage: Pedalstellung darf sich bei längerem gleichmäßigem Druck nicht ändern. Schlauch- und Rohrleitungen ohne sichtbare Beschädigungen oder Scheuerstellen. Schadhafte Teile nicht instand setzen, sondern auswechseln. Schadensursache beheben. Bei Zügen mit durchgehender hydraulischer Bremsanlage Bremswirkung bei beladenem und leerem Zustand entsprechend den Prüfbestimmungen prüfen (Durchgangskupplungen — mechanische Trennung der hydraulichen Kupplungen).
3.6	**Druckluft-Bremsanlagen** Die Untersuchung hat sich insbesondere auf folgende Punkte zu erstrecken:
3.6.1	**Motorwagen**
3.6.1.1	**Vorbereitung** Kondenswasser und Öl sind aus Luftfilter mit Reifenfüllanschluß und Luftbehälter abzulassen. (Bei Frostgefahr auf Frostschutzmittel in der Bremsanlage achten).
3.6.1.2	**Dichtheit der Anlage** Bei stillstehendem Motor und bei Betriebsdruck in den Luftbehältern darf dieser Druck nicht mehr als 0,1 at innerhalb 10 Minuten abfallen. Teilbrems-

Untersuchungspunkt	Umfang der Prüfung
	druck von 3 at durch Betätigung des Bremspedals einstellen. Es darf sich innerhalb von 3 Minuten weder der Vorratsdruck noch der Druck in den Bremszylindern meßbar ändern.
3.6.1.3	**Funktionsprüfung** Bei vollem Durchtreten des Bremspedals muß der Druck in den Bremszylindern in weniger als einer Sekunde den Vorratsdruck erreichen.
3.6.1.4	**Anhängerbremsvoreilung**
3.6.1.4.1	Einleitungsbremsanlagen: Der Druck in der Anhängersteuerleitung muß um 2 bis 2,5 at abgefallen sein, wenn der Druck in den Motorwagenbremszylindern auf 1 at angestiegen ist (Messung erfolgt durch Kontrollmanometer, das an der Schlauchkupplung angeschlossen ist).
3.6.1.4.2	Zweileitungsbremsanlagen: Bei max. 1 at Druckanstieg in den Motorwagenbremszylindern muß der Druck in der Anhängerbremsleitung 1,4 bis 1,6 at betragen.
3.6.1.5	**Luftpresser** Ölstand kontrollieren soweit eigener Ölsumpf vorhanden, auf saubere Luftfilter achten, Keilriemenspannung nachprüfen. Der vorgeschriebene Betriebsdruck muß unter Berücksichtigung von Behältergröße und Luftpresserhubraum in angemessener Zeit (etwa von 4,0 at auf 5,0 at in 30 Sekunden) erreicht werden.
3.6.1.6	**Druckregler** Der Druckregler muß die für den Berechnungsdruck passende Einstellung haben. Berechnungsdruck: 4,5 at Ein: 4,8 at Aus: 5,3 at — 5,6 at Berechnungsdruck: 6 at Ein: 6,2 at Aus: 6,9 at — 7,3 at
3.6.1.7	**Überströmventil** Beim Laufenlassen des Motors muß der Zeiger für den Vorratsdruck kurzzeitig stehenbleiben und dann langsam weitersteigen. (Druck entsprechend Betriebsanleitung)
3.6.1.8	**Bremszylinderkolbenhub** Richtige Einstellung: etwa $^1/_3$ des Gesamthubes. Späteste Nachstellung bei $^2/_3$ des Gesamthubes. Bremse lösen und prüfen, ob die Kolben der Bremszylinder vollständig zurückgehen. Der Druckabfall je Vollbremsung darf bei richtig eingestellten Bremsen 0,3 at nicht überschreiten.
3.6.1.9	**Druckluftleitungen** Rohr- und Schlauchverbindungen müssen auf Beschädigungen z. B. Scheuer- und Quetschstellen untersucht werden.
3.6.2	**Anhänger**
3.6.2.1	**Vorbereitung** Luftbehälter entwässern. (Bei Frostgefahr auf Frostschutzmittel in der Bremsanlage achten)
3.6.2.2	**Dichtheit der Anlage** Prüfung mittels Prüfmanometer, das an der Wasserablaß-Schraube angeschlossen wird. Anlage auffüllen, innerhalb von 10 Minuten darf der Druckabfall nicht mehr als 0,1 at betragen.
3.6.2.3	**Abreißprüfung** Bei haltendem Lastzug wird die Anhänger-Steuerleitung entlüftet. Die Kolbenstangen der Bremszylinder müssen schlagartig bis zu etwa $^1/_3$ des Gesamthubes (späteste Nachstellung bei $^2/_3$ des Gesamthubes) ausgestoßen werden.

Untersuchungspunkt	Umfang der Prüfung
3.6.2.4	**Löseeinrichtung** Bei Stellung „Lösen" am Steuer- oder Lastregelventil müssen die Bremsen frei sein, bei Stellungen „Leer" und „Beladen" wieder ansprechen.
3.7	**Kombinierte Übertragungseinrichtungen** Bei der Untersuchung von Druckluft-hydraulischen oder Unterdruck-hydraulischen Bremsanlagen ist sinngemäß wie bei hydraulischen und Druckluftbremsanlagen zu verfahren.
3.8	**Instandsetzungsarbeiten** Instandsetzungsarbeiten an für die Wirkung der Bremsanlagen wichtigen Teilen bei hydraulischen, Druckluft- kombinierten Bremsanlagen dürfen nur von Fahrzeug- oder Bremsenherstellerwerken oder amtlich anerkannten Bremsendienstwerkstätten ausgeführt werden (§ 29 Anlage VIII Ziffer 12 StVZO).
3.9	**Bremslichtschalter** Richtige Einstellung prüfen. Anzeige schon nach kurzem Pedalweg. Bei Ersatz von hydraulischen Bremslichtschaltern nur Schalter verwenden, die gegen Undichtheit gesichert sind (z. B. Zweikammerausrüstung).
4. Bereifung	Die Bereifung muß rutschsicher sein, d. h. noch Profil haben (mindestens 1 mm Profiltiefe über die gesamte Lauffläche, siehe Richtlinien für die Beurteilung der Verkehrssicherheit von Reifen, Verkehrsbl. 1960 S. 99). Keine Durchschläge oder Gewebebrüche, Drahteinlage nicht gerissen, Einlagen (Manschetten) nur für behelfsmäßige Reparaturen kurzfristig zulässig.
5. Fahrgestell und Antrieb	Rahmen einschl. Querträger (bei rahmenlosen Fahrzeugen die Bodengruppe) dürfen an keiner Stelle geschwächt sein (starke Verrostung, Risse, Brüche, lose Nieten und Schrauben). Richt- und Schweißarbeiten bedürfen besonderer Fachkenntnisse und dürfen nur unter Einhaltung der „Hinweise für das Instandsetzungsschweißen an Kraftfahrzeugen" und nur nach Weisung der Fahrzeughersteller von fachkundigen Schweißern ausgeführt werden. An Zuggabeln dürfen Instandsetzungsschweißungen nur vom Hersteller durchgeführt werden. Bei Gelenkwellen auf Verschleiß achten.
6. Rauchentwicklung	Rauchentwicklung unzulässig. Ursachen beseitigen (Einspritzpumpe, Düsen, Luftfilter oder Zustand des Motors).

Zum Zwecke der laufenden Unterrichtung sind folgende Unterlagen nötig:

1. Straßenverkehrs-Zulassungs-Ordnung (StVZO), in der jeweils gültigen Fassung.
2. Verkehrsblatt (Amtsblatt des Bundesministers für Verkehr). Verkehrs- und Wirtschafts-Verlag, Dortmund, oder Auszüge aus dem Verkehrsblatt, die von den Berufsorganisationen oder den Innungsverbänden ausgegeben werden.
3. Technische Ratgeber oder Mitteilungshefte der Bremsenhersteller.

Richtlinien

für die Durchführung von Bremsensonderuntersuchungen an Fahrzeugen durch hierfür besonders geschulte Fachkräfte nach Anlage VIII Ziffer 14 zur StVZO vom 22. Juli 1960

(VerkBl. 60, 490)

Bei der Bremsensonderuntersuchung eines Fahrzeugs auf Verkehrssicherheit der Bremsen sind folgende Punkte zu beachten.

1. Sichtprüfung
2. Feststellung der Wirkung
3. Innere Untersuchung der einzelnen Bauteile
4. Kontrollprüfung.

1. Sichtprüfung

1.1 **Mechanische Bremsanlagen**

Gelenke gesichert und nicht ausgeschlagen, Seile geschmiert und einwandfrei geführt, nichts angerissen, aufgepleißt oder verknotet, Gestänge nicht reparaturgeschweißt, nicht verbogen.

1.2 **Hydraulische Bremsanlagen**

Bremsanlage luftfrei, Bremsleitung korrosionsfrei. Einwandfreie Schutzkappen. Besonders beachten:

Anweisungen der Fahrzeug- und Bremsenhersteller, Art und Stand der Bremsflüssigkeit im Nachfüllbehälter. Dichtheit der Anlage: Pedalstellung darf sich bei längerem gleichmäßigem Druck nicht ändern.

Schlauch- und Rohrleitungen ohne Beschädigungen oder Scheuerstellen. Schadhafte Teile nicht instand setzen, sondern auswechseln, Schadensursache beheben.

Bei Zügen mit durchgehender hydraulischer Bremsanlage Bremswirkung bei beladenem und leerem Zustand entsprechend den Prüfbestimmungen prüfen (Durchgangskupplungen — mechanische Trennung der hydraulischen Kupplungen).

1.3 **Druckluft-Bremsanlagen**

Die Untersuchung hat sich insbesondere auf folgende Punkte zu erstrecken:

1.3.1 **Motorwagen**

1.3.1.1 **Vorbereitung**

Kondenswasser und Öl sind aus Luftfilter mit Reifenfüllanschluß und Luftbehälter abzulassen. Bei Frostgefahr auf Frostschutzmittel in der Bremsanlage achten.

1.3.1.2 **Dichtheit der Anlage**

Bei stillstehendem Motor und bei Betriebsdruck in den Luftbehältern darf dieser Druck nicht mehr als 0,1 at innerhalb 10 Minuten abfallen. Teilbremsdruck von 3 at durch Betätigung des Bremspedals einstellen. Es darf sich innerhalb von 3 Minuten weder der Vorratsdruck noch der Druck in den Bremszylindern meßbar ändern.

1.3.1.3 **Funktionsprüfung**

Bei vollem Durchtreten des Bremspedals muß der Druck in den Bremszylindern in weniger als einer Sekunde den Vorratsdruck erreichen.

1.3.1.4 **Anhängerbremsvoreilung**

1.3.1.4.1 Einleitungsbremsanlagen

Der Druck in der Anhängersteuerleitung muß um 2 bis 2,5 at abgefallen sein, wenn der Druck in den Motorwagenbremszylindern auf 1 at angestiegen ist. Messung erfolgt durch Kontrollmanometer, das an der Schlauchkupplung angeschlossen ist.

1.3.1.4.2 Zweileitungsbremsanlagen

Bei max. 1 at Druckanstieg in den Motorwagenbremszylindern muß der Druck in der Anhängerbremsleitung 1,4 bis 1,6 at betragen.

1.3.1.5 **Luftpresser**

Ölstand kontrollieren, soweit eigener Ölsumpf vorhanden; auf saubere Luftfilter achten, Keilriemenspannung nachprüfen.

Der vorgeschriebene Betriebsdruck muß unter Berücksichtigung von Behältergröße und Luftpresserhubraum in angemessener Zeit (etwa von 4,0 at auf 5,0 at in 30 Sekunden) erreicht werden.

1.3.1.6 **Druckregler**

Der Druckregler muß die für den Berechnungsdruck passende Einstellung haben.

Berechnungsdruck:	4,5 at
Ein:	4,8 at
Aus:	5,3 at — 5,6 at
Berechnungsdruck:	6 at
Ein:	6,2 at
Aus:	6,9 at — 7,3 at.

1.3.1.7 **Überströmventil**

Beim Laufenlassen des Motors muß der Zeiger für den Vorratsdruck kurzzeitig stehenbleiben und dann langsam weitersteigen (Druck entsprechend Betriebsanleitung).

1.3.1.8 **Bremszylinderkolbenhub**

Richtige Einstellung: etwa $^1/_3$ des Gesamthubes. Späteste Nachstellung bei $^2/_3$ des Gesamthubes. Bremse lösen und prüfen, ob die Kolben der Bremszylinder vollständig zurückgehen.

Der Druckabfall je Vollbremsung darf bei richtig eingestellten Bremsen 0,3 at nicht überschreiten.

1.3.1.9 **Druckluftleitungen**

Rohr- und Schlauchverbindungen müssen auf Beschädigungen z. B. Scheuer- und Quetschstellen untersucht werden.

1.3.2 **Anhänger**

1.3.2.1 **Vorbereitung**

Luftbehälter entwässern. Bei Frostgefahr auf Frostschutzmittel in der Bremsanlage achten.

1.3.2.2 **Dichtheit der Anlage**

Prüfung mittels Prüfmanometer, das an der Wasserablaßschraube angeschlossen wird. Anlage auffüllen, innerhalb von 10 Minuten darf der Druckabfall nicht mehr als 0,1 at betragen.

1.3.2.3 **Abreißprüfung**

Bei haltendem Lastzug wird die Anhänger-Steuerleitung entlüftet. Die Kolbenstangen der Bremszylinder müssen schlagartig bis zu etwa $^1/_3$ des Gesamthubes (späteste Nachstellung bei $^2/_3$ des Gesamthubes) ausgestoßen werden.

1.3.2.4 **Löseeinrichtung**

Bei Stellung „Lösen" am Steuer- oder Lastregelventil müssen die Bremsen frei sein, bei den Stellungen „Leer" und „Beladen" wieder ansprechen.

1.4 **Kombinierte Übertragungseinrichtungen**

Bei der Untersuchung von Druckluft-hydraulischen oder Unterdruck-hydraulischen Bremsanlagen ist sinngemäß wie bei hydraulischen Druckluftbremsanlagen zu verfahren.

1.5 **Instandsetzungsarbeiten**

Instandsetzungsarbeiten an für die Wirkung der Bremsanlagen wichtigen Teilen bei

a) hydraulischen,
b) Druckluft-
c) kombinierten Bremsanlagen

dürfen nur von Fahrzeug- oder Bremsenherstellerwerken oder amtlich anerkannten Bremsendiensten ausgeführt werden (§ 29 Anlage VIII Ziffer 12 StVZO).

1.6 **Bremslichtschalter**

Richtige Einstellung prüfen. Anzeige schon nach kurzem Pedalweg. Bei Ersatz von hydraulischen Bremslichtschaltern nur Schalter verwenden, die gegen Undichtheit gesichert sind (z. B. Zweikammerausführung).

2. **Feststellung und Wirkung**

Die Wirkung der Bremse ist durch Bremsmeßgeräte möglichst auf ebener, trockener Fahrbahn oder auf stationären Bremsprüfständen festzustellen.

Zur Feststellung der Wirkung der Anhängerbremse sind Fahrversuche sowohl mit dem Zugfahrzeug als auch mit dem Zug durchzuführen.

Bei beiden Versuchen ist mit gleichem Betätigungsdruck zu bremsen.

$${}^{a}A = \frac{{}^{a}Z \cdot ({}^{G}K + {}^{G}A) - {}^{a}K \cdot {}^{G}K}{{}^{G}A} \text{ in v. H.}$$

${}^{a}A$ = Anhänger-Abbremsung in v. H.
${}^{a}K$ = Zugwagen-Abbremsung in v. H.
${}^{a}Z$ = Lastzug-Abbremsung in v. H.
${}^{G}A$ = Anhänger-Prüfgewicht in kg.
${}^{G}A$ = Zugwagen-Prüfgewicht in kg.

2.1 **Betriebsbremsanlagen**

Bei gleichmäßiger Wirkung auf die Räder darf die Abbremsung bei gewöhnlichem Kraftaufwand und bei vollbelastetem Fahrzeug nicht weniger als 36 v. H. betragen (ca. 3,6 m/s² max. Verzögerung, damit entspricht es der Vorschrift des

§ 41 StVZO über die mittlere Verzögerung). Unter Abbremsung versteht man das Verhältnis zwischen der Summe der Bremskräfte am Radumfang zum Prüfgewicht in v. H. Die Abbremsung entspricht etwa dem zehnfachen Wert der am Pendelmeßgerät angezeigten Vollverzögerung. Bei voller Bremswirkung muß eine ausreichende Wegreserve vorhanden sein.
Bei mechanischen und hydraulischen Bremsanlagen volle Bremswirkung nach $^1/_3$ bis höchstens ½ Pedalweg.

2.2 **Feststellbremsanlagen**
Bei gleichmäßiger Wirkung auf die Räder darf die Abbremsung nicht weniger als 20 v. H. betragen.
Feststellvorrichtung sicher wirksam, Sperre nicht abgenutzt, Hebel nicht ausgeschlagen. Volle Bremswirkung spätestens nach $^1/_3$ Hebelweg.

2.3 **Dauerbremsanlage**
(Auspuffklappen-, Kompressor-, hydraulische Wirbel-, Wirbelstrombremse und dgl.)
Die Abbremsung muß mindestens 7 v. H. bei einer Geschwindigkeit von 30 km/h betragen. Prüfbedingungen siehe Verkehrsbl. 1958 S. 191.

3. **Innere Untersuchung der einzelnen Bauteile**

3.1 **Aggregate**
Eine Zustandsuntersuchung der einzelnen Bremsaggregate ist nach den Anweisungen der Bremsenhersteller durchzuführen.
Druckluftaggregate sind auf einem Prüfstand für Bremsaggregate nach den Anweisungen der Bremsenhersteller zu prüfen.
Beim Zusammenbau der Aggregate sind Federringe, Splinte und Dichtungen zu erneuern.

3.2 **Bremstrommeln**
Nicht angerissen, nicht unrund und nicht riefig. Ausschleifen oder Ausdrehen bis zu dem vom Hersteller angegebenen Höchstmaß zulässig.

3.3 **Bremsbeläge**
Auf den Bremsbacken gut aufliegend, nicht bis an die Nieten abgenutzt, auf der ganzen Fläche tragend, nicht durchgebrochen, frei von Verschmutzungen.
Auswaschen verölter Beläge sowie Aufrauhen unzulässig. Verölte Beläge erneuern, hierbei Bauartgenehmigung beachten.
Nach Erneuerung auf gleichmäßige Bremswirkung beider Räder einer Achse achten.

4. **Kontrollprüfung**
Nach erfolgtem Zusammenbau ist eine erneute Wirkungsprüfung durchzuführen.
Zum Zwecke der laufenden Unterrichtung sind folgende Unterlagen nötig:

1. Straßenverkehrs-Zulassungs-Ordnung (StVZO), in der jeweils gültigen Fassung.
2. Verkehrsblatt (Amtsblatt des Bundesministers für Verkehr). Verkehrs- und Wirtschafts-Verlag, Dortmund.
3. Prüf- und Einstellanweisung der Bremsenhersteller.

Richtlinien
für die Beurteilung der Mängel bei der Untersuchung von Fahrzeugen nach Anlage VIII Ziffern 5, 10 und 14 zur StVZO vom 22. Juli 1960

(VerkBl. 60, 491)

Die Fahrzeuge sind folgenden vier Gruppen zuzuordnen:

O — Ohne Beanstandung.
NK — Nachkontrolle — Fahrzeuge mit leichten Mängeln.
NP — Nachprüfung — Fahrzeuge mit erheblichen Mängeln.
VU — Verkehrsunsicher — Verkehrsunsichere Fahrzeuge.

Dabei sind die Fahrzeuge entsprechend den Mängeln wie folgt zu beurteilen:

O Fahrzeuge, bei denen keine Mängel festgestellt wurden.

NK Fahrzeuge mit leichten Mängeln. Leichte Mängel sind solche, die gegen einschlägige Vorschriften verstoßen, jedoch vorübergehend die sichere Führung des Fahrzeugs nicht ausschließen; ihre Behebung muß durch Sichtprüfung feststellbar sein.

NP Fahrzeuge mit Mängeln, deren Behebung nicht nur durch Sichtprüfung, sondern durch eine Untersuchung in einer Prüfstelle festgestellt werden kann. Eine Teilnahme am Straßenverkehr ist in diesem Zustand unter besonderen Auflagen und Bedingungen noch möglich.

VU Verkehrsunsicher sind Fahrzeuge, deren Zustand eine sichere Führung im Straßenverkehr nicht mehr gewährleistet. In diesem Zustand ist eine Teilnahme am Straßenverkehr unzulässig.

Richtlinien

über Prüfplaketten für die Kraftfahrzeugüberwachung und über die Eintragung des Ablaufs der Frist für die Vorführung zur nächsten Hauptuntersuchung in die Fahrzeugpapiere nach Anlage IX zur StVZO vom 29. Juli 1960

(VerkBl. 60, 492)

INHALT

A. Beschaffung der Prüfplaketten

Berechtigt zur Beschaffung von Prüfplaketten bei den Herstellerfirmen sind

a) die zuständigen Verwaltungsbehörden (Zulassungsstellen),
b) die technischen Prüfstellen für den Kraftfahrzeugverkehr.

Die zuständige oberste Landesbehörde wird folgenden amtlich anerkannten Stellen die Anbringung der Prüfplaketten nur mit der Auflage gestatten, daß diese Prüfplaketten nur von den zuständigen Verwaltungsbehörden (Zulassungsstellen) bezogen werden dürfen:

a) Betrieben, die ihre Fahrzeuge im eigenen Betrieb untersuchen,
b) Überwachungsorganisationen,
c) Kraftfahrzeugwerkstätten.

B. Erstmalige Zuteilung, Art der Anbringung und Eintragung nach § 29 Abs. 4 und 5 StVZO

1. Bei der zuständigen Verwaltungsbehörde (Zulassungsstelle)

a) **Zuteilung der Prüfplakette**

Für fabrikneue und nach § 27 Abs. 2 StVZO umgekennzeichnete Fahrzeuge wird bei der Zulassung dieser Fahrzeuge zum Straßenverkehr von den zuständigen Verwaltungsbehörden (Zulassungsstellen) die Prüfplakette zugeteilt. Sie wird für den Zeitraum zugeteilt, bis zu dessen Ablauf das Fahrzeug zur nächsten Hauptuntersuchung spätestens vorgeführt werden muß.

Die Geltungsdauer der Prüfplakette richtet sich nach den vorgeschriebenen Zeitabständen der Hauptuntersuchungen und beträgt für:

1. Fahrzeuge, die der Personenbeförderung dienen, mit mehr als 8 Fahrgastplätzen — 1 Jahr,
2. Personenkraftwagen und Krafträder zur gewerbsmäßigen Vermietung an Selbstfahrer — 1 Jahr,
3. Kraftdroschken und Mietwagen sowie Krankenwagen — 1 Jahr,
4. Lastkraftwagen und zulassungspflichtige Anhänger — 1 Jahr,
5. zulassungspflichtige Zugmaschinen mit einer durch die Bauart bestimmten Höchstgeschwindigkeit von mehr als 20 km/h — 1 Jahr,
6. Personenkraftwagen, Kombinationskraftwagen, Krafträder und sonstige Fahrzeuge, die nicht von den Nummern 1 bis 5 erfaßt werden — 2 Jahre.

b) **Art der Anbringung der Prüfplakette**

Die Prüfplakette wird am hinteren amtlichen Kennzeichen oder an Fahrzeugen ohne eigenes amtliches Kennzeichen auf einem etwa 4 × 6 cm großen Schild am vorderen Teil der rechten Fahrzeugseite angebracht.

Die auf der Plakette enthaltenen 12 Ziffernfelder geben die Monate des Jahres wieder, dessen letzte beiden Ziffern sich im Mittelkreis befinden. Die Prüfplakette ist am amtlichen Kennzeichen so anzubringen, daß die Ziffer des Monats, in dem die nächste Hauptuntersuchung spätestens durchgeführt werden muß, die oberste Zahl ist.

c) **Eintragung in den Kraftfahrzeug- oder Anhängerschein**

Die Anbringung der Prüfplakette wird von der zuständigen Verwaltungsbehörde in den Kraftfahrzeug- oder Anhängerschein und in die etwa ausgestellten Anhängerverzeichnisse oder in die anderen amtlichen Nachweise eingetragen.

Die Eintragung lautet wie folgt:

„Nächste HU im . . . /19 . ." Dienststempel
(Monat/Jahr)

2. Bei der technischen Prüfstelle für den Kraftfahrzeugverkehr

a) **Zuteilung der Prüfplakette**

Die Halter der im Verkehr befindlichen Fahrzeuge werden nach dem 1. Januar 1961 von den zuständigen Verwaltungsbehörden in den von diesen festzusetzenden Zeitpunkten zur Prüfung ihrer Fahrzeuge durch einen amtlich anerkannten Sachverständigen oder Prüfer schriftlich aufgefordert.

Die amtlich anerkannten Sachverständigen oder Prüfer prüfen die Fahrzeuge nach Anlage VIII zur StVZO auf ihre Vorschriftsmäßigkeit. Wenn keine Bedenken gegen die Verkehrssicherheit des untersuchten Fahrzeugs bestehen und bei der Hauptuntersuchung etwa festgestellte Mängel beseitigt worden sind, wird vom amtlich anerkannten Sachverständigen oder Prüfer die Prüfplakette zugeteilt.

Die Prüfplakette wird vom amtlich anerkannten Sachverständigen oder Prüfer für den Zeitraum zugeteilt, bis zu dessen Ablauf das Fahrzeug zur nächsten Hauptuntersuchung spätestens vorgeführt werden muß.

Die Gültigkeitsdauer der Prüfplakette richtet sich nach den vorgeschriebenen Zeitabständen der Hauptuntersuchungen für die jeweiligen Fahrzeugarten (s. Abschnitt B Ziff. 1a).

b) **Art der Anbringung der Prüfplakette**

Die Prüfplakette wird vom amtlich anerkannten Sachverständigen oder Prüfer am hinteren amtlichen Kennzeichen oder an Fahrzeugen ohne eigenes amtliches Kennzeichen auf einem etwa 4 × 6 cm großen Schild am vorderen Teil der rechten Fahrzeugseite angebracht.

Die auf der Plakette enthaltenen 12 Ziffernfelder geben die Monate des Jahres wieder, dessen letzte beiden Ziffern sich im Mittelkreis befinden. Die Prüfplakette ist am amtlichen Kennzeichen so anzubringen, daß die Ziffer des Monats, in dem die nächste Hauptuntersuchung spätestens durchgeführt werden muß, die oberste Zahl ist.

c) **Eintragung in den Kraftfahrzeug- oder Anhängerschein**
Die Anbringung der Prüfplakette wird von dem amtlich anerkannten Sachverständigen oder Prüfer in den Kraftfahrzeug- oder Anhängerschein und in die etwa ausgestellten Anhängerverzeichnisse oder in die anderen amtlichen Nachweise eingetragen.
Die Eintragung lautet wie folgt:

„Nächste HU im . . . . 19 . . "
(Monat/Jahr)

Stempel der technischen Prüfstelle für den Kraftfahrzeugverkehr, Namenszeichen des amtlich anerkannten Sachverständigen oder Prüfers.

C. **Wiederzuteilung, Art der Anbringung und Eintragung nach § 29 Abs. 4 und 5 StVZO**

1. **Bei der technischen Prüfstelle für den Kraftfahrzeugverkehr**

a) **Zuteilung der Prüfplakette**
Bei der Vorführung der Fahrzeuge zur Hauptuntersuchung werden die Fahrzeuge vom amtlich anerkannten Sachverständigen oder Prüfer nach Anlage VIII zur StVZO auf ihre Vorschriftsmäßigkeit erneut überprüft. Wenn keine Bedenken gegen die Verkehrssicherheit des untersuchten Fahrzeugs bestehen und bei der Hauptuntersuchung etwa festgestellte Mängel beseitigt worden sind, wird vom amtlich anerkannten Sachverständigen oder Prüfer die Prüfplakette zugeteilt.
Die Prüfplakette wird vom amtlich anerkannten Sachverständigen oder Prüfer für den Zeitraum zugeteilt, bis zu dessen Ablauf das Fahrzeug zur nächsten Hauptuntersuchung spätestens vorgeführt werden muß.
Die Gültigkeitsdauer der Prüfplakette richtet sich nach den vorgeschriebenen Zeitabständen der Hauptuntersuchungen für die jeweiligen Fahrzeugarten (s. Abschnitt B Ziffer 1a).

b) **Art der Anbringung der Prüfplakette**
Die Prüfplakette wird vom amtlich anerkannten Sachverständigen oder Prüfer am hinteren amtlichen Kennzeichen oder an Fahrzeugen ohne eigenes amtliches Kennzeichen auf einem etwa 4 × 6 cm großen Schild am vorderen Teil der rechten Fahrzeugseite angebracht.
Die auf der Plakette enthaltenen 12 Ziffernfelder geben die Monate des Jahres wieder, dessen letzte beiden Ziffern sich im Mittelkreis befinden. Die Prüfplakette ist am amtlichen Kennzeichen so anzubringen, daß die Ziffer des Monats, in dem die nächste Hauptuntersuchung spätestens durchgeführt werden muß, die oberste Zahl ist.
Werden bei der Hauptuntersuchung Mängel festgestellt, für deren Beseitigung eine Frist festgesetzt wird, so verbleibt die abgelaufene Prüfplakette am Fahrzeug.
Ist jedoch das Fahrzeug verkehrsunsicher, so hat der amtlich anerkannte Sachverständige oder Prüfer die Prüfplakette zu entfernen und den Halter darauf hinzuweisen, daß die Außerbetriebsetzung des Fahrzeugs erforderlich ist. Die zuständige Verwaltungsbehörde ist darüber unverzüglich zu benachrichtigen.

c) **Eintragung in den Kraftfahrzeug- oder Anhängerschein**
Die erfolgte Zuteilung der Prüfplakette wird von dem amtlich anerkannten Sachverständigen oder Prüfer in den Kraftfahrzeug- oder Anhängerschein und in die etwa ausgestellten Anhängerverzeichnisse oder in die anderen amtlichen Nachweise eingetragen.
Die Eintragung lautet wie folgt:

„Nächste HU im . . . . 19 . . "
(Monat/Jahr)

Stempel der technischen Prüfstelle für den Kraftfahrzeugverkehr, Namenszeichen des amtlich anerkannten Sachverständigen oder Prüfers.

2. **Bei Betrieben, denen eine Eigenüberwachung ihrer Fahrzeuge amtlich zuerkannt wurde**

a) **Zuteilung der Prüfplakette**
Die zuständigen Verwaltungsbehörden (Zulassungsstellen) teilen die Prüfplaketten auf Anforderung den Betrieben, denen eine Eigenüberwachung ihrer Fahrzeuge zuerkannt wurde, zu.

b) **Art der Anbringung der Prüfplakette**
An den Fahrzeugen müssen in den nach Anlage VIII zur StVZO festgesetzten Zeitabständen Haupt- oder Zwischenuntersuchungen vorgenommen werden. Die Prüfplakette darf nur von der für die Untersuchung verantwortlichen Person und nur dann angebracht werden, wenn keine Bedenken gegen die Verkehrssicherheit bestehen und die bei der Hauptuntersuchung etwa festgestellten Mängel beseitigt worden sind.

Nach den Zwischenuntersuchungen sind keine Prüfplaketten anzubringen.
Die Prüfplakette wird von der verantwortlichen Person am hinteren amtlichen Kennzeichen oder an Fahrzeugen ohne eigenes amtliches Kennzeichen auf einem 4 × 6 cm großen Schild am vorderen Teil der rechten Fahrzeugseite angebracht.
Die Gültigkeitsdauer der zugeteilten Prüfplakette richtet sich nach den vorgeschriebenen Zeitabständen der Hauptuntersuchungen für die jeweiligen Fahrzeugarten (s. Abschnitt B Ziff. 1a).
Die auf der Plakette enthaltenen 12 Ziffernfelder geben die Monate des Jahres wieder, dessen letzte beiden Ziffern sich im Mittelkreis befinden. Die Prüfplakette ist am amtlichen Kennzeichen so anzubringen, daß die Ziffer des Monats, in dem die nächste Hauptuntersuchung spätestens durchgeführt werden muß, die oberste Zahl ist.

c) **Eintragung in den Kraftfahrzeug- oder Anhängerschein**
In dem Kraftfahrzeug- oder Anhängerschein und in den etwa ausgestellten Anhängerverzeichnissen oder in den anderen amtlichen Nachweisen wird von der zuständigen Verwaltungsbehörde nach der amtlichen Anerkennung für Eigenüberwachung vermerkt, daß das Fahrzeug sich in Eigenüberwachung befindet.
Der Vermerk lautet wie folgt:
„Eigenüberwachung nach § 29 Dienststempel
Abs. 4 StVZO und Anlage VIII Ziffer 6 zur StVZO."
Die Anbringung der Prüfplakette wird von der verantwortlichen Person in den Kraftfahrzeug- oder Anhängerschein und in den etwa ausgestellten Anhängerverzeichnissen oder in den anderen amtlichen Nachweisen wie folgt vermerkt:
„Nächste HU im .... 19 .. "
(Monat/Jahr)
Stempel mit Kenn-Nummer des Betriebes, Namenszeichen der verantwortlichen Person.
Der Stempel des Betriebes muß die Kenn-Nummer enthalten, unter der die amtliche Anerkennung des Betriebes für Eigenüberwachung erfolgt ist. Er ist rechteckig zu gestalten und soll nicht größer als 10 × 20 mm sein.
Scheiden Fahrzeuge aus der Eigenüberwachung aus, so ist dieses der zuständigen Verwaltungsbehörde zur Berichtigung der Fahrzeugpapiere unverzüglich mitzuteilen.

3. **Bei den amtlich anerkannten Überwachungsorganisationen**

a) **Zuteilung der Prüfplakette**
Die zuständigen Verwaltungsbehörden (Zulassungsstellen) teilen die Prüfplakette der amtlich anerkannten Überwachungsorganisation auf Anforderung zu.

b) **Art der Anbringung der Prüfplakette**
An den Fahrzeugen müssen in den nach Anlage VIII zur StVZO vorgeschriebenen Zeitabständen Haupt- oder Zwischenuntersuchungen von den Ingenieuren der Überwachungsorganisationen vorgenommen werden. Die Prüfplakette darf nur von dem Ingenieur der Überwachungsorganisation und nur dann angebracht werden, wenn keine Bedenken gegen die Verkehrssicherheit bestehen und bei der Hauptuntersuchung etwa festgestellte Mängel beseitigt worden sind.
Nach den Zwischenuntersuchungen sind keine Prüfplaketten anzubringen.
Die Prüfplakette wird von dem Ingenieur der Überwachungsorganisation am hinteren amtlichen Kennzeichen oder an Fahrzeugen ohne eigenes amtliches Kennzeichen auf einem etwa 4 × 6 cm großen Schild am vorderen Teil der rechten Fahrzeugseite angebracht.
Die Gültigkeitsdauer der zugeteilten Prüfplakette richtet sich nach den vorgeschriebenen Zeitabständen der Hauptuntersuchungen für die jeweiligen Fahrzeugarten (s. Abschnitt B Ziff. 1a).
Die auf der Plakette enthaltenen 12 Ziffernfelder geben die Monate des Jahres wieder, dessen letzte beiden Ziffern sich im Mittelkreis befinden. Die Prüfplakette ist am amtlichen Kennzeichen so anzubringen, daß die Ziffer des Monats, in dem die nächste Hauptuntersuchung spätestens durchgeführt werden muß, die oberste Zahl ist.

c) **Eintragung in den Kraftfahrzeug- oder Anhängerschein**
In dem Kraftfahrzeug- oder Anhängerschein und in den etwa ausgestellten Anhängerverzeichnissen oder in den anderen amtlichen Nachweisen wird von der zuständigen Verwaltungsbehörde (Zulassungsstelle) vermerkt, daß sich das Fahrzeug in ständiger Überwachung bei einer amtlich anerkannten Überwachungsorganisation befindet. Der Vermerk lautet wie folgt:
„Überwachung nach § 29 Abs. 4
und Anlage VIII Ziffer 7 zur StVZO durch eine Dienststempel
amtlich anerkannte Überwachungsorganisation."

Die Anbringung der Prüfplakette wird von dem Ingenieur der Überwachungsorganisation wie folgt vermerkt:

„Nächste HU im .... 19 .. "
(Monat/Jahr)

Stempel mit Kenn-Nummer des Ingenieurs, Namenszeichen der verantwortlichen Person.

Aus der Kenn-Nummer muß hervorgehen, welcher Ingenieur der Überwachungsorganisation die Untersuchung durchgeführt hat. Der Stempel ist rund zu gestalten und soll nicht größer als 20 mm ∅ sein.

Scheiden Fahrzeuge aus der Überwachung durch eine Überwachungsorganisation aus, so ist dieses der zuständigen Verwaltungsbehörde zur Berichtigung der Fahrzeugpapiere unverzüglich mitzuteilen.

4. **Bei erleichterter Überwachung durch freiwillige Zwischenuntersuchungen bei amtlich anerkannten Kraftfahrzeugwerkstätten**

a) **Zuteilung der Prüfplakette**

Die zuständigen Verwaltungsbehörden (Zulassungsstellen) teilen die Prüfplakette der amtlich anerkannten Kraftfahrzeugwerkstatt auf Anforderung für die Fälle zu, in denen sich die Frist für die Hauptuntersuchung verdoppelt. Für folgende Fahrzeugarten verdoppelt sich die Frist für die Hauptuntersuchung, wenn der Halter sein Fahrzeug freiwillig in höchstens halbjährlichen — in den Fällen der Nr. 4 in höchstens jährlichen — Abständen in amtlich anerkannten Kraftfahrzeugwerkstätten, mindestens im Umfang der Zwischenuntersuchungen untersuchen und festgestellte Mängel beseitigen läßt:

1. Kraftdroschken und Mietwagen sowie Krankenwagen,
2. Lastkraftwagen und zulassungspflichtige Anhänger, wenn das zulässige Gesamtgewicht weniger als 9 t beträgt,
3. zulassungspflichtige Zugmaschinen mit einer Motorleistung bis 55 PS oder einer durch die Bauart bestimmten Höchstgeschwindigkeit von nicht mehr als 40 km/h,
4. andere Personenkraftwagen, Kombinationskraftwagen, Krafträder und sonstige Fahrzeuge mit Ausnahme von Fahrzeugen zur Personenbeförderung mit mehr als 8 Fahrgastplätzen und Personenkraftwagen oder Krafträder zur gewerbsmäßigen Vermietung an Selbstfahrer.

b) **Art der Anbringung der Prüfplatte**

Nach der zweiten Untersuchung nach Art der Zwischenuntersuchung kann die verantwortliche Person der amtlich anerkannten Kraftfahrzeugwerkstatt eine Prüfplakette anbringen, wenn

1. eine Bescheinigung über die vorhergehende freiwillige Untersuchung vorliegt, die je nach Fahrzeugart nicht länger als ein halbes oder ein Jahr zurückliegen darf,
2. die bei der zweiten Untersuchung etwa festgestellten Mängel beseitigt worden sind,
3. keine Bedenken gegen die Verkehrssicherheit bestehen und dies von ihr besonders bescheinigt worden ist.

Die Prüfplakette wird von der verantwortlichen Person der amtlich anerkannten Kraftfahrzeugwerkstatt am hinteren amtlichen Kennzeichen oder an Fahrzeugen ohne eigenes amtliches Kennzeichen auf einem etwa 4 × 6 cm großen Schild am vorderen Teil der rechten Fahrzeugseite angebracht.

Die Gültigkeitsdauer dieser Prüfplakette richtet sich nach den vorgeschriebenen Zeitabständen der Hauptuntersuchungen für die jeweiligen Fahrzeugarten (s. Abschnitt B, Ziff. 1 a).

Die auf der Plakette enthaltenen 12 Ziffernfelder geben die Monate des Jahres wieder, dessen letzte beiden Ziffern sich im Mittelkreis befinden. Die Prüfplakette ist am amtlichen Kennzeichen so anzubringen, daß die Ziffer des Monats, in dem die nächste Hauptuntersuchung spätestens durchgeführt werden muß, die oberste Zahl ist.

Eine neue Prüfplakette darf an das gleiche Fahrzeug von einer amtlich anerkannten Kraftfahrzeugwerkstatt nur dann wieder angebracht werden, wenn die letzte Prüfplakette von der zuständigen Verwaltungsbehörde oder von einem amtlich anerkannten Sachverständigen oder Prüfer für das Fahrzeug zugeteilt worden ist. Dies ist aus dem Kraftfahrzeug- oder Anhängerschein und den etwa ausgestellten Anhängerverzeichnissen oder den anderen amtlichen Nachweisen zu ersehen.

An Fahrzeugen, die nach Anlage VIII Ziffer 9 Zwischenuntersuchungen unterworfen sind, dürfen von einer amtlich anerkannten Kraftfahrzeugwerkstatt keine Prüfplaketten angebracht werden. Die Prüfplakette ist in diesen Fällen ausschließlich bei der Hauptuntersuchung zu erneuern.

c) **Eintragung in den Kraftfahrzeug- oder Anhängerschein**

Die Anbringung der Prüfplakette wird von der verantwortlichen Person in den Kraftfahrzeug- oder Anhängerschein und in etwa ausgestellte Anhängerverzeichnisse oder in die anderen amtlichen Nachweise eingetragen.

Die Eintragung lautet wie folgt:

„Nächste HU im . . . . 19 . . "
(Monat/Jahr)

Stempel mit Kenn-Nummer der Kraftfahrzeugwerkstatt, Namenszeichen der verantwortlichen Person.

Der Stempel der Kraftfahrzeugwerkstatt muß die Kenn-Nummer enthalten, unter der sie von der zuständigen Behörde amtlich anerkannt worden ist. Er ist rechteckig zu gestalten und soll nicht größer als 10 × 20 mm sein.

d) **Erneuerung der Prüfplaketten ohne Untersuchung**

Wenn an einem Fahrzeug eine Prüfplakette abhanden kommt oder so beschädigt wird, daß sie nicht mehr ausreichend lesbar ist, so kann eine Ersatzprüfplakette nach Vorlage des Kraftfahrzeug- oder Anhängerscheins und der etwa ausgestellten Anhängerverzeichnisse oder anderer amtlicher Nachweise von jeder zur Zuteilung berechtigten Stelle (Zulassungsstelle und technische Prüfstelle für den Kraftfahrzeugverkehr) angebracht werden, wenn kein Anlaß zur Annahme besteht, daß die Prüfplakette wegen Verkehrsunsicherheit des Fahrzeugs nach Ziffer 8 Abs. 2 der Anlage VIII zu § 29 StVZO entfernt worden ist.

Die neue Prüfplakette ist für den gleichen Überwachungszeitraum zu erteilen für den die abhanden gekommene oder beschädigte Prüfplakette erteilt war. Die ausgebende Stelle richtet sich bei der Ausgabe der neuen Prüfplakette nach der Eintragung im Kraftfahrzeug- oder Anhängerschein und in den etwa ausgestellten Anhängerverzeichnissen oder in den anderen amtlichen Nachweisen.

Die Kosten für eine Ersatzprüfplakette trägt der Fahrzeughalter.

E. **Nachweisführung über Prüfplaketten**

Nachweise über die angebrachten Prüfplaketten haben zu führen:

1. Betriebe, denen eine Eigenüberwachung ihrer Fahrzeuge amtlich zuerkannt wurde,
2. Überwachungsorganisationen,
3. Kraftfahrzeugwerkstätten.

Die verantwortlichen Personen dieser Stellen haben einen Nachweis über die verausgabten Prüfplaketten nach dem in der Anlage enthaltenen Muster zu führen. Dieser Nachweis ist von dem Leiter der Stelle mindestens einmal jährlich zu überprüfen und abzuzeichnen. Er ist nach Aufforderung der zuständigen Verwaltungsbehörde vorzulegen.

Die Verwaltungsbehörden haben über die Ausgabe der Prüfplaketten, die den Überwachungsorganisationen, Kraftfahrzeugwerkstätten und den zur Eigenüberwachung ihrer Fahrzeuge berechtigten Betrieben zugeteilt werden, Aufzeichnung zu führen.

Name der amtlich
anerkannten Stelle

Anlage
zu den „Richtlinien über Prüfplaketten für die Kraftfahrzeugüberwachung und über die Eintragung des Ablaufs der Frist für die Vorführung zur nächsten Hauptuntersuchung in den Kraftfahrzeug- oder Anhängerschein nach Anlage IX der StVZO".

Liste über die angebrachten Prüfplaketten

nach § 29 Abs. 5 StVZO

Lfd. Nr.	Amtliches*) Kennzeichen	Ausgegeben im Monat/Jahr		Gültig bis Monat/Jahr		Name oder Kenn-Nummer der ausführenden Person

Name und Ort der
amtlich anerkannten Stelle

Unterschrift der verantwortlichen Person

Erste Eintragung erfolgte am:

Letzte Eintragung erfolgte am:

Datum	Prüfplaketten	Stück
	Bestand	
	Zugang	
	Abgang	
	Bestand	

*) Bei Fahrzeugen, für die kein amtliches Kennzeichen zugeteilt ist, muß die Fahrgestell-Nummer eingetragen werden.

Anhang zur Straßenverkehrs-Zulassungs-Ordnung

Die **Erste AusnahmeVO** ist durch die VO v. 7. 7. 60, BGBl. I, 485 (Art. 10 Abs. 2 Nr. 1) aufgehoben worden.

Zweite Verordnung über Ausnahmen von Vorschriften der Straßenverkehrs-Zulassungs-Ordnung (Zweite Ausnahmeverordnung zur StVZO) Vom 5. März 1959

(BGBl. I, 84)

Auf Grund des § 6 Abs. 1 des Straßenverkehrsgesetzes wird nach Anhören der zuständigen obersten Landesbehörden verordnet:

§ 1

Abweichend von § 41 Abs. 13 und § 65 der Straßenverkehrs-Zulassungs-Ordnung brauchen die in land- und forstwirtschaftlichen Betrieben verwendeten eisenbereiften Anhänger, die für wechselnden Zug durch Gespann oder Zugmaschine eingerichtet und vor dem 1. Oktober 1958 erstmals in den Verkehr gebracht worden sind, nicht mit einer Bremse ausgerüstet zu sein, wenn sie in den in der Anlage bezeichneten Flachlandgebieten verwendet werden.

§ 2

§ 1 gilt nicht

1. bei Beförderung von Langholz,
2. für Anhänger, die nicht durch mehrachsige Zugmaschinen oder durch Zugtiere gezogen werden,
3. für Fahrzeuge, deren Räder mit Wälzlagern ausgerüstet sind,
4. für Fahrzeuge, deren Gesamtgewicht einschließlich Ladung 3 Tonnen übersteigt.

§ 3

(1) Wenn mehrere Fahrzeuge der in § 1 bezeichneten Art zu einem Zug verbunden werden, gilt § 1 nur unter folgenden Voraussetzungen:

1. Die Summe der Gesamtgewichte der hinter der Zugmaschine oder dem Gespann mitgeführten Fahrzeuge darf 6 Tonnen nicht übersteigen.
2. Das leichtere Fahrzeug muß hinter dem schwereren mitgeführt werden. Bei der Verwendung von Gespannfahrzeugen ist die Deichsel des hinteren Fahrzeugs so weit auf oder unter das vordere Fahrzeug zu bringen, daß die Zuglänge auf das geringstmögliche Maß verkürzt wird; in Fällen, in denen eine Verkürzung nicht möglich ist, darf ein zweites Gespannfahrzeug nicht angehängt werden.
3. Auf den ohne vorschriftsmäßige Bremse ausgerüsteten Fahrzeugen sind bei jeder Fahrt geeignete Geräte zum Feststellen (z. B. Unterlegkeile, Sperrhölzer, Ketten) mitzunehmen, sofern die Fahrzeuge nicht über eine Feststellbremse (Spindelbremse) verfügen.

(2) Absatz 1 gilt auch dann, wenn nur eines der miteinander verbundenen Fahrzeuge nicht mit einer vorschriftsmäßigen Bremse ausgerüstet ist.

§ 4

Diese Verordnung gilt nach § 14 des Dritten Überleitungsgesetzes vom 4. Januar 1952 (Bundesgesetzbl. I S. 1) in Verbindung mit Artikel 7 des Gesetzes zur Sicherung des Straßenverkehrs vom 19. Dezember 1952 (Bundesgesetzbl. I S. 832) und mit Artikel 9 des Gesetzes über Maßnahmen auf dem Gebiete des Verkehrsrechts und Verkehrshaftpflichtrechts vom 16. Juli 1957 (Bundesgesetzbl. I S. 710) auch im Land Berlin.

§ 5

Diese Verordnung gilt nicht im Saarland.

§ 6

Diese Verordnung tritt am Tage nach ihrer Verkündung in Kraft und mit Ablauf des 31. Dezember 1963 außer Kraft.

Anmerkung:

In der Anlage zu dieser VO werden die Flachlandgebiete im einzelnen aufgeführt. Von einem Abdruck der Anlage wurde hier abgesehen. Die Anlage ist veröffentlicht in VerkBl. 59, 163 und im Bundesgesetzbl. a. a. O. Die VO wurde verkündet am 11. März 1959.

Dritte Verordnung
über Ausnahmen von den Vorschriften der Straßenverkehrs-Zulassungs-Ordnung
(Dritte Ausnahmeverordnung zur StVZO)
Vom 18. Juli 1959

(BGBl. I, 529)

Auf Grund des § 6 Abs. 1 des Straßenverkehrsgesetzes wird nach Anhören der zuständigen obersten Landesbehörden verordnet:

§ 1

(1) Die Scheinwerfer an mehrspurigen Kraftfahrzeugen dürfen abweichend von § 50 der Straßenverkehrs-Zulassungs-Ordnung so beschaffen sein, daß ein Teilfernlicht zur Beleuchtung des rechten Teils der Fahrbahn eingeschaltet werden kann.

(2) Das Teilfernlicht darf durch die in § 50 Abs. 2 der Straßenverkehrs-Zulassungs-Ordnung vorgeschriebenen Scheinwerfer oder durch einen dieser Scheinwerfer oder durch bis zu zwei besondere Scheinwerfer erzeugt werden.

(3) Die Vorschriften des § 49a Abs. 3 und des § 50 Abs. 2 Satz 1 der Straßenverkehrs-Zulassungs-Ordnung, soweit darin angeordnet ist, daß paarweise angebrachte Scheinwerfer gleich stark leuchten müssen, gelten nicht, wenn nur ein Scheinwerfer eines Scheinwerferpaares für Teilfernlicht verwendet wird.

(4) Besondere Scheinwerfer für Teilfernlicht dürfen — abweichend von § 50 Abs. 3 Satz 1 der Straßenverkehrs-Zulassungs-Ordnung — höher als 1 m über der Fahrbahn angebracht sein.

(5) Die Leistungsaufnahme von Glühlampen für Teilfernlicht darf die in § 50 Abs. 4 Satz 1 der Straßenverkehrs-Zulassungs-Ordnung festgelegten Werte übersteigen, wenn die Glühlampen in amtlich genehmigter Bauart ausgeführt sind. In den Scheinwerfern dürfen nur die nach ihrer Bauart dafür bestimmten Glühlampen verwendet werden.

(6) Das Teilfernlicht muß — außer bei Verwendung als Lichthupe — so geschaltet sein, daß es nur zusammen mit dem Abblendlicht brennen kann. Die Einschaltung des Teilfernlichts muß dem Fahrzeugführer sinnfällig angezeigt werden.

(7) Der Lichtkegel des Teilfernlichts muß nach links eine deutlich ausgeprägte Hell-Dunkel-Grenze haben. Der am weitesten nach links liegende Teil der Hell-Dunkel-Grenze muß in 10 m Entfernung vor dem Fahrzeug 10 cm rechts von der zur Fahrzeuglängsachse parallelen Vertikalebene durch die Scheinwerfermitte liegen.

§ 2

Diese Verordnung gilt nach § 14 des Dritten Überleitungsgesetzes vom 4. Januar 1952 (Bundesgesetzbl. I S. 1) in Verbindung mit Artikel 7 des Gesetzes zur Sicherung des Straßenverkehrs vom 19. Dezember 1952 (Bundesgesetzbl. I S. 832) und mit Artikel 9 des Gesetzes über Maßnahmen auf dem Gebiete des Verkehrsrechts und Verkehrshaftpflichtrechts vom 16. Juli 1957 (Bundesgesetzbl. I S. 710) auch im Land Berlin.

§ 3

Diese Verordnung gilt nicht im Saarland.

§ 4

Diese Verordnung tritt am Tage nach ihrer Verkündung in Kraft.

Anmerkung:

Die VO wurde am 31. 7. 59 verkündet. Auf die Richtlinien für die Prüfung von Scheinwerfern für Teilfernlicht v. 18. 7. 59 (VerkBl. 59, 358) wird verwiesen. Bestimmungen für Scheinwerfer enthalten im übrigen die §§ 50, 52 StVZO. 1

Aus der amtlichen Begründung zur Dritten AusnahmeVO (VerkBl. 59, 357): 2

Das Teilfernlicht ist eine Zusatzbeleuchtung. Zu dem Abblendlicht kann ein weiteres Lichtbündel mit Fernlichtcharakter eingeschaltet werden. Dieses Teilfernlicht hat eine ausgeprägte Hell-Dunkel-Grenze, die jedoch nicht wie beim Abblendlicht waagerecht, sondern etwa senkrecht zur Fahrbahn verläuft. In Verbindung mit dem Abblendlicht hat die Beleuchtung in dem Bereich vor dem Fahrzeug, der links von dem Teilfernlichtscheinwerfer liegt, Abblendlichtcharakter mit einer waagerechten Hell-Dunkel-Grenze; das Teilfernlicht wirkt nur in dem rechts liegenden Bereich.

Der Führer des entsprechend ausgerüsteten Fahrzeugs kann, je nach Sicht und Verkehrslage, Fernlicht oder Abblendlicht ohne oder mit zugeschaltetem Teilfernlicht verwenden.

Mit dem symmetrischen oder asymmetrischen Abblendlicht ist das Teilfernlicht nicht vergleichbar. Während das Abblendlicht auf Grund seiner Intensität und Verteilung den Gegenverkehr nicht blendet, muß das Teilfernlicht ebenso wie das Fernlicht ausgeschaltet werden, wenn dies mit Rücksicht auf entgegenkommende Verkehrsteilnehmer erforderlich ist.

Die Praxis zeigt, daß wegen des Gegenverkehrs nur noch verhältnismäßig selten mit vollem Fernlicht gefahren werden kann; bei weiterem Anwachsen des Verkehrs — und damit auch des Gegenverkehrs — wird das volle Fernlicht noch mehr an Bedeutung verlieren. Für den Fahrer kommt deshalb künftig im wesentlichen nur eine Wahl zwischen den Schaltstellungen Abblendlicht ohne oder mit Teilfernlicht in Betracht.

Die Scheinwerfer und Glühlampen für Teilfernlicht unterliegen der Bauartgenehmigungspflicht nach § 22 Abs. 3 und 4 StVZO.

Vierte Verordnung
über Ausnahmen von den Vorschriften der Straßenverkehrs-Zulassungs-Ordnung
(Vierte Ausnahmeverordnung zur StVZO)
Vom 20. März 1961

(BGBl. I, 229 v. 24. 3. 61)

Auf Grund des § 6 Abs. 1 des Straßenverkehrsgesetzes wird nach Anhören der zuständigen obersten Landesbehörden verordnet:

§ 1

(1) Wird ein dreiachsiger Anhänger, der vor dem 1. Januar 1958 erstmals in den Verkehr gekommen ist, hinter einem Lastkraftwagen mitgeführt, so darf abweichend von § 32 Abs. 1, § 34 Abs. 3, § 42 Abs. 1 und § 72 Abs. 2 der Straßenverkehrs-Zulassungs-Ordnung in der Fassung vom 6. Dezember 1960 (Bundesgesetzbl. I S. 897)

1. die Zuglänge 20 m,
2. das zulässige Gesamtgewicht des Zuges 38 t, das des mitgeführten Anhängers aber nicht mehr als 22 t,
3. die Anhängelast mehr als das zulässige Gesamtgewicht des Lastkraftwagens

betragen, solange der dreiachsige Anhänger trotz eines vor dem 1. April 1961 rechtsverbindlich erteilten entsprechenden Auftrags noch nicht durch einen zweiachsigen Anhänger ersetzt oder zu einem zweiachsigen Anhänger umgebaut werden konnte. Dies gilt jedoch längstens bis zum Ablauf des 31. März 1962.

(2) Der Führer des Zuges hat die Bestätigung eines Herstellers oder Händlers darüber, daß der vor dem 1. April 1961 erteilte Auftrag zur Ersatzlieferung oder zum Umbau erst nach diesem Tage ausgeführt werden kann, mitzuführen und zuständigen Personen auf Verlangen zur Prüfung auszuhändigen.

§ 2

Abweichend von § 42 Abs. 1 und § 72 Abs. 2 StVZO darf bis zum Ablauf des 31. März 1963 das Verhältnis der Anhängelast zum zulässigen Gesamtgewicht des ziehenden Lastkraftwagens höchsteCs 1,2 zu 1 betragen, wenn der Anhänger nach dem 1. Januar 1958 als Ersatz für einen dreiachsigen Anhänger erstmals in den Verkehr gekommen ist und der Anhängerschein — gegebenenfalls auch die Anhängerverzeichnisse — einen entsprechenden Vermerk der Zulassungsstelle enthalten.

§ 3

Diese Verordnung gilt nach § 14 des Dritten Überleitungsgesetzes vom 4. Januar 1952 (Bundesgesetzblatt I S. 1) in Verbindung mit Artikel 7 des Gesetzes sur Sicherung des Straßenverkehrs vom 19. Dezember 1952 (Bundesgesetzbl. I S. 832) und mit Artikel 9 des Gesetzes über Maßnahmen auf dem Gebiet des Verkehrsrechts und Verkehrshaftpflichtrechts vom 16. Juli 1957 (Bundesgesetzbl. I S. 710) auch im Land Berlin.

§ 4

Diese Verordnung tritt am Tage nach ihrer Verkündung in Kraft.

Fünfte Ausnahmeverordnung siehe IX. dieses Ergänzungsbandes.

Verordnung
über Abmessungen und Gewichte der Lastkraftwagen, Lastzüge und Sattelkraftfahrzeuge im grenzüberschreitenden Güterverkehr
Vom 8. März 1961

(BGBl. I, 216)

Auf Grund des § 6 des Straßenverkehrsgesetzes wird mit Zustimmung des Bundesrates verordnet:

Artikel 1

Abweichend von den Vorschriften der Straßenverkehrs-Zulassungs-Ordnung — StVZO — in der Fassung der Bekanntmachung vom 6. Dezember 1960 (Bundesgesetzbl. I S. 897) und der Verordnung über internationalen Kraftfahrzeugverkehr vom 12. November 1934 (Reichsgesetzbl. I S. 1137), zuletzt geändert durch Verordnung vom 18. April 1940 (Reichsgesetzbl. I S. 662), gelten für Fahrten im grenzüberschreitenden Verkehr mit Lastkraftwagen, Lastzügen und Sattelkraftfahrzeugen folgende Vorschriften:

1. Soweit die Vorschriften über Abmessungen, Achslasten und Gesamtgewichte der Fahrzeuge in den bei der Fahrt berührten ausländischen Gebieten für den Betroffenen günstiger sind als die entsprechenden Vorschriften der §§ 32 und 34 StVZO, gelten die günstigeren Vorschriften; jedoch dürfen folgende Werte nicht überschritten werden:

	Im Bundesgebiet ohne Saarland	Im Saarland oder bei regelmäßigem Standort im Saarland
a) Abmessungen Länge von Zügen	18 m	18 m
b) Achslasten		
1. Einzelachse	10 t	13 t
2. Doppelachse	16 t	21 t
c) Gesamtgewicht von		
1. Fahrzeugen mit nicht mehr als 2 Achsen	16 t	19 t
2. Fahrzeugen mit mehr als 2 Achsen	24 t	26 t

2. § 35 StVZO (Motorleistung) und § 42 Abs. 1 StVZO (Anhängelast) sind nicht anzuwenden. Dasselbe gilt hinsichtlich des § 41 Abs. 15 StVZO (Dauerbremse), sofern das Fahrzeug vor dem 1. Januar 1958 (bei regelmäßigem Standort im Saarland: vor dem 1. Januar 1961) erstmals in den Verkehr gekommen ist.

3. Werden die Vergünstigungen der Nummer 1 oder 2 für Fahrzeuge mit regelmäßigem Standort im Geltungsbereich dieser Verordnung in Anspruch genommen, so muß der Führer — auch bei Leerfahrten — einen Nachweis über das Bestimmungsland und den Bestimmungsort mitführen; der Nachweis ist zuständigen Personen auf Verlangen zur Prüfung auszuhändigen.

Artikel 2

Diese Verordnung gilt nach § 14 des Dritten Überleitungsgesetzes vom 4. Januar 1952 (Bundesgesetzbl. I S. 1) in Verbindung mit Artikel 7 des Gesetzes zur Sicherung des Straßenverkehrs vom 19. Dezember 1952 (Bundesgesetzbl. I S. 832) und mit Artikel 9 des Gesetzes über Maßnahmen auf dem Gebiete des Verkehrsrechts und des Verkehrshaftpflichtrechts vom 16. Juli 1957 (Bundesgesetzbl. I S. 710) auch im Land Berlin:

Artikel 3

(1) Diese Verordnung tritt am Tage nach ihrer Verkündung in Kraft.

(2) Diese Verordnung tritt mit Ablauf des 31. Dezember 1965 außer Kraft.

3. Änderung der Straßenverkehrsordnung und der Anlage zur Straßenverkehrsordnung

(Möhl)

(Artikel 3 der VO vom 7. 7. 1960, Artikel 1 der VO vom 29. 12. 1960)

Vorbemerkung

Die Änderungen der StVO sind nicht sehr umfangreich. Es erschien daher ausreichend, nur die geänderten Paragraphen in den Nachtrag aufzunehmen und auch bei diesen im allgemeinen nur die geänderten Absätze. Zur leichteren Handhabung des Nachtrags schien es angezeigt, hier auch die durch VO vom 29. 12. 1960 (s. Nachtrag Seite 218) herbeigeführten Änderungen mit einzuarbeiten. Bei Benutzung des Nachtrags neben der 21. Auflage des Kommentars wird es sich empfehlen, bei den geänderten Stellen im Kommentar durch ein Handzeichen auf den Nachtrag hinzuweisen. Solche Hinweise sind erforderlich bei §§ 2 Abs. 4, 3 Abs. 5, 3a, 4 Abs. 1, 8 Abs. 3, 9 Abs. 4 Nr. 2 Buchstabe c, 13 Abs. 2, 16 Abs. 1, 19 Abs. 3, 21 Abs. 1, 33 Abs. 5 und 6, 46, 47 Abs. 2a, 48 Abs. 1 und 3, 50 Abs. 3 der StVO und bei A I b Abs. 2, A I c, A II Abs. 1, C I, C II, C III der Anlage zur StVO.

Die amtl. Begründung zur VO vom 7. 7. 1960 ist abgedruckt im VerkBl. 1960, 477f.

A. Änderungen der Straßenverkehrs-Ordnung

In der durch die VO v. 7. 7. 1960 und 29. 12. 1960 geänderten Fassung lauten:

§ 2 Abs. 4 Satz 2

Die Führer der einbiegenden Fahrzeuge haben auf die Fußgänger besondere Rücksicht zu nehmen und nötigenfalls anzuhalten.

Die Neuregelung soll nach der amtl. Begründung dazu beitragen, die Sicherheit der Fußgänger allgemein zu erhöhen. Die bereits in Anm. 15 zu § 2 dargelegten Gründe veranlaßten den Gesetzgeber, die Rechtsstellung des Fußgängers zu verbessern. Auch bisher schon hatten die einbiegenden Fahrzeugführer auf die Fußgänger „besonders" Rücksicht zu nehmen, die gleiche Pflicht war aber auch den Fußgängern auferlegt. Die Rechtslage hat sich insofern geändert, als jetzt nurmehr dem einbiegenden Fahrzeugführer eine besondere Sorgfaltspflicht auferlegt ist. Damit wurde dem Fußgänger der Vortritt eingeräumt. Dies ergibt sich deutlich aus der Pflicht des Fahrzeugführers, notfalls anzuhalten. Dieser Pflicht genügt der Fahrzeugführer nur, wenn er rechtzeitig anhält. Er darf nicht etwa im Vertrauen auf seine guten Bremsen bis hart an den Fußgänger heranfahren und dann erst scharf abbremsen. Dadurch würde der Fußgänger belästigt und erschreckt.

Wenn auch das Hauptgewicht der Verantwortung nunmehr beim Fahrzeugführer liegt, wird damit der Fußgänger nicht von jeder eigenen Sorgfaltspflicht befreit. Er wird vielmehr beim Überschreiten der Straße ähnlich wie auf einem bevorrechtigten Fußgängerüberweg nicht blindlings auf sein Vorrecht vertrauen dürfen. Vgl. Anm. 7 zu § 37a. Allerdings wird er darauf vertrauen dürfen, daß langsam einbiegende Fahrzeuge anhalten, um ihm das Überqueren der Fahrbahn zu ermöglichen.

Das Vorrecht des Fußgängers besteht nur an Kreuzungen, an denen der Verkehr durch Farbzeichen oder Polizeibeamte geregelt ist. In anderen Fällen gelten die allgemeinen Regeln, nach denen die Fahrbahn in erster Linie dem Fahrverkehr dient. Anm. 5 zu § 37. Dabei ist aber zu beachten, daß der Fußgänger nicht verpflichtet ist, beim Überschreiten einer Seitenstraße auf den in der Gehrichtung des Fußgängers nachfolgenden Verkehr zu achten. Der einbiegende Fahrzeugführer ist daher auch hier verpflichtet auf den in seiner ursprünglichen Fahrtrichtung gehenden Fußgänger besonders zu achten. Hamburg 25. 1. 56, VkBl. 56, 252.

§ 3 Abs. 5

Anordnungen über die Aufstellung des Warnkreuzes (Anlage, Bild 4e) treffen für Übergänge über Eisenbahnen des öffentlichen Verkehrs die Bahnunternehmen, für Übergänge der sonstigen Schienenbahnen auf besonderem Bahnkörper die Straßenverkehrsbehörden mit Zustimmung der beteiligten obersten Landesbehörden.

Die verschiedenen Ausführungen der Warnkreuze (früher Bild 4c—4g) werden durch das für alle Fälle geltende Muster Bild 4e ersetzt. Nach der amtl. Begründung soll die Streichung der übrigen Muster dazu beitragen, die Zahl der Verkehrszeichen zu vermindern. Die bisherigen Zeichen dürfen nach § 50 Abs. 3 bis 31. 12. 1963 weiterverwendet werden.

§ 3a

(1) Der in den Eisenbahn-Bau- und Betriebsordnungen begründete Vorrang der Eisenbahnen des öffentlichen Verkehrs wird durch Aufstellung von Warnkreuzen (Anlage, Bild 4e) zur Geltung gebracht.

(2) Fahrzeuge anderer Schienenbahnen haben den Vorrang vor jedem anderen Verkehr nur, wenn

1. **die Bahn an dem Übergang auf besonderem Bahnkörper verlegt ist und**
2. **der Bahnübergang mit Warnkreuzen (Anlage, Bild 4e) gekennzeichnet ist.**

(3) Bei Kreuzungen von Eisenbahnen des öffentlichen Verkehrs und von anderen Schienenbahnen, die an dem Bahnübergang auf besonderem Bahnkörper verlegt sind, mit Fußwegen oder Feldwegen besteht der Vorrang der Schienenbahnen auch dann, wenn Warnkreuze nicht aufgestellt sind.

(4) Bahnübergänge, an denen der Vorrang nach Absatz 1, 2 oder 3 besteht, dürfen nicht überquert werden, wenn

a) sich ein Schienenfahrzeug nähert,
b) durch Blinklicht oder andere sichtbare oder hörbare Zeichen vor einem sich nähernden Schienenfahrzeug gewarnt wird,
c) durch hörbare oder sichtbare Zeichen das Schließen der Schranken angekündigt wird,
d) die Schranken bewegt werden oder geschlossen sind oder
e) die Sperrung des Straßenverkehrs auf dem Bahnübergang in anderer Weise kenntlich gemacht ist.

Werden an Bahnübergängen Blinklichter verwendet, so bedeutet rotes Blinklicht:
„Halt! Der Bahnübergang ist für den Straßenverkehr gesperrt"
weißes Blinklicht:
„Die Blinklichtanlage ist in Betrieb".

Bahnübergänge, an denen der Vorrang nach Absatz 1, 2 oder 3 nicht besteht, dürfen nicht überquert werden, wenn Bahnbedienstete durch Schwenken einer rotweißen Flagge auf das Herannahen von Schienenfahrzeugen hinweisen; vom Hereinbrechen der Dunkelheit an oder wenn die Witterung es erfordert, tritt an Stelle der rotweißen Flagge rotes Licht.

(5) In den Fällen des Absatzes 4 müssen Straßenfahrzeuge und Tiere vor den Warnkreuzen oder, wo solche nicht vorhanden sind, in angemessener Entfernung angehalten werden. Fußgänger müssen vor den Schranken, bei unbeschrankten Übergängen vor den Warnkreuzen oder, wo solche nicht vorhanden sind, in angemessener Entfernung haltmachen.

(6) Bei Annäherung an Bahnübergänge und bei ihrer Benutzung ist in jedem Falle besondere Aufmerksamkeit anzuwenden.

Die Änderungen des Abs. 1 und 2 ergeben sich aus der Änderung des § 3 Abs. 5.

Der neue Satz 3 des Abs. 4 soll die an unbedeutenden Bahnübergängen, insbesondere der Hafen-, Werk- und Anschlußbahnen aufgestellten Warnkreuze entbehrlich machen und damit das Übermaß an Verkehrszeichen abbauen helfen. Die von den Bahnbediensteten gegebenen Flaggen- und Lichtzeichen sind ähnlich den Flaggenzeichen an Baustellen zu befolgen, obwohl es sich nicht um Anordnungen im Sinne des § 3 Abs. 1 handelt.

Durch die Streichung des zweiten Halbsatzes in Abs. 6 ist nach der amtl. Begründung keine Änderung der bisher geltenden Regelung beabsichtigt, es soll nur die Bedeutung des verbleibenden Satzes klar herausgestellt werden.

§ 4 Abs. 1 Satz 2

In Abs. 1 Satz 2 werden die in Klammer stehenden Worte „(einschließlich der Fahrräder mit Hilfsmotor)" gestrichen.

Die ausdrückliche Erwähnung der Fahrräder mit Hilfsmotor war bereits durch die Streichung des § 31a (14. 3. 56) überflüssig geworden. Anm. 16 zu § 4.

§ 8 Abs. 3 Satz 4

Für die Zusammenfassung von Straßenteilen zu einer einheitlichen Straße gilt § 13 Abs. 2 Satz 3.

Ohne Kenntnis der Entstehungsgeschichte ist der durch VO vom 29. 12. 60 zur Änderung der StVO (BGBl. 61 I S. 8) neu eingefügte Satz 4 unverständlich, denn die Vorfahrtsregelung des § 8 Abs. 3 Satz 3 setzt voraus, daß in eine „andere“ Straße eingebogen wird. Werden Straßenteile zu einer einheitlichen Straße zusammengefaßt, dann ist es selbstversändlich, daß nicht nach links in eine andere Straße einbiegt, wer dem gekrümmten Lauf der einheitlichen Straße folgt. Anm. 22 zu § 8. § 8 Abs. 3 Satz 4 hat daher nur hinweisenden Charakter. Er will klarstellen, daß dann, wenn nach § 13 Abs. 2 Satz 3 zwei an einer Kreuzung oder Einmündung aufeinanderstoßende Straßenteile entgegen ihrem natürlichen Verlauf zu sammengefaßt werden, nicht die für den natürlichen Verlauf der Straße geltende Regel des § 8 Abs. 3 Satz 3 gilt, nach der dem entgegenkommenden Verkehrsteilnehmer die Vorfahrt vor dem einbiegenden zusteht. In der amtl. Begründung zur Neuregelung kommt dies allerdings nicht mit voller Deutlichkeit zum Ausdruck. Denn dort wird ausgeführt, Satz 4 solle klarstellen, daß die Zusammenfassung zweier Straßenteile zu einem bevorrechtigten Straßenzug „auch für die Regeln des Linksabbiegens von Bedeutung ist“.

Im übrigen s. die Anmerkungen zu § 13 Abs. 2 Satz 3 in diesem Nachtrag.

§ 9 Abs. 4 Nr. 2 Buchstabe c

	auf Bundes-autobahnen	auf anderen Straßen
	Kilometer je Stunde	
Kraftomnibusse		
ohne Anhänger oder mit Gepäckanhänger	**80**	**80**
mit Anhänger (außer Gepäckanhänger)	**60**	**60**
mit Fahrgästen, für die keine Sitzplätze mehr zur Verfügung stehen	**60**	**60**

Aus der amtl. Begründung ergibt sich, daß ursprünglich die Absicht bestand, die Zahl der Stehplätze in Kraftomnibussen zu beschränken, um zu verhüten, daß sich bei einem Unglück in einem solchen Fahrzeug übermäßig viele Menschen befinden. Da aber damit zu rechnen war, daß bei einer Beschränkung der Stehplätze das Platzangebot z. B. im Stoßverkehr nicht ausreichen würde, hat man an Stelle einer solchen Beschränkung die Herabsetzung der zulässigen Höchstgeschwindigkeit vorgesehen. Diese Geschwindigkeitsbeschränkung greift immer ein, wenn die Sitzplätze besetzt sind und außerdem noch stehende Fahrgäste mitfahren. Im übrigen gilt natürlich auch hier, was in Anm. 12 zu § 9 über die Bedeutung der „Höchstgeschwindigkeit“ näher ausgeführt wurde.

§ 13 Abs. 2 Satz 3

Zwei an einer Kreuzung oder Einmündung aufeinanderstoßende Straßenteile können entgegen ihrem natürlichen Verlauf durch vorfahrtregelnde Zeichen (Anlage, Bild 44 oder 52 einerseits und Bild 30 oder 30a andererseits) mit Zusatztafeln (Anlage, Bild 52a) zu einem bevorrechtigten Straßenzug zusammengefaßt werden.

1 **Entstehungsgeschichte:** § 13 Abs. 4 StVO in der Fassung der VO vom 24. 8. 53 verpflichtete den an Kreuzungen oder Einmündungen nach links Abbiegenden nur insoweit zur Einräumung der Vorfahrt an entgegenkommende geradeaus bleibende Fahrzeuge, als keine vorfahrtregelnden Verkehrszeichen aufgestellt waren. Durch die VO vom 14. 3. 56 wurde, rechtssystematisch richtig, das Kreuzen beim Begegnen aus der Vorfahrtsregelung des § 13 herausgenommen und in den § 8 eingefügt. Anm. 25b zu § 8. Dabei wurde nach der amtl. Begründung der Vorbehalt anderweitiger Vorfahrtsregelung durch Verkehrszeichen bewußt gestrichen, weil man die Begegnung des Linkseinbiegers mit dem auf derselben Straße geradeaus Bleibenden nicht mehr als „eigentlichen“ Vorfahrtsfall (i. S. v. § 13) ansah, der einer Einzelregelung durch Verkehrszeichen unterliegen könnte. BGH 15. 6. 60, VRS 19, 220, 223. Der Bundesminister für Verkehr hatte aber in der allgemeinen Verfügung vom 26. 2. 59, VkBl. 59, 146, über „die abknickende Vorfahrtsregelung und ihre Beschilderung“ die Anbringung von „Zusatztafeln“ zu den vorfahrtsregelnden Verkehrszeichen empfohlen, aus denen sich die Einheitlichkeit eines bevorrechtigten Straßenzuges ergeben sollte, wenn dieser nicht dem

natürlichen Straßenverlauf entsprach. Auf den Vorlegungsbeschluß des OLG Hamm vom 22. 1. 60, VRS 18, 235 hat der BGH aaO im Anschluß an OLG Köln 10. 6. 58, VRS 15, 379 und unter Hinweis auf die Kritik von Lienen in „Deutsche Polizei" 59, 243 die Zulässigkeit und Verbindlichkeit der vom BMV empfohlenen Kennzeichnung verneint und ausgesprochen, nach dem geltenden Recht könnten zwei an einer Kreuzung oder Einmündung aufeinanderstoßende Straßenteile nicht entgegen ihrem natürlichen Verlauf durch vorfahrtregelnde Zeichen — mit Zusatzschildern — zu einem einheitlichen bevorrechtigten Straßenzug (über Eck) zusammengefaßt werden. Der durch VO vom 29. 12. 60 zur Änderung der StVO (BGBl 61 I S. 8) neu eingefügte § 13 Abs. 2 Satz 3 soll nach der amtl. Begründung dem auch nach Ansicht des BGH bestehenden praktischen Bedürfnis nach einer entsprechenden Ergänzung des geltenden Rechts Rechnung tragen.

Anwendungsgebiet: Wie sich aus dem Wortlaut der Bestimmung und ihrer Entstehungs- 2
geschichte eindeutig ergibt, gilt die Neuregelung nur für den Fall, daß aufeinanderstoßende Straßenteile „entgegen ihrem natürlichen Verlauf" zu einem sozusagen künstlichen Straßenzug zusammengefaßt werden sollen. Auch der BGH hatte aaO (S. 224, d) ausdrücklich darauf hingewiesen, daß die von ihm vertretene Rechtsansicht das Vorfahrtsrecht desjenigen unberührt lasse, der sich einer ihn bevorrechtigenden Kreuzung oder Einmündung auf einer Straße nähere, deren natürliche Fortsetzung nicht geradeaus, sondern in einer Linkskrümmung weiterführt. Er biege, wenn er dieser Krümmung folge, nicht nach links in eine andere Straße ein, sondern bleibe auf derselben Straße. Andererseits sei eine Nebenstraße, auch wenn sie das von ihm vor der Linkskrümmung befahrene Straßenstück in gerader Linie weiterführe, für ihn eine andere Straße. Das setze allerdings voraus, daß die von dem Vorfahrtsberechtigten befahrenen Straßenteile offensichtlich, d. h. nach dem für jedermann ohne weiteres erkennbaren äußeren Gepräge (Breite, Belag und sonstige Beschaffenheit der Fahrbahn, etwaige Mittellinie) — unbeschadet der Linkskrümmung — einen einheitlichen Straßenzug bilden. — „Natürlich" im Sinne von naturgegeben ist zwar eine Straßenführung nie. Auch die Baugeschichte einer Straße kann für den Verkehrsteilnehmer keine geeignete Unterscheidungsgrundlage sein. Unter „natürlichem" Straßenverlauf ist vielmehr derjenige zu verstehen, der nach seinem äußeren Bild einen einheitlichen Straßenzug ergibt. In Zweifelsfällen ist davon auszugehen, daß die gerade Fortsetzung eines Straßenteiles die Vermutung für sich hat, den „natürlichen" Verlauf der Straße darzustellen, nicht die im Winkel abbiegende. In Zweifelsfällen muß nach der neuen Vorschrift verfahren werden.

Inhalt der Vorschrift: Wie bereits in der Anm. zu § 8 Abs. 3 Satz 4 angedeutet, berührt 3
die Neuregelung nicht die Vorfahrtsregelung des § 8 Abs. 3 Satz 3. Sie bringt keine Ausnahme von dem Vorrecht des Entgegenkommenden, sondern bringt eine Legaldefinition für den Begriff der „einheitlichen Straße" und der „anderen Straße" im Sinne des § 8 Abs. 3. Der Gesetzgeber gibt zu erkennen, daß für ihn der „natürliche Straßenverlauf" nicht unantastbar ist, daß vielmehr eine einheitliche Straße im Sinne des § 13 und auch des § 8 künstlich durch Vorfahrtszeichen zusammen mit den neuen Zusatztafeln nach Bild 52a der Anlage zur StVO geschaffen werden könne, für die dann die gleichen Vorschriften gelten wie für eine „natürliche" Straße. An der Befugnis des Gesetzgebers zu einer solchen Ausweitung des Begriffs „Straße" kann kein Zweifel bestehen. Die Neuregelung beseitigt die berechtigten Bedenken des BGH gegen die bisherige Handhabung der Zusatztafeln, indem sie das Gesetz selbst ergänzt.

Nach der amtl. Begründung soll durch die kumulative Aufzählung der beiden Arten von vorfahrtsregelnden Zeichen verdeutlicht werden, daß überall innerhalb und außerhalb geschlossener Ortschaften zur Zusammenfassung zweier Straßenteile zu einem Straßenzug die Beschilderung auch jeder wartepflichtigen Straße erforderlich ist. Zur Kennzeichnung der besonderen Verkehrslage wurde ein einheitliches Muster für die Zusatztafel geschaffen. (Bild 52a der Anlage, s. Anhang S. 230 des Nachtrags.) Sie soll nach der amtlichen Begründung den Verkehrsteilnehmern durch die Gleichmäßigkeit der Beschilderung die Orientierung erleichtern.

Rechtsfolgen der Neuregelung: Wer dem Knick der nach § 13 Abs. 2 Satz 3 zusammen- 4
gefaßten Straßenteile folgt, hat gegenüber dem auf der „natürlichen" Verlängerung seiner ursprünglichen Fahrtrichtung Entgegenkommenden die Vorfahrt. Der von ihm befahrene Straßenzug gilt als eine Straße, er biegt nicht in eine „andere" Straße ein, wenn er ihm folgt. Der Entgegenkommende ist entsprechend wartepflichtig. Das ergibt sich zwar nicht aus dem Zeichen nach Bild 30 oder 30a allein, durch das die Vorfahrtsregel des § 8 Abs. 3 Satz 3 nicht geändert werden kann (vgl. dazu unten Anm. 5), wohl aber aus diesen Verkehrszeichen im Zusammenhalt mit den Zusatztafeln nach Bild 52a, das die Vorfahrt des Einbiegenden für den Wartepflichtigen einprägsam und leicht verständlich darstellt. Ebensowenig wie die

Wartepflicht nach § 8 Abs. 3 Satz 3 gilt für den Benutzer eines nach § 13 Abs. 2 Satz 3 einheitlichen Straßenzuges bei dem Fahren durch die Linkskrümmung die Pflicht, sich vor dem Abbiegen nach § 8 Abs. 3 Satz 2 zur Mitte einzuordnen. Vielmehr muß nach § 8 Abs. 2 Satz 1 auf der rechten Seite der Fahrbahn rechts und, wenn die Strecke im Bereich des Linksknickes unübersichtlich ist, auf der äußersten rechten Straßenseite vor und in der Straßenkrümmung gefahren werden.

§ 11 wurde nicht geändert. Nach der amtl. Begründung soll man davon ausgehen können, „daß seine Richtung im Sinne des § 11 ändert, d. h. zur Anzeige seiner Fahrtrichtungsänderung verpflichtet ist, wer den natürlichen Verlauf der Straße verläßt". Ob hier der amtl. Begründung gefolgt werden kann, erscheint zweifelhaft. Werden Straßenteile nach § 13 Abs. 2 Satz 3 künstlich zu einem vorfahrtsberechtigten Straßenzug zusammengefaßt, dann müssen sie in jeder Beziehung als eine einheitliche Straße behandelt werden. Es geht nicht an, zwar einesteils die Anwendung des § 8 Abs. 3 Satz 3 im Verhältnis zu dem natürlichen Straßenverlauf auszuschließen, andernteils aber doch wieder von dem natürlichen Straßenverlauf auszugehen und den Einbiegenden so zu behandeln, als ob er in eine „andere" Straße einbiege. Hier muß vielmehr das Gleiche gelten, was für das Befahren eines Straßenknies gilt, das im Zug eines „natürlichen" Straßenzuges liegt. Anm. 3 zu § 11. Wer einem nach § 13 Abs. 2 Satz 3 geschaffenen künstlichen Straßenzug folgend nach links abbiegt (A—M—B der folgenden Planskizze), braucht daher k e i n Richtungszeichen zu geben. Dagegen muß er das r e c h t e Richtungszeichen setzen, wenn er dem natürlichen Straßenverlauf folgend aus seiner ursprünglichen Richtung geradeaus weiterfährt (A—M—D). Dieses Richtungszeichen ist schon deshalb notwendig, um den aus der Gegenrichtung D—M des natürlichen Straßenverlaufs Entgegenkommenden anzuzeigen, daß der Benutzer der Vorfahrtsstraße nicht vor ihnen nach rechts einbiegen werde, daß also kein Vorfahrtsfall in Frage kommt.

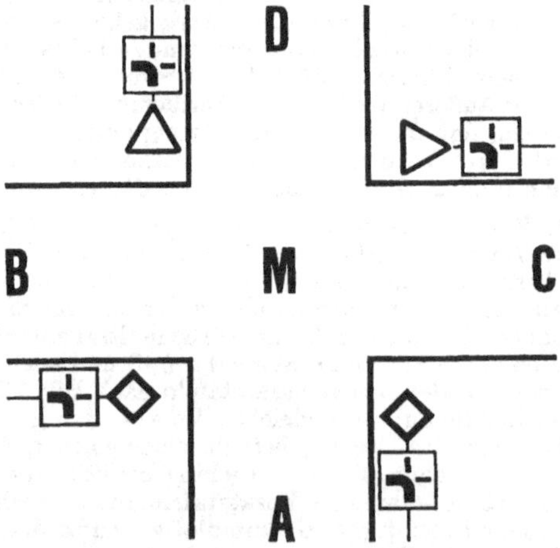

Ebenso muß er den l i n k e n Richtungsanzeiger betätigen, wenn er aus dem Rechtsknick eines „künstlichen" Straßenzuges in seiner ursprünglichen Fahrtrichtung weiterfährt (B-M-C). Sonst kann ein von rechts aus dem anderen Straßenteil (A-M) Herankommender nicht erkennen, daß der von links aus Richtung B Entgegenkommende geradeaus nach C weiterfahren will. Allerdings ist hier derjenige, der die künstliche Vorfahrtsstraße B-M-A bei M verläßt, um nach C weiterzufahren, gegenüber dem von rechts aus der Vorfahrtsstraße A-M Entgegenkommenden wartepflichtig. Er biegt im Sinne des § 8 Abs. 3 Satz 3 nach links ab, wenn er auch tatsächlich geradeaus weiterfährt.

In beiden Fällen besteht, worauf Lienen aaO zutreffend hingewiesen hat, insofern eine gewisse Unklarheit, als nicht erkennbar ist, ob derjenige, der das Richtungszeichen setzt, geradeaus fahren oder einbiegen will, wenn wie in der Skizze beide nach § 13 Abs. 2 Satz 3 zusammengefaßten Straßenteile eine geradlinige Fortsetzung haben. Diese Unklarheit kann aber doch wohl in Kauf genommen werden. Auch sonst kommt es nicht selten vor, daß der Sinn eines Richtungszeichens nicht ohne weiteres erkennbar ist, dann etwa, wenn an der gleichen Stelle zwei Straßen von rechts oder links einmünden. Wäre § 11 ohne Rücksicht auf den künstlich geschaffenen Straßenzug entsprechend dem natürlichen Straßenverlauf anzuwenden, dann würde diese Unklarheit allerdings vermieden. Der Vorteil wäre aber nicht so bedeutsam, daß er die systematisch unhaltbare und auch für die Verkehrsteilnehmer verwirrende Doppelbehandlung rechtfertigen könnte.

Allgemeines zur Bedeutung vorfahrtsregelnder Zeichen gegenüber § 8 Abs. 3 Satz 3. 5
Auf S. 828 der 21. Auflage wurde die Ansicht vertreten, der Linkseinbieger müsse entgegenkommende Fahrzeuge dann nicht vorbeifahren lassen, wenn er in eine Vorfahrtsstraße einbiege. Zur Begründung wurde u. a. ausgeführt, der aus der untergeordneten Straße an die Vorfahrtsstraße Heranfahrende könne u. U. nicht unterscheiden, ob der auf der Vorfahrtsstraße von links Herankommende von der Gegenrichtung der untergeordneten Straße in die Vorfahrtsstraße eingebogen oder aus der Vorfahrtsstraße von links gekommen sei. Dieser Ansicht hat sich der 6. Zivilsenat des BGH für den Sonderfall angeschlossen, daß der Benutzer einer Straße mit zwei gleichartigen, durch einen Mittelstreifen getrennten Fahrbahnen nach links in eine bevorrechtigte Straße einbiegt, wenn das in die bevorrechtigte Straße eingebogene Fahrzeug wie ein auf der bevorrechtigten Straße herankommendes „erscheint". 23. 2. 60, NJW 60, 816. Im übrigen ist die Rechtsprechung aber der in der 21. Auflage vertretenen Ansicht nicht gefolgt. Diese kann schon im Hinblick auf die VO vom 29. 12. 60 nicht aufrechterhalten werden. Denn aus dieser VO ergibt sich, daß auch der Gesetzgeber die hier früher vertretene Ansicht nicht teilt. Sonst wäre eine Ergänzung des Gesetzes nicht nötig gewesen. Der im Zuge der „natürlichen" Straße Entgegenkommende wäre bereits auf Grund des Wartezeichens nach Bild 30 oder 30a auch gegenüber dem Einbiegenden wartepflichtig. Die frühere Ansicht wird aufgegeben. Der Linkseinbieger muß grundsätzlich ohne Rücksicht auf Vorfahrtszeichen den Entgegenkommenden, der seine Fahrtrichtung beibehält vorbeilassen. Eine scheinbare Ausnahme gilt nur für den Fall einer Regelung der Vorfahrt nach § 13 Abs. 2 Satz 3 und für den oben bezeichneten Sonderfall, daß die untergeordnete Straße zwei durch einen Mittelstreifen getrennte Fahrbahnen aufweist.

§ 16 Abs. 1a

(1a) Auf Bundesstraßen außerhalb geschlossener Ortschaften ist das Parken von Fahrzeugen und Zügen von mehr als 2 Meter Breite oder 6 Meter Länge an Stellen mit Fahrbahnmarkierungen nach Bild 31a, 31b oder 36a der Anlage verboten; das gilt nicht für das Parken auf befestigten Seitenstreifen oder außerhalb der Randlinien sowie für das Parken an Stellen, an denen die Fahrbahnmarkierung lediglich verwendet wird, um den Fahrbahnrand kenntlich zu machen.

Die neue Vorschrift dehnt das nach Abs. 1 Nr. 8 bestehende Parkverbot auf Bundesautobahnen zum Teil auf die übrigen Bundesstraßen aus. Es will die Leichtigkeit und Sicherheit des Verkehrs verbessern. Als Beispiele für „Züge" nennt die amtl. Begründung Personenkraftwagen mit Wohnwagen und Omnibusse, Lastkraftwagen oder Zugmaschinen mit Anhängern.

Das Verbot gilt nur für Bundesstraßen außerhalb geschlossener Ortschaften, auf denen weiße unterbrochene oder nicht unterbrochene oder unterbrochene neben nicht unterbrochenen Linien angebracht sind. Handelt es sich bei den nicht unterbrochenen Linien nur um eine Fahrbahnmarkierung, durch die der Fahrbahnrand kenntlich gemacht wird, dann ist das Parken erlaubt.

Das Verbot erstreckt sich nicht auf das Parken auf befestigten Seitenstreifen oder außerhalb der Randlinien. Dabei ist aber zu beachten, daß das Überfahren der nicht unterbrochenen weißen Randlinien als Verstoß gegen § 3 Abs. 1 StVO i. V. mit Bild 31a der Anlage gilt. Hamm 19. 6. 59, VRS 18, 141.

§ 19 Abs. 3

(3) Die Ladung darf nach vorn nicht über das ziehende Fahrzeug hinausragen; sie darf nach hinten nur bei Beförderungen innerhalb der Nahzone (§ 2 des Güterkraftverkehrsgesetzes vom 17. Oktober 1952 — BGBl. I S. 697) hinausragen. Ragt die Ladung seitlich mehr als 400 Millimeter über den äußeren Rand der Lichtaustrittsfläche der Begrenzungsleuchten des Fahrzeugs hinaus, so ist vom Hereinbrechen der Dunkelheit an, oder wenn die Witterung es erfordert, der überstehende

Teil der Ladung nach vorn durch ein rotes Licht besonders kenntlich zu machen; die Leuchten dürfen nicht blenden und nicht mehr als 400 Mililmeter von der breitesten Stelle des Umrisses der Ladung entfernt sein. Ragt die Ladung nach hinten mehr als 1 Meter über die Schlußleuchten hinaus, so ist ihr äußerstes Ende durch mindestens eine hellrote, nicht unter 200 × 200 Millimeter große, durch eine Querstange auseinandergehaltene Fahne oder durch ein etwa gleichgroßes, hellrotes, quer zur Fahrrichtung pendelnd aufgehängtes Schild, vom Hereinbrechen der Dunkelheit an, oder wenn die Witterung es erfordert, durch mindestens eine rote Leuchte kenntlich zu machen. Fahnen, Schilder und Leuchten dürfen nicht höher als 1550 Millimeter über der Fahrbahn angebracht werden. Ist dies an der Ladung selbst nicht möglich, so sind geeignete Vorkehrungen zur Anbringung in der vorgeschriebenen Höhe zu treffen.

Durch den neuen Satz 2 des Abs. 3 wird einer Empfehlung des Unterausschusses Straßenverkehr der ECE vom 17. September 1957 — Resolution Nr. 85 — Trans/197/Anhang 3 — zur Verminderung der Gefahren des Verkehrs bei Nacht Rechnung getragen.

Anm. 12b zu § 19 ist insofern zu berichtigen, als nunmehr eine Ladung erst dann als überragend anzusehen ist, wenn sie mehr als 1 Meter über die Schlußleuchten hinausragt.

§ 21

In § 21 wurden Absatz 1 und vor dem bisherigen Absatz 2 das Zeichen „(2)" gestrichen.

Absatz 1 wurde durch die Änderung des § 55 Abs. 2 der StVZO gegenstandslos. Danach werden Schallzeichen an Kraftfahrzeugen, deren Lautstärke 104 Din/phon (neue Berechnung) übersteigen, nicht mehr zugelassen.

§ 33 Abs. 5 und 6

(5) Nebelscheinwerfer dürfen nur bei Nebel oder Schneefall und nur in Verbindung mit dem Abblendlicht eingeschaltet werden. Wenn zwei Nebelscheinwerfer vorhanden sind, bei denen der äußere Rand der Lichtaustrittsfläche nicht mehr als 400 Millimeter von der breitesten Stelle des Fahrzeugumrisses entfernt ist, dürfen sie in Verbindung mit den Begrenzungsleuchten benutzt werden. Bei einspurigen Kraftfahrzeugen ist die Benutzung des Nebelscheinwerfers allein erlaubt.

(6) Kennleuchten für gelbes Blinklicht dürfen nur verwendet werden, um die Verkehrsteilnehmer vor Arbeits- oder Unfallstellen oder vor ungewöhnlich breiten Fahrzeugen auf der Straße zu warnen.

Zu Abs. 5: Anm. 16 zu § 33 ist zu berichtigen. Nunmehr gilt bei Nebel oder Schneefall:

a) bei **einspurigen** Fahrzeugen ist bei Tag und bei Dunkelheit die Benutzung des Nebelscheinwerfers allein erlaubt.

b) bei **mehrspurigen** Fahrzeugen ist zu unterscheiden, ob zwei Nebelscheinwerfer vorhanden sind, bei denen der äußere Rand der Lichtaustrittsfläche nicht mehr als 400 mm von der breitesten Stelle des Fahrzeugumrisses entfernt ist oder ob die beiden Nebelscheinwerfer mehr als 400 mm von der breitesten Stelle entfernt sind.

Im ersten Fall gilt die neue Regelung, d. h. die Nebelscheinwerfer **dürfen** bei Tag und Dunkelheit in Verbindung mit den Begrenzungsleuchten (Standlicht) benutzt werden. Statt dessen darf aber auch neben den Nebelscheinwerfern wie bisher das Abblendlicht eingeschaltet werden.

Sind die Nebelscheinwerfer weiter als 400 mm von der breitesten Stelle des Fahrzeugumrisses entfernt angebracht oder ist nur 1 Nebelscheinwerfer vorhanden, dann gilt die bisherige Regelung: Die Nebelscheinwerfer dürfen bei Tag und Dunkelheit nur zusammen mit Abblendlicht verwendet werden.

Die Neuregelung trägt der technischen Erfahrung Rechnung, daß die Wirkung der Nebelscheinwerfer im Abblendlicht untergeht, daß dagegen durch Benutzung der Nebelscheinwerfer in Verbindung mit den Begrenzungsleuchten die Sichtweite verbessert werden kann.

Da andernteils die Warnwirkung der Nebelscheinwerfer für entgegenkommende Fahrzeuge die gleiche ist wie die des Abblendlichtes, konnte auf die Verwendung des Abblendlichtes neben den Nebelscheinwerfern verzichtet werden, wenn die Fahrzeugbreite durch die Nebelscheinwerfer genügend gekennzeichnet wird.

Zu Abs. 6: Nach § 52 Abs. 4 StVZO neuer Fassung dürfen folgende Fahrzeuge mit einer oder zwei Kennleuchten für gelbes Blinklicht (Rundumlicht) ausgerüstet werden:

1. Kraftfahrzeuge des Straßendienstes der öffentlichen Verwaltungen,
2. Weichenreinigungswagen, Kurvenschmierwagen und Turmwagen für Oberleitungen der Straßenbahnen und der Oberleitungsomnibusse,
3. Abschleppwagen,
4. Fahrzeuge mit einer Breite von mehr als 2,50 m, sofern die genehmigende Behörde die Führung der Kennleuchten vorgeschrieben hat.

Das Recht, solche Kennleuchten zu führen, bedeutet noch nicht, daß sie auch benutzt werden dürfen. Die Voraussetzungen für die Benutzung ergeben sich aus § 33 Abs. 6 StVO. Nach der amtlichen Begründung wird die Benutzung der Kennleuchte nur für bestimmte Fälle zugelassen, damit das Warnzeichen nicht seine Wirkung verliert und auch die übrigen Verkehrsteilnehmer nicht unnötig belästigt werden. Danach dürfen z. B. Abschleppwagen die gelbe Kennleuchte zwar an der Bergungsstelle verwenden, jedoch nicht bei der An- und Abfahrt.

Durch die Zulassung der gelben Kennleuchte für überbreite Fahrzeuge wird angestrebt, die bisher übliche polizeiliche Begleitung einzuschränken.

Zu beachten ist, daß die Benutzung der gelben Kennleuchte im Gegensatz zur Benutzung des blauen Blinklichtes (§ 48 Abs. 3 StVO) kein Vorrecht bewirkt, sondern lediglich der auffallenden Warnung der Verkehrsteilnehmer dient.

§ 46 Abs. 1 und Abs. 2

(1) Von den Vorschriften der §§ 8, 10 und 15 sind Fahrzeuge befreit, die der Straßenunterhaltung, der Straßenreinigung, der Müllabfuhr oder ähnlichen Zwecken dienen, soweit die Erfüllung ihrer Aufgaben es erfordert. Für Personen, die bei der Unterhaltung, Reinigung oder Beaufsichtigung der Straßen oder der im Straßenraum vorhandenen Anlagen tätig sind, gelten bei Erfüllung ihrer Aufgaben nicht die Vorschriften dieser Verordnung, soweit diese die Benutzung der Straße durch Fußgänger beschränken. Für Schienenbahnen gelten nicht die Vorschriften des § 11 Abs. 1 über das Anzeigen des Haltens.

(2) Die Straßenverkehrsbehörden können Ausnahmen von den Vorschriften des § 4a, des § 8 Abs. 7 Satz 1, des § 19 Abs. 2, Abs. 3 Satz 1 und Abs. 4, des § 37 Abs. 1 Satz 4, des § 41 Abs. 1 und von allen Verkehrsbeschränkungen und Verkehrsverboten, die sie nach § 4, oder die Straßenbaubehörden nach § 3 Abs. 4 Satz 3, erlassen haben, für bestimmte Einzelfälle oder allgemein für bestimmte Antragsteller, von den Vorschriften des § 8 Abs. 5, des § 43 und des § 44 für bestimmte Zeiten und Straßen genehmigen. Die zuständigen obersten Landesbehörden oder die von ihnen bestimmten Stellen können von allen Vorschriften dieser Verordnung Ausnahmen für bestimmte Einzelfälle oder allgemein für bestimmte Antragsteller genehmigen, es sei denn, daß sich die Auswirkungen der Ausnahme auf mehr als ein Land erstrecken und eine einheitliche Entscheidung notwendig ist. Im übrigen ist der Bundesminister für Verkehr zuständig; allgemeine Ausnahmen bestimmt er durch Rechtsverordnung ohne Zustimmung des Bundesrates nach Anhörung der zuständigen obersten Landesbehörden.

Zu Absatz 1: Bisher galten die Vorschriften des § 37, soweit sie die Benutzung der Fahrbahn durch Fußgänger beschränken, nicht für „Straßenkehrer" und „Schienenreiniger" bei Erfüllung ihrer Aufgaben. Unter „Straßenkehrern" verstand man die von den Gemeinden zur Reinigung der Straße bestellten Personen. Nach LG Frankenthal 25. 2. 60, MDR 60, 842 sollte die Ausnahmevorschrift analog auf die zum Straßenkehren auf Grund einer PolizeiVO verpflichteten Privatleute ausgedehnt werden. Die Ausnahme erwies sich, sowohl was den Kreis der bevorrechtigten Personen anlangt, wie auch ihrem Umfang nach als unzureichend. So kam Straßenmeistern und Angehörigen der Baubehörden die Ausnahme des § 46 Abs. 1 Satz 2 nicht zugute, sie bedurften einer Ausnahmegenehmigung nach § 46 Abs. 2. Durch die Neufassung ist der **Kreis der Personen** erweitert, die von den Beschränkungen der StVO für den Fußgängerverkehr befreit sind. Nunmehr kann auch der Privatmann, der die Straße vor seinem Grundstück auf Grund einer PolizeiVO pflichtgemäß reinigt, zwanglos zur Gruppe der befreiten Personen gerechnet werden, ohne daß es einer analogen Anwendung des Gesetzes bedürfte. Der Gesetzgeber scheint allerdings an diesen Fall nicht gedacht zu haben. Denn in der amtlichen Begründung ist ausgeführt, die Erweiterung des Kreises der befreiten Personen sei deshalb unbedenklich, weil nach § 41a nicht nur die bei der Straßenunterhaltung, sondern auch die bei der Beaufsichtigung der Straße tätigen Personen durch Warnkleidung erkennbar sein müssen. Wenn auch § 41a die Warnkleidung schlechthin von jeder Person verlangt, die bei der „Unterhaltung und Beaufsichtigung" der Straße tätig ist, so wird man eine Pflicht, Warnkleidung zu tragen, doch wohl sinngemäß nur bei amtlich zur Unterhaltung und Beaufsichtigung der Straße bestellten Personen annehmen können.

Durch die Neufassung ist auch der **Umfang der Ausnahme** ausgeweitet worden. Früher waren die Straßenkehrer nur von den Vorschriften des § 37 befreit, soweit diese die Benutzung der Fahrbahn durch den Fußgänger beschränken. Nun entfallen für die befreiten Personen alle nach der StVO für Fußgänger sonst bestehenden Beschränkungen der Straßenbenutzung. Die amtliche Begründung weist hier auf den Ausschluß des Fußgängerverkehrs auf den durch die Bilder 17, 17a oder 17c gekennzeichneten Straßenteilen hin.

Zu Abs. 2 Satz 1: Zur Frage, ob § 37 Abs. 1 drei oder vier Sätze hat vgl. Anm. zu § 37, Gesetzestexte B III Seite 78. Der Gesetzgeber geht von der Veröffentlichung der Neufassung in BGBl. 1956 I 336 aus und nicht vom Text der VO zur Änderung von Vorschriften des Straßenverkehrs vom 14. 3. 1956, BGBl. 1956 I 207.

Bisher konnten die Straßenverkehrsbehörden von den nach § 3 Abs. 4 Satz 3 erlassenen Anordnungen keine Ausnahmen bewilligen. Nach der amtlichen Begründung hat es sich in der Praxis als notwendig erwiesen, daß nicht nur die Obersten Landesbehörden, sondern auch die unteren Verwaltungsbehörden (Straßenverkehrsbehörden) solche Ausnahmen zulassen können. Vor der Erteilung einer Ausnahmegenehmigung sind auch hier die Straßenbaubehörden zu hören (vgl. AV zu § 46).

§ 47 Abs. 2a, b
(die bisherigen Absätze 2b und 2c werden Absätze 2c und 2d)

(2a) Örtlich zuständig für die Genehmigung von Ausnahmen von den Vorschriften des § 4a ist die Straßenverkehrsbehörde, in deren Bezirk die Ladung aufgenommen wird. Diese Behörde ist auch für die Genehmigung von Leerfahrten zum Beladungsort zuständig. Wird die Ladung außerhalb des Geltungsbereiches dieser Verordnung aufgenommen, so ist die Straßenverkehrsbehörde zuständig, in deren Bezirk die Grenzübergangsstelle dieses Geltungsbereiches liegt.

(2b) Örtlich zuständig für die Erteilung der Erlaubnis für Großraum- und Schwerverkehr (§ 5) und für die Genehmigung von Ausnahmen von den Vorschriften des § 19 ist die Straßenverkehrsbehörde, in deren Bezirk der erlaubnis- oder genehmigungspflichtige Verkehr beginnt.

Die durch die VO vom 14. 3. 1956 neu eingeführten Absätze 2a, b, c regelten die örtliche und teilweise auch die sachliche Zuständigkeit für die Erteilung der Erlaubnis in den Fällen des § 5. Für die Ausnahmen von § 4a war keine besondere Zuständigkeit bestimmt worden. Die amtliche Begründung weist darauf hin, daß in den Richtlinien zur Durchführung des § 4a der StVO festgelegt worden sei, daß abweichend von § 47 Abs. 2 bei der Genehmigung von Ausnahmen von § 4a die Zuständigkeitsregelung des § 47 Abs. 2a analog gelten solle. Diese Regelung wurde nunmehr in die StVO übernommen.

Die bisher in Abs. 2a getroffene Zuständigkeitsregelung für die Erteilung einer Erlaubnis nach § 5 wurde auf § 19 ausgedehnt.

§ 48 Abs. 1

(1) Die Bundeswehr, die Polizei, der Bundesgrenzschutz, die Feuerwehr, der Zollgrenzdienst und die Zollfahndung sind von den Vorschriften dieser Verordnung befreit, soweit dies zur Erfüllung hoheitlicher Aufgaben unter gebührender Berücksichtigung der öffentlichen Sicherheit und Ordnung dringend geboten ist. Abweichungen von § 5 sind der Bundeswehr gestattet,

a) soweit die Straße durch Vereinbarung unter den für die öffentliche Sicherheit und Ordnung sowie den Schutz und die Unterhaltung der Straße erforderlichen Bedingungen für den Militärverkehr freigegeben worden ist; diese Vereinbarung wird von der Bundeswehr mit der zuständigen obersten Landesbehörde oder der von ihr bestimmten Stelle abgeschlossen, die hierbei im Benehmen mit der nach § 47 Abs. 4 zuständigen Straßenbaubehörde handelt,

b) bei Unglücksfällen oder Katastrophen,

c) Wenn es im Verteidigungsfall oder bei einem drohenden Verteidigungsfall zur Herstellung der Einsatzfähigkeit oder zur Sicherung der Operationsfreiheit der Streitkräfte notwendig ist.

Dazu führt die amtliche Begründung aus, die bisherige Fassung des § 48 Abs. 1 Satz 2 habe in der Praxis nicht voll befriedigt, insbesondere sei das dort geregelte Verfahren für Vereinbarungen zu schwerfällig gewesen.

Die Voraussetzungen, unter denen die Bundeswehr auch die nicht für den Militärverkehr freigegebenen Straßen benutzen darf, entsprechen der für die Stationierungsstreitkräfte geltenden Regelung in Art. 57 Abs. 4b des am 3. 8. 1959 unterzeichneten Zusatzabkommens zum Nato-Truppenvertrag.

§ 48 Abs. 3 Buchst. c

(3) c) Einsatz- und Kommandofahrzeuge des Technischen Hilfswerks und des Luftschutzhilfsdienstes.

Zur Einbeziehung des Luftschutzhilfsdienstes wird in der amtlichen Begründung ausgeführt:

Der Einsatz des Luftschutzhilfsdienstes (LSHD) ist auch bei Katastrophen und großen Unglücksfällen in Friedenszeiten vorgesehen. Dies gilt nicht nur für solche LSHD-Einheiten, die in derartigen Fällen besonders aufgestellt werden, sondern auch für die bestehenden LSHD-Einheiten, deren Fahrzeuge bei Einsätzen im Frieden einer Hilfsorganisation zur Verfügung gestellt werden. Der LSHD wird seiner Aufgabe nicht gerecht, wenn er nicht schon im Frieden zur Verhütung oder Beseitigung schwerer Folgen von Unglücksfällen herangezogen werden kann. Daher ist es unvermeidlich, auch den Kraftfahrzeugen des LSHD die Sonderrechte nach § 48 Abs. 3 zu gewähren.

§ 48 Abs. 4

(4) Die in Absatz 3 genannten Führer von Fahrzeugen dürfen die Kennleuchte für blaues Blinklicht auch verwenden, um die Verkehrsteilnehmer vor Unfall- oder Gefahrenstellen, vor ungewöhnlich breiten oder langen Fahrzeugen oder vor Fahrzeugkolonnen zu warnen.

Bereits bisher verwendete die Polizei und Feuerwehr das blaue Blinklicht (ohne Betätigung der Mehrklanghupe) als Warnzeichen zur Sicherung der Unfall- oder Einsatzstelle sowie bei polizeilicher Begleitung von Großraumtransporten und bei der Sicherung von Marschkolonnen durch Feldjäger. Diese Verwendung des blauen Blinklichtes als Warnzeichen war auch bisher schon für die Fahrzeuge des § 48 Abs. 1 erlaubt. Vgl. Anm. 20 zu § 48. Sie wurde durch den neuen Abs. 4 ausdrücklich zugelassen, weil im Hinblick auf die Neufassung des § 33 Abs. 6 für den gleichen Zweck auch Kennleuchten für gelbes Blinklicht verwendet werden dürfen.

An § 50 Abs. 3 wird angefügt:

„Warnkreuze in den bis zum 1. August 1960 vorgeschriebenen Ausführungen dürfen bis zum 31. Dezember 1963 weiterverwendet werden. Warnbaken in den bis zum 1. August 1960 vorgeschriebenen Ausführungen dürfen bis zum 31. Dezember 1965 weiterverwendet werden.“

Nach § 50 wird folgender § 51 angefügt:

§ 51. Sondervorschriften für Berlin

(1) Auf den im Land Berlin innerhalb der geschlossenen Ortschaft gelegenen Teilen der Bundesautobahnen gelten statt der Vorschriften des § 9 Abs. 4 Nr. 1 die des § 9 Abs. 4 Nr. 2.

(2) Die Vorschriften über den Fahrzeugverkehr auf Bundesautobahnen und über den Fußgängerverkehr, soweit sie das Betreten der Bundesautobahnen verbieten, gelten im Land Berlin auch für sonstige Straßen, die in der bei Bundesautobahnen üblichen Weise durch blaue Tafeln mit weißem Rand und weißer Schrift als Autobahnen gekennzeichnet sind, sowie für deren Anschlußstellen.

Amtliche Begründung: Im Land Berlin befinden sich rund 14 km Bundesautobahnen, die teilweise innerhalb der geschlossenen Ortschaft verlaufen. Um diese Autobahnen nicht der innerörtlichen Geschwindigkeitsbegrenzung auf 50 km/Std. zu unterwerfen, wurden die Ortstafeln erst an den Abfahrten oder schon an den Zufahrten aufgestellt. Durch diese teilweise inmitten des Stadtgebiets aufgestellten Ortstafeln wurden insbesondere die ortsunkundigen Kraftfahrer verwirrt. Die Herausnahme der Autobahnen in Berlin aus der Regelung des § 9 Abs. 4 Nr. 1 soll den aufgetretenen Schwierigkeiten abhelfen. Die Gleichstellung gewisser Straßen mit den Bundesautobahnen beruht auf der Gleichheit der Inanspruchnahme und Bedeutung für den Straßenverkehr; die Ausdehnung dieser Regelung auf andere Länder bleibt einer späteren Entscheidung vorbehalten.

B. Änderungen der Anlage zur Straßenverkehrsordnung

A I a der Anlage wird wie folgt geändert:

a) In Absatz 1 wird folgende Nummer 2 i eingefügt:

> **„2 i. Gegenverkehr (Bild 2 i) als Warnung vor Gegenverkehr, der vorübergehend auf Fahrbahnen mit sonst nur einer Verkehrsrichtung stattfindet“.**

b) In Absatz 3 werden die Worte „Bilder 4e bis 4g“ durch die Worte „Bild 4e“ ersetzt.

c) In Absatz 3 wird Satz 5 gestrichen.

Zu a) Durch das neue Warnzeichen Bild 2 i der Anlage werden die bisher für die Regelung des Verhaltens bei vorübergehend stattfindendem Gegenverkehr auf Fahrbahnen mit nur einer Verkehrsrichtung, insbesondere auf Autobahnen aus Anlaß von Bauarbeiten üblichen beschrifteten Tafeln ersetzt. Die neuen Zeichen sind international vereinbart und sollen die für Fahrer aus dem Ausland bisher gelegentlich bestehenden Schwierigkeiten beseitigen.

Zu b) s. oben Anm. zu § 3 Abs. 5.

Zu c) Die Muster der Warnbaken wurden dem internationalen Protokoll über Straßenzeichen vom 19. September 1949 angepaßt. Die Baken sind nun nicht mehr abgeschrägt. Die Muster der bisherigen Ausführung dürfen nach § 50 Abs. 3 (s. oben) noch bis 31. Dezember 1965 weiter verwendet werden.

In A Ib Abs. 2 der Anlage wird folgende Nummer 6c eingefügt:

„6c) das Verbot der Durchfahrt bei Gegenverkehr: eine Scheibe mit rundem, weißem Mittelfeld, die auf der rechten Hälfte einen roten, nach oben gerichteten und auf der linken Hälfte einen schwarzen, nach unten gerichteten Pfeil zeigt (Bild 21c). Dieses Verkehrszeichen bedeutet, daß dem Gegenverkehr das Vorrecht eingeräumt ist.“

Das Verbotszeichen ist international vereinbart und soll die bisher üblichen beschrifteten Rechteckschilder ersetzen.

In A Ic der Anlage werden die folgenden Nummern 3b und 8 eingefügt:

„3b) **Hinweis auf die Wartepflicht des Gegenverkehrs; ein blaues Rechteck, das auf der rechten Hälfte einen weißen, nach oben gerichteten und auf der linken Hälfte einen roten, nach unten gerichteten Pfeil zeigt (Bild 33a).**

„8. **eine abknickende Vorfahrtrichtung:**

Weiße Zusatztafeln mit schwarzem Rand, auf denen den Fahrzeugführern, die sich der Kreuzung oder Einmündung nähern, der Verlauf des bevorrechtigten Straßenzuges durch einen starken schwarzen Strich und der Verlauf der Straßen mit Wartepflicht durch schmale schwarze Striche angezeigt werden. Das Bild 52a ist ein Muster. Von den Maßen der Zusatztafeln kann abgewichen werden; die Erkennbarkeit muß gewährleistet bleiben.“

Das Hinweiszeichen Bild 33a entspricht dem am anderen Ende der Engstelle angebrachten Verbotszeichen nach dem neuen Bild 21c. Bild 52a wurde durch die VO vom 29. 12. 60 eingefügt, s. Anm. zu § 13 Abs. 2 Satz 3 des Nachtrags.

In A II Abs. 1 der Anlage wird nach Satz 3 eingefügt:

„Die Verkehrszeichen nach den Bildern 11 und 12 können zylindrisch gewölbt sein.“

Amtliche Begründung: Auf der rechten Straßenseite aufgestellte Verkehrszeichen werden oft zu spät gesehen, wenn der Verkehrsteilnehmer aus einer Richtung kommt, die mit der anderen Richtung einen spitzen Winkel bildet. Dies wirkt sich besonders unangenehm aus, wenn diese andere Richtung für den Verkehr gesperrt ist. Da Versuche mit zylindrisch gewölbten Verkehrszeichen ein gutes Ergebnis zeigten, soll nunmehr die zylindrische Wölbung bei den Verkehrszeichen nach den Bildern 11 und 12 der Anlage zugelassen werden. Bei anderen Verkehrszeichen sind nur ebene Scheiben zulässig.

C I der Anlage wird wie folgt geändert:

a) Es wird folgendes aus dem Anhang 9 ersichtliche Muster eingefügt:
„Bild 2i Gegenverkehr.“

b) Die bisherigen Muster Bild 4c, 4d, 4f und 4g entfallen. Bild 4e erhält die Bezeichnung **„Warnkreuz für Bahnübergänge.“**

c) Die bisherigen Muster Bild 7 bis 10 werden durch die aus dem Anhang 9 ersichtlichen Muster ersetzt.

In C II der Anlage wird folgendes aus dem Anhang 9 ersichtliche Muster eingefügt:

„Bild 21c Verbot der Durchfahrt bei Gegenverkehr.“

In C III der Anlage werden folgende aus dem Anhang 9 der VO vom 7. 7. 60 und aus dem Anhang zur VO vom 29. 12. 60 ersichtliche Muster eingefügt:

„Bild 33a Gegenverkehr muß warten.“

„Bild 52a Zusatztafel zu den Verkehrszeichen nach Bild 30, 30a, 44 und 52 zur Kennzeichnung des bevorrechtigten Straßenzuges.“

Anhang 9 zur VO vom 7. 7. 60

In die Anlage der Straßenverkehrs-Ordnung einzufügende Bildmuster:

Bild 21

Gegenverkehr

Bild 7

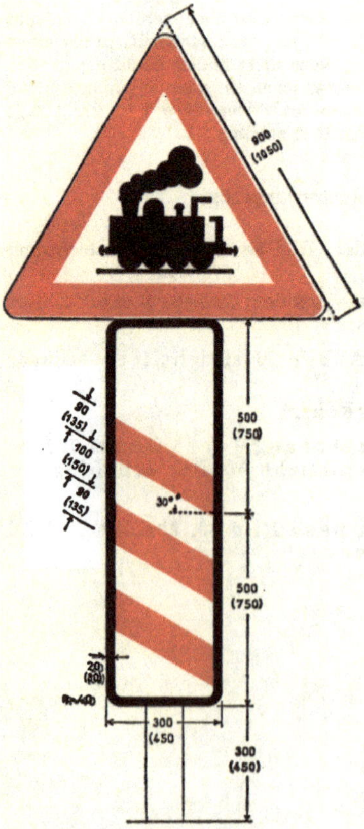

Bild 8

Maße in Millimeter

Dreistreifige Bake (links)
— vor unbeschranktem Übergang —

Dreistreifige Bake (rechts)
— vor beschranktem Übergang —

Bild 9

Zweistreifige Bake (links)

Bild 10

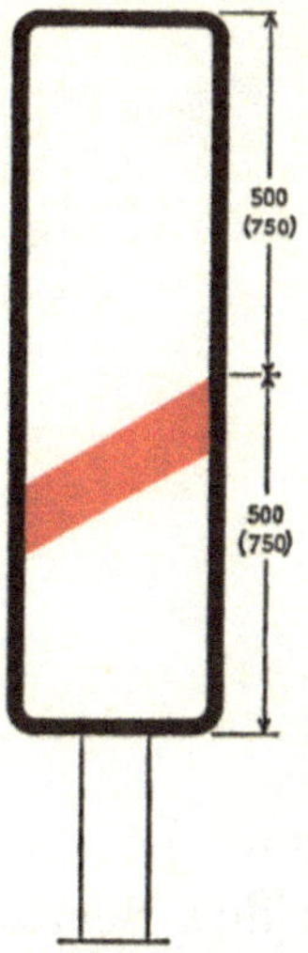

Einstreifige Bake (rechts)

Bild 21 c

Verbot der Durchfahrt bei Gegenverkehr

Bild 33 a

Gegenverkehr muß warten

Maße in Millimeter

Anhang (zu Artikel 1 Nr. 4 der VO vom 29. 12. 60)

Zusatztafel zu den Verkehrszeichen nach Bild 30, 30a, 44 und 52 zur Kennzeichnung des bevorrechtigten Straßenzuges

Bild 52a

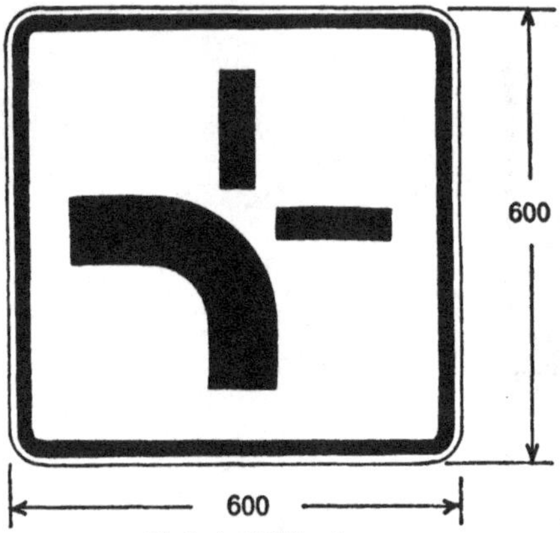

Maße in Millimeter

4. Verordnung über den Betrieb von Kraftfahrunternehmen im Personenverkehr (BOKraft)

vom 13. Februar 1939, RGBl. I 231, i. d. Fassung v. 7. Juli 1960, BGBl. I 553

(Full) Anhang 4 S. 1083—1108 der 21. Auflage ist zu streichen

Inhaltsübersicht

Vorbemerkung

Entstehungsgeschichte. Die BOKraft 1939 löste zahlreiche verstreute landesrechtliche Vorschriften ab und beruhte auf § 39 des Personenbeförderungsgesetzes vom 4. 12. 1934 (PBefG 1934), das im Text der Verordnung kurz als „Gesetz" bezeichnet wird (Anhang 4 der 21. Auflage). Äußerer Anlaß waren einige schwere Unfälle mit Kraftomnibussen des Gelegenheitsverkehrs auf Bergstrecken. Die Verordnung wurde durch VO vom 7. Juli 1960 (BGBl. I 485) geändert und vom BMV unter dem 7. Juli 1960 (BGBl. I 553) mit folgenden einleitenden Worten neu bekanntgemacht: 1

Auf Grund des Artikels 7 der Verordnung zur Änderung von Vorschriften des Straßenverkehrsrechts vom 7. Juli 1960 (Bundesgesetzbl. I S. 485) wird nachstehend der Wortlaut der Verordnung über den Betrieb von Kraftfahrunternehmen im Personenverkehr (BOKraft) in der ab 1. August 1960 geltenden Fassung bekanntgegeben, wie sie sich aus der oben angeführten Änderungsverordnung ergibt.

Die Rechtsvorschriften sind auf Grund des § 39 des Gesetzes über die Beförderung von Personen zu Lande in der Fassung vom 6. Dezember 1937 (Reichsgesetzbl. I S. 1319), vom 10. Januar 1952 (Bundesgesetzbl. I S. 21) und vom 12. September 1955 (Bundesgesetzbl. I S. 573) in Verbindung mit Artikel 129 Abs. 1 Satz 1 des Grundgesetzes für die Bundesrepublik Deutschland erlassen worden.

Die Änderung der BOKraft 1939 war durch das Urteil des Bundesverwaltungsgerichts vom 24. 2. 56 — BVerwGE 3, 178 — erforderlich geworden. Die amtliche Begründung — VkBl. 60, 454 — führt in diesem Zusammenhang aus: 2

Abgesehen von der Regelung für Bundespost und Bundesbahn unterliegt die Personenbeförderung mit Kraftomnibussen nur dann dem Gesetz über die Beförderung von Personen zu Lande (PBefG) und damit auch der BOKraft, wenn sie gewerbsmäßig betrieben wird. Das Bundesverwaltungsgericht (vgl. Urteil vom 24. Februar 1956 — BVerwGE 3, 178 —) hat den Begriff „gewerbsmäßig" gegenüber der bisherigen Anwendung im Personenbeförderungsrecht erheblich eingeschränkt. Im Gegensatz zu der bisherigen Rechtsanwendung ist danach die unentgeltliche oder gegen anteilige oder volle Erstattung der Selbstkosten erfolgende Beförderung von Arbeitskräften eines Betriebes mit Betriebsomnibussen, also der sog. Werkverkehr, nicht mehr gewerbsmäßig. Die für den Werkomnibusverkehr nicht mehr verbindlichen Sicherheitsbestimmungen über die Führung und Untersuchung der Kraftfahrzeuge (§§ 9ff. und 77ff. BOKraft) sind daher ihrem wesentlichen Inhalt nach in die StVZO zu übernehmen, damit sie auf alle Kraftomnibusse und ihre Führer Anwendung finden. Gleichzeitig sollen alle anderen Vorschriften der BOKraft, die nicht nur für den gewerblichen Verkehr von Bedeutung sind, in die StVZO aufgenommen werden; dies gilt insbesondere für die Vorschriften über Ausrüstung und Beschaffenheit der Fahrzeuge. Die in der BOKraft verbleibenden Vorschriften werden außerdem entsprechend zahlreichen Änderungswünschen auf Grund langjähriger Erfahrungen geändert.

Die schon früher übliche Abkürzung BOKraft ist nunmehr in den Gesetzestext übernommen worden. Bauart, Ausrüstung und Besetzung (Fahrgastzahl) der Omnibusse sind mit geringen Ausnahmen nicht mehr — wie früher — in der BOKraft, sondern in der StVZO geregelt. Das gleiche gilt für die besondere Fahrerlaubnis. Das PBefG 1934 ist mit Wirkung vom 1. 6. 1961 durch das Personenbeförderungsgesetz vom 21. 3. 1961 (BGBl. I 241; PBefG 1961) aufgehoben und ersetzt worden. Die BOKraft 1960 ist jedoch auf Grund § 65 Abs. 3 Nr. 5 PBefG 1961 (ebenso wie die BO Strab und einige andere Verordnungen) als Rechtsverordnung weiterhin in Kraft. 3

Es entsprechen:

BOKraft 1939 §§		StVZO §§
9—19	Führerschein zur Fahrgastbeförderung	15d—15k
21	Probebremsung (gestrichen)	(31)
26	Besetzung der Fzge, nun Omnibusse	34a
30 Abs. 2	Geschwindigkeitsschreiber (gestrichen)	(57a)
31	Grundregel (nun § 18 BOKraft)	—
32	zulässige Fahrzeuge (nun § 19 BOKraft)	—
33	Einrichtungen zum sicheren Führen	35b
34	Bereifung (gestrichen)	—
35	Stoßfänger (gestrichen)	—
36	Breitenanzeiger (gestrichen)	—
37	Kraftstoffbehälter	45 Abs. 3, 46 Abs. 4
38	Beschriftung (nun § 28 Abs. 2 BOKraft)	—
39	Innenbeleuchtung, Handlampe	54a, 54b
40	Lüftung	35c
41	Fußboden	35d Abs. 3
42 Abs. 1, 2	Anhängerausmaße (nun § 28 Abs. 1 BOKraft und)	61 Abs. 2, 3
42 Abs. 3	Anhänger: Ausspuren (gestrichen)	(32 Abs. 2)
42 Abs. 4	Anhänger: Reifendruckmesser (gestrichen)	—
42 Abs. 5	Anhänger hinter PKW (nun § 21 BOKraft)	—
43	Bremsen	41 Abs. 15, 16
44	Ganzmetallbauweise (gestrichen)	(30)
45	Scheiben (Sicherheitsglas) (gestrichen)	(40 Abs. 1)
46	Einstieg	35e
47	Notausstieg	35f
48	Sitz- und Stehplätze	34a, 35a
49 Abs. 1	Freier Durchgang	35a Abs. 4
49 Abs. 2	Klappsitze im Berufsverkehr (nun § 23 BOKraft)	—
50	Höhenmaße (nun § 24 BOKraft)	—
51	Heizung	35c
52	Feuerlöscher	35g
53	Verbandkasten	35h
54	Ausnahmegenehmigung (gestrichen)	(70)
55	Ersatzglühbirnen (gestrichen)	—
56	Hilfsgerät (nun § 25 BOKraft)	—
57	Verständigung mit dem Fahrer (nun § 26 BOKraft)	—
58	Anhängerbremsen (gestrichen)	(41)
59	Anhängerkupplungen (gestrichen)	(22a, 43)
60	Übergänge	61 Abs. 5
61	Obusse (§ 27 BOKraft und)	62
80—87	Technische Untersuchung (§§ 43, 44 BOKraft und)	29 und Anl. VIII und IX

Die bestehenbleibenden Paragraphen der BO Kraft erhielten eine neue durchlaufende Numerierung; im folgenden ist bei jeder Vorschrift die alte Bezeichnung in Klammern angegeben.

Schrifttum: Hein, Gesetz über die Beförderung von Personen zu Lande, Berlin 1935; Oppelt, Personenbeförderungsrecht, 5. Aufl. Bielefeld 1958; Fischer, Omnibusrecht in Kraftverkehrsrecht von A bis Z; Greif, PBefG, in Vorb.; Hohmann, Zur neuen BOKraft, Der Personenverkehr 1960 Heft 4; Bidinger, Die Rechtslage zur Weiterverwendung von Busanhängern, VerksRundschau 1960 Nr. 24; Bidinger, Personenbeförderungsrecht, Berlin 1961; Rautenberg—Frantzioch, Personenbeförderungsrecht, Bad Godesberg 1961.

1. Abschnitt — Allgemeine Vorschriften

§ 1 Geltungsbereich

Die Verordnung gilt für Kraftfahrunternehmen, die den Vorschriften des Gesetzes über die Beförderung von Personen zu Lande unterliegen; hierzu gehören auch Unternehmen, die Kraftfahrzeuge mit elektromotorischem Antrieb verwenden. Sie gilt nicht für den Betrieb von Fahrzeugen, die mit tierischer Kraft fortbewegt werden.

1. Gewerbsmäßigkeit. Da sich die BOKraft auf das PBefG 1934 stützte (Vorb. 1, 2), regelt sie wie dieses — abgesehen vom Omnibusverkehr der Bundespost und Bundesbahn — nur die gewerbsmäßige Personenbeförderung. Entgeltlichkeit und Geschäftsmäßigkeit, auf die in § 1 Abs. 1 PBefG 1961 wahlweise abgestellt wird (Anm. 1 bis 5 zu § 1 PBefG in diesem Nachtragsband) müssen hier (wie bei § 8a StVG) zusammentreffen; außerdem ist erforderlich, daß die Personenbeförderung Gegenstand des Gewerbebetriebs ist. Eine Tätigkeit, die lediglich die Minderung der Kosten bezweckt, ist nicht Gegenstand des Gewerbes; BVerwGE 3, 178/180 v. 24. 2. 56. Gewerbsmäßig handelt also nicht, wer seine Arbeitskräfte mit Omnibussen zum und vom Arbeitsplatz befördern läßt oder wer gelegentlich andere gegen Beteiligung an den Kraftstoffkosten in seinem Kfz. mitnimmt, auch wenn er sich dabei einer Mitfahrerzentrale bedient. Das Inkrafttreten des PBefG 1961, das ab 1. 6. 61 jede entgeltliche oder geschäftsmäßige Beförderung von Personen regelt, also jede Beförderung, die in der Absicht einer Wiederholung ausgeführt wird, gibt keinen Anlaß, den Anwendungsbereich in gleicher Weise ab 1. 6. 61 auszudehnen. Die Vorschriften der BOKraft sind (vgl. Entstehungsgeschichte Vorb. 2) auf gewerbsmäßige Personenbeförderung zugeschnitten und dulden schon aus diesem Grunde keine Ausdehnung auf nichtgewerbsmäßige Beförderungen. Im übrigen begrenzt die BOKraft ihre Anwendbarkeit in § 2 Abs. 1 ausdrücklich auf den öffentlichen Verkehr (über diesen Begriff: 21. Aufl. S. 1037). Sie gilt also insbesondere nicht für den Werkverkehr, auch soweit er sich mit der Abholung von Arbeitnehmern an ihrer Wohnung und ihrem Nachhausebringen befaßt, und nicht für Zirkusse, Orchester, Bühnen, Sportklubs oder Kolonnen von Handelsvertretern, soweit diese Personengesamtheiten eigene Omnibusse benutzen. 1

2. Fahrzeuge. Wie sich aus dem Wort „Kraftfahrunternehmen" und aus Satz 2 ergibt, gilt die BOKraft insbes. nicht für 2

a) Straßenbahnen, Hoch- und Untergrundbahnen, Schwebe- und Alwegbahnen; für diese Beförderungsmittel gilt die in der 21. Aufl. hinter der BOKraft (S. 1109) abgedruckte BOStrab (§ 2 BOStrab);

b) Fze., die mit tierischer Kraft fortbewegt werden, vor allem für Pferdedroschken, Pferdemietwagen und die gelegentlich noch eingesetzte Pferdepost;

c) die Landkraftposten der Bundespost (§ 1 Abs. 2 PBefG), also für posteigene Kfze. mit höchstens 5 Sitzplätzen einschließlich des Führersitzes;

d) den Werkverkehr (21. Aufl. S. 1035 und 1042; BVerwGE 3, 178 v. 24. 2. 56; Vorb. 2).

e) Beerdigungsunternehmen (siehe 15, 1).

Bis 1. August 1960 unterlag außerdem die Beförderung mit elektrischen Kraftwagen, deren Motor durch Akkumulatorenbatterien oder ähnliche Stromerzeuger gespeist wurde, nicht der BOKraft. Diese Ausnahme wurde 1960 gestrichen, weil — wie die amtliche Begründung sagt — kein Grund besteht, diese Fze von den Vorschriften der BOKraft auszunehmen. Man wollte offensichtlich der technischen Entwicklung vorausgreifen, welche die Konstruktion kraftstoffgespeister Elektrizitätserzeuger und damit auch elektrischer Kfze höherer Geschwindigkeit in greifbare Nähe gerückt zu haben scheint. Z. Z. wird allerdings mit elektrischen Kfzen dieser Bauart kaum eine höhere Geschwindigkeit als mit Pferdefuhrwerken erzielt. Die Beförderung mit Obus (Oberleitungsomnibus) — vgl. RVM 27. 3. 43, RVkBl. B 41 — oder mit dieselelektrischen Kfzen unterlag schon vor dem 1. 8. 60 der BOKraft. Nunmehr gilt für sie § 41 PBefG. 3

3. Genehmigung. Die Ansicht, daß die BOKraft nicht für Unternehmer gilt, denen keine Genehmigung nach dem PBefG erteilt ist (so auch BayObLG 12. 11. 57, 2 St. 597, 57), kann nicht länger aufrechterhalten werden (vgl. Anm. 9 zu § 1 PBefG). 4

4. Beschränkte Geltung. Für Kraftomnibusse der Deutschen Bundesbahn und der Deutschen Bundespost gelten nach § 46 nur die §§ 17 bis 19, 21 bis 28 und 31. Die BOKraft gilt jedoch unbeschränkt für den Omnibusbetrieb der Privatbahnen. 5

§ 2 Grundforderung

(1) Kraftfahrbetriebe müssen den Anforderungen entsprechen, die an ein dem öffentlichen Verkehr dienendes Unternehmen zu stellen sind.

(2) Für den Betrieb des Unternehmens sowie für Ausrüstung und Beschaffenheit der Fahrzeuge sind Sicherheit und Ordnung oberster Grundsatz.

1 Die Vorschrift stellt eine Begründung der im folgenden getroffenen Regelung dar und dient zu deren Auslegung. Bei Beachtung der Regelung sind die in Abs. 1 genannten „Anforderungen“ im allgemeinen erfüllt, doch können sich u. U. aus einer außergewöhnlichen Lage zusätzliche Pflichten des Unternehmers, des Personals oder der Fahrgäste ergeben.

2. Abschnitt — Vorschriften über den Betrieb

A. Betriebsleitung

§ 3 Verantwortlichkeit des Unternehmers

(1) Der Unternehmer ist für die Erfüllung der Vorschriften dieser Verordnung verantwortlich. Er hat für ordnungsmäßige Betriebsführung sowie dafür zu sorgen, daß sich die im Betrieb verwendeten Fahrzeuge stets in verkehrs- und betriebssicherem Zustand befinden. Er ist verpflichtet, bei der Auswahl der Betriebsbediensteten die nötige Sorgfalt anzuwenden, und hat darauf zu sehen, daß die bei ihm beschäftigten Personen die für den Betrieb des Unternehmens sowie die für die Beschaffenheit und Ausrüstung der Fahrzeuge geltenden Vorschriften beachten.

(2) In gleicher Weise ist der Unternehmer für die Befolgung der von der Genehmigungsbehörde erlassenen allgemeinen oder besonderen Anordnungen verantwortlich.

(3) Soweit es nach den Größenverhältnissen des Unternehmens erforderlich ist, soll der Unternehmer für die Handhabung des Dienstes eine Dienstanweisung erlassen. Eine Dienstanweisung muß erlassen werden, wenn ein Betriebsleiter bestellt wird.

1 **1. Die Verantwortlichkeit des Unternehmers** ist in Abs. 1 Satz 2, 3 so umfassend festgelegt, daß für Satz 1 wohl kein materieller Inhalt bleibt. Satz 1 ist daher im wesentlichen nur programmatisch und dient der Auslegung der folgenden Vorschriften. Unternehmer ist, wer gewerbsmäßig Personen befördert (§ 3 PBefG und Anm. 3 hierzu). Die Verantwortung trifft ihn, auch wenn er nach § 4 einen Betriebsleiter oder nach § 5 einen Vertreter am Ort des Unternehmens bestellt hat. Erkrankt jedoch der Unternehmer, so kann er sich durch Bestellung eines verantwortlichen Vertreters wenigstens strafrechtlich entlasten; Düsseldorf 22. 6. 53, SS 197, 53. Unternehmer kann auch ein Reisebüro sein; RVM 16. 11. 35, RVkBl. B 176.

2 Die Verantwortlichkeit ist nicht nur strafrechtlich (§ 47), sondern auch bürgerlichrechtlich und verwaltungsrechtlich. Werden im Unternehmen Vorschriften der BOKraft verletzt, so ergibt sich hieraus eine Pflichtwidrigkeit des Unternehmers, sofern dieser nicht dartut, daß außergewöhnliche Umstände seine Verantwortlichkeit ausschließen. Für eine Ordnungswidrigkeit (§ 61 Abs. 1 Nr. 5 PBefG, aber auch Vorschriften des allgemeinen Strafrechts können in Betracht kommen — BGH 4. 5. 54, VRS 6, 452 —) ist der Nachweis der Schuld nötig, ebenso im allg. verwaltungrechtlich (Rücknahme der Genehmigung, § 25 PBefG; vgl. dort Anm. 2). Zwar setzt die zivilrechtliche Haftung ebenfalls ein Verschulden (Vorsatz oder Fahrlässigkeit) voraus, doch greift bei Vertragshaftung (vor allem gegenüber Fahrgästen und Personal) eine Umkehrung der Beweislast ein, wie dies von der Rechtslehre aus dem Grundgedanken des § 282 BGB für die positive Vertragsverletzung allgemein gefolgert wird (vgl. BGH 12. 10. 56, VersR 1956, 765, der allerdings auf § 7 StVG abstellt). Die Bestimmungen der BOKraft sind mit geringen Ausnahmen Schutzgesetz im Sinn von § 823 Abs. 2 BGB; Karlsruhe 24. 8. 49, VRS 1, 184; Braunschweig 9. 9. 49, VRS 2, 117/121. Wird der Unternehmer aus unerlaubter Handlung oder — was bei der Post in Frage kommt — aus Amtspflichtverletzung in Anspruch genommen (§ 839 BGB. Art 34 GG), so kann § 282 BGB nicht herangezogen werden, die Beweislast für ein Verschulden des Unternehmers trifft daher den Geschädigten (den Gläubiger). Die BOKraft stellt eine nähere Erläuterung zu der in § 831 BGB festgelegten Haftung für widerrechtliche (nicht notwendig schuldhafte) Handlungen des Personals und für „Beschaffung von Vorrichtungen und Gerätschaften“ dar; sie kann aber auch, wenn § 831 BGB nicht eingreift, unmittelbar nach § 823 BGB zur Haftung des Unternehmers führen.

Nach Ansicht des BGH gilt zwar § 823 und § 831 BGB auch für Haftungsfälle beim Betrieb der Bundesbahnomnibusse, nicht jedoch beim Betrieb der Bundespostomnibusse, da hier hoheitliche Betätigung vorliegt, mithin § 839 BGB anzuwenden ist (BGHZ 20, 102 v. 23. 2. 56 = VRS 10, 324). Die Unterscheidung ist, so erstaunlich sie zunächst scheinen mag, aus historischen Gründen — Postregal — berechtigt. Zuständig sind auch bei der Haftung der Post nicht die Verwaltungsgerichte, sondern die Zivilgerichte (§ 40 Abs. 2 VwGO). 3

2. Einzelne Pflichten des Unternehmers

a) Der Unternehmer haftet für den ordnungsgemäßen Zustand der Fze, auch wenn ein Fz trotz offensichtlicher Mängel seiner Bauart amtlich zugelassen war; Braunschweig 9. 9. 49, VRS 2, 117/121. Die Vorschriften über Bauart und Einrichtungen der Omnibusse wurden 1960 größtenteils in die StVZO übernommen, siehe die Tabelle Vorb 4. 4

b) Der Unternehmer haftet außerdem für eine sichere Ein- und Aussteigmöglichkeit an den Haltestellen, vor allem für die Ordnungsmäßigkeit des Bordsteins; Karlsruhe 23. 9. 55, VRS 10, 81. Straßenbenützung ist aber Gemeingebrauch (VGH Stuttgart 31. 8. 50, DVBl. 754). 5

c) Strenge Anforderungen — auch hinsichtlich Gewissenhaftigkeit und Verantwortungsgefühl — sind an die Auswahl des Personals zu stellen; der Unternehmer muß für eine dauernde und planmäßige Beaufsichtigung sorgen; Karlsruhe 5. 6. 40, HRR 41 Nr. 483; Neustadt 23. 9. 55, VersR 55, 683 und 11. 11. 55, VersR 56, 633; BGH 14. 5. 57, VRS 13, 88 = DAR 57, 234. Der Ansicht des BGH (4. 5. 54, VRS 6, 452), daß der Unternehmer, falls keine besonderen Umstände vorliegen, seiner Überprüfungspflicht allein durch Einsichtnahme in den Führerschein genüge, kann nicht beigetreten werden. Der Unternehmer muß sich vielmehr selbst oder vermittels einer hierzu geeigneten Person ein Bild von dem Charakter und den Fähigkeiten des einzustellenden Personals machen; ähnlich nun auch BGH 4. 3. 60, VkBl. 271 = VRS 18, 322. 6

d) Der Unternehmer hat dafür zu sorgen, daß bei der Abfahrt eines Omnibusses nicht ein Körper und Leben gefährdender Andrang einsetzt; Braunschweig 26. 4. 49, JR 347 = VRS 1, 181. 7

3. Erforderlichkeit einer Dienstanweisung. Die Reichsverkehrsgruppe Kraftfahrgewerbe hatte 1940 das Muster einer Dienstanweisung für den Fahrdienst der Kraftomnibusse und Obusse (DFKraft) aufgestellt (abgedruckt in Kraftverkehrsrecht von A—Z unter Omnibusse Fahrdienst), das auch heute noch gelegentlich Verwendung findet. Abs. 3 Satz 3 BOKraft 1939 enthielt hierfür eine Rechtsgrundlage, wurde aber — da das Muster unverbindlich war — durch Wegfall der Reichsverkehrsgruppe gegenstandslos und daher gestrichen. 8

Eine Dienstanweisung muß erlassen werden, wenn ein Betriebsleiter (nach § 4 — nicht etwa nach § 899 RVO) bestellt ist oder soweit es wegen der Größe des Unternehmens erforderlich ist (unbestimmter Rechtsbegriff). Liegen die Voraussetzungen vor, so kann die Aufsichtsbehörde (§§ 11, 54 PBefG) — ähnlich wie in § 4 Abs. 1 Satz 2 vorgesehen — den Unternehmer auffordern, eine Dienstanweisung zu erlassen. Sie gibt über die Pflichten des Personals Aufschluß und soll eine ordnungsmäßige Abwicklung der vom Unternehmen übernommenen Verkehrsaufgaben gewährleisten. Organisationsfehler können zu einer Haftung des Unternehmers führen. Aber auch für die Entscheidung der Frage, ob ein Mitglied des Personals pflichtwidrig gehandelt hat, kann die Dienstanweisung von Bedeutung sein. 9

§ 4 Betriebsleiter

(1) Zur Wahrnehmung der in § 3 bezeichneten Aufgaben kann der Unternehmer unbeschadet seiner eigenen Verantwortlichkeit einen Betriebsleiter bestellen. Die Genehmigungsbehörde kann die Bestellung eines Betriebsleiters verlangen; dies soll insbesondere bei Unternehmen geschehen, in denen regelmäßig mehr als 15 Fahrzeuge verwendet werden, oder wenn Bedenken bestehen, dem Unternehmer die alleinige Leitung des Betriebs zu überlassen.

(2) Bei großen Unternehmen können mehrere für einzelne Betriebszweige oder Betriebsstellen verantwortliche Betriebsleiter bestellt werden.

(3) Der Betriebsleiter soll einen Stellvertreter haben.

(4) Betriebsleiter und Stellvertreter bedürfen der Bestätigung durch die Genehmigungsbehörde. Die Bestätigung ist zu versagen, wenn die persönliche Eignung

sowie die für die Verwaltung und technische Leitung des Betriebs erforderlichen Kenntnisse und Erfahrungen fehlen. Die Genehmigungsbehörde kann die Bestätigung aus wichtigen Gründen widerrufen.

1 **1. Begriff.** Im Unterschied zum Betriebsaufseher des § 899 RVO bezieht sich die Tätigkeit des Betriebsleiters nicht auf ein einzelnes Fz, sondern auf den ganzen Betrieb oder auf einzelne Betriebszweige des Unternehmens (z. B. auf den Omnibusbetrieb einer Privatbahn), kann sich aber auch auf Betriebsstellen beschränken. Der Betriebsleiter haftet im Rahmen seiner Aufgabe neben dem Unternehmer. Die Pflicht des § 6 kann der Unternehmer ganz auf den Betriebsleiter abwälzen.

2 **2. Bestellung.** Die Bestätigung des Betriebsleiters und seines Vertreters erteilt die Genehmigungsbehörde des § 11 PBefG. Die Versagung und der Widerruf einer Bestätigung kann vom Unternehmer und von der als Betriebsleiter vorgesehenen Person in dem § 68ff VwGO vorgesehenen Verfahren (Widerspruch innerhalb eines Monats, Anfechtungsklage gegen den Widerspruchsbescheid in gleicher Frist) angefochten werden. Das gleiche gilt für die Verfügung, mit der die Genehmigungsbehörde die Bestellung eines Betriebsleiters verlangt. Sie kann dies in der Regel verlangen, wenn mehr als 15 Fze (dazu zählen auch die Anhänger, § 4 Abs. 5 PBefG) eingesetzt werden.

§ 5 Auswärtige Unternehmer

Hat ein Unternehmer seinen Wohnsitz nicht am Orte des Betriebssitzes, so kann die Genehmigungsbehörde verlangen, daß er einen am Orte des Betriebssitzes ansässigen, geeigneten Vertreter benennt, der der Genehmigungsbehörde gegenüber für die dem Unternehmer obliegenden Pflichten verantwortlich. ist Die Verantwortlichkeit des Unternehmers nach § 3 wird durch die Bestellung eines Vertreters nicht berührt.

1 § 7 Abs. 2 BGB läßt zu, daß der Wohnsitz einer Person gleichzeitig an mehreren Orten besteht. Ein Zwang nach § 5 ist mithin ausgeschlossen, wenn der Unternehmer einen seiner Wohnsitze am Ort des Betriebssitzes hat.

§ 6 Meldepflicht

(1) Der Unternehmer oder der Betriebsleiter hat der Genehmigungsbehörde sofort Meldung zu erstatten

1. über Vorkommnisse, die ein besonderes öffentliches Aufsehen erregen,

2. über Unfälle, bei denen ein Mensch getötet oder schwer verletzt worden ist,

3. beim Linienverkehr über Betriebsstörungen von längerer Dauer als 24 Stunden.

(2) Die Genehmigungsbehörde kann von der nach Absatz 1 Nr. 3 bestehenden Meldepflicht Ausnahmen zulassen.

Abweichend von dem Grundsatz des § 4 Abs. 1 Satz 1 wird der Unternehmer durch die Tätigkeit des Betriebsleiters der eigenen Verantwortlichkeit enthoben. Er kann dem Betriebsleiter vertraglich die Pflicht zur Durchführung aller anfallenden Meldungen übertragen.

Betriebsstörungen können durch den inneren Betrieb beeinträchtigende Vorfälle (Erkrankungen, Streik, Ausfall eines Fzs) oder durch äußere Ereignisse (Straßensperren, Unwetterschäden) hervorgerufen sein. Betriebsstörungen berechtigen zum Einsatz von Kfzen., § 2 Abs. 5 PBefG. Dort ist eine weitere Meldepflicht geregelt.

§ 7 Besitz der Vorschriften

Jeder Unternehmer und Betriebsleiter muß einen Abdruck des Gesetzes, der Verordnung zur Durchführung des Gesetzes — im folgenden Durchführungsverordnung genannt — und dieser Verordnung sowie etwaiger von der Genehmigungsbehörde erlassener Vorschriften besitzen.

Mit „Gesetz" ist das PBefG gemeint; die Durchführungsverordnung trägt das Datum 26. 3. 35 (RGBl. I 473), sie tritt am 1. 6. 61 außer Kraft (§ 65 Abs. 2 Nr. 4 PBefG). 1

Vorschriften der Genehmigungsbehörde sind entweder nur für das betreffende Unternehmen oder für alle gleichartigen Unternehmen des Geschäftsbereichs erlassen. 2

§ 7 soll sicherstellen, daß sich ein Unternehmer oder Betriebsleiter auf Gesetzesunkenntnis nicht berufen kann, es sei denn bei nicht bekannt gemachten und ihm nicht zur Kenntnis gelangten Vorschriften der Genehmigungsbehörde. Für den Fahrgast gilt § 13 Abs. 3 (§ 13 Anm. 3). 3

B. Fahrdienst

§ 8 Grundsatz

(1) Der Fahrer hat bei der Führung und Bedienung des Fahrzeugs die besondere Sorgfalt anzuwenden, die sich daraus ergibt, daß ihm beruflich andere Personen zur sicheren Beförderung anvertraut werden.

(2) Hinsichtlich der Höchstdauer der täglichen Lenkung von Kraftfahrzeugen wird auf § 15a der Straßenverkehrs-Zulassungs-Ordnung, hinsichtlich der Arbeitszeit der Fahrer auf die Arbeitszeitordnung und die hierzu ergangenen Ausführungsvorschriften verwiesen.

1. Entstehungsgeschichte. Der bis 1960 enthaltene Satz, daß der Fahrer die allgemeinen Verkehrsvorschriften zu beachten habe, wurde gestrichen, weil sich der Grundsatz schon aus der StVO ergibt. Abs. 2 wurde mit Rücksicht auf die (im Jahre 1960) bestehende veränderte Rechtslage neu gefaßt. 1

2. Pflichten des Fahrers. Der Fahrer hat ein größeres Maß an Sorgfalt im Straßenverkehr anzuwenden, als andere Verkehrsteilnehmer. Inwiefern dies allerdings nicht nur für den Omnibusfahrer — dem eine größere Zahl von Insassen anvertraut ist — sondern auch für Droschken- und Mietwagenfahrer gelten soll, ist nicht recht einzusehen, zumal im Strafrecht der Begriff der „Berufsfahrlässigkeit" längst fallen gelassen wurde. 2

Dem Fahrer eines Omnibusses obliegen, wenn kein Schaffner mitfährt, auch dessen Aufgaben (9, 4). Daneben können sich für Omnibusfahrer besondere Pflichten aus §§ 16, 22, 25, 30 und 33 ergeben, bei Droschkenfahrern aus §§ 36, 37, 38 und 40. Maßgebend für die Verteilung der Aufgaben zwischen Fahrer und Schaffner ist — falls vorhanden — die Dienstanweisung (3, 6). 3

Dem Fahrer eines Omnibusses obliegen schließlich auch noch Pflichten, die sich weder unmittelbar aus der BOKraft noch unmittelbar aus der StVO, der StVZO oder der VO über internationalen Kfz-Verkehr ergeben, sondern mittelbar aus der Natur des Betriebs. Dabei ist zu beachten, daß der Fahrer Führer im Sinn von §§ 2, 18 StVG und von § 31 StVZO ist. 4

a) Der Fahrer muß mit Rücksicht auf die Fahrgäste nach Möglichkeit scharfes Bremsen vermeiden und deshalb einen größeren Sicherheitsabstand von vorausfahrenden Fzen einhalten als andere Kfze; KG 27. 9. 56, VRS 11, 454/456. Aus dem gleichen Grund darf er bei grünem Licht an eine Kreuzung nur vorsichtig heranfahren. 5

b) Er darf beim Verlassen einer Haltestelle nicht ohne Rücksicht auf den fließenden Verkehr ausscheren; KG aaO; a. M. anscheinend BayObLG 21. 5. 51, VRS 3, 274. 6

c) Er muß sich gewissenhaft von der Verkehrstüchtigkeit des Omnibusses überzeugen, ehe er eine Fahrt beginnt; BGH 12. 1. 56, VRS 10, 282/284; doch kann er sich, wenn eine Haupt- oder Zwischenuntersuchung stattgefunden hat, darauf verlassen, daß sie ordnungsgemäß durchgeführt worden ist; Oldenburg 16. 4. 57, VRS 13, 378. Die früher in der BOKraft enthalten gewesenen Vorschriften über Bauart, Ausrüstung und Besetzung (Fahrgastzahl) von Omnibussen sind in die StVZO übernommen worden (Vorb. 3). Die Verantwortung des Fahrers ergibt sich daher nunmehr aus § 31 Abs. 1 StVZO. 7

d) Bei Rückwärtsfahrt an gefährlicher Stelle muß er eine Hilfsperson zur Absicherung heranziehen; Breslau 11. 2. 37, RdK 38, 31. Dies gilt vor allem auch, wenn er an einer Haltestelle zurückstoßen will; BGH 25. 9. 58, VRS 15, 438. Es genügt keinesfalls, wenn der Fahrer nach hinten in den Wagen hinein fragt, ob die Straße frei sei. 8

9 e) Ist vor dem Rechtsabbiegen wegen der Länge des Omnibusses ein Ausholen nach links erforderlich, so hat der Fahrer auf den fließenden Verkehr besondere Rücksicht zu nehmen; KG 27. 2. 39, VAE 260.

10 f) Beim Heranfahren an eine Haltestelle darf der Fahrer Wartende nicht gefährden; BGH 4. 6. 57, VersR 57, 532; Hamm 11. 10. 57, VRS 15, 60 = NJW 58, 192.

11 g) Er darf erst anfahren, wenn ausgestiegene Fahrgäste sich genügend weit vom Omnibus entfernen konnten (RG 21. 1. 42, VAR 118) und wenn das Einsteigen beendet ist; Frankfurt/M 17. 2. 49, VRS 1, 110.

12 h) Er darf die Türen nicht öffnen, ehe der Wagen hält; Oldenburg 1. 7. 53, VRS 5, 406.

13 **4. Folgen der Pflichtverletzung des Fahrers.** Verstößt der Fahrer schuldhaft gegen die ihm von der BOKraft ausdrücklich auferlegten Pflichten, so begeht er eine Ordnungswidrigkeit (§ 61 Abs. 1 Nr. 5 PBefG). Dies gilt auch für Verstöße gegen Auflagen der Genehmigungsbehörde (siehe § 47 Anm. 2).

14 Pflichtverletzungen, die eine Körperverletzung oder den Tod eines Menschen zur Folge haben, werden nach allgemeinem Strafrecht geahndet. Verwaltungsrechtlich ist der Fahrer — außer durch Entzug des Führerscheins — nicht zu belangen. Arbeitsrechtlich können Pflichtverletzungen zur Kündigung führen, bürgerlich-rechtlich zur Schadensersatzpflicht (§ 823 BGB, bei Postomnibussen § 839 BGB, siehe 3, 3). Gleiche Folgen hat übrigens eine Pflichtverletzung des Schaffners.

15 **5. Arbeitszeit**

a) Maßgebend ist § 15a StVZO n. F. Die neue Fassung gilt für Omnibusse von 9 bis 14 Fahrgastplätzen und für Liniennahverkehr erst ab 1. 4. 61 (§ 72 VO 7. 7. 60) und ersetzt auch die VO über die Arbeitszeit der privaten Kraftomnibusunternehmer v. 17. 2. 38 (DRAnz. Nr. 47) und die dazu am gleichen Tage erlassenen Ausführungsbestimmungen (Art. 10 Abs. 2 Nr. 2 ÄnderungsV v. 7. 7. 60).

16 b) Außerdem sind aber noch zu beachten: Die ArbeitszeitO v. 30. 4. 38 (RGBl. I 447 = AZO), die AusfVO hierzu v. 12. 12. 38 (RGBl. I 1799 = AVO) und die VO über Schichtenbücher für Kraftfahrer und Beifahrer v. 8. 2. 56 (BGBl. I 65). Jeder Omnibusfahrer und -Beifahrer hat hiernach ein vom Arbeitgeber ausgestelltes Schichtenbuch zu führen; die Bücher werden bei einer von der Landesregierung bestimmten Stelle registriert und sind auf der Fahrt mitzuführen. Die ausgefüllten Blätter des Schichtenbuchs sind jedes Wochenende zu entnehmen und vom Arbeitgeber ein Jahr lang aufzubewahren. Die Schichtenbücher sind so gestaltet, daß sie gleichzeitig als Fahrtennachweise nach § 15a StVZO benützt werden können. Näheres bei Oppelt S. 241ff. und bei Denecke in Kraftverkehrsrecht A—Z auf Blatt „Arbeitszeit, Kraftfahrer und Beifahrer, Erläuterungen 1".

17 **6. Besonderer Ausweis.** Bis 1. 8. 60 war in §§ 9 bis 19 die Erteilung des Führerscheins für Fahrgastbeförderung geregelt. Da sich das BVerwG (Vorb. 2) die Ansicht zu eigen machte, daß die Beförderung mit Omnibussen im Werkverkehr nicht der BOKraft unterliegt, wurden die Vorschriften als §§ 15d—15k in die StVZO (Neufassung in diesem Nachtragsband) übernommen. Diese neuen Vorschriften sind am 1. 1. 1961 in Kraft getreten (§ 72 StVZO), doch gelten die alten Führerscheine weiter (§ 15f Abs. 2 StVZO). Strafvorschrift ist nunmehr § 71 StVZO.

§ 9 Verhalten im Fahrdienst (= § 20 BOKraft 1939)

(1) Das Fahrpersonal hat sich während des Dienstes rücksichtsvoll, besonnen und höflich zu verhalten.

(2) Dem Fahrer ist untersagt,

1. während des Dienstes und der Dienstbereitschaft geistige Getränke oder andere berauschende Mittel zu sich zu nehmen; er darf bei Antritt der Fahrt nicht unter Wirkung von geistigen Getränken oder von anderen berauschenden Mitteln stehen,

2. sich während des Fahrens mit den Fahrgästen zu unterhalten oder Mikrophone von Übertragungsanlagen zu besprechen; er darf, auch bei Verwendung von Übertragungsanlagen, lediglich die Haltestellen ansagen und betriebliche Hinweise geben und empfangen,

3. Fahrten auszuführen, solange er oder ein Mitglied seiner häuslichen Gemeinschaft an einer anzeigepflichtigen Krankheit (Verordnung zur Bekämpfung übertragbarer Krankheiten vom 1. Dezember 1938 — Reichsgesetzbl. I S. 1721) leidet, es sei denn, daß er durch ärztliches Zeugnis nachweist, daß keine Gefahr einer Übertragung der Krankheit besteht,

4. während der Beförderung von Fahrgästen zu rauchen.

(3) Wird ein Fahrer von Krankheiten betroffen, die seine Eignung als Kraftfahrzeugführer beeinträchtigen, so darf er bis zu ihrer Behebung keine Fahrten ausführen. Derartige Erkrankungen sind dem Unternehmer unverzüglich zu melden.

(4) Absatz 2 Nr. 1, 3 und 4 gelten auch für Schaffner. Für Reisebegleiter gilt Absatz 2 Nr. 3.

1. Fahrpersonal. Zu diesem Personenkreis zählt, wer vom Unternehmer (3, 1) mit einer Tätigkeit beauftragt ist, die bei der Beförderung von Fahrgästen entfaltet wird; hierzu gehören vor allem Fahrer, Schaffner und Reisebegleiter. Stellt nicht der Unternehmer den Reisebegleiter, sondern ein Dritter (z. B. ein die Reise nur vermittelndes Reisebüro), so gehört der Reisebegleiter nicht zum Fahrpersonal. Rangierfahrer und Werkstattpersonal gehören nicht zum Fahrpersonal. Die Verteilung der Aufgaben und Pflichten zwischen den Mitgliedern des Fahrpersonals ergibt sich — sofern vorhanden — aus der Dienstanweisung, unter Umständen auch aus den Beförderungsbedingungen. Der für die Durchführung der Fahrt Verantwortliche wird in Anlehnung an den Sprachgebrauch der Bundesbahn „Zugführer" genannt. Im Zweifel ist in Omnibussen der Schaffner des Motorwagens Zugführer. Ihm obliegen alle mit der Personenbeförderung zusammenhängenden Aufgaben, so daß sich der Fahrer (der Führer des Kfzs) nur um das Fz und um den Straßenverkehr zu kümmern hat. Bei Einmannbetrieb vereinigen sich alle Pflichten beim Fahrer. 1

2. Verhalten während des Dienstes. 2

a) Verhalten gegenüber Fahrgästen. Abs. 1 bezieht sich — ebenso wie Abs. 2 — nicht auf den Werkstättendienst, sondern regelt das Verhalten zu den Fahrgästen und in der Öffentlichkeit. Zum rücksichtsvollen Verhalten gehört auch die Bedienung der Klimaanlage und des Rundfunkgeräts, ferner das Öffnen und Schließen von Schiebedach und Fenstern. Abs. 1 entbehrt der für ein Strafgesetz erforderlichen Bestimmtheit des Tatbestands. Ein Verstoß stellt daher keine Ordnungswidrigkeit nach § 61 Abs. 1 Nr. 5 PBefG dar; BayObLGSt 52, 91 v. 6. 5. 52.

b) Besondere Pflichten des Fahrers. Die in Abs. 2 festgelegten Pflichten des Fahrers wurden 1960 erweitert. Neu ist das Verbot „anderer berauschender Mittel", das in Angleichung an § 315a StGB eingefügt wurde, und das allgemeine Rauchverbot bei Beförderung von Fahrgästen, das nunmehr auch im Gelegenheitsverkehr, mithin sogar für Droschken und Mietwagen gilt. Es hat — wie bisher — seinen Grund lediglich darin, die Belästigung der Fahrgäste zu vermeiden; denn andernfalls wäre es auch für andere schwere Fze eingeführt worden. Es gilt im übrigen nicht für Leerfahrten. Neu ist das Verbot des Besprechens eines Mikrofons durch den Fahrer (mit gewissen Ausnahmen) in die BOKraft übernommen worden. Es war schon durch Erlaß (BMV 25. 10. 51, VkBl. 426) angeordnet gewesen, dessen Verbindlichkeit allerdings zweifelhaft gewesen war. Erlaubt bleibt weiterhin, daß der Fahrer einer Droschke oder eines Mietwagens seine Fahrgäste ohne Benützung einer Verstärkeranlage auf Sehenswürdigkeiten hinweist (BayObLG 30. 5. 56, VRS 11, 235). Neu ist schließlich auch die Möglichkeit von Ausnahmen vom Fahrverbot bei ansteckenden Krankheiten des Personals und dessen Angehöriger. Dagegen wurde die Pflicht zur Probebremsung (bisher § 21) gestrichen, weil § 7 StVO und § 31 StVZO ausreichen. Die Besetzung (Höchstzahl der Fahrgäste) der Fze ist zwar nunmehr in § 34a StVZO geregelt, die Vorschrift verpflichtet aber trotzdem weiterhin neben dem Unternehmer auch den Fahrer (allerdings nicht mehr den Schaffner und Reisebegleiter). Strafbestimmung ist nunmehr insoweit § 71 StVZO. 3

3. Aufgabe des Zugführers (9, 1) ist es, für die Einhaltung der Ordnungsvorschriften durch die Fahrgäste (§ 13) zu sorgen. Dazu gehören auch die Vorschriften über die Beförderung von Gepäck und Tieren (§ 14) und das Vorlegen von Fahrplan und Tarif (§ 16). Weitere 4

Einzelheiten regeln die Beförderungsbedingungen (§ 13 Anm. 4, 5). Der Zugführer hat sich schließlich auch um die Fundsachen zu kümmern (§ 10). Dagegen ist er nicht „Führer" des Omnibusses nach § 31 StVZO, soweit er das Fz nicht selbst lenkt (B I zu § 2 StVG, A I zu § 18 StVG).

5 **4.** Für den **Schaffner** gilt das in § 9 enthaltene Verbot geistiger Getränke und berauschender Mittel ebenfalls, ferner auch das Rauchverbot und das Verbot des Fahrens bei ansteckenden Krankheiten. Für Reisebegleiter gilt nur das letztgenannte Verbot.

§ 10 Fundsachen (= § 22 BOKraft 1939)

Nach Beendigung der Fahrt haben Fahrer oder Schaffner festzustellen, ob Gegenstände zurückgeblieben sind. Fundstücke sind, soweit nicht der Verlierer alsbald ermittelt werden kann, binnen 24 Stunden an die Ortspolizeibehörde abzugeben. Für größere Linienunternehmen kann die Genehmigungsbehörde eine andere Regelung treffen.

1 **Bürgerlich-rechtlich.** Wer eine Sache in den Geschäftsräumen oder Beförderungsmitteln einer dem öffentlichen Verkehr dienenden „Verkehrsanstalt" an sich nimmt, hat die Sache nach § 978 BGB unverzüglich an die Verkehrsanstalt oder an einen ihrer Angestellten abzuliefern. Der Finder hat in diesem Fall nur Pflichten (LG Frankfurt/M 28. 10. 55, NJW 56, 873) und kein Recht auf Finderlohn. Dagegen hat der Unternehmer das Recht, den Erlös zu behalten, der sich bei der Versteigerung nicht abgeholter Fundsachen ergibt (§ 981 BGB). Trotz des in § 978 BGB verwendeten Begriffs „Anstalt" gilt diese Regelung nicht nur für Betriebe öffentlich-rechtlicher Körperschaften, sondern auch für Privatbetriebe, sofern es sich um Unternehmen größeren Umfangs handelt (Staudinger-Berg, 11. Aufl. Anm. 3 zu § 978 BGB); sie gilt mithin nicht für Droschken, sofern nicht ein Unternehmer eine große Zahl von Droschken betreibt.

2 Die Ablieferungsfrist von 24 Stunden zählt von dem Zeitpunkt an, in dem die Sache vom Personal gefunden oder beim Personal abgeliefert wurde. Einzelheiten werden in den Beförderungsbedingungen (§ 13 Anm. 4) geregelt.

3 Die Regelung für Fundsachen gilt auch für in Warteräumen und an Fahrkartenschaltern verlorengegangene Sachen.

§ 11 Dienstkleidung (= § 23 BOKraft 1939)

Die Genehmigungsbehörde kann einheitliche Dienstkleidung für das Fahrpersonal vorschreiben.

1 Die Vorschrift gilt an sich nicht nur für Fahrer und Schaffner, sondern — wie sich aus § 9 Abs. 4 ergibt — auch für Reisebegleiter, die beim Unternehmen beschäftigt sind. Für diese ist jedoch eine Dienstkleidung im allgemeinen — mit Ausnahme von Stadtrundfahrten — nicht üblich. Verstöße gegen Bekleidungsvorschriften sind Ordnungswidrigkeiten.

C. Benutzung der Fahrzeuge

§ 12 Von der Beförderung ausgeschlossene Personen (= § 24 BOKraft 1939)

Personen, welche die Sicherheit und Ordnung des Betriebs oder die Mitfahrenden gefährden, dürfen nicht befördert werden. Das gilt insbesondere für

1. **Betrunkene und Personen mit ekelerregenden oder ansteckenden Krankheiten,**
2. **Personen, die explosionsfähige, leicht entzündliche oder ätzende Stoffe mit sich führen,**
3. **Personen mit geladenen Schußwaffen, soweit sie zur Mitführung solcher Waffen nicht amtlich befugt sind.**

Die Vorschrift verbietet die Beförderung dem Personal auch da, wo an sich Beförderungspflicht (§ 29) besteht. Verantwortlich ist in erster Linie der Zugführer (9, 1). 1

a) „Betrunkene“ sind noch nicht ohne weiteres alle Personen, die selbst ein Kfz nicht mehr sicher zu lenken vermöchten, vielmehr nur solche, die Sicherheit und Ordnung des Betriebs oder der Mitfahrenden gefährden. Schläfrige und apathische Betrunkene stellen auch bei sehr hohem Alkoholgehalt im Blut im allgemeinen keine Gefahr dieser Art dar. Im übrigen sind bei Mietwagen die Maßstäbe weniger streng als bei Massenverkehrsmitteln, jedenfalls wenn im Mietwagen keine anderen Fahrgäste — oder nur Bekannte oder Angehörige des Betrunkenen — mitfahren. Ausschlaggebend ist deshalb immer die besondere Lage des Einzelfalls; OVG Münster 20. 2. 58, VRS 15, 234. 2

b) Das Mitführen von geladenen **Schußwaffen** muß vom Personal allenfalls beanstandet werden, wenn kein Zweifel darüber besteht, daß eine Schußwaffe mitgeführt wird. Den Bediensteten wird nicht zugemutet, über das Vorhandensein einer Schußwaffe Ermittlungen anzustellen oder gar die Fahrgäste nach Waffen zu durchsuchen. Sie sind auch — trotz des Wortlauts — nicht verpflichtet, vorhandene Schußwaffen darauf zu untersuchen, ob sie geladen sind. Dagegen müssen sich die Bediensteten den Waffenschein vorlegen lassen, soweit sich die Befugnis nicht aus anderen Umständen (z. B. der Uniform des Waffenträgers) ergibt (a. M. die früheren Aufl.). 3

§ 13 Verhalten der Fahrgäste (= § 25 BOKraft 1939)

(1) Die Fahrgäste haben sich bei der Benutzung der Fahrzeuge, Wartehallen und anderer Betriebseinrichtungen so zu verhalten, wie es die Sicherheit und Ordnung des Betriebs und die Rücksicht auf andere gebieten.

(2) Den Fahrgästen ist insbesondere untersagt,

1. sich mit dem Fahrer während des Fahrens zu unterhalten,

2. die Türen während des Fahrens eigenmächtig zu öffnen,

3. während des Fahrens auf- oder abzuspringen,

4. ein vom Fahrpersonal als besetzt bezeichnetes Fahrzeug zu betreten.

(3) Den allgemeinen Anordnungen der Genehmigungsbehörde und den von ihr genehmigten Anordnungen des Unternehmers ist Folge zu leisten. Das gleiche gilt für die zur Aufrechterhaltung von Sicherheit und Ordnung ergehenden Anordnungen des Fahrpersonals.

(4) Die Genehmigungsbehörde kann anordnen, daß die in den Absätzen 2 und 3 bezeichneten Verbote und Anordnungen in den Fahrzeugen ausgehängt werden.

1. Verhalten der Fahrgäste. Verstößt ein Fahrgast gegen eine in dieser Vorschrift aufgestellte Pflicht, so liegt eine Ordnungswidrigkeit, unter Umständen auch eine strafbare Handlung vor (§§ 222, 230 StGB). Außerdem kann er schadensersatzpflichtig werden (§ 823 Abs. 2 BGB). Erleidet er selbst einen Schaden, so muß er sich eigenes Verschulden nach § 254 BGB anrechnen lassen. Die genannten Folgen — mit Ausnahme der Ordnungswidrigkeit — treten im übrigen auch bei sonstigen Pflichtverletzungen des Fahrgastes ein. So dürfen die Fahrgäste eines Omnibusses weder an der Haltestelle noch im Inneren des Wagens drängeln. Sie müssen sich während der Fahrt sicheren Halt verschaffen; Oldenburg 1. 7. 53, VRS 5, 406; Köln 11. 12. 59, DAR 60, 136. Sie dürfen den Türmechanismus nicht bedienen; BGH 15. 3. 57, VersR 363. 1

2. Einzelheiten der Regelung des § 13 2

a) Unterhaltung des Fahrgasts mit dem Fahrer liegt bei kurzen Fragen, die sich auf den Verkehr beziehen, nicht vor. Eine Unterhaltung liegt ferner nicht vor, wenn der Fahrer einer Droschke oder eines Mietwagens die Fahrgäste auf Sehenswürdigkeiten hinweist (§ 9 Anm. 3), auch wenn die Fahrgäste diesbezügliche Fragen stellen.

b) Verbote und Anordnungen können von der Genehmigungsbehörde oder vom Unternehmer allgemein erlassen oder von diesem oder dem Personal im Einzelfall getroffen werden. Die Zweckmäßigkeit des Verbots (der Anordnung) hat der Fahrgast nicht zu prüfen; eine 3

Ordnungswidrigkeit des Fahrgastes (§ 61 Abs. 1 Nr. 5 PBefG) liegt aber nur vor, wenn er schriftlichen Verfügungen der Genehmigungs- oder Aufsichtsbehörde zuwiderhandelt. Zu diesen zählen nicht die Auflagen, die dem Unternehmer anläßtlich der Genehmigung des Betriebs gemacht wurden (BayObLGSt. 52, 91 v. 6. 5. 52).

4 c) Für den Fahrgast verbindliche Verbote und Anordnungen sind insbesondere in den Beförderungsbedingungen enthalten. Der BMV hat am 17. 4. 53 (VkBl. 175) Allgemeine Beförderungsbedingungen für den Straßenbahn-, Obus- und Omnibusverkehr als Muster bekanntgegeben mit der Empfehlung an die Genehmigungsbehörden, künftig nur noch Beförderungsbedingungen (nach § 24, 17 Abs. 1 PBefG) zu genehmigen, die im wesentlichen mit dem Wortlaut des Musters übereinstimmen. Das Muster ist auch von der Bundespost übernommen worden (Amtsbl. BMP Nr. 110 v. 5. 10. 53). Künftig können Allgemeine Beförderungsbedingungen als RechtsVO erlassen werden (§ 58 Abs. 1 Nr. 4 PBefG).

5 Das Muster ist bei Oppelt S. 235 abgedruckt. Sein wesentlicher Inhalt ist: Mit Besteigen des Wagens werden die Beförderungsbedingungen und der Tarif Bestandteil des Beförderungsvertrags („Allgemeines"). Der Fahrgast hat unaufgefordert einen Fahrschein zu lösen oder vorzuzeigen (§ 1). Das Personal ist berechtigt, Fahrgästen Sitzplätze anzuweisen (§ 2). Der Fahrgast hat sich sicheren Halt zu verschaffen (§ 3). Das Fahrgeld ist abgezählt zu entrichten, andernfalls kann das Wechselgeld nur bei der Verwaltung zurückverlangt werden (§ 4). Fahrtausweise sind grundsätzlich nicht übertragbar; vorschriftswidrig benützte Fahrtausweise können als ungültig eingezogen werden (§ 5). Wer ohne gültigen Fahrtausweis angetroffen wird, zahlt erhöhten Preis (§ 6). Falls durch ein befördertes Kind Schäden verursacht werden, haftet neben dem gesetzlichen Vertreter auch der Begleiter des Kindes; Kinder unter 12 Jahren dürfen sich nicht in der Nähe von Außentüren aufhalten (§ 7). Es besteht kein Anspruch auf Beförderung von Gepäck und von Kinderwagen; Fahrräder sind stets von der Beförderung ausgeschlossen (§ 8). Hunde und andere kleine Tiere dürfen dagegen mitgeführt werden (§ 9). Für Fundsachen wird bis zur Ablieferung an das Fundbüro des Unternehmens nicht gehaftet (§ 10). Für Einhalten der Fahrpläne und der Anschlüsse wird nicht gehaftet, ebensowenig bei Betriebsstörungen (§ 11). Bei Verunreinigung des Wagens oder des Warteraums wird eine Gebühr erhoben (§ 12). Gerichtsstand ist der Sitz des Betriebes (§ 13).

§ 14 Beförderung von Gepäck und Tieren (= § 27 BOKraft 1939)

(1) Durch die Beförderung von Gepäck oder Tieren dürfen Verkehr und Betrieb nicht gefährdet oder behindert werden. Insbesondere darf die Benutzung der Durchgänge sowie das Ein- und Aussteigen nicht erschwert werden.

(2) Tiere dürfen auf Sitzplätzen nicht untergebracht werden.

1 Die Vorschrift erweitert § 7 Abs. 3 Satz 3 StVO und dient dem Schutz der Fahrgäste. Das Verbot, Tiere auf Sitzplätzen unterzubringen, greift nicht ein, wenn das Tier auf den Schoß genommen wird. Einzelheiten siehe § 13 Anm. 5.

2 Gibt der Unternehmer seinen Fahrern Anweisung, den Reisenden die Mitnahme größerer Gepäckstücke entgegenkommenderweise zu gestatten, so muß er zugleich Anordnungen treffen, um eine Gefährdung der Fahrgäste durch das Gepäck auszuschließen; für Bundespost: Freiburg 22. 10. 53, VRS 7, 161 und Oldenburg 9. 6. 54, DAR 206.

§ 15 Leichenbeförderung (= § 28 BOKraft 1939)

Die Beförderung von Leichen in Fahrzeugen, die zur Beförderung von Personen bestimmt sind, ist verboten.

1 Die Beförderung von Leichen ist auch verboten, wenn auf dieser Fahrt keine Personen befördert werden. Das Verbot betrifft nicht die Beförderung von Trauergästen zusammen mit der Leiche im Leichenwagen; denn Gegenstand des Gewerbebetriebs eines Beerdigungsinstituts ist nicht die Personenbeförderung, so daß die BOKraft unanwendbar ist (RVM 3. 7. 36, RVkBl. B 254). Derartige Leichenwagen werden in der Regel Kombiwagen i. Sinn v. § 7 Abs. 1 Satz 2 PBefG sein. Das gleiche muß übrigens auch gelten, soweit die Trauergäste nicht im Leichenwagen selbst, sondern in einem dem Beerdigungsinstitut gehörenden Begleit-Fz. befördert werden (a. M. offenbar RVM 28. 11. 35, RVkBl. B 192 und 30. 5. 36, RVkBl. B 231); vgl. Anm. 31 zu § 1 PBefG.

D. Tarife und Fahrpläne, Wegstreckenzähler

§ 16 Tarife und Fahrpläne (= § 29 BOKraft 1939)

Behördlich festgesetzte oder genehmigte Tarife (Beförderungspreise und Beförderungsbedingungen) und Fahrpläne sind in den Fahrzeugen mitzuführen und den Fahrgästen auf Verlangen vorzulegen.

Die Vorschrift richtet sich an den Unternehmer, den Fahrer und — falls vorhanden — den Schaffner. Beförderungsentgelte (Sprachgebrauch des PBefB 1961), Beförderungsbedingungen und Fahrpläne bedürfen der Zustimmung der Genehmigungsbehörde und müssen veröffentlicht werden (§ 39 Abs. 1, 7; § 40 PBefG). Zum Tarif gehören auch die Beförderungsbedingungen (siehe § 13 Anm. 4, 5). Das Wort Tarif wird vom PBefG 1961 nicht mehr verwendet. 1

§ 17 Wegstreckenzähler (= § 30 Abs. 1 BOKraft 1939)

Kraftfahrzeuge, die im Mietwagenverkehr verwendet werden, müssen mit einem geeichten Wegstreckenzähler ausgerüstet sein. Wegstreckenzähler müssen im Fahrzeug so angebracht sein, daß ihre Anzeige leicht ablesbar ist.

Nach § 30 Abs. 2 BOKraft 1939 mußten Omnibusse im Gelegenheitsverkehr mit einem Geschwindigkeitsschreiber ausgerüstet sein. Die Vorschrift ist durch den weitergehenden § 57a StVZO (Fahrtschreiber) überholt und wurde daher gestrichen. 1

Wegstreckenzähler — früher Wegstreckenmesser genannt — waren schon nach §§ 9 und 12 des Maß- und Gewichtsgesetzes v. 13. 12. 35 (RGBl. I 1499) und BMV 5. 3. 51 (nicht amtl. veröffentlicht, aber abgedruckt bei Oppelt Anm. 1 zu § 30) für Mietwagen vorgeschrieben, sofern der Fahrpreis nach den gefahrenen Kilometern berechnet wurde (nicht etwa nach Zeit oder als Pauschvereinbarung). Nun müssen die anderen Mietwagen bis 1. 7. 61 ebenfalls einen Wegstreckenzähler erhalten (§ 48 Abs. 2), allerdings mit Ausnahme von Mietwagen, die einen Fahrpreisanzeiger verwenden dürfen (RVM 14. 3. 38, RVkBl. B 55). Fahrpreisanzeiger dürfen an ausschließlich zum Mietwagenverkehr zugelassenen Kfzen nicht angebracht werden (§ 35 Abs. 1 Satz 4), wohl aber an Mietwagen, die auch zum Droschkenverkehr zugelassen sind (§ 35 Abs. 1 Satz 3). 2

Die Befugnis, das Entgelt für die Beförderung im Mietwagen nach Zeit oder anderen Maßstäben zu berechnen oder einen Pauschbetrag zu vereinbaren, ist bestehengeblieben. Eine gewisse Einschränkung erfährt diese Freiheit durch die noch immer geltende preisrechtliche Anordnung Pr. Nr. 17/49 v. 12. 3. 49 (VkBl. 53). Sie bestimmt, daß bei der Vereinbarung gewisse Höchstsätze (z. B. für eine oder zwei Personen in der Regel nicht mehr als 0,45 DM für den Kilometer) nicht überschritten werden dürfen. Die Überwachung der Beachtung der Vorschrift erfolgt durch die Preisbehörde und ist nicht Aufgabe der Genehmigungsbehörde. 3

3. Abschnitt — Ausrüstung und Beschaffenheit der Fahrzeuge

A. Bestimmungen für alle Fahrzeuge

§ 18 Grundregel (= § 31 BOKraft 1939)

Für die dieser Verordnung unterliegenden Fahrzeuge gelten neben den allgemeinen Vorschriften über Bau und Ausrüstung die nachfolgenden besonderen Bestimmungen.

Die „allgemeinen Vorschriften" sind in §§ 30—62 StVZO enthalten. In die StVZO wurden zahlreiche Vorschriften der BOKraft 1939 übernommen (Vorb. 3). Einige Vorschriften über Bauart und Ausstattung der Fze wurden allerdings in der BOKraft belassen; diese gelten (im Gegensatz zu den in die StVZ übernommenen) nur für die gewerbsmäßige Personenbeförderung, vor allem also nicht für den Werkverkehr (§ 1 Anm. 1, 2). 1

§ 19 Zulässige Fahrzeuge (= § 32 BOKraft 1939)

(1) Die der Personenbeförderung dienenden Fahrzeuge müssen mindestens zwei Achsen und vier Räder haben.

(2) Droschken müssen auf jeder Längsseite zwei Türen haben.

1 Die Sondererlaubnis, die während des Krieges für einachsige Krankenwagen eingeführt wurde (§ 21 Anm. 1), ist gestrichen. Absatz 2 ist neu; Fze, die am 1. 8. 60 als Droschken eingesetzt waren, müssen erst ab 1. 7. 64 vier Türen haben (§ 48 Abs. 2).

§ 20 Beschriftung (= § 38 BOKraft 1939)

(1) Bei Omnibussen sind auf beiden Seiten des Fahrzeugs Namen und Betriebssitz des Unternehmers anzuschreiben.

(2) Bei Droschken sind die gleichen Angaben sowie das amtliche Kennzeichen des Fahrzeugs im Wageninnern an einer für den Fahrgast gut sichtbaren Stelle anzuschreiben.

(3) Die Angaben müssen eindeutig und gut lesbar sein. Ihre Wirkung darf durch andere Aufschriften und dergleichen, auch durch Reklame, nicht beeinträchtigt werden.

(4) Die Außenflächen von Personenwagen dürfen für Reklamezwecke nicht verwendet werden.

1 Die entsprechende Vorschrift für Personenbeförderung mit Lastwagen befindet sich nun in § 28 Abs. 2. Personenwagen sind Landfahrzeuge mit nicht mehr als neun Sitzplätzen einschließlich Führersitz (§ 4 Abs. 4 Nr. 1 PBefG). Auf die Bezeichnung im Kraftfahrzeugbrief (§ 2 Abs. 3 DV 1935) kommt es nicht mehr an. Für Omnibusse gilt das Verbot der Reklame auf Außenflächen nicht (Ab. 4).

§ 21 Anhänger (= § 42 Abs. 5 BOKraft 1939)

Die Beförderung von Personen mit Anhängern, die von Personenwagen gezogen werden, ist verboten.

1 Zum Begriff Personenwagen siehe § 20 Anm. 1. Die Erlaubnis, Personen auf einachsigen Krankenwagenanhängern hinter Personenwagen zu befördern (RVM 25. 11. 41, RVkBl. B 213) ist weggefallen. Auf der Ladefläche von Kfz-Anhängern dürfen in keinem Fall Personen befördert werden (§ 34 Abs. 4 StVO, § 32a Satz 4 StVZO). Hinter Omnibussen darf im allgemeinen nur ein für die Gepäckbeförderung bestimmter Anhänger mitgeführt werden. Nur in dringenden Bedarfsfällen und nur im Linienverkehr darf die Genehmigungsbehörde einen zur Personenbeförderung bestimmten Anhänger zulassen (§ 32a Satz 5 StVZO). Sattelomnibusse bleiben weiterhin erlaubt; hinter ihnen darf kein Anhänger mitgeführt werden (§ 32a Satz 3 StVZO).

2 Die restlichen Vorschriften über Anhänger sind, soweit sie nicht ganz gestrichen oder in die StVZO übernommen wurden (Übersicht Vorb. 3), in § 28 Abs. 1 zusammengefaßt worden.

B. Sondervorschriften

1. Omnibusse

§ 22 Stehplätze (= § 48 Abs. 3 Satz 1 BOKraft 1939)

Stehplätze sind nur bei im Linienverkehr verwendeten Fahrzeugen zulässig.

1 Die restlichen Vorschriften über Sitz- und Stehplätze in Omnibussen sind nun als § 34a und § 35a in die StVZO übernommen. Die Vorschrift über eine für jeden Stehplatz zu garantierende Mindestgrundfläche von 0,2 qm ist gestrichen worden. Statt dessen ist nunmehr, sofern Stehplätze überhaupt erlaubt sind, durch bauliche Maßnahmen sicherzustellen, daß

das zulässige Gesamtgewicht durch eine Überbesetzung des Fz (also im wesentlichen der Stehplatzfläche) nicht überschritten werden kann. Die für Stehplätze geeignete Fläche darf mithin, soweit nicht eine zuverlässige Absperrung durch den Zugführer möglich ist, nicht größer sein als die Zahl der nach der Tragfähigkeit des Omnibusses zu errechnenden zulässigen Stehplätze, vervielfacht mit 0,2 qm. Diese bisher in der BOKraft verankert gewesene Mindestfläche wird man jeder Person zugestehen müssen; hieran ändert nichts, daß vorübergehend während der Nachkriegsjahre eine Fläche von 0,15 qm für jeden Stehplatz als ausreichend erklärt worden war (Direktor d. Verw. f. Verkehr 12. 12. 47, VkBl. 77).

§ 23 Sitze im Gang (=§ 49 Satz 2 BOKraft 1939)

Sitze im Gang sind nur zulässig im Berufsverkehr, wenn ein Fahrgastwechsel nicht stattfindet.

Die Vorschrift über die Breite des Durchgangs befindet sich nun in § 35a Abs. 4 Satz 2, 3 1
StVZO. Das allgemeine Verbot von Klappsitzen in § 23 dient — wie sich aus der Ausnahme für den Berufsverkehr ergibt — der Erleichterung und Beschleunigung der Verkehrsabwicklung und der Bequemlichkeit der Insassen, ist also nicht etwa — wie man meinen könnte — eine Sicherheitsvorschrift (BMV 22. 8. 50, VkBl. 260) und mithin auch kein Schutzgesetz nach § 823 Abs. 2 BGB.

Sind Klappsitze zulässig, so müssen sie nicht die für andere Sitze vorgeschriebenen Ab- 2
messungen haben (RVM 3. 11. 42, RVkBl. B 174 und BMV 5. 7. 49, VkBl. 92/101). Die Zahl der Klappsitze ist — soweit hierdurch nicht gleichviel Stehplätze wegfallen — bei der Errechnung der Höhe der Pflichtversicherung zu berücksichtigen (BMV 15. 2. 51, VkBl. 46).

Berufsverkehr ist jede Beförderung beruflich Tätiger, die in einem Fz zum gleichen 3
Arbeitsplatz fahren oder gemeinsam vom gleichen Arbeitsplatz abfahren. Ein Fahrgastwechsel findet nicht statt, wenn auf einer Fahrt entweder nach und nach Personen zusteigen, aber alle gleichzeitig aussteigen, oder alle an der Abfahrtsstelle des Omnibusses einsteigen und unterwegs nach und nach aussteigen; denn in diesen Fällen tritt auf einer Fahrt kein Fahrgast an die Stelle eines ausgestiegenen anderen.

§ 24 Höhenmaße (= § 50 BOKraft 1939)

(1) Bei den im Linienverkehr verwendeten Fahrzeugen mit mehr als 14 Fahrgastsitzplätzen und in Fahrzeugen mit Stehplätzen (§ 22) muß die Höhe des Innenraumes für Durchgänge und Stehplätze mindestens 1800 Millimeter, für Plattformen mindestens 1900 Millimeter über dem Fußboden betragen.

(2) Für Doppeldeckomnibusse kann die Genehmigungsbehörde geringere Maße zulassen.

Die früher allgemein gefaßte Vorschrift gilt nur noch für Fze im Linienverkehr, und auch 1
da nur noch für Fze mit mehr als 14 Sitzen (weil für diese nach § 35a Abs. 4 StVZO ein Gang vorgeschrieben ist) und für alle Omnibusse mit Stehplätzen. Für die übrigen Omnibusse, vor allem für die kleineren, im Gelegenheitsverkehr eingesetzten Fze, ist — entsprechend der bisherigen Übung (RVM 25. 11. 41, RVkBl. B 41, 213; BMV 18. 12. 50 VkBl. 51, 2) — keine Mindesthöhe des Innenraums mehr vorgeschrieben.

§ 25 Hilfsgerät (= § 56 BOKraft 1939)

Bei der Ausrüstung der Fahrzeuge mit Hilfsgerät ist auf Geländeschwierigkeiten, auf die Straßenverhältnisse, ferner auf die Jahreszeit und die Wetterlage Rücksicht zu nehmen. Insbesondere sind, wenn es die Umstände angezeigt erscheinen lassen, Schneeketten, Spaten und Hacke sowie ein Abschleppseil mitzuführen.

§ 26 Verständigung mit dem Fahrzeugführer (= § 57 BOKraft 1939)

Vom Schaffner oder Begleiter zum Fahrzeugführer muß eine sichere Verständigung möglich sein.

1 Die Vorschrift ist (entsprechend Dir. d. Verw. f. Verk. 20. 3. 49, VkBl. 21/23) deutlicher gefaßt worden. Eine Anlage zur Übermittlung von Sprache ist in keinem Fall erforderlich, die Verständigung kann durch akustische oder optische Zeichen erfolgen. Die Verständigung zwischen dem Omnibusanhänger und dem ziehenden Fz ist in § 61 Abs. 4 StVZO geregelt. Die Ansicht von Oppelt (Anm. 2 zu § 57), daß auf jedem Anhänger mindestens ein Schaffner mitfahren müsse, findet in der BOKraft und der StVZO keine Stütze; es genügt vielmehr, wenn für die Fahrgäste eine Möglichkeit vorhanden ist, sich mit dem Fahrer in Verbindung zu setzen, insbesondere ein Haltesignal für die nächste Haltestelle und ein Notsignal für sofortiges Halten zu geben.

§ 27 Elektrische Anlagen (= § 61 BOKraft 1939)

(1) Elektrische Anlagen für elektrisch angetriebene Omnibusse müssen so beschaffen sein, daß bei bestimmungsgemäßem Betrieb weder Personen verletzt noch Sachen beschädigt werden können.

(2) Die elektrische Arbeit kann von Kraftwerken, die dem Unternehmer nicht gehören, bezogen werden, wenn die Kraftwerke

1. **den Anforderungen des Betriebs von Oberleitungsomnibussen dauernd mit der nötigen Sicherheit entsprechen können,**
2. **sich verpflichten, jederzeit Besichtigungen der für den Betrieb der Oberleitungsomnibusse wichtigen Energieanlagen durch den Unternehmer oder die Aufsichtsbehörde zuzulassen.**

(3) Für das Anbringen oder Errichten von Haltevorrichtungen für die Oberleitung gelten die Bestimmungen über die Duldung öffentlicher Vorrichtungen auf Grundstücken und an Baulichkeiten in § 3 der Straßenverkehrs-Ordnung sinngemäß.

1 Die Vorschrift mußte neu gefaßt werden, da seit 1960 nicht nur Obusse und dieselelektrische Kfze der BOKraft unterstehen, sondern auch mit Batteriestrom gespeiste Kfze (§ 1 Anm. 3). Im übrigen hat § 27 Abs. 1 den gleichen Inhalt wie der allgemein geltende § 62 StVZO, erstreckt sich aber bei Obussen auch auf die mit den Kfzen nicht festverbundenen Anlagen, vor allem auf die Stromerzeugungs- und Stromverteilungsanlagen und auf den Fahrdraht (vgl. § 41 PBefG).

2 Während Abs. 1 für alle elektrischen Omnibusse (die der BOKraft unterstehen) gilt, enthält Abs. 2 — dies ergibt sich aus seiner Nr. 1 und 2 — nur Vorschriften für Obusse. Der Bezug elektrischer Arbeit für das Auffüllen der Akkumulatoren und der Betrieb der Ladestation fällt daher nicht unter Abs. 2. Wird eine Obusanlage durch fremde Starkstromanlagen gekreuzt, so ist nach RVM 12. 8. 42 (RVkBl. B 126) der für Straßenbahnen ergangene Runderlaß (RVM 2. 7. 42, RVkBl. B 114) zu beachten, der seinerseits wieder auf die Bahnkreuzungsvorschriften für fremde Starkstromanlagen (der Bundesbahn) verweist (abgedruckt bei Oppelt Anm. zu § 61 BOKraft). Anträge auf „Zustimmung zur Kreuzung" sind an die Genehmigungsbehörde des PBefG zu richten.

2. Omnibusanhänger und Lastwagen

§ 28 Omnibusanhänger und Lastwagen

(1) Auf Omnibusanhänger sind die nachstehend bezeichneten Vorschriften entsprechend anzuwenden:

§ 22 (Stehplätze)
§ 23 (Sitze im Gang)
§ 24 (Höhenmaße)
§ 25 (Hilfsgerät)
§ 30 (Rauchen).

§ 61 Straßenverkehrs-Zulassungs-Ordnung bleibt unberührt.

(2) Auf Lastwagen sind die nachstehend bezeichneten Vorschriften entsprechend anzuwenden:

§ 20 (Beschriftung)
§ 23 (Sitze im Gang)
§ 24 (Höhenmaße)
§ 25 (Hilfsgerät).

§ 34 der Straßenverkehrs-Ordnung bleibt unberührt.

Die Vorschrift faßt nicht nur, dem § 62 BOKraft 1939 entsprechend, die Vorschriften für gewerbliche Personenbeförderung mit LKW, sondern auch die mit Omnibusanhängern zusammen. Personenbeförderung mit LKW ist nur in den von § 7 PBefG vorgesehenen Fällen zulässig. § 28 gilt für LKW nur für den Zeitraum, in denen sie tatsächlich zur Personenbeförderung eingesetzt sind. Der Umstand, daß ein solcher Einsatz erfolgen könnte, rechtfertigt eine vorsorgliche Anwendung von § 28 nicht. 1

Da die BOKraft nur die gewerbliche Personenbeförderung betrifft, der Werkverkehr also nicht unter die Regelung fällt, kommt Abs. 2 nur für den seltenen Fall der gewerbsmäßigen Beförderung von Arbeitskräften zwischen verschiedenen Betriebsstätten durch einen mit dem Arbeitgeber nicht personengleichen Beförderungsunternehmer in Betracht (§ 34 StVO, vgl. dort auch AVStVO Abs. 2 zu § 34 StVO). Hiezu bedarf es einer Ausnahmegenehmigung nach § 7 Abs. 2 PBefG. Die genehmigungsfreien Fahrten nach § 2 Abs. 3 PBefG unterliegen nicht der BOKraft. 2

4. Abschnitt — Sondervorschriften für Linien- und Droschkenverkehr

A. Gemeinsame Vorschrift

§ 29 Beförderungspflicht (= § 63 BOKraft 1939)

(1) Im Linien- und Droschkenverkehr ist der Unternehmer zur Beförderung verpflichtet, wenn

1. **den geltenden Beförderungsbedingungen und den behördlichen oder behördlich genehmigten Anordnungen entsprochen wird;**
2. **die Beförderung mit den regelmäßigen Beförderungsmitteln möglich ist und**
3. **die Beförderung nicht durch Umstände verhindert wird, die der Unternehmer nicht abwenden konnte und denen er auch nicht abzuhelfen vermochte.**

(2) Im Droschkenverkehr besteht die Beförderungspflicht nur für Fahrten innerhalb des Geltungsbereichs der behördlich festgesetzten Beförderungspreise.

1. Die Pflicht, alle Personen zu befördern, die von dem betroffenen Unternehmen befördert werden wollen, besteht unter den in Nr. 1 bis 3 genannten Voraussetzungen nur im Omnibus- und Obuslinienverkehr, außerdem (mit gewissen Einschränkungen, Abs. 2) für Droschken, nicht aber für Omnibusse im Gelegenheitsverkehr und für Mietwagen (siehe Anm. zu § 28 PBefG). Daneben besteht für Omnibusse, Obusse und Kfze. im Linienverkehr und Droschken eine Betriebspflicht (§ 21 PBefG), von der allerdings die Genehmigungsbehörde bei Sonderformen des Linienverkehrs (§§ 43, 45 Abs. 4 PBefG) Ausnahmen zulassen kann. Dies bedeutet, daß im allgemeinen im Linienverkehr ein dem genehmigten Fahrplan entsprechender Verkehr durchgeführt werden muß und daß andererseits nur die Personen befördert werden müssen, die in den fahrplanmäßigen Omnibussen (Obussen) Platz haben. Ein Zwang, bei größerem Andrang Einsatzwagen fahren zu lassen, besteht nicht, doch dürfen Einsatzwagen gefahren werden (§ 45 Abs. 4 PBefG). 1

2 Gelegenheitsverkehr: Für Droschken besteht seit 1. 6. 61 ebenfalls eine Betriebspflicht, nicht jedoch für Ausflugswagen (§ 48 Abs. 2 PBefG), Mietomnibusse und Mietwagen (§ 49 Abs. 3). Die Beförderungspflicht besteht allerdings bei Droschken nur, solange sie sich im Einsatz befinden und nicht gerade andere Fahrgäste befördern, also solange sie das Freizeichen (§ 40) führen oder an Droschkenplätzen stehen (§ 40 Anm. 2). Für Droschken bestand bis 1. 6. 61 keine Pflicht zur Beförderung über den Bezirk der Genehmigungsbehörde hinaus (Abs. 2 mit § 34 Satz 1 PBefG). Nunmehr ist sie auf den Geltungsbereich der nach § 51 Abs. 1 Satz 1 PBefG festgesetzten Beförderungsentgelte erweitert (§ 47 Abs. 4 PBefG).

3 2. Abs. 1 Nr. 1 will sagen, daß Personen, die den Beförderungsbedingungen und den behördlichen oder behördlich genehmigten Anordnungen nicht entsprechen (§§ 12, 13, vgl. insbes. 13, 3), kein Recht auf Beförderung haben. Dies gilt auch schon, wenn ernstlich zu besorgen ist, daß sie die Anordnungen nicht befolgen werden.

3. Die Beförderungspflicht umfaßt nur bei Droschken auch die Pflicht zur Beförderung des Handgepäcks (dies ist aus §§ 41, 36 Abs. 1 Satz 1 zu entnehmen), dagegen nicht die Pflicht zur Beförderung von Tieren. Einzelheiten regeln die Beförderungsbedingungen (13, 5).

B. Linienverkehr

§ 30 Rauchen (= § 64 BOKraft 1939)

In Omnibussen darf nur in den besonders gekennzeichneten Wagen oder Wagenteilen geraucht werden.

1 Das Rauchverbot gilt nicht im Gelegenheitsverkehr. Im Linienverkehr dürfen Fahrgäste nur in den besonders gekennzeichneten Wagen oder Wagenteilen rauchen. Sie haben kein Recht darauf, daß derartige Wagen oder Wagenteile eingesetzt werden. Fahrer und Schaffner dürfen während der Fahrt in keinem Falle rauchen, auch nicht im Gelegenheitsverkehr (§ 9 Abs. 2 Nr. 4). Die Vorschrift gilt auch für Obusse, nicht aber für PKW (§ 45 Abs. 6 PBefG).

§ 31 Hinweisschilder für Schwerbeschädigte

Für Schwerbeschädigte sind Sitzplätze durch Schilder mit schwarzer Schrift auf gelbem Grund kenntlich zu machen.

1 Bis zur Neufassung von 1960 gab es keine einheitliche Beschilderung der den Schwerbeschädigten vorbehaltenen Sitze im Omnibusverkehr. Die Vorschrift ist aus DB Nr. 2 zu § 22 BOStrab übernommen. Die gekennzeichneten Plätze müssen nicht frei bleiben, sie sind jedoch Schwerbeschädigten mit amtlichen Ausweis erforderlichenfalls freizumachen (§ 2 Abs. 2 des Musters für Beförderungsbedingungen). Die Vorschrift gilt auch für Obusse, nicht aber für PKW.

2 Gemeint sind die Schwerbeschädigten im Sinn des Schwerbeschädigtengesetzes v. 18. 6. 53 (BGBl. I 389, mit vier DVOen), also Deutsche, deren Erwerbsfähigkeit nicht nur vorübergehend um mindestens 50% gemindert ist, sofern die Beschädigung durch militärische oder militärähnliche Verrichtungen oder auf folgende Weise herbeigeführt wurde: durch Ereignisse des zweiten Weltkriegs, durch die Besatzungsmacht, durch nationalsozialistische Verfolgung, durch Arbeitsunfall, durch Berufskrankheit oder durch Dienstunfall. Außerdem gehören die Zivilblinden zum bevorzugten Personenkreis. Nichtdeutsche genießen den Vorzug nicht, sofern sie nicht — was unter bestimmten Voraussetzungen möglich ist — den Schwerbeschädigten gleichgestellt worden sind.

3 Im August 1960 vorhandene Schilder dürfen weiter verwendet werden, wenn sie schwarze Schrift auf weißem Grund zeigen (§ 48 Abs. 2).

§ 32 Haltestellen (= § 65 BOKraft 1939)

(1) Die Straßenverkehrsbehörde setzt die Lage der Haltestellen nach Maßgabe des genehmigten Fahrplans entsprechend den Erfordernissen des Betriebs und des Verkehrs fest; Polizei und Straßenbaubehörde sind vorher zu hören. Der Unternehmer hat die Haltestellen durch die vorgeschriebenen Haltestellenzeichen kenntlich zu machen.

(2) An verkehrsreichen Haltestellen im innerstädtischen Verkehr sind Behälter zum Abwerfen benutzter Fahrscheine anzubringen.

Die Regelung der Zuständigkeit und die Anhörungspflichten sind 1960 geändert worden. 1
Die Kennzeichnung der Haltestellen hat einheitlich mit den Haltestellenzeichen zu erfolgen, die auf Bild 76, 77, 93 bis 101, 106 bis 109 (S. 116 bis 120 der 21. Aufl.) dargestellt sind. Diese Zeichen sind durch VO v. 19. 7. 39 (RVkBl. B 253) eingeführt worden. Auf dem Haltestellenarm ist der Name des Unternehmens (u. U. abgekürzt), nicht aber das Ziel der betreffenden Linie anzugeben. Die Grundstückseigentümer sind verpflichtet, die Anbringung der Zeichen zu dulden (§ 45 Abs. 1 PBefG). PKW-Linien bedürfen keiner Haltestellenzeichen.

Die Haltestellenschilder müssen — auch im Bundesbahnomnibusverkehr — in Fahrtrichtung gesehen auf der rechten Straßenseite aufgestellt sein (Celle 15. 1. 58, GoltdArch 59, 252). Es genügt also keinesfalls ein einziges Schild für beide Richtungen. 2

§ 33 Kennzeichnung (= § 66 BOKraft 1939)

(1) Farbiges Licht darf als Unterscheidungszeichen für Linien nicht verwendet werden.

(2) Jedes Fahrzeug oder jeder Zug miteinander verbundener Fahrzeuge muß vorn ein Zielschild tragen. Das Zielschild ist auch an der rechten Längsseite und an der Rückseite des Fahrzeugs zu führen; an der Rückseite genügt auch die Führung der Linien-Nummer. Bei Zügen entfällt die Kennzeichnung an der Rückseite des ziehenden Fahrzeugs und an der Stirnseite des Anhängers. Die Kennzeichnungen müssen auch bei Dunkelheit erkennbar sein. Die Genehmigungsbehörde oder die von ihr bestimmte Behörde kann in Einzelfällen Ausnahmen zulassen.

Die Pflicht zur Kennzeichnung der Omnibusse und Obusse des Linienverkehrs wurde 1960 im Interesse der Fahrgäste erweitert. Ist an allen Haltestellen einer Linie eine Verwechslung mit Fzen anderer Linien ausgeschlossen, so kann (nach der amtlichen Begründung) die seitliche und rückwärtige Kennzeichnung im Ausnahmewege erlassen werden. 1

Der BMV hat am 24. 6. 60, VkBl. 255 (mit Abbildungen versehen) auf folgendes hingewiesen: 2

a) Kraftomnibusse im Linienverkehr müssen außer mit den nach § 50 Abs. 2 StVZO vorgeschriebenen zwei Scheinwerfern gemäß § 66 BOKraft (nun § 33 Abs. 2 BOKraft 1960) zusätzlich vorn mit einem Zielschild ausgerüstet sein, das auch bei Dunkelheit gut sichtbar ist (die Abbildung 1 zeigt die mit zwei Scheinwerfern ausgestattete Front eines Omnibusses; über der Windschutzscheibe befindet sich ein längliches beleuchtetes Zielschild mit abgerundeten Ecken). Das Zielschild darf jedoch nicht so ausgebildet sein, daß es mit der Stirnleuchte der Schienenfahrzeuge verwechselt werden kann. Nach § 49a StVZO ist es unzulässig, über, unter oder neben dem beleuchteten Zielschild ein von einer besonderen Lichtquelle beleuchtetes Liniennummernschild zu verwenden.

b) Eine Stirnleuchte ist nur zulässig gemäß § 28 Abs. 2 der VO über den Bau und Betrieb der Straßenbahnen an der höchsten Stelle der Stirnseite von Straßenbahnzügen (Die Abbildung 2 zeigt die Stirnseite einer Straßenbahn bei Nacht. Sie hat nur einen Scheinwerfer in der Mitte des Wagens. Das Zielschild gleicht dem für Omnibusse, ist aber etwas kürzer und ohne abgerundete Ecken; über dem Stirnschild befindet sich eine quadratische Stirnleuchte, deren obere Ecken abgerundet sind; auf ihrer Leuchtfläche ist die Nummer oder der Buchstabe der Linie zu zeigen.) 3

c) und nach den Bestimmungen der Eisenbahn-Signalordnung 1959 am ersten Fz eines Zuges, wenn dieses ein Triebfz oder ein Steuerwagen ist (Dreilicht-Spitzensignal; die Abbildung 3 zeigt die an den Ecken eines gedachten gleichseitigen Dreiecks angebrachten Spitzenleuchten eines Eisenbahnzuges). 4

d) Die Stirnleuchte der Schienenfze soll den übrigen Straßenbenutzern bei Dunkelheit deutlich machen, daß diese Fze nicht ausweichen können. Aus gegebenem Anlaß weise ich erneut darauf hin, daß Stirnleuchten an Kfzen unzulässig sind und die Vorschrift des § 49a Abs. 1 Satz 1 StVZO die Handhabe bietet, die Verwendung einer solchen Leuchte zu untersagen. 5

C. Droschkenverkehr

§ 34 Droschkentarif (= § 68 BOKraft 1939)

Die behördlich festgesetzen Beförderungspreise (Tarife) gelten für Fahrten innerhalb des Bezirks der Genehmigungsbehörde. Die Genehmigungsbehörde kann Vorschriften darüber erlassen, welche Beförderungspreise für Fahrten über die Grenzen ihres Bezirks gelten.

1 Die Vorschrift, daß Droschken am Ort des Betriebssitzes untergebracht werden müssen (§ 67 BOKraft 1939) wurde als entbehrlich gestrichen, da der Unternehmer ohnedies den Betriebssitz in der Gemeinde haben muß (§ 31 Abs. 1 PBefG 1934, vgl. nun § 47 Abs. 2, 3 PBefG 1961).

2 Wer die Tarife festsetzt und welche Bedeutung sie haben, regelt die BOKraft nicht. Nach § 51 Abs. 1 PBefG setzt die Landesregierung Beförderungsentgelte und Beförderungsbedingungen durch RechtsVO fest, kann die Ermächtigung aber auch auf die Genehmigungsbehörden übertragen. Einzelheiten des Droschkenverkehrs regeln die landesrechtlichen Droschkenordnungen (§ 42).

§ 35 Fahrpreisanzeiger (= § 69 BOKraft 1939)

(1) Droschken sind mit geeichten Fahrpreisanzeigern (Taxameteruhren) auszurüsten, welche die nach § 32 des Gesetzes festgesetzten Beförderungspreise für die zurückgelegte Fahrstrecke anzeigen. Der Fahrpreisanzeiger kann mit einem Quittungsdrucker verbunden sein. Bei Fahrzeugen, die zum Droschken- und Mietwagenverkehr zugelassen sind, kann die Genehmigungsbehörde die Verwendung eines Wegstreckenzählers an Stelle des Fahrpreisanzeigers gestatten, wenn das Fahrzeug nur in geringem Umfang für Droschkenverkehr verwendet wird. Ausschließlich zum Mietwagenverkehr zugelassene Fahrzeuge dürfen nicht mit einem Fahrpreisanzeiger ausgerüstet sein.

(2) Der Fahrpreisanzeiger muß anzeigen

1. den behördlich festgesetzten Beförderungspreis,

2. die Tarifstufe,

3. etwaige Zuschläge.

(3) Ein anderer als der behördlich festgesetzte und vom Fahrpreisanzeiger angezeigte Beförderungspreis darf nicht gefordert werden.

(4) Der Fahrgast muß die Angaben des Fahrpreisanzeigers jederzeit leicht ablesen können. Bei Dunkelheit ist der Fahrpreisanzeiger zu beleuchten.

(5) Bei Versagen des Fahrpreisanzeigers wird der tarifmäßige Beförderungspreis nach der durchfahrenen Strecke berechnet.

(6) Fahrpreisanzeiger müssen so beschaffen und angeordnet sein, daß sie Fahrgäste nicht behindern oder gefährden.

1 1960 wurde Abs. 1 Satz 4 neu angefügt; er entspricht inhaltlich RVM 29. 9. 36, RVkBl. B 310, und RVM 14. 3. 38, RVkBl. B 55. Die amtliche Begründung führt dazu aus: Der Fahrpreisanzeiger ist für die Droschke charakteristisch. Das ... Verbot für nur zum Mietwagenverkehr zugelassene Fze dient der besseren Unterscheidung zwischen Droschken und Mietwagen. Vgl. § 49 Abs. 4 PBefG.

2 Die neue Bezeichnung Wegstreckenzähler (statt Wegstreckenmesser) entspricht § 17. Ist ein Fz mit einem Fahrpreisanzeiger ausgerüstet, weil es auch als Droschke eingesetzt wird, so darf der Fahrpreisanzeiger auch bei Mietwagenfahrten verwendet werden (vgl. auch § 17 Anm. 2, 3), doch ist dann der angezeigte Preis nicht bindend; derartige Genehmigungen gibt es jedoch nur für gewisse Orte mit höchstens 50000 Einwohnern (§ 46 Abs. 3 PBefG).
Abs. 6 wurde 1960 neu angefügt.

§ 36 Pflichten des Fahrers gegenüber dem Fahrgast (= § 70 BOKraft 1939)

(1) Droschkenfahrer sollen den Fahrgästen beim Auf- und Abladen des Gepäcks behilflich sein. Auf Verlangen sind die Fenster und, soweit dies nach der Bauart des Fahrzeugs möglich ist, das Verdeck zu öffnen oder zu schließen.

(2) Der Fahrgast kann eine Quittung über den Beförderungspreis verlangen.

§ 37 Fahrweg (= § 71 BOKraft 1939)

Der Droschkenfahrer hat den kürzesten Weg zum Fahrziel zu wählen, wenn nicht der Fahrgast etwas anderes bestimmt.

Der Fahrer hat den Fahrgast darauf aufmerksam zu machen, wenn der kürzeste Weg wegen der schlechten Straßenbeschaffenheit oder der gerade dort herrschenden Verkehrsdichte eine längere Fahrzeit erfordert als ein Umweg über gut ausgebaute Straßen. 1

§ 38 Anlocken von Fahrgästen (= § 72 BOKraft 1939)

Das Anlocken von Fahrgästen ist verboten.

Die Vorschrift verbietet es dem Droschkenfahrer nicht, unterwegs auf Winken anzuhalten und Fahrgäste einsteigen zu lassen, wenn sich gerade keine Fahrgäste im Wagen befinden; gerade ein solches Verhalten will die Vorschrift über das Freizeichen erleichtern, weil es die bessere Ausnützung des eingesetzten Kfzs ermöglicht, vor allem aber auch der Bequemlichkeit der Fahrgäste dient, denen der Weg zum Droschkenplatz erspart wird. Eine Vorschrift, daß der Fahrer bei Beendigung der Fahrt auf kürzestem Weg den nächsten Droschkenplatz aufzusuchen hat, kennt die BOKraft nicht. Es bleibt daher unklar, worauf Oppelt (Anm. zu § 72) eine solche Pflicht gründen will. Untersagt ist dem Fahrer lediglich, sich durch Zuruf, Zeichen, Anhalten oder langsames Heranfahren (oder auf ähnliche Weise) Fußgängern bemerkbar zu machen oder den Wagen an Orten bereit zu stellen, an denen sich zwar regelmäßig ein Bedarf an Droschken einstellt, die aber nicht als Droschkenplätze gekennzeichnet sind. 1

§ 39 Kenntlichmachung als Droschke (= § 73 BOKraft 1939)

(1) Droschken müssen kenntlich gemacht sein

1. durch einen Anstrich in schwarzer Farbe,

2. durch ein auf dem Dach der Droschke fest angebrachtes, nach vorn und hinten wirkendes, bei Dunkelheit zu beleuchtendes Schild mit der in gelber Farbe auf schwarzem Grund versehenen Aufschrift „TAXI". In der Aufschrift müssen betragen

die Buchstabenhöhe mindestens 50 Millimeter bis höchstens 70 Millimeter,

die Strichstärke mindestens 10 Millimeter bis höchstens 14 Millimeter.

(2) Fahrzeuge, die außer für den Droschkenverkehr auch für den Mietwagenverkehr genehmigt sind, unterliegen den Vorschriften des Absatzes 1 nicht, wenn sie nur in geringem Umfang für den Droschkenverkehr verwendet werden.

1. Der Anstrich der Droschken (bis 1960 unten dunkelblau, oben schwarz, elfenbeinfarbener Streifen in Höhe der Unterkante der Fenster) muß bis 1. 7. 61 geändert sein (§ 48 Abs. 2); außerdem muß von diesem Tag an das Leuchtschild TAXI (Abs. 1 Nr. 2) auf dem Dach fest angebracht sein (nicht etwa abnehmbar: BMV 29. 11. 60, VkBl. 630). Befindet sich auf dem Dach ein Gepäckträger, so müssen sinngemäß zwei Schilder, ein von vorn und ein von hinten sichtbares, auf dem Dach angebracht werden. Das Leuchtschild TAXI auf dem Dach war schon seit 1957 gestattet (BMV 28. 3. 57, VkBl. 139). 1

2. Fze, die als Mietwagen zugelassen sind, aber in erheblichem Umfang auch als Taxi eingesetzt sind, müssen — dies ergibt sich aus Abs. 2 — den schwarzen Anstrich und das TAXI-Schild haben. Man wird annehmen müssen, daß sie gehalten sind, das TAXI-Schild 2

(durch einen Stoffüberzug) zu verdecken, solange sie Mietwagenfahrten ausführen. Andererseits ist wohl dem Abs. 2 auch zu entnehmen, daß Mietwagen, die in geringem Umfang als Taxi eingesetzt sind, während der Taxifahrten ein abnehmbares TAXI-Schild führen dürfen, auch wenn ihr Anstrich nicht schwarz ist; vgl. § 35 Anm. 2.

3 **3.** Nach der amtlichen Begründung ist es dem Unternehmer überlassen, an der Droschke Vorrichtungen anzubringen, welche die eingestellte Tarifgruppe zu Kontrollzwecken von außen erkennbar machen (z. B. durch Leuchtknöpfe auf dem Dach). Derartige Einrichtungen können auch durch die vom Landesgesetzgeber zu erlassenden Droschkenordnungen angeordnet werden.

§ 40 Freizeichen (= § 74 BOKraft 1939)

(1) Nicht besetzte Droschken sind durch die Bezeichnung „FREI" kenntlich zu machen; sie ist im Bereich der Windschutzscheibe anzubringen und bei Dunkelheit zu beleuchten.

(2) Freizeichen müssen so beschaffen und angeordnet sein, daß sie Fahrgäste nicht behindern oder gefährden.

(3) Fahrzeuge, die außer für den Droschkenverkehr auch für den Mietwagenverkehr genehmigt sind, brauchen kein Freizeichen zu führen, wenn sie nur in geringem Umfang für den Droschkenverkehr verwendet werden.

1 Bis 1960 war als Freizeichen zu verwenden: bei Tag eine Freifahne, bei Dunkelheit zwei an jeder Seite des Kfzs in Höhe der Unterkante der Windschutzscheibe angebrachte schwachgelb leuchtende Lampen mit schwarzem Kreuz. Statt dessen war aber schon seit 1943 (RVM 25. 10. 43, RVkBl. B 138 und BMV 5. 7. 49, VkBl. 92/103) das Schild: FREI an der Windschutzscheibe als ausreichend anerkannt worden.

2 Die Vorschriften über die Beleuchtung des Freizeichens beanspruchen keine Geltung für Droschken, die auf Droschkenplätzen aufgestellt sind, ferner nicht für Droschken, die nicht zur Entgegennahme von Fahraufträgen bereit („dienstbereit") sind; BayObLG 9. 7. 59, VRS 18, 70. Dienstbereit ist eine Droschke, wenn alle technischen Voraussetzungen für die Beförderung gegeben sind und der Fahrer bereit ist, einen Fahrgast zu befördern, sobald „örtlich gegebene Platzverhältnisse" oder Gepflogenheiten über den Abruf der Droschke die Aufnahme eines Fahrgastes zulassen; VGH Bremen VRS 15, 318. Angesichts der seit 1. 6. 61 bestehenden Betriebspflicht (§ 21 PBefG) muß die Droschke nach einem aufzustellenden Zeitplan dienstbereit sein.

3 Zweck des Freizeichens ist, auf angemessene Entfernung ein der gewerbsmäßigen Personenbeförderung dienendes und zur Beförderung bereites Kfz anzukündigen. Trotz der entstehenden Irreführung begeht allerdings ein Fahrer nicht nach § 47 BOKraft, § 61 Abs. 1 Nr. 5 PBefG eine Ordnungswidrigkeit, wenn er das Freizeichen seiner Droschke einschaltet, obwohl der Wagen besetzt ist; BayObLG 30. 7. 59, VRS 18, 72. Anders wäre der Fall zu beurteilen, wenn der Wagen nicht besetzt gewesen wäre und der Fahrer trotz technischer Einsatzfähigkeit des Wagens nicht bereit gewesen wäre, Fahrgäste zu befördern. Denn ein Fahrer, der in dieser Lage das Freizeichen zeigt, aber sich bemerkbar machende Fußgänger nicht befördert, verstößt gegen die Beförderungspflicht (§ 29), macht sich schadensersatzpflichtig und begeht eine Ordnungswidrigkeit.

§ 41 Gepäckbeförderung (= § 75 BOKraft 1939)

Droschken müssen bis zu 50 kg Gepäck mitnehmen können.

1 Aus der Vorschrift ist zu entnehmen, daß dem Fahrgast die Beförderung seines Handgepäcks (bis zu dem angegebenen Gewicht) nicht verweigert werden kann, soweit es sich nicht um sperrige Stücke handelt. Die Gebühr richtet sich nach dem Tarif.

Die Beförderung kann auch auf dem Dach erfolgen.

§ 42 Droschkenordnungen und Droschkenplätze (= § 76 BOKraft 1939)

Droschkenordnungen werden nach Landesrecht erlassen. Die Vorschriften der Straßenverkehrs-Ordnung über die Kennzeichen von Droschkenplätzen bleiben unberührt.

1. Zuständigkeit. Die Vorschrift wurde 1960 erheblich geändert. Dies wurde erforderlich, 1
weil die Rechtslage, die 1939 bestanden hatte, durch das Grundgesetz erheblich verändert
worden war. Zum Erlaß von Rechtsverordnungen kann durch Bundesgesetz nur noch
die Landesregierung selbst ermächtigt werden. Der bundesstaatliche Charakter der Bundes-
republik hatte die in § 76 BOKraft enthaltenen Ermächtigungen außer Kraft gesetzt
(Art. 80 Abs. 1 Satz 2, Art. 129 Abs. 3 GG). Die bis 1949 erlassen gewesenen Polizeiver-
ordnungen sind allerdings wirksam geblieben (Giese 4. Aufl. Anm. 8 zu Art. 129 GG).
Die beiden Entscheidungen des BayObLG v. 9. 7. 59 (VRS 18, 70 und 73) setzen sich mit
dieser Frage nicht auseinander, obwohl die Leitsätze darauf schließen lassen könnten.

Seit Inkrafttreten des Grundgesetzes war es Aufgabe der Länder, das Droschkenwesen 2
zu regeln, soweit die BOKraft keine ausdrücklichen Bestimmungen enthielt. Von dieser Be-
fugnis hat allerdings — soweit ersichtlich — nur Hamburg Gebrauch gemacht (DroschkenVO
v. 7. 7. 53, GVBl. 129, Änderung 8. 7. 58, GVBl. 240). § 42 stellt die derzeit bestehende
Rechtslage klar.

2. Droschkenplätze werden nach § 4 StVO von der Straßenverkehrsbehörde (also nicht 3
von der Genehmigungsbehörde) durch Aufstellen des Verkehrszeichens Bild 31 der Anlage
zur StVO gekennzeichnet. Es ist Aufgabe der Straßenverkehrsbehörde eine der Zahl der
vorhandenen Droschken entsprechende Zahl von Droschkenplätzen bereitzustellen und zu
kennzeichnen. Ob sie sich dabei mit der Genehmigungsbehörde ins Benehmen zu setzen hat,
bestimmen die landesrechtlichen Droschkenordnungen.

3. Die Ermächtigung, über die Ausführung von Rundfahrten und Besichtigungs- 4
fahrten Vorschriften zu erlassen, ist gestrichen worden. Droschken können gleichzeitig als
Ausflugswagen genehmigt sein (§ 9 Abs. 1 Satz 2, § 46 Abs. 3, § 48 PBefG).

5. Abschnitt — Sondervorschriften über die Untersuchungen der Fahrzeuge

§ 43 Hauptuntersuchungen (= §§ 80—87 BOKraft 1939)

(1) Bei den Hauptuntersuchungen der Fahrzeuge nach § 29 der Straßenverkehrs-Zulassungs-Ordnung ist auch festzustellen, ob das Fahrzeug den Vorschriften dieser Verordnung entspricht.

(2) Nach den Untersuchungen hat der Unternehmer das Prüfbuch unverzüglich der Genehmigungsbehörde zur Kenntnisnahme vorzulegen.

1. Die Vorschriften über die Durchführung der Hauptuntersuchungen wurden 1960 ge- 1
strichen, weil § 29 StVZO entsprechend erweitert wurde und die Anlagen VIII und IX
(Untersuchung der Fze; Prüfplakette) die besonderen Verhältnisse der gewerblichen Personen-
beförderung berücksichtigen. Abs. 2 entspricht weitgehend § 81 Abs. 2 BOKraft 1939. Bis
1960 wurden der Genehmigungsbehörde die „Untersuchungsberichte" vorgelegt. Statt
„Genehmigungsbehörde" muß es jetzt richtiger „Aufsichtsbehörde" heißen (§ 54 Abs. 1
PBefG).

2. Eine Vorschrift über die Zwischenuntersuchungen wurde entbehrlich, weil sich 2
diese auch früher schon nicht auf die besonderen Vorschriften der BOKraft erstreckten (§ 83
BOKraft 1939).

3. Wird bei der Hauptuntersuchung festgestellt, daß das Kfz den Anforderungen der 3
BOKraft nicht entspricht, so darf es vor Beseitigung der Mängel nicht im gewerblichen
Personenverkehr verwendet werden. Ein Verstoß war früher nach § 91 BOKraft strafbar,
seit 1. 6. 61 liegt nur noch eine Ordnungswidrigkeit vor (§ 47 BOKraft 1960; § 61 Abs. 1
Nr. 5 PBefG). Stellt sich heraus, daß das Kfz verkehrsunsicher ist, so greift nunmehr die
Strafvorschrift des § 71 StVZO ein, wenn es trotzdem im Straßenverkehr verwendet wird.

4. Für Obusanlagen gilt nach RVM 12. 8. 42 (RVkBl. B 126) folgende Besonderheit: 4
Die Überwachung und Ausführung der laufenden Prüfungen der elektrischen Anlagen
(Stromerzeugungs-, Stromverteilungs-, Betriebshofs-, Werkstätten- und sonstige Betriebs-
anlagen) ist auf die Betriebsleiter übertragen worden; soweit der Unfallschutz in Frage kommt,
ist dafür die Berufsgenossenschaft zuständig. Über den bei den Prüfungen festgestellten

Zustand der Anlagen ist eine Niederschrift aufzunehmen, in der auch die Abstellung der gefundenen Mängel zu vermerken ist. Die Niederschrift ist vom Betriebsleiter zu unterschreiben und bei dem Unternehmen aufzubewahren; sie ist der Genehmigungsbehörde auf Verlangen vorzulegen. Den Unternehmen ist ferner gestattet, die Haupt- und Zwischenuntersuchungen (nach Anl. VIII Nr. 6 und 11) im eigenen Betrieb durchzuführen; man wird annehmen müssen, daß diese allgemeine Genehmigung, die nur für am 1. 8. 60 bereits bestehende Unternehmen gilt, trotz Übertragung der Zuständigkeit auf die obersten Landesbehörden zunächst weiter wirksam ist, solange diese nicht eine abweichende Regelung treffen.

§ 44 Außerordentliche Hauptuntersuchungen (= §§ 78, 79 BOKraft 1939)

(1) Vor der ersten Inbetriebnahme in einem Unternehmen hat der Unternehmer auf seine Kosten eine außerordentliche Hauptuntersuchung des Fahrzeugs zu veranlassen.

(2) Besteht für ein fabrikneues Fahrzeug eine Allgemeine Betriebserlaubnis, so kann die außerordentliche Hauptuntersuchung darauf beschränkt werden, ob die Vorschriften dieser Verordnung erfüllt sind. Ist die Übereinstimmung mit dieser Verordnung bei Erteilung der Allgemeinen Betriebserlaubnis festgestellt worden und bestätigt deren Inhaber dies durch Vermerk im Prüfbuch, so kann die Untersuchung unterbleiben.

1 1. Das Verfahren bei der Erstuntersuchung ist vereinfacht worden, vor allem ist die Pflicht zur Vorlage einer maßstäblichen Zeichnung des Fzs weggefallen (die schon BMV 16. 1. 50, VkBl. 18, als im allgemeinen entbehrlich bezeichnet hatte). Im übrigen ist auch insoweit das Verfahren in § 29 StVZO und der Anlage VIII zur StVZO zusammengefaßt.

2 2. Obwohl sich die Vorschrift nur auf Kfze bezieht, wird sich, wie bei § 43, die technische Überwachung bei Obusbetrieben (RVM 12. 8. 42, RVkBl. B 126 und 28. 2. 42 RVkBl. B 33) auf die gesamten Betriebsanlagen erstrecken müssen. § 27 BOKraft und §§ 36, 41 PBefG lassen diesen Schluß zu.

6. Abschnitt — Schluß- und Übergangsvorschriften

§ 45 Ausnahmen (= § 89 BOKraft 1939)

Ausnahmen können genehmigen

1. **die zuständigen obersten Landesbehörden oder von ihnen bestimmte Stellen von allen Vorschriften dieser Verordnung in bestimmten Einzelfällen oder allgemein für bestimmte einzelne Antragsteller, es sei denn, daß die Auswirkungen sich nicht auf das Gebiet des Landes beschränken und eine einheitliche Entscheidung erforderlich ist,**
2. **der Bundesminister für Verkehr von allen Vorschriften dieser Verordnung, sofern nicht die Landesbehörden nach Nummer 1 zuständig sind; allgemeine Ausnahmen bestimmt er durch Rechtsverordnung ohne Zustimmung des Bundesrates nach Anhören der zuständigen obersten Landesbehörden.**

1 Die Neufassung 1960 erfolgte unter Berücksichtigung von Art. 5 Abs. 2 Straßenverk-SicherungsG v. 19. 12. 52 (21. Aufl. S. 1254) in Anlehnung an die Regelung in Art. 72 Abs. 2 GG und in Anpassung an die Ausnahmevorschriften in § 70 StVZO und § 46 StVO. Man wird annehmen müssen, daß der Fahrer genehmigte Ausnahmen von den Vorschriften der BOKraft über Bauart und Kennzeichnung des Fzs (ebenso wie solche von Vorschriften der StVZO) entsprechend § 70 Abs. 3a StVZO durch eine bei Fahrten mitzuführende Urkunde nachweisen muß. Infolge des Analogieverbots im Strafrecht wird freilich eine Bestrafung zu unterbleiben haben, wenn der Fahrer keine Urkunde dieser Art mit sich führt.

§ 46 Bundesbahn und Bundespost (= § 90 BOKraft 1939)

(1) Für die Kraftomnibusse der Deutschen Bundesbahn und der Deutschen Bundespost gelten nur die Vorschriften der §§ 17 und 31 sowie die Vorschriften des 3. Abschnitts dieser Verordnung mit Ausnahme des § 20 und mit der Maßgabe, daß die den Genehmigungsbehörden in § 24 Abs. 2 übertragene Befugnis von der Deutschen Bundesbahn und der Deutschen Bundespost ausgeübt wird.

(2) Für Haltestellen gilt § 32 Abs. 1.

(3) Im übrigen erlassen die Deutsche Bundesbahn und die Deutsche Bundespost die für die Durchführung ihrer Personenkraftverkehrsdienste erforderlichen Vorschriften selbst.

Die bevorzugte Behandlung von Bundesbahn und Bundespost verstößt ebensowenig wie bei §§ 14, 27 PBefG 1934 (BVerwG 4. 12. 59 VkBl. 60, 190) und § 13 Abs. 5 PBefG 1961 gegen das GG. 1

Die Vorschrift ist 1960 insofern erweitert worden, als die Vorschriften über Wegstreckenzähler (§ 17) und über einheitliche Hinweisschilder für Schwerbeschädigte (§ 31) nun auch für Omnibusse von Bundespost und -bahn gelten. Darüber, daß der Betrieb der Bundespost — nicht aber der der Bundesbahn — öffentlichrechtlich aufgezogen ist, siehe § 3 Anm. 3. 2

Bundespost und Bundesbahn haben ihre Stellung als Genehmigungsbehörden am 1. 6. 61 verloren; schon vorher waren sie für die Bewilligung von Ausnahmen nach § 45 nicht zuständig.

§ 47 Zuwiderhandlungen (= § 91 BOKraft 1939)

Zuwiderhandlungen gegen die Bestimmungen dieser Verordnung oder gegen die auf Grund dieser Verordnung erlassenen Vorschriften und Anordnungen werden nach § 41 des Gesetzes bestraft, soweit nicht nach anderen Vorschriften eine schwerere Strafe verwirkt ist.

1. **Zuwiderhandlungen.** Die Vorschrift verweist auf § 41 PBefG 1934. Seit 1. 6. 61 gilt statt dessen § 61 Abs. 1 Nr. 5 PBefG 1961, der keine Bestrafung mehr vorsieht, sondern Zuwiderhandlungen als Ordnungswidrigkeiten (Ges. v. 25. 3. 52, BGBl. I 177, i. d. F. der Gesetze v. 26. 7. 57, BGBl. I 861 und BGBl. II 713) bezeichnet. Diese beziehen sich — anders als bei § 71 StVZO (BayObLGSt. 57, 64 v. 29. 3. 57) nicht nur auf Zuwiderhandlungen gegen Rechtsverordnungen, sondern auch auf solche gegen schriftliche Verwaltungsanweisungen und Verwaltungsakte, sofern in ihnen auf die BOKraft hingewiesen ist. Solange der Betrieb nicht nach dem PBefG behördlich genehmigt ist, kann allerdings eine Geldbuße wegen Zuwiderhandlungen gegen Verfügungen nicht festgesetzt werden (vgl. Oldenburg 23. 2. 60, VRS 19, 398), wohl aber — weil nun die Anwendbarkeit des PBefG und der BOKraft von einer Genehmigung nicht mehr abhängt (§ 2 Abs. 3 PBefG) — wegen Zuwiderhandlungen gegen die BOKraft. Das gilt für den Unternehmer, das Fahrpersonal und die Fahrgäste. Bei Fahrlässigkeit kann keine Geldbuße verhängt werden (§ 11 OrdnungswidrigkeitsG). 1

2. Geldbußen gegen **Unternehmer** und das **Fahrpersonal** sind vor allem festzusetzen, wenn sie gegen die Sicherheitsvorschriften der BOKraft verstoßen, aber auch z. B. bei Verstoß gegen das Rauchverbot des § 9 Abs. 2. Darüber hinaus sind Geldbußen nicht nur gegen den Unternehmer, sondern auch das Fahrpersonal bei einem Verstoß gegen die Bedingungen und Auflagen festzusetzen, unter denen die Betriebsgenehmigung erteilt worden ist (BayObLGSt. 53, 69 = RdK 53, 172 v. 22. 4. 53, a. M. noch BayObLGSt. 52, 91 v. 6. 5. 52). 2

3. Auch gegen den **Fahrgast** richtet sich die Vorschrift des § 61 Abs. 1 Nr. 5 PBefG. Dies ist aus der amtlichen Begründung zur Neufassung des PBefG v. 6. 12. 37 zu entnehmen. Der Fahrgast begeht seit 1. 6. 61 allerdings keine Ordnungswidrigkeit mehr, wenn er Verboten und Anordnungen des Unternehmers (vor allem den Beförderungsbedingungen) zuwiderhandelt. 3

4. **Fahrgäste und Personal von Omnibussen der Bundespost und -bahn** waren vor dem 1. 6. 61 ebenso wie die in diesen Unternehmen tätigen Betriebsleiter von einer Bestrafung ausgenommen (§ 41 Abs. 2 PBefG 1934). Diese unterschiedliche Behandlung ist beseitigt. 4

§ 48 Inkrafttreten (= § 92 BOKraft 1939)

(1) Die Verordnung tritt am 1. April 1939 in Kraft.

(2) Nachstehend bezeichnete Vorschriften treten erst in folgenden Zeitpunkten in Kraft:

§ 17 am 1. Juli 1961,

§ 19 Abs. 2 für Fahrzeuge, die am 1. August 1960 als Droschken eingesetzt waren, am 1. Juli 1964.

§ 31 am 1. Oktober 1960 mit der Maßgabe, daß vorhandene Schilder mit schwarzer Schrift auf weißem Grund weiter verwendet werden dürfen,

§ 33 Abs. 2 Satz 2 am 1. Januar 1961,

§ 39 am 1. Juli 1961.

1 **1.** Die alte Fassung der BOKraft ist am 1. 4. 39 in Kraft getreten. Sie enthielt in § 92 Übergangsbestimmungen. Insbesondere beanspruchten ihre Vorschriften über die Bauart der Kfze großenteils keine Geltung für Kfze, die vor dem 1. 4. 40 erstmals zugelassen waren. Die alten Ausweise zur Fahrgastbeförderung galten bis 31. 3. 41 weiter. Die alten Übergangsbestimmungen sind im wesentlichen gegenstandslos und daher 1960 außer Kraft gesetzt worden. Dies bedeutet, daß auch die vor dem 1. 4. 40 zugelassenen Fze — soweit Fze dieser Art noch jetzt zur gewerblichen Personenbeförderung eingesetzt sein sollten — der BOKraft 1960 unterstehen.

2 **2.** Über das Inkrafttreten nach Abs. 2 sind bei den Anmerkungen zu den einzelnen Vorschriften Hinweise aufgenommen. Im übrigen sind die durch VO v. 7. 7. 60 angeordneten Änderungen am 1. 8. 60 in Kraft getreten.

5. Änderung von § 21 der VO über Fahrlehrer im Kraftfahrzeugverkehr

(Fahrlehrerverordnung)

vom 23. Juli 1957 (BGBl. I 769)

Ergänzung zu Anhang 1 (S. 1011) der 21. Auflage

(Full)

Seit 1. 8. 60 hat § 21 FahrlehrerV folgenden Wortlaut:

(1) Die zuständigen obersten Landesbehörden und die in § 18 Abs. 1 genannten Behörden können in Einzelfällen Ausnahmen von den Bestimmungen dieser Verordnung zulassen.

(2) Der Bundesminister des Inneren und der Bundesminister für Verteidigung können die nach § 18 Abs. 1 für zuständig erklärten Dienststellen ihres Geschäftsbereichs ermächtigen, Ausnahmen von § 3 Abs. 1 Nr. 1 und Nr. 4 sowie von § 3 Abs. 2 dieser Verordnung zuzulassen.

1 **1.** Die Änderung erfolgte durch die VO v. 7. 7. 60 (BGBl. I 485). Die Zulässigkeit der Genehmigung von Ausnahmen nach Abs. 1 bestand schon seit 1957 und entspricht im wesentlichen § 70 Abs. 1 Nr. 2 und 3 StVZO; doch können hier nicht nur der BMV, sondern auch andere Bundesminister (BMI, BMF, BMVert. und BMP) und der Vorstand der deutschen Bundesbahn neben den obersten Landesbehörden Ausnahmen genehmigen. Dagegen haben die in § 18 Abs. 1 Satz 1 genannten „Dienststellen" dieses Recht nicht, soweit nicht § 21 Abs. 2 eingreift.

2. Zu der in Abs. 2 neu eröffneten Möglichkeit, in gewissen Fällen das Recht zur Erteilung von Ausnahmegenehmigungen auf „Dienststellen" zu delegieren, führt die amtliche Begründung aus: Bei der Erteilung von Fahrerlaubnissen im Bereich der Bundeswehr und des Bundesgrenzschutzes können die Vorschriften über das Mindestalter (§ 3 Abs. 1 Nr. 1 der Fahrlehrerverordnung), über die Fahrpraxis (§ 3 Abs. 1 Nr. 4 der Fahrlehrerverordnung) und über die Ausbildung, die Voraussetzung für die Lehrerlaubnis der Klasse 2 ist (§ 3 Abs. 2 der Fahrlehrerverordnung), nicht in allen Fällen eingehalten werden. Das liegt am Altersaufbau und den kurzen Dienstzeiten bei Bundeswehr und Bundesgrenzschutz. Bundeswehr und Bundesgrenzschutz sind wegen des Umfanges der Motorisierung darauf angewiesen, daß ein großer Teil ihrer Angehörigen Inhaber der Fahrerlaubnis ist. Das ist nur möglich, wenn genügend Fahrlehrer zur Verfügung stehen. § 21 Abs. 2 der Fahrlehrerverordnung ermächtigt deshalb künftig den Bundesminister des Inneren und den Bundesminister für Verteidigung, die zur Erteilung der Fahrerlaubnis zuständigen Behörden ihres Geschäftsbereichs zur Genehmigung von Ausnahmen zu ermächtigen. 2

3. Die FahrlehrerV gilt, obwohl in Art. 9 nicht ausdrücklich erwähnt, nicht nur in Berlin, sondern auch im Saarland. 3

6. Verordnung über die Überwachung von gewerbsmäßig an Selbstfahrer zu vermietenden Personenkraftwagen und Krafträdern

vom 4. April 1955 (BGBl. I S. 186)
in der Fassung der VOen vom 14. 3. 1956 (BGBl. I S. 199 und vom 7. 7. 1960) (BGBl. I S.485)
Anhang 6 (S. 1157) der 21. Auflage
(Rüth)

Auf Grund der §§ 6 und 27 des Straßenverkehrsgesetzes vom 19. Dezember 1952 (Bundesgesetzbl. I S. 837) wird mit Zustimmung des Bundesrates verordnet:

§ 1

(1) Wer Personenkraftwagen oder Krafträder ohne Gestellung eines Fahrers gewerbsmäßig vermietet, hat dies unverzüglich nach Beginn des Gewerbebetriebs der für die Überwachung der Fahrzeuge nach der Straßenverkehrs-Zulassungs-Ordnung zuständigen Verwaltungsbehörde (Zulassungsstelle) schriftlich anzuzeigen.

(2) In der Anzeige sind Name (Firma) und Anschrift des Vermieters sowie Anzahl, Art und amtliche Kennzeichen der zu vermietenden Personenkraftwagen und Krafträder anzugeben. Spätere Änderungen sind unverzüglich anzuzeigen.

(3) Die Zulassungsstelle vermerkt den Tag der Anzeige in den Kraftfahrzeugbriefen und Kraftfahrzeugscheinen oder in den nach § 18 Abs. 5 oder 6 erforderlichen Nachweisen; dasselbe gilt für den Tag der Meldung, daß das Fahrzeug nicht mehr ohne Gestellung eines Fahrers vermietet wird. Die Briefe und Scheine oder die Nachweise sind ihr zu diesem Zweck vorzulegen.

(4) Die Verpflichtung, das Gewerbe nach § 14 der Gewerbeordnung anzumelden, bleibt unberührt.

§ 2

(1) Solange ein Personenkraftwagen oder ein Kraftrad gewerbsmäßig an Selbstfahrer vermietet wird, muß der Zulassungsstelle eine gültige Versicherungsbestätigung (§ 29b der Straßenverkehrs-Zulassungs-Ordnung) vorliegen, auf der der Versicherer den Vermerk „Selbstfahrervermietfahrzeug" angebracht hat.

(2) Der Halter hat diese Bestätigung unverzüglich der Zulassungsstelle zu übergeben, bei den vor dem 1. Juli 1960 begonnenen Betrieben spätestens am 31. Juli 1960.

§ 3

Wer den Vorschriften des § 1 zuwiderhandelt, wird nach § 21 des Straßenverkehrsgesetzes mit Geldstrafe bis zu einhundertfünfzig Deutsche Mark oder mit Haft bestraft.

§ 4

Diese Rechtsverordnung gilt nach § 14 des Dritten Überleitungsgesetzes vom 4. Januar 1952 (Bundesgesetzbl. I S. 1) in Verbindung mit Artikel 7 des Gesetzes zur Sicherung des Straßenverkehrs vom 19. Dezember 1952 (Bundesgesetzbl. I S. 832) auch im Land Berlin.

§ 5

Diese Verordnung tritt am ersten Tag des zweiten Monats nach ihrer Verkündung in Kraft.

1 Durch die VO v. 7. 7. 60, BGBl. I, 485, Art. 4, wurden die §§ 1 und 2 geändert. Verkündet wurde die SelbstfahrerVO v. 4. 4. 55 in der früheren Fassung am 27. 4. 55 (in Kraft somit seit 1. 6. 55). Die Änderung nach der VO v. 7. 7. 60 ist in Kraft seit 1. 8. 60 (Art. 10).

2 Die bisherigen Absätze 1 und 3 des **§ 1** wurden zusammengefaßt. Nach **Abs. 3** der Neufassung ist in den Kraftfahrzeugbriefen und den Kraftfahrzeugscheinen der Tag der Anzeige als Selbstfahrervermietfahrzeug von der Zulassungsstelle einzutragen. In den Kfz-Scheinen war dies bisher schon üblich (VerkBl. 56, 541). Die Eintragung in den Kfz-Briefen bereitet nach der Veröffentlichung des Bundesministers für Verkehr vom 29. 11. 60 (VerkBl. 60, 650) Schwierigkeiten, über deren Beseitigung noch verhandelt wird. Der Bundesminister will hierzu Stellung nehmen und empfiehlt vor weiteren Maßnahmen diese Stellungsnahme abzuwarten.

3 Der bisherige **§ 2** ist durch die Anlage VIII überholt. Durch die Neufassung des **§ 2** soll sichergestellt werden, daß die vorgeschriebene Haftpflichtversicherung von dem Halter des Selbstfahrervermietfahrzeugs genommen wurde (§§ 3, 4 PflVG, § 9a der Allgemeinen Bedingungen für die Kraftfahrversicherung, § 29a StVZO). Die Vorlage kann im Verwaltungszwangsverfahren erzwungen werden. § 29b StVZO ist durch den Klammervermerk ausdrücklich für anwendbar erklärt. Nichtvorlage ist deshalb nach § 71 StVZO zu ahnden. Nicht anwendbar ist § 29d Abs. 2 StVZO, solange eine ausreichende Haftpflichtversicherung für den Eigengebrauch besteht (vgl. amtl. Begründung in VerkBl. 60, 479).

4 Die Begriffe „Personenkraftwagen" und „Krafträder" im Sinne dieser VO sind die gleichen wie die gleichlautenden im StVG, der StVZO und der StVO. Insoweit wird auf Anm. A IV zu § 1 StVG S. 134 der 21. Aufl. verwiesen. Der Begriff des „Personenkraftwagens" ist durch § 15d StVZO negativ bestimmt (vgl. auch § 4 Abs. 1 Nr. 1 GüKG). Kleinkrafträder und Fahrräder mit Hilfsmotor siehe § 67a Abs. IV StVZO.

5 Bei einer Ausdehnung des Güterkraftverkehrs auf die Vermietung von Personenkraftwagen an Selbstfahrer ist eine Anmeldung der Gewerbeerweiterung nach § 14 GewO erforderlich (OLG Hamm, 24. 7. 56, VRS 12, 71). Vermieter von Kraftfahrzeugen zum Selbstfahren trifft hinsichtlich der laufenden Überwachung ihrer Fahrzeuge eine erhöhte Sorgfaltspflicht (BGH, 23. 9. 60, VerkBl. 60, 680).

7. Verordnung über amtlich anerkannte Sachverständige und amtlich anerkannte Prüfer für den Kraftfahrzeugverkehr (Kraftfahrsachverständigen-Verordnung)

vom 10. November 1956 (BGBl. I S. 855)
in der Fassung der Änderung der VO vom 7. 7. 1960, BGBl. I, 485 (Art. 6)
Änderung von Anhang 10 (S. 1244) der 21. Auflage
(Rüth)

§ 1 (1) . . . .

(2) . . . .

1\. . . . . . .

2\. **als Prüfer berechtigt, alle Aufgaben wahrzunehmen, die im Straßenverkehrsrecht den amtlich anerkannten Prüfern übertragen sind. Sie kann auf die Abnahme von Prüfungen für Fahrerlaubnisse, auch einzelner Klassen oder auf die Prüfung von Fahrzeugen beschränkt werden.**

§ 2 (1) . . . .

1\. usw.
2\. usw.
3\. usw.
4\. **in einem Kraftfahrzeugbetrieb oder einer Kraftfahrzeugfabrik oder einer technischen Prüfstelle für den Kraftfahrzeugverkehr mindestens eine zweijährige Ingenieurtätigkeit ausgeübt hat;**
5\. usw.
6\. usw.
7\. usw.

1 Die Änderung der §§ 1 und 2 erfolgte durch die VO vom 7. 7. 1960, Art. 6, BGBl. I, 485. Die Änderungen sind nicht umfangreich. Von einem Abdruck der gesamten VO konnte deshalb abgesehen werden. Es sind nur die geänderten Teilbestimmungen wiedergegeben.

2 Durch die Änderung wurde der Personenkreis, der für die Bestellung zum amtlich anerkannten Sachverständigen und Prüfer für den Kraftfahrzeugverkehr herangezogen werden kann, erweitert. Nach der amtlichen Begründung (VerkBl. 60, 480) soll dadurch der Personalbedarf der Technischen Prüfstellen sichergestellt werden, der durch die künftig stärkere Inanspruchnahme entstehen wird. Sachlich bestehen keine Bedenken, da die Ausbildung bei einer Technischen Prüfstelle in einem Kraftfahrzeugbetrieb oder in einer Kraftfahrzeugfabrik gleichwertig ist.

3 Die Anmerkungen der 21. Aufl. sind weiter verwertbar, mit Ausnahme der Nr. 6 zu § 2.

II. Verordnung zur Änderung der Straßenverkehrs-Ordnung

Vom 29. Dezember 1960 (BGBl. 1961, I, S. 8)
(Möhl)

Auf Grund der §§ 6 und 27 des Straßenverkehrsgesetzes wird mit Zustimmung des Bundesrates verordnet:

Artikel 1

Die Straßenverkehrs-Ordnung in der Fassung der Bekanntmachung vom 29. März 1956 (Bundesgesetzblatt I S. 271, 327), der Verordnung zur Änderung der Straßenverkehrs-Ordnung vom 25. Juli 1957 (Bundesgesetzbl. I S. 780) und der Verordnung zur Änderung von Vorschriften des Straßenverkehrsrechts vom 7. Juli 1960 (Bundesgesetzbl. I S. 485, 723) wird wie folgt geändert:

1. Dem § 8 Abs. 3 wird folgender Satz 4 angefügt:

„Für die Zusammenfassung von Straßenteilen zu einer einheitlichen Straße gilt § 13 Abs. 2 Satz 3."

2. Dem § 13 Abs. 2 wird folgender Satz 3 angefügt:

„Zwei an einer Kreuzung oder Einmündung aufeinanderstoßende Straßenteile können entgegen ihrem natürlichen Verlauf durch vorfahrtregelnde Zeichen (Anlage, Bild 44 oder 52 einerseits und Bild 30 oder 30a andererseits) mit Zusatztafeln (Anlage, Bild 52a) zu einem bevorrechtigten Straßenzug zusammengefaßt werden."

3. In A I c der Anlage wird folgende Nummer 8 eingefügt:

„8. eine abknickende Vorfahrtrichtung:

Weiße Zusatztafeln mit schwarzem Rand, auf denen den Fahrzeugführern, die sich der Kreuzung oder Einmündung nähern, der Verlauf des bevorrechtigten Straßenzuges durch einen starken schwarzen Strich und der Verlauf der Straßen mit Wartepflicht durch schmale schwarze Striche angezeigt werden. Das Bild 52a ist ein Muster. Von den Maßen der Zusatztafeln kann abgewichen werden; die Erkennbarkeit muß gewährleistet bleiben."

4. In C III der Anlage wird folgendes aus dem Anhang ersichtliche Muster eingefügt:

„Bild 52a Zusatztafel zu den Verkehrszeichen nach Bild 30, 30a, 44 und 52 zur Kennzeichnung des bevorrechtigten Straßenzuges."

Artikel 2

Diese Verordnung gilt nach § 14 des Dritten Überleitungsgesetzes vom 4. Januar 1952 (Bundesgesetzblatt I S. 1) in Verbindung mit Artikel 7 des Gesetzes zur Sicherung des Straßenverkehrs vom 19. Dezember 1952 (Bundesgesetzbl. I S. 832) auch im Land Berlin.

Artikel 3

Diese Verordnung tritt am Tage nach ihrer Verkündung in Kraft.

Bonn, den 29. Dezember 1960

Der Bundesminister für Verkehr
Seebohm

Die VO vom 29. 12. 60 wurde zur leichteren Handhabung des Nachtrags in die Änderungen der StVO auf Grund der VO vom 7. 7. 60 eingearbeitet und dort erläutert. (S. 217 und 218ff. des Nachtrags.) Der Anhang zur VO vom 29. 12. 60 ist auf S. 227 u. 230 des Nachtrags abgedruckt.

III. a) Änderung von § 49 GüKG durch das Zweite Gesetz zur Änderung des Güterkraftverkehrsgesetzes

vom 26. Juni 1959 (BGBl. I 399)

Ergänzung zu Anhang 5 der 21. Auflage (Full)

Seit 3. Juli hat § 49 GüKG folgende Fassung erhalten:

Den Bestimmungen über den Werkverkehr unterliegt auch die Beförderung von Vieh zu den Viehmärkten und Verladestellen mit eigenen Kraftfahrzeugen der Viehhändler und der genossenschaftlichen Viehverwertung, soweit das Vieh im Rahmen des üblichen Geschäftsbetriebes zum Verkauf für fremde Rechnung übernommen worden ist.

1 1. Tiere werden im GüKG als Güter behandelt (§ 1 Satz 2); der Fernverkehr zur Beförderung von Tieren ist mithin, wenn er für andere durchgeführt wird, nach §§ 3, 8 grundsätzlich genehmigungspflichtig. Da Werkfernverkehr nicht der Genehmigung unterliegt (§ 50 Satz 1), begünstigt die Ausweitung des Tatbestands von § 49 die Viehhändler und die mit der Viehverwertung befaßten Genossenschaften. Indirekt kommt die Vergünstigung auch den Viehzüchtern und Viehkäufern zugute, vor allem weil im Werkverkehr keine behördlichen Beförderungstarife eingehalten zu werden brauchen; § 50 Satz 2. Der Viehändler kann deshalb

im Rahmen seines Kommissionsgeschäfts die Beförderungsspesen auch selbst übernehmen und ist in den Fällen des § 49 nicht gehalten, sie seinem Auftraggeber in Rechnung zu stellen. Es wäre allerdings wünschenswert, wenn im Interesse der Rechtsgleichheit dieses Recht auch anderen Kommissionären zugestanden würde (§ 383ff. HGB).

2. Die Vergünstigung wird nur unter gewissen Voraussetzungen gewährt. Sie bezieht sich 2
auf die Beförderung fremden Viehs und wurde bis Juli 1959 gewährt:

a) nur für Schlachtvieh (nunmehr für alles Vieh);

b) nur für die Beförderung zu Schlachtviehmärkten (nunmehr ist im wesentlichen nur noch die Beförderung zum Käufer von der Vergünstigung ausgenommen);

c) nur bei „gelegentlicher Mitnahme“, d. h. wenn die Beförderung gelegentlich der Beförderung von Vieh erfolgte, das dem Viehhändler (der Genossenschaft) gehörte;

d) bis Juli 1959 waren nur Viehverwertungsgenossenschaften begünstigt, nunmehr sind 3
es alle Genossenschaften, die sich — wenn auch nicht ausschließlich — mit Viehverwertung befassen. Auf Verbrauchergenossenschaften dürfte die Bestimmung kaum Anwendung finden können.

b) Änderung von § 84 GüKG durch das Dritte Gesetz zur Änderung des Güterkraftverkehrsgesetzes

vom 27. Dezember 1960 (BGBl. I 1084)

Ergänzung zu Anhang 5 der 21. Auflage (Full)

Seit 1. 1. 61 hat § 84 GüKG folgende Fassung erhalten:

Entgelte bei der Beförderung und für Nebenleistungen im Güternahverkehr sind Höchstentgelte, falls in dem Tarif nichts anderes bestimmt ist. Im übrigen sind auf den Tarif die Vorschriften der §§ 21 und 25 unmittelbar sowie die Vorschriften der §§ 20 und 22 Abs. 2 und 3 entsprechend anzuwenden. Der Tarif kann von der Landesregierung nach den hierfür geltenden Rechtsvorschriften festgesetzt werden, wenn er nur für ein Land oder einen Teil eines Landes Geltung haben soll und der Bundesminister für Verkehr für dieses Gebiet einen Tarif nicht festgesetzt hat; die Landesregierung kann ihre Befugnis auf eine oberste Landesbehörde weiter übertragen.

Die Änderung war erforderlich, weil die in § 84 a. F. enthaltene Ermächtigung der „obersten Landesverkehrsbehörde“ Art. 80 GG widersprach (siehe BOKraft § 42 Anm. 1). 1

VI. Entscheidung des Bundesverfassungsgerichts

vom 8. 6. 1960

zu § 9 des Gesetzes über die Beförderung von Personen zu Lande (PBefG 1934) — BGBl. 1960 I 595 — (1 BvL 53/55, 1 BvL 16/56, 1 BvL 31/56, 1 BvL 53/56, 1 BvL 7/57, 1 BvL 18/57, 1 BvL 24/57).

Ergänzung zu Anhang 4 der 21. Auflage (Full)

(1) Die Bestimmung in § 9 Absatz 1 des Gesetzes über die Beförderung von Personen zu Lande vom 6. Dezember 1937 (Reichsgesetzbl. I S. 1319), wonach die Genehmigung nur erteilt werden darf, wenn das Unternehmen den Interessen des öffentlichen Verkehrs nicht zuwiderläuft, ist mit Artikel 12 Absatz 1 des Grundgesetzes unvereinbar und deshalb nichtig, soweit sie sich auf den Gelegenheitsverkehr mit Mietwagen bezieht.

(2) § 9 Absatz 2 dieses Gesetzes in der Fassung des Gesetzes vom 12. September 1955 (Bundesgesetzbl. I S. 573) ist mit Artikel 12 Absatz 1 des Grundgesetzes unvereinbar und deshalb nichtig, soweit er sich auf den Gelegenheitsverkehr mit Droschken und Mietwagen bezieht.

1 1. Der vorstehende Entscheidungssatz hat nach § 31 Abs. 2 Satz 1 des Gesetzes über das Bundesverfassungsgericht Gesetzeskraft. Er hat nur noch für die Rechtslage vor dem 1. 6. 61, vor allem für Schadensersatzansprüche wegen Amtspflichtverletzung, Bedeutung, allerdings auch für die Auslegung von § 13 PBefG 1961, in dem versucht wurde, die vom BVerfG ausgesprochenen Grundsätze einer gesetzlichen Regelung zuzuführen (vgl. Anm. 18 bis 24 zu § 1 und Anm. 1 bis 3 zu § 13 PBefG 1961 in diesem Ergänzungsband). Geht man von der Begründung der Entscheidung (NJW 60, 1515 = VRS 19, 241) aus, so ergibt sich über den Entscheidungssatz hinaus folgende Rechtslage für die Zeit bis 1. 6. 61:

2 a) Im Linienverkehr (Straßenbahn, Obus, Omnibus) ist vor der Erteilung einer Genehmigung u. a. zu prüfen, ob der Verkehr mit den vorhandenen Verkehrsmitteln befriedigend bedient werden kann (§ 9 Abs. 2) und ob das Unternehmen den Interessen des öffentlichen Verkehrs zuwiderlaufen würde. Ergibt sich, daß das neue Unternehmen die Verkehrsverhältnisse verbessern, dafür aber andere Linienunternehmen oder die Bundesbahn erheblich schädigen wird, so ist das Für und Wider gegeneinander abzuwägen. Während es also sonst auf das Ausmaß des bestehenden Verkehrsbedürfnisses nicht ankommt, ist bei drohender erheblicher Schädigung eines anderen Unternehmens die Genehmigung dem neuen Unternehmen nur dann zu erteilen, wenn das Verkehrsbedürfnis erheblich ist. Bei der Abwägung wird zuungunsten des Antragstellers vor allem ins Gewicht fallen, wenn sein Unternehmen die Wirtschaftlichkeit einer Bundesbahnstrecke aufheben würde. Denn der Linienverkehr hat im Rahmen des Verkehrsganzen die Aufgabe, den Schienenverkehr zu ergänzen und darf daher den Bestand und die Wirtschaftlichkeit der Bundesbahn nicht ernstlich gefährden. Schließlich wird nicht außer Betracht bleiben können, ob das Unternehmen auf Straßen durchgeführt werden soll, die wegen ihrer Beschaffenheit hierzu völlig ungeeignet sind. Die bloße Tatsache, daß Straßen durch einen auf ihnen stattfindenden Omnibusverkehr stärker abgenutzt werden, reicht jedoch für eine Versagung nicht aus; vgl. auch Labs, DVBl. 59, 380.

3 b) Der Gelegenheitsverkehr mit Mietwagen ist zwar im PBefG geregelt, doch besteht kein überragendes Interesse an dem Vorhandensein und Funktionieren des Mietwagenverkehrs, da er weitgehend nur ein Luxusbedürfnis befriedigt. Die ohnedies bestehende Verkehrsdichte auf den Straßen reicht keinesfalls für eine Versagung der Genehmigung aus, da sie andernfalls bei der Zulassung jedes Kfzs berücksichtigt werden müßte. Es ist auch unzulässig, den Mietwagenverkehr wegen des Grundsatzes der „Einheit des Verkehrs" den gleichen Voraussetzungen zu unterwerfen wie den Droschken- oder Linienverkehr, mit denen der Mietwagenverkehr kaum in Beziehung tritt. Aus allem ergibt sich, daß bei Mietwagen die Prüfung, ob das geplante Unternehmen den Interessen des öffentlichen Verkehrs zuwiderläuft, ebensowenig zulässig ist wie eine Bedürfnisprüfung.

4 c) Ob für den Gelegenheitsverkehr mit Omnibussen die gleichen Grundsätze gelten wie für Mietwagen, läßt das BVerfG ausdrücklich offen. Es weist in diesem Zusammenhang darauf hin, daß hier der Unternehmer aktiver und sichtbarer in den Verkehrsablauf eingreife, so daß der Gesichtspunkt der Konkurrenz gegenüber Linienverkehr und Eisenbahn möglicherweise anders zu beurteilen sei als bei Mietwagen.

5 d) An der Funktionsfähigkeit des Droschkenverkehrs besteht ein wichtiges Interesse der Allgemeinheit. Dieses fordert zwar keine Bedürfnisprüfung (§ 9 Abs. 2), wohl aber die Prüfung, ob die Zulassung des neuen Unternehmens den Interessen des öffentlichen Verkehrs zuwiderläuft. Dies ist aber nur der Fall, wenn feststeht, daß durch die Zulassung eine akute Gefährdung eines wichtigen Gemeinschaftsgutes eintreten wird. Dagegen dürfen allgemeine verkehrspolitische Planungs- und Lenkungsbestrebungen nicht berücksichtigt werden. Da die Vermehrung der Droschken kaum jemals zu einer ernsten Gefährdung des Linienverkehrs führen wird, kann in der Regel nur eine ernste Gefährdung des Droschkenverkehrs selbst die Versagung der Genehmigung für neue Unternehmen rechtfertigen; dies setzt aber im Einzelfall den Nachweis voraus, daß die Zulassung des neuen Unternehmens die bestehenden Unternehmen nicht nur schädigt, sondern in ihrer Existenz bedroht.

V. Änderung der §§ 9 und 17 Bundesfernstraßengesetz durch § 183 Bundesbaugesetz vom 23. Juni 1960

(BGBl. I, 341)

(Full)

Ergänzung zu Anhang 2 der 21. Auflage

Seit 30. Oktober 1960 haben § 9 Abs. 7 und § 17 Abs. 3 und 8 BundesfernstraßenG folgende Fassung:

a) § 9 Abs. 7:

(7) Die Absätze 1 bis 5 gelten nicht, soweit das Bauvorhaben den Festsetzungen eines Bebauungsplanes entspricht (§§ 9, 173 Abs. 3 des Bundesbaugesetzes vom 23. Juni 1960, Bundesgesetzbl. I S. 341), der mindestens die Begrenzung der Verkehrsflächen enthält und unter Mitwirkung des Trägers der Straßenbaulast zustande gekommen ist. Absatz 6 gilt nicht in Ortsdurchfahrten.

b) § 17 Abs. 3:

(3) Bebauungspläne nach § 9 des Bundesbaugesetzes vom 23. Juni 1960 (Bundesgesetzbl. I S. 341) ersetzen die Planfeststellung nach Absatz 1. Ist eine Ergänzung notwendig, so ist die Planfeststellung insoweit zusätzlich durchzuführen.

c) § 17 Abs. 8:

(8) In den Fällen des Absatzes 3 gelten die §§ 40, 41 des Bundesbaugesetzes. Absatz 7 ist nicht anzuwenden.

1. Die Änderungen waren erforderlich, weil das Bundesbaugesetz ein einheitliches Planfeststellungsverfahren für das ganze Bundesgebiet geschaffen hat. Nach § 8 Abs. 1 BundesbauG enthält der Bebauungsplan die rechtsverbindlichen Festsetzungen für die städtebauliche Ordnung. Er bildet die Grundlage für weitere zum Vollzug dieses Gesetzes erforderliche Maßnahmen. § 9 schildert die äußere Form des Bebauungsplans; er enthält auch die Verkehrsflächen (Abs. 1 Nr. 3). Die Gemeinde beschließt den Bebauungsplan als Satzung (§ 10); er bedarf der Genehmigung der höheren Verwaltungsbehörde (§ 11). Durch die Bekanntmachung wird er rechtsverbindlich (§ 12). Die Vorschriften des Bundesfernstraßengesetzes und des Personenbeförderungsgesetzes bleiben von den Vorschriften des dritten Teils des Bundesbaugesetzes unberührt, d. h. von den Vorschriften über die Regelung der baulichen und sonstigen Nutzung (§ 38). Bebauungspläne nach § 9 BBauG ersetzen die Planfeststellung für Straßenbahn- und Obuslinien nach dem PBefG (§ 28 Abs. 3, § 41 Abs. 1 PBefG). 1

2. Bestehende Pläne werden, soweit möglich, in Bebauungspläne nach dem Bundesbaugesetz übergeleitet (§ 173 Abs. 3). Für Festsetzungen in den Fällen des § 9 Abs. 7 BundesfernstraßenG gilt dies jedoch nur, wenn die Pläne unter Mitwirkung des Trägers der Straßenbaulast zustande gekommen sind oder ihnen der Träger der Straßenbaulast nachträglich zugestimmt hat (§ 173 Abs. 3 Satz 2). 2

3. Die in dem neuen Absatz 8 des § 17 BundesfernstraßenG genannten §§ 40 und 41 Bundesbaugesetz regeln die Entschädigung des Grundeigentümers und sein Recht, in gewissen Fällen die Übernahme des Grundstücks zu verlangen. 3

4. Weitere Änderungen des BFStrG unter X. dieses Ergänzungsbandes. 4

VI. Gesetz zur Änderung des Kraftfahrzeugsteuergesetzes

vom 19. Dezember 1960 (BGBl. I, 1005)

(Rüth)

Artikel 1

(Dieser Artikel enthält die Änderungsbestimmungen des Kraftfahrzeugsteuergesetzes. Auf Grund dieser Änderungsvorschriften wurde es am 2. Januar 1961 (BGB I, 2) neu gefaßt. Da die Neufassung des Kraftfahrzeugsteuergesetzes im Anschluß an dieses Änderungsgesetz abgedruckt ist, ist die Wiedergabe des Inhalts dieses Artikels entbehrlich.)

Artikel 2

Soweit Kraftfahrzeugsteuer vor Inkrafttreten dieses Gesetzes festgesetzt und entrichtet worden ist, werden Unterschiedsbeträge, die sich nach diesem Gesetz ergeben, weder erhoben noch erstattet.

Artikel 3

§§ 34, 35, 41, 42, 45 und 50 bis 53 der **Durchführungsverordnung** zum Kraftfahrzeugsteuergesetz in der Fassung der Bekanntmachung vom 12. Juli 1955 (Bundesgesetzbl. I S. 423) sowie die Verordnung über die Befreiung von Arbeitsmaschinen von der Kraftfahrzeugsteuer vom 21. Dezember 1936 (Reichsgesetzbl. I S. 1140) werden aufgehoben.

Artikel 4

(1) Dieses Gesetz gilt nach Maßgabe des § 12 Abs. 1 und des § 13 Abs. 1 des Dritten Überleitungsgesetzes vom 4. Januar 1952 (Bundesgesetzbl. I S. 1) auch im **Land Berlin.** Rechtsverordnungen, die auf Grund dieses Gesetzes erlassen werden, gelten im Land Berlin nach § 14 des Dritten Überleitungsgesetzes.

(2) Artikel I Nr. 2 des Gesetzes des Landes Berlin zur Änderung des Kraftfahrzeugsteuergesetzes vom 3. August 1950 (Verordnungsblatt für Groß-Berlin I S. 379) bleibt unberührt.

Artikel 5

Dieses Gesetz tritt am 1. Januar 1961 **in Kraft.** Soweit die Landesfinanzbehörden zur Vereinfachung der Verwaltung schon zu einem früheren Zeitpunkt von der Ausstellung von Kraftfahrzeugsteuerkarten abgesehen haben, hat es dabei sein Bewenden.

Das Kraftfahrzeugsteuergesetz

in der Fassung vom 2. Januar 1961 (BGBl. I, 2)

(KraftStG 1961)

Vorbemerkungen
I. Entwicklung des Kraftfahrzeugsteuergesetzes

1 **1.** Die Kfz.-Steuer war ursprünglich Luxussteuer, die als Stempelabgabe bei Abstempelung der Erlaubniskarte für die Ingebrauchnahme des Fahrzeugs zur Zahlung fällig wurde (Novelle v. 3. 6. 06, RGBl. 1906, 620). Eine Abgabe war nur zu entrichten für private Krafträder und private Pkws. Kraftfahrzeuge der öffentlichen Hand, ferner Lkws und der gewerbsmäßigen Personenbeförderung dienende Kraftfahrzeuge waren frei (so noch Reichsstempelgesetz v. 3. 7. 13, RGBl. 1913, 639).

2 **2.** Durch das KraftStG v. 8. 4. 22 (RGBl. I, 396) wurde die Besteuerung aller Kraftfahrzeuge eingeführt. Sie wurde Verkehrssteuer und eine Abgabe für die Benutzung öffentlicher Wege. Steuerfrei waren nach dem Gesetz vom 8. 4. 22 Kleinkrafträder, weiter Kfze, die der Beförderung von Geräten von und zur Arbeitsstätte und dem Antrieb dieser Geräte dienten, und zwar allgemein, wenn sie ausschließlich jener Beförderung dienten, dagegen in landwirtschaftlichen Betrieben auch dann, wenn sie gleichzeitig Personen oder Güter beförderten; endlich waren frei seit 1922 Feuerlösch-, Wegebau- und Straßenreinigungsfahrzeuge, aber nur im Besitz von Reich, Ländern und Gemeinden, weiter Wehrmacht- und Polizeifahrzeuge, Pkw aber nur soweit mit weniger als 8 Sitzen, Fahrzeuge der Landärzte bis zu 8 PS und Probefahrtkennzeichen der amtlich anerkannten Sachverständigen.

3 **3.** Das Gesetz v. 15. 5. 26 (RGBl. I, 223) hob die landesrechtlichen Beiträge auf, die die Stelle der früheren Wegegelder einnahmen. Dafür wurde ein Zuschlag zur Kraftfahrzeugsteuer eingeführt. Nach dem Gesetz v. 21. 12. 27 (RGBl. I, 509) endlich war die Voraussetzung für die Fälligkeit der Kfz-Steuer allein die Benutzung des Kraftfahrzeugs. Anhänger, soweit sie hinter Lastkraftwagen mitgeführt wurden, unterlagen der Steuerpflicht seit dem Gesetz v. 16. 3. 31 (RGBl. I, 63). Die Gesetze v. 10. 4. und v. 31. 5. 33 (RGBl. I, 192, 315) brachten eine Steuerfreiheit für Personenkraftwagen, soweit sie neu angeschafft wurden. Für alte Pkw bestand die Möglichkeit der Steuerablösung. Durch das Gesetz v. 28. 2. 35 (RGBl. I, 313) erlangten schon Lkw und Kraftomnibusse und Fahrzeuge, die mit flüssigem Brennstoff angetrieben wurden, steuerliche Vorteile und Vergünstigungen (Anhänger s. unten bei Nr. 5). Diese Steuerbefreiungen wurden fast sämtlich durch die Kontrollratsgesetze Nr. 14 v. 11. 2. 46 und Nr. 51 v. 31. 3. 47 wieder aufgehoben. In den einzelnen Besatzungszonen und Ländern wurden Vorschriften zur Durchführung dieser Gesetze nach 1945 erlassen (vgl. StZBl. 1947, 184; 1948, 95, 123; Ges. Nr. 64 vom 22. 6. 48, Beilage 4, GVBl. VWG 1948 Nr. 14; Art. V des Anhangs zum Ges. Nr. 64 a. a. O.).

4. Steuersatz der Stempelabgabe (1906) für Kräder einheitlich 10 RM, für alle übrigen Fahrzeuge nach der „Steuerformel" („Steuer-PS"): $N = 0{,}3i \cdot d^2 \cdot s$; bei Zweitaktern $N = 0{,}45i \cdot d^2 \cdot s$. [N Leistung in PS, i Zylinderzahl, d Zylinderdurchmesser, s Kolbenhub.] RGBl. 1927 I, 509 Steuermaßstab nicht mehr Steuer-PS, sondern Hubraum in cm^3 (sachlich dasselbe); Hubraum $= 0{,}00078i \cdot d^2 \cdot s$ für 4- und 2-Takter. — 100 cm^3 kosteten 12 RM für Pkw, 8 RM für Kräder. 4

Steuermaßstab (RGBl. 1923 I 1224) für Lkw, Kombiwagen und Zugmaschinen nach Eigengewicht; RGBl. 1927 I 509: Lkw und Kombiwagen 200 kg = 30 RM bei Verbrennungsmaschinen und Luftbereifung; nicht luftbereit $^1/_{10}$ erhöht; elektrisch- und dampfangetriebene Kfze, ferner Zugmaschinen ohne Laderaum: 200 kg = 15 RM. RGBl. 1931 I 63: von 15 auf 20 RM erhöht.

5. Steuerliche Behandlung der Fahrzeugarten **bis zum Gesetz v. 6. 4. 1955** (dabei sind die in den nachstehend angezogenen Vorschriften enthaltenen RM-Beträge nunmehr DM-Beträge): 5

Kräder: Stempelabgabe (1906) Einheitssatz 10 RM; RGBl. 1923 I, 1224 bis 0,7 PS frei, darüber nach Steuerformel, dann (RGBl. 1927 I, 509) nach Hubraum: 100 cm^3 = 8 RM; RGBl. 1933 I, 192: Steuerfreiheit für a) fabrikneue Personenkräder, die erstmalig nach 31. 3. 33 zugelassen werden; b) RGBl. 1934 I 1163: Kräder bis 200 cm^3 Hubraum. Steuerfreiheit beseitigt durch Kontrollratgesetz 14 v. 11. 2. 46: 100 cm^3 = 12 RM.

Pkw: Stempelabgabe nach PS (Steuerformel); RGBl. 1927 I, 509 nach Hubraum: 100 cm^3 = 12 RM. Steuerfreiheit 1933 wie Kräder (a); 1934 Dreiradfahrzeuge bis 200 cm^3 Hubraum. Steuerfreiheit beseitigt durch Kontrollratgesetz 14 v. 11. 2. 46: 100 cm^3 = 18 RM.

Lkw: RGBl. 1923 I, 1224: 500 kg Eigengewicht 30 GM. RGBl. 1927 I 509: 200 kg = 30 RM; nicht luftbereift: $^1/_{10}$ erhöht (aufgehoben RGBl. 1935 I 313). RGBl. 1935 I 407: vor 1. 4. 35 zugelassene: 200 kg = 30 RM, sonst: bis 2400 kg: 200 kg = 30 RM, darüber: 10 RM. Kontrollratgesetz 14 v. 11. 2. 46 bis 2400 kg: 200 kg = 45 RM, darüber: 15 RM. Kontrollratgesetz 51 v. 31. 3. 47: je 200 kg = 45 RM.

Kombinationskraftfahrzeuge: 1923 und 1927 wie Lkw, ebenso 1935. Kontrollratgesetze 14 und 51: wie Lkw.

Elektrisch- und dampfbetriebene Fahrzeuge: RGBl. 1923 I, 1205: 500 kg Eigengewicht = 15 GM, d. h. die halben Sätze der Lkw. RGBl. 1927 I, 509: 200 kg = 15 RM, d. h. die halben Sätze der Lkw. RGBl. 1935 I, 407: 200 kg = 15 RM bis 2400 kg, darüber: 5 RM. Kontrollratgesetze 14 und 51: Steuer wie Lkw (ohne Vergünstigung).

Zugmaschine ohne Güterladeraum: 1923 wie Lkw, 1927: 200 kg = 15 RM. RGBl. 1935 I, 313 steuerfrei in landwirtschaftlichen Betrieben. RGBl. 1935 I, 407: vor 1. 4. 35 zugelassene: 200 kg = 20 RM, sonst: bis 2400 kg: 200 kg = 20 RM, darüber 10 RM. Kontrollratgesetz 14: bis 2400 kg je 200 kg = 30 RM, darüber: 15 RM. Kontrollratgesetz 51: je PS = 10 RM (so auch, nach Streichung der §§ 8 und 11 DV (RGBl. 35 I, 875) durch KontrRG 51: Sattelschlepper); frei auf Bauernhöfen oder Landgütern (s. auch § 4 DV zum Gesetz 51). — Laderaum: 16aa zu § 18 StVZO der 21. Auflage.

Arbeitsmaschine: Zunächst wie Zugmaschine behandelt. RGBl. 1936 I, 1140: frei. Kontrollratgesetz 14: wie Lkw und Kombiwagen steuerpflichtig. Nach § 8 DV zum KontrGesetz 51: frei.

Kfze der gewerbsmäßigen Personenbeförderung: Von Stempelabgabe 1906 frei; seit RGBl. 1922, 396 keine Sonderbehandlung. RGBl. 1938 I, 528: Einzelunternehmer im Droschken- und Mietwagenverkehr, wenn schon vor 1. 4. 33 gewerbsmäßig verwendet. Kraftomnibusse wie Lkw.

Anhänger: Steuerpflichtig seit RGBl. 1931 I, 63: 100 RM, einachsig: 50 RM. RGBl. 1935 I, 313: frei. KontrGesetz 51: 200 kg = 20 RM; frei hinter steuerfreien Kfzn.

Rote Kennzeichen: Steuerpflicht seit RGBl. 1922, 396. RGBl. 1923 I, 1205: Kräder 30 GM, sonst 200 GM. RGBl. 1935 I, 313: frei. Kontrollratgesetz 14: steuerpflichtig, keine Sonderregelung. Für 1947 Steuersatz lt. Erlaß in Leitstelle 30. 12. 46 S. 6118 — 4/St. 4: 400 RM. § 7 DV zum Kontrollratgesetz 51: Jahressatz Kräder: 90 RM, sonst 375 RM, Anhänger 125 RM; Tagessatz Anhänger 1 RM, sonst 1,50 RM (jedoch Mindestsatz jeweils 5 RM); für Sachverständige frei.

Entrichtung der Steuer: RGBl. 1927 I, 509 Zahlung auch in $^1/_4$-Jahrbeträgen; RGBl. 1935 I, 407 (§ 13 KStG) auch in Monatsbeträgen (so auch schon RGBl. 1933 I 192). Kontrollratgesetz 14: vor 1. 7. zugelassen: Jahresbetrag, nach 1. 7.: Halbjahresbetrag. Ges. 64 v. 22. 6. 48, StuZBl. 131, stellte die ursprüngliche Regelung (§ 13 KStG) wieder her.

Wegeabnutzung: RGBl. 1922, 396: Zulässig Beiträge für außergewöhnliche Abnutzung. RGBl. 1926 I, 223: Ablösung der Vorausleistungen für außergewöhnliche Wegeabnutzung durch Zuschlag zur Kfzsteuer, 25%, dann 20, 15, 10, endlich 5%.

6 6. Das VerkFinG v. 6. 4. 55 (BGBl. I, 166) hat gewisse erhebliche Unterschiede in der steuerlichen Belastung, insbes. hinsichtlich der Begünstigung der schweren Lkw und Kraftomnibusse ausgeglichen. Die Besteuerungsgrundlage (§ 10 KraftStG) wurde durch das Ges. v. 19. 12. 60 (BGBl. I, 1005) nicht geändert.

Durch das Dritte Gesetz zur Aufhebung des Besatzungsrechts vom 23. 7. 58 (BGBl. I, 540) wurden die §§ 1, 2, 4, 11 und 12 KraftStG geändert und die KRG 14 und 51 aufgehoben. Das Straßenbaufinanzierungsgesetz vom 28. 3. 60 (BGBl. I, 201) hat die Steuersätze für Lkw und Anhänger erhöht.

7 7. Das KraftStG 1961 i. d. Fassung v. 2. 1. 61 (BGBl. I, 2), das auf dem Gesetz vom 19. 12. 60 (BGBl. I, 1005) beruht, hat die einheitliche Beseitigung der Steuerkarte für alle Bundesländer eingeführt. Die einzelnen die Steuerkarte betreffenden Bestimmungen wurden schon bisher, teils seit 1959 in verschiedenen Ländern versuchsweise nicht mehr angewandt. Im übrigen werden die Änderungen bei den einzelnen Bestimmungen in den Anmerkungen erörtert.

II. Die Kraftfahrzeugsteuer

8 1. Nach Art. 106 Abs. 2 GG steht das Aufkommen der Kfz-Steuer den Ländern zu. Damit ist die Kfz-Steuer eine Landessteuer (Bonner Komm. Anm. A II zu Art. 106 GG i. d. Fassung des Finanzverfassungsgesetzes v. 23. 12. 55, BGBl. I, 817.

9 2. Dem Bund steht nach Art. 105 Abs. 2 die konkurrierende Gesetzgebung hinsichtlich der Kfz-Steuer zu, die von der anfänglichen Luxussteuer über eine Ergänzung der Beförderungssteuer (vgl. § 19 KraftStG v. 8. 4. 22, RGBl. 1922, 396) nunmehr seit dem Ges. v. 21. 12. 27 (RGBl. I, 509) eine Verkehrssteuer ist. Da der Bund von seinem Gesetzgebungsrecht Gebrauch gemacht hat, ist der im KraftStG und der DVO geregelte Sachverhalt der gesetzlichen Regelung der Länder entzogen (Art. 72 GG). Soweit der Bund die Gesetzgebungsbefugnis ausgeübt hat, treten die entgegenstehenden landesrechtlichen Bestimmungen außer Kraft, da Bundesrecht Landesrecht bricht (Art. 31 GG; für das VerkFinG wurde dies in Abschnitt IX Art. 2 Nr. 2 besonders ausgesprochen). Außer Kraft getreten sind auch die mit dem vom Bund verabschiedeten KraftStG übereinstimmenden Vorschriften der Länder, weil auch insoweit das Bundesrecht den einzelnen landesrechtlichen Bestimmungen vorgeht (vgl. Mangoldt, Bonner Grundges., 1. Aufl., Art. 72 Anm. 2 und Art. 142, Anm. 2; die im Bonner Kommentar, Art. 31, Anm. II 2c vertretene gegenteilige Meinung unter Hinweis auf Art. 142 GG muß abgelehnt werden, weil eine analoge Anwendung des Art. 142 GG auf andere Rechtsgebiete als die Grundrechte nicht möglich ist). Landesrechtlich können Ausführungsbestimmungen zum KraftStG und der dazu ergangenen DVO des Bundes ergehen, soweit nicht § 17 Abs. 1 KraftStG dem entgegensteht, weil insofern eine Konkurrenz nicht besteht (ebenso Bonner Komm. Art. 31 Anm. II 2a und Art. 72 Anm. II 2. Mangoldt, 1. Aufl. Art. 72 Anm. 2; vgl. auch BVerfG 4. 2. 58, NJW 58, 635). Ausdrücklich aufgehoben wurden aber die landesrechtlichen Durchführungsverordnungen zu KRG Nr. 14 durch Ges. v. 23. 7. 58 (BGBl. I, 540). Nicht nachgeprüft werden kann, ob für die bundesrechtliche Regelung der Kraftfahrzeugsteuer ein Bedürfnis besteht (BVerfG, 22. 4. 53, JZ 56, 506).

§ 1 Gegenstand der Steuer

(1) Der Steuer unterliegt

1. das Halten eines Kraftfahrzeugs oder eines Kraftfahrzeug-Anhängers zum Verkehr auf öffentlichen Straßen;

2. die Zuteilung eines Kennzeichens für Probe- und Überführungsfahrten mit Kraftfahrzeugen oder Kraftfahrzeug-Anhängern;

3. die widerrechtliche Benutzung eines Kraftfahrzeugs oder eines Kraftfahrzeug-Anhängers auf öffentlichen Straßen.

(2) Die Vorschriften über die Besteuerung von Kraftfahrzeugen und Kraftfahrzeug-Anhängern gelten, soweit nichts anderes bestimmt ist, sinngemäß für die Besteuerung von Kennzeichen für Probe- und Überführungsfahrten.

(3) Kraftfahrzeuge und Kraftfahrzeug-Anhänger sind Fahrzeuge im Sinne dieses Gesetzes.

Inhaltsverzeichnis

I. § 1 i. d. Fassung v. 30. 6. 55 (BGBl. I, 417) wurde durch das Dritte Gesetz zur Aufhebung des Besatzungsrechts v. 23. 7. 58 (BGBl. I, 540) geändert. Das Gesetz vom 19. 12. 60 (BGBl. I, 1005) änderte den Abs. 2 und fügte den Abs. 3 hinzu. Die Neufassung ist in Kraft seit 1. 1. 61 (Art. 5). Das Gesetz gilt auch in Berlin (Art. 4). 1

II. Abs. 1

1. Begriff des Kraftfahrzeugs

§ 1 sprach in der Fassung vom 15. 5. 26 von „Kraftfahrzeugen, die zur Beförderung von Personen oder Gütern zu Lande dienen", und schränkte damit das Anwendungsgebiet des Steuergesetzes gegenüber dem des KFG ein; während das KFG seit 21. 7. 23 sich schlechthin auf alle Kraftfahrzeuge bezieht (Anm. A I c zu § 1 StVG der 21. Aufl.), mögen sie der Personen- oder Güterbeförderung dienen oder nicht, gab sich das Steuergesetz jenen engeren Rahmen und betraf daher tatsächlich nur Kraftwagen (die je begrifflich — „Wagen" — der Personen- oder Güterbeförderung dienen) und Krafträder, die regelmäßig solcher Beförderung dienen. Die Folge war gewesen, daß der RFH (Bd. 20, 123) die sogenannten „Turmwagen" der Straßenbahn als steuerfrei erachtete, da sie nicht Personen oder Güter „beförderten". Jene aus der Fassung des § 1 KraftStG folgende Einengung des Anwendungsgebietes ist beseitigt. Grundsätzlich also besteht die Steuerpflicht für alle Kfze, mögen sie Wagen, Räder, Zugmaschinen, Straßenlokomotiven, Arbeitsmaschinen, z. B. Motor- oder Dampfpflüge oder -sägen usw. sein. Allerdings nimmt § 2 einen Teil dieser Fze wieder von der Steuerpflicht aus, unter die sie nach der erweiterten Bestimmung des § 1 an sich fallen würden. 2

Nach § 1 KraftStDV (§ 1 Abs. StVG) sind Kraftfahrzeuge im Sinne des KraftStG Landfahrzeuge, die maschinell angetrieben werden und nicht an Gleise gebunden sind. Fahrzeuge, die nach dem Verkehrsrecht nicht als Kraftfahrzeuge anzusehen sind, sind es auch nicht im Sinne des KraftStG. Auf den Verwendungszweck kommt es nicht an (BFH, 11. 3. 53, BStBl. III, 131). Unerheblich ist es, durch welche Art Antriebsstoff die Fahrzeuge angetrieben werden. Es wird auf die Anmerkungen A I bis III zu § 1 StVG d. 21. Aufl. (S. 125ff) verwiesen. 3

Kraftfahrzeuge sind auch solche Fahrzeuge, die auf Gleisen fahren können, diese aber nach Belieben verlassen können, da insoweit eine Gebundenheit an Gleise nicht vorliegt. Fahrzeuge, die Anhänger ziehen, die auf Gleisen fahren, sind Kraftfahrzeuge, weil es nicht auf das gezogene, sondern auf das ziehende Fahrzeug ankommt (vgl. dazu Anm. A III zu § 1 StVG der 21. Aufl., S. 133). Kein Kraftfahrzeug ist, wenn die Fortbewegung nicht von einer zum Fahrzeug gehörenden eigenen mechanischen Kraftmaschine erzeugt wird. Die Weiterleitung der Kraft allein reicht nicht aus, wie z. B. die durch Hebeleinwirkung erzeugte Fortbewegung, wie dies durch Arm- und Beinbewegung geschieht, oder bei einem Segel erfolgt. Räder sind zum Kraftfahrzeug nicht begriffsnotwendig, es fallen demnach auch z. B. Schlitten, Gleiskettenfahrzeuge und Raupenschlepper darunter, wenn die sonstigen Voraussetzungen der maschinellen Kraftübertragung gegeben sind (ausführlicher S. 125ff d. 21. Aufl.). 4

Für den Begriff des Kraftfahrzeugs kommt es nicht darauf an, ob sie von der Steuer befreit sind (§ 2 KraftStG). Fahrräder mit Hilfsmotor und Kleinkrafträder sind demnach Kraftfahrzeuge (§ 67 Abs. 4 StVZO), sie unterliegen jedoch nicht dem Zulassungsverfahren (§ 18 Abs. 2 Nr. 4 StVZO) und sind demnach von der Steuer befreit (§ 2 Nr. 1 KraftStG). 5

Das gleiche gilt für Kraftfahrzeuge mit einer 6 km/h nicht übersteigenden Höchstgeschwindigkeit (§ 18 Abs. 1 StVZO). Oberleitungsomnibusse sind Kraftfahrzeuge. Sie sind jedoch gem. § 2 Nr. 5 KraftStG von der Steuer befreit. 6

2. Begriff des Kraftfahrzeuganhängers

7 Der Begriff des Kraftfahrzeuganhängers ist weder im KraftStG noch in der KraftStDV bestimmt. Nach dem § 3 Abs. 1 DVO v. 29. 7. 47 zum KRG Nr. 14 (BayGVBl. 47, 167) war ein Anhänger jedes zum Mitführen hinter Kraftfahrzeugen nach seiner Bauart bestimmte Fahrzeug (übereinstimmend mit § 18 Abs. 1 StVZO in der bis zum 24. 8. 53 geltenden Fassung; vgl. zum Begriff des Anhängers auch Anm. 3 vor Vorbem. zu § 18 StVZO der 21. Aufl., S. 542). Die Bestimmung des § 3 a. a. O. galt auch nach Inkrafttreten der KraftStDV 1955 weiter (BFH, BStBl. 59 III, 176) bis zur Aufhebung durch das Gesetz v. 23. 7. 58 (BGBl. I, 540).

8 Nach § 18 Abs. 1 StVZO n. F. ist ein Anhänger ein hinter Kraftfahrzeugen mitgeführtes Fahrzeug mit Ausnahme von betriebsunfähigen Fahrzeugen, die abgeschleppt werden und von Abschleppachsen. Nach BFH (BStBl. 59 III, 176; 61 III, 83) ist die Änderung des § 1 KraftStG im Hinblick auf diese zwischenzeitlich eingetretene Änderung des Anhängerbegriffs vorgenommen, so daß sich die Anhängerbegriffe der StVZO und des KraftStG auch jetzt decken. Die Ansicht, daß der Anhängerbegriff dem geltenden Verkehrsrecht zu entnehmen ist, haben auch vertreten die FG München (17. 12. 56, EFG 57, 137 und 8. 7. 58, DVR 59, 43), FG Hannover (13. 5. 58, EFG 59, 170) und FG Hamburg (2. 10. 59, DStZ [B] 59, 485); für das PflichtversG auch Hamm in Vorlagebeschluß v. 10. 1. 61, NJW 61, 432. Nach dieser Meinung ist ein geschlepptes betriebsfähiges Fahrzeug steuerrechtlich ein Anhänger, wie auch nach § 18 StVZO.

9 Demgegenüber vertritt das BayObLG (18. 8. 60, 4 St 145/60) die Ansicht, daß durch die Änderung des § 1 KraftStG eine sachliche Änderung des Anhängerbegriffs im Rahmen des KraftStG nicht gewollt war. Es führt aus, daß wegen des Fehlens einer Begriffsbestimmung im KraftStG oder der dazu ergangenen DVO ein Kraftfahrzeuganhänger im Sinne des Steuerrechts deshalb nach wie vor ein hinter einem Kraftfahrzeug mitgeführtes Fahrzeug ist, das seiner Bauart nach zum Mitführen hinter Kraftfahrzeugen bestimmt ist. Es sind nach Bay.-ObLG a. a. O. Kraftfahrzeuge, die lediglich zum Zwecke der eigenen Beförderung mitgeführt werden, nicht Anhänger im Sinne des § 1 KraftStG, wobei das BayObLG zutreffend darauf hinweist, daß die Besteuerung für Anhänger gem. § 10 Abs. 1 Nr. 2 nach dem verkehrsrechtlich höchstzulässigen Gesamtgewicht, also unter Einrechnung der Nutzlast zu berechnen ist, was nur für Anhänger sinnvoll ist, die ihrer Zweckbestimmung nach als Mittel zur Beförderung anderer Gegenstände oder von Personen dienen sollen. Der im Schlepp mitgeführte Pkw (gleichgültig ob betriebsfähig oder betriebsunfähig) ist kein Kraftfahrzeuganhänger. Seine Überführung ist kein steuerpflichtiger Vorgang, wenn auch der geschleppte betriebsfähige Pkw als Anhänger im Sinne des § 18 Abs. 1 StVZO anzusehen ist und seine Mitführung ohne Zulassung nach dieser Bestimmung i. V. m. § 71 StVZO strafbar ist (im Ergebnis zustimmend Oldenburg, 3. 11. 59, VRS 19, 238, vgl. auch Stuttgart, 25. 10. 57, DAR 58, 165; ebenso auch Anm. 3c Abs. 4 zu § 18 StVZO, S. 551 der 21. Aufl.; OLG Köln, 10. 2. 61, DAR 61, 150; a. A. BFH, FG Mü., FG Hannover u. FG Hamburg jeweils a. a. O.; vgl. auch Vorlagebeschl. v. Hamm, 10. 1. 61, NJW 61, 432).

10 Der Begriff des Anhängers im Steuerrecht, mit Ausnahme der geschleppten betriebsfähigen Kraftfahrzeuge (vgl. BayObLG), stimmt mit dem Begriff des § 18 Abs. 1 StVZO überein. Es wird deshalb auf die Anm. 2 II, 3, 3c zu § 18 StVZO zu Anm. 3 vor Vorbem. zu §§ 18 bis 29 StVZO der 21. Aufl. verwiesen. Auf den Verwendungszweck kommt es für den Begriff des Anhängers nicht an. Es ist auch gleichgültig, ob der Anhänger der Personen- oder der Güterbeförderung dient (mit Ausnahme von § 2 Nr. 6 KraftStG). Nachlaufachsen sind Anhänger (VerkBl. 59, 58; Hamm, 24. 2. 58, Verk. Mitt. 58, 41, Nr. 86; BayObLG, 23. 4. 58, 1 St. 132/58), dergleichen Sattelanhänger (vgl. § 10 Abs. 3) und Wohnwagen.

3. Halten des Kraftfahrzeugs oder Kraftfahrzeuganhängers

11 Das Halten eines Kraftfahrzeugs ist nicht gleichbedeutend mit dem Begriff des Haltens im Sinne des StVG. Halten im Sinne des KraftStG bedeutet die Möglichkeit der Benutzung des Kraftfahrzeugs auf öffentlichen Straßen. Ob von dieser Möglichkeit Gebrauch gemacht wird, ist unerheblich (BFH, 22. 4. 53, VRS 6, 234), es sei denn, das Fahrzeug ist von der Entrichtung der Steuer nach § 2 KraftStG befreit. Es ist unerheblich, welchem Zweck das Fahrzeug dient. (Wegen Steuerbefreiungen siehe jedoch § 2 KraftStG.) Da das Halten eines Kraftfahrzeugs oder Anhängers mit der Benutzung auf öffentlichen Straßen in Zusammenhang steht, löst die Zulassung des Fahrzeugs im Zulassungsverfahren schon allein die Steuerpflicht aus, es sei denn, es handelt sich um ein zulassungsfreies Fahrzeug (vgl. BFH, 22. 4. 53, BStBl. III, 213). Für die Zulassung eines Fahrzeugs sind die Bestimmungen der StVZO entscheidend.

Zulassungsfreie Fahrzeuge sind in § 18 StVZO genannt. Ein Fahrzeug ist dann zum Verkehr auf öffentlichen Straßen zugelassen, wenn die Betriebserlaubnis erteilt und das amtliche Kennzeichen zugeteilt ist (§ 18 Abs. 1 StVZO). Wer Steuerschuldner ist, bestimmt § 4 KraftStG.

Nach der Entstehungsgeschichte und dem engen Zusammenhang des Steuerrechts mit dem VerkRecht (dem Zulassungsverfahren, das die steuerliche Erfassung ermöglicht) ist „Verkehr" nur ein solcher, für den die Zulassung Voraussetzung ist, also der unter Einwirkung der bestimmungsmäßigen Triebkräfte und zwecks bestimmungsmäßiger Verwendung des Fzs, also der Fortbewegung, stattfindet. Beim Schleppen oder Schieben eines Kfzs findet kein „Verkehr" statt. Beachtlich ist, daß nicht das Kfz als solches Gegenstand der Besteuerung ist, sondern die Tätigkeit einer Person, der Verkehr, das „Halten zum Verkehr". 12

4. Verkehr auf öffentlichen Straßen

a) Ein Kraftfahrzeug oder ein Kraftfahrzeuganhänger sind nur zu versteuern, wenn sie zum Verkehr auf öffentlichen Straßen benutzt werden sollen. 13

Unerheblich ist, welchen Zwecken die Fahrt dient. Auch Verkehr auf öffentlichen Wegen, welcher lediglich der Erreichung der abseits des Weges, etwa im Wald, gelegenen Arbeitsstätte dient, fällt unter § 1, aber kein Verkehr auf öffentlichem Weg, wenn dieser eine geschlossene Betriebsanlage schneidet und die Kfze ihn nur innerhalb dieser Anlage überqueren (RFH Bd. 18, 256). Dagegen liegt keine geschlossene Betriebsanlage vor, wenn ihre Teile außer durch die Straße noch durch fremde Grundstücke getrennt werden, also bei Wegdenken der Straße die Grundstücksteile der Anlage nicht anneiander grenzen würden (RFH, 15. 10. 30, DAR 30, 380). Halten zum Verkehr bedeutet die durch das Zulassungsverfahren gegebene Befugnis zur Benutzung grundsätzlich aller öffentlichen Straßen. Eine auf Fahrten zur Akkumulatorenladestation beschränkte Benutzung eines öffentlichen Weges ist kein die Steuerpflicht begründendes Halten zum Verkehr auf öffentlichen Straßen (BFH 22. 4. 53, VRS 6, 234). Ähnliches kann allgemein in der Landwirtschaft gelten: In ihr gibt es Fze, die nur auf nichtöffentlichen Straßen verkehren, z. B. Ackerschlepper nur zwischen Hof und Acker. Vorübergehende unvermeidliche Benutzung einer öffentlichen Straße zur Erreichung der Arbeitsstelle auf dem Felde würde i. S. d. o. a. Urteils des BFH keine Steuerpflicht begründen (soweit nicht sowieso steuerfrei nach § 2 Nr. 6 KraftStG). 14

b) Der Begriff der öffentlichen Straße ist weit zu fassen. Jedes zugelassene Fahrzeug, das nach § 18 StVZO auf öffentlichen Straßen fahren darf, unterliegt der Steuerpflicht. Danach ist der Begriff der öffentlichen Straße (Wege, Plätze) für die StVZO, das StVG und das KraftStG der gleiche. Es wird deshalb auf S. 137ff. der 21. Auflage verwiesen. Es kommt nicht darauf an, ob der Weg im privaten oder öffentlichen Eigentum (z. B. einer Gemeinde, des Staates, des Bundes) steht, sondern entscheidend ist wie bei § 1 StVG u. § 18 StVZO, ob der Verkehr im allgemeinen freigegeben ist oder gewissen Beschränkungen unterliegt. Es kann nicht darauf ankommen, ob der Weg oder die Straße von der öffentlichen Hand unterhalten wird (so noch die 21. Aufl., Anm. 7), sondern nur auf die allgemeine Freigabe des Verkehrs (vgl. Neumann, das Kraftfahrzeugsteuergesetz, 2. Aufl. Anm. 7 zu § 1 KraftStG), weil das KraftStG keine zweckgebundene Wegebenutzungssteuer ist. Es kann auch eine Steuerpflicht gegeben sein, wenn der Halter des Kraftfahrzeugs den Weg, der dem öffentlichen Verkehr dient, selbst angelegt hat (RFH, 12. 2. 26, Bd. 18, 258). Wird das Fahrzeug nur innerhalb geschlossener Anlagen benutzt, so entsteht keine Steuerpflicht. Benutzt ein nur zum Verkehr auf nichtöffentlichen Straßen gehaltenes Fahrzeug ausnahmsweise eine Straße, vielleicht nicht einmal in ihrer Längsrichtung, sondern nur zur Überschreitung, so kann nicht von einem Halten zum Verkehr auf öffentlichen Straßen gesprochen werden. 15

5. Probe- und Überführungskennzeichen

Die Zuteilung eines amtlich abgestempelten roten Kennzeichens für Probe- und Überführungsfahrten nach § 28 StVZO unterliegt nach Abs. 1 Nr. 2 der Steuer. Seit 1935 (RGBl. I, 313) waren die roten Kennzeichen steuerfrei. Erst durch das KRG Nr. 14 wurde auch insoweit eine Steuer wieder eingeführt. Das KRG ist mit samt den dazu ergangenen Durchführungsbestimmungen durch das Gesetz vom 23. 7. 58, § 2 und Anlage 2 (BGBl. 58, I, 540) aufgehoben. 16

Die Steuer ist allein an die Zuteilung des Kennzeichens und nicht an die Anbringung desselben am Kfz und an die Benutzung des Kfz gebunden. Der Steuerschuldner wird durch § 4 Abs. 1 Nr. 3, der Steuersatz durch § 11 Abs. 4 KraftStG bestimmt. Widerrechtliche Benutzung siehe bei Nr. 6 (Randnr. 18—24). 17

6. Widerrechtliche Benutzung

18 **a)** Nach § 3 KraftStG v. 21. 12. 1927 (RGBl. I, 509) war Steuerschuldner der Eigenbesitzer des Kfzs; benutzte ein anderer als er widerrechtlich das Kfz, so war dieser der Schuldner. Dieser Grundsatz gilt auch heute noch (§ 4 Abs. 1 Nr. 4 KraftStG).

19 Widerrechtlich kann die Benutzung sein (RFH, 12. 3. 26, Bd. 18, 312) gegenüber dem Fzeigentümer (der seine Zustimmung zur Benutzung nicht gegeben hat) oder gegenüber dem Gesetz (ein nicht mehr versteuertes Kfz wird in einer Weise benutzt, die die Steuerpflicht begründet; ein nicht versteuertes Kfz wird mit dem Kennzeichen eines versteuerten, wegen Instandsetzung stilliegenden Kfzs gefahren; RFH, 4. 1. 1929, Bd. 24, 290). Auch in beiden Beziehungen (gegenüber Gesetz und Eigentümer) kann eine Benutzung widerrechtlich sein, z. B. jemand benutzt ein unzugelassenes und unversteuertes Kfz ohne Wissen des Eigentümers. Die Steuerpflicht beruht lediglich auf der Tatsache der Benutzung (RFH, 4. 1. 1929, Bd. 24, 292). Widerrechtliche Benutzung begründet also unter Umständen eine „erneute" Steuerpflicht des Benutzers. Insbesondere wird ohne Rücksicht auf eine bereits durch den Halter erfüllte Steuerpflicht eine weitere Steuerpflicht des widerrechtlichen Benutzers ausgelöst; ebenso BayObLGSt. 57, 80 (24. 4. 57). Widerrechtlich ist eine Benutzung durch den Eigentümer oder einen anderen außerhalb des Rahmens des verkehrsrechtlich oder steuerrechtlich bestehenden Benutzungsrechts; BFH, 22. 4. 53, VRS 6, 234; Stuttgart, 21. 9. 56, VRS 12, 149. Wiederbenutzung nach Steuerabmeldung begründet Steuerpflicht des Halters des auf seinen Namen zugelassenen Fzs; Stuttgart, 24. 10. 55, NJW 56, 154. Den Halter trifft die Steuerpflicht aus der Tatsache heraus, daß er sich ein Fahrzeug zum Verkehr auf öffentlichen Straßen „hält". Unabhängig von einem „Halten" ruht die Steuerpflicht auf der widerrechtlichen Benutzung.

20 **b)** Eine Benutzung des Kraftfahrzeugs liegt vor, wenn es bestimmungsgemäß als Kraftfahrzeug verwendet wird (Stuttgart, 25. 10. 57, DAR 58, 165). Eine widerrechtliche Benutzung eines Kraftfahrzeugs oder eines Kraftfahrzeuganhängers liegt dann vor, wenn das Fahrzeug gegen den Willen des Berechtigten in Gebrauch genommen (§ 248b StGB; BGH, 13. 11. 59, VRS 18, 191) oder ohne Wissen und Willen des Fahrzeughalters benutzt (§ 7 Abs. 3 StVG, vgl. Anm. A zu Abs. 3 des § 7 der 21. Aufl., S. 258ff.) oder wenn durch die Benutzung gegen Vorschriften der StVZO, des KraftStG oder des StVG verstoßen wird.

21 Als widerrechtliche Benutzung ist z. B. anzusehen das Fahren nichtzugelassener, jedoch zulassungspflichtiger Kraftfahrzeuge ohne Kennzeichen oder mit falschen Kennzeichen (§§ 23, 25 StVG, 18 StVZO), die Benutzung eines steuerbefreiten Fahrzeugs (§ 2 KraftStG) zu nicht steuerbefreiten Zwecken, wie z. B. die Verwendung eines nach § 3 KraftStG steuerfreien Fahrzeugs durch einen nicht körperbehinderten Fahrzeugführer, Verwenden eines roten Kennzeichens (§ 28 StVZO), ohne daß eine Probe- oder Überführungsfahrt ausgeführt wird, oder Fahren mit selbst angefertigten roten Kennzeichen (FG München, 17. 12. 56, EFG 57, 137). Die Verwendung eines Kfz mit einem Kennzeichen, das für ein anderes Kfz ausgegeben wurde, ist eine Steuerhinterziehung. Das Benutzen durch Familienmitglieder, Angestellte u. a., ohne daß eine ausdrückliche Genehmigung des Berechtigten vorliegt, ist in der Regel nicht widerrechtlich (vgl. RFH, 12. 3. 29, RStBl. 257). Hat jemand ein Kraftfahrzeug oder einen Kraftfahrzeuganhänger auf Abzahlung gekauft und ist zwischen Verkäufer und Käufer vereinbart, daß der Fahrzeugbrief bis zur Abtragung des Kaufpreises in den Händen des Verkäufers bleibt und das Fahrzeug während dieser Zeit für den Käufer nicht zugelassen werden soll, so ist die Benutzung des Fahrzeugs durch den Käufer während dieser Zeit keine widerrechtliche, wenn der Käufer zur Benutzung die Zustimmung des Verkäufers hat und für das Fahrzeug während der Zeit der Benutzung, sei es vom Verkäufer unmittelbar, sei es vom Käufer im Namen des Verkäufers, die Kraftfahrzeugsteuer entrichtet wird (BFH, 14. 12. 60, NJW 61, 480). Liegt aber eine Benutzung gegen den Willen des Berechtigten vor, so löst diese Widerrechtlichkeit die Steuerpflicht aus; es kommt nicht darauf an, ob der Berechtigte auch einen Strafantrag nach § 248b StGB gestellt hat.

22 Widerrechtlich im Sinne des § 1 Abs. 1 Nr. 3 ist nur die Benutzung eines Kfz mit Maschinenkraft (BFH, 24. 6. 59, DStZ [B] 59, 409). Verwendet ein Kraftfahrzeughändler an Stelle des ihm zugeteilten und versteuerten roten Kennzeichens bei der Probe- und Überführungsfahrt eines Kfz ein von ihm selbst beschafftes Schild mit der gleichen Nummer in roter Farbe, das nicht mit dem Dienststempel der Zulassungsbehörde versehen ist, so wird das Kfz auch dann widerrechtlich benutzt, wenn zur Zeit der Benutzung das dem Händler zugeteilte rote Kennzeichen nicht anderweitig zu einer Probe- oder Überführungsfahrt verwendet wird (BFH, 14. 5. 59,

BayFBl. 59, 1312; FG Hannover, 27. 3. 58, EFG 58, 317). Auch die Verwendung einer steuerbefreiten landwirtschaftlichen Zugmaschine für gewerbliche Zwecke kann eine nur vorübergehende steuerschädliche Verwendung im Sinne des BFH-Urteils vom 15. 10. 52 (BStBl. 52, III 311) sein. Die steuerschädliche Verwendung einer solchen Zugmaschine ist eine widerrechtliche Benutzung i. S. des § 1 Abs. 1 Nr. 3 KraftStG (FG Stuttgart, 15. 7. 58, DStZ [B] 58, 424). Benutzt neben dem Fahrzeughalter noch ein anderer das Fahrzeug widerrechtlich, so kann auch dieser zur Steuer für den gleichen Zeitraum herangezogen werden (FG Stuttgart, 17. 12. 57, EFG 58, 342).

Die Widerrechtlichkeit der Benutzung ist ein objektives Tatbestandselement. Es ist deshalb nicht erforderlich, daß sie vorsätzlich oder fahrlässig erfolgt (ebenso FG Stuttgart, 17. 12. 57, EFG 58, 342). Eine Strafbarkeit braucht nicht eingetreten zu sein. Zwischen § 248b StGB und §§ 396 Abs. 1, 404 AbgO i. V. m. § 1 KraftStG liegt Tateinheit (§ 73 StGB) vor, nicht Gesetzeskonkurrenz (BGH, 13. 11. 59, VRS 18, 191). 23

Bei widerrechtlicher Benutzung dauert die Steuerpflicht so lange, als die widerrechtliche Benutzung anhält (§ 5 Nr. 3 KraftStG). Die Steuer ist für mindestens 1 Monat zu entrichten (§§ 3 Abs. 3; 13 Abs. 5 KraftStG). Daraus ist zu schließen, daß die Steuer für mindestens 1 Monat bei widerrechtlicher Benutzung zu entrichten ist und § 10 KraftStG durch § 13 Abs. 5 KraftStG insoweit ergänzt wird (vgl. FG Stuttgart, 15. 7. 58, DStZ [B] 58, 4245; a. A. FG München, 12. 7. 57, EFG 58, 17). Endet bei widerrechtlicher Benutzung eines Kraftfahrzeugs die Steuerpflicht innerhalb eines Monats ab Beginn der Steuerpflicht, dann ist auch bei einem nach dem Hubraum zu bestimmenden Kfz die Steuer nur für die Dauer eines Monats zu entrichten (BFH, 1. 10. 58, Bd. 67, 516 = BStBl. III 58, 471). 24

Der Steuerschuldner wird durch § 4 KraftStG bestimmt.

III. Abs. 2 und Abs. 3

1. Der Abs. 2 wurde im KraftStG 1961 neu gefaßt. Eine inhaltliche Änderung ist nur insoweit eingetreten, als der Halbsatz „für die Besteuerung von Kraftfahrzeuganhängern entsprechend" gestrichen wurde. Dies geschah deshalb, weil in der Neufassung nunmehr Kraftfahrzeuge und Kraftfahrzeuganhänger nebeneinander genannt sind. Eine sachliche Änderung des Steuerrechts ist dadurch nicht eingetreten. 25

Vorschriften des KraftStG und der dazu ergangenen DVO für Kraftfahrzeuge und deren Anhänger gelten sinngemäß für die Besteuerung von Kennzeichen für Probe- und Überführungsfahrten. Dies besagt, daß sämtliche Vorschriften des KraftStG auch beim Besteuerungsverfahren der nach § 28 StVZO ausgegebenen roten Kennzeichen gelten, es sei denn, ein bestimmter Vorgang ist für diese Kennzeichen anderweitig besonders geregelt. Es sind z. B. auch die Vorschriften über die Steuerbefreiungen des § 2 auf die Kennzeichen des § 28 StVZO sinngemäß anwendbar. 26

2. Der Abs. 3 ist durch Gesetz v. 19. 12. 60 dem § 1 angefügt worden. Die ausdrückliche Erwähnung, daß Fahrzeuge im Sinne dieses Gesetzes Kraftfahrzeuge und Kraftfahrzeuganhänger sind, dient nur der Klarstellung. 27

§ 2 Ausnahmen von der Besteuerung

Von der Steuer befreit ist das Halten von

1. **Fahrzeugen, die von den Vorschriften über das Zulassungsverfahren ausgenommen sind;**
2. **Fahrzeugen, solange sie ausschließlich im Dienst der Bundeswehr, des Bundesgrenzschutzes, der Polizei oder des Zollgrenzdienstes verwendet werden. Voraussetzung ist, daß die Fahrzeuge äußerlich als für diese Zwecke bestimmt erkennbar sind;**
3. **Fahrzeugen, solange sie für den Bund, ein Land, eine Gemeinde, einen Gemeindeverband oder einen Zweckverband zugelassen sind und ausschließlich zum Wegebau, zur Straßenreinigung, zur Müll- oder zur Fäkalienabfuhr verwendet werden. Voraussetzung ist, daß die Fahrzeuge äußerlich als für diese Zwecke bestimmt erkennbar sind;**

4. Fahrzeugen, solange sie ausschließlich im Feuerwehrdienst, im Katastrophenschutz, für Zwecke des zivilen Luftschutzes, bei Unglücksfällen oder zur Krankenbeförderung verwendet werden. Voraussetzung ist, daß die Fahrzeuge äußerlich als für diese Zwecke bestimmt erkennbar sind. Bei Fahrzeugen, die nicht für den Bund, ein Land, eine Gemeinde, einen Gemeindeverband oder einen Zweckverband zugelassen sind, ist außerdem Voraussetzung, daß sie nach ihrer Bauart und ihren besonderen, mit ihnen fest verbundenen Einrichtungen nur für die bezeichneten Verwendungszwecke geeignet und bestimmt sind;
5. Kraftomnibussen, die ausschließlich elektrisch angetrieben werden und den Fahrstrom regelmäßig einer Fahrleitung entnehmen (Oberleitungsomnibusse), und von Kraftfahrzeug-Anhängern, die ausschließlich hinter Oberleitungsomnibussen mitgeführt werden;
6. Zugmaschinen, Sonderfahrzeugen und Anhängern hinter Zugmaschinen oder Sonderfahrzeugen, solange die Fahrzeuge ausschließlich in land- oder forstwirtschaftlichen Betrieben verwendet werden. Als Sonderfahrzeuge gelten Fahrzeuge, die nach ihrer Bauart oder ihrer besonderen, mit ihnen fest verbundenen Einrichtungen ausschließlich für die Verwendung in land- oder forstwirtschaftlichen Betrieben geeignet und bestimmt sind;
7. Zugmaschinen, solange sie ausschließlich von Schaustellern verwendet werden;
8. Fahrzeugen, die zugelassen sind
   a) für eine bei der Bundesrepublik Deutschland beglaubigte diplomatische Vertretung eines außerdeutschen Staates,
   b) für Mitglieder der unter Buchstabe a bezeichneten diplomatischen Vertretungen oder für Personen, die zum Geschäftspersonal dieser Vertretungen gehören und der inländischen Gerichtsbarkeit nicht unterliegen,
   c) für eine in der Bundesrepublik Deutschland zugelassene konsularische Vertretung eines außerdeutschen Staates, wenn der Leiter der Vertretung Angehöriger des Entsendestaates ist und außerhalb seines Amtes in der Bundesrepublik Deutschland keine Erwerbstätigkeit ausübt,
   d) für einen in der Bundesrepublik Deutschland zugelassenen Konsularvertreter (Generalkonsul, Konsul, Vizekonsul, Konsularagenten) oder für Personen, die zum Geschäftspersonal dieser Konsularvertreter gehören, wenn sie Angehörige des Entsendestaates sind und außerhalb ihres Amtes in der Bundesrepublik Deutschland keine Erwerbstätigkeit ausüben.

   Die Steuerbefreiung tritt nur ein, wenn Gegenseitigkeit gewährt wird;
9. Fahrzeugen, die mit eigener Triebkraft in das Ausland ausgeführt werden sollen und hierzu ein länglichrundes Kennzeichen erhalten. Die Steuerbefreiung gilt nur für die ersten zehn Tage nach Zuteilung des länglichrunden Kennzeichens, es sei denn, daß es sich um Personenkraftfahrzeuge mit weniger als acht Sitzplätzen handelt, deren Halter ihren Wohnsitz oder gewöhnlichen Aufenthalt nicht im Inland haben;
10. im ausländischen Zulassungsverfahren zugelassenen Personenkraftfahrzeugen, die zum vorübergehenden Aufenthalt in das Bundesgebiet gelangen, solange sie im Bundesgebiet frei von Eingangsabgaben verwendet werden

dürfen. Die Steuerbefreiung entfällt, wenn die Fahrzeuge der entgeltlichen Beförderung von Personen dienen oder von Personen benutzt werden, die ihren Wohnsitz oder gewöhnlichen Aufenthalt im Inland haben;

11. im ausländischen Zulassungsverfahren zugelassenen Fahrzeugen, die aus dem Ausland zur Ausbesserung in das Bundesgebiet gelangen und für die nach den Zollvorschriften ein Ausbesserungsverkehr bewilligt wird;

12. im ausländischen Zulassungsverfahren zugelassenen Fahrzeugen, solange sie öffentliche Straßen benutzen, die die einzige oder die gegebene Verbindung zwischen verschiedenen Orten des Auslands bilden und das Bundesgebiet auf kurze Strecken durchschneiden;

13. Dienstfahrzeugen ausländischer Behörden, die auf Dienstfahrten zum vorübergehenden Aufenthalt in das Grenzgebiet gelangen. Voraussetzung ist, daß Gegenseitigkeit gewährt wird.

Inhaltsverzeichnis

I. Entstehungsgeschichte. § 2 wurde durch das Gesetz vom 19. 12. 1960 (BGBl. I, 1005) neu gefaßt. Die Neufassung entspricht im wesentlichen dem geltenden Recht, da die einzelnen Ausnahmevorschriften von der Besteuerung nunmehr in § 2 zusammengefaßt wurden. Soweit nichts anderes bestimmt ist, gelten die Befreiungsvorschriften des § 2 für alle Fahrzeuge (vgl. § 1 Abs. 3). 1

II. Die steuerbefreiten Fahrzeuge (Verfahren nach § 13 KraftStDV)

1. Zulassungsfreie Fahrzeuge. Nach der neuen **Nr. 1** soll künftig das Halten aller Fahrzeuge, die von den Vorschriften über das Zulassungsverfahren ausgenommen sind, von der Kraftfahrzeugsteuer befreit sein. Die meisten dieser Fahrzeuge fielen schon bisher unter eine der Befreiungsvorschriften des KraftStG oder unter die VO über die Befreiung von Arbeitsmaschinen von der Kfz-Steuer v. 21. 12. 36, RGBl. I, 1140, (aufgehoben durch Ges. v. 19. 12. 60, Art. 3). Darüber hinaus ist auch die steuerliche Erfassung zulassungsfreier Fahrzeuge mit einem erheblichen Verwaltungsaufwand verbunden, der durch das erzielbare Steueraufkommen kaum gerechtfertigt ist, wie auch die amtliche Begründung zur Neufassung ausführt (Bundesratsdrucksache 16/60 vom 15. 1. 60). 2

3 Welche Fahrzeuge von der Zulassung ausgenommen sind, besagt § 18 Abs. 2 StVZO. Welche Fahrzeuge als Arbeitsmaschinen und damit als zulassungsfrei anerkannt worden sind, werden in Abs. 4 der DA zum § 18 Abs. 2 angeführt. Sie ist im Anschluß an § 18 StVZO des Nachtrags zur 21. Aufl. abgedruckt.

4 Da nach Nr. 1 die Steuerbefreiung nunmehr an die Voraussetzung der Zulassungsfreiheit geknüpft ist, entscheiden künftig die Finanzbehörden zwar über die Steuerbefreiung, sie sind aber an die festgestellte Zulassungsfreiheit gebunden. Aus diesem Grunde konnte die VO über die Befreiung von Arbeitsmaschinen vom 21. 12. 36 (RGBl. I, 1140) aufgehoben werden. Die Anerkennung von selbstfahrenden Arbeitsmaschinen, von land- u. forstwirtschaftlichen Arbeitsgeräten obliegt deshalb in Zukunft allein dem Bundesminister für Verkehr.

5 **2.** Die jetzige Fassung der **Nr. 2** entspricht der früheren, jedoch mit der Maßgabe, daß nunmehr auch die Personenwagen mit weniger als 8 Sitzplätzen unter die Steuerbegünstigung fallen. Für alle Fahrzeuge ist jedoch außer der ausschließlichen Verwendung Voraussetzung, daß ihr Bestimmungszweck äußerlich erkennbar ist. Wie dies zu geschehen hat, bleibt dem Einzelfall überlassen. Sie müssen nur irgendwelche Kennzeichen tragen, die auf ihren Bestimmungszweck hindeuten.

6 Der Ausdruck „im Dienst der Bundeswehr usw." bedeutet nicht, daß das Fahrzeug im Eigentum der genannten Behörden stehen muß. Es genügt, daß es z. B. gemietet ist. Polizei ist nur die Sicherheitspolizei (RFH, 30. 1. 25, Bd. 15, 219). Dazu zählen auch die Streifenwagen der Bahnpolizei (vgl. OFG, 21. 3. 50, Bd. 54, 444) und auch die Streifenwagen des Zollgrenzdienstes. Ausschließlich im Dienst der Polizei werden Gefangenentransportwagen selbst dann verwendet, wenn die Verwaltung der Gefängnisse der Justizverwaltung übertragen ist; denn dann ist diese Verwaltung selbst nichts weiter als Polizeiverwaltung, ihre Wagen sind steuerfrei (RFH, 1. 7. 27, DJZ 27, 1346).

7 Die Bestimmung, daß die Verwendung ausschließlich im Dienst der genannten Behörden vorgenommen werden muß, um die Steuerfreiheit zu erlangen, bedeutet, daß auch eine gelegentliche anderweitige Benutzung die Steuerpflicht auslöst. Das Fahrzeug kann jedoch, bevor es in die Dienste der genannten Behörden gestellt wurde, anderen Zwecken gedient haben und zu versteuern gewesen sein. Das gleiche gilt auch, wenn das Fahrzeug aus dem Dienst der genannten Behörden ausscheidet. Ausschlaggebend ist nur, daß das Fahrzeug während der Dauer seiner Indienststellung bei den genannten Behörden ausschließlich für dienstliche Zwecke dieser Behörden verwendet wird. Wird ein steuerbefreites Fahrzeug unter den in Nr. 2 genannten Behörden vorübergehend gegenseitig ausgeliehen, so entfällt die Steuerfreiheit nicht (vgl. RFH, 22. 1. 43, RStBl. 43, 22). Anders jedoch bei landwirtschaftlichen Zugmaschinen (Nr. 6, vgl. BFH, 17. 6. 53, BStBl. III, 232; vgl. Randnr. 33).

8 **3. a)** Allgemeines: In **Nr. 3** der jetzigen Fassung sind Befreiungsvorschriften aus § 2 Nr. 1 u. Nr. 4 KraftStG a. F. zusammengefaßt worden. Bei den hier genannten Fahrzeugen der bezeichneten Betriebskörperschaften soll die Steuerfreiheit an die ausschließliche Verwendung der einzeln aufgeführten Zwecke und die äußerliche Kennzeichnung der Fahrzeuge für diese Zwecke gebunden sein. Es ist nicht mehr erforderlich, daß die genannten Fahrzeuge (Kraftfahrzeuge und Anhänger, vgl. § 1 Abs. 3 KraftStG) ihrer Bauart nach nur für diese Zwecke Verwendung finden können (so die bisherige Fassung der Nr. 4). Es braucht sich also nicht mehr um Spezialfahrzeuge zu handeln, nur dürfen die Fahrzeuge zu anderen als den genannten Zwecken nicht verwendet werden. Die Ausschließlichkeit braucht sich nicht auf einen der genannten Zwecke, wie z.B. Wegebau zu beschränken, vielmehr ist die Steuerfreiheit auch dann zu gewähren, wenn das Fahrzeug zum Wegebau und zur Straßenreinigung verwendet wird. Das Wort „oder" zwischen Müll- und Fäkalienabfuhr besagt nur, daß eine der genannten Zweckbestimmungen zur Steuerbefreiung genügt. Damit ist künftig ein Austausch des Fahrzeugs für die einzelnen Zwecke im Hinblick auf die Steuerbefreiung nunmehr unschädlich (anders jedoch nach der früheren Fassung der Nr. 4, weil es sich dort um Spezialfahrzeuge handeln mußte). Die Veränderung ist nach § 39 KraftStDV dem Finanzamt zu melden. Wegen des Verfahrens bei der Steuerbefreiung wird im übrigen auf § 13 KraftStDV verwiesen.

9 **b)** Zu den Fahrzeugen, die im Wegebau Verwendung finden, zählen solche Fahrzeuge, die unmittelbar dem Wegebau, wie z. B. Straßenwalzen, Teermaschinen u. a. (die meist schon unter Nr. 1 als Arbeitsmaschinen fallen) oder der Wegeunterhaltung dienen. Lkw, die zur Beförderung von Schotter bestimmt sind, sind steuerbefreit, ebenso wie Lkw einer städt. Baubehörde zur Beförderung von Verkehrszeichen (FG Hamburg, 26. 5. 54, EFG 54, 206). Fahrzeuge im Wegebauaufsichtsdienst (Pkw für die kommunalen oder staatlichen Beamten) sind nicht steuerbefreit (RFH, 23. 6. 25, Bd. 16, 347). Dagegen schließt die Mitnahme von

Personen die Steuerfreiheit nicht aus, sofern nur die Personenbeförderung im Dienst der Zweckbestimmung steht, so die Mitnahme von Wegebauarbeitern zur Arbeitsstätte (RFH, 22. 1. 29, DAR 29, 204). Wird ein steuerfreies Fahrzeug (z. B. ein Kreiswegebauwagen) vorübergehend einem nicht steuerfreien Gebrauch zugeführt, wie z. B. an eine private Fabrik zum Aushilfstransport verliehen, so ist die Steuer zu entrichten, und zwar für den gesetzlich zulässigen kürzesten Zeitraum (RFH, 5. 10. 26, JW 1927, 1795), das ist 1 Monat (§ 13 Abs. 5 KraftStG). Nur gelegentliche Benützung zur Personenbeförderung macht einen an sich steuerfreien Lkw nicht steuerpflichtig (RFH a. a. O.). Kombinationsfahrzeuge für Verkehrssicherungsmaßnahmen (wie z. B. die Beschilderung von Verkehrswagen) sind Fahrzeuge für den Wegebau (vgl. FG Hamburg, 26. 5. 54, EFG 54, 206).

Wenn Fahrzeuge für den Wegebau und den Bau von Wasserstraßen verwendet werden, unterliegen sie der Steuer, weil sie nicht mehr ausschließlich dem Wegebau dienen (RFH, 15. 8. 41, DAR 41, 120). 10

c) Der Begriff der Straßenreinigung ist nicht im wörtlichen, sondern im verwaltungstechnischen Sinn zu verstehen (so auch Neumann, KraftStG, 2. Aufl., Anm. 8 zu § 2). Steuerfrei sind Fahrzeuge zum Sandstreuen (RFH, 8. 3. 32, DAR 32, 255), auch solche zur Fortschaffung des Schmutzes aus den unter der Straße liegenden Kanalisationsanlagen (RFH, 15. 4. 30, DAR 30, 202). Fahrzeuge zur Reinigung von Sinkkästen, die den Straßenschmutz auffangen, sind steuerfreie Straßenreinigungsfahrzeuge. Ebensowenig steuerbefreit sind Fahrzeuge der Straßenreinigungsaufsicht (RFH, 23. 6. 26, Bd. 16, 347), da sie nicht unmittelbar der Reinigung dienen. 11

d) Bisher waren Kraftfahrzeuge und Anhänger zur Müll- oder Fäkalienabfuhr nur von der Steuer befreit (§ 2 Nr. 4 KraftStG a. F.), soweit es sich um Spezialfahrzeuge handelte. Künftig ist jedes Kraftfahrzeug und jeder Kraftfahrzeuganhänger (§ 1 Abs. 3 KraftStG), der ausschließlich zur Müll- oder Fäkalienabfuhr dient, steuerbefreit. 12

e) Voraussetzung für die Steuerbefreiung ist für alle in Anm. 3 genannten Fahrzeuge (Randnr. 8—12) die äußerliche Erkennbarkeit für die bestimmten Zwecke. Wie dies zu geschehen hat, ist dem Einzelfall vorbehalten. Die Fahrzeuge müssen äußerlich sichtbare Merkmale am Aufbau tragen. Ein Hinweisschild allein reicht nicht aus. 13

4. Die Befreiungsvorschriften der neuen Nr. 4 sind jeweils aus Nr. 1 der früheren Fassung, teils auch aus § 34 KraftStDV a. F., übernommen. 14

a) Bei den Fahrzeugen im Feuerwehrdienst kommt es nicht mehr darauf an, ob sie für eine Gebietskörperschaft zugelassen sind (so § 2 Nr. 1 a. F.). Auch Feuerwehrfahrzeuge privater Eigentümer, wie z. B. firmeneigene Fahrzeuge größerer Geschäfts- oder Fabrikunternehmen (die allerdings auch bisher nicht steuerpflichtig waren, solange sie nur auf dem eigenen Betriebsgelände eingesetzt wurden) sind nunmehr steuerfrei. Diese sog. Werkfeuerwehren, die nicht für eine Gebietskörperschaft zugelassen sind, müssen nach ihrer Bauart nur für den Feuerwehrdienst geeignet und bestimmt sein (Nr. 4 Satz 3). Voraussetzung für alle steuerbefreiten Feuerwehrfahrzeuge ist ihre äußerliche Erkennbarkeit und ihre ausschließliche Verwendung als solche (siehe Randnr. 13). 15

Nicht befreit sind die beamteneigenen Fze der Brandmeister der freiwilligen Feuerwehren. Kfze der Feuerwehr sind auch dann befreit, wenn sie nicht unmittelbar und nicht ausschließlich bei Feuerlöscharbeiten verwandt werden, sondern z. B. dazu, den Leiter des Feuerlöschdienstes möglichst schnell und schon vor dem Löschzug auf die Brandstätte zu befördern, damit er die Vorbereitungen für den Angriff treffen kann, oder Mitgliedern der Wehr zu feuerpolizeilichen Prüfungen an Ort und Stelle dienen (RFH, 14. 7. 23, Arch. f. Rpfl. i. Sachs. 1924, 116 = Bd. 12, 276), oder wenn sie in einer — im Bedarfsfall auch zur Brandbekämpfung heranzuziehenden — Feuerwehrschule hauptsächlich Ausbildungs- und Übungszwecken dienen (BFH, 5. 8. 53, VRS 6, 236). 16

Da bei Fahrzeugen der genannten Gebietskörperschaften die Fahrzeuge ihrer Bauart nach nicht Spezialfahrzeuge sein müssen, können auch Zugmaschinen, die im Feuerwehrdienst ausschließlich Verwendung finden und äußerliche Kennzeichen hierfür tragen, unter die Steuerbefreiung fallen (vgl. RFH, 5. 10. 26, JW 1927, 1795; DStZ 53, 61). 17

b) Bei den Fahrzeugen, die ausschließlich im Katastrophenschutz verwendet werden, muß es sich um äußerlich als solche erkennbare Fahrzeuge handeln (vgl. Randnr. 13). Soweit sie nicht für eine Gebietskörperschaft zugelassen sind, müssen sie Spezialfahrzeuge für den Katastrophenschutz sein. Fahrzeuge des Katastrophenschutzes sind solche, die zur Abwendung 18 einer Gemeingefahr für eine Vielzahl von Personen (abweichend: § 315 Abs. 3 StGB) in einem Katastrophengebiet eingesetzt werden, z. B. bei Erdbeben, Wassergefahr (Hochwasser, Damm- u. Deichbrüche), Bergwerks- und Eisenbahnunglücken, Großbränden, Flugzeugabstürzen, Kriegseinwirkungen u. a.

19 c) Die steuerbefreiten Fahrzeuge des zivilen Luftschutzes müssen ausschließlich für diesen verwendet werden und als solche Fahrzeuge äußerlich erkennbar sein (vgl. Randnr. 13). Auch für sie gilt das Merkmal des Spezialfahrzeugs, wenn es nicht für eine Gebietskörperschaft zugelassen ist. Welche Spezialeinrichtungen allerdings in diesen Fällen verlangt werden müssen, kann nur im Einzelfall entschieden werden.

20 d) Bei den Fahrzeugen, die ausschließlich bei Unglücksfällen Verwendung finden, gilt das gleiche wie bei b und c bereits ausgeführt.

21 e) Die Fahrzeuge zur Krankenbeförderung müssen ausschließlich dem Transport kranker Menschen dienen. Soweit die Fahrzeuge für eine Gebietskörperschaft zugelassen sind, braucht es sich nicht um Spezialfahrzeuge handeln, sie müssen nur als Krankentransportwagen äußerlich erkennbar sein.

22 Das Merkmal, daß das Fahrzeug nach seiner Bauart und den fest in ihm vorhandenen Einrichtungen nur zum Krankentransport geeignet und bestimmt ist, ist für die Fahrzeuge privater oder karitativer Vereinigungen erforderlich, für die bisher nur durch den durch Gesetz v. 19. 12. 60 aufgehobenen § 34 KraftStDV Steuerbefreiung auf Antrag erwirkt werden konnte. Entgegen der früheren Bestimmung ist Unentgeltlichkeit des Transportes nicht mehr erforderlich. Auch wenn eine gewerbliche Betätigung mit der Krankenbeförderung verfolgt wird, ist künftig Steuerfreiheit zu gewähren.

23 **5.** Die Steuerbefreiung für **Oberleitungsomnibusse** (Nr. 5) und die hinter ihnen mitgeführten Anhänger entspricht sachlich der bisherigen Bestimmung (§ 2 Nr. 3 u. 5 KraftStG a. F.) Ein Oberleitungsomnibus darf nicht an Schienen gebunden sein und muß den Strom einer Oberleitung entnehmen. Elektrisch angetriebene Omnibusse, die den Strom aus mitgeführten Akkumulatoren entnehmen, sind nicht steuerbefreit. Der Gyrobus (Anm. A II zu § 1 StVG der 21. Aufl.) ist kein Obus. Der Wechselbetrieb zwischen Entnahme von Strom aus der Oberleitung und aus der Batterie oder mit flüssigem Brennstoff ist nicht steuerfrei (vgl. Klein-Schrötter, VerkFinG 1955 S. 28). Obusse mit zusätzlichem Hilfsantrieb, der nur in Ausnahmefällen angewandt wird, sind steuerfrei (Neumann, das Kraftfahrzeugsteuergesetz, 2. Aufl., § 2 Anm. 12 m. weit. Nachweisen).

Hinsichtlich des Begriffs des Omnibusses siehe Randnr. 12 zu § 10 KraftStG.

24 **6. a)** Allgemeines: In **Nr. 6** wird die Steuerbefreiung zugunsten der Land- und Forstwirtschaft auf Sonderfahrzeuge und Anhänger hinter diesen ausgedehnt. Bisher war sie auf Zugmaschinen und deren Anhänger beschränkt. Nach der amtlichen Begründung (Bundesratsdrucksache 16/60 v. 15. 1. 60) war die Erweiterung der Bestimmung geboten, weil die Sonderfahrzeuge samt ihren Anhängern der Rationalisierung der Landwirtschaft dienen. Es handelt sich insbesondere um solche Fahrzeuge, die als selbstfahrende Arbeitsmaschinen nicht anerkannt sind.

25 Die Zugmaschinen und ihre Anhänger waren bisher nach den KRG Nr. 51 und nach Aufhebung des KRG durch das Gesetz v. 23. 7. 58 (BGBl. I, 540) nach § 2 Nr. 5 KraftStG a. F. steuerbefreit.

b) Zugmaschinen

26 Eine Zugmaschine ist ein Kfz, deren wirtschaftlicher Wert im wesentlichen in der Zugleistung liegt und die nach ihrer Bauart nicht auf ihr untergebrachte Personen oder Güter befördert, sondern Lasten durch Zug, also Anhänger, fortbewegt (BFH, 18. 5. 55, BStBl. III, 211). Die Zugmaschine kann jetzt einen Laderaum haben, jedoch darf dieser nicht so umfangreich sein, daß die Begriffsmerkmale eines Lkws vorliegen. Als Zugmaschinen kommen in Betracht Traktoren, Raupenschlepper, Sattelschlepper, oder auch entsprechend umgebaute Fahrzeuge, z. B. ein Jeep (BFH, 18. 5. 55, BStBl. III, 211). In der Regel ist auch ein Unimog als Zugmaschine anzusehen, es sei denn, er soll ausschließlich (so vor allem in Gebirgsgegenden) als Lastenbeförderungsmittel dienen (er ist dann Lkw). Gelenkfahrzeuge (vgl. Randnr. 17, 18, zu § 10) sind nach Klein-Schrötter (Verkehrsfinanzgesetz 1955 S. 40) eine Unterart der Sattelfahrzeuge und deshalb steuerlich als Lkw oder Omnibus zu behandeln. Nach Neumann (Das Kraftfahrzeugsteuergesetz, 2. Aufl., Anm. 3 zu § 10) sind diese Fahrzeuge ein besonderer Fahrzeugtyp und als einheitliches Fahrzeug anzusehen. Nach letzterer Ansicht ist somit die Steuer einheitlich nach § 11 Abs. 1 Nr. 5, nach ersterer Ansicht nach Abs. 1 Nr. 5 u. Abs. 2 Nr. 1 zu berechnen. Im übrigen besteht für Zugmaschinen eine steuerliche Sonderbestimmung nicht.

c) Anhänger hinter Zugmaschinen

Anhänger sind alle zum Mitfahren hinter Zugmaschinen geeignete und dafür bestimmte Fahrzeuge. Es ist dabei gleichgültig, ob der Anhänger im allgemeinen für tierischen Zug eingerichtet ist oder nicht. Es kommt nur darauf an, ob er von einer Zugmaschine mitgeführt wird, um unter das Begriffsmerkmal des Anhängers hinter Zugmaschinen zu fallen. Praktisch ist dies aber ohne Bedeutung, weil Anhänger für tierischen Zug überhaupt nicht unter das KraftStG fallen. Zu den Anhängern zählen auch die Nachlaufachsen für Langholzbeförderung (VerkBl. 49, 58). Keine Anhänger sind betriebsunfähige Fahrzeuge, z. B. ein liegengebliebener Pkw, der von der Zugmaschine geschleppt wird (vgl. § 18 Abs. 1 StVZO und Anm. 3 S. 517 der 21. Aufl.; siehe auch Randnr. 7—10 bei § 1). 27

d) Sonderfahrzeuge und ihre Anhänger

Das Gesetz definiert den Begriff der Sonderfahrzeuge selbst. Danach gelten als solche Fahrzeuge, die nach ihrer Bauart oder ihren besonderen, mit ihnen fest verbundenen Einrichtungen ausschließlich für die Verwendung in land- oder forstwirtschaftlichen Betrieben geeignet und bestimmt sind. In Betracht kommen z. B. Melkwagen (Melkmaschinen zulassungsfrei, VerkBl. 55, 462), die mit Milchtanks versehen sind und deshalb nicht als zulassungs- und steuerfreie Arbeitsmaschinen anerkannt werden können. 28

Bei den Anhängern hinter den Sonderfahrzeugen braucht es sich nicht wieder um Sonderfahrzeuge handeln. Zulassungsfrei ist jeder Anhänger.

e) Land- oder forstwirtschaftliche Betriebe

Zu den landwirtschaftlichen Betrieben gehören alle einem landwirtschaftlichen Hauptzweck dienenden Betriebe. Als solche gelten auch Tierzuchtbetriebe, Viehmästereien, Abmelkställe, Geflügelfarmen und ähnliche Betriebe, wenn zur Tierzucht oder Tierhaltung überwiegend Erzeugnisse verwendet werden, die im eigenen landwirtschaftlichen Betrieb gewonnen sind (vgl. § 29 BewG). Auch eine Aktiengesellschaft kann Inhaberin eines solchen Betriebes sein (BFG, 14. 1. 53, BStBl. III, 95). 29

Ein forstwirtschaftlicher Betrieb ist dann gegeben, wenn die betriebliche Einrichtung einem dauernden forstwirtschaftlichen Hauptzweck dient (vgl. § 45 BewG). 30

Im Sinne des § 2 Nr. 6 zählen aber zu den land- oder forstwirtschaftlichen Betrieben auch die mit diesem im weiteren Sinne verwandten Unternehmen, wie Weinbaubetriebe (§ 47 BewG), gärtnerische Betriebe (§ 48 BewG; § 26 RBewDV v. 2. 2. 35, RGBl. I, 81 = RStBl. S. 189; vgl. auch BFH, 20. 2. 51, BStBl. III, 61) und die übrigen land- oder forstwirtschaftlichen Betriebe (vgl. § 28 BewG), wie z. B. insbes. die Fischzucht, Teichwirtschaft und die Binnenfischerei (vgl. § 49 BewG), Wanderschäfereien und Imkereien (§ 30 RBewDV v. 2. 2. 35, RGBl. I, 81 = RStBl. S. 189). Es kommt nicht darauf an, ob es landwirtschaftliche Groß- oder Kleinbetriebe sind. Unerheblich ist auch, ob die Land- oder Forstwirtschaft als Eigentümer von Grund und Boden oder z. B. in Erbpacht betrieben wird. 31

Zu den land- oder forstwirtschaftlichen Betrieben gehören auch deren Nebenbetriebe. Die Begriffsbestimmung des § 3 HGB für den Nebenbetrieb ist im Rahmen des § 2 Nr. 6 KraftStG nicht in vollem Umfang verwertbar, sie kann vielmehr nur Anhaltspunkte geben, weil § 3 HGB auf die Voraussetzungen des § 2 HGB verweist, die aber im Rahmen des KraftStG nicht entscheidend sind. Ein Nebenbetrieb kann somit vorliegen bei Brauereien, Müllereien, Brennereien u. a., wenn in diesen Betrieben ausschließlich oder überwiegend Erzeugnisse des landwirtschaftlichen Hauptbetriebes verwendet werden und der Nebenbetrieb gegenüber dem Hauptbetrieb als solcher nicht entscheidend ins Gewicht fällt. Nach § 29 Abs. 5 BewG ist ein landwirtschaftlicher Betrieb ein Betrieb, der dem landwirtschaftlichen Hauptbetrieb zu dienen bestimmt ist. Wird mit dem Nebenbetrieb ein solcher Gewerbebetrieb mit eigenem Einkommen eingerichtet, wie z. B. eine Handelsgärtnerei, tritt Steuerfreiheit nicht ein. 32

f) Verwendung in land- oder forstwirtschaftlichen Betrieben

Wie schon nach § 2 Nr. 5 KraftStG a. F. kommt es nur darauf an, daß die Zugmaschine oder das Sonderfahrzeug und deren Anhänger ausschließlich im land- oder forstwirtschaftlichen Betrieb (s. Randnr. 29—32) verwendet wird. Die Eigentumsverhältnisse sind nicht entscheidend. Es kommt auch nicht auf die Person des Fahrzeughalters an, sondern nur auf den Verwendungszweck, wobei unerheblich ist, ob das Fahrzeug im eigenen oder im fremden Betrieb verwendet wird. Der Steuerbefreiung steht es demnach nicht entgegen, wenn ein Landwirt seine Zugmaschine, das Sonderfahrzeug und deren Anhänger im Betrieb eines anderen Landwirts verwenden läßt, wie z. B. Aushilfe beim Transport der Ernte, Verwendung 33 der Zugmaschine in mehreren landwirtschaftlichen Betrieben zum Pflügen, Säen, Mähen u. dgl. (so auch BFH, 22. 2. 51, BStBl. III, 40). Nachbarschaftshilfe (§ 80 Abs. 2 GüKG) bleibt steuerfrei, soweit sie im Rahmen des vorgenannten Betriebes geleistet wird und diese Beförderungstätigkeit sich nicht als eine gewerbliche Tätigkeit darstellt (BFH, 3. 3. 54, BStBl. III, 160; 20. 2. 51, BStBl. III, 61).

34 Die Verwendung muß ausschließlich in einem land- oder forstwirtschaftlichen Betrieb erfolgen (s. Randnr. 29—32). Dabei kommt es nicht darauf an, ob gerade eine typische land- oder forstwirtschaftliche Arbeitsleistung mit dem Fahrzeug geleistet wird. Die Abfuhr von Brennholz für Arbeitnehmer des Landwirts löst keine Steuerpflicht aus (BFH, 30. 4. 54, InfL 54, 169), ebensowenig aber auch die Beförderung von Sand für den Bau eines Stallgebäudes (BFH, 3. 3. 54, BStBl. III, 160). Als Verwendung in den genannten Betrieben ist es auch anzusehen, wenn der Transport landwirtschaftlicher Erzeugnisse des eigenen oder fremden Betriebes an den Abnehmer oder die Beförderung von Bedarfsgütern für den land- oder forstwirtschaftlichen Betrieb erfolgt, so, wenn ein Landwirt Holz, das er im eigenen Wald geschlagen und ab Wald verkauft hat, in der Folgezeit auf Grund einer zusätzlichen Vereinbarung den Sägewerken oder sonstigen Holzabnehmern zuführt (FG Freiburg, 16. 11. 56, EFG 57, 97).

35 Eine Verwendung des Fahrzeugs im land- oder forstwirtschaftlichen Betrieb kann auch durch eine Genossenschaft (vgl. BFH, 5. 5. 54, DStR 54, 427) erfolgen, da mit den Fahrzeugen eine Arbeitsleistung vollbracht wird, die in land- oder forstwirtschaftlichen Betrieben anfällt und ausgeführt wird. Die Genossenschaft als solche ist zwar selbständig und hat keinen eigenen in Randnr. 29—32 näher bezeichneten Betrieb. Ihre Tätigkeit ist gewerblich ausgerichtet, sie gilt als Kaufmann (§ 17 Abs. 2 GenG). Die Genossenschaft ist aber ein Zusammenschluß von einer Mehrheit von Landwirten zur Hebung ihrer wirtschaftlichen Leistungsfähigkeit und zur Erleichterung und schnelleren Arbeitsausführung. Die Genossenschaft kann die Fahrzeuge dabei dem Genossen, dem Landwirt, überlassen oder das Fahrzeug mit Fahrer dem Landwirt zur Verfügung stellen. Die Beförderung von für die Landwirtschaft bestimmten Gütern (Kunstdünger) zum Lagerhaus einer landwirtschaftlichen Genossenschaft, die ein der Genossenschaft angehörender Landwirt mit seiner Zugmaschine ausführt, kann von der Steuerbefreiung umfaßt sein (BayObLG, 9. 7. 58, VRS 16, 226). Auch in diesem Falle dient die Beförderung la ıdwirtschaftlichen Betrieben, weil die Genossenschaft und der von ihr beauftragte Landwirt nur als Vertreter der in der Genossenschaft zusammengeschlossenen Landwirte tätig wird. Auch die Abholung und Zufuhr von gekauften und verkauften landwirtschaftlichen Bedarfsgütern mit Fahrzeugen der Genossenschaft ist eine Verwendung im landwirtschaftlichen Betrieb; denn diese Tätigkeiten würde auch der einzelne Landwirt ausführen; die Genossenschaft wird insoweit nur an seiner Stelle tätig. Die Beförderung der durch Be- oder Verarbeitung der landwirtschaftlichen Produkte gewonnenen Erzeugnisse (z. B. Molkerei-, Winzer-, Obst- und Gemüseverwertungsgenossenschaften) ist steuerbegünstigt, wenn die Be- oder Verarbeitung in den Bereich der Landwirtschaft fällt. Das ist der Fall, wenn dies durch den Landwirt selbst vorgenommen werden könnte und sie nach der Verkehrsauffassung unter Berücksichtigung der herkömmlichen örtlichen Gepflogenheiten dem landwirtschaftlichen Betrieb zuzurechnen ist (vgl. BFH, 22. 10. 52, BStBl. 53 III, 40). Fahrten für die Genossenschaft, auch solche zum Bau eines Lagerhauses der Genossenschaft sind als Verwendung im landwirtschaftlichen Betrieb anzusehen, wenn die Beförderung unentgeltlich erfolgt und das Lagerhaus zur Lagerung von Gütern bestimmt ist, die in landwirtschaftlichen Betrieben erzeugt wurden und zum Verkauf bestimmt sind oder die von Landwirten in ihren landwirtschaftlichen Betrieben benötigt werden (BFH, 12. 12. 56, Bd. 64, 100).

36 Die Teilnahme an einem Geschicklichkeitswettbewerb begründet keine Steuerpflicht für die Zugmaschine, weil dieser der Ausbildung des Fahrers dient und damit indirekt der Land- und Forstwirtschaft zugute kommt (vgl. BFH, 5. 8. 53, BStBl. 54, III, 48).

37 Die ausschließliche Verwendung kann auch in einem land- oder forstwirtschaftlichen Nebenbetrieb erfolgen, wie z. B. bei einer Gärtnerei (BFH, 20. 2. 51, BStBl. III, 61), Fahrten mit Mahlgut von und zur nebenbetrieblichen Müllerei, Lieferung von Kies oder Schotter aus der eigenen Kiesgrube zur Instandhaltung eines Weges, Beförderung landwirtschaftlicher Erzeugnisse von dem landwirtschaftlichen Betrieb des Fahrzeughalters zu seinem Gewerbebetrieb (Lieferung zur Zuckerfabrik), da der Abtransport der eigenen Erzeugnisse dem landwirtschaftlichen Betrieb dient (BFH, 15. 10. 52, BStBl. III, 311), Beförderung von Waldarbeitern zur Arbeitsstätte, oder auch die Abholung der Milch durch die Genossenschaft oder einen Landwirt bei den einzelnen Landwirtschaftsbetrieben zur Lieferung an die Molkerei zur Weiterverarbeitung, Beförderung an Milchverwertungsgenossenschaften u. dgl., soweit der

Landwirt nicht als Fuhrunternehmer handelt (BFH, 26. 8. 53, BStBl. III, 306; FG Freiburg, 16. 6. 55, EFG 55, 339). Fahrten im Rahmen von gewerblichen Nebenbetrieben (also nicht landwirtschaftlichen Nebenbetrieben) scheiden aus, da in diesem Falle betriebsmäßige Beziehungen zum landwirtschaftlichen Betrieb fehlen (FG Freiburg, 16. 6. 55, EFG 55, 339).

Das Fahrzeug darf nicht im Rahmen eines gewerblichen Unternehmens verwendet werden. **38**
Dies ist dann der Fall, wenn die Beförderung gegen Entgelt durchgeführt wird, also auf Gewinnerzielung gerichtet ist. Die Ausübung eines Gewerbes mit dem Fahrzeug begründet die Steuerpflicht (BFH, 26. 8. 53, BStBl. III, 306; BFH, 17. 6. 53, BStBl. III, 232; 20. 2. 51, BStBl. III, 62). Das FM in NW hat in dem Erlaß v. 23. 3. 60 S. 6108 — 1 — VC 2 die Ansicht vertreten, daß es nur auf die Verwendung im landwirtschaftlichen Betrieb ankommt und demnach auch der gewerbsmäßig Zugmaschinen an Landwirte Vermietende Steuerfreiheit genießt. Diese Ansicht ist jedoch so allgemein ausgesprochen nicht zutreffend, weil es auf die primäre und nicht auf die sekundäre Verwendung ankommt. Die Genossenschaften bilden insoweit eine Ausnahme (s. Randnr. 35). Nach FG Stuttgart (29. 1. 57, EFG 57, 289) kann auch ein Gewerbebetrieb die Steuerbegünstigung in Anspruch nehmen, wenn das Fahrzeug tatsächlich zu landwirtschaftlichen Zwecken ausschließlich benutzt wird. Auch ein unselbständiger Teil eines Gewerbebetriebes kann nach dieser Entscheidung ein landwirtschaftlicher Betrieb sein.

g) Steuerbegünstigte Personen

Steuerbefreiung für Fahrzeuge nach Nr. 6 können natürliche und juristische Personen erlangen (BFH, 14. 1. 53, BStBl. III, 95). Teilnehmergemeinschaften der Flurbereinigung können Halter von Zugmaschinen sein (vgl. BFH, 9. 2. 55, BStBl. III, 107; 22. 10. 52, BStBl. 53 III, 41). Die Steuerbegünstigung ist aber nicht an die Person, sondern nur an die Verwendung gebunden. Gewerbliche Unternehmen scheiden aus der Steuerbegünstigung aus (BFH, 3. 3. 54, BStBl. III, 160; 26. 8. 53, BStBl. III, 306; 20. 2. 51, BStBl. III, 61; u. a. m.). **39**

7. Erstmals steuerfrei sind nach **Nr. 7** die Zugmaschinen, soweit sie ausschließlich von Schaustellern verwendet werden. Diese Zugmaschinen sind nach § 18 StVZO zulassungspflichtig. Zulassungsfrei sind jedoch nach § 18 Abs. 2 Nr. 6e StVZO die Wohnwagen und die Packwagen im Gewerbe nach Schaustellerart, wenn sie von Zugmaschinen mit einer Geschwindigkeit von nicht mehr als 20 km/h mitgeführt werden, soweit dem nicht die Nr. 6a letzter Satz entgegensteht. Diese Anhänger sind, soweit sie zulassungsfrei sind, steuerfrei nach § 2 Nr. 1 KraftStG. Voraussetzung ist die ausschließliche Verwendung der Zugmaschine durch Schausteller. Auf welche Art und Weise sie von diesen verwendet wird, schreibt das Gesetz nicht vor. **40**

8. Die nunmehrige **Nr. 8** tritt an die Stelle des § 35 KraftStDV a. F., der durch Art. 3 des Gesetzes vom 19. 12. 60 (BGBl. I, 1005) aufgehoben wurde. Die neue Vorschrift wurde gleichzeitig dem § 4 Nr. 8 VersStG angepaßt. Ein Antrag wie früher ist jetzt nach Nr. 8 nicht mehr erforderlich. Steuerfreiheit tritt ein, wenn die Voraussetzungen der Nr. 8a bis d vorliegen und Gegenseitigkeit gewährt wird. **41**

Durch Buchstabe a sind nur die Fahrzeuge betroffen, die unmittelbar für eine beglaubigte diplomatische Vertretung eines außerdeutschen Staates zugelassen sind, wie z. B. Wagen einer Botschaft oder Gesandtschaft. Auch die Zulassung für eine vorübergehende diplomatische Vertretung muß als ausreichend angesehen werden, wie dies u. U. bei Geschäftsträgern möglich ist. Buchstabe b umfaßt die Mitglieder diplomatischer Vertretungen sowie das Geschäftspersonal derselben, soweit es sich um Exterritoriale handelt, das betrifft also nicht die deutschen Angestellten. Steuerfreiheit nach Buchstabe c und d genießen weiter die ausländischen Konsulate, soweit entweder der Wagen für das Konsulat als solchem oder für den Generalkonsul, Konsul, Vizekonsul, Konsularagenten oder für das ausländische Geschäftspersonal der ausländischen konsularischen Vertreter zugelassen ist, wobei Voraussetzung ist, daß es sich bei dem Leiter der ausländischen Vertretung und den anderen genannten Personen um Angehörige des Entsendestaates handelt und diese in der Bundesrepublik außerhalb ihres Amtes keine Erwerbstätigkeit ausüben. **42**

Die Ausübung der Erwerbstätigkeit verlangt eine gewisse Intensität. Nicht jedoch ist erforderlich eine auf eine längere Dauer gerichtete Tätigkeit. Nicht zu den steuerschädlichen Tätigkeiten ist die schriftstellerische anzusehen, auch wenn diese mit nicht unerheblichem Einkommen verbunden ist. Man wird wohl von ähnlichen Begriffen ausgehen müssen, wie sie für die Nebenbeschäftigung der Beamten gelten, daß also diejenigen Tätigkeiten, die Beamte ohne Genehmigung nebenberuflich ausüben dürfen, bei den ausländischen Vertretern nach Nr. 8c u. d) die Steuerbefreiung nicht beeinträchtigen. **43**

44 **9.** Die Bestimmung der **Nr. 9** tritt an die Stelle von § 41 KraftStDV a. F., der durch das Gesetz vom 19. 12. 60 (a. a. O.) aufgehoben wurde. Während bisher die Steuer nur für die Dauer der Überführungsfahrt nicht erhoben wurde und bei längerem Inlandsaufenthalt vom Tage der Zulassung ab nachzuerheben war, soll die Befreiungsvorschrift allgemein für die ersten 10 Tage nach Zuteilung des länglichrunden Kennzeichens (vgl. § 6 VOInt, Anhang 8 der 21. Aufl.) gelten. Die Frist von 10 Tagen wurde bisher schon allgemein in der Praxis für angemessen gehalten (vgl. BdF, 27. 3. 56 in DVR 56, 92 = BB 56, 395).

45 Künftig sollen aber die Halter der Personenwagen mit weniger als 8 Sitzplätzen, die im Inland gekauft werden, die ihren Wohnsitz oder gewöhnlichen Aufenthalt nicht im Inland haben, für die gesamte Gültigkeitsdauer des ihnen zugeteilten länglichrunden Kennzeichens steuerfrei bleiben. Es braucht sich hierbei nicht um Personen zu handeln, die eine andere als die deutsche Staatsangehörigkeit besitzen. Dies ist im Rahmen des Steuerrechts nicht entscheidend. Ein Deutscher, der seinen dauernden Wohnsitz im Ausland hat, ist ebenso befreit, wie ausländische Touristen, die in der Bundesrepublik einen Wagen kaufen. Umgekehrt aber hat ein Ausländer, der sich dauernd im Inland aufhält, keinen Anspruch auf Steuerfreiheit.

46 Da die SBZ nicht als Ausland, sondern als Inland anzusehen ist, kann für die Bewohner dieses Gebietes ein länglichrundes Kennzeichen nicht ausgegeben werden. Vielmehr sind bei Überführungsfahrten die gewöhnlichen roten Nummern zu verwenden (§ 28 StVZO).

47 Die Zuteilung des ländlichrunden Kennzeichens erfolgt durch die Zollstelle, die auch für die Besteuerung zuständig ist. Ausgabe nach §§ 2, 6 VOInt. Verzeichnis der Kennzeichen siehe VerkBl. 61, 23. Internationaler Zulassungsschein siehe § 7 VOInt. Gültigkeitsdauer des internationalen Zulassungsscheines ist regelmäßig 1 Jahr (Art. 4 Abs. 2 des IntAbK v. 24. 4. 26, RGBl. 30 II, 1233; Anhang 7 der 21. Aufl.; § 5 VOInt.).

48 **10. a)** Die **Nr. 10** des § 2 ersetzt den aufgehobenen § 50 KraftStDV a. F. Es muß sich danach um Personenkraftwagen handeln, die im ausländischen Zulassungsverfahren zugelassen sind (vgl. § 2 Abs. 2 KraftStDV). Voraussetzung ist, daß der Aufenthalt im Bundesgebiet vorübergehend ist. Als solcher gilt ein Zeitraum bis zu einem Jahr. Dies besagt ausdrücklich § 5 der VO über internat. Kraftfahrzeugverkehr (Anhang 8 der 21. Aufl.).

b) Unter Ausland im Sinne dieser Bestimmung ist das Gebiet der SBZ nicht zu verstehen. Steuerrechtlich kann sie aber auch nicht zum Inland zählen. Daß in Nr. 10 neben Ausland und Inland von der Verwendung der Fahrzeuge im Bundesgebiet gesprochen ist, hat nicht die Bedeutung, daß jedes außerhalb des Bundesgebietes liegende Territorium nun Ausland ist; vielmehr ist der Begriff „Bundesgebiet" nur im Sinne des Geltungsbereichs des KraftStG zu verstehen (Bundesgebiet und West-Berlin = Inland). Für die Bewohner der SBZ sind die Bestimmungen der Nr. 10 jedoch analog insofern anzuwenden, als die Steuerbehörden die Zahlung einer Steuer erst dann verlangen können, wenn ein Wohnsitz in der Bundesrepublik begründet wird. Dies ist bei längerem Aufenthalt anzunehmen, jedoch im Einzelfall zu prüfen. Zuständig ist nicht die Zollbehörde, sondern das Finanzamt.

49 **c)** Wird das Fahrzeug von Personen benutzt, die im Inland (Bundesgebiet und West-Berlin) ihren Wohnsitz oder gewöhnlichen Aufenthalt haben oder wenn das Fahrzeug zur Beförderung von Personen gegen Entgelt benutzt wird, entfällt die Steuerbefreiung. Unter Entgelt ist jede vermögensrechtliche und jeder finanzielle Vorteil zu verstehen. Da das Fahrzeug jedoch der entgeltlichen Personenbeförderung dienen muß, um der Steuerbefreiung verlustig zu gehen, schadet es nichts, wenn gelegentlich die eine oder andere Person gegen Bezahlung im Fahrzeug mitbefördert wird. Die Steuerbefreiung entfällt auch nicht, wenn z. B. ein in Italien zugelassenes Fahrzeug zoll- und steuerfrei in die Bundesrepublik vorübergehend eingeführt wird und hier von einem Einwohner der SBZ benutzt wird. Siehe hierzu auch Ges. üb. d. Beitritt der Bundesrepublik Deutschland zu dem Abkommen v. 18. 5. 56 üb. d. Besteuerung v. Straßenfahrzeugen zum privaten Gebrauch im internationalen Verkehr v. 19. 12. 60 (BStBl. 61 I, 5).

50 **11.** Die **Nr. 11** tritt an die Stelle des aufgehobenen § 51 KraftStDV a. F. Eine sachliche Änderung gegenüber dem früheren Recht ist nicht eingetreten. Maßgebend ist allein, ob nach den Zollvorschriften der Ausbesserungsverkehr bewilligt ist.

51 **12.** Die **Nr. 12** ersetzt § 52 KraftStDV a. F., der aufgehoben wurde. Er betrifft den Durchgangsverkehr im Grenzgebiet. Es muß sich nur um die einzige oder die „gegebene" Verbindung zwischen den beiden Auslandsarten handeln. Hierunter ist zu verstehen, daß es die für gewöhnlich zu benutzende kürzeste Verbindung zwischen den beiden sein muß. Benutzt werden dürfen nur öffentliche Straßen.

13. Nr. 13 ersetzt § 53 KraftStDVa. F. Steuerfrei sind die Fahrzeuge ausländischer Behörden. 52
Der Begriff der Behörde ist dem allgemeinen Verwaltungsrecht zu entnehmen. Es muß sich also um eine öffentliche Einrichtung mit hoheitlicher Befugnis handeln. Das Fahrzeug muß für die Behörde zugelassen sein, auf einer Dienstfahrt sich befinden und nur vorübergehend in das Grenzgebiet gelangen. Der Begriff „vorübergehend" ist nicht nach § 5 der VO über internat. Kraftfahrzeugverkehr, sondern im Sinn von kurzfristig auszulegen, weil die Dienstfahrt sich im Grenzgebiet nicht ununterbrochen bis zu einem Jahr ausdehnen kann.

Die Verbürgung der Gegenseitigkeit ist Voraussetzung dieser Steuerbefreiung.

§ 3 Personenkraftfahrzeuge Körperbehinderter

(1) Körperbehinderten, die sich infolge ihrer Körperbehinderung ein Personenkraftfahrzeug halten, kann die Steuer für ein Personenkraftfahrzeug auf Antrag erlassen werden, und zwar

1. Schwerbeschädigten im Sinne des Bundesversorgungsgesetzes und Personen, die den Körperschaden infolge nationalsozialistischer Verfolgungs- oder Unterdrückungsmaßnahmen aus politischen, rassischen oder religiösen Gründen erlitten haben,

in vollem Umfang ohne Rücksicht auf ihre wirtschaftlichen Verhältnisse.

Voraussetzung ist, daß die Erwerbsfähigkeit um mindestens 50 vom Hundert gemindert ist;

2. Körperbehinderten, die nicht unter Nummer 1 fallen, wenn sie infolge ihrer Körperbehinderung zur Fortbewegung auf die Benutzung eines Personenkraftwagen nicht nur vorübergehend angewiesen sind,

ganz oder teilweise; dabei sind Art und Schwere der Körperbehinderung sowie die wirtschaftlichen Verhältnisse des Körperbehinderten zu berücksichtigen.

(2) Die Steuervergünstigung darf nicht gewährt werden, wenn das Personenkraftfahrzeug benutzt werden soll

1. zur Beförderung anderer Personen; dies gilt nicht, wenn diese Personen unentgeltlich und nur gelegentlich mitbefördert werden oder wenn zur Hilfeleistung des Körperbehinderten die Mitnahme eines Kraftfahrzeugführers oder einer Begleitperson erforderlich ist;

2. zur Beförderung von Gütern; dies gilt nicht für das Handgepäck des Körperbehinderten und der in der Nummer 1 bezeichneten Personen.

(3) Wird ein Fahrzeug, für das eine Steuervergünstigung gewährt worden ist, mißbräuchlich benutzt (Absatz 2), so entfällt die Steuervergünstigung für die Zeit der mißbräuchlichen Benutzung, mindestens jedoch für die Dauer eines Monats.

Inhaltsverzeichnis

1 **I. Entstehungsgeschichte.** Der § 3 wurde durch Art. 1 VerkFinG v. 6. 4. 55 (BGBl. I, 417) eingefügt und vereinheitlichte die Steuervergünstigungen für Körperbehinderte. Die in den einzelnen Besatzungszonen geltenden verschiedenen Bestimmungen traten damit außer Kraft.

2 Durch das Ges. v. 19. 12. 60 (BGBl. I, 1005) wurde in Abs. 1 die bisherige Beschränkung auf den Hubraum unter 2400 cm^3 gestrichen, weil zahlreiche Körperbehinderte auf ein großräumiges Fahrzeug angewiesen sind (so amtl. Begründung, Bundesratsdrucksache 16/60 v. 15. 1. 60). Neu gefaßt wurde Abs. 3.

II. Steuervergünstigung für Körperbehinderte (Abs. 1)

3 1. Bei der zu gewährenden Steuerfreiheit wird unterschieden einerseits zwischen Schwerbeschädigten und Personen, die den Körperschaden durch NS-Verfolgungs- und Unterdrückungsmaßnahmen erlitten haben, und andererseits sonstigen Körperbehinderten, die das Fahrzeug zur Fortbewegung benötigen.

4 a) Bei dem in Nr. 1 des Abs. 1 genannten Personenkreis ist nur Voraussetzung, daß ihre Erwerbsfähigkeit um mindestens 50% gemindert ist. Es braucht sich nicht um gehbehinderte Personen zu handeln, vielmehr zählen zu dem Personenkreis nach Abs. 1 Nr. 1 auch Blinde, Gehörlose oder an inneren Krankheiten Leidende. Die wirtschaftlichen Verhältnisse sind hier nicht entscheidend. Das Fahrzeug muß aber, wie auch bei Nr. 2, wegen der Körperbehinderung gehalten werden.

5 b) Bei den unter Nr. 2 des Abs. 1 fallenden Personen muß es sich um solche handeln, die gehbehindert sind und in schlechten wirtschaftlichen Verhältnissen leben. Gehbehinderung liegt nicht nur bei einer Beschädigung der Beine vor, sondern auch dann, wenn infolge einer Nervenerkrankung, Rückenmarksverletzung u. a. das Gehen nur mit Beschwerden möglich ist. Es muß sich darum handeln, daß der oder die Körperbehinderte zur Fortbewegung auf die Benutzung eines Pkws angewiesen ist. Dies bedeutet nicht, daß andere Fahrzeuge nicht benutzt werden können. Vielmehr muß der Pkw nur auch eines derjenigen Fahrzeuge sein, mittels deren die ungehinderte Fortbewegung ermöglicht wird. Der Umstand, daß ein unter Nr. 2 fallender Körperbehinderter auf gesetzlichen Unterhalt angewiesen ist, rechtfertigt nicht ohne weiteres einen Erlaß der Kraftfahrzeugsteuer (BFG, 6. 8. 58, Bd. 67, 334). Ein bestimmter Grad der Beeinträchtigung der Erwerbsfähigkeit ist nach Nr. 2 nicht Voraussetzung.

6 c) Das Fahrzeug muß auf den Körperbehinderten zugelassen werden (vgl. § 4 Abs. 1 Nr. 1 KraftStG), weil nur ihm als Steuerschuldner die Steuer erlassen oder ermäßigt werden kann. Nicht erforderlich ist es, daß der Körperbehinderte selbst das Fahrzeug lenkt (Abs. 2 Nr. 2). Auch die Alleinbenutzung eines steuerbefreiten Kraftfahrzeugs durch andere Personen ist unschädlich, soweit sie der Beförderung des Körperbehinderten dient (vgl. FG Hamburg, 6. 5. 59, DStZ [B] 59, 429). Zu welchen Zwecken der Körperbehinderte das Kraftfahrzeug hält, zu beruflichen oder privaten Zwecken ist im Rahmen des § 3 KraftStG unerheblich.

7 2. Die Steuerbefreiung oder Steuerermäßigung nach § 3 Abs. 1 wird nur auf Antrag gewährt. Das Antragsverfahren richtet sich nach §§ 12, 13 KraftStDV. Die Steuerbefreiung wird auf die Dauer von höchstens 2 Jahren beschränkt. Der Antrag kann bei der Zulassungsstelle oder unmittelbar beim Finanzamt gestellt werden (§§ 12, 13 KraftStDV). Der Antrag ist zu begründen. Nachweise brauchen bei Stellung des Antrages noch nicht vorgelegt werden, sondern erst bei Aufforderung. Es dürfte sich aber aus praktischen Erwägungen empfehlen, die erforderlichen Bescheinigungen schon bei Stellung des Antrages einzureichen.

8 Eine Bescheinigung über die Anerkennung als politisch, rassisch oder religiös Verfolgter kann das Finanzamt nicht verlangen, sondern hat nach eigenem Ermessen zu prüfen, ob auf Grund der vorgelegten Bescheinigung die Körperbeschädigung auf NS-Gewalttaten zurückzuführen ist. Es genügt jedoch eine Bescheinigung darüber, daß dem Betreffenden eine Entschädigung nach dem Entschädigungsgesetz (Ergänzungsges. v. 18. 9. 53, BGBl. I, 1387) bezahlt wird.

9 Die Schwerbeschädigten nach dem Bundesversorgungsgesetz v. 20. 12. 50 (BGBl. 50, 791) i. d. Fassung v. 6. 6. 56 (BGBl. I, 469), das sind Kriegsbeschädigte (Kriegsteilnehmer oder Zivilangehörige, die durch unmittelbare Kriegseinwirkungen Gesundheitsbeschädigungen erlitten haben), haben einen Rentenbescheid oder eine Bescheinigung des Versorgungsamtes vorzulegen.

10 Die Körperbeschädigten, die nicht unter Abs. 1 Nr. 1 fallen, es sind das diejenigen, bei denen eine Erwerbsminderung von weniger als 50% festgestellt ist, sonst aber zu dem Personenkreis der Nr. 1 gehören, und sämtliche Zivilbeschädigten, gleichgültig, wie und wann die

Körperbehinderung eingetreten ist oder schon von Geburt an vorhanden war, haben bei ihrem Antrag nach Nr. 2 eine Bescheinigung der Anerkennungsstellen für Zivilbeschädigte oder der Versorgungsämter vorzulegen. Auch Rentenbescheide sind insoweit ausreichend. Aus ihnen wie auch aus den amtsärztlichen Zeugnissen muß hervorgehen, um welche Art des Leidens es sich handelt, welcher Grad der Erwerbsminderung vorliegt, ob eine erhebliche Gehbehinderung gegeben und ob diese vorübergehender Natur ist. Da es bei den Körperbehinderten nach Nr. 2 auch auf die wirtschaftlichen Verhältnisse ankommt, sind von dem Antragsteller die eigenen Einkommenverhältnisse und auch die der mit ihm zusammenlebenden Familienangehörigen darzulegen und nachzuweisen. Das festgestellte, zu versteuernde Einkommen wird in der Regel einen brauchbaren Anhaltspunkt geben. Allein ausschlaggebend kann es schon deshalb nicht sein, weil es auf die wirtschaftlichen Verhältnisse und damit auch auf die Vermögenslage des Betreffenden ankommt.

3. Die Steuerbefreiung und Steuerermäßigung kann nur für Personenkraftfahrzeuge gewährt werden. Zu diesen zählen aber nicht nur die Personenkraftwagen (Vierradfahrzeuge) im Sinne des § 10 Abs. 2 KraftStG, sondern auch die Zwei- und Dreiradkraftfahrzeuge (ebenso: Anm. 3 der 21. Aufl.; Neumann, Das Kraftfahrzeugsteuergesetz, 2. Aufl., § 3 KraftStG Anm. 1a; Gaul, Kraftfahrzeugsteuer, Lfg. Sept. 55, § 3 KraftStG Anm. 3), da der Begriff Personenkraftfahrzeug als Oberbegriff nicht nur Wagen, sondern auch andere Fahrzeugarten umfaßt, die der Personenbeförderung dienen. Können mit dem Fahrzeug mehr als sieben Personen befördert werden, einschließlich des Fahrzeugführers, handelt es sich nicht mehr um einen Personenkraftwagen, sondern um einen Kraftomnibus im Sinne des Steuerrechts; anders nach § 15d Abs. 1 Nr. 1 StVZO. Kombinationsfahrzeuge können demnach entweder Personenkraftwagen, Kraftomnibusse oder Lastkraftwagen (Nutzfläche zur Güterbeförderung größer als 2,5 qm) sein, was im Einzelfall festzustellen ist. 11

Nicht zu den Personenkraftfahrzeugen zählen Anhänger, weil sie keine Kraftfahrzeuge sind und Lastkraftwagen kraft ausdrücklicher Bestimmung. Ebenso auch Omnibusse. Für Anhänger jeglicher Art kann dem Körperbehinderten Steuerbefreiung nicht gewährt werden. 12

III. Ausschluß der Steuervergünstigung (Abs. 2)

1. Die Einschränkung der Steuervergünstigung gilt für die in Abs. 1 genannten, unter Nr. 1 und 2 fallenden Personenkreise. 13

2. Das Fahrzeug darf nicht zur Beförderung anderer Personen dienen. Dies ist bei Kraftomnibussen stets anzunehmen. Benutzt zur Personenbeförderung kann aber jedes andere Fahrzeug auch werden. Geschieht dies, kann Steuerbefreiung oder Steuerermäßigung nicht gewährt werden. Mitgenommen kann jedoch werden ein Kraftfahrzeugführer oder eine Begleitperson, soweit dies zur Hilfeleistung des Körperbehinderten erforderlich ist. Dabei muß der Kraftfahrzeugführer das Kraftfahrzeug nicht ständig selbst lenken, vielmehr kann dies der Körperbehinderte selbst tun. Es genügt, daß der Kraftfahrzeugführer auf längeren Fahrten wegen vorzeitiger Ermüdung des Körperbehinderten diesen bei der Lenkung des Kraftwagens ablösen soll und die mögliche Ermüdung auf die Körperbehinderung zurückzuführen ist. Die Notwendigkeit einer Begleitperson oder eines Fahrzeugführers kann sich aus dem Schwerbeschädigtenausweis ergeben. Auch amtsärztliche Bescheinigungen hierfür sind ausreichend. Der Fahrzeugführer oder die Begleitperson dürfen das Fahrzeug nicht allein für eigene Zwecke benutzen. Die Alleinbenutzung ist jedoch unschädlich, soweit sie der Beförderung des Körperbehinderten dient (so auch FG Hamburg, 6. 5. 59, DStZ [B] 59, 429), was z. B. dann der Fall ist, wenn der Fahrzeugführer den Körperbehinderten zur und von der Arbeitsstätte fährt, zwischenzeitlich aber zur Wohnung desselben zurückkehrt, oder wenn der Fahrzeugführer allein ist bei Fahrten von und zur Garage, zum Tanken, zur Reparaturwerkstatt. 14

Außer dem Fahrzeugführer oder der Begleitperson dürfen Personen nur gelegentlich, und zwar unentgeltlich mitgenommen werden. Es darf sich also nicht um eine regelmäßig wiederholende Beförderung anderer Personen handeln. Unter den Begriff der gelegentlichen Personenbeförderung fällt auch das Nachhausefahren des Gastes, wenn in diesen Fällen auch der einzige Zweck der Fahrt die Beförderung der anderen Personen ist, weil auch hier das Merkmal der Gelegenheit und die objektive Tatsache der Mitbeförderung vorliegt. Der subjektiv mit einer Fahrt verfolgte Zweck ist nach dem Wortlaut des § 3 Abs. 2 Nr. 1 und 2 kein Besteuerungsmerkmal. Die Meinung der OFD München (Erl. v. 7. 4. 56, NStR v. 15. 9. 56), daß eine Fahrt, die in der Absicht ausgeführt wird, andere Personen zu befördern, nicht mehr als „gelegentlich" anzusehen ist, ist in dieser allgemeinen Fassung nicht verständlich. Für eine solche Auslegung bietet das Gesetz keine Handhabe. 15

16 Die Personenbeförderung muß unentgeltlich ausgeführt werden, wenn die Steuervergünstigung nicht wegfallen soll. Unter Entgelt ist jeder Aufwand des Fahrgastes zu verstehen, der dem das Fahrzeug haltenden Körperbehinderten einen Vermögensvorteil bringt. Um Geldzuwendungen braucht es sich nicht zu handeln, auch andere Zuwendungen genügen. Ob das Entgelt als Kostenbeteiligung am Kraftstoff oder zur Bezahlung der Hotelrechnung u. a. entrichtet wird, ist gleichgültig, es muß dem Körperbehinderten nur als Gegenleistung für die Mitnahme im Fahrzeug zufließen. Eine entgeltliche Personenbeförderung liegt auch vor bei Mitnahme der von den Mitfahrerzentralen vermittelten Personen. Andere als entgeltliche Vorteile schaden der Steuerbefreiung oder Steuerermäßigung nicht.

17 3. Mit dem steuervergünstigten Fahrzeug dürfen keine Güter befördert werden. Auf den wirtschaftlichen Wert oder Zweck, der mit der Beförderung verfolgt wird, kommt es nicht an (BFH, 11. 3. 53, BStBl. III, 131). Ausgenommen ist nur das Handgepäck des Körperbehinderten und das der in Randnr. 14—16 aufgeführten Personen. Handgepäck kann aus einem oder mehreren leicht tragbaren Gegenständen bestehen. Auf das Gewicht kommt es allein nicht entscheidend an. Ein schwerer Koffer, in dem sich Sachen zum persönlichen Gebrauch des Reisenden befinden, zählt zum Handgepäck. Auch Musterkoffer des Reisevertreters sind zum Handgepäck zu rechnen (so auch Anm. 7 der 21. Aufl.; Gaul, Kraftfahrzeugsteuer, Lfg. Sept. 55, Anm. 10 zu § 3; Neumann, Das Kraftfahrzeugsteuergesetz, 2. Aufl., § 3 KraftStG Anm. 10).

Wird aber die Ware (evtl. auch die Muster) mitgenommen, um veräußert zu werden, handelt es sich nicht mehr um die Beförderung von Handgepäck. Das gleiche gilt von der Beförderung von Waren für den eigenen Betrieb, oder von der Lieferung von Waren des eigenen Betriebes an Kunden (FG München, 11. 5. 56, EFG 56, 351; 28. 9. 56, DVR 57, 91). Eine Steuervergünstigung entfällt in diesen genannten Fällen (vgl. Abs. 3 des § 3).

IV. Mißbräuchliche Benutzung des Kraftfahrzeugs (Abs. 3)

18 Der Abs. 3 wurde durch Ges. v. 19. 12. 60 (BGBl. I, 1005) neu gefaßt. Die Neufassung war vor allem wegen des Wegfalls der Steuerkarte erforderlich. Darüber hinaus ist nunmehr klargestellt, für welchen Zeitraum bei mißbräuchlicher Benutzung die Steuer zu entrichten ist, was nach der früheren Fassung umstritten war. Ein Widerruf der Steuerbefreiung oder Steuerermäßigung ist nunmehr nicht mehr notwendig. Der Steuerbegünstigte erhält bei Mißbrauch einen Steuerbescheid über die von ihm zu zahlende Steuer. Er bleibt aber weiter im Besitz der Steuervergünstigung. Im übrigen wird wegen der widerrechtlichen Benutzung auf die Randnr. 18—24 zu § 1 KraftStG verwiesen.

V. Rechtsnatur der Entscheidung des Finanzamtes

19 Die Bestimmung des § 3 ist eine sog. „Kann-Vorschrift". Dies schließt jedoch nicht aus, daß auch in diesen Fällen ein Rechtsanspruch auf eine bestimmte Entscheidung bestehen kann (vgl. Hoffmann in DVR 55, 84). Dies hat Bedeutung dafür, ob der Anspruch von dem Steuerpflichtigen im Rechtsmittelverfahren verfolgt werden kann oder ob es sich nur um eine rechtsbegründende (Konstitutio) Verfügung nach § 96 AbgO handelt, bei der das Beschwerdeverfahren zulässig ist.

20 Neumann (Das Kraftfahrzeugsteuergesetz, 2. Aufl., Anm. 3 zu § 3), Noack (DVR 56, 179) und das FG Stuttgart (16. 12. 55, EFG 56, 176) sind der Ansicht, daß der Körperbehinderte nach Abs. 1 Nr. 1 einen Rechtsanspruch auf Steuerbefreiung hat, weil es rechtsstaatlichen Gründen widerspräche, wenn trotz Erfüllung aller im Gesetz bezeichneten Voraussetzungen ein Rechtsanspruch auf Steuerbefreiung nicht gewährt werden würde. Gegen die Ablehnung des Antrages stünden dem Körperbehinderten die Rechtsmittel des Berufungsverfahrens zu.

21 Der BFH hat entschieden, daß über den Antrag eines Körperbehinderten auf Erlaß der Steuer nach Abs. 1 Nr. 1 nur im Steuerfestsetzungsverfahren und im etwa daran sich anschließenden Rechtsmittelverfahren entschieden werden kann (BStBl. 58, III, 337 = DStZ [A] 58, 492).

22 Hinsichtlich der Körperbehinderten nach Abs. 1 Nr. 2 steht Neumann (a. a. O.) auf dem Standpunkt, daß die Entscheidung eine Steuervergünstigung im Sinne des § 96 AbgO sei und deshalb gegen die ablehnende Entscheidung zunächst Beschwerde eingelegt werden könne (§§ 237, 303 AbgO) und erst nach negativer Verbescheidung die weiteren Rechtsmittel der Berufung und Rechtsbeschwerde gegeben sind, wobei sich die Nachprüfung auf Ermessensfehler zu beschränken hat. Noack (a. a. O.) und das FG Stuttgart (a. a. O.) nehmen auch hier an, daß dem Steuerbegünstigten ein Rechtsanspruch auf Steuerbefreiung oder Steuerermäßigung zusteht.

Bei dem Bescheid über die im Rahmen des Abs. 1 Nr. 1 KraftStG zu zahlende Steuer handelt es sich um einen Steuerbescheid (BFH a. a. O.), weil es sich insoweit um eine an feste gesetzliche Voraussetzungen gebundene Entscheidung handelt, die für ein Ermessen keinen Raum läßt (ebenso BFH a. a. O.). Aus diesem Grunde ist gegen die Versagung das Berufungsverfahren nach §§ 228, 259ff. AgbO gegeben. Die in Nummer 2 angeführten Gründe für die Steuerermäßigung oder den Steuererlaß unterscheiden sich jedoch insofern von der Nr. 1, als die Steuervergünstigung nach Nr. 2 vom pflichtgemäßen Ermessen des Finanzamts abhängt (BFH a. a. O.). Da es sich nicht um einen Steuerbescheid nach § 212 AbgO handelt, sondern um eine Entscheidung darüber, in welcher Höhe oder ob nach dem Ermessen des Finanzamts überhaupt Steuer bezahlt werden muß, steht dem Betroffenen insoweit das Beschwerdeverfahren nach §§ 237, 303ff. AbgO offen. 23

§ 4 Steuerschuldner

(1) Steuerschuldner ist

1. beim Halten eines Fahrzeugs, das im deutschen Zulassungsverfahren zugelassen worden ist,

a) regelmäßig die Person, für die das Fahrzeug zugelassen ist,

b) der Händler, wenn er das Fahrzeug zum Wiederverkauf erworben hat;

2. beim Halten eines Fahrzeugs, das im ausländischen Zulassungsverfahren zugelassen worden ist,

wer das Fahrzeug im Inland benutzt;

3. bei der Zuteilung eines Kennzeichens für Probe- und Überführungsfahrten die Person, der das Kennzeichen zugeteilt ist;

4. bei widerrechtlicher Benutzung eines Fahrzeugs,

wer das Fahrzeug widerrechtlich benutzt.

(2) Bei Fahrzeugen, die zu vorübergehendem Aufenthalt ins Inland gelangen, kann als Sicherheit für die Steuer, für Strafen und Kosten das Fahrzeug in Anspruch genommen werden, auch wenn der Steuerschuldner nicht Eigentümer des Fahrzeugs ist. § 375 Abs. 2 und 3 der Reichsabgabenordnung gilt entsprechend.

Inhaltsverzeichnis

1 **I. Entstehungsgeschichte.** In den §§ 4 bis 9 und in § 12 wurden die Worte „Kraftfahrzeug" und „Kraftfahrzeugschein" durch die Worte „Fahrzeug" (vgl. § 1 Abs. 3 KraftStG n. F.) und „Kraftfahrzeug- oder Anhängerschein" ersetzt. In der Neufassung trat an Stelle des Wortes „Reichsgebiet" das Wort „Inland".

Im übrigen wurde mit Ausnahme der Einfügung von 1b in Abs. 1 der bisherige Text übernommen.

II. Steuerschuldner nach Abs. 1

1. Steuerschuldner im allgemeinen

2 Steuerschuldner können natürliche oder juristische Personen oder Personalgesellschaften sein. Bei letzteren beiden haften für die Zahlung der Steuer die Vorstände, die gesetzlichen Vertreter, Geschäftsführer bzw. die sonst für die Zahlung der Steuer Verpflichteten. Strafrechtlich sind diese allein verantwortlich. Steuerrechtlich und zivilrechtlich kann ihre Haftung neben der Gesellschaft begründet sein (vgl. §§ 103, 105, 109ff. AbgO). Mehrere Steuerschuldner haften als Gesamtschuldner (§ 7 StAnp. 6; BFH, 17. 6. 53, BStBl. III, 233). Der interne Ausgleich richtet sich nach § 426 BGB. Wer einem anderen ein unversteuertes Fahrzeug zur Verfügung stellt, das dieser benutzt, ist nicht Steuerschuldner (FG Stuttgart, 30.4.57, EFG 57, 368).

2. Steuerschuldner im einzelnen

3 a) Nach § 1 ist Gegenstand der Steuer das Halten eines Kfzs zu Verkehrszwecken. In der Regel fallen Haltereigenschaft und Berechtigter aus der Zulassung zusammen. Ist das ausnahmsweise nicht der Fall (Anm. B III a zu § 7 I StVG der 21. Aufl.), so ist Steuerschuldner nicht der, der das Fz wie ein Halter für sich benutzt, sondern der, dem die Zulassung erteilt ist. Damit sind klare Rechtsverhältnisse geschaffen. Beispiel: Abzahlungskauf mit Eigentumsvorbehalt für den Verkäufer, wobei das Fahrzeug zunächst noch für den Verkäufer zugelassen ist. Von der Möglichkeit, es für den Käufer zuzulassen, den Verkäufer nur durch Aushändigung des Kfzbriefs an ihn zu sichern (Anm. 7 zu § 23 u. 10 zu § 27 StVZO der 21. Aufl.), ist kein Gebrauch gemacht worden. Halter ist demnach der Käufer, Eigentümer und aus der Zulassung Berechtigter ist der Verkäufer. Dieser ist auch Steuerschuldner. Wird das Fz für den Abzahlungskäufer zugelassen, so ist dieser Steuerschuldner.

4 b) Das Zulassungsverfahren richtet sich nach § 18ff. StVZO, soweit es deutsche Fahrzeuge betrifft. Es kommt nicht darauf an, wer das Fahrzeug tatsächlich benutzt. In der Neufassung 1961 wurde aber das Wort „regelmäßig" in Nr. 1a des Abs. 1 eingefügt. Damit ist zum Ausdruck gebracht, daß nicht mehr nach dem starren Grundsatz gegangen zu werden braucht, daß Steuerschuldner der ist, für den das Fahrzeug zugelassen ist. Die nunmehrige Fassung muß dahin ausgelegt werden, daß der tatsächliche Halter des Fahrzeugs als Steuerschuldner anzusehen ist, da § 1 KraftStG die Steuerpflicht nicht an Zulassung, sondern an das „Halten" eines Fahrzeugs knüpft. Das Finanzamt braucht aber den Sachverhalt, wer Halter ist, nicht von Amts wegen ermitteln, sondern kann regelmäßig den Zulassungsberechtigten zur Zahlung der Steuer bis zum Beweis des Gegenteils heranziehen (vgl. auch § 120 Abs. 2 AbgO).

5 c) Neu eingefügt ist Nr. 1b des Abs. 1. Der Händler ist nach § 27 Abs. 3 StVZO nicht verpflichtet, die Zulassung des Fahrzeugs auf seinen Namen zu beantragen, wenn er ein zugelassenes Fahrzeug zum Wiederverkauf erwirbt. Künftig ist nicht mehr der Veräußerer weiterhin Steuerschuldner, sondern allein der Händler. Voraussetzung ist aber der Erwerb des Fahrzeugs seitens des Händlers. Hierunter ist die Annahme zu Eigentum zu verstehen und nicht nur z. B. eine kommissionsweise Übernahme des Fahrzeugs. Dies ergibt sich vor allem aus dem Begriff „Wiederverkauf". Der Begriff des „Erwerbs" ist demnach der gleiche wie in § 27 Abs. 3 StVZO.

6 d) Nicht an die Haltereigenschaft ist die Steuerpflicht bei Fahrzeugen gebunden, die im ausländischen Zulassungsverfahren zugelassen worden sind. Diese gelten als außerdeutsche Fahrzeuge (§ 2 Abs. 2 KraftStDV). Ist das ausländische Fahrzeug im deutschen Zulassungsverfahren zugelassen worden, so gilt Nr. 1.

7 Bei den in Nr. 2 genannten Fahrzeugen wird es sich regelmäßig um Fahrzeuge von Personen handeln, die ihren gewöhnlichen Aufenthaltsort oder ihren Wohnsitz außerhalb des Gebietes der Bundesrepublik haben. Die Zulassung braucht nicht im Ausland erfolgen, sondern nur nach nichtdeutschem Recht innerhalb des Bundesgebietes auf Grund bestehender Verträge, wie z. B. des Truppenvertrags, sich abwickeln. Unter Nr. 2 fallen demnach auch die im ausländischen Zulassungsverfahren zugelassenen Fahrzeuge der in Deutschland stationierten ausländischen Truppen. Wegen eventueller Steuerfreiheit ausländischer Fahrzeuge siehe § 2 Nr. 8, 10—13.

8 Als ausländisches Zulassungsverfahren ist jedes außerhalb des Geltungsbereichs der StVZO geregelte Verfahren anzusehen. Nun gilt zwar auch in der SBZ die StVZO, jedoch in einer zum Teil sehr abweichenden Fassung. Nr. 1a kann für die in der Bundesrepublik einreisenden Einwohner der SBZ nicht gelten, weil der Zulassungsberechtigte nicht mit einzureisen braucht. Aus diesem Grunde ist für diese Fahrzeuge § 2 Nr. 10 analog anzuwenden. Steuerschuldner ist bei solchen Fahrzeugen, soweit nicht die obengenannte Befreiungsvorschrift eingreift, deshalb analog Nr. 2 des § 4 der Benutzer des Fahrzeugs.

9 Unter dem Begriff „Benutzen im Inland" im Sinne von Abs. 1 Nr. 2 ist das Gebiet der Bundesrepublik zu verstehen einschließlich West-Berlin, also der Geltungsbereich des KraftStG, weil ein in der Bundesrepublik erlassenes Gesetz nur für das Benutzen eines Kfz innerhalb seines Geltungsbereiches Bestimmungen treffen kann.

10 Zur Benutzung hatte RFH früher ausgeführt: Unter „Benutzung" muß einschränkend eine solche verstanden werden, die auf einer aus Eigentum, Besitz oder einem ähnlichen Verhältnis fließenden Verfügungsgewalt beruht (RFH, 18. 3. 30, DAR 203); ein anderer als der Eigenbesitzer könne nur dann als Benutzer angesehen werden, wenn er das Fz für sich oder

einen Dritten fahre; lasse aber der Eigenbesitzer das Fz für sich fahren durch einen von ihm beauftragten Angestellten, so „benutze" nur jener. Diese Auslegung betraf die Benutzung als den die Steuerpflicht allgemein begründenden Tatbestand. Hier aber, im Sonderfall des ausländischen Fzs, muß, schon wegen der Schwierigkeit einer Klarlegung der tatsächlichen und der Rechtsverhältnisse, unter Benutzung jedes tatsächliche Gebrauchen schlechthin verstanden werden. So wird man z. B. den Führer eines Wagens, der diesen im Inland nach Weisung des im Ausland wohnenden Eigentümers etwa zum Kundenbesuch verwendet, als Steuerschuldner ansehen können.

e) Die Ausgabe der Kennzeichen für Probe- und Überführungsfahrten ist in § 28 11
StVZO geregelt. Dort ist auch näher ausgeführt, wann diese Kennzeichen ausgegeben werden können. Der Begriff der Probe- und Überführungsfahrt ist dem Verkehrsrecht zu entnehmen. Steuerrechtlich sind keine anderen Auslegungen zugrunde zu legen (vgl. RFH, 18. 1. 29, RStBl. 29, 148). Ein gelegentliches unentgeltliches Mitnehmen von Personen oder Gütern bei Überführungsfahrten ist nicht steuerschädlich (RFH, 7. 12. 25, Bd. 18, 17). Wenn bei Überführungsfahrten ein mit einer roten Nummer versehenes Kfz ein anderes Kfz oder mehrere solche zieht, so muß jedes gezogene Fahrzeug ein eigenes rotes Kennzeichen haben (FG Stuttgart, EFG 56, 291; vgl. auch Schmitt DVR 56, 148), weil sie Anhänger im Sinne des Steuerrechts sind (BFH 59 III, 176; 61 III, 83; vgl. dazu auch Randnr. 7—10 bei § 1). Nicht als Überführungsfahrten sind diejenigen Fahrten anzusehen, die von Elektrofahrzeugen zur Ladestation zwecks Aufladung ihrer Akkumulatoren unternommen werden (BFH, 22. 4. 53, BStBl. 53 III, 214).

Die Steuerschuld ist an die Zuteilung des Kennzeichens und damit an die Person gebunden. 12
Derjenige, dem das Kennzeichen zuteteilt ist, kann sich aber durch einen anderen vertreten lassen, d. h. er kann die Probe- oder Überführungsfahrt durch einen anderen vornehmen lassen. Nicht unter die Steuerbefreiung fällt es, wenn das Fahrzeug einem Dritten zur selbständigen Ausführung der Probe- oder Überführungsfahrt überlassen wird, wie z. B., wenn ein Händler das ihm zugeteilte rote Kennzeichen einem Kaufinteressenten überläßt, damit dieser das Fahrzeug ausprobieren könne. Die Benutzung des mit einem roten Kennzeichen versehenen Fahrzeugs im Geschäftsbetrieb eines Dritten ist nicht zulässig. Auf die Zustimmung des Inhabers des roten Kennzeichens kommt es nicht an (vgl. Schmitt DVR 56, 148).

Wegen Höhe der Steuer siehe § 11 Abs. 4 und wegen der Dauer der Steuerpflicht § 5.

f) Bei widerrechtlicher Benützung entsteht nach Abs. 1 Nr. 4 eine Steuerpflicht für 13
den, der das Fahrzeug widerrechtlich benutzt.

Widerrechtlich benutzt ein Fahrzeug nicht nur, wer es ohne Zustimmung dessen, für den es 14
zugelassen ist, fährt, sondern auch, wer gegen verkehrspolizeiliche Bestimmungen verstößt, die die Vorbedingung des Fahrens bilden; RFH, 17. 9. 29 und 20. 1. 31, DAR 30, 79 und 31, 110; z. B. der Eigentümer benutzt sein nicht zugelassenes und nicht versteuertes Kfz (BayObLG, 20. 6. u. 12. 12. 56, 1 St 110 und 890/56).

Bei widerrechtlicher Benutzung liegt Steuerhinterziehung vor, falls die Steuer nicht vorher entrichtet wurde. Diese steht mit § 23 StVG in Tateinheit (§ 73 StGB).

III. Haftung des Fahrzeugs

Neben der Person des Steuerpflichtigen haftet das Fahrzeug, für das Steuer zu bezahlen 15
ist. Die Fahrzeuge, die nur vorübergehend ins Inland (hier wiederum Bundesrepublik einschließlich West-Berlin) gelangen, werden als Sicherheit für Steuer, Strafen und Kosten, wie z. B. Zuschlag von 10% nach § 168 AbgO, oder Säumniszuschlag nach dem Steuersäumnisgesetz, Strafe nach § 396 AbgO, in Anspruch genommen. Eigentum des Steuerschuldners ist erforderlich bei Fahrzeugen, die dauernd im Inland sich befinden. Unter vorübergehend ist nach § 5 VO über internat. Kfzverkehr ein Zeitraum bis zu einem Jahr anzusehen. Siehe hierzu auch Gesetz üb. d. Beitritt der Bundesrepublik Deutschland zu dem Abkommen v. 18. 5. 56 üb. d. Besteuerung v. Straßenfahrzeugen zum privaten Gebrauch im internationalen Verkehr v. 19. 12. 60 (BStBl. 61 I, 5).

§ 375 AbgO regelt die Inbesitznahme des Fahrzeugs zur Sicherung der Steuerforderung. 16
Die Verwertung erfolgt nach § 381 AbgO.

§ 5 Dauer der Steuerpflicht

Die Steuerpflicht dauert

1. für ein im deutschen Zulassungsverfahren zugelassenes Fahrzeug von der Zulassung bis zur endgültigen Außerbetriebsetzung durch den Eigentümer oder bis zur Betriebsuntersagung durch die Verwaltungsbehörde;

2. für ein im ausländischen Zulassungsverfahren zugelassenes Fahrzeug vom Grenzübertritt ab, solange sich das Fahrzeug im Inland aufhält;

3. bei widerrechtlicher Benutzung eines Fahrzeugs, solange die widerrechtliche Benutzung dauert.

1 **I.** Durch das Gesetz vom 19. 12. 1960 wurde § 5 sachlich nicht geändert. In Angleichung an § 1 Abs. 3 trat nur an die Stelle des Wortes „Kraftfahrzeug" das Wort „Fahrzeug" (Art. 1 Nr. 5).

II. Dauer der Steuerpflicht

2 **1.** Die §§ 5—9 regeln insgesamt den zeitlichen Umfang der Steuerpflicht des jeweiligen Steuerschuldners. In § 13 ist bestimmt, für welchen Zeitraum die Steuer zu entrichten ist. Hieraus schließt der BFH (18. 12. 53, BStBl. 54, III, 49), daß die Steuer nicht für den ganzen unbestimmten Zeitraum des Haltens entsteht, sondern nur für den jeweiligen kürzeren Raum. Dies ist mit der Einschränkung richtig, daß der Steueranspruch für jeweils ein Jahr entsteht und geltend gemacht werden kann.

3 **2.** Für die im deutschen Zulassungsverfahren (§§ 18ff. StVZO) zugelassenen Fahrzeuge bleibt die Steuerpflicht von der Zulassung bis zur endgültigen Außerbetriebsetzung bestehen. Dies ist eine unwiderlegbare Vermutung (BFH, 18. 5. 55, BStBl. 55, III, 212; Neumann, Das Kraftfahrzeugsteuergesetz, 2. Aufl. § 5 Anm. 1).

Die Zulassung selbst setzt die Betriebserlaubnis (§ 19 StVZO) und die Zuteilung des amtlichen Kennzeichens (§ 23 StVZO) voraus. Während der Dauer der Zulassung kann der Steuerpflichtige das Fahrzeug abmelden, dann tritt eine Unterbrechung der Steuerpflicht ein (§ 6 Abs. 1 Nr. 1). Das gleiche Ergebnis wird erreicht mit der Zwangsabmeldung auf Antrag des Finanzamts nach § 6 Abs. 1 Nr. 2. Ersteres ist die Außerbetriebsetzung durch den Eigentümer, letzteres die Betriebsuntersagung durch die Verwaltungsbehörde (nach § 6 die Zulassungsbehörde; vgl. § 16 KraftStG).

4 Von der Steueranmeldung (§ 7 KraftStDV) an dauert die Steuerpflicht so lange, bis das Fahrzeug steuerlich abgemeldet ist. Die Stillegung eines Fahrzeugs ohne Abmeldung läßt die Steuerpflicht weiterbestehen.

5 In Nr. 1 ist hinsichtlich der Außerbetriebsetzung der Eigentümer genannt, der dies zu melden hat. Der Grund hierfür ist, daß der Eigentümer in jedem Fall die Außerbetriebsetzung melden kann, auch wenn das Fahrzeug auf ihn nicht zugelassen ist. Der Vermieter, der das Fahrzeug einem Mieter gegen Zahlung eines Entgelts überlassen hat (vermietet hat), nutzt das Fahrzeug weiter und ist deshalb schon zulassungsberechtigt (vgl. BFH, 18. 12. 53, BStBl. 53, III, 50).

6 Zerstörung des Fahrzeugs oder Diebstahl läßt die Steuerpflicht nicht ruhen. Auch in diesem Falle ist eine Abmeldung erforderlich, und zwar bei der Zulassungsstelle, die ihrerseits die Meldung an das Finanzamt weitergibt. Die Abmeldung ist in § 27 StVZO geregelt. Wird die Abmeldung versäumt, so ist ein Erlaß nur noch aus Billigkeitsgründen möglich.

7 Die Betriebsuntersagung der Verwaltungsbehörde (= Zulassungsstelle) erfolgt durch §§ 17, 19 Abs. 2 StVZO. Bei Wiederinbetriebsetzung ist Neuanmeldung erforderlich.

8 **3.** Im Sinne der Nr. 2 bedeutet ausländisches Zulassungsverfahren im Ausland zugelassen, da die Steuer für diese Fahrzeuge ab Grenzübertritt anfällt. § 2 Abs. 2 KraftStDV gilt aber auch insoweit. Analog ist Nr. 2 für die Fahrzeuge anzuwenden, die innerhalb der deutschen Grenzen im ausländischen Zulassungsverfahren zugelassen worden sind, was für die in Deutschland stationierten ausländischen Truppen zutrifft. Diese selbst sind von der Zahlung der Steuer befreit (Art. 3 Abs. IV, Art. 17 Abs. IV des Truppenvertrages).

9 Über Zulassung außerdeutscher Fahrzeuge siehe § 1 VO über internat. Kfz-Verkehr vom 12. 11. 1934 (Anhang 8 der 21. Aufl.). Unter Inland ist das Bundesgebiet und West-Berlin zu verstehen.

Über Steuerbefreiung ausländischer Fahrzeuge siehe § 2 Nr. 10—13 KraftStG u. Ges. v. 19. 12. 60 (BStBl. 61 I, 5) üb. d. Beitritt d. Bundesrepublik z. d. Abkommen v. 18. 5. 56. § 5 ist somit nur anwendbar, wenn eine der Steuerbefreiungsbestimmungen nicht zutreffen sollte. Für das ausländische Kraftfahrzeug kommt es nicht darauf an, ob es im Inland benützt wird. Steuerrechtlich ist der Aufenthalt entscheidend. Da jedoch im Sinne der Steuerrechts das Halten des Fahrzeugs gleichbedeutend mit der möglichen verkehrsrechtlichen Benutzung ist (vgl. Randnr. 11, 12 zu § 1), entsteht eine Steuerpflicht dann nicht, wenn die verkehrsgemäße Benützung des Fahrzeugs auf öffentlichen Straßen im Inland gemäß §§ 11 VO über internat. Kfz-Verkehr vom 12. 11. 34 (Anhang 8 d. 21. Aufl.), 17 StVZO nicht gestattet ist, weil in diesem Falle die Benützung schon ab Grenzübertritt nicht gestattet ist. Wird das Fahrzeug im Inland trotzdem benützt, liegt eine widerrechtliche Benützung vor, bei der die Dauer der Steuerpflicht sich nach Nr. 3 richtet. Vgl. auch §§ 21 ff KraftStDV. 10

4. Der Begriff der Widerrechtlichkeit ist der gleiche wie in § 1 Abs. 1 Nr. 3, § 3 Abs. 3 und § 4 Abs. 1 Nr. 4. Auf die Randnr. 18—24 zu § 1 und Randnr. 13, 14 zu § 4 wird insoweit verwiesen. 11

5. Der Steuersatz ist in § 11 und die Entrichtung der Steuer sowie der Zeitraum der Entrichtung in § 13 bestimmt. Ausländische Fahrzeuge und rote Nummern siehe § 13 Abs. 3, widerrechtliche Benützung Abs. 5 und 6 (Steuerpflicht für 1 Monat, mindestens 5,— DM). 12

§ 6 Unterbrechung der Steuerpflicht

(1) Bei Fahrzeugen, die im deutschen Zulassungsverfahren zugelassen worden sind, wird die Steuerpflicht unterbrochen,

1. wenn der Steuerschuldner der Zulassungsbehörde den Kraftfahrzeug- oder Anhängerschein zurückgibt, die Entfernung des Dienststempels auf dem Kennzeichen veranlaßt und der Zulassungsbehörde anzeigt, daß er das Fahrzeug zum Befahren öffentlicher Straßen nicht benutzen will (Steuerabmeldung);

2. wenn die Zulassungsbehörde auf Antrag des Finanzamtes den Kraftfahrzeug- oder Anhängerschein einzieht und den Dienststempel auf dem Kennzeichen entfernt, weil der Steuerschuldner bei Ablauf der Zeit, für die die Steuer entrichtet ist, die Steuer nicht weiter entrichtet (Zwangsabmeldung).

(2) Ist ein Kennzeichen amtlich ausgegeben worden, so steht es der Entfernung des Dienststempels auf dem Kennzeichen gleich, wenn das Kennzeichen zurückgegeben oder eingezogen wird.

I. Entstehungsgeschichte. Durch das Gesetz v. 19. 12. 60 wurde der § 6 sachlich nicht geändert. In Angleichung an § 1 Abs. 3 traten jedoch an Stelle der Worte „Kraftfahrzeug" und „Kraftfahrzeugschein" die Worte „Fahrzeug" und „Kraftfahrzeug- oder Anhängerschein" (Art. 1 Nr. 5 des Ges. v. 19. 12. 60, BGBl. I, 1005). 1

II. Unterbrechung der Steuerpflicht

1. a) Die Bestimmung sieht eine Unterbrechung der Steuerpflicht für im deutschen Zulassungsverfahren zugelassene Fahrzeuge vor. Das Zulassungsverfahren richtet sich nach §§ 18 ff. StVZO. Für ausländische Fahrzeuge gilt § 13 Abs. 3 KraftStG. 2

b) Die Steuerabmeldung nach Abs. 1 Nr. 1 ist die Folge der Stillegung des Fahrzeugs im Rahmen des § 27 StVZO. Ist das Fahrzeug nach dieser Bestimmung rechtswirksam abgemeldet, also nicht mehr zur Benutzung auf öffentlichen Straßen zugelassen, wird damit zugleich auch die Steuerpflicht unterbrochen. Als wirksame Steuerabmeldung ist ausdrücklich bestimmt, daß der Steuerschuldner (§ 4) den Kraftfahrzeug- oder Anhängerschein (§ 24 StVZO) zurückgibt, die Entfernung des Dienststempels auf dem Kennzeichen veranlaßt (§ 27 Abs. 6 StVZO) und die Erklärung abgibt, daß er das Fahrzeug auf öffentlichen Straßen nicht mehr benutzen will, was in der Regel aus dem Antrag auf Stillegung des Fahrzeugs schon zu ersehen ist. Die Unmöglichkeit der Rückgabe des Kraftfahrzeug- oder Anhängerscheines und die Entstempelung der Kennzeichen, z. B. bei Verlust wie Diebstahl u. a., ist der Zulassungsstelle gegenüber glaubhaft zu machen. Falls eine ausreichende Glaubhaftmachung erfolgt, tritt Unterbrechung der Steuerpflicht auch ohne Vorlage der Scheine und der Kennzeichen ein. Für eine bloße Billigkeitsmaßnahme des Finanzamtes besteht insoweit kein Raum, weil die 3

Glaubhaftmachung die Vorlage ersetzt. Ob die Glaubhaftmachung ausreicht hat das Finanzamt nach pflichtgemäßem Ermessen zu entscheiden.

4 c) Die Steuerpflicht wird nicht unterbrochen, wenn ein versteuertes deutsches Kfz ins Ausland vorübergehend verbracht wird und dort für die gleiche Zeit an die ausländische Behörde Steuer für das Fahrzeug zu entrichten ist, weil die Unterbrechung an den Antrag gebunden ist (RFH. 22. 1. 43, RStBl. 43, 220).

5 d) Die Unterbrechung der Steuerpflicht ist an die Steuerabmeldung gebunden. Letztere liegt nur dann vor, wenn die Voraussetzungen der Nr. 1 des Abs. 1 erfüllt sind. Die Unterbrechung beginnt deshalb mit Eingang der Abmeldung des Fahrzeugs bei der Zulassungsstelle unter den in Nr. 1 genannten Voraussetzungen (vgl. § 7 Abs. 1 Nr. 2 KraftStG). Der Eingang der Erklärung beim Finanzamt ist nicht entscheidend, weil nach Abs. 1 Nr. 1 die Abmeldung ausdrücklich bei der Zulassungsstelle zu erfolgen hat. Sind nicht alle Abmeldevoraussetzungen erfüllt, handelt es sich um eine nicht wirksame Abmeldung, die steuerlich ohne Bedeutung ist.

6 **2.** An Stelle der freiwilligen Steuerabmeldung nach Nr. 1 kann auch eine Zwangsabmeldung nach § 16 treten. Die Unterbrechung der Steuerpflicht tritt hier ein im Zeitpunkt des Einzugs des Kraftfahrzeug- oder Anhängerscheins (§ 24 StVZO) und mit Entfernung der Dienststempel auf den Kennzeichen. Auf den Antrag des Finanzamtes kommt es insoweit nicht an (§ 7 Abs. 1 Nr. 3 KraftStG).

7 **3.** Der Entstempelung der Kennzeichen steht es nach der ausdrücklichen Vorschrift des Abs. 2 gleich, wenn die Kennzeichen, die amtlich ausgegeben wurden, zurückgegeben (Nr. 1) oder eingezogen werden (Nr. 2).

8 **4.** Mit der Unterbrechung der Steuerpflicht erlischt der Steueranspruch des Finanzamtes für die Dauer der Unterbrechung. Die Zulassung des Fahrzeugs wird hierdurch nicht berührt. Das Fahrzeug darf aber auf den öffentlichen Straßen nicht mehr benutzt werden (vgl. §§ 23 Abs. 4, 24 StVZO). Erstattung zuviel gezahlter Steuer ist in § 14 geregelt. Bei Wiederbenutzung des Fahrzeugs ist § 12 Nr. 2 zu beachten. Wird das Fahrzeug nach Abmeldung ohne vorherige Anmeldung benutzt, liegt eine widerrechtliche Benutzung nach § 1 Abs. 1 Nr. 3 vor (Stuttgart, 21. 10. 55, NJW 56, 154).

§ 7 Ende der Steuerpflicht

(1) Die Steuerpflicht endet,

1. wenn das Fahrzeug vom Eigentümer außer Betrieb gesetzt oder der Betrieb des Fahrzeugs von der Verwaltungsbehörde untersagt wird,
mit Ablauf des Tages, an dem der Kraftfahrzeug- oder Anhängerschein der Zulassungsbehörde zurückgegeben oder von ihr eingezogen und der Dienststempel auf dem Kennzeichen entfernt wird;

2. wenn der Steuerschuldner das Fahrzeug vorübergehend nicht benutzen will (Steuerabmeldung),
mit Ablauf des Tages, an dem der Kraftfahrzeug- oder Anhängerschein zurückgegeben und der Dienststempel auf dem Kennzeichen entfernt wird;

3. wenn der Kraftfahrzeug- oder Anhängerschein und das Kennzeichen von der Zulassungsbehörde eingezogen werden (Zwangsabmeldung),
mit Ablauf des Tages, an dem die Zulassungsbehörde den Kraftfahrzeug- oder Anhängerschein eingezogen und den Dienststempel auf dem Kennzeichen entfernt hat.

(2) Geschieht die Rückgabe oder Einziehung der Kraftfahrzeug- oder Anhängerscheins und die Entfernung des Dienststempels auf dem Kennzeichen an verschiedenen Tagen, so ist der letzte Tag maßgebend.

1 **I. Entstehungsgeschichte.** Durch das Gesetz v. 19. 12. 1960 wurde der § 7 sachlich nicht geändert. In Angleichung an § 1 Abs. 3 traten jedoch an Stelle der Worte „Kraftfahrzeug“ und „Kraftfahrzeugschein“ die Worte „Fahrzeug“ und „Kraftfahrzeug- oder Anhängerschein“ (Art. 1 Nr. 5 des Ges. v. 19. 12. 60, BGBl. I, 1005).

II. Ende der Steuerpflicht

1. In § 7 ist der Zeitpunkt des Endes der Steuerpflicht festgelegt. Es ist ausdrücklich bestimmt, daß sämtliche Voraussetzungen der Außerbetriebsetzung oder Abmeldung erfüllt sein müssen, um das Ende der Steuerpflicht herbeizuführen (vgl. Abs. 2). Dieser Tag, den die Zulassungsstelle dem Finanzamt mitteilt und woran letzteres gebunden ist, ist für die Berechnung der Steuer und insbesondere für die in Betracht kommende Rückerstattung der Steuer von Bedeutung (§ 14 KraftStG und §§ 17, 18 KraftStDV). 2

2. Die Steuerpflicht endet mit der Außerbetriebsetzung des Fahrzeugs gem. § 27 Abs. 5 u. 6 StVZO oder mit der Untersagung des Betriebes des Fahrzeugs gem. § 17 StVZO (vgl. § 5 KraftStG). Das Fahrzeug ist nicht mehr zugelassen (§ 18 Abs. 1 StVZO). Wird die Rückgabe des Kraftfahrzeug- oder Anhängerscheines infolge Diebstahls nicht möglich, so hat sich die Zulassungsstelle mit einer Glaubhaftmachung des Verlustes zu begnügen. Wie dies zu erfolgen hat, bleibt dem Einzelfall vorbehalten. In diesem Falle ist als Zeitpunkt der Beendigung der Steuerpflicht der Ablauf des Tages anzusehen, an dem die Außerbetriebsetzung der Zulassungsstelle unter Glaubhaftmachung des Verlustes des Scheins oder Kennzeichens oder beider gemeldet wird (siehe Randnr. 5 bei § 7). 3

3. Die Nr. 2 u. 3 des Abs. 1 betreffen die Steuerabmeldung u. die Zwangsabmeldung nach § 6 Abs. 1. Eine Außerbetriebsetzung des Fahrzeugs wird hier nicht vorausgesetzt, wenn auch die Rückgabe des Kraftfahrzeug- oder Anhängerscheins und die Entfernung der Stempel von den Kennzeichen infolge des damit verbundenen Verbotes, das Fahrzeug auf öffentlichen Straßen zu fahren, praktisch dem gleichkommt. 4

4. Erst mit der Erfüllung der sämtlichen Voraussetzungen, die in Abs. 1 im einzelnen aufgestellt sind, endet nach Abs. 2 die Steuerpflicht. In allen Fällen ist es jedoch aus Billigkeitsgründen dem Finanzamt gestattet, einen früheren Tag als Ende der Steuerpflicht anzusehen (§ 17 Abs. 3 KraftStDV). Nach Ende der Steuerpflicht infolge Steuerabmeldung kann das Fahrzeug wieder zur Steuer angemeldet werden. 5

§ 8 Wechsel des Steuerschuldners

Geht ein im deutschen Zulassungsverfahren zugelassenes Fahrzeug auf einen anderen Steuerschuldner über, so endet die Steuerpflicht für den bisherigen Steuerschuldner mit Ablauf des Tages, an dem seine Anzeige über den Übergang des Fahrzeugs bei der Zulassungsbehörde eingegangen ist. Die Steuerpflicht für den neuen Steuerschuldner beginnt am Tage nach Beendigung der Steuerpflicht für den bisherigen Steuerschuldner.

I. Entstehungsgeschichte. Sachlich wurde durch das Gesetz vom 19. 12. 60 (BGBl. I, 1005) nichts geändert. In Angleichung an § 1 Abs. 3 KraftStG wurde an Stelle des Wortes „Kraftfahrzeug“ das Wort „Fahrzeug“ gesetzt; worunter Kraftfahrzeuge und ihre Anhänger zählen. 1

II. Wechsel des Steuerschuldners

1. Die Bestimmung des § 8 gilt nur für Fahrzeuge, die im deutschen Zulassungsverfahren nach §§ 18ff. StVZO zugelassen worden sind. Maßgebend ist hierbei, ob das Fahrzeug gerade im Fall des Übergangs auf einen anderen Steuerschuldner im deutschen Zulassungsverfahren zugelassen worden ist. Für ausländische Fahrzeuge gilt § 8 nicht, da bei diesen die Steuerpflicht allein an die Benutzung gebunden ist (§ 4 Abs. 1 Nr. 2). Wegen deutschen und außerdeutschen Kraftfahrzeugen siehe § 2 u. 21 ff KraftStDV. In Angleichung an § 1 Abs. 3 KraftStG n. F. ist § 2 KraftStDV auch auf Anhänger anzuwenden. 2

Zu den Fahrzeugen, die im deutschen Zulassungsverfahren zugelassen wurden, zählen nicht die in der SBZ zugelassenen Fahrzeuge. Die dortigen Zulassungsbestimmungen sind zwar auch deutsche Bestimmungen, die von denen in der Bundesrepublik geltenden jedoch teilweise sehr erheblich abweichen. Sinngemäß kann § 8 nur für die Fahrzeuge gelten, die innerhalb des Geltungsbereichs des KraftStG zugelassen wurden. Damit scheiden die in der SBZ zugelassenen Fahrzeuge aus. Werden diese in die Bundesrepublik eingeführt, so wird eine Steuerpflicht neu begründet. Analog anzuwenden ist aber § 2 Nr. 10, hinsichtlich des Steuerschuldners § 4 Abs. 1 Nr. 2. 3

4 2. Übergang des Fahrzeugs auf einen anderen Steuerschuldner ist nicht nur der dingliche Übergang, wie z. B. Eigentumsübertragung bei Veräußerung, Schenkung, Tausch oder auch Versteigerung, sondern jedes Übergehen des Fahrzeugs auf einen neuen anderen Steuerschuldner im Sinne des § 4. Die Zulassung des Fahrzeugs wird durch den Übergang nicht berührt. Wird das Eigentum an einem Fahrzeug übertragen, der Übergang der Zulassungsstelle aber nicht angezeigt, so liegt eine Zuwiderhandlung gegen das Steuerrecht nicht vor; denn für die Zahlung der Steuer ist es unerheblich, wer sie bezahlt und solange der Übergang nicht gemeldet wird, bleibt der frühere Zulassungsberechtigte für die Zahlung der Steuer haftbar (§ 4). Daß die Umschreibung nach § 27 Abs. 3 StVZO erfolgen muß und verkehrsrechtlich die Unterlassung nach § 71 StVZO geahndet wird, ist im Rahmen des Steuerrechts nicht von Bedeutung.

5 3. Maßgebend für das Ende der Steuerpflicht des bisherigen Steuerschuldners ist die Anzeige über den Übergang des Fahrzeugs und deren Eingang bei der Zulassungsstelle. Vom folgenden Tag an beginnt die Steuerpflicht des neuen Steuerschuldners. Die Anzeige muß der Bestimmung des § 27 Abs. 3 StVZO entsprechen. Der Anzeige ist deshalb eine Bestätigung des neuen Steuerschuldners beizufügen, daß er die Fahrzeugpapiere erhalten hat (BFH, 7. 11. 56, BStBl. 56 III, 389; FG Stuttgart, 5. 6. 56, EFG 56, 352; a. A. FG Hannover, 21. 6. 56, EFG 56, 353). Die bloße Mitteilung über den Übergang des Fahrzeugs auf einen anderen reicht nicht aus (BFH, 18. 12. 53, BStBl. 54 III, 50). Auch die Mitteilung des neuen Steuerschuldners genügt nicht, da das Gesetz ausdrücklich die Anzeige des bisherigen Steuerschuldners verlangt. Die Vorlage des Tauschvertrages durch den neuen Eigentümer hat steuerrechtlich keine Bedeutung. Die Änderung gemäß Anzeige ist Voraussetzung des Endes der Steuerpflicht für den bisherigen Steuerschuldner. Sind erhebliche Tatsachen oder Begleitumstände schlüssig darlegt und begründet worden, daß der Veräußerer entgegen der Mitteilung der Zulassungsbehörde an das Finanzamt die Anzeige odnungsgemäß tätigte, so endet die Steuerpflicht des Veräußerers mit der getätigten Anzeige (FG München, 25. 2. 58, EFG 58, 243). Das Finanzamt ist in diesem Falle nicht an die Mitteilung der Zulassungsbehörde gebunden.

6 4. Nach Ende der Steuerpflicht des bisherigen Steuerschuldners ist diesem grundsätzlich nach § 14 die von ihm zuviel entrichtete Steuer zu erstatten, ohne daß es eines Antrages von ihm bedarf. Von der Möglichkeit der abweichenden Regelung (Abs. 2 des § 14) hat die Bundesregierung bisher noch keinen Gebrauch gemacht. § 23 KraftStDV a. F. kann sinngemäß angewendet werden. Dies bedeutet, daß der bisherige Steuerschuldner auf Erstattung der Steuer zugunsten des neuen Steuerschuldners verzichten kann. Dies bedingt aber einen ausdrücklichen Antrag und eine Verzichterklärung des bisherigen Steuerschuldners. Geht eine solche Erklärung nicht ein, so ist ihm die Steuer gemäß § 14 zu erstatten. Im übrigen vgl. auch § 18 KraftStDV.

7 5. Eine Doppelbesteuerung des Fahrzeugs ist in der Regel nach dem Gesetz nicht möglich, weil die Steuerpflicht des neuen Steuerschuldners erst mit Beendigung der Steuerpflicht des bisherigen Steuerschuldners beginnt. Doppelbesteuerung des alten und neuen Steuerschuldners infolge unvorschriftsmäßigem Verhalten eines der Beteiligten ist aber gesetzlich zulässig, wie das FG Düsseldorf (17. 11. 53, DStZ, [B], 53, 594) ausführt. Wird die Anzeige (§ 27 StVZ) abgegeben, nachdem die Fälligkeit der Steuer bereits eingetreten war, so wird nach § 13 KraftStDV verfahren.

8 Bei Wohnsitzverlegung ist § 16 KraftStDV zu beachten.

§ 9 Veränderung des Fahrzeugs

Wird ein Fahrzeug während der Dauer der Steuerpflicht verändert und wird die Steuer durch eine Veränderung höher oder niedriger oder wird infolge der Veränderung ein von der Steuer befreites Fahrzeug steuerpflichtig, so beginnt die Steuerpflicht für das Fahrzeug im veränderten Zustand mit seiner Wiederbenutzung. Die Steuerpflicht für das Fahrzeug im bisherigen Zustand endet am Tage vor dem Beginn der Steuerpflicht für das veränderte Fahrzeug.

1 **I. Entstehungsgeschichte.** Durch die Bestimmung des Art. 1 Nr. 5 des Ges. v. 19. 12. 60 (BGBl. I, 1005) trat in § 9 jeweils an die Stelle der Worte „Kraftfahrzeug“ die Worte „Fahrzeug“ in Angleichung an die jetzige Fassung des § 1 Abs. 3 KraftStG. Sachlich wurde § 9 nicht geändert.

II. Die einzelnen Veränderungen des Fahrzeugs

1. Die Bestimmung des § 9 gilt nur, wenn während der Dauer der Steuerpflicht eine Veränderung eintritt. Wird das Fahrzeug während der Unterbrechung der Steuerpflicht (§ 7 Abs. 1 Nr. 2, 3, § 6) oder während der Außerbetriebsetzung (§ 7 Abs. 1 Nr. 1, § 5) verändert, so ist bei der Neuzulassung oder der Wiederanmeldung die neue Steuer zu entrichten (vgl. § 12). 2

2. Bei den Veränderungen des Fahrzeugs muß es sich um solche handeln, die auf die Steuerpflicht von Einfluß sind. Die Veränderungen sind gem. § 12 KraftStDV zu melden. In Abs. 2 dieser Bestimmung sind Beispiele aufgeführt, was unter den Veränderungen des § 9 zu verstehen ist, so Änderung des Hubraums, Änderung des Gesamtgewichts und Umbau von Pkw in Lkw und umgekehrt. 3

Der Einbau eines gleichen Austauschmotors oder eines hubraummäßig gleichen neuen Motors sind keine steuererheblichen Änderungen im Sinne des § 9. Zu melden ist der Zusammenbau eines Fahrzeugs aus 2 zugelassenen und versteuerten Fahrzeugen (RFH, 21. 10. 30, DAR 30, 379), oder der Umbau eines Pkw in eine Zugmaschine. Wird durch die Herausnahme von Sitzen aus einem Pkw die Ladefläche zur Güterbeförderung nicht größer als $2\frac{1}{2}$ qm (vgl. § 10 Abs. 2), so liegt keine Veränderung vor (RFH in RStBl. 38, 844). 4

3. Grundsätzlich wird durch die steuerliche Veränderung die Zulassung des Fahrzeugs nicht berührt. Werden jedoch Änderungen nach § 19 Abs. 2 StVZO vorgenommen, so muß um eine erneute Betriebserlaubnis nachgesucht werden. Die Änderungen nach § 19 StVZO und die nach § 9 KraftStG decken sich jedoch nicht. 5

4. Der Wegfall der Steuerbefreiung ist dem Finanzamt zu melden (§ 12 Abs. 1 Nr. 6 KraftStDV). Dies trifft nicht nur für die steuerbegünstigten Fahrzeuge des § 2, sondern auch für die des § 3 zu. § 9 ist insoweit nicht anwendbar. 6

5. Die neue Steuer ist von dem Tag der Wiederbenutzung des Fahrzeugs im veränderten Zustand an zu entrichten. Die Fälligkeit der Steuer ist in § 12 Abs. 1 Nr. 5 bestimmt. Vor der Wiederbenutzung des Fahrzeugs bleibt die frühere Steuer zu zahlen. Mit der Fälligkeit der neuen Steuer endet die Steuerpflicht für das Fahrzeug im bisherigen Zustand, da das Fahrzeug wegen der steuerrechtlichen Veränderung des § 9 zugelassen bleibt, soweit nicht die Voraussetzung der §§ 6, 7 gegeben war und § 9 überhaupt nicht schon deshalb ausscheidet (vgl. Randnr. 2). 7

Die eventuell zuviel entrichtete Steuer ist gemäß § 14 zu erstatten. 8

§ 10 Besteuerungsgrundlage

(1) Die Steuer wird berechnet

1. bei Zwei- und Dreiradkraftfahrzeugen, ausgenommen Zugmaschinen, und bei Personenkraftwagen
nach dem Hubraum,

2. bei allen anderen Fahrzeugen, insbesondere bei Zugmaschinen (einschließlich der Sattelzugmaschinen), Kraftomnibussen, Lastkraftwagen sowie bei Anhängern (einschließlich der Sattelanhänger)
nach dem verkehrsrechtlich höchstzulässigen Gesamtgewicht.

(2) Als Personenkraftwagen sind Kraftfahrzeuge anzusehen, die vier oder mehr Räder haben und nach ihrer Bauart und Einrichtung zur Personenbeförderung, jedoch nicht zur Beförderung von mehr als sieben Personen (einschließlich Kraftfahrzeugführer) geeignet und bestimmt sind; dies gilt auch, wenn mit dem Personenkraftwagen oder in einem von ihm mitgeführten Anhänger Güter befördert werden. Ein Kraftfahrzeug ist nicht als Personenkraftwagen anzusehen, wenn es nach seinem Aufbau nicht nur zur Beförderung von Personen, sondern auch dazu eingerichtet und bestimmt ist, wahlweise oder gleichzeitig Güter zu befördern, und wenn die für die Güterbeförderung verwendbare Nutzfläche größer als zweieinhalb Quadratmeter ist; zur Nutzfläche gehört auch die Fläche, die durch das Herausnehmen von Sitzplätzen geschaffen wird, nicht aber die Fläche, die außerhalb des Wagenaufbaues zur Reisegepäckbeförderung eingerichtet und bestimmt ist.

(3) Sattelzugmaschinen und Sattelanhänger sind getrennt zu besteuern. Bei Sattelanhängern ist das der Steuer unterliegende verkehrsrechtlich höchstzulässige Gesamtgewicht um die Sattellast zu vermindern.

Inhaltsverzeichnis

1 **I. Entstehungsgeschichte.** Der § 10 erhielt seine jetzige Fassung durch Art. 1 Nr. 3 VerkFinG v. 6. 4. 55 (BGBl. I, 166). Durch das Ges. v. 19. 12. 60 wurde die Bestimmung nicht geändert.

II. Berechnung der Steuer

2 **1.** Das Verkehrsverbot für bestimmte Kraftfahrzeuge und für Anhänger hinter Lastkraftwagen an Sonntagen und gesetzlichen Feiertagen begründet keine Ermäßigung der Steuer (BFH, 8. 6. 58, BStBl. 58 III, 402).

3 **2.** Nach dem Hubraum werden versteuert Zwei- und Dreiradkraftfahrzeuge, sowie Personenkraftfahrzeuge. Unter Hubraum versteht man den Raum, in dem sich der Hub des Kolbens im Zylinder vollzieht. Die Berechnung des Hubraums erfolgt durch einen Sachverständigen (vgl. auch § 6 KraftStDV a. F.).

4 **3.** Nach dem höchstzulässigen Gesamtgewicht werden alle nicht unter Nr. 1 fallenden Kraftfahrzeuge versteuert. Dieses wird verkehrsrechtlich nach § 34 StVZO festgelegt und in die Kraftfahrzeugpapiere (Kraftfahrzeugbrief §§ 20, 21, 25 StVZO und Kraftfahrzeugschein §§ 24 StVZO) eingetragen. Das Finanzamt hat insoweit kein eigenes Nachprüfungsrecht, es sei denn, es ist der Ansicht, daß die Eintragungen gefälscht sind oder auf einem Irrtum beruhen. Es wird dann bei der Zulassungsstelle eine Überprüfung veranlassen. Eine Überschreitung des höchstzulässigen Gesamtgewichts ist steuerrechtlich unerheblich und rechtfertigt nicht eine Steuerfestsetzung nach dem tatsächlichen Gesamtgewicht (BFH, 30. 1. 57, NJW 57, 1008 = BStBl. 57 III, 76). Ändert sich das zulässige Gesamtgewicht (z. B. durch Verwendung anderer Bereifung, § 36 StVZO), ohne daß eine Veränderung am Kraftfahrzeug vorgenommen wird, so kann sich die Gewichtsveränderung steuerlich erst von dem Tag der Berichtigung des Kraftfahrscheins an auswirken (FG Stuttgart, 14. 5. 57, EFG 57, 369), weil § 9 insoweit nicht zutrifft.

III. Die einzelnen Fahrzeugarten

5 **1.** Der Begriff der Zwei- und Dreiradkraftfahrzeuge war in § 4 KraftStDV a. F. näher erläutert. Beiwagen, Vorsteckwagen und Anhänger bleiben bei der Berechnung der Radzahl außer Betracht. Zu den Zweiradkraftfahrzeugen zählen auch die Kleinkrafträder und die Fahrräder mit Hilfsmotor, da sie nach § 67a Abs. 4 StVZO Kraftfahrzeuge sind. Sie sind jedoch von der Zulassung ausgenommen (§ 18 Abs. 2 Nr. 4 StVZO) und deshalb nicht steuerpflichtig (§ 2 Nr. 1). Dreiradkraftfahrzeuge sind solche mit drei Rädern, auf denen das Fahrzeug ruht oder fährt und bei Entfernung eines der drei Räder das Fahrzeug nicht mehr mit eigener Kraft fortbewegt werden kann. Es kommt bei diesen Fahrzeugen nicht darauf an, ob sie der Personen- oder Güterbeförderung dienen, was sich aus der Entstehungsgeschichte insofern ergibt, als sie bis zum KraftStG 1955 steuerlich unter dem Begriff der Zweiradfahrzeuge erfaßt wurden, obwohl sie seit dem 1. 10. 34 verkehrsrechtlich keine Krafträder mehr sind. Unterschiedlich ist jedoch der Steuersatz nach § 11 Abs. 1 Nr. 2 und 3. Soweit die Fahrzeuge als Zugmaschinen verwendet werden, fallen sie unter Abs. 1 Nr. 2.

6 **2.** Der Begriff der Personenkraftfahrzeuge ist in Abs. 2 bestimmt. Die Kraftfahrzeuge dürfen vier oder mehr Räder haben (z. B. Zwillingsreifen) und müssen nach Bauart und Einrichtung zur Personenbeförderung geeignet und bestimmt sein. Die objektive Beschaffenheit des Fahrzeugs und seine Zweckbestimmung sind somit entscheidend. Wenn mehr als sieben Personen (einschließlich des Kraftfahrzeugführers) nach der Einrichtung des Fahrzeugs befördert werden können, gilt das Fahrzeug, soweit die übrigen Voraussetzungen vorliegen, als Kraftomnibus. Da das Fahrzeug, um als Personenkraftfahrzeug gelten zu können,

zur Personenbeförderung geeignet und bestimmt sein muß, ist davon auszugehen, daß nicht mehr als sieben Sitzplätze vorhanden sein dürfen und es nicht darauf ankommt, ob darüber hinaus noch andere Personen etwa in gekrümmter Haltung stehend mitbefördert werden können. Der Begriff des Personenkraftwagens nach Abs. 2 stimmt mit § 2 Abs. 2 DV zum PBG a. F. (s. Seite 1045 d. 21. Aufl.) insoweit nicht überein, als nach dieser Bestimmung als Personenkraftwagen ein solches Fahrzeug galt, das einschließlich des Führersitzes nicht mehr als acht Sitzplätze hat. Nach § 4 Abs. 4 Nr. 1 PBG v. 21.3.61 (BGBl. I, 241) ist ein Kraftfahrzeug, das für nicht mehr als neun Personen (einschließlich Führer) zur Beförderung geeignet und bestimmt ist, ein Personenkraftfahrzeug. Es besteht deshalb die Möglichkeit, daß steuerrechtlich das Fahrzeug bereits als Kraftomnibus anzusehen ist, nach dem Personenbeförderungsgesetz und der StVZO (§ 15 d Abs. 1, Nr. 1: mehr als 8 Fahrgastplätze), aber noch als ein Personenkraftwagen gilt.

Handelt es sich in diesem Sinne steuerlich um einen Personenkraftwagen, so ist es gleichgültig, ob mit dem Fahrzeug schließlich Güter befördert oder in einem Anhänger mitgeführt werden, der jedoch gesondert zu versteuern ist (vgl. RFH, 26. 3. 26, Bd. 18, 332). **7**

Da die Personenkraftfahrzeuge nach Abs. 2 vier oder mehr Räder haben müssen, können Ketten- oder Raupenfahrzeuge nicht zu diesen gehören, auch wenn mit ihnen Personen befördert werden und die Fahrzeuge zur Personenbeförderung geeignet und bestimmt sind. Schienengebundene Kraftfahrzeuge können ebenso Personenkraftwagen sein, wie Amphibienkraftfahrzeuge, soweit sie vier oder mehr Räder zur Fortbewegung auf dem Lande haben. **8**

3. Kombinationskraftwagen sind solche Fahrzeuge, die nach ihrer Bauart und ihrer Einrichtung geeignet und bestimmt sind, im Innenraum — mit Ausnahme des für die Mitnahme von Reisegepäck bestimmten Raumes — wahlweise oder gleichzeitig Personen oder Güter zu befördern (§ 23 Abs. 1 letzter Satz StVZO, wobei dort aber das Gesamtgewicht auf 2,8 t und die mögliche Fahrgastzahl auf acht festgelegt ist). Diese Kombiwagen zählen steuerlich nur dann zu den Personenkraftwagen, wenn sie nach Bauart und Einrichtung auch zur Personenbeförderung geeignet und bestimmt sind (jedoch nicht ausschließlich) und die für die Güterbeförderung verwendbare Nutzfläche nicht größer als $2\frac{1}{2}$ qm ist, wobei nach der ausdrücklichen Bestimmung als Nutzfläche auch die Fläche anzusehen ist, die durch Herausnehmen der Sitze geschaffen wird. Die Nutzfläche auf dem Dachgepäckträger ist jedoch ohne Bedeutung. Steuerlich entscheidet nur die Bodenfläche. Eine Ladehöhe ist nicht festgelegt. **9**

Sind in den Kombinationsfahrzeugen die Sitze nicht jederzeit herausnehmbar, so ist um die durch diese beanspruchte Fläche die Nutzfläche kleiner, die der Güterbeförderung zur Verfügung steht (BFH, 17. 11. 55, DStR 56, 163; FG Münster, 19. 1. 55, EFG 55, 275). Ist die Nutzfläche eines solchen Wagens zwar größer als $2\frac{1}{2}$ qm, diese aber als Schlafraum eingerichtet, so ist das Kraftfahrzeug als Personenkraftwagen zu versteuern (ebenso Gaul, Kraftfahzeugsteuer, 2. Erg.Lfg., Anm. 10 zu § 10; Neumann, Das Kraftfahrzeugsteuergesetz, 2. Aufl., Anm. 4 zu § 10), weil hier eine Güterbeförderung als Zweckbestimmung ausgeschlossen ist. **10**

4. Der Begriff der Zugmaschinen ist der gleiche wie in Nr. 6 des § 2. Siehe deshalb Randnr. 26 zu § 2. **11**

5. Kraftomnibusse sind Fahrzeuge, die zur Beförderung von Personen bestimmt und geeignet sind. Sie müssen mindestens acht Sitzplätze einschließlich des Führersitzes haben, um als Omnibusse steuerrechtlich zu gelten. Damit weicht das Steuerrecht von § 15 d Abs. 1 Nr. 1 StVZO und von § 2 Abs. 3 zum PBG a. F. (s. Seite 1045 d. 21. Aufl.) ab. Nach § 4 Abs. 4 Nr. 2 PBG v. 21. 3. 61 (BGBl. I, 241) ist ein Kraftomnibus ein Kraftfahrzeug, das seiner Bauart und Ausstattung nach zur Beförderung von mehr als 9 Personen geeignet und bestimmt ist. Kleinomnibusse, mit denen mehr als sechs Fahrgäste befördert werden können, sind als Omnibusse zu versteuern. Wird aus einem Omnibus ein Sitz herausgenommen, so ist dies steuerlich ohne Bedeutung (vgl. § 3 Abs. 3 Nr. 2 BefStDV, BGBl. 55 I, 659), weil der Omnibus hierdurch seine Eignung zur Beförderung von mehr als sieben Personen (einschließlich Fahrer) nicht verliert. Es muß sich bei der Verringerung der Sitzzahl um einen auf Dauer gerichteten Umbau handeln, der die Eignung des Fahrzeugs und seine Bestimmung zur Beförderung von künftig nur mehr sieben Personen einschließlich Fahrzeugführer herbeiführt (ebenso Neumann, a. a. O., Anm. 6 zu § 10). Die Doppeldeckomnibusse sind gegenüber den anderen Fahrzeugen steuerlich begünstigt (§ 11 Abs. 1 Nr. 4). Es handelt sich hierbei um Omnibusse, die die Fahrgäste in zwei übereinanderliegenden Ebenen befördern (vgl. VerkBl. 57, 439). Das ist auch bei Anderthalbomnibussen. **12**

6. Ein Lastkraftwagen ist steuerrechtlich ein Kraftfahrzeug mit vier oder mehr Rädern (vgl. § 5 KraftStDV), wenn er nach Bauart und Einrichtung zur Beförderung von Gütern **13**

geeignet und bestimmt ist (ebenso § 4 Abs. 4 Nr. PBG v. 21. 3. 61, BGBl. I, 241). Nicht entscheidend ist, ob Personen mit dem Lkw mitbefördert werden, weil es nicht auf die tatsächliche Verwendung, sondern auf die Geeignetheit und die Bestimmung ankommt. Ein kleiner Lieferwagen, dessen Fahrgestell das eines Personenwagentyps ist, ist Lkw. Dies ist auch dann der Fall, wenn neben der zur Güterbeförderung verwendbaren Nutzfläche noch Sitzraum für einen Beifahrer (außer dem Führersitz) vorhanden ist; denn hierdurch wird der Lieferwagen nicht zu einem nach Bauart und Einrichtung zur Personenbeförderung geeigneten und bestimmten Fahrzeug. Zu den Lkw zählen auch die Kombiwagen, soweit sie nicht steuerlich als Pkw gelten (vgl. Randnr. 9).

14 Leichenkraftwagen sind steuerrechtlich Lastkraftwagen (BFH, 28. 11. 56, Bd. 64, 59 = BStBl. 57 III, 22) und zwar auch dann, wenn Leichenträger oder Angehörige mitbefördert werden (RFH, 26. 3. 36, RStBl. 36, 925), denn die Geeignetheit und die Zweckbestimmung, nämlich die Beförderung der Särge, wird dadurch nicht berührt (a. A. FG Stuttgart, 11. 8. 55, EFG 56, 84 und 16. 7. 57, EFG 58, 104, das bei Mitbeförderungsmöglichkeit von Leichenträgern oder Leidtragenden die Lkw-Eigenschaft dann verneint, wenn die Sargladefläche weniger als 2½ qm beträgt).

15 7. Anhänger sind die hinter Kraftfahrzeugen mitgeführten Fahrzeuge, mit Ausnahme der betriebsunfähigen Fahrzeuge (§ 18 Abs. 1 StVZO). Auch Wohnwagen sind Anhänger. Im übrigen siehe wegen des Anhängerbegriffs Randnr. 7—10 zu § 1.

16 Ein sogenannter Tiefladeanhänger (bestehend aus zwei Fahrwerken und einer Tiefladebrücke) ist auch dann als einheitliches Fahrzeug anzusehen und damit als ein Fahrzeug zu besteuern, wenn Fahrwerke und Tiefladebrücke von einander zwecks selbständiger Verwendung der einzelnen Fahrwerke getrennt werden können. Der Umstand, daß jedes Fahrwerk von der Zulassungsbehörde gesondert zugelassen ist, ist für die Beurteilung unerheblich (BFH, 30. 1. 57, Bd. 64, 393 = BStBl. 57 III, 147).

17 8. Gelenkkraftfahrzeuge sind zweigliedrige Kraftfahrzeuge zur Personen- oder Güterbefürderung, bei denen die beiden Teile durch ein Gelenk verbunden sind, das mit den üblichen Bordmitteln nicht zu lösen ist. Sie sind verkehrsrechtlich ein einheitliches Fahrzeug (§ 32 Abs. 1 Nr. 3c StVZO). Sie stehen den Sattelkraftfahrzeugen nahe, sind aber nicht als solche steuerlich zu behandeln. Sie gehören zur Gruppe der „anderen Fahrzeuge" nach Abs. 1 Nr. 2 (ebenso Neumann a. a. O., Anm. 3 Abs. 3 zu § 10; Gaul. a. a. O., Anm. 14 zu § 10 und Klein-Schrötter, VerkFinG 1955, S. 40 rechnen zwar die Gelenkkraftfahrzeuge zu den Sattelkraftfahrzeugen, behandeln sie steuerlich aber dennoch wie Lkw oder Kraftomnibusse).

18 Bei dem Gelenk handelt es sich nicht um eine Art Anhängerkupplung, sondern um eine feste Verbindung zwischen den beiden Fahrzeugteilen, die die Innenräume der einzelnen Teile miteinander verbindet und die nur deshalb beweglich gestaltet wurde, um eine bessere Beweglichkeit des Fahrzeugs im Straßenverkehr herbeizuführen. Das Gelenkkraftfahrzeug ist ein Einzelfahrzeug und deshalb in seiner Gesamtheit einheitlich zu versteuern.

19 9. Die Sattelzugmaschinen und die Sattelanhänger sind in Nr. 2 des Abs. 1 ausdrücklich genannt. Die Sattelkraftfahrzeuge setzen sich aus der Sattelzugmaschine und dem Sattelanhänger zusammen und sind verkehrsrechtlich eine Einheit (vgl. § 32 Abs. 1 Nr. 3b StVZO). Die Sattelzugmaschine ist ein Kraftfahrzeug, das seiner besonderen Einrichtung nach dazu bestimmt ist, ein besonders geartetes Anhängegerät mitzuführen, nämlich ein solches, das nicht ausschließlich durch Zug befördert wird, sondern das das ziehende Kfz mit einem wesentlichen Teil seines Eigengewichts belastet (vgl. Hamm, 24. 2.58, VerkMitt. 58, 41, Nr. 86). Andere Fahrzeuge als Zugmaschinen sind auch dann keine Sattelzugmaschinen, wenn sie Anhänger auf die gleiche Weise wie diese befördern können. Bei der Zulassung werden beide Teile als selbständige Einheiten behandelt. Die Besteuerung erfolgt ebenfalls getrennt (Abs. 3).

20 Besteuerungsgrundlage ist bei Sattelzugmaschinen und Sattelanhängern das jeweils verkehrsrechtlich höchstzulässige Gesamtgewicht (§ 34 StVZO), das jedoch bei den Anhängern um die Sattellast zu mindern ist (Abs. 3 Satz 2; vgl. auch Muster 3, 2. Seite zu § 24 StVZO). Sattellast ist das Aufliegegewicht des Anhängers auf der Sattelzumaschine. Diese Sattellast ist bei dem höchstzulässigen Gesamtgewicht der Zugmaschine miterfaßt. Aus diesem Grund ist die Sattellast bei den Sattelanhängern in Abzug zu bringen. Wegen Steuersatz siehe § 11 Abs. 2 Nr. 1. Bei Probe- und Überführungsfahrten von Sattelkraftfahrzeugen haben Sattelzugmaschinen und Sattelanhänger je ein besonderes rotes Kennzeichen zu führen (FG Karlsruhe, 30. 6. 59, EFG 59, 413).

§ 11 Steuersatz

(1) Die Jahressteuer beträgt für

	je 25 Kubikzentimeter Hubraum oder einen Teil davon	je 100 Kubikzentimeter Hubraum oder einen Teil davon	je 200 Kilogramm Gesamtgewicht oder einen Teil davon
	DM	DM	DM
1. Zweiradkraftfahrzeuge (ausgenommen Zugmaschinen)	3,60	—	—
2. Dreiradkraftfahrzeuge, die ausschließlich zur Beförderung von Personen geeignet und bestimmt sind, sowie Personenkraftwagen (§ 10 Abs. 2)	—	14,40	—
3. Dreiradkraftfahrzeuge, die nicht ausschließlich zur Beförderung von Personen geeignet und bestimmt sind (ausgenommen Zugmaschinen)	—	16,—	—
4. Doppeldeckomnibusse und Gelenkomnibusse, die ausschließlich im Linienverkehr verwendet werden	—	—	11,25
5. alle anderen Fahrzeuge von dem Gesamtgewicht			
bis zu 2000 kg	—	—	22,—
über 2000 kg bis zu 3000 kg	—	—	23,50
über 3000 kg bis zu 4000 kg	—	—	25,—
über 4000 kg bis zu 5000 kg	—	—	26,50
über 5000 kg bis zu 6000 kg	—	—	28,—
über 6000 kg bis zu 7000 kg	—	—	29,50
über 7000 kg bis zu 8000 kg	—	—	31,—
über 8000 kg bis zu 9000 kg	—	—	32,50
über 9000 kg bis zu 10000 kg	—	—	34,—
über 10000 kg bis zu 11000 kg	—	—	35,50
über 11000 kg bis zu 12000 kg	—	—	37,—
über 12000 kg bis zu 13000 kg	—	—	38,50
über 13000 kg bis zu 14000 kg	—	—	40,—
über 14000 kg bis zu 15000 kg	—	—	41,50
über 15000 kg bis zu 16000 kg	—	—	43,—
über 16000 kg bis zu 17000 kg	—	—	44,50
über 17000 kg bis zu 18000 kg	—	—	46,—
über 18000 kg bis zu 19000 kg	—	—	47,50
über 19000 kg bis zu 20000 kg	—	—	49,—
über 20000 kg bis zu 21000 kg	—	—	50,50
über 21000 kg bis zu 22000 kg	—	—	52,—
über 22000 kg bis zu 23000 kg	—	—	53,50
über 23000 kg bis zu 24000 kg	—	—	55,—
über 24000 kg	—	—	56,50

(2) Die Steuer ermäßigt sich

1. um 25 vom Hundert des Betrages, der sich nach Absatz 1 Nr. 5 ergibt, für Sattelanhänger;
2. um 50 vom Hundert des Betrages, der sich nach Absatz 1 Nr. 5 ergibt,
   a) für Kraftomnibusse, die überwiegend im Linienverkehr verwendet werden;
   b) für Kraftzeuganhänger zur Durchführung von Schwer- und Großraumtransporten, für die Ausnahmen von der Vorschrift des § 34 der Straßenverkehrs-Zulassungs-Ordnung genehmigt worden sind. Dies gilt nicht, wenn das Fahrzeug auch zu Fahrten benutzt wird, für die es der bezeichneten Ausnahmegenehmigung nicht bedarf, und wenn die Steuer, die sich in diesem Fall ergibt, höher ist als die Steuer nach Satz 1;
   c) für Lastkraftwagen, die nach ihrer Bauart und ihren besonderen mit ihnen fest verbundenen Einrichtungen zur Beförderung von Abraum und Baumaterial innerhalb von Baustellen geeignet und bestimmt sind; dies gilt nicht, wenn das Kraftfahrzeug widerrechtlich benutzt wird. Die Steuermäßigung entfällt, wenn das Fahrzeug auf einer öffentlichen Straße zur Beförderung der bezeichneten Güter außerhalb eines Umkreises von einem Kilometer, von der Baustelle gerechnet, oder zur Beförderung von anderen als den bezeichneten Gütern benutzt wird.

(3) Für Fahrzeuge, die im ausländischen Zulassungsverfahren zugelassen sind, beträgt die Steuer, wenn sie tageweise entrichtet wird, für jeden ganz oder teilweise im Bundesgebiet zugebrachten Kalendertag

1. bei Zwei- und Dreiradkraftfahrzeugen (ausgenommen Zugmaschinen) sowie bei Personenkraftwagen 1,— DM,
2. bei allen anderen Fahrzeugen 3,— DM,

(4) Bei der Zuteilung eines Kennzeichens für Probe- und Überführungsfahrten beträgt die Steuer

1. für Kennzeichen, die nur für Krafträder auf die Dauer eines Kalenderjahres gelten 90,— DM,
2. für andere Kennzeichen, die auf die Dauer eines Kalenderjahres gelten, 375,— DM,
3. für Kennzeichen, die für bestimmte Probe- oder Überführungsfahrten auf die Dauer bis zu fünfzehn Tagen gelten, täglich 1,50 DM.

Inhaltsverzeichnis

I. Entstehungsgeschichte. Die Bestimmung des § 11 wurde durch das VerFinG 1955 BGBl. I, 166) neu gefaßt und durch das Dritte Gesetz zur Aufhebung des Besatzungsrechts v. 23. 7. 58 (BGBl. I, 540) geändert. Durch das Straßenbaufinanzierungsgesetz v. 28. 3. 60 (BGBl. I, 201) wurden die Steuersätze für Lkw und die anderen unter Nr. 5 des Abs. 1 fallenden Fahrzeuge erhöht, während der Steuersatz für die unter die Nr. 1—3 fallenden Fahrzeuge gleich blieb. Ermäßigt wurde der Satz auch für die in Nr. 4 genannten Doppeldeckomnibusse. Die Ermäßigung für Anhänger nach Abs. 2 wurde gestrichen, dafür der Ermäßigungsbetrag für Sattelanhänger von 15% auf 25% erhöht. 1

Das Gesetz v. 19. 12. 60 (BGBl. I, 1005) hat die Steuersätze nach Abs. 1 nicht geändert. Neu ist die Einführung einer Steuerermäßigung für Kraftomnibusse, die im Linienverkehr überwiegend verwendet werden (Abs. 2 Nr. 2a). Eingefügt ist Abs. 3, der die bisherigen Bestimmungen des § 45 KraftStDV a. F. unter geringfügiger Erhöhung des Steuersatzes für Zwei- und Dreiradkraftfahrzeuge von 0,75 auf 1,— DM und für die anderen Fahrzeuge (Nr. 2) von 1,50 auf 3,— DM und unter Ermäßigung des Steuersatzes für Personenkraftwagen von 1,50 auf 1,— DM (Nr. 1) übernommen hat. Nach der amtlichen Begründung (Bundesratsdrucksache 16/60 v. 15. 1. 60) ist die Erhöhung des Steuersatzes von 1,50 DM auf 3,— DM schon im Hinblick auf die durch das Verkehrsfinanzgesetz 1955 eingetretene Erhöhung der KraftSt für die nach dem Gesamtgewicht besteuerten deutschen Fahrzeuge gerechtfertigt. Neu gefaßt ist Abs. 4 (bisher Abs. 3), der dem Umstand Rechnung trägt, daß durch das VerkFinG 1955 eine gleichmäßige steuerliche Belastung der Kraftfahrzeuge und Anhänger eingeführt worden ist. 2

II. Steuersatz nach Absatz 1

1. Die Bestimmung des § 11 setzt die Jahressteuer für die Fahrzeuge fest. Die Steuer ist nach § 13 jeweils für den Zeitraum eines Jahres im voraus zu entrichten, es sei denn, daß die Steuer für einen kürzeren Zeitraum bezahlt werden darf. 3

2. Wegen des Begriffs des Hubraums siehe Randnr. 3 zu § 10 KraftStG; hinsichtlich des Gesamtgewichts siehe § 10 Randnr. 4. 4

3. Wegen der einzelnen Fahrzeugarten siehe § 10 KraftStG Randnr. 5ff. (Zwei- und Dreiradkraftfahrzeuge: Randnr. 5; Personenkraftfahrzeuge: § 10 Abs. 2 und Randnr. 6—8; Kombiwagen: Randnr. 9, 10; Zugmaschinen: Randnr. 11 und § 2 Rand- nr. 26; Kraftomnibusse und Doppeldeckomnibusse: Randnr. 12; Lastkraftwagen: Randnr. 13, 14; Anhänger: Randnr. 15, 16 und § 1 Randnr. 7—10; Gelenkfahr-zeuge: Randnr. 17, 18; Sattelkraftfahrzeuge: Randnr. 19, 20). Soweit Dreiradfahrzeuge nicht ausschließlich zur Beförderung von Personen geeignet und bestimmt sind, gilt ein höherer Steuersatz (Nr. 3). Hierzu zählen vor allem die Dreiradkombinationswagen, nicht jedoch die Kombinationswagen mit 4 oder mehr Rädern. Diese sind entweder Pkw oder Lkw (vgl. Randnr. 9, 10 zu § 10). 5

4. Einen günstigeren Steuersatz haben Doppeldeck- und Gelenkomnibusse (Begriff siehe Randnr. 12, 17, 18 zu § 10), soweit sie ausschließlich im Linienverkehr verwendet werden. Es muß sich also um eine linienmäßige Beförderung von Personen zu Lande nach § 42ff. PBG v. 21. 3. 61 (BGBl. I, 241) handeln. Eine Beförderung gilt als linienmäßig, wenn planmäßig Fahrten zwischen bestimmten Punkten ausgeführt werden (siehe Seiten 1044 und 1047 der 21. Aufl.). Anhänger fallen nicht unter Nr. 4 (vgl. auch § 32 a StVZO). 6

5. Unter den Begriff der „anderen Fahrzeuge" fallen alle Fahrzeuge, die nicht in Nr. 1—4 ausdrücklich erwähnt und nicht von der Entrichtung der Steuer befreit sind (vgl. § 2). Dazu zählen insbes. Zugmaschinen, einschließlich Sattelzugmaschinen, Lkw und Anhänger (vgl. Randnr. 5). 7

III. Steuerermäßigung nach Absatz 2

1. Durch das Straßenbaufinanzierungsgesetz vom 28. 3. 1960 (BGBl. I, 201) fiel die Ermäßigung der Steuer für Anhänger allgemein weg. Geblieben ist eine Steuerermäßigung für Sattelanhänger, die von 15% auf 25% erhöht wurde. Bei Ermittlung des Gesamtgewichts bei den Sattelanhängern ist § 10 Abs. 3 Satz 2 zu beachten. Bei den Sattelanhängern (Randnr. 19, 20 zu § 10) handelt es sich um Fahrzeuge, die mit einem Teil ihres Eigengewichts auf dem ziehenden Kfz lasten. Bei den Sattelanhängern ist es gleichgültig, ob sie der Personen- oder Güterbeförderung dienen. 8

2. Eine 50%ige Steuerermäßigung tritt ein 9

a) für sämtliche Kraftomnibusse, soweit sie überwiegend im Linienverkehr Verwendung finden. Die in Abs. 1 Nr. 4 genannten Omnibusse, die ausschließlich im Linienverkehr

Verwendung finden, fallen nicht nochmals unter diese Ermäßigung, weil in Abs. 2 Nr. 2 ausdrücklich auf die Nr. 5 des Abs. 1 Bezug genommen ist. Andererseits aber wurde die Steuer für die unter Nr. 4 fallenden Fahrzeuge gegenüber dem früheren Satz sowieso um 50% herabgesetzt. Wenn die dort genannten Omnibusse aber nicht ausschließlich, sondern nur überwiegend im Linienverkehr verwendet werden, so ist die Steuer gemäß Abs. 2 Nr. 2 zu berechnen. Wegen des Begriffs Linienverkehr siehe Randnr. 6. Die Verwendung muß „überwiegend" im Linienverkehr erfolgen, das heißt, daß das Fahrzeug mindestens mit 51% seiner Nutzfahrt im Linienverkehr eingesetzt sein muß, wobei es nicht auf die zurückgelegte Fahrtstrecke, sondern auf die eingesetzte Zeit, insbes. die Tage ankommt. Für Anhänger hinter Kraftomnibussen gilt die Steuerermäßigung nicht (vgl. wegen Anhänger § 32a StVZO).

10 b) für Kfz-Anhänger zur Durchführung von Schwer- und Großraumtransporten unter der Voraussetzung, daß sie von den Vorschriften des § 34 StVZO über die höchstzulässige Achslast und das Gesamtgewicht gem. § 70 StVZO befreit wurden. Die Anhänger müssen aber ausschließlich zu solchen genehmigungspflichtigen Fahrten benutzt werden, andernfalls die Steuerermäßigung nicht zu gewähren ist, wenn die sich in diesem Falle für den Anhänger nach Abs. 1 Nr. 5 zu errechnende Steuer höher ist als die, die sich unter Berücksichtigung der Steuermäßigung ergibt. In diesem Falle verbleibt es bei der nach Abs. 2 b zu berechnenden Steuer (vgl. Klein-Schrötter, Verkehrsfinanzgesetz 1955 S. 53). Bei der Berechnung der ermäßigten Steuer ist das durch die Ausnahmegenehmigung zugelassene erhöhte Gesamtgewicht ohne Berücksichtigung der gesetzlichen Höchstgrenzen (§ 34 StVZO) Grundlage der Steuerberechnung. Die so nach Abs. 1 Nr. 5 ermittelte Steuer wird um 50% gekürzt. Wird der Anhänger sowohl für genehmigungspflichtige Fahrten wie auch für nicht genehmigungspflichtige Fahrten innerhalb eines Besteuerungszeitraumes verwendet, so ist die jeweils höhere Steuer zu entrichten. Soll der Anhänger in einem Besteuerungszeitraum für genehmigungsfreie Fahrten Verwendung finden, so ist die allgemein zu zahlende Steuer fällig (vgl. § 13). Mindestbesteuerungszeitraum ist ein Monat (§ 13 Abs. 5). Der Ansicht von Neumann (Das Kraftfahrzeugsteuergesetz, 2. Aufl., § 11 Anm. 13), daß bei Verwendung zu verschiedenen Zwecken (mit und ohne Ausnahmegenehmigung) in verschiedenen Zeitabschnitten die Steuer getrennt zu berechnen ist, gegebenenfalls jeweils für die Mindestzeit, kann in dieser allgemeinen Fassung nicht zugestimmt werden, weil in diesem Fall dann Doppelbesteuerungen wegen der Überschneidung der jeweiligen Mindestgrenzen von einem Monat nicht vermeidbar wären, was aber gerade Satz 2 der Nr. 2 b des Abs. 2 verhindern will.

11 c) Eine Steuerermäßigung von 50% wird auch für die in Nr. 2c genannten Baustellenfahrzeuge gewährt. Es muß sich hierbei um Spezialfahrzeuge handeln, die nach der Bauart und der mit ihnen festverbundenen Einrichtungen geeignet und bestimmt sein müssen, innerhalb von Baustellen zur Beförderung von Abraum und Baumaterial zu dienen. Die Lastkraftwagen müssen speziell für die Verwendung innerhalb Baustellen und zur Beförderung der bezeichneten Güter konstruiert sein. Merkmale, wie sie bei anderen Lkws zu finden sind, wie z. B. Kippvorrichtung, reichen nicht. Auch auf eine geringe Höchstgeschwindigkeit kann die Geeignetheit und Bestimmtheit, innerhalb Baustellen Verwendung zu finden, nicht allein gestützt werden (vgl. FG Hamburg, 18. 5. 56, EFG 56, 291).

12 Bauart und Einrichtungen brauchen eine andere Verwendungsfähigkeit nicht ausschließen, nur entfällt bei anderweitiger Verwendung die Steuerermäßigung. Die Beförderung von Baumaterial von einer Baustelle zu anderen des gleichen Unternehmers ist kein Benutzen innerhalb der Baustelle. Die Voraussetzung, daß das Fahrzeug innerhalb von Baustellen verwendet werden muß, um die Steuerermäßigung in Anspruch nehmen zu können, besagt nicht, daß es sich um einen nichtöffentlichen Verkehrsgrund handeln muß, denn in diesem Falle unterläge der Lkw überhaupt nicht der Steuer (§ 1 Abs. 1 Nr. 1). Wegen des Begriffs der öffentlichen Straßen siehe Randnr. 13—15 zu § 1. Es muß sich um einen zugelassenen Lkw handeln, der auf öffentlichen Straßen fahren darf, seiner Spezialeinrichtung wegen aber innerhalb Baustellen Verwendung findet. Lkw gewöhnlicher Bauart scheiden von der Steuerbegünstigung nach 2c aus. Auch Anhänger, selbst wenn es sich um Spezialanhänger handelt, können ebensowenig eine Steuerermäßigung nach dieser Bestimmung erhalten, da sie keine Lastkraftwagen sind (vgl. § 1 Abs. 3).

13 Eine Steuerermäßigung wird nicht gewährt bei widerrechtlicher Benutzung des Lkws, wenn auch die sonstigen Voraussetzungen des Satzes 1 der Nr. 2b gegeben sind. Wegen des Begriffs der widerrechtlichen Benutzung siehe Randnr. 18—24 zu § 1 und Randnr. 13 u. 14 zu § 4, sowie auch § 5 Abs. 3.

14 Die Steuerermäßigung entfällt bzw. tritt nicht ein, wenn der Lkw bei Vorliegen der sonstigen Voraussetzungen auf öffentlichen Straßen außerhalb eines Umkreises von 1 km von der

Baustelle zur Beförderung der bezeichneten Güter verwendet wird oder überhaupt andere als die bezeichneten Güter befördert. Nicht entfällt die Steuerermäßigung aber, wenn der Lkw außerhalb des Umkreises von 1 km, ohne Güter zu befördern, z. B. zur Tankstelle, zur Garage, zur Reparaturwerkstatt gefahren wird. Auch eine Überführung zu anderen Baustellen beseitigt die Steuerermäßigung nicht. Unschädlich ist es auch, wenn der Spezialbaulastkraftwagen vorübergehend auf nichtöffentlichem Verkehrsgrund zu anderen Zwecken verwendet wird, weil insoweit ein steuerrechtliches Benützen überhaupt nicht vorliegt (z. B. bei Verwendung des Lkws innerhalb eines geschlossenen Betriebes zu Ausbildungszwecken oder ähnlichem).

IV. Fahrzeuge, die im ausländischen Zulassungsverfahren zugelassen sind

1. Allgemeines. Der Abs. 3 hat die bisherigen Bestimmungen des § 45 KraftStDV (aufgehoben durch Ges. vom 19. 12. 1960) unter geringfügiger Änderung des Steuersatzes übernommen. Wegen des Begriffs des ausländischen Zulassungsverfahrens siehe § 2 Abs. 2 KraftStDV und Randnr. 48ff. zu § 2. Wer Eigentümer des Fahrzeugs ist, ist nicht entscheidend. Die tageweise Versteuerung ist für einen Aufenthalt bis zu 30 Tagen möglich (§ 13 Abs. 3). Für die in Deutschland stationierten ausländischen Truppen gilt § 11 Abs. 3 nicht, weil diese von der Steuer allgemein befreit sind. 15

2. Versteuerung der ausländischen Fahrzeuge. Werden die ausländischen Fahrzeuge tageweise versteuert, so ist weder Hubraum noch das Gesamtgewicht von Bedeutung. Dies dient der Vereinfachung. Voraussetzung ist aber, daß es sich nur um einen vorübergehenden Aufenthalt handelt. Als solcher gilt nach § 5 VInt. v. 12. 11. 34 (Anhang 8 d. 21. Aufl.) ein Zeitraum von einem Jahr (vgl. auch Ges. über den Beitritt der Bundesrepublik zu dem Abkommen v. 18. 5. 56 über die Besteuerung von Straßenfahrzeugen zum privaten Gebrauch im internat. Verkehr v. 19. 12. 60, BStBl. 61, I, 5 und Ges. v. 23. 12. 60, BGBl. II 60, 2397). Eine Versteuerung der ausl. Fahrzeuge nach § 11 Abs. 3 erfolgt nur, soweit diese nicht steuerfrei in die Bundesrepublik und West-Berlin eingeführt werden (vgl. § 2 Nr. 10 — 13). Danach betrifft § 11 Abs. 3 nur die Fahrzeuge, die der entgeltlichen Personenbeförderung oder der Güterbeförderung dienen. Zuständig für die Versteuerung der ausländischen Fahrzeuge sind die Zollbehörden (§§ 22, 23 KraftStDV). Die Weiterversteuerung nach Ablauf der 30 Tage erfolgt nach § 24 KraftStDV, 13 Abs. 3 KraftStG. 16

Steuerschuldner ist der Benutzer des Fahrzeugs (§ 4 Abs. 1 Nr. 2), Dauer der Steuerpflicht siehe § 5 Nr. 2, Fälligkeit § 12 Abs. 1. 17

Wegen der länglichrunden sog. Zollnummer siehe VInt v. 12. 11. 34 (Anhang 8 der 21. Aufl.). Das Verzeichnis der länglichrunden Kennzeichen ist abgedruckt in VerkBl. 61, 23. Hinsichtlich des Begriffs der einzelnen Fahrzeugarten siehe Randnr. 5. 18

V. Probe- und Überführungskennzeichen

1. Allgemeines. Der neugefaßte Absatz 4 (früher Abs. 3) trägt dem Umstand Rechnung, daß eine Gleichstellung der steuerlichen Sätze zwischen den Kraftfahrzeugen und den Anhängern geschaffen wurde, so daß sich besondere Steuersätze für letztere erübrigen. 19

2. Entrichtung der Steuer. Für welche Zwecke die roten Kennzeichen ausgegeben werden, bestimmt § 28 StVZO. Sie unterliegen der Steuer nach § 1 Abs. 1 Nr. 2. Steuerschuldner ist die Person, der das Kennzeichen zugeteilt ist (§ 4 Nr. 3). Die Steuer ist im Zeitpunkt der Zuteilung zu bezahlen (§ 12 Abs. 1 Nr. 7). Nur bei Kennzeichen, die für bestimmte Probe- oder Überführungsfahrten ausgegeben werden, ist die eigene Berechnung nach Nr. 3 des Abs. 4 gestattet, soweit kein längerer Zeitraum als 15 Tage in Anspruch genommen wird. Aber auch insoweit gilt der Mindestsatz von 5,— DM nach § 13 Abs. 6, so daß es eine Versteuerung für 1 Tag praktisch nicht gibt. Eine Weiterversteuerung ist möglich. Hierbei ist dann der eventuell nichtverbrauchte Betrag des Mindeststeuersatzes anzurechnen (§ 14). Die Versteuerung endet mit Rückgabe des Kennzeichens (§ 4 Abs. 1 Nr. 3; vgl. auch Randnr. 11, 12 zu § 4). Bei vorzeitiger Rückgabe ist die Steuer gemäß § 14 zu erstatten. 20

3. Die Steuer braucht nach Nr. 1 u. 2 nicht für 1 Jahr entrichtet zu werden. § 13 ist anwendbar, so daß auch ein Teilbetrag für einen Monat, für ein Vierteljahr oder für ein Halbjahr bezahlt werden kann (vgl. hierzu Schmitt, DVR 56, 147), soweit nicht schon Abs. 4 Nr. 3 anzuwenden ist. 21

4. Bei widerrechtlicher Benutzung des roten Kennzeichens (vgl. Randnr. 18ff. zu § 1) haftet für die Steuer der widerrechtliche Benutzer (vgl. Randnr. 13, 14 zu § 4). 22

§ 12 Fälligkeit der Steuer

(1) Die Steuer ist zu entrichten:

1. wenn das Fahrzeug zum Verkehr zugelassen wird,
vor Aushändigung des Kraftfahrzeug- oder Anhängerscheines durch die Verwaltungsbehörde;

2. wenn das Fahrzeug nach der Steuerabmeldung (§ 6 Abs. 1 Nr. 1) wieder benutzt werden soll,
vor Wiederaushändigung des Kraftfahrzeug- oder Anhängerscheines durch die Verwaltungsbehörde;

3. wenn das Fahrzeug nach der Zwangsabmeldung (§ 6 Abs. 1 Nr. 2) wieder benutzt werden soll,
vor Wiederaushändigung des Kraftfahrzeug- oder Anhängerscheines durch die Verwaltungsbehörde;

4. wenn das Fahrzeug auf einen anderen Steuerschuldner übergeht (§ 8),
vor Aushändigung des neuen Kraftfahrzeug- oder Anhängerscheines durch die Verwaltungsbehörde;

5. wenn ein Fahrzeug verändert wird (§ 9),
vor Benutzung des Fahrzeugs im veränderten Zustand;

6. wenn ein Fahrzeug aus dem Ausland mit eigener Triebkraft eingeht,
beim Grenzübertritt;

7. wenn ein Kennzeichen für Probe- und Überführungsfahrten zugeteilt wird,
im Zeitpunkt der Zuteilung;

8. in den übrigen Fällen
vor Benutzung des Fahrzeugs.

(2) Das Finanzamt darf anordnen, daß die Steuer später zu entrichten ist. Die Zahlungsfrist soll zwei Wochen nicht übersteigen.

1 **I. Entstehungsgeschichte.** Durch das Gesetz v. 19. 12. 60 (BGBl. I, 1005) wurde die Bestimmung um den Absatz 2 ergänzt. In Absatz VI wurde in Angleichung an § 1 Abs. 3 jeweils an Stelle des Wortes „Kraftfahrzeug“ das Wort „Fahrzeug“ und an Stelle des Wortes „Kraftfahrzeugschein“ „Kraftfahrzeug- oder Anhängerschein“ gesetzt.

II. Fälligkeit der Steuer

2 1. Die Fälligkeit der Steuer tritt mit Entstehen der Steuerschuld ein. Es ist in den Nr. 1 bis 4 die Steuer vor Aushändigung des Kraftfahrzeug- oder Anhängerscheines fällig, in Nr. 5 vor Benutzung in verändertem Zustand, in Nr. 6 beim Grenzübertritt, in Nr. 7 im Zeitpunkt der Zustellung des Kennzeichens nach § 28 StVZO und sonst nach Nr. 8 vor Benutzung. Die Aushändigung des Kraftfahrzeug- oder Anhängerscheines erfolgt erst, wenn die Steuer entrichtet ist.

3 2. Die verkehrsrechtlichen Voraussetzungen der Abmeldung und Wiederzulassung sind in § 27 StVZO geregelt (vgl. auch Anm. 28 zu § 27 StVZO d. 21. Aufl.). Wegen der Nr. 1 bis 5 wird auf die Anmerkungen in den dort angegebenen Paragraphen verwiesen.

4 3. Die Bestimmung der Nr. 6 bezieht sich auf deutsche und ausländische Fahrzeuge. In der Regel scheiden aber deutsche Kraftfahrzeuge aus, weil durch den Auslandsaufenthalt eines deutschen Fahrzeugs die Steuerpflicht nicht unterbrochen wird, es sei denn, das Fahrzeug wurde vorher abgemeldet (§ 6). Bei außerdeutschen Fahrzeugen (außerhalb des Bundesgebietes und Westberlin) sind die §§ 21–27 KraftStDV zu beachten.

Mit eigener Triebkraft, d. h. mit eigener Maschinenkraft, muß das Fahrzeug aus dem Ausland eingegangen sein. Dies trifft dann nicht zu, wenn ein Fahrzeug z. B. wegen Benzinmangels von seinen Insassen über die Grenze geschoben wird, weil die eigenen mechanischen Triebkräfte hier die Fortbewegung nicht veranlassen und vorübergehend ausgeschaltet sind. Das gleiche gilt, wenn das Fahrzeug über die Grenze bei ausgeschaltetem Motor bergabrollend kommt oder wenn ein betriebsunfähiges Kfz von einem anderen gezogen wird und in der Bundesrepublik repariert werden soll. In all diesen Fällen ist das Fahrzeug, das auf öffentlichen Straßen nach Behebung des Schadens, nach Auftanken, nach Wiedereinschaltung des Motors wieder benutzt werden soll, eingeführt ebenso wie das Fahrzeug, das zwar fahrbereit, aber auf einem anderen Fahrzeug (Lkw, Bahn, Schiff) über die Grenze kommt. In diesen Fällen regelt sich die Fälligkeit der Steuer nach Nr. 8. 5

Wegen der Probe- und Überführungsfahrten siehe § 28 StVZO. 6

Wird ein Fahrzeug ohne Wissen des Finanzamtes und ohne daß die fällige Steuer bezahlt ist, von dem Steuerpflichtigen benutzt, so liegt eine Steuerhinterziehung nach § 396 AbgO vor, wenn der Benutzer nicht die Absicht hatte, Steuer zu bezahlen (so auch BayObLGSt. 56, 208 [29. 8. 56]; Stuttgart, 21. 9. 56, VRS 12, 149; vgl. auch Anm. C zu § 23 StVG d. 21. Aufl.). 7

III. Stundung, Zahlungsfrist (Abs. 2)

Der Abs. 2 soll durch die Möglichkeit der späteren Entrichtung der Steuer als ihrer Fälligkeit nach Abs. 1 dem Steuerpflichtigen die mitunter weiten Wege zwischen der Zulassungsbehörde und dem Finanzamt ersparen. Auch kann dadurch ungebührliche Wartezeit vermieden werden, daß die zu zahlende Steuer z. B. auf dem Postweg entrichtet werden darf. Die Frist, die vom Finanzamt in diesen Fällen zu setzen ist, darf 2 Wochen nicht übersteigen. 8

Wenn die Steuerschuld einschließlich des Aufgeldes nach § 13 Abs. 4 nicht rechtzeitig beglichen wird, so ist ein Säumniszuschlag zu entrichten (§ 1 Steuersäumnisges. v. 24. 12. 34, RGBl. I, 1271). Dies gilt auch, wenn erst nach eingetretener Fälligkeit Stundung beantragt und bewilligt wird (vgl. BFH, 12. 7. 55, BStBl. III, 298 u. Rd. F, 24. 4. 42, RStBl. 42, 452). Bei Stundung sind Stundungszinsen zu zahlen (§ 10 Steuersäumnisges.). Wegen nicht rechtzeitiger Steueranmeldung kann ein Verspätungszuschlag nach § 55 KraftStDV erhoben werden (§ 168 Abs. 2 AbgO). 9

Nach Erl. RdF. v. 24. 4. 42, RStBl. 42, 452 ist ein Säumniszuschlag nicht zu erheben, wenn der Steuerbetrag, der nach § 3 Abs. 2 der Berechnung zugrunde zu legen ist, weniger als 100,— DM bei derselben Steuerart beträgt. Ein Säumniszuschlag von diesen selbst oder von Stundungszinsen kann nach § 2 Abs. 2 Steuersäumnisges. nicht festgesetzt werden. 10

Im Konkurs des Steuerschuldners ist die Kraftfahrzeugsteuer Konkursforderung und gehört zu den Massekosten, wenn das Fahrzeug für die Konkursmasse benutzt worden ist (BFH, 18. 12. 53, BStBl. 54, III, 49). 11

§ 13 Entrichtung der Steuer

(1) Die Steuer ist jeweils für die Dauer eines Jahres im voraus zu entrichten.

(2) Die Steuer darf bei Kraftfahrzeugen, die nach dem Hubraum besteuert werden (§ 10 Abs. 1 Nr. 1), auch für die Dauer eines Halbjahres oder, wenn die Jahressteuer mehr als hundert Deutsche Mark beträgt, eines Vierteljahres, bei den anderen Fahrzeugen auch für die Dauer eines Halbjahres, eines Vierteljahres oder eines Monats entrichtet werden.

Die Steuer beträgt in diesen Fällen,

1. wenn sie halbjährlich entrichtet wird,
die Hälfte der Jahressteuer;

2. wenn sie vierteljährlich entrichtet wird,
ein Viertel der Jahressteuer;

3. wenn sie monatlich entrichtet wird,
ein Zwölftel der Jahressteuer.

Ein Wechsel des Entrichtungszeitraums ist nur zulässig, wenn die Änderung spätestens einen Monat vor Fälligkeit der neu zu entrichtenden Steuer beantragt wird.

(3) Die Steuer darf bei Fahrzeugen, die im ausländischen Zulassungsverfahren zugelassen sind und zum vorübergehenden Aufenthalt in das Bundesgebiet gelangen, für einen Aufenthalt bis zu dreißig Tagen auch tageweise entrichtet werden. Die Tage des Aufenthaltes im Bundesgebiet brauchen nicht unmittelbar aufeinander zu folgen. Die Steuer darf außerdem tageweise entrichtet werden, wenn ein Kennzeichen für Probe- und Überführungsfahrten für einen Zeitraum bis zu fünfzehn Tagen zugeteilt wird.

(4) In den Fällen des Absatzes 2 wird ein Aufgeld erhoben. Das Aufgeld beträgt

1. bei halbjährlicher Entrichtung drei vom Hundert,

2. bei vierteljährlicher Entrichtung sechs vom Hundert,

3. bei monatlicher Entrichtung acht vom Hundert.

(5) Bei Berechnung der Steuer gilt ein angefangener Monat als ganzer Monat; in jedem Fall ist die Steuer (einschließlich Aufgeld) mindestens für einen Monat zu entrichten. Absatz 3 bleibt unberührt.

(6) Die Mindeststeuer beträgt in jedem Fall fünf Deutsche Mark.

1 **I. Entstehungsgeschichte.** Durch das Gesetz v. 19. 12. 60 (BGBl. I, 1005) wurde der Abs. 2 durch den letzten Satz ergänzt, Abs. 3 neu eingefügt. Sonst wurde nur noch Abs. 5 durch den letzten Satz erweitert. Im übrigen blieben die Bestimmungen unverändert.

II. Besteuerungszeitraum

2 1. Die KraftSt. ist für die Dauer eines Jahres im voraus zu entrichten, wenn nicht die Steuer nach Abs. 2 für einen anderen Zeitraum entrichtet werden darf. Unter Jahr ist nicht das jeweils laufende Kalenderjahr zu verstehen, sondern nur die Länge des Zeitraums. Nach Ablauf eines Jahres entsteht die Steuerpflicht stets von neuem (BFH, 18. 12. 53, BStBl. 54 III, 49). Wenn die Steuer für einen längeren Zeitraum entrichtet wurde, als tatsächlich die Steuerpflicht nach § 5 gedauert hat, ist sie nach § 14 zurückzuerstatten, wobei jedoch § 13 Abs. 6 zu beachten ist. Für Fristen gelten die §§ 186ff. BGB.

3 2. Bis zum VerkFinG 1955 konnten alle Fahrzeuge monatlich versteuert werden. Es ist nunmehr zu entscheiden zwischen den Fahrzeugen, die nach Hubraum und denen, die nach dem Gesamtgewicht zu versteuern sind (§ 10 Abs. 1). Wegen der einzelnen Fahrzeugarten siehe Randnr. 5ff. zu § 10. Bei nach Hubraum versteuerten Kraftfahrzeugen ist die Versteuerung für ein Vierteljahr nur noch dann möglich, wenn die Jahressteuer mehr als 100,— DM beträgt. Eine Versteuerung für einen Monat scheidet aus. Bei Versteuerung nach Gesamtgewicht kann die Steuer ohne Einschränkung auch für die Dauer eines Vierteljahres oder eines Monats entrichtet werden.

Ein Wechsel des Besteuerungszeitraums ist nur nach vorheriger Beantragung möglich (bisher war diese Bestimmung in § 14 enthalten).

4 3. Neu eingefügt ist Absatz 3, der, soweit die tageweise Besteuerung außerdeutscher Fahrzeuge in Betracht kommt, dem § 42 Abs. 2 Nr. 2 KraftStDV a. F. entspricht. Nach der amtlichen Begründung (Bundesratsdrucksache 16/60 v. 15. 1. 60) wurde eine entsprechende Vorschrift über die tageweise Entrichtung der Steuer bei der Zuteilung von Kennzeichen für Probe- u. Überführungsfahrten aus Gründen der Systematik neu aufgenommen. Steuererstattung ist nach § 14 ausgeschlossen.

5 4. Soweit die Steuer für einen geringeren Zeitraum als einem Jahr entrichtet wird, ist ein Aufgeld zu entrichten, das gemäß Abs. 4 gestaffelt ist. Dieses soll ein Entgelt für die mehrfache Verwaltungsarbeit und zugleich auch ein Ersatz für den Zinsverlust sein. Der Mindestversteuerungszeitraum mit Ausnahme des Abs. 3 ist ein Monat. Dies gilt auch für das Aufgeld. Für einen geringeren Zeitraum ist die Steuer nach § 14 nicht zu erstatten.

Die Mindeststeuer für alle Fahrzeuge, die der Steuerpflicht unterliegen, beträgt 5,— DM, und zwar für jeden steuerpflichtigen Vorgang. 6

Bei nicht rechtzeitiger Entrichtung der Steuer wird ein Säumniszuschlag erhoben nach dem StSäumnisges. 7

§ 14 Erstattung der Steuer

(1) Endet die Steuerpflicht vor Ablauf der Zeit, für die die Steuer entrichtet ist, so wird für jeden vollen Monat, der nach dem Tag der Beendigung der Steuerpflicht liegt, ein Betrag in Höhe von einem Zwölftel der Jahressteuer erstattet. In jedem Fall werden mindestens fünf Deutsche Mark einbehalten. In den Fällen des § 13 Abs. 3 ist eine Erstattung ausgeschlossen.

(2) Die Bundesregierung kann mit Zustimmung des Bundesrates durch Rechtsverordnung von Absatz 1 abweichende Bestimmungen treffen, soweit dies in den Fällen des § 8 zur Vermeidung einer mehrfachen Besteuerung erforderlich ist.

I. Die Erstattung der Steuer war bisher in § 16 geregelt. In der Neufassung des KraftStG 1961 sind die bisherigen §§ 14 u. 15 wegen der Abschaffung der Steuerkarte überflüssig. Durch das Gesetz v. 19. 12. 60, BGBl. I, 1005 wurde die Bestimmung über die Erstattung der Steuer neu gefaßt. 1

II. Die Erstattung der Steuer im einzelnen (Absatz 1)

1. Da der Mindestversteuerungszeitraum einen Monat beträgt (§ 13), ist eine Erstattung der Steuer überhaupt erst nach Ablauf eines Monats möglich, weil vorher eine Steuerpflicht nicht ablaufen kann. Die Erstattung erfolgt aus diesem Grunde auch nach vollen Monaten in Höhe von je einem Zwölftel für jeden Monat. Dies gilt für alle Fahrzeuge, also auch für diejenigen, die nach Hubraum zu versteuern sind (§ 10 Abs. 1 Nr. 1) und bei denen deshalb die Steuer für einen geringeren Zeitraum als einem Vierteljahr nicht entrichtet werden darf (§ 13 Abs. 2). 2

2. Als Ende der Steuerpflicht gilt der Tag, den die Zulassungsstelle dem Finanzamt mitteilt (vgl. Randnr. 2 zu § 7). Das Finanzamt kann jedoch aus Billigkeitsgründen einen anderen Tag der Erstattung zugrunde legen (vgl. § 18 KraftStDV, § 131 AbgO). Wegen Abrundung des Steuerbetrages siehe § 18 Abs. 2 KraftStDV. Ein Betrag von 5,— DM bleibt in jedem Falle einbehalten. Verspätungszuschläge werden nicht zurückerstattet (RFH, 15. 12. 24, Bd. 15, 180). 3

3. Im Gegensatz zum bisherigen Recht erfolgt die Erstattung der Steuer nunmehr von Amts wegen zugunsten des bei ihr gemeldeten Steuerschuldners. Es handelt sich um eine Erstattung aus Rechtsgründen. Die frühere Bestimmung, daß über den Antrag auf Erstattung der Steuer im Beschwerdeverfahren zu entscheiden ist (§ 16 Abs. 4 a. F.), ist weggefallen. Nach der amtlichen Begründung (Bundesratsdrucksache 16/60 v. 15. 1. 60) sind die Absätze 2—5 des § 16 a.F. aber deshalb entbehrlich, weil die einschlägigen Vorschriften der AbgO ausreichen. Es kann schon aus dieser Entwicklung des Gesetzes nicht davon ausgegangen werden, daß nunmehr nicht mehr das Beschwerdeverfahren (§§ 237, 303ff. AbgO), sondern das Berufungsverfahren (§§ 228, 259ff. AbgO) gegen die Entscheidung des Finanzamtes möglich ist. 4

4. Zuständig für die Entscheidung über die Erstattung der Steuer ist das Finanzamt, bei dem der Steuerpflichtige seine Steuerschuld hinsichtlich des Fahrzeugs zu erfüllen hat (s. § 4 KraftStDV). 5

5. § 14 ist nur für deutsche Fahrzeuge anwendbar. Er ist entsprechend anwendbar für außerdeutsche Kraftfahrzeuge (§ 25 KraftStDV). Zuständig ist für außerdeutsche Fahrzeuge die Zollstelle. (vgl. auch § 23 KraftStDV). 6

III. Absatz 2

Nach Abs. 2 sollen nach Möglichkeit Doppelbesteuerungen bei Wechsel des Steuerschuldners verhindert werden, was nach dem KraftStG 1961 insofern allein nicht möglich ist, als de geringste Steuerzeitraum ein Vierteljahr bei Kraftfahrzeugen ist, die nach dem Hubraum versteuert werden, und einen Monat beträgt bei nach dem Gesamtgewicht zu versteuernden Fahrzeugen. Bisher konnte dies durch Umschreibung der Steuerkarte (§ 14 Abs. 3 a. F.) ausgeglichen werden. Durch Wegfall der Steuerkarte ist dies aber nicht mehr möglich. Die Bundes- 7 regierung hat von ihrem Verordnungsrecht noch keinen Gebrauch gemacht. Nach der amtlichen Begründung (Bundesratsdrucksache 16/60 v. 15. 1. 60) besteht nach den Erfahrungen der Praxis keine Veranlassung, eine entsprechende Erstattungsmöglichkeit für die in § 14 Abs. 4 u. 5 a. F. geregelten Fälle zu schaffen.

§ 15 Nachweis der Besteuerung

Die zuständige Verwaltungsbehörde darf den Kraftfahrzeug- oder Anhängerschein erst aushändigen, wenn der, für den das Fahrzeug zugelassen werden soll, nachweist, daß den Vorschriften über die Kraftfahrzeugsteuer genügt ist. Die obersten Finanzbehörden der Länder bestimmen, wie dieser Nachweis zu führen ist.

1 I. Die Bestimmung wurde durch das Ges. v. 19. 12. 60, BGBl. I, 1005, in das KraftStG eingefügt. Sie entspricht im wesentlichen dem bisherigen § 18 Abs. 1, wonach im Falle eines steuerpflichtigen Fahrzeugs die Steuerkarte und im Falle der Steuerbefreiung die amtliche Bescheinigung darüber vorzulegen waren. Durch den Wegfall der Steuerkarte muß der Nachweis der Versteuerung nunmehr auf andere Weise erbracht werden. In den Ländern, in denen die Steuerkarte bisher schon probeweise angeschafft worden war, sind bereits Anordnungen der obersten Finanzbehörden ergangen.

2 II. Zuständig für die Aushändigung des Kraftfahrzeug- oder Anhängerscheins (§ 24 StVZO) ist diejenige Behörde, bei der das Fahrzeug zugelassen werden soll, was sich nach den Bestimmungen der §§ 23, 68 StVZO richtet (vgl. auch § 6 GüKG). Gemäß § 6 KraftStDV sind die Zulassungsstellen verpflichtet, bei der Durchführung des Kraftfahrzeugsteuergesetzes mitzuwirken.

§ 16 Zwangsabmeldung

Ist die Steuer nicht entrichtet worden, so hat die Zulassungsbehörde auf Antrag des Finanzamts den Kraftfahrzeug- oder Anhängerschein einzuziehen, etwa ausgestellte Anhängerverzeichnisse zu berichtigen und den Dienststempel auf dem Kennzeichen zu entfernen (Zwangsabmeldung). Die Zulassungsbehörde kann die Zwangsabmeldung durch die Polizei vornehmen lassen. Die Polizei ist verpflichtet, dem Ersuchen der Zulassungsbehörde zu entsprechen.

1 I. Schon das Kraftfahrzeugsteuergesetz v. 8. 4. 22 (RGBl. I, 396) sah eine Zwangsabmeldung vor. Damals waren die Zulassungsstellen Teile der Polizeiverwaltung, und es bedurfte deshalb keiner Bestimmung darüber, daß die Polizei verpflichtet ist, bei der Zwangsabmeldung mitzuwirken. Nach § 18 Abs. 2 a. F. hatte bei nicht weiter entrichteter Steuer die Zulassungsbehörde auf Antrag des Finanzamtes den Kraftfahrzeugschein einzuziehen und den Dienststempel auf dem Kennzeichen zu entfernen. Das Fahrzeug war hierdurch zwangsabgemeldet nach § 6 Abs. 1 Nr. 2 a. F.

2 Die Neufassung des § 16 entspricht sachlich dem geltenden Recht. Neu ist lediglich der ausdrückliche Hinweis, daß die Zulassungsbehörde die Zwangsabmeldung durch die Polizei vornehmen lassen kann und die Polizei verpflichtet ist, diesem Ersuchen zu entsprechen. In der Praxis hat die Polizei den an sie gerichteten Mitwirkungsersuchen der nach 1945 von ihr getrennten Zulassungsbehörden stets Folge geleistet, soweit dem nicht die Polizeiaufgabengesetze der Länder entgegenstanden. Nach der amtlichen Begründung (Bundesratsdrucksache 16/60 v. 15. 1. 60) ist die Mitwirkung der Polizei vor allem deshalb erforderlich, damit eine schnelle Durchführung der Zwangsabmeldung erreicht wird.

3 II. Zuständig zur Zwangsabmeldung ist die Zulassungsbehörde, bei der das Fahrzeug zugelassen ist (§§ 23, 27, 68 StVZO). Standortverlegung und Veräußerungen des Fahrzeugs sind nach den Bestimmungen des § 27 StVZO der Zulassungsstelle zu melden, die ihrerseits dann nach § 16 Abs. 2 KraftStDV verfährt. Wohnsitzverlegungen, bei denen die Voraussetzungen des § 27 Abs. 2 StVZO nicht vorliegen, sind nach § 16 Abs. 1 KraftStDV zu melden.

4 Die Einziehung des Kraftfahrzeug- oder Anhängerscheins, eventuelle Berichtigung des Anhängerverzeichnisses und Entfernung des Dienststempels auf dem Kennzeichen haben als Zwangsmeldung die Unterbrechung der Steuerpflicht nach § 6 Abs. 1 Nr. 1 zur Folge. Eine Weiterbenutzung des Fahrzeugs, ohne daß die Steuer entrichtet werden will, ist ein Vergehen

der Steuerhinterziehung nach § 396 AbgO (vgl. BayObLGSt. 56, 208 [29. 8. 56]; Stuttgart, 21. 9. 56, VRS 12, 149; vgl. auch Anm. C zu § 23 StVG d. 21. Aufl.). Wegen Anhängerverzeichnis siehe § 24 StVZO. Der Zeitpunkt des Endes der Steuerpflicht ist in § 7 bestimmt.

§ 17 Ermächtigungen

(1) Die Bundesregierung wird ermächtigt, mit Zustimmung des Bundesrates Rechtsverordnungen zu erlassen über

1. die nähere Bestimmung der in diesem Gesetz verwendeten Begriffe,

2. die Abgrenzung der Steuerpflicht sowie den Umfang der Ausnahmen von der Besteuerung und der Steuerermäßigungen, soweit dies zur Wahrung der Gleichmäßigkeit der Besteuerung und zur Beseitigung von Unbilligkeiten in Härtefällen erforderlich ist,

3. die Zuständigkeit der Finanzämter und den Umfang der Besteuerungsgrundlagen,

4. das Besteuerungsverfahren, insbesondere die Berechnung der Steuer und die Änderung von Steuerfestsetzungen, sowie die von den Steuerpflichtigen zu erfüllenden Pflichten und die Beistandspflicht Dritter,

5. Art und Zeit der Steuerentrichtung. Dabei darf abweichend von § 13 Abs. 1 und 2 bestimmt werden, daß die Steuer auch tageweise entrichtet werden darf, soweit hierdurch ein Fahrzeughalter mit mehreren Fahrzeugen für seine sämtlichen Fahrzeuge einen einheitlichen Fälligkeitstag erreichen will,

6. die Erstattung der Steuer.

(2) Der Bundesminister der Finanzen wird ermächtigt, den Wortlaut dieses Gesetzes und der zu diesem Gesetz erlassenen Durchführungsverordnung in der jeweils geltenden Fassung mit neuem Datum, unter neuer Überschrift und in neuer Paragraphenfolge bekanntzumachen. Dabei dürfen Unstimmigkeiten des Wortlauts beseitigt und die in der Durchführungsverordnung vorgesehenen Vordruckmuster geändert werden. 1

I. Die Bestimmung wurde durch das Gesetz v. 19. 12. 60, BGBl. I, 1005, eingefügt. 2

II. Die Bundesregierung wird ermächtigt, das Durchführungsrecht den Änderungen des Gesetzes und den veränderten Verhältnissen anzupassen und im Rahmen des Abs. 1 Rechtsverordnungen zu erlassen. Zur Zeit sind solche noch nicht ergangen. 3

Der Wortlaut des neu gefaßten Kraftfahrzeugsteuergesetzes wurde am 2. 1. 61 (BGBl. I, 2) veröffentlicht.

Kraftfahrzeugsteuer-Durchführungsverordnung

(KraftStDV 1961)

in der Fassung vom 14. 6. 1961 (BGBl. I, 764 v. 21. 6. 61)

Auf Grund des § 14 Abs. 2 und des § 17 Abs. 1 des Kraftfahrzeugsteuergesetzes in der Fassung der Bekanntmachung vom 2. Januar 1961 (Bundesgesetzbl. I S. 1) verordnet die Bundesregierung mit Zustimmung des Bundesrates:

I. Allgemeine Bestimmungen

§ 1

Kraftfahrzeuge und Kraftfahrzeug-Anhänger

Die Begriffe Kraftfahrzeug und Kraftfahrzeug-Anhänger richten sich, soweit nichts anderes bestimmt ist, nach den verkehrsrechtlichen Vorschriften; die Art eines Fahrzeugs ergibt sich aus der Eintragung im Kraftfahrzeug- oder Anhängerbrief.

§ 2

Deutsche und außerdeutsche Fahrzeuge

(1) Deutsche Fahrzeuge sind Fahrzeuge, die unter die Vorschriften über das deutsche Zulassungsverfahren fallen.

(2) Außerdeutsche Fahrzeuge sind Fahrzeuge, die in einem ausländischen Zulassungsverfahren zugelassen sind.

§ 3

Sachliche Zuständigkeit

Die Verwaltung der Kraftfahrzeugsteuer kann abweichend von der allgemeinen Bezirkseinteilung der Finanzämter bestimmten Finanzämtern übertragen werden.

§ 4

Örtliche Zuständigkeit

(1) Örtlich zuständig ist

1. bei deutschen Fahrzeugen
   a) regelmäßig das Finanzamt, in dessen Bezirk das Fahrzeug zum Verkehr zugelassen worden ist,
   b) in Fällen, in denen ein zum Verkehr nicht zugelassenes Fahrzeug widerrechtlich benutzt wird, das Finanzamt, das zuerst mit der Sache befaßt wird;
2. bei außerdeutschen Fahrzeugen
   a) zur steuerlichen Abfertigung beim Eingang das Finanzamt, in dessen Bezirk das Fahrzeug zollamtlich abgefertigt wird,
   b) im übrigen das Finanzamt, das zuerst mit der Sache befaßt wird.

(2) Abweichend von Absatz 1 Nr. 1 Buchstabe a wird bei deutschen Fahrzeugen, die mit eigener Triebkraft in das Ausland ausgeführt werden sollen und hierzu ein länglichrundes Kennzeichen erhalten, nach Ablauf der in § 2 Nr. 9 Satz 2 des Gesetzes bezeichneten Frist jedes Finanzamt örtlich zuständig,, das mit der Sache befaßt wird.

§ 5

Mitwirkung der Zollbehörden

Für die Verwaltung der Kraftfahrzeugsteuer bei deutschen Fahrzeugen, die mit eigener Triebkraft in das Ausland ausgeführt werden und hierzu ein länglichrundes Kennzeichen erhalten, sowie für die Verwaltung der Kraftfahrzeugsteuer bei außerdeutschen Fahrzeugen nehmen die Finanzämter die Rechts- und Amtshilfe der Grenzzollstellen und der von den Oberfinanzdirektionen bestimmten Zollstellen im Innern in Anspruch.

§ 6

Beistandspflicht der Zulassungsstellen

Die für die Zulassung von Kraftfahrzeugen und Kraftfahrzeug-Anhängern zuständigen Verwaltungsbehörden (Zulassungsstellen) und die von ihnen mit der Vorbereitung und Durchführung der Zulassung beauftragten Stellen sind verpflichtet, bei der Durchführung des Kraftfahrzeugsteuergesetzes mitzuwirken.

II. Deutsche Fahrzeuge

§ 7

Steueranmeldung

(1) Das Halten eines deutschen Fahrzeugs zum Verkehr auf öffentlichen Straßen ist anzumelden (Steueranmeldung).

(2) Zur Steueranmeldung ist der Eigentümer des Fahrzeugs und, wenn es für einen anderen zugelassen wird, auch dieser verpflichtet.

(3) Die Steueranmeldung ist bei der Zulassungsstelle einzureichen.

(4) Die Steueranmeldung ist Steuererklärung im Sinne der Reichsabgabenordnung. Sie ist abzugeben

1. wenn ein Fahrzeug erstmalig zum Verkehr auf öffentlichen Straßen zugelassen werden soll (§ 18 Abs. 1, § 23 der Straßenverkehrs-Zulassungs-Ordnung — StVZO —);
2. wenn der regelmäßige Standort eines Fahrzeugs in den Bezirk einer anderen Zulassungsstelle verlegt und die Zuteilung eines neuen Kennzeichens beantragt wird (§ 27 Abs. 2 StVZO);
3. wenn ein zugelassenes Fahrzeug nach der Steuerabmeldung (§ 6 Abs. 1 Nr. 1 des Gesetzes) wieder benutzt werden soll;
4. wenn ein zugelassenes Fahrzeug nach der Zwangsabmeldung (§ 6 Abs. 1 Nr. 2 des Gesetzes) wieder benutzt werden soll;
5. wenn ein zugelassenes Fahrzeug auf einen anderen Steuerschuldner übergeht (§ 27 Abs. 3 StVZO);
6. wenn ein Fahrzeug, dessen Betrieb untersagt worden ist (§§ 17, 27 Abs. 3, § 29 Abs. 6, § 29d Abs. 2 StVZO), zum Verkehr auf öffentlichen Straßen von neuem zugelassen werden soll;
7. wenn ein Fahrzeug während der Dauer der Steuerpflicht verändert und die Steuer durch die Veränderung höher oder niedriger oder wenn infolge der Veränderung ein von der Steuer befreites Fahrzeug steuerpflichtig wird.

(5) Für die Steueranmeldung sind amtliche Vordrucke zu verwenden, die von den Zulassungsstellen und den Finanzämtern vorrätig gehalten werden.

(6) Einer Steueranmeldung bedarf es nicht

1. bei Fahrzeugen, die von den Vorschriften über das Zulassungsverfahren ausgenommen sind,
2. bei Fahrzeugen, die von Dienststellen der Bundeswehr, des Bundesgrenzschutzes, der Deutschen Bundespost oder der Deutschen Bundesbahn zugelassen werden.

(7) Das Finanzamt kann auf die Vorlage einer Steueranmeldung verzichten

1. bei Fahrzeugen
   a) der Bundeswehr und des Bundesgrenzschutzes, die nicht unter Absatz 6 Nr. 2 fallen,
   b) der Polizei und des Zollgrenzdienstes,
   wenn Bauart und Einrichtung des Fahrzeugs unzweifelhaft erkennen lassen, daß das Fahrzeug ausschließlich im Dienst dieser Einrichtungen verwendet werden soll;
2. bei Fahrzeugen des Bundes, eines Landes, einer Gemeinde, eines Gemeindeverbandes oder eines Zweckverbandes, wenn Bauart und Einrichtung des Fahrzeugs unzweifelhaft erkennen lassen, daß das Fahrzeug ausschließlich für einen der in § 2 Nrn. 3 und 4 des Gesetzes bezeichneten Zwecke verwendet werden soll.

§ 8

Mitwirkung der Zulassungsstellen

Die Zulassungsstelle prüft die Steueranmeldung, bescheinigt die Übereinstimmung der Eintragungen mit den Angaben in den ihr vorgelegten Urkunden, versieht die Bescheinigung mit dem Dienststempel und übersendet die Anmeldung dem zuständigen Finanzamt.

§ 9

Prüfung von Unterlagen

Zur Aufklärung von Zweifeln oder Unstimmigkeiten kann sich das Finanzamt das Fahrzeug vorführen und den Fahrzeugbrief, den Kraftfahrzeug- oder Anhängerschein sowie den Steuerbescheid vorlegen lassen.

§ 10

Zusammenlegung von Fälligkeitsterminen

Schuldet ein Steuerpflichtiger die Steuer für mehr als ein Fahrzeug und wird die Steuer für die Fahrzeuge an verschiedenen Kalendertagen fällig, so kann das Finanzamt auf Antrag zulassen, daß die Steuer für eines oder für mehrere dieser Fahrzeuge für einen Zeitraum bis zu neunzig Tagen tageweise entrichtet wird. Voraussetzung ist, daß hierdurch für sämtliche Fahrzeuge des Steuerschuldners ein einheitlicher Fälligkeitstag erreicht wird. Die Steuer beträgt in diesen Fällen für jeden Kalendertag ein Hundertstel der Vierteljahressteuer einschließlich des Aufgeldes.

§ 11

Berechnung der Steuer, Abrundung

Bei Berechnung der Steuer wird der Steuerbetrag (einschließlich des Aufgeldes) auf den nächsten durch zehn teilbaren Pfennigbetrag nach unten abgerundet.

§ 12

Steuerfestsetzung

(1) Das Finanzamt setzt die Steuer fest

1. unbefristet, wenn der Zeitpunkt der Beendigung der Steuerpflicht nicht feststeht,

2. für einen bestimmten Zeitabschnitt,

a) wenn bei der Zuteilung eines Kennzeichens für Probe- und Überführungsfahrten oder bei widerrechtlicher Benutzung eines Fahrzeugs der Zeitpunkt der Beendigung der Steuerpflicht feststeht,

b) wenn bei einem Fahrzeug, dessen Halten nach § 2 des Gesetzes von der Steuer befreit ist, die Voraussetzungen für die Steuerbefreiung nur vorübergehend wegfallen,

c) wenn sie in den Fällen des § 10 tageweise entrichtet werden soll.

Im Falle der Nummer 1 ist der Steuerbetrag für den vom Steuerschuldner gewählten Entrichtungszeitraum (§ 13 Abs. 1 und 2 des Gesetzes) festzusetzen. Die Steuer kann auch für alle in Betracht kommenden Entrichtungszeiträume festgesetzt werden.

(2) Das Finanzamt hat die Steuer, auch wenn die nach Absatz 1 ergangene Steuerfestsetzung unanfechtbar geworden ist, neu festzusetzen, wenn die Voraussetzungen für eine Steuerbefreiung (§ 2 des Gesetzes), einen Steuererlaß (§ 3 des Gesetzes) oder eine Steuerermäßigung (§ 11 Abs. 2 des Gesetzes) vorliegen oder wegfallen. Soweit auf Grund der Neufestsetzung Steuerbeträge zu erstatten sind, gilt § 14 Abs. 1 des Gesetzes entsprechend.

(3) Fallen die Voraussetzungen, unter denen nach § 3 des Gesetzes die Steuer ganz oder teilweise erlassen oder nach § 11 Abs. 2 des Gesetzes eine ermäßigte Steuer festgesetzt worden ist, nur vorübergehend weg, so kann von einer Neufestsetzung abgesehen und die nach Absatz 1 Nr. 1 ergangene Steuerfestsetzung durch eine Steuerfestsetzung für einen bestimmten Zeitabschnitt ergänzt werden. Die Ergänzungsfestsetzung ist auf den Unterschiedsbetrag zu beschränken.

(4) Die Festsetzungsverfügung (Absätze 1 bis 3) ist dem Steuerschuldner durch Steuerbescheid (§ 212 der Reichsabgabenordnung) bekanntzugeben. Sie soll auch die Berechnung der Steuer und ihre Grundlagen eine Anweisung, wo, wann und wie die Steuer zu entrichten ist, und eine Belehrung enthalten, welches Rechtsmittel zulässig ist und bei welcher Behörde es einzulegen ist. In den Fällen des Absatzes 3 soll sie ferner den Hinweis enthalten, daß die nach Absatz 1 Nr. 1 ergangene Steuerfestsetzung unberührt bleibt.

§ 13

Steuervergünstigungen

(1) Steht einem Steuerpflichtigen eine Steuerbefreiung (§ 2 des Gesetzes) oder eine Steuerermäßigung (§ 11 Abs. 2 des Gesetzes) zu oder begehrt er einen Steuererlaß (§ 3 des Gesetzes), so hat er dies unter Angabe der Gründe geltend zu machen.

(2) Fallen die Voraussetzungen für eine Steuervergünstigung weg, so hat der Steuerpflichtige dies dem Finanzamt unverzüglich anzuzeigen. Ist auf die Vorlage einer Steueranmeldung verzichtet worden (§ 7 Abs. 7), so hat der Steuerpflichtige zugleich eine Steueranmeldung bei der Zulassungsstelle einzureichen.

(3) Erläßt das Finanzamt die Steuer ganz oder teilweise nach § 3 des Gesetzes, so ist dies, wenn der Zulassungsschein noch nicht ausgehändigt ist, von der Zulassungsstelle, in allen anderen Fällen vom Finanzamt auf dem Kraftfahrzeugschein zu vermerken. Der Vermerk ist zu löschen, wenn die Voraussetzungen für den Steuererlaß nicht nur vorübergehend wegfallen.

(4) In den Fällen des § 11 Abs. 2 Nr. 2 Buchstabe a des Gesetzes ist der Steuerschuldner verpflichtet, die Verwendung des Kraftomnibusses buchmäßig nachzuweisen. Ein Kraftomnibus gilt als überwiegend im Linienverkehr verwendet, wenn er in dem Zeitraum, für den die Steuer jeweils entrichtet ist (§ 13 Abs. 1 und 2 des Gesetzes), mehr als 50 vom Hundert der insgesamt gefahrenen Strecke im Linienverkehr zurückgelegt hat.

§ 14

Nichtaushändigung des Kraftfahrzeug- oder Anhängerscheins

(1) Hat die Zulassungsstelle dem Finanzamt eine Steueranmeldung übersandt, den beantragten Kraftfahrzeug- oder Anhängerschein aber nicht ausgehändigt, so benachrichtigt sie das Finanzamt. Hat das

Finanzamt zum Nachweis, daß den Vorschriften über die Kraftfahrzeugsteuer genügt ist (§ 15 des Gesetzes), eine Bescheinigung oder eine sonstige Urkunde ausgestellt, so ist der Inhaber dieser Urkunde verpflichtet, sie dem Finanzamt auf Verlangen zurückzugeben.

(2) Sobald dem Finanzamt die Nachricht der Zulassungsstelle (Absatz 1 Satz 1) und gegebenenfalls die Urkunde (Absatz 1 Satz 2) vorliegen, macht es die Steueranmeldung ungültig und nimmt, falls es die Steuer bereits festgesetzt hat, die Steuerfestsetzung zurück.

§ 15

Änderung des amtlichen Kennzeichens

Die Zulassungsstelle benachrichtigt das Finanzamt, wenn sie das Kennzeichen, das sie für ein Fahrzeug zugeteilt hat, ändert (§ 23 Abs. 4 StVZO). Der Steuerschuldner soll in diesem Fall dem Finanzamt den Steuerbescheid (§ 12 Abs. 4) zur Berichtigung vorlegen.

§ 16

Standortverlegung

(1) Verlegt der Steuerschuldner während der Dauer der Steuerpflicht den regelmäßigen Standort (Heimatort) des Fahrzeugs, so hat er dies dem bisher zuständigen Finanzamt mitzuteilen, wenn infolge der Standortverlegung eine andere Zulassungsstelle zuständig wird. Wird infolge der Standortverlegung auch ein anderes Finanzamt örtlich zuständig, so bescheinigt das bisher zuständigr Finanzamt dem Steuerschuldner, bis zu welchem Tag die Steuer entrichtet ist. Der Steuerschuldner hat diese Bescheinigung dem neu zuständig gewordenen Finanzamt vorzulegen.

(2) Die bisher zuständige Zulassungsstelle hat dem Finanzamt, in dessen Bezirk sie ihren Sitz hat, den Tag der Standortverlegung mitzuteilen. Als Tag der Standortverlegung gilt der Tag, an dem die zuständig gewordene Zulassungsstelle den neuen Kraftfahrzeug- oder Anhängerschein ausgehändigt und das neue Kennzeichen abgestempelt hat.

(3) Bleibt das Finanzamt örtlich zuständig, so berichtigt es die Steuerfestsetzung und den Steuerbescheid. Ist infolge der Standortverlegung ein anderes Finanzamt zuständig geworden, so nimmt das bisher zuständige Finanzamt, sobald die Mitteilung der Zulassungsstelle (Absatz 2 Satz 1) vorliegt, die Steuerfestsetzung mit Wirkung vom Tage der Standortverlegung zurück. Steuerbeträge, die vor dem Tage der Standortverlegung fällig gewesen und entrichtet worden sind, werden nicht erstattet; dies gilt nicht, wenn der Steuerschuldner die ihm erteilte Bescheinigung (Absatz 1 Satz 2) zurückgibt.

(4) Das neu zuständig gewordene Finanzamt setzt die Steuer mit Wirkung vom Tage der Standortverlegung fest. Es behandelt jedoch die Steuerschuld bis zu dem Tage, der sich aus der Bescheinigung des zuständig gewesenen Finanzamts (Absatz 1 Sätze 2 und 3) ergibt, als getilgt, indem es den Beginn des ersten Entrichtungszeitraums auf den darauf folgenden Tag hinausschiebt. Die Bescheinigung ist zu den Fahrzeugakten zu nehmen.

§ 17

Ende der Steuerpflicht

(1) In den Fällen des § 7 des Gesetzes hat die Zulassungsstelle dem Finanzamt mitzuteilen, an welchem Tag der Kraftfahrzeug- oder Anhängerschein zurückgegeben oder eingezogen und der Dienststempel auf dem Kennzeichen entfernt worden ist.

(2) Bei einem Wechsel des Steuerschuldners (§ 8 des Gesetzes) hat die Zulassungsstelle dem Finanzamt den Tag mitzuteilen, an dem die Anzeige über die Veräußerung (§ 27 Abs. 3 StVZO) bei ihr eingegangen ist. Ist diese Anzeige unterblieben, so hat die Zulassungsstelle dem Finanzamt den Tag mitzuteilen, an dem der von ihr ausgestellte Kraftfahrzeug- oder Anhängerschein zurückgegeben worden ist.

(3) An Stelle des von der Zulassungsstelle mitgeteilten Tages darf das Finanzamt einen früheren Tag als Stichtag für die Beendigung der Steuerpflicht zugrunde legen, wenn glaubhaft gemacht wird, daß das Fahrzeug seit diesem früheren Tag nicht mehr benutzt worden ist, oder wenn sonstige Billigkeitsgründe vorliegen. Solche sind insbesondere gegeben, wenn der Steuerschuldner die Verzögerung der Rückgabe des Kraftfahrzeug- oder Anhängerscheins und der Entstempelung des Kennzeichens nicht verschuldet hat.

§ 18

Erstattung der Steuer

(1) Soweit sich bei einem Wechsel des Steuerschuldners (§ 8 des Gesetzes) eine doppelte Besteuerung daraus ergibt, daß dem bisherigen Steuerschuldner nach § 14 Abs. 1 Satz 1 des Gesetzes für einen Zeitraum von weniger als einem Monat ein Erstattungsanspruch nicht zusteht, der neue Steuerschuldner jedoch für den gleichen Zeitraum die Steuer zu entrichten hat, ist dem bisherigen Steuerschuldner die Steuer auch für diesen Zeitraum zu erstatten. Als Erstattungsbetrag ist für jeden Tag, der nach dem Tag der Beendigung

der Steuerpflicht liegt, ein Betrag in Höhe von einem Hundertstel der Vierteljahressteuer einschließlich des Aufgeldes anzusetzen. § 14 Abs. 1 Satz 2 des Gesetzes bleibt unberührt.

(2) Bei Berechnung der zu erstattenden Steuer werden die sich nach § 14 Abs. 1 des Gesetzes und nach Absatz 1 ergebenden Beträge zusammengerechnet. Der Gesamtbetrag wird auf den nächsten durch zehn teilbaren Pfennigbetrag nach unten abgerundet.

§ 19

Abrechnungsverfahren

(1) Die Bundeswehr, der Bundesgrenzschutz, die Deutsche Bundespost und die Deutsche Bundesbahn entrichten die Steuer für die Fahrzeuge, die nach § 68 Abs. 3 StVZO von ihren Dienststellen zugelassen sind oder werden, im Abrechnungsverfahren.

(2) Abrechnungszeitraum ist das Kalenderjahr.

(3) Die Steuer ist in einer Nachweisung für jedes Fahrzeug einzeln zu berechnen. Auf die Summe der Steuerbeträge, die sich für ein Kalenderjahr ergibt, ist bis zum 10. April dieses Jahres eine Abschlagszahlung zu leisten. Diese beträgt 90 vom Hundert der Jahressteuer für die am 1. Januar des gleichen Jahres vorhandenen Fahrzeuge. Die für den Abrechnungszeitraum endgültig festgestellte Summe der Steuerbeträge ist dem Finanzamt bis zum 15. Februar des folgenden Jahres mitzuteilen; ist diese Summe höher als der Betrag der Abschlagszahlung, so ist der Unterschiedsbetrag bis zu diesem Tag zu entrichten.

(4) Das Finanzamt setzt die Steuer in einem Gesamtbetrag fest und gibt dem Steuerschuldner den festgesetzten Steuerbetrag bekannt.

§ 20

Fahrzeuge mit länglichrundem Kennzeichen

Bei Fahrzeugen, die mit eigener Triebkraft in das Ausland ausgeführt werden sollen und hierzu ein länglichrundes Kennzeichen erhalten, sind die nach §§ 21 bis 26 für außerdeutsche Fahrzeuge geltenden Bestimmungen sinngemäß anzuwenden.

III. Außerdeutsche Fahrzeuge

§ 21

Grundsatz

Für die Behandlung außerdeutscher Fahrzeuge gelten, soweit in den §§ 22 bis 27 nichts anderes bestimmt ist, die §§ 7 bis 18 entsprechend.

§ 22

Steueranmeldung

(1) Das Halten eines außerdeutschen Fahrzeugs zum Verkehr auf öffentlichen Straßen ist bei der Zollstelle anzumelden, der die zollamtliche Abfertigung obliegt. Dies gilt nicht, soweit die Steuer nach § 27 im Abrechnungsverfahren entrichtet wird.

(2) Zur Anmeldung ist verpflichtet, wer das Fahrzeug im Bundesgebiet benutzen will.

§ 23

Steuerfestsetzung, Steuerkarte

(1) Die Zollstelle setzt die Steuer auf der Steueranmeldung fest und gibt dem Steuerschuldner den festgesetzten Steuerbetrag bekannt. Zum Nachweis, daß die Steuer entrichtet ist, erhält der Steuerschuldner eine mit Quittung versehene Steuerkarte.

(2) Die Steuerkarte gilt für die Zeitdauer, für die die Steuer entrichtet ist. Sie verliert jedoch in den Fällen, in denen die Steuer tageweise entrichtet ist (§ 13 Abs. 3 Sätze 1 und 2 des Gesetzes), ihre Gültigkeit spätestens nach Ablauf eines Jahres.

(3) Eine Kraftfahrzeugsteuerliste über die erteilten Steuerkarten wird nicht geführt.

§ 24

Weiterversteuerung

(1) Dauert der inländische Aufenthalt über die Zeit hinaus, für die die Steuer entrichtet ist, so muß der Steuerschuldner das Fahrzeug vor Ablauf der Gültigkeitsdauer der Steuerkarte zur Weiterversteuerung anmelden und dabei die Steuerkarte vorlegen. Er kann die Weiterversteuerung bei jeder Zollstelle vornehmen, die mit der Erhebung der Kraftfahrzeugsteuer befaßt ist.

(2) Für die Anmeldung, die Steuerfestsetzung und die Erteilung der Steuerkarte (Verlängerngskarte) gelten die §§ 22 und 23 entsprechend.

§ 25

Erstattung

Ansprüche auf Erstattung der Steuer (§ 14 des Gesetzes) sind unter Rückgabe der Steuerkarte bei der Stelle geltend zu machen, die die Steuer festgesetzt hat. Als Tag der Beendigung der Steuerpflicht gilt der Tag, an dem der Steuerschuldner die Steuerkarte zurückgibt. § 17 Abs. 3 gilt sinngemäß.

§ 26

Überwachung

(1) Der Steuerschuldner ist verpflichtet, die Steuerkarte auf Verlangen den Grenzaufsichtsbeamten sowie den Aufsichtsbeamten der Polizeiverwaltung vorzuzeigen und die erforderliche Auskunft zu geben. Ein Fahrzeug darf aus diesem Anlaß nur im Grenzbezirk angehalten werden.

(2) Wird die Grenze während der Gültigkeitsdauer der Steuerkarte mehrmals überschritten, so hat der Steuerschuldner die Steuerkarte bei jedem Grenzübertritt vorzulegen.

§ 27

Außerdeutsche Schienen- Straßen-Anhänger

(1) Für außerdeutsche Kraftfahrzeug-Anhänger, die zum vorübergehenden Aufenthalt auf dem Schienenwege in das Bundesgebiet eingehen oder nach vorübergehendem Aufenthalt das Bundesgebiet auf dem Schienenwege verlassen, kann die Deutsche Bundesbahn die in einem Kalendermonat fällig gewordene Steuer bis zum Zwanzigsten des folgenden Monats im Abrechnungsverfahren entrichten. Dies gilt auch, wenn die Deutsche Bundesbahn nicht Steuerschuldner ist. An die Stelle der Steuerkarte (§ 23) tritt eine Bescheinigung der Deutschen Bundesbahn über die Erfassung zur Kraftfahrzeugsteuer.

(2) Die in Absatz 1 für die Deutsche Bundesbahn getroffene Regelung gilt entsprechend für nichtbundeseigene Eisenbahnen.

IV. Schlußbestimmungen

§ 28

Die Durchführungsverordnung zum Kraftfahrzeugsteuergesetz in der Fassung der Bekanntmachung vom 12. Juli 1955 (Bundesgesetzbl. I S. 423) und des Gesetzes zur Änderung des Kraftfahrzeugsteuergesetzes vom 19. Dezember 1960 (Bundesgesetzbl. I S. 1005) wird aufgehoben.

§ 29

Diese Verordnung gilt nach § 14 des Dritten Überleitungsgesetzes vom 4. Januar 1952 (Bundesgesetzbl. I S. 1) in Verbindung mit Artikel 4 Abs. 1 des Gesetzes zur Änderung des Kraftfahrzeugsteuergesetzes auch im Land Berlin.

§ 30

Diese Verordnung tritt am Tage nach ihrer Verkündung in Kraft.

VII. Verordnung zur Änderung der Gebührenordnung für Maßnahmen im Straßenverkehr

Vom 15. März 1961

(BAnz. 61 Nr. 56 v. 21. 3. 61; VerkBl. 61, 171)

Auf Grund des § 6 Abs. 1 Nr. 5 des Straßenverkehrsgesetzes wird mit Zustimmung des Bundesrates verordnet:

Artikel 1

Die Gebührenordnung für Maßnahmen im Straßenverkehr vom 17. Juli 1953 (Bundesanzeiger Nr. 137 vom 21. Juli 1953) in der Fassung der Verordnungen vom 14. März 1956 (Bundesgesetzbl. I S. 199), vom 20. Juni 1956 (Bundesanzeiger Nr. 122 vom 27. Juni 1956) und vom 21. Februar 1957 (Bundesgesetzbl. I S. 35) wird wie folgt geändert:

[Die neugefaßten Artikel II—V, sowie die nunmehrigen Artikel VI und VII, früher Artikel IV und V (unverändert übernommen) und im Anschluß an diese VO abgedruckt.]

Artikel 2

Der Bundesminister für Verkehr wird den Wortlaut der Gebührenordnung im Bundesgesetzblatt bekanntmachen und dabei Unstimmigkeiten des Wortlauts beseitigen.

Artikel 3

Diese Verordnung gilt nach § 14 des Dritten Überleitungsgesetzes vom 4. Januar 1952 (Bundesgesetzbl. I S. 1) in Verbindung mit Artikel 7 des Gesetzes zur Sicherung des Straßenverkehrs vom 19. Dezember 1952 (Bundesgesetzbl. I S. 832) auch im Land Berlin.

Artikel 4

Diese Verordnung tritt am Tage nach ihrer Verkündung in Kraft.

Gebührenordnung für Maßnahmen im Straßenverkehr

i. d. F. der VO v. 15. 3. 61 (BAnz. 61 Nr. 56)

Neufassung v. 18. 5. 61 in BGBl. I, 611

Artikel I

(Dieser Artikel blieb unverändert. Es wird deshalb auf Anhang 9 der 21. Aufl. verwiesen).

„Artikel II

Für die Tätigkeit der amtlich anerkannten Sachverständigen und Prüfer für den Kraftfahrzeugverkehr können Gebühren bis zu folgenden Höchstsätzen erhoben werden:

A.

Prüfung von Fahrzeugen und Fahrzeugteilen

I. Typprüfung von Fahrzeugen oder Fahrzeugteilen und Nachprüfungen auf Anordnung des Kraftfahrt-Bundesamtes

Die Gebühren setzen sich zusammen aus der Grundgebühr und dem nach dem Zeitaufwand des Sachverständigen zu ermittelnden Gebührenanteil.

Die Grundgebühr wird für die Vorprüfung der Unterlagen, die Bearbeitung des Gutachtens und die Vorhaltung des Prüfgeräts erhoben.

Die Grundgebühr beträgt:

1. für ein Kraftrad, für ein Fahrrad mit Hilfsmotor oder für einen Krankenfahrstuhl	110,— DM
2. für ein anderes Kraftfahrzeug	180,— DM
3. für einen einachsigen Anhänger ohne Bremsanlage	60,— DM
4. für einen anderen Anhänger	140,— DM
5. für Gleitschutzvorrichtungen, für Scheiben aus Sicherheitsglas, für Warnvorrichtungen mit einer Folge verschieden hoher Töne oder für Beiwagen von Krafträdern	40,— DM
6. für Fahrtschreiber, für Heizungen oder für Bremsbeläge	90,— DM
7. für Auflaufbremsen oder für Einrichtungen zur Verbindung von Fahrzeugen	140,— DM

Bei den vom Kraftfahrt-Bundesamt angeordneten Nachprüfungen getypter Fahrzeuge oder Fahrzeugteile werden die Grundgebühren zur Hälfte erhoben.

Die weitere, durch die Grundgebühr nicht abgegoltene Prüfungstätigkeit sowie die An- und Abreise anläßlich einer Prüfungstätigkeit außerhalb des Sitzes der Technischen Prüfstelle oder des Wohnsitzes des amtlich anerkannten Sachverständigen, soweit sie in die übliche Dienstzeit fällt, ist nach dem Zeitaufwand mit 12,— DM je Stunde zu berechnen.

Außerdem sind bei einer Prüfungstätigkeit außerhalb des Wohnsitzes des amtlich anerkannten Sachverständigen die Reisekosten zu ersetzen. Für diese gelten die Vorschriften über die Vergütung der Reisekosten der Bundesbeamten sinngemäß.

II. Prüfung einzelner Fahrzeuge

	Vollprüfung	Teilprüfung bei Ein- oder Anbau oder bei Änderung von Fahrzeugteilen oder auf Anordnung
1. Krafträder, Fahrräder mit Hilfsmotor, Krankenfahrstühle oder bremslose Anhänger	10,— DM	7,— DM
2. Kraftfahrzeuge oder Anhänger mit einem zulässigen Gesamtgewicht von nicht mehr als 2,5 t, soweit sie nicht unter Nummer 1 genannt sind	20,— DM	14,— DM
3. Kraftfahrzeuge oder Anhänger mit einem zulässigen Gesamtgewicht von nicht mehr als 9 t, soweit sie nicht unter den Nummern 1 und 2 genannt sind	25,— DM	15,— DM
4. Kraftfahrzeuge oder Anhänger mit einem zulässigen Gesamtgewicht über 9 t, soweit sie nicht unter den Nummern 1 bis 3 genannt sind	30,— DM	18,— DM

III. Prüfung von einzelnen Fahrzeugteilen zur Erlangung einer Bauartgenehmigung im Einzelfall

1. Auflaufbremsen	25,— DM
2. Einrichtungen zur Verbindung von Fahrzeugteilen	25,— DM
3. Beiwagen von Krafträdern	20,— DM

IV. Prüfung auf Grund des § 29 StVZO

1. Krafträder, Fahrräder mit Hilfsmotor, Krankenfahrstühle oder bremslose Anhänger	4,— DM
2. Kraftfahrzeuge oder Anhänger mit einem zulässigen Gesamtgewicht von nicht mehr als 2,5 t, soweit sie nicht unter Nummer 1 genannt sind	8,— DM
3. Kraftfahrzeuge oder Anhänger mit einem zulässigen Gesamtgewicht von nicht mehr als 9 t, soweit sie nicht unter den Nummern 1 und 2 genannt sind	10,— DM
4. Kraftfahrzeuge oder Anhänger mit einem zulässigen Gesamtgewicht über 9 t, soweit sie nicht unter den Nummern 1 bis 3 genannt sind	15,— DM

V. Zuteilung einer Prüfplakette auf Grund des § 29 StVZO	0,50 DM

VI. Zuteilung eines roten Kennzeichens für Prüfungsfahrten

1. mit Krafträdern	2,— DM
2. mit anderen Kraftfahrzeugen oder mit Anhängern	3,— DM

VII. Reisekosten, Unterbrechung oder Ausfall der Prüfung

a) Findet die Prüfungstätigkeit auf Wunsch des Fahrzeughalters an einem anderen als dem vom amtlich anerkannten Sachverständigen oder Prüfer vorgesehenen Prüfungsort statt, so werden neben den Gebühren die entstehenden Reisekosten erhoben. Für diese gelten die Vorschriften über die Vergütung der Reisekosten der Bundesbeamten entsprechend.

b) Kann eine der zu den Ziffern II und III genannten Prüfungen ohne Verschulden des amtlich anerkannten Sachverständigen oder Prüfers am festgesetzten Tage nicht beendet werden, so ist die für die Prüfung vorgesehene Gebühr fällig. Für die Fortsetzung einer derart unterbrochenen Prüfung steht dem Sachverständigen oder Prüfer die Hälfte der Gebührensätze zu.

c) Kann eine der zu den Ziffern II und III genannten Prüfungen ohne Verschulden des amtlich anerkannten Sachverständigen oder Prüfers am festgesetzten Termin nicht begonnen werden, so ist die für die Prüfung vorgesehene Gebühr fällig; waren mehrere Fahrzeuge oder Fahrzeugteile zur Prüfung angemeldet, so ist die Gebühr nur für das Fahrzeug oder den Fahrzeugteil fällig, für die die höchste Gebühr vorgesehen ist.

B.

Prüfung von Bewerbern um eine Fahrerlaubnis

I. Prüfungen für

1. eine Fahrerlaubnis der Klasse 5	3,— DM
2. eine Fahrerlaubnis der Klasse 4	5,— DM
3. eine Fahrerlaubnis der Klasse 1	10,— DM
4. eine Fahrerlaubnis der Klasse 3	16,— DM
5. eine Fahrerlaubnis der Klasse 2	20,— DM
6. eine Fahrerlaubnis der Klassen 1 und 3	20,— DM
7. eine Fahrerlaubnis der Klassen 1 und 2	25,— DM
8. eine Fahrerlaubnis nach § 15 StVZO	5,— DM

II. Prüfungen für eine Fahrerlaubnis zur Fahrgastbeförderung

1. Prüfung für eine Fahrerlaubnis zur Beförderung von Personen in Kraftomnibussen und Omnibusanhängern	20,— DM
2. Prüfung für eine Fahrerlaubnis zur Beförderung von Personen in Kraftdroschken	16,— DM

Die Gebührensätze gelten auch für Wiederholungsprüfungen. Wird nur die theoretische Prüfung wiederholt, so ist ein Viertel der Gebühr, wird nur die praktische Fahrprüfung wiederholt, so sind drei Viertel der Gebühr zu erheben.

III. Ausfall, Unterbrechung oder Abbruch der Prüfung

Kann die Prüfung eines Bewerbers um eine Fahrerlaubnis ohne Verschulden des amtlich anerkannten Sachverständigen oder Prüfers und ohne ausreichende Entschuldigung für den Prüfling am festgesetzten Termin nicht stattfinden oder nicht zu Ende geführt werden, so ist die für die Prüfung vorgesehene Gebühr fällig. Wird jedoch die Prüfung nach dem theoretischen Teil abgebrochen, so ist ein Viertel der Gebühr zu erheben.

C.

Für die in diesem Artikel nicht aufgeführten Prüfungen, insbesondere für Nachprüfungen nach Feststellung von Mängeln und für Prüfungen von Fahrzeugteilen, können je nach dem Aufwand Gebühren im Verhältnis zu den unter den Abschnitten A und B aufgeführten Sätzen erhoben werden. Dabei sind die Gebühren für den Zeitaufwand mit 12,— DM je Stunde zu berechnen."

„Artikel III

Für die Tätigkeit von Prüfungsausschüssen zur Prüfung der Bewerber um die amtliche Anerkennung als Sachverständiger oder Prüfer für den Kraftfahrzeugverkehr oder der Bewerber um die Fahrlehrerlaubnis können Gebühren bis zu folgenden Höchstsätzen erhoben werden:

1. Prüfung für die amtliche Anerkennung als Sachverständiger	120,— DM
2. Prüfung für die amtliche Anerkennung als Prüfer	80,— DM
3. Prüfung für die amtliche Anerkennung als Prüfer mit beschränkten Befugnissen	60,— DM
4. Prüfung für eine Erweiterung der Befugnisse als amtlich anerkannter Prüfer	60,— DM
5. Fahrlehrerprüfung für alle Klassen	120,— DM
6. Fahrlehrerprüfung für zwei Klassen	100,— DM
7. Fahrlehrerprüfung für eine Klasse	80,— DM

Die Gebührensätze gelten auch für Wiederholungsprüfungen.

Kann die Prüfung eines Bewerbers um eine Fahrlehrerlaubnis ohne Verschulden des Prüfungsausschusses und ohne ausreichende Entschuldigung für den Prüfling am festgesetzten Termin nicht stattfinden oder nicht zu Ende geführt werden, so ist die für die Prüfung vorgesehene Gebühr fällig."

„Artikel IV

Für die Tätigkeit der amtlich anerkannten Medizinisch-Psychologischen Untersuchungsstellen können Gebühren bis zu folgenden Höchstsätzen erhoben werden:

A.

I. Gutachten nach den §§ 3 und 12 StVZO

1. a) Untersuchung der allgemeinen körperlichen und geistigen Eignung (Seh-, Hörvermögen, körperliche Beweglichkeit, Kreislauf, Nervenzustand, Intelligenz usw.), wenn die Ergebnisse in einem einfachen Gutachten dargestellt werden können	50,— DM
b) Untersuchung bei Mängeln (z. B. schwere Stoffwechselerkrankungen, hormonale Funktionsstörungen, schwere Erkrankungen des zentralen Nervensystems, Geisteskrankheiten, charakterliche Mängel usw.), deren Beurteilung einen besonderen Aufwand (z. B. umfassende Prüfung der Vorgeschichte, Beiziehung von Akten, eingehende Begründung) erforderlich macht	100,— DM
2. Teiluntersuchung (z. B. nur Sehvermögen oder Beweglichkeit eines Gelähmten oder Prothesenträgers)	40,— DM
3. Nachuntersuchung	40,— DM

II. Gutachten zur Vorbereitung einer Entscheidung nach § 7 Abs. 2 StVZO

Untersuchung eines Bewerbers

1. um eine Fahrerlaubnis der Klassen 1, 2 oder 3	65,— DM
2. um eine Fahrerlaubnis der Klassen 4 oder 5	50,— DM

III. Gutachten nach den §§ 15e, 15f und 15i StVZO

Untersuchung eines Omnibus- oder Kraftdroschkenfahrers:

1. Untersuchung	50,— DM
2. Nachuntersuchung	25,— DM

IV. Gutachten nach den §§ 13 und 14 der Fahrlehrerverordnung

1. Untersuchung eines Bewerbers auf seine körperliche und geistige Eignung	80,— DM
2. Untersuchung eines Fahrlehrers, dessen Eignung der Erlaubnisbehörde zweifelhaft geworden ist	100,— DM

Kann die Untersuchung ohne Verschulden der amtlich anerkannten Medizinisch-Psychologischen Untersuchungsstelle und ohne ausreichende Entschuldigung für die zu untersuchende Person am festgesetzten Termin nicht durchgeführt werden, so ist die Hälfte der vorgesehenen Gebühr fällig.

B.

Für die in diesem Artikel nicht aufgeführten Leistungen können je nach dem Aufwand Gebühren im Verhältnis zu den unter Abschnitt A aufgeführten Sätzen erhoben werden."

„Artikel V

1. Zur Zahlung der Gebühr ist derjenige verpflichtet, der die Amtshandlung oder Inanspruchnahme veranlaßt hat, außerdem auch derjenige, zu dessen Gunsten die Amtshandlung vorgenommen oder die Inanspruchnahme erfolgt ist.
2. Von der Zahlung der Gebühren nach Artikel I mit Ausnahme der Nummern 28 und 31 sind befreit:
   a) die Bundesrepublik Deutschland;
   b) die Länder der Bundesrepublik Deutschland;
   c) die bei der Bundesrepublik Deutschland beglaubigten diplomatischen Vertretungen und deren Mitglieder sowie Personen, die zum Geschäftspersonal dieser Vertretungen gehören und der inländischen Gerichtsbarkeit nicht unterliegen;
   d) die bei der Bundesrepublik Deutschland zugelassenen konsularischen Vertretungen, wenn der Leiter der Vertretung Angehöriger des Entsendestaates ist und außerhalb seines Amtes in der Bundesrepublik Deutschland keine Erwerbstätigkeit ausübt;
   e) die in der Bundesrepublik Deutschland zugelassenen Konsularvertreter (Generalkonsuln, Konsuln, Vizekonsuln, Konsularagenten) oder Personen, die zum Geschäftspersonal dieser Konsularvertreter gehören, wenn sie Angehörige des Entsendestaates sind und außerhalb ihres Amtes in der Bundesrepublik Deutschland keine Erwerbstätigkeit ausüben;
   f) die Beamten und Angestellten internationaler Organisationen, denen in der Bundesrepublik Deutschland Vorrechte und Befreiungen wie diplomatischen Vertretern gewährt werden;
   g) die Ehegatten der unter den Buchstaben c), e) und f) genannten Personen.

3. Nicht befreit von der Zahlung der Gebühren sind die Sondervermögen, die kaufmännisch eingerichteten Betriebe und die betriebswirtschaftlichen Unternehmen oder Einrichtungen der Bundesrepublik Deuschland und der Länder."

Artikel VI

Nach § 14 des Dritten Überleitungsgesetzes vom 4. Januar 1952 (Bundesgesetzbl. I S. 1) in Verbindung mit Artikel 7 des Gesetzes zur Sicherung des Straßenverkehrs vom 19. Dezember 1952 (Bundesgesetzbl. I S. 832) gilt diese Rechtsverordnung auch im Lande Berlin.

Artikel VII

(1) Diese Rechtsverordnung tritt 14 Tage nach ihrer Verkündung in Kraft.

(2) Gleichzeitig tritt die Gebührenordnung für Maßnahmen im Straßenverkehr vom 23. September 1938 (Reichsgesetzbl. I S. 1191) in der Fassung der Verordnung vom 17. Mai 1939 (Reichsgesetzbl. I S. 922) außer Kraft.

VIII. Personenbeförderungsgesetz (PBefG)

Vom 21. März 1961, (BGBl. I 241)

(Full)

Inhaltsübersicht

Vorbemerkungen

A. Neuerungen des PBefG 1961.

a) Das PBefG 1961 bringt gegenüber dem PBefG 1934, das es am 1. 6. 1961 ablöste, eine Erweiterung des Anwendungsbereichs, die sich erheblich über das Gebiet der gewerblichen Personenbeförderung (bisheriger Anwendungsbereich) hinaus erstreckt (§ 1 Anm. 1 bis 14). 1

b) Die Überschrift ist gemäß dem üblich gewordenen Sprachgebrauch vereinfacht, die Einteilung des Stoffes ist übersichtlicher geworden, vor allem durch Einbeziehung der bisher in der DV 1935 enthaltenen Regelungen (21. Aufl. S. 1039) und zahlreicher Ministerialerlasse. Die Personenbeförderung in Fzen, die von Tieren gezogen werden, ist aus dem Gesetz (wie auch schon aus der BOKraft 1960) herausgenommen und der Regelung durch die Länder überlassen. Dafür hat nun der Obusverkehr eine seiner Bedeutung angemessene Regelung erfahren, die mit der für Straßenbahnen geltenden weitgehend übereinstimmt. Der Linienverkehr wurde um „Sonderformen" (§ 43) vermehrt, die als Linienverkehr gelten: Berufsvk., Schülerfahrten, Marktfahrten, Theater- (und Konzert-)fahrten und Ferienzielreisevk. Neu sind auch die Vorschriften für Fahrten von und ins Ausland (§§ 52, 53). Das Planfeststellungsverfahren ist den neuen Vorschriften des BBauG v. 23. 6. 60 (BGBl. I 341) und des BFStrG angepaßt und ausführlicher als bisher geregelt. Die Voraussetzungen der Erteilung einer Genehmigung sind mit der Entscheidung des BVerfG v. 8. 6. 60 (BGBl. I 595 = NJW 60, 1515 = VRS 19, 241) über das Grundrecht der Berufsfreiheit in Übereinstimmung gebracht (Teil V S. 261 dieses Nachtragbandes). 2

B. Die Vorbemerkungen zum PBefG 1934 in der 21. Aufl. sind folgendermaßen zu ergänzen und zu berichtigen:

Vorb. I S. 1032 (Nebengesetze)

a) Bei der **Beförderungssteuer** ist zu ergänzen: Änderung des BefStG durch das VerkFinG v. 6. 4. 55, BGBl. I 166; Neufassung v. 13. 6. 55 (BefStG 1955). BGBl. I 366. Änderungen: 30. 6. 58, BGBl. I 421; 30. 6. 59, BGBl. I 398. DurchfV 8. 10. 55, BGBl. I 659. Änderungen der DurchfV: 12. 8. 58, BGBl. I 600; 29. 8. 59, BGBl. I 662; 22. 12. 60, BGBl. I 1063. Neue Sammlung von Vordrucken: BStBl. 1959 I 22. Steuerpflichtig ist jeder Unternehmer im Sinn des UmsatzsteuerG. Zur Rechtslage: Puttlitz, Betr. 60, 1288. 3

b) VO über den Betrieb von Kraftfahrunternehmen im Personenverkehr (**BOKraft**) v. 13. 2. 39, RGIBl. 231, i. d. F. v. 7. 7. 60, BGBl. I 553; siehe in diesem Nachtragsband unter I 4. 4

c) **Abkommen über den gewerblichen Straßenpersonenvk:** Zusammenstellung, insbesondere vorläuf. Abk. mit Frankreich, Italien, Niederlanden: VkBl. 55, 588. Belgien: 1. 2. 52, BGBl. II 437, dazu VkBl. 55, 252; 57, 519; 58, 368 u. 644; 59, 211; 60, 171; 61, 76. Dänemark, Norwegen, Schweden: VkBl. 56, 538; 57, 373; 58, 662; 59, 535; 61, 193. Italien: VkBl. 58, 187; dazu VkBl. 59, 262, 456; 60, 195, 323, 630; 61, 193. Luxemburg: VkBl. 52, 313; dazu VkBl. 59, 93; 60, 42. Österreich: VkBl. 53, 228; dazu VkBl. 57, 393; 59, 474; 60, 95; 61, 193; Der Personenvk. 61, 61. Schweiz: VkBl. 54, 138. 5

Vorbem. II S. 1032 (Schrifttum) 6

Zum Gesetz 1934: Oppelt, Personenbeförderungsrecht, 5. Aufl. Bielefeld 1958.

Zum Gesetz 1961: Bidinger, Personenbeförderungsrecht, Berlin—Bielefeld—München 1961; Rautenberg-Frantzioch, Personenbeförderungsrecht, Bad Godesberg 1961 (das Buch von Bidinger war bei Drucklegung noch nicht erschienen). Aufsätze: Bidinger, DAR 61,7; Fromm, DVBl. 61,418; vgl. auch Fromm; DVBl. 60, 792; Heinze, NJW 60, 1561; Labs, DVBl. 59, 380 u. Vk u. Technik 60, 59; Menger, VerwArch. Bd. 52, 92.

7 **Vorbem. III S. 1033, 1034 (Entstehungsgeschichte)**

Der RegEntwurf zum PBefG 1961 (BTDrucks. 255, 3. Wahlp.) enthält zu Beginn der amtl. Begründung eine ausführl. Darstellung der geschichtlichen Entwicklung. Die Bundesreg. hatte schon am 21. 9. 54 dem BR einen Entw. für ein neues PBefG vorgelegt (BTDrucks. 831, 2. Wahlp.); damals kam das Gesetz aus Zeitmangel nicht zustande. Am 8. 3. 58 (BTDrucks. 255, 3. Wahlp.) legte die BReg. dem BR einen neuen Entw. vor, der die Arbeit der 2. Wahlp. berücksichtigte. Der Bericht des BTAusschusses für Vk, Post- und Fernmeldewesen ist in der BTDrucks. 2450, 3. Wahlp. enthalten. Letzte Fassung: BRDrucks. 69/61.

8 **Vorb. IV S. 1035 bis 1038 (Gewerbsmäßige Beförderung)**

PBefG 1934 (mit Änderungen v. 1937, 1952 und 1955) und BOKraft 1960 gelten ausschließlich für Beförderungen, die im Rahmen des Betriebs eines der gewerbsmäßigen Personenbeförderung dienenden Unternehmens erfolgen. Diese Einschränkung des sachlichen Geltungsbereichs gilt für das PBefG 1961 nicht (s. Anm. 3 zu § 1). Die Erweiterung hat praktische Wirksamkeit nur für Omnibusse und LKW, nicht aber für PKW und Krafträder, da sie insoweit gegen das Grundgesetz verstößt (Anm. 15 bis 24 zu § 1). Jedenfalls hinsichtlich der PKW ist mithin auch künftig noch Vorb. IV der 21. Aufl. von Bedeutung, soweit in ihr der Begriff der Gewerbsmäßigkeit erörtert wird (Anm. a bis e). Auch Anm. f ist noch zu beachten; dort ist dargelegt, daß auch der Vk auf Privatgrundstücken (Werkanlagen, Flughäfen) dem PBefG unterliegt.

9 **Die Übersicht zum Gesetz (S. 1038, 1039)** ist durch die ins Gesetz aufgenommene Übersicht (vor Vorb. 1) zu ersetzen.

I. Allgemeine Vorschriften

§ 1 Sachlicher Geltungsbereich

(1) Den Vorschriften dieses Gesetzes unterliegt die entgeltliche oder geschäftsmäßige Beförderung von Personen mit Straßenbahnen, mit Oberleitungsomnibussen (Obussen) und mit Kraftfahrzeugen. Als Entgelt sind auch wirtschaftliche Vorteile anzusehen, die mittelbar für die Wirtschaftlichkeit einer auf diese Weise geförderten Erwerbstätigkeit erstrebt werden.

(2) Diesem Gesetz unterliegen nicht

1. Beförderungen mit Personenkraftwagen (§ 4), wenn das Gesamtentgelt die Betriebskosten der Fahrt nicht übersteigt und Fahrer und Mitfahrer weder durch öffentliche Vermittlung noch durch Werbung zusammengeführt worden sind,

2. Beförderungen mit Landkraftposten der Deutschen Bundespost (§ 5).

Inhaltsübersicht

32 Mitfahrerzentralen
33 Werkverkehr
34 Bestattungsunternehmer
35 zu Anm. 3 Reisegepäck
36 zu Anm. 4—7a Begriffe „Kfz“ u. „Anhänger“
37 zu Anm. 8 Schienenbahnen
38 zu Anm. 9 Landkraftposten
39 zu Anm. 10 Ausnahmegenehmigungen

A. Änderung der Begriffsbestimmung

Das PBefG 1961 bringt gegenüber der bisherigen Regelung der Materie durch das in den Jahren 1937, 1952 und 1955 teilw. geänderte PBefG 1934 (21. Aufl. Anhang 4 S. 1031ff.) und durch die Entscheidung des BVerfG v. 8. 6. 60 (Teil V dieses Nachtragbandes) eine beträchtliche Ausweitung des sachlichen Geltungsbereichs hinsichtlich des von der Regelung betroffenen Personenkreises. Die neu in das Gesetz eingeführten Begriffe „geschäftsmäßig“ und „entgeltlich“, von denen jeder für sich allein die Anwendbarkeit des Gesetzes begründet, lassen allerdings, verglichen mit der bis 1. 6. 1961 geltenden einfachen und klaren Regelung, die Grenzen des sachlichen Geltungsbereichs erst bei näherer Betrachtung erkennen. 1

a) Die Vorschriften des PBefG 1934 galten nur für gewerbsmäßige Personenbeförderung (vgl. § 72 Abs. 2 „zu § 54a“ StVZO). Das BVerwG hatte im Urteil v. 24. 2. 1956 (BVerwGE 3, 178 = NJW 56, 1004) klargestellt, daß die Vorschriften nur für das Beförderungsgewerbe galten, nicht dagegen für eine Beförderung von Personen im Rahmen eines anderen Gewerbes (als „Werkverkehr“) oder in der Sphäre des Privatmannes. Erfaßt wurde bis 1. 6. 61 mithin nur der öffentliche Verkehr; die Vorschriften galten nicht für Mitfahr- und Beförderungsmöglichkeiten, die einem geschlossenen Personenkreis (Bekanntenkreis, Werksangehörigen) vorbehalten waren (21. Aufl. S. 1035ff.). 2

b) Das PBefG 1961 streicht diese Einschränkungen. Seine Vorschriften gelten nicht nur für das Beförderungsgewerbe und für den öffentlichen Vk, sondern für den gesamten gewerblichen und privaten Personenverkehr. Ausgenommen sind nach dem Gesetz lediglich gewisse Fahrten mit dem PKW. Die Vorschriften gelten insbesondere nun für jeden Halter eines Kfzs, der auf einer im eigenen Interesse unternommenen Fahrt eine andere Person mitnimmt (jedes Mitnehmen gilt als „Befördern“), sofern er beabsichtigt, in seinem Wagen oder auf seinem Kraftrad öfters Personen zu befördern; es wird kaum einen Halter geben, der diese Absicht nicht hätte. 3

aa) Der umfassende Geltungsbereich ergibt sich aus der Tatsache, daß das Gesetz nicht nur jede entgeltliche, sondern auch jede geschäftsmäßige Beförderung seiner Regelung unterwirft. Geschäftsmäßig ist eine auf die Dauer gerichtete in Wiederholungsabsicht vorgenommene Tätigkeit, auch wenn sie nicht auf Gewinnerzielung gerichtet ist (so auch die Begründung des RegEntw.). „Auf die Dauer gerichtet“ besagt, daß die Absicht einer einmaligen Wiederholung nicht genügt. Das Gesetz betrifft vielmehr nach seinem Wortlaut nur diejenigen, welche die Beförderung von Personen zu einem „wiederkehrenden Bestandteil ihrer Beschäftigung“ machen (Bericht des Rechtsausschusses zu § 8a StVG, BTDrucks. 2700, 2. Wahlp.; RGStr. 72, 315). Diese Einschränkung dürfte im PBefG kaum jemals Bedeutung erlangen. 4

bb) Im Gegensatz zu § 8a Abs. 1 Satz 1 StVG muß zu dem Merkmal „geschäftsmäßig“ das Merkmal „entgeltlich“ nicht hinzutreten; es ist vielmehr mit „oder“ angefügt. Da nahezu jede Personenbeförderung geschäftsmäßig erfolgt, spielt die zweite Alternative („entgeltlich“) praktisch keine Rolle. 5

c) Das Merkmal der Entgeltlichkeit wird vielmehr (in Abs. 2 Nr. 1) vom Gesetz dazu verwendet, die dort festgelegte Ausnahme von der Anwendbarkeit seiner Vorschriften einzuschränken. Es handelt sich um die Freistellung gewisser Fahrten im PKW. Aus Abs. 2 Nr. 1 muß nämlich — obwohl dies nicht ausdrücklich gesagt wird — geschlossen werden, daß die unentgeltliche Beförderung eines anderen im PKW keine den Vorschriften des Gesetzes unterliegende Fahrt darstellt. „Unentgeltlich“ sind allerdings nur Fahrten, die dem Halter keine wirtschaftlichen Vorteile bringen (Abs. 1 Satz 2). Das Gesetz verwendet zwar den Begriff „Halter“ nicht, sondern kennt nur den Begriff „Unternehmer“ (§ 3 Abs. 2). Bei nicht gewerblich genutzten Fzen dürfte aber derjenige, der „den Vk. im eigenen Namen, unter eigener Verantwortung und für eigene Rechnung“ betreibt, stets auch Halter des Fzs sein. Der wirtschaftliche Vorteil, auf den Abs. 2 Nr. 1 abstellt, muß dem Unternehmer und nicht etwa dem Fahrer zugutekommen; die Ausdrucksweise des Gesetzes ist an dieser Stelle ungenau. 6

7 d) Die Ausweitung des Gesetzes auf den Werkverkehr läßt im Berufsverkehr (§ 43 Abs. 1 Nr. 1) das bisher in der Praxis gewährte Vorrecht für Unternehmen wegfallen, die gewerbsmäßig Personenbeförderung betreiben (vgl. f. den Rechtszustand vor dem 1.6.61: Direktor f. Verw. u. Vk 13. 10. 48 St. 6. 4276/40, abgedruckt bei Oppelt 5. Aufl. S. 42); siehe auch Anm. 6 zu § 2.

B. Sachlicher Geltungsbereich ab 1. 6. 1961

8 Vorbehaltlich der Vereinbarkeit mit dem Grundgesetz (Anm. 15—25) ergibt sich aus den neu ins PBefG eingeführten (aus § 8a StVG übernommenen) Begriffen, daß die Beförderung (oder Mitnahme) einer Person auf folgenden Fahrten der Regelung des Gesetzes unterliegt:

a) Alle Fahrten mit Straßenbahnen, Hoch- und Untergrundbahnen, Schwebebahnen usw. (§ 4 Abs. 1, 2).

b) Alle Fahrten mit Obussen.

c) Alle Fahrten mit Omnibussen (nunmehr auch mit Omnibussen von Handels- und Industrieunternehmen, Fluggesellschaften, Flughäfen, Hotels, Kinderheimen, Schulen, Heilstätten, Kleinkunstbühnen, Zirkussen, Orchestern, Fußballklubs, Vereinen usw.).

d) Alle Fahrten mit einem LKW (oder größerem Kombiwagen), wenn außer dem Unternehmer und den zum Fahren eingeteilten Personen eine weitere Person (Arbeitskommandos, Handelsvertreter, kaufmännischer Angestellter) mitfährt (Anm. 1 u. 2 zu § 7). Ausgenommen sind lediglich die Landkraftposten der Deutschen Bundespost (Abs. 2 Nr. 2).

e) Alle Fahrten auf einem Kraftrad oder in dessen Beiwagen.

9 f) Fahrten im PKW, bei denen dem Halter wirtschaftliche Vorteile aus der Beförderung der betreffenden Person (Personen) entstehen (Abs. 1 Satz 2) oder er ein Entgelt erhält (Abs. 2 Nr. 1), wenn außerdem

aa) entweder der wirtschaftliche Vorteil — oder das Entgelt — höher ist als der auf diese Person (Personen) entfallende Bruchteil der für die Fahrt entstehenden Aufwendungen an Treibstoff, Öl und Reifenabnutzung (Bericht des Vk.-Ausschusses BTDrucks. 2450, 3. Wahlp.)

bb) oder Unternehmer und Mitfahrer durch öffentliche Vermittlung

cc) oder durch Werbung (Zeitungsanzeigen) zusammengeführt worden sind.

Das PBefG ist anzuwenden, auch wenn für die Fahrt ausnahmsweise eine Genehmigung nicht erforderlich ist (§ 2 Abs. 3) oder zwar erforderlich, aber nicht erteilt ist.

10 **Zustandekommen der jetzigen Fassung.** Während der RegEntw. 1954 die Regelung des Gesetzes nur auf eine Beförderungstätigkeit bezog, „die mit der Absicht ausgeführt wird, sie jederzeit bei sich bietender Gelegenheit gegen Entgelt zu wiederholen“, entspricht die jetzige weitergehende Fassung den Vorschlägen des BTAusschusses für Vk, Post- und Fernmeldew. Als Begründung wurde angegeben: „Diese mitfahrenden Personen sollen nicht durch Freistellungen außerhalb des Schutzes des Gesetzes bleiben“ (BTDrucks. 2450, 3. Wahlp.).

11 Außerhalb der gesetzlichen Regelung ist die Vermietung von Kfzen an Selbstfahrer geblieben, soweit es sich nicht um Omnibusse handelt. Für die Vermietung gilt die VO v. 4. 4. 55 (BGBl. I 186) i. d. F. der VO v. 14. 3. 56 (BGBl. I 199), siehe Anhang 6 der 21. Aufl. und RVM 4. 11. 35 mit 27. 4. 36, RVkBl. B 35, 174; 36, 208. Wird dagegen vom Vermieter auch ein Fahrer gestellt, so handelt es sich nur dann nicht um Mietwagen, wenn der Fahrer aus Gefälligkeit mitfährt, 21. Aufl. Anm. 7 zu § 2; Celle 15. 11. 58, VRS 16, 223.

C. Betrieb des Fahrzeugs und des Unternehmens als wahrer Gegenstand der Regelung

12 a) Da der Zweck von Straßenbahnen (und ähnlichen Bahnen), Obussen und Omnibussen (Anm. 8a bis c) stets in der Personenbeförderung besteht und alle Fahrten mit Ausnahme der Leer- und Werkstättenfahrten dem Gesetz unterliegen, laufen bei ihnen die Vorschriften darauf hinaus, daß sich die Regelung in Wahrheit (entgegen dem Wortlaut des § 1) nicht auf die einzelne Beförderung, sondern zumindest auf den Betrieb eines Kfzs. bezieht. Hierauf sind auch die Vorschriften zugeschnitten (Anm. 3 zu § 2). Zur weiteren Vereinfachung wird in zahlreichen Bestimmungen nicht auf das einzelne Fz, sondern auf den Betrieb des gesamten Unternehmens abgestellt (§ 9); vgl. VGH Freiburg 30. 7. 53, VkBl. 577; Oldenburg 8. 10. 57, VRS 14, 382. Die einzelnen Fze werden nur als Bestandteile des Unternehmens behandelt (Anm. 1 zu § 9). Das Gesetz nennt folgerichtig denjenigen, der eine Person befördert, Unternehmer (§ 3), auch wenn er kein Gewerbe betreibt.

b) Das unter a) Gesagte gilt auch für den Betrieb eines Lkw. Hierzu zählen auch Kombiwagen mit weniger als vier Sitzplätzen und mehr als 2 t zulässigem Gesamtgewicht (§ 7 Abs. 1). Hier besteht allerdings die Besonderheit, daß nach § 7 Abs. 1, § 2 Abs. 3 die Mitnahme von Personen im Führerhaus oder auf der Ladefläche des LKW nur gestattet ist, um Arbeitnehmer zwischen Arbeitsstätten desselben Betriebs zu betrieblichen Zwecken zu befördern. Diese Vorschrift bedarf weitherziger Auslegung. Andernfalls wäre das Mitfahren eines Angestellten zur Entgegennahme von Bestellungen oder das Mitfahren von Möbelpackern genehmigungspflichtig. Das Mitfahren des Unternehmers oder einer zweiten als Fahrer eingeteilten Person kann nicht genehmigungspflichtig sein. Im übrigen sind Ausnahmegenehmigungen möglich (§ 2 Abs. 3). 13

c) Im Gegensatz zu a und b kann bei Fahrten mit einem PKW oder auf einem Kraftrad nur dann auf den Betrieb des Kfzs. oder des Unternehmens abgestellt werden, wenn es sich um gewerbliche Personenbeförderung (§§ 42 bis 49) handelt. Andernfalls würden alle im Betrieb befindlichen PKW und Krafträder von den Vorschriften des Gesetzes erfaßt, nur weil mit ihnen gelegentlich genehmigungspflichtige Fahrten ausgeführt werden. Daß das Gesetz die allgemeine Erfassung des Betriebs eines PKW oder eines Kraftrades nicht beabsichtigt, ergibt sich aus § 1 Abs. 2 Nr. 1. Dort ist ausdrücklich auf die einzelne Fahrt abgestellt; die übrigen mit demselben Fz ausgeführten Fahrten sind vom Gesetz nicht betroffen. 14

D. Vereinbarkeit mit dem Grundgesetz

Schon während der Beratungen in Bundestag und Bundesrat wurde die Vereinbarkeit der für PKW getroffenen neuen Regelung mit dem GG in Zweifel gezogen. 15

a) **Omnibusse.** Keine Bedenken können hinsichtlich der am 1. 6. 61 in Kraft getretenen Erweiterung der Anwendbarkeit der Vorschriften auf die Omnibusse bestehen, die nicht der gewerbsmäßigen Personenbeförderung dienen. Nicht die Anwendbarkeit der Vorschriften engt die Berufsfreiheit (Art. 12 GG) oder die persönliche Freiheit (Art. 2 Abs. 1 GG) unangemessen ein; diese Grundrechte wären vielmehr allenfalls betroffen, wenn die Genehmigung zum Betrieb des Omnibusses aus vom GG nicht gebilligten Gründen versagt werden könnte (§ 13). Dem Gesetzgeber obliegt die Aufgabe, die soziale Ordnung zu gestalten (Art. 20 Abs. 1 GG) und die öffentliche Sicherheit zu gewährleisten. Er kann aus diesen Gründen die Berufsfreiheit (Art. 12 GG) und — soweit Art. 12 GG als lex specialis nicht in Frage kommt, BVerfGE 6, 32/38; 11, 234/238 (vom 16. 1. 57 und 22. 6. 60) — die allgemeine Handlungsfreiheit des Einzelnen (Art. 2 Abs. 1) einschränken, solange nicht der Wesensgehalt dieser Grundrechte angetastet wird (Maunz-Dürig Anm. 19, 22, 24 und 25 zu Art. 2 Abs. 1 GG). Die Erweiterung des Geltungsbereichs läßt freilich die Arbeit der Genehmigungsbehörden anschwellen; diese Mehrarbeit dürfte bei dem geringen praktischen Erfolg kaum zu rechtfertigen sein, weil bei den meisten neu zu erteilenden Genehmigungen eine Bedürfnisprüfung nicht stattfinden darf. Es wäre daher zu begrüßen, wenn der frühere Rechtszustand durch Gesetz wiederhergestellt würde. 16

b) **LKW.** Aus den unter a dargelegten Gründen verstößt die Einbeziehung der nicht der gewerblichen Personenbeförderung dienenden LKW in die Regelung ebensowenig gegen das GG wie im besonderen das Verbot der Mitnahme anderer als der in § 2 Abs. 3 genannten Personen im LKW (§ 7). Zur Vermeidung von Härten schränkt das Gesetz den Begriff LKW ein, indem es gewisse LKW als „Kombinationskraftwagen" (Kombiwagen) bezeichnet. Ist beabsichtigt, neben Lasten auch Personen im LKW zu befördern (z. B. Hilfspersonen, die nicht Arbeitnehmer des Unternehmers sind, aber bei Entladearbeiten eingesetzt werden sollen), so muß eine Ausnahmegenehmigung nach § 7 Abs. 2 erwirkt werden, sofern das Fz nicht als Kombiwagen (Anm. 3 zu § 7) zugelassen ist und entweder nicht mehr als 2 t Gesamtgewicht oder mehr als drei feste Sitzplätze hat (§ 7 Abs. 1 Satz 2). Z. Zt. ist die Zulassung als Kombiwagen allerdings nur bei Wagen mit einem zulässigen Gesamtgewicht von nicht mehr als 2,5 t möglich (§ 23 Abs. 1 StVZO). 17

c) **PKW.** Die Vorschriften des Gesetzes verstoßen jedoch gegen Art. 19 Abs. 2 GG, soweit sie sich auf die Beförderung (oder Mitnahme) von Personen in einem PKW auf Fahrten beziehen, die nicht im Rahmen eines Beförderungsgewerbes ausgeführt werden. Art. 19 Abs. 2 GG, das Verbot des Übermaßes, bildet für den Gesetzgeber die Grenze der Eingriffsmöglichkeit in die Handlungsfreiheit des Einzelnen (Art. 2 Abs. 1 GG), da diese ein Grundrecht darstellt; so auch BVerfGE 6, 32/41; Maunz-Dürig Anm. 31 zu Art. 2 Abs. 1 GG. 18

Diese Grenze ist hier überschritten, weil das Gesetz zwar gewisse Fahrten in einem nicht der gewerblichen Personenbeförderung dienenden PKW seiner Regelung (insbesondere der 19

Genehmigungs-, Betriebs- und Beförderungspflicht) unterwirft (Anm. 14), aber andererseits kein Verfahren vorsieht, nach dem die Regelung praktisch durchgeführt werden könnte. Bei diesen Fzen unterliegt nicht der Betrieb der Genehmigung, sondern die einzelne — vielleicht kurze Zeit vorher noch nicht vorgesehen gewesene — Fahrt. Die Genehmigung solcher Fahrten darf grundsätzlich nicht versagt werden, weil die Sicherheit der beförderten Personen den alleinigen Grund für die Aufnahme der Vorschrift in das Gesetz bildete (Anm. 10) und Führerschein und Kfzschein in der Regel ausreichen, um die Voraussetzungen des § 13 Abs. 1 (Betriebssicherheit, keine Unzuverlässigkeit des Kfzhalters) darzutun. Im übrigen besteht ein öffentliches Verkehrsinteresse an der Entlastung der Landstraßen, soweit dies durch möglichst vollständige Ausnutzung aller Sitzplätze in den unterwegs befindlichen PKW geschehen kann. Es besteht kein Anlaß, die Personenkreise, die bis 1. 6. 61 durch Einschaltung von Mitfahrerzentralen von der Benutzung eigener Fze oder öffentlicher Verkehrsmittel abgehalten wurden, durch Maßnahmen der Genehmigungsbehörden von ihren bisherigen Gepflogenheiten abzubringen. Im übrigen würde auch das PBefG hierzu keine Handhabe bieten, weil die neuen Vorschriften ausschließlich auf die Sicherheit dieser Reisenden abstellen, nicht aber auf die Interessen anderer Verkehrsunternehmen.

20 Der Antrag eines Kfzhalters, die Mitfahrt eines zahlenden Mitreisenden zu genehmigen, könnte mithin nicht etwa mit der Begründung verweigert werden, der Mitreisende steuere zu der Fahrt mehr bei, als ihn die Fahrt mit einem anderen Verkehrsmittel kosten würde. Auf die Höhe des Entgelts kann vielmehr bei der Prüfung, ob eine Genehmigung zu erteilen ist, in keiner Weise abgestellt werden. Es entspricht übrigens der Billigkeit, wenn der Mitfahrende nicht nur die Kosten für Kraftstoff, Öl und Reifen (Anm. 9) anteilig trägt, sondern sich auch an den übrigen Kosten (Versicherung, Steuer, Batterie, Abnutzung des Kfzs) beteiligt. Die Sicherheit eines Reisenden, der durch Zeitungsanzeige oder Mitfahrerzentrale auf eine Beförderungsmöglichkeit aufmerksam gemacht wurde, steht — vom Blickpunkt der Allgemeinheit gesehen — nicht höher als die eines anderen, der im Bekanntenkreise davon erfahren hat. Die an die Zuverlässigkeit des Fahrers zu stellenden Anforderungen, die im Genehmigungsverfahren ausschlaggebend sein sollen, können mithin die bei der Erteilung des Führerscheins zu stellenden Anforderungen nicht übersteigen, d. h. die Genehmigung muß auf Antrag in jedem Falle erteilt werden, in dem der Genehmigungsbehörde nicht besondere Gründe bekannt geworden sind, die eine Versagung rechtfertigen könnten.

21 Das gleiche gilt für die Abholung oder Mitnahme von Geschäftsfreunden, Handelsvertretern, Angestellten oder Kunden auf Fahrten, die dem Halter durch die Mitnahme geschäftliche Vorteile bringen, insbesondere der Vorbereitung und dem Abschluß von Verträgen oder der Werbung für das Unternehmen dienen (vgl. RVM 30. 5. 38 RVkBl. B 123 für den Möbelhandel; RVM 20. 7. 39 RVkBl. B 262 für Grundstücksmakler). Bei derartigen Fahrten ist die Personenbeförderung nicht Gegenstand des Unternehmens, sie bedürfen mithin seit 1. 6. 61 einer Einzelfahrtgenehmigung, während der Betrieb des PKW im übrigen ebensowenig dem PBefG unterliegt wie das ganze Unternehmen. Auf die Häufigkeit genehmigungspflichtiger Fahrten kann es nicht ankommen, da dieses Merkmal keine der Rechtssicherheit entsprechende Abgrenzung gestattet und im übrigen im Gesetz nicht vorgesehen ist.

22 Das PBefG regelt das Verfahren bei Antrag auf Erteilung einer Einzelfahrtgenehmigung überhaupt nicht, obwohl es bei den in Anm. 19 bis 21 genannten Fahrten eine Einzelfahrtgenehmigung für erforderlich erklärt. Das in §§ 14, 15 geregelte Erteilungsverfahren ist für die Erteilung von Einzelfahrtgenehmigungen wegen seiner Kompliziertheit und langen Dauer ungeeignet; es stellt vielmehr auf über Jahre zu erteilende Dauergenehmigungen ab, die Kfze betreffen, die nahezu ausschließlich zur genehmigungspflichtigen Personenbeförderung eingesetzt werden sollen. Diese Unstimmigkeit in der Systematik ist darauf zurückzuführen, daß die Vorschriften für Einzelfahrten erst auf Vorschlag des BT-Ausschusses für Vk, Post- und Fernmeldewesen (BTDrucks. 2450, 3. Wahlp.) nachträglich in § 1 RegEntw. eingefügt wurden, ohne daß in Teil III des Gesetzes entsprechende Einzelvorschriften aufgenommen wurden. Man ging davon aus, diese Einzelfahrtgenehmigungen könnten von der Genehmigungsbehörde auf Grund § 49 Abs. 4 erteilt werden; auf diese Weise entstehe weder für die Halter der PKW noch für die Mitfahrerzentralen eine Behinderung der bis 1. 6. 61 üblichen Tätigkeit. Diese Annahme trifft jedoch nicht zu; denn § 49 ist unanwendbar, weil die gelegentliche Mitnahme einer anderen Person einen Privatwagen oder Firmenwagen nicht zum Mietwagen macht (a. M. KG 8. 12. 58 VRS 16, 220/222). Der vom BayObLG (24. 6. 59 NJW 60, 111/113) vertretenen Ansicht, die Vorschriften über Mietwagen seien ein Auffangtatbestand für alle im Gesetz nicht näher geregelten genehmigungspflichtigen Fahrten, kann — jedenfalls für das PBefG 1961 — nicht gefolgt werden (so auch für PBefG 1934 Heinze

NJW 60, 1534). Von der Fahrt im Mietwagen unterscheidet sich die Fahrt im Privatwagen eines anderen vor allem darin, daß der Halter des Wagens und nicht etwa die mitgenommene Person das Ziel der Fahrt bestimmt. Außerdem sind es bei Inanspruchnahme einer Mitfahrerzentrale gerade die Leerfahrten, die Anlaß zur Mitnahme einer anderen Person geben; in Mietwagen dürfen bei Leerfahrten grundsätzlich keine anderen Personen mitgenommen werden (§ 49 Abs. 4).

Da das Gesetz kein Verfahren vorsieht, in dem Einzelfahrtgenehmigungen mit einer der Dringlichkeit und Unvorhersehbarkeit solcher Fahrten entsprechenden kurzen Zeit auf vereinfachte Weise erteilt werden könnten, andererseits aber die dem Gesetz unterliegenden Fahrten im PKW keinesfalls vom Gesetz untersagt sind, ist die persönliche Freiheit der PKWhalter vom PBefG 1961 in unzumutbarer Weise so weit eingeengt, daß sie in ihrem Wesensgehalt angetastet wird, ohne daß die soziale Ordnung oder die öffentliche Sicherheit hierfür Anlaß böte. Die Einbeziehung der nicht der gewerbsmäßigen Personenbeförderung dienenden PKW in die gesetzliche Regelung widerspricht mithin Art. 19 Abs. 2 in Verb. mit Art. 2 Abs. 1 GG und ist nichtig (vgl. zu § 19 Abs. 2 GG auch BGH 17. 10. 55, DÖV 729 = VerwRspr. 8, 98; BGHZ 22, 42/45 v. 12. 11. 57). Diese Nichtigkeit bezieht sich nicht etwa nur auf die Genehmigungspflicht, sondern auch auf die Einbeziehung in die übrige gesetzliche Regelung, da diese die Einzelfahrten in gleicher Weise unnötig belastet (§ 21: Betriebspflicht, § 22 Beförderungspflicht, § 23 Haftung, § 24 Genehmigungspflicht für Einstellung des Betriebs, § 46 Verbot nicht genehmigungsfähiger Fahrten, Anm. 1 zu § 46). Verbotene Fahrten sind zwar nicht strafbar (vgl. Fromm DVBl. 61, 429), können aber einen zivilrechtlichen Unterlassungsanspruch auslösen. 23

Die gesetzliche Regelung erstreckt sich seit 1. 6. 61 auch auf alle geschäftsmäßigen oder entgeltlichen Beförderungen auf einem Kraftrad. Dies ergibt sich aus § 1 Abs. 1, der alle Kfze einbezieht. Derartige Fahrten mit dem Kraftrad sind nach dem Wortlaut verboten (§ 2 Abs. 1 Nr. 4 in Verb. mit § 46 Abs. 1). Die für Personenkraftwagen vorgesehene Ausnahme (§ 1 Abs. 2 Nr. 1) gilt nicht für Krafträder. Ein Genehmigungsverfahren ist ebensowenig vorgesehen wie bei PKW. Diese Regelung schränkt die persönliche Freiheit der Halter von Krafträdern ganz erheblich ein, weil sie praktisch jede Beförderung auf dem Soziussitz oder im Beiwagen, auch die unentgeltliche, unmöglich macht, ohne daß ein Grund für eine derart einschneidende Vorschrift ersichtlich oder in den Besprechungen über das Gesetz erörtert worden wäre. Auch die Erstreckung der Vorschriften über Betriebspflicht und Beförderungspflicht auf alle mit einem Soziussitz versehenen Krafträder ist durch nichts gerechtfertigt. Die Einbeziehung der Krafträder in die gesetzliche Regelung verstößt mithin in vollem Umfang gegen Art. 19 Abs. 2 in Verb. mit Art. 2 GG. Zur gewerblichen Personenbeförderung eingesetzte Krafträder unterliegen ebensowenig einer Regelung des PBefG wie alle anderen Krafträder, da sich das Gesetz mit ihnen überhaupt nicht befaßt. 24

Damit entfallen die von den Mitfahrerzentralen (Anm. 32) wegen des Eingriffs des PBefG 1961 in die ihnen durch Art. 12 GG garantierte Berufsfreiheit vorgebrachten Bedenken. Es erübrigt sich mithin auch eine Stellungnahme, ob diese Bedenken bei Gültigkeit der private PKW und Krafträder betreffenden Regelung gerechtfertigt wären. Jedenfalls würde das Gesetz, soweit es entschädigungslos in den Gewerbebetrieb der am 1. 6. 61 bestehenden Mitfahrerzentralen eingreift, schon wegen Verstoßes gegen § 14 Abs. 3 Satz 2 GG nichtig sein (BVerwGE 3, 254/256; 5, 143/145; BVerfGE 4, 219/233). Die Tätigkeit der Mitfahrerzentralen stand jedenfalls bis 1. 6. 61 mit den Gesetzen in Einklang (BVerwG 24. 2. 56 NJW 1004). 25

E. Beförderung durch Anstalten und Körperschaften des öffentlichen Rechts

a) Die **Sonderstellung von Bundesbahn und Bundespost** (§ 13 Abs. 5) widerspricht weder Art. 3 Abs. 1 noch Art. 12 Abs. 1 GG: BVerwGE 10, 49 v. 4. 12. 59 (= VkBl. 60, 190); BGHZ 26, 42 v. 12. 11. 57 = NJW 58, 177. Der in BVerwGE 4, 89/94 v. 11. 10. 56 aufgestellten Forderung, daß über Vorhaben anderer Unternehmer im gleichen Verfahren entschieden werde wie über Vorhaben von BBahn und BPost (welche die gleiche Linie betreffen), ist nunmehr weitgehend entsprochen; denn BBahn und BPost bedürfen für ihren Omnibusvk nun ebenfalls der Genehmigung. Die „Postvereinbarung" vom 15. 6. 48 (VkBl. 35) und das Übereinkommen zu seiner Durchf. v. 10. 12. 48 (VkBl. 49, 1) waren ohnedies nicht mehr gültig; BVerwGE 10, 49. Der BBahn ist — wie allen Eisenbahnen — durch Bevorzugung des Schie- 26 nenparallel- und Schienenersatzverkehrs (§ 13 Abs. 2 Nr. 2 Buchst. c) eine Sonderstellung eingeräumt, der BPost durch § 13 Abs. 4 Satz 2 (Postsachenbeförderung). BBahn und BPost haben außerdem eine tatsächliche Vorrangstellung durch die Größe ihres Betriebs und durch die in § 13 angeordnete Bevorzugung bereits vorhandener Unternehmer oder Eisenbahnen vor neu hinzukommenden. Insofern dient das Gesetz der Konzentration des Personenverkehrs auf wenige Unternehmen.

27 b) Die ursprünglich im RegEntw. geplante Vorrangstellung der **Kommunalbetriebe** im Orts- und Nachbarortsvk wurde gestrichen. Aber auch diese Betriebe genießen eine tatsächliche Vorrangstellung wegen der bereits vorhandenen Größe ihrer Betriebe.

28 c) Das Gesetz beansprucht uneingeschränkte Geltung für jede **Beförderung von Personen**, also auch **durch Anstalten, Betriebe und Körperschaften des öffentlichen Rechts**. Der RegEntw. hatte in diesem Zusammenhang vorgeschlagen, u. a. folgende Fahrten von der Regelung des Gesetzes auszunehmen: Fahrten der Flughäfen und Fluggesellschaften zur Beförderung von Personal und Fluggästen; Fahrten von Krankenhäusern, Heilstätten und ähnlichen Einrichtungen für ihr Personal, die Kranken und ihre Besucher. Diese Vorschläge fanden nicht die Billigung des Bundestags. Der Wortlaut wurde vielmehr so allgemein gewählt, daß er nun nicht nur die genannten Betriebe umfaßt, sondern auch alle städtischen und staatlichen (oder sonstigen) Behörden und Dienststellen, die Ministerien, gesetzgebenden Körperschaften, Bundeswehr, Bundesgrenzschutz, Polizei usw. Über eine Abgrenzung des Geltungsbereichs des Gesetzes in dieser Beziehung ist den Materialien nichts zu entnehmen. Die ausdrückliche Einbeziehung der Schülerfahrten (§ 43 Abs. 1 Nr. 2) läßt jedenfalls den Schluß zu, daß Fahrten in Ausübung hoheitlicher Tätigkeit von den Vorschriften des Gesetzes nicht ausgenommen sind. Dies ergibt sich insbesondere auch durch die Einbeziehung der BPost, die die Personenbeförderung stets in Ausübung hoheitlicher Tätigkeit ausführt (BGHZ 20, 102 v. 23. 2. 56 = VRS 10, 324). Den Vorschriften unterliegen sicherlich ebenso wie bei Privatunternehmen alle Fahrten der Behörden und Anstalten des öffentlichen Rechts zur Abholung von Arbeitnehmern und Beamten an ihrem Wohnort und in ihrer Wohnung und ihre Zurückbeförderung (§ 43 Abs. 1 Nr. 1, Abs. 6), ferner auch alle Dienstreisen in behördeneigenen Omnibussen, Transporte von Gefangenen und hilflosen Pflegebedürftigen und Kranken. Für letztere ist eine Sonderregelung vorgesehen, die vom BMV im Verordnungswege zu treffen ist (§ 58 Abs. 1 Nr. 2).

29 Da Fahrten in Ausübung hoheitlicher Gewalt, bei denen Personen befördert werden, einen erheblichen Teil aller Personenbeförderungen ausmachen, kommt eine Regelung auf Grund von § 58 Abs. 1 Nr. 1 nicht in Frage. Da eine Bedürfnisprüfung und eine Prüfung der Zuverlässigkeit bei solchen Fahrten entfällt, muß die Genehmigung auf Antrag unbesehen erteilt werden. Fahrten im PKW unterliegen nach den Darlegungen in Anm. 23 dem Gesetz nur, wenn gewerbsmäßige Personenbeförderung betrieben wird; dies ist bei Fahrten in Ausübung hoheitlicher Gewalt nur ausnahmsweise der Fall. Die Einbeziehung der Fze der Körperschaften und Einrichtungen des öffentlichen Rechts wird aber bei Fahrten im LKW bedeutungsvoll (Polizei, Bundesgrenzschutz, Bundeswehr, Feuerwehr), weil § 7 Abs. 1 die Beförderung von Personen in einem LKW (auch im Führerhaus) grundsätzlich untersagt.

F. Hinweise auf die Anmerkungen zu § 1 PBefG 1934 der 21. Aufl.

30 **Zu Anm. 1 (S. 1040).** Der Begriff Landfahrzeuge ist dem Gesetz nunmehr fremd. An seine Stelle ist eine Aufzählung der der Regelung unterliegenden Fz-Arten getreten. Von Tieren gezogene Fze werden nicht mehr erfaßt. Die Beförderung mit solchen Fzen unterliegt, soweit nicht Landesrecht eine abweichende Regelung vorsieht, keinen Einschränkungen mehr.

31 **Zu Anm. 2 (S. 1040—1043).** Der Begriff „öffentlicher Vk" ist dem PBefG 1961 fremd. Es bezieht sich auf jeden Vk. Die frühere Einschränkung gilt aber noch für die BOKraft 1960, vgl. dort § 2 Abs. 1, S. 233. Abzulehnen ist auch die Ansicht von Fromm (DVBl. 61, 433), es sei zwischen beschränkt und unbeschränkt öffentlichem Vk zu unterscheiden.

32 Die Mitfahrerzentralen befördern selbst keine Personen, sondern vermitteln nur (ähnlich wie ein Reisebüro) Personenbeförderungen, unterstehen mithin nicht dem Gesetz. Ihre Tätigkeit wird, da das PBefG hinsichtlich nichtgewerbsmäßiger Personenbeförderungen im PKW und aller Beförderungen auf dem Kraftrad gegen das Grundgesetz verstößt, durch die ab 1. 6. 61 geltende Regelung nicht beeinträchtigt (Anm. 25).

33 Der Werkverkehr unterliegt ab 1. 6. 61 dem Gesetz in gleicher Weise wie jede andere Personenbeförderung mit Omnibussen oder Lastkraftwagen. Dies gilt auch für die Beförde-

rung von Arbeitnehmern zwischen Arbeitsstätten desselben Betriebs zu betrieblichen Zwecken. In letzterem Fall bedarf der Arbeitgeber zwar keiner Genehmigung, die Fahrten unterliegen aber der Betriebspflicht, Beförderungspflicht und der übrigen Regelung des Gesetzes mit Ausnahme des Verbots der Beförderung im LKW (§ 7). Der Werkvk mit leichten Kombiwagen oder mit PKW unterliegt dagegen nicht dem Gesetz, sofern der Unternehmer kein Beförderungsgewerbe betreibt (Anm. 18—23). Dies ist von Bedeutung für die Beförderung von Handelsvertretern im sog. Kolonneneinsatz und für die Beförderung von Handwerkern, die nicht Arbeitnehmer des Kfzhalters sind. Dagegen ist der werkseigene Berufsvk vom Gesetz erfaßt, auch wenn er mit PKW (oder Kleinbussen) durchgeführt wird; denn er ist seit 1. 6. 61 eine „Sonderform" des Linienverkehrs (§ 43 Abs. 1 Nr. 1). Die für ihn eingesetzten PKW oder Kleinbusse dürfen zu keinem anderen Zweck verwendet werden (§ 45 Abs. 6). Dies gilt auch für Dienstwagen von Behörden, die zur Abholung von Beamten oder Angestellten in ihrer Wohnung verwendet werden.

Bestattungsunternehmer, die Trauergäste zum Friedhof und zurück fahren, unterliegen auch ab 1. 6. 1961 nicht dem PBefG, sofern sie zur Beförderung nur PKW, Kleinbusse oder leichte Kombiwagen (§ 7 Abs. 1 Satz 2) verwenden; denn diese Unternehmer betreiben kein Personenbeförderungsgewerbe. 34

Zu Anm. 3 (S. 1042, 1043). Die Beförderung des Reisegepäcks gehört zur Personenbeförderung, Näheres siehe 21. Aufl. 35

Zu Anm. 4 bis 7a. Der Begriff Kfz. ist im PBefG nicht definiert, er ist in § 1 Abs. 2 StVG, § 4 Abs. 1 StVZO und § 8 Abs. 7 StVO übereinstimmend festgelegt. Anhänger sind keine Kfze (21. Aufl. Anm. A II zu § 23 StVG). Da aber nach § 9 Abs. 1 Nr. 3 die Genehmigung für den Betrieb der Linie erteilt wird (Anhänger sind nur im Linienvk zulässig), müssen die Anhänger (allerdings nur nach Zahl, Art und Fassungsvermögen, § 17 Abs. 2 Nr. 8) in der Genehmigungsurkunde aufgeführt sein. Etwas anderes will auch wohl § 4 Abs. 5 nicht besagen; er gibt aber darüber hinaus die Grundlage für eine nähere Regelung in der BOKraft. 36

Zu Anm. 8. Die Abgrenzung der Straßenbahnen, Hoch- und Untergrundbahnen, Schwebebahnen und ähnlichen Bahnen (z.B. der Alwegbahn) von den übrigen Schienenbahnen (den Eisenbahnen und Bergbahnen) ist nun in § 4 Abs. 1 und 2 sorgfältig festgelegt. Einteilung der anderen Schienenbahnen: siehe 21. Aufl. 37

Zu Anm. 9. Landkraftposten sind nun in § 5 definiert. 38

Zu Anm. 10. Ausnahmegenehmigungen im Einzelfall sind — abgesehen von § 7 (LKW) — nicht mehr möglich. Die Zuständigkeit des BMV war ohnedies nach Art. 83 GG entfallen. Allgemeine Befreiungen sind nur noch für nicht besonders ins Gewicht fallende Beförderungsfälle zulässig; zuständig ist der BMV (§ 58 Abs. 1 Nr. 1). Er hat hiervon bis jetzt nicht Gebrauch gemacht. Die bis 1. 6. 61 für Krafträder bestehende Ausnahmevorschrift (RVM 18. 3. 38, RVkBl. B 58) gilt ab 1. 6. 61 nicht mehr. Krafträder unterliegen jedoch, da dies dem GG widerspricht (Anm. 24), dem PBefG nicht. 39

§ 2 Genehmigungspflicht

(1) Wer im Sinne des § 1 Abs. 1

1. mit Straßenbahnen,

2. mit Obussen,

3. mit Kraftfahrzeugen im Linienverkehr (§§ 42 und 43) oder

4. mit Kraftfahrzeugen im Gelegenheitsverkehr (§ 46)

Personen befördert, muß im Besitz einer Genehmigung sein. Er ist Unternehmer im Sinne dieses Gesetzes.

(2) Der Genehmigung bedarf ferner jede Erweiterung oder wesentliche Änderung des Unternehmens, die Übertragung der aus der Genehmigung erwachsenden Rechte und Pflichten sowie die Übertragung des Betriebs auf einen anderen.

(3) Der Genehmigung bedarf der Arbeitgeber nicht für die Beförderung der Arbeitnehmer zwischen Arbeitsstätten desselben Betriebes zu betrieblichen Zwecken.

(4) Einer Genehmigung bedarf es nicht zum vorübergehenden Einsatz von Kraftfahrzeugen bei Notständen und Betriebsstörungen im Verkehr, insbesondere im Schienen-, Bergbahn- oder Obusverkehr. Wenn die Störungen länger als 72 Stunden dauern, haben die Unternehmer der von der Störung betroffenen Betriebe der Genehmigungsbehörde (§ 11) Art, Umfang und voraussichtliche Dauer eines solchen vorübergehenden Einsatzes von Kraftfahrzeugen unverzüglich mitzuteilen.

Inhaltsübersicht

A. Zweck der Regelung

1 Die Regelung geht nicht — wie etwa in der Schweiz (AutomobilkonzessionsVO v. 4. 1. 60, vgl. VkBl. 61, 40) — von einem staatlichen Personenbeförderungsregal (etwa vom Postregal) aus. Das Gesetz verneint das Bestehen eines derartigen Regals und spricht jedermann das Recht auf Personenbeförderung zu. Lediglich zum Schutz der Sicherheit und Ordnung wird eine Genehmigung der (dem Landesrecht vorbehaltenen) Genehmigungsbehörde für erforderlich erklärt. Zweck dieser Vorschrift ist die behördliche Nachprüfung des Sachverhalts in der Richtung, ob der Unternehmer zuverlässig und in der Lage ist, den Betrieb in der beantragten Form einwandfrei und den hierfür geltenden Bestimmungen entsprechend durchzuführen. Die Vorschrift dient mithin dem Schutz der die Beförderungsmöglichkeit in Anspruch nehmenden und der auf sie angewiesenen Personen, außerdem bei gewissen für die Bevölkerung besonders bedeutsamen Verkehrsarten dem Fortbestand bewährter Verkehrsverbindungen und Beförderungsmöglichkeiten (VGH Karlsruhe 6. 3. 51 DVBl. 51, 444; LandesverwG Rheinland-Pfalz 11. 9. 51 DVBl. 52, 187; BayVGH 28. 5. 51 DVBl. 52, 178; 18. 2. 55 DVBl. 253) durch Schutz der für die Allgemeinheit unentbehrlichen Unternehmen vor existenzvernichtendem Wettbewerb (§§ 8, 13; Einzelheiten siehe dort). Nur diese besonders geschützten Unternehmen (vgl. auch Anm. 1 zu § 14) haben, wenn ein anderer einen Betrieb ohne Genehmigung eröffnet, einen Schadensersatz und Unterlassungsanspruch aus § 823 Abs. 2 BGB (BGHZ 26, 42 v. 12. 11. 57 = NJW 58, 177; BGH 7. 1. 58 LM Nr. 3 zu PBefG; Celle 7. 1. 53 und 26. 5. 54, VRS 5, 183 und 7, 440; Hamm 19. 2. 54 VRS 7, 262; München 24. 3. 55 VRS 9, 278; Bamberg 21. 3. 56 NJW 1601). Der Unterlassungsanspruch kann — so meint der BGH — auch auf § 1 UWG gestützt werden. Die Möglichkeit einer strafrechtlichen Verfolgung (§ 60) steht dem Rechtsschutzinteresse an einer Unterlassungsklage nicht entgegen (BGH 21. 5. 57 LM Nr. 1 zu PBefG = NJW 1718 m. Anm. Heinze). Einen Schadensersatzanspruch haben auch die Personen, die auf eine Verkehrsverbindung angewiesen sind, die infolge des unbefugten Wettbewerbs eingestellt werden mußte.

Beförderung ohne Genehmigung ist ein Vergehen (§ 60 Abs. 1), wenn eine nach §§ 38, 41, 42, 43, 47, 48 oder 49 genehmigungsfähige Fahrt ausgeführt wird; straffrei sind aber die vom Gesetz (nach § 46) verbotenen Fahrten (Anm. 3 zu § 60).

B. Form der Genehmigung

2 Die Genehmigung ist vor Beginn der Tätigkeit zu beantragen. Bis zur Erteilung werden wegen der Kompliziertheit des Verfahrens (§§ 14, 15) in der Regel Monate vergehen. Vor Rrechtskraft des auf den Antrag ergehenden Beschlusses oder — falls der Verwaltungsrechtsweg beschritten wird — des verwaltungsgerichtlichen Urteils darf eine Genehmigungsurkunde nicht erteilt (§ 17 Abs. 1), vor Erteilung der Urkunde der Betrieb nicht eröffnet werden. Das schwerfällige Verfahren vermag den Wandlungen des Verkehrsbedürfnisses nur mit Verzögerung zu folgen; deshalb kann im Kfz-Linienvk eine einstweilige Erlaubnis erteilt werden (§ 20).

C. Gegenstand der Genehmigung 3

ist bei Straßenbahnen und Obussen der Bau, der Betrieb und die Linienführung, beim Kfz-Linienvk die Einrichtung und der Betrieb der Linie, ferner die einzelnen Kfze und Anhänger (Anm. 12, 13 zu § 1). Beim Gelegenheitsvk ist Gegenstand der Genehmigung die Ausübung und Form des Vks und die einzelnen nach ihren pol. Kennzeichen aufzuführenden Fze. Eine Genehmigung für nach § 1 genehmigungspflichtige Einzelfahrten kann mangels gesetzlicher Verfahrensgrundlage nicht erteilt werden; § 1 verstößt insoweit gegen das Grundgesetz (Anm. 18 bis 24 zu § 1).

D. Frühere Regelung 4

Es entsprechen sich folgende Vorschriften: Abs. 1: § 2 PBefG 1934; Abs. 2: § 5 Abs. 2 PBefG 1934; Abs. 3: RVM 15. 2. 39, RVkBl. B 72 (dort war allerdings auch die Beförderung von und zu Gemeinschaftsunterkünften genehmigungsfrei); Abs. 4: Dir. f. Verw. u. Vk. v. 9. 6. 49, VkBl. 65.

E. Einzelheiten 5

a) **Berufsvk. in der Form des Werkverkehrs.** Der RegEntw. hatte auch die Beförderung von Arbeitnehmern von und zu ihrer Wohnung durch den Arbeitgeber von der Genehmigung befreit und lediglich die Möglichkeit einer Untersagung aus besonderem Anlaß vorgesehen. Diese Vorschrift wurde gestrichen. Dadurch ist zwar materiell keine Änderung eingetreten; denn der Arbeitgeber hat einen Anspruch, einen Verkehr dieser Art genehmigt zu erhalten, wenn nicht besondere Gründe dagegen sprechen. Der Unternehmer muß jedoch das allgemeine Anhör- und Genehmigungsverfahren beschreiten. Wegen dessen Langwierigkeit kann ihm eine einstweilige Erlaubnis erteilt werden (§§ 20, 43). Das Gesetz greift ohne Anordnung einer Entschädigung in die am 1. 6. 61 bestehenden Werk-Berufsverkehre ein, verstößt daher gegen Art. 14 Abs. 3 Satz 2 GG und ist insoweit nichtig. Das bedeutet, daß bestehende Werk-Berufsverkehre (§ 43 Abs. 1 Nr. 1) unbefristet ohne Genehmigung weiter betrieben werden dürfen. Eine Möglichkeit zur Untersagung des Betriebs besteht in diesen Fällen infolge Streichung der entsprechenden Vorschrift des RegEntwurfs nicht. Das Bestehen unbefristeter Betriebserlaubnisse ist im PBefRecht nichts Ungewöhnliches; insbesondere besitzen zahlreiche Straßenbahnen Erlaubnisse dieser Art, in die das Gesetz nicht eingreift (Anm. 7 zu § 16).

Unternehmer, die im Rahmen eines betriebseigenen Werkverkehrs Berufsvk. (§ 43 Abs. 1 Nr. 1) betreiben, sind den gewerblichen Personenbeförderungsunternehmen gleichgestellt (§ 13 Abs. 2 Nr. 2 Buchst. c). Sie haben mithin das Vorrecht vor neuen gewerblichen Unternehmen bei der Einrichtung neuer Linien. Eine Beschränkung dieses Vorrechts auf den Berufsvk sieht das PBefG nicht vor. Auch Arbeitgeber, die Arbeitnehmer zwischen verschiedenen Arbeitsstätten ihres Betriebs ohne Genehmigung befördern (§ 2 Abs. 3), sind den anderen Personenbeförderungsunternehmen durch das PBefG 1961 gleichgestellt worden (Anm. 7 zu § 1). Sie genießen insbesondere bei Einrichtung eines Berufsverkehrs den Vorrang des § 13 Abs. 2 Nr. 2 Buchst. c. Andererseits unterliegen sie ebenfalls den Pflichten der §§ 21ff. Der früher bestehende Vorrang der Unternehmen, die gewerbsmäßig Personenvk betreiben, ist vom PBefG 1961 nicht übernommen worden. 6

b) **Beförderung zur Arbeitsstätte.** Arbeitsstätte ist jeder Arbeitsplatz, an dem ein Arbeitnehmer, wenn auch nur vorübergehend — vielleicht nur für Minuten — eingesetzt ist (z.B. bei Bau-, Installations-, Reparatur- oder Transportarbeiten oder bei Betätigung als Schreibkraft, Ingenieur oder Handelsvertreter). Bei den sog. Leiharbeitsverhältnissen (Geigel, Haftpflichtprozeß, 10. Aufl. 27, 92) hat jeder der beiden Arbeitgeber das Recht, die Beförderung auszuführen. Darauf, ob der Arbeitnehmer ein Entgelt bezahlt, kommt es bei der Freistellung des § 2 Abs. 3 nicht an. 7

c) **Notstände im Vk** (Abs. 4). Wenn irgendein Verkehrsmittel ausfällt (auch Eisenbahn, Schiff oder Flugzeug) und hierdurch Schwierigkeiten für die Personen entstehen, die auf das ausgefallene Verkehrsmittel angewiesen sind oder es benutzen wollten, kann der Unternehmer dieses Verkehrsmittels — dies ergibt sich aus Satz 2 — vorübergehend ohne Genehmigung Kfze einsetzen, sei es entgeltlich oder unentgeltlich (so auch die Begründung des RegEntw.). Das gleiche gilt bei einer Betriebsstörung, die keinen Notstand im Vk zur Folge hat. Unberührt bleiben die Meldepflichten nach BOStrab und BOKraft (soweit der Unternehmer diesen Vorschriften unterliegt). Im RegEntw. wird die Ansicht vertreten, Betriebs- 8 unterbrechungen durch gewerkschaftliche Streiks seien keine Betriebsstörungen. Diese Auffassung dürfte dem Gesetzestext widersprechen; der genehmigungsfreie Einsatz von Kfzen ist aber unabhängig von der Streitfrage jedenfalls zulässig, wenn durch den Streik nicht nur eine Betriebsstörung, sondern ein Notstand im Vk. entsteht.

9 d) Nach Abs. 2 bleibt sowohl die **Übertragung** der aus der Genehmigung erwachsenen Rechte und Pflichten zulässig wie auch die Übertragung des Betriebs einschließlich der hierzu erteilten Genehmigung. Die Übertragung erfolgt wie die Übertragung bürgerlicher Rechte nach § 413 BGB, obwohl es sich um öffentliche Rechte handelt. Der RegEntw. wollte die Übertragung nur in Ausnahmefällen (Alter, Krankheit) zulassen und vertrat die Ansicht, die Genehmigung sei kein Handelsobjekt. Die gesetzgebenden Körperschaften billigten diese Ansicht der Bundesreg. nicht. Es bestehen daher keine Bedenken gegen die Verwertung der Genehmigung durch Pfändung, Versteigerung oder durch den Konkursverwalter (vgl. Anm. 17 zu § 13). Die Übertragung bedarf zwar der Genehmigung; die Prüfung hat sich aber bei diesem Vorgang auf die in § 13 Abs. 1 genannten Voraussetzungen zu beschränken (§ 13 Abs. 6). Dies entspricht dem bisherigen Rechtszustand (§ 4 DV 1935), der allerdings seit 1942 außer Kraft gesetzt worden war.

Der Übergang beim Tod des Unternehmers (BVerwG 13. 1. 55 VRS 9, 156) ist nun ausführlich in § 19 geregelt.

§ 3 Unternehmer

(1) Die Genehmigung wird dem Unternehmer für einen bestimmten Verkehr (§ 9) und für seine Person (natürliche oder juristische Person) erteilt.

(2) Der Unternehmer oder derjenige, auf den der Betrieb übertragen worden ist (§ 2 Abs. 2), muß den Verkehr im eigenen Namen, unter eigener Verantwortung und für eigene Rechnung betreiben. Die von der Landesregierung bestimmte Behörde kann in Einzelfällen Ausnahmen zulassen.

1 a) Der Grundsatz der **Bindung der Genehmigung an eine bestimmte Person** stammt aus § 10 PBefG 1934. Der Unternehmer braucht keine natürliche Person zu sein, er kann eine juristische Person des bürgerlichen oder öffentlichen Rechts sein, aber auch eine Gesamthandsgemeinschaft (OHG, KG, Erbengemeinschaft); dies ergibt sich aus § 19.

2 b) Schon vor dem 1. 6. 61 (21. Aufl. Anm. 4 zu § 2 mit Hinweisen) hatte der Unternehmer den Betrieb im eigenen Namen und auf eigene Rechnung in eigener Verantwortlichkeit zu führen. Ein Unternehmer kann zwar einen zweiten Unternehmer mit der Durchführung von Verkehrsaufgaben betrauen, in diesem Falle bedarf aber auch der „Subunternehmer“ einer Genehmigung (z. B. wenn ein kommunaler Verkehrsbetrieb Privatunternehmer mit der Durchführung gewisser Liniendienste beauftragt, vgl. Anm. 3 zu § 9). Über die Verantwortlichkeit des Unternehmers bei gewerbsmäßiger Personenbeförderung enthält § 3 BOKraft genauere Vorschriften (siehe die Anmerkungen hierzu S. 234). Zur Wahrung seiner Aufgaben kann der Unternehmer einen Betriebsleiter (§ 4 BOKraft) bestellen. Bei großen Unternehmen können mehrere für einzelne Betriebszweige oder Betriebsstellen verantwortliche Betriebsleiter bestellt werden.

3 c) „Im eigenen Namen“ bedeutet, daß der Unternehmer nach außen hin als Inhaber des Unternehmens auftreten muß, „für eigene Rechnung“, daß dem Unternehmer Lasten und Nutzungen des Betriebs mindestens zu einem erheblichen Teil zufallen müssen. Bei geschäftsmäßiger unentgeltlicher Beförderung kommen in diesem Zusammenhang nur die Lasten in Betracht. „In eigener Verantwortung“ will besagen, daß die nach außen als Inhaber des Betriebs auftretende Person auch gegenüber der Genehmigungs- und Aufsichtsbehörde die Verantwortung für die ordnungsgemäße Durchführung des Betriebs trägt. Sie muß allerdings nicht notwendig auch Halter der im Betrieb eingesetzten Fze sein (vgl. Beauftragung von „Subunternehmern“).

4 d) Die den „Unternehmer“ betreffenden Vorschriften des Gesetzes gelten für jede Person, die den Begriff des „Unternehmers“ nach dem PBefG erfüllt, auch wenn sie keine Genehmigung besitzt (sei es, weil sie keiner bedarf, wie bei § 2 Abs. 3, sei es, weil sie widerrechtlich keine beantragt hat). Da im PBefG die Beschränkung auf das Beförderungsgewerbe weg-

gefallen ist, ist Unternehmer auch, wer Personen aus privaten (z.B. aus ideellen) Gründen oder im Rahmen einer sonstigen beruflichen Tätigkeit befördert. Dabei gilt jede Mitnahme eines anderen im Kfz als „Beförderung". Die Ausweitung des PBefG 1961 auf alle Beförderungen im PKW oder auf dem Kraftrad verstößt gegen Art. 19 Abs. 2, Art. 2 Abs. 1 oder gegen Art. 12 GG (Anm. 18 bis 24 zu § 1). Sind nur PKW eingesetzt, so ist Unternehmer, wer ein Beförderungsgewerbe mit diesen Kfzen im eigenen Namen, unter eigener Verantwortung und für eigene Rechnung betreibt.

e) Eine eigene Regelung für **Reisebüros**, wie sie noch § 48 Abs. 6 RegEntw. enthielt, kennt 5
das Gesetz nicht. Reisebüros bedürfen daher weiterhin der Genehmigung, wenn sie Fahrten (vor allem Ferienziel-Reiseverkehr, § 43 Abs. 2) selbst veranstalten (nicht etwa nur vermitteln), auch wenn sie mit der Durchführung der Fahrten Unternehmer beauftragen, die selbst eine Genehmigung besitzen (RVM 16. 11. 35, RVkBl. B 176 und Oppelt 5. Aufl. S. 184). Der RegEntw. hatte vorgeschlagen, dieses System zu ändern, weil es als Anreiz für die Reisebüros wirkt, sich einen eigenen Fahrzeugpark zuzulegen; er konnte aber nicht durchdringen. Obwohl RVM 16. 11. 35 durch § 65 Abs. 2 Nr. 9 PBefG 1961 aufgehoben wurde, bedürfen auch seit dem 1. 6. 61 lediglich diejenigen Reisebüros keiner Genehmigung nach dem PBefG, die sich darauf beschränken, von anderen Unternehmen oder von anderen Reisebüros durchgeführte Fahrten lediglich zu vermitteln. Angesichts des Umstands, daß zahlreiche Reisebüros seit Jahren eigene Reisen veranstalten, wird man den anderen eine Genehmigung nach dem PBefG nicht vorenthalten können, wenn sie darum nachsuchen. Im übrigen gilt für Reisebüros das Ges. v. 26. 1. 37, RGBl. I 31.

f) Die **Zulassung von Ausnahmen** (Abs. 2 Satz 2) soll es — nach dem RegEntw. — vor 6
allem den „Straßenbahn- und Obuskonzessionären" ermöglichen, den Betrieb großen Betriebsunternehmen zu übergeben. In diesen Fällen wird jedoch in der Regel eine Übertragung der Genehmigung oder des Betriebs (Anm. 8 zu § 2) den Zweck besser erfüllen, so daß für Ausnahmegenehmigungen selten Raum sein dürfte.

§ 4 Straßenbahnen, Obusse, Kraftfahrzeuge

(1) Straßenbahnen sind Schienenbahnen, die

1. den Verkehrsraum öffentlicher Straßen benutzen und sich mit ihren baulichen und betrieblichen Einrichtungen sowie in ihrer Betriebsweise der Eigenart des Straßenverkehrs anpassen oder

2. einen besonderen Bahnkörper haben und in der Betriebsweise den unter Nummer 1 bezeichneten Bahnen gleichen oder ähneln

und ausschließlich oder überwiegend der Beförderung von Personen im Orts- oder Nachbarschaftsbereich dienen.

(2) Als Straßenbahnen gelten auch Bahnen, die als Hoch- und Untergrundbahnen, Schwebebahnen oder ähnliche Bahnen besonderer Bauart angelegt sind oder angelegt werden, ausschließlich oder überwiegend der Beförderung von Personen im Orts- oder Nachbarschaftsbereich dienen und nicht Bergbahnen oder Seilbahnen sind.

(3) Obusse im Sinne dieses Gesetzes sind elektrisch angetriebene, nicht an Schienen gebundene Straßenfahrzeuge, die ihre Antriebsenergie einer Fahrleitung entnehmen.

(4) Kraftfahrzeuge im Sinne dieses Gesetzes sind Straßenfahrzeuge, die durch eigene Maschinenkraft bewegt werden, ohne an Schienen oder eine Fahrleitung gebunden zu sein, und zwar sind

1. Personenkraftwagen: Kraftfahrzeuge, die nach ihrer Bauart und Ausstattung zur Beförderung von nicht mehr als neun Personen (einschließlich Führer) geeignet und bestimmt sind,

2. **Kraftomnibusse: Kraftfahrzeuge, die nach ihrer Bauart und Ausstattung zur Beförderung von mehr als neun Personen (einschließlich Führer) geeignet und bestimmt sind,**
3. **Lastkraftwagen: Kraftfahrzeuge, die nach ihrer Bauart und Einrichtung zur Beförderung von Gütern bestimmt sind.**

(5) Anhänger, die von den in Absatz 1 bis 4 genannten Fahrzeugen zur Personenbeförderung mitgeführt werden, sind den sie bewegenden Fahrzeugen gleichgestellt.

1 a) Der Begriff **Straßenbahn** stammt aus § 3 PBefG 1934 (siehe die Anmerkungen in der 21. Aufl. hierzu).

2 aa) Über den **Unterschied zur Eisenbahn** sagt der RegEntw., es komme darauf an, „ob die Merkmale der Bau- und Betriebsweise einer Straßenbahn diejenigen Merkmale überwiegen, die für eine Einreihung als Eisenbahn im Sinne des Allgemeinen Eisenbahngesetzes sprechen. Dabei ist es unerheblich, ob eine Straßenbahn innerhalb des Verkehrsraumes einer öffentlichen Straße fährt ... (oder nicht) ... oder eine Straßenbahn den besonderen Bahnkörper einer Eisenbahnstrecke mitbenutzt". Zur Statistik der Straßenbahnen und zum Begriff „Eisenbahn": Rautenberg-Frantzioch Anm. 1 zu § 4.

3 bb) **Nachbarorte** sind auch Orte, die keine gemeinsame Grenze haben aber (RegEntw.:) „in einem weiteren Sinne einander benachbart sind". Der Begriff Nachbarschaft wurde hinzugefügt, um auch Siedlungen und Arbeitsstätten zu erfassen, die nicht zu einem Nachbarort gehören.

4 b) Der **Vk mit Obussen** ist ab 1. 6. 61 nicht mehr Linienverkehr mit Kfzen im Sinn des PBefG (wohl aber noch im Sinn der BOKraft). Der RegEntw. vertritt die Ansicht, das Wort „Fahrleitung" sei weit auszulegen, auch Gyrobusse würden erfaßt. Gyrobusse werden durch ein unter dem Fußboden waagrecht liegendes großes Schwungrad angetrieben, das jeweils an den Endhaltestellen der Linie durch einen eingebauten Elektromotor neu in Drehung versetzt wird. An den Endhaltestellen sind für diesen Vorgang Zapfstellen für elektrischen Strom vorgesehen, im übrigen hat die Strecke keine Fahrleitung. Es ist nicht einzusehen, warum Gyrobusse den Obussen gleichgestellt sein sollen, nicht aber die in gleicher Weise auf elektrische Zapfstellen angewiesenen Akkumulatoromnibusse (die allerdings derzeit nicht gebräuchlich sind). Angesichts des den Obusunternehmern zustehenden Enteignungsrechts für Errichtung von Bau- und Betriebsanlagen ist die erweiternde Auslegung jedenfalls mit Vorsicht zu handhaben.

5 Trotz der Neuregelung im PBefG bleiben die Obusse Kfze im Sinn von § 1 Abs. 2 StVG — insbesondere hinsichtlich der zivilrechtlichen Haftung — und im Sinne der beförderungssteuerrechtlichen Vorschriften. Auch die BOKraft (§§ 22ff., vor allem § 27 Abs. 2) zählt die Obusse noch zu den Omnibussen.

6 c) Der **Vk mit Kfzen.** war bis 1. 6. 61 in § 2 Abs. 3 bis 5 DV 1935 geregelt (21. Aufl. Anm. 5 zu § 2). Große Bedeutung hat die Begriffsänderung bei PKW. Während bis 1. 6. 61 alle Wagen mit mehr als 8 Sitzplätzen (einschließl. Führer) Omnibusse waren, ist die Zahl auf 9 heraufgesetzt. Damit sind alle derzeit üblichen Kleinbusse zu PKW geworden. Darauf, unter welcher Bezeichnung das Fz nach der StVZO zugelassen worden ist (Müller, Pol. 51, 291), kommt es ab 1. 6. 61 nicht mehr an. Auch die Frage, wann ein Kombiwagen PKW ist, ist nun im Gesetz geregelt (§ 7 Abs. 1 Satz 2).

7 d) Personenbeförderung in **Anhängern** ist außer bei Straßenbahnen und Obussen überhaupt nur im Linienvk mit Omnibussen zulässig. Die für Straßenbahnen, Obusse und Omnibusse geltenden Vorschriften des PBefG gelten auch für die jeweils mitgeführten Anhänger.

§ 5 Landkraftposten

Landkraftposten sind Kraftwagenverbindungen der Deutschen Bundespost, die mit posteigenen Kraftfahrzeugen von nicht mehr als 1,75 Tonnen Nutzlast betrieben werden, die der Postsachenbeförderung über Land dienen und zusätzlich für die Beförderung von nicht mehr als fünf Personen (einschließlich Führer) bestimmt sind.

§ 5 entspricht § 2 Abs. 5 DV 1935 (21. Aufl. Anm. 9 zu § 1); die Zahl der Sitzplätze und des Gewichts war durch ME (RVkBl. 42, 127 und VkBl. 52, 394) in der Weise geändert worden, wie sie nun in den Gesetzestext übernommen wurde. Beförderungen mit Landkraftposten fallen überhaupt nicht unter die Regelung des PBefG (§ 1 Abs. 2 Nr. 2). Es gibt also weder eine Betriebs- noch eine Beförderungspflicht. Hinsichtlich der Postordnung siehe Rautenberg-Frantzioch Anm. 1 zu § 5. 1

§ 6 Umgehungsverbot

Die Verpflichtungen des Unternehmers nach diesem Gesetz werden durch rechtsgeschäftliche oder firmenrechtliche Gestaltungen oder Scheintatbestände, die zur Umgehung der Bestimmungen des Gesetzes geeignet sind, nicht berührt.

Die Vorschrift lehnt sich an § 6 PBefG 1934 an (siehe die Anmerkungen der 21. Aufl. hierzu). Nur der Mißbrauch ungewöhnlicher oder in Wirklichkeit nicht gewollter Rechtsformen erfüllt den Tatbestand, nicht dagegen jede Gestaltung der Rechtsverhältnisse, die den Vorschriften des Gesetzes Rechnung trägt, die für den Unternehmer gerade am günstigsten sind (vgl. BGH 3. 3. 60, NJW 1057, für GüKG). 1

§ 7 Beförderung von Personen auf Lastkraftwagen und auf Anhängern hinter Lastkraftwagen und Zugmaschinen

(1) Zu einer Personenbeförderung, die nach diesem Gesetz genehmigungspflichtig ist, dürfen Lastkraftwagen sowie Anhänger jeder Art hinter Lastkraftwagen oder hinter Zugmaschinen nicht verwendet werden. Als Lastkraftwagen im Sinne dieser Bestimmung gelten auch Kraftfahrzeuge, die zur gleichzeitigen oder wahlweisen Beförderung von Personen und Gütern als Kombinationskraftwagen nach der Straßenverkehrs-Zulassungs-Ordnung zugelassen sind, wenn sie weniger als vier feste Sitzplätze haben und ihr zulässiges Gesamtgewicht 2 Tonnen übersteigt.

(2) Die Genehmigungsbehörde kann in Einzelfällen Ausnahmen zulassen.

a) **Gründe und Umfang des Verbots.** Der RegEntw. begründet das Verbot mit den Erfordernissen der Verkehrssicherheit. Daneben gelten aber auch noch die in § 34 StVO enthaltenen Vorschriften über die Beförderung von Personen auf der Ladefläche. Im Gegensatz zu dieser Vorschrift gilt § 7 auch für die Beförderung von Personen im Führerhaus. Auch im Führerhaus dürfen mithin in keinem Fall andere Personen befördert werden, als Arbeitnehmer des Unternehmers, und auch diese nur zwischen Arbeitsstätten desselben Betriebs zu betrieblichen Zwecken. Damit ist die (bis 1. 6. 61 in BMV 30. 3. 51, VkBl. 110 und BMV 15. 9. 52, Oppelt 5. Aufl. 1 i zu § 2 geregelte) Frage beantwortet, inwieweit auf LKW und Möbelwagen Begleitpersonen (Arbeitskräfte der umziehenden Person) mitgenommen werden dürfen. Dies ist ab 1. 6. 61 ausnahmslos untersagt. Der Unternehmer darf nur noch Arbeitskräfte mitfahren lassen, deren Arbeitgeber er selbst ist; a. M. Rautenberg-Frantzioch Anm. 1 zu § 7. 1

Die Mitnahme einzelner Personen aus Gefälligkeit ist bei allen LKW ab 1. 6. 61 ebenfalls untersagt. Man wird wohl in Notfällen (bei Unfällen oder Pannen eines anderen Wagens auf freier Strecke) Ausnahmen zulassen müssen. Der Unternehmer darf mit seinem LKW fahren, auch wenn er nicht am Lenkrad sitzt (auch dies ist allerdings im Gesetz nicht gesagt). Ferner muß auch das Mitfahren eines zweiten als Ablösung vorgesehenen Fahrers gestattet sein. Das Mitfahren von Arbeitnehmern des Unternehmers zum Zwecke des Be- und Entladens des LKW fällt unter den Begriff der Beförderung „zwischen Arbeitsstätten". Dasselbe muß auch für einen mitfahrenden Angestellten gelten, der bei den Kunden den geschäftlichen Teil erledigt. Bei Leiharbeitsverhältnissen ist auch der „entleihende" Arbeitgeber zur Beförderung der Arbeitnehmer an die Arbeitsstätte befugt (Anm. 7 zu § 2). 2

b) **Kombiwagen** (im Sinne des PBefG) ist ein nach § 23 Abs. 1 Satz 5 StVZO unter dieser Bezeichnung zugelassenes Fz nur dann, wenn 3

aa) entweder sein Gesamtgewicht 2 t nicht übersteigt

bb) oder das Gesamtgewicht zwar höher ist (z. Z. nach § 23 StVZO allerdings höchstens 2,5 t), es aber vier oder mehr Sitzplätze einschließlich des Fahrers hat.

Diese „Kombinationskraftwagen" sind keine LKW, sondern PKW im Sinne des PBefG. Nur wenn sie mehr als neun Sitzplätze haben sollten — was allerdings kaum jemals vorkommen wird —, sind sie Omnibusse. In Kombiwagen dürfen von Unternehmen, die nicht gewerbsmäßig Personenbeförderung betreiben, Personen mitgenommen werden, ohne daß diese Fahrten der gesetzlichen Regelung unterworfen wären (Anm. 18 bis 23 zu § 1). Die Verschärfung der Vorschriften hinsichtlich der LKW verstößt im Gegensatz zu denen für PKW nicht gegen das Grundgesetz (Anm. 17 zu § 1).

4 Kombiwagen, die zur gewerbsmäßigen Personenbeförderung verwendet werden sollen, können erst nach Erteilung der Genehmigung eingesetzt werden. Der RegEntw. meint dazu, eine nebenberufliche Personenbeförderung durch Geschäftsleute, Handwerker usw. werde keine große Bedeutung gewinnen können. Immerhin besteht hierfür gelegentlich ein öffentliches Verkehrsinteresse. Insbesondere sind die Bewohner abgelegener Ortschaften und Einzelgehöfte darauf angewiesen, von den Geschäftsleuten, die sie mit den nötigen Lebensmitteln und Bedarfsgegenständen regelmäßig versorgen, zum nächsten öffentlichen Verkehrsmittel oder zur nächsten Stadt gegen Entgelt mitgenommen zu werden.

5 c) Die Möglichkeit, in Einzelfällen Ausnahmen zuzulassen (Abs. 2), hatte der RegEntw. nicht vorgesehen. Infolge der für Industrie, Handwerk und Handel äußerst einschneidenden Beschränkungen ist die Vorschrift notwendig, um allzu unbillige Härten zu mildern. Allgemeine Ausnahmen genehmigt der BMV durch Rechtsverordnung (§ 58 Abs. 1 Nr. 1).

§ 8 Ausgleich der Verkehrsinteressen

Mit dem Ziel bester Förderung des Verkehrs haben der Bundesminister für Verkehr und die Landesregierungen darauf hinzuwirken, daß die Interessen der verschiedenen Verkehrsträger im Personenverkehr ausgeglichen und ihre Leistungen und ihre Entgelte aufeinander abgestimmt werden. Eine freiwillige Zusammenarbeit der Verkehrsträger ist zu fördern.

1 a) Der RegEntw. enthielt in einem vom Bundestag gestrichenen Abs. 2 Grundsätze für die Ausübung des Ermessens bei der Erteilung von Genehmigungen. Die Grundsubstanz wurde in § 13 Abs. 2 Nr. 2 Buchst. c übernommen, allerdings ohne das im RegEntw. vorgeschlagene Vorrecht der Kommunalbetriebe für den Orts- und Nachbarortsverkehr. Andererseits wurden auch die Bestimmungen gestrichen, die den Kommunalbetrieben Ferienzielreisen und über eine Tagesfahrt hinausgehende Ausflüge untersagten.

2 b) Der übriggebliebene Wortlaut der Vorschrift wurde — anders als § 13 — der Entscheidung des BVerfG v. 8. 6. 60 (Vorb. 2 vor § 1) nicht angepaßt. Er steht mit dieser insoweit in gewissem Widerspruch, als das BVerfG die Vorstellung von der Notwendigkeit einer umfassenden Planung und Lenkung des gesamten Personenbeförderungsverkehrs als überholt zu betrachten scheint und Eingriffe ins freie Wirtschaftsleben in dieser Beziehung offenbar nur zulassen will, „wenn durch die Zulassung (eines Unternehmens) die akute Gefährdung eines wichtigen Gemeinschaftsgutes einträte, der anders nicht begegnet werden kann". Hieraus dürfte — was den Linienvk betrifft — zu folgern sein, daß es gestattet ist, die Vorteile einer geplanten Verkehrsverbesserung für die Bevölkerung mit den Nachteilen abzuwägen, die derselbe Vorgang hervorruft, weil er einen anderen Unternehmer zur Einstellung des Betriebs einer Linie zwingt. Über die Zulässigleit der Abstimmung der Leistungen und Entgelte besagt die Entscheidung des BVerfG nichts. Vereinbarungen zwischen Unternehmern, die eine derartige Abstimmung zum Gegenstand haben, sind nach § 8 Abs. 1 GWB (vom 27. 7. 57, BGBl. I 1081) nur mit Genehmigung des BMWi und nur dann zulässig, wenn ausnahmsweise die Beschränkung des Wettbewerbs aus überwiegenden Gründen der Gesamtwirtschaft und des Gemeinwohls nötig ist. Der BMV hat jedoch die Möglichkeit, Rahmenvorschriften für Beförderungsentgelte im Vk mit Kraftomnibussen — auch im Gelegenheitsvk — zu erlassen (§ 58 Abs. 1 Nr. 5). Über das Bahn/Post-Abkommen 1955: Rautenberg-Frantzioch Anm. 1 Abs. 3 zu § 8.

II. Genehmigung

§ 9 Umfang der Genehmigung

(1) Die Genehmigung wird erteilt

1. bei einem Verkehr mit Straßenbahnen für den Bau, den Betrieb und die Linienführung,

2. bei einem Verkehr mit Obussen für den Bau, den Betrieb und die Linienführung,

3. bei einem Linienverkehr mit Kraftfahrzeugen für die Einrichtung und den Betrieb der Linie sowie für die Zahl, die Art und das Fassungsvermögen (Sitz- und Stehplätze) der auf ihr einzusetzenden Kraftfahrzeuge und Anhänger,

4. bei einem Gelegenheitsverkehr mit Kraftfahrzeugen für die Ausübung und die Form des Gelegenheitsverkehrs sowie für die Art und das Fassungsvermögen (Sitzplätze) der einzelnen Kraftfahrzeuge unter Angabe ihrer amtlichen Kennzeichen.

Für jedes einzelne Kraftfahrzeug wird die Genehmigung entweder nach Nummer 3 oder Nummer 4 erteilt.

(2) Bei Erweiterungen oder wesentlichen Änderungen (§ 2 Abs. 2) eines Unternehmens der in Absatz 1 genannten Verkehrsarten ist die Genehmigung für die Erweiterungen oder wesentlichen Änderungen zusätzlich erforderlich. Bei einem Austausch von Kraftfahrzeugen gleichen oder annähernd gleichen Fassungsvermögens soll die Genehmigung ohne nochmaliges Anhörverfahren erteilt werden.

(3) In begründeten Fällen können für den Linienverkehr desselben Unternehmers nach Absatz 1 Nr. 3 genehmigte Fahrzeuge auch für den Gelegenheitsverkehr nach Absatz 1 Nr. 4 genehmigt werden, sofern dadurch die ordnungsmäßige Durchführung des Linienverkehrs nicht beeinträchtigt wird.

a) Die Genehmigung bezieht sich bei den unterschiedlichen Verkehrsarten auf verschiedene Gegenstände (Anm. 12 zu § 1). Die Vorschrift baut auf § 5 Abs. 1 PBefG 1934 auf. Auf Anm. 1 bis 6 zu § 5 in der 21. Aufl. wird verwiesen. Bei Straßenbahnen und Obussen (Abs. 1 Nr. 1 und 2) bezieht sich die Genehmigung nicht auf die einzelnen Fze (die nur nach Art und Anzahl bezeichnet werden), wohl aber beim Kfz-Linien- und Gelegenheitsvk. Im Kfz-Linienvk dürfen im Rahmen des Fahrplans weitere für den Linienvk genehmigte Kfze bei zeitweilig gesteigertem Vk eingesetzt werden (§ 45 Abs. 4). Der Austausch eines Kfzs gegen ein anderes ist zwar genehmigungsbedürftig (obwohl beim Linienvk die Fze gar nicht mit ihren Kennzeichen erfaßt sind), ein Anhörverfahren (§ 14) ist aber nicht erforderlich. 1

b) Die für den Linienvk genehmigten Fze dürfen grundsätzlich nur in dieser Verkehrsart verwendet werden. Die nach Abs. 3 zulässige Ausnahmegenehmigung sollte nach dem RegEntw. nur Betrieben von erprobter Zuverlässigkeit und ausreichendem Fz-Bestand erteilt werden. Diese Bevorzugung der Großbetriebe, die vor allem BBahn und BPost zugute gekommen wäre, wurde vom Bundestag nicht gebilligt. Die Ausnahmegenehmigung nach Abs. 3 ist häufig für Unternehmen, die „Sonderformen des Linienverkehrs" (§ 43) betreiben, lebenswichtig; solchen Unternehmen wird in der Regel die Genehmigung zum Betrieb eines Gelegenheitsverkehrs nicht versagt werden können. Ferienzielreisen von und nach Berlin können mit besonderer Genehmigung als Gelegenheitsvk durchgeführt werden (§ 45 Abs. 4 Satz 4), sind dann kein Linienvk und stehen einem Gelegenheitsvk anderer Art mit denselben Fzen nicht entgegen. 2

Schon während der Gesetzgebungsarbeit wurde darauf hingewiesen, daß für den umgekehrten Fall (Fze des Gelegenheitsverkehrs sollen nebenbei im Linienvk eingesetzt werden) eine Ausnahmegenehmigung unzulässig ist und daß diese Tatsache für die kommunalen 3

Omnibuslinien erhebliche Nachteile mit sich bringt, weil diese im Interesse einer Verbilligung der Fahrpreise darauf angewiesen sind, weitgehend Omnibusse von Unternehmen des Gelegenheitsverkehrs einzusetzen (vgl. Anm. 2 zu § 3). Trotz dieser Bedenken wurde die Aufnahme einer entsprechenden Vorschrift in das Gesetz abgelehnt. Aus dieser die Bevölkerung vor allem größerer Städte ab 1. 6. 61 erheblich belastenden Erschwerung scheint nur ein Ausweg möglich (der auch nicht etwa wegen § 6 unzulässig ist): Die Privatunternehmer, die künftig an einem Einsatz ihrer Fze im Linienvk interessiert sind, müssen ihre Genehmigung zum Betrieb eines Gelegenheitsverkehrs aufgeben und die Zulassung der Fze zum Linienvk beantragen, außerdem aber auch zum zusätzlichen Gelegenheitsvk. Den Unternehmen kommt hierbei § 13 Abs. 4 zugute. Unternehmer, deren Fze am 1. 6. 61 in erster Linie zum Gelegenheitsvk zugelassen sind, denen aber ein Linieneinsatz mit den gleichen Fzen genehmigt ist, behalten dieses Recht auf die Dauer der erteilten Genehmigung; denn das Gesetz greift in bestehende Genehmigungen nicht ein.

4 Einem Unternehmer, der zum Gelegenheitsvk zugelassen ist, kann ab 1. 6. 61 die Durchführung von Schülerfahrten, Theaterfahrten und von anderen Sonderformen des Linienverkehrs nicht genehmigt werden (§ 9 Abs. 1 Satz 2, Abs. 3). Es bleibt auch für diese Unternehmer nur der in Anm. 3 aufgezeigte Ausweg.

§ 10 Entscheidung in Zweifelsfällen

Entstehen Zweifel darüber, ob eine Personenbeförderung den Vorschriften dieses Gesetzes unterliegt oder welcher Verkehrsart oder Verkehrsform ein Verkehr zugehört oder wer Unternehmer im Sinne des § 3 Abs. 1 und 2 ist, so entscheidet die für den Sitz des Unternehmens zuständige, von der Landesregierung bestimmte Behörde. Die Entscheidung ist zu begründen, mit einer Rechtsmittelbelehrung zu versehen und den Betroffenen zuzustellen.

1 a) Die Vorschrift stimmt im wesentlichen mit § 7 PBefG 1934 überein. Zum Begriff „Zweifelsfälle“: 21. Aufl. Anm. 1 zu § 7. Das Anhörverfahren ist weggefallen.

2 b) Das Gesetz ordnet eine Allgemeinverbindlichkeit nicht an. Die Entscheidung wirkt mithin nur gegenüber den bei ihrem Zustandekommen formell Beteiligten. Sie hat geringe praktische Bedeutung, weil sie die Gerichte, auch hinsichtlich der Beteiligten, in keiner Weise bindet. Dies gilt nicht nur für die Verwaltungsgerichte, sondern auch für die Zivil-, Straf- und Finanzgerichte. Das ergibt sich aus Art. 92, 97 Abs. 1 GG (BGH 7. 1. 58 VRS 14, 280; Koblenz 10. 9. 53 bei Oppelt 5. Aufl. S. 141; Celle 15. 11. 58 VRS 16, 223; KG 8. 12. 58 JR 59, 52 = VRS 16, 220/221; Gall NJW 60, 1509).

3 Die Entscheidung nach § 10 gewinnt praktische Bedeutung erst, wenn sie angefochten und zum Gegenstand eines verwaltungsgerichtlichen Verfahrens gemacht wird. Vor Erhebung der Klage ist die Richtigkeit der Entscheidung in einem durch Widerspruch einzuleitenden Verwaltungsverfahren nachzuprüfen (§ 68 VwGO). Auch die in diesem Vorverfahren ergehende Entscheidung — die in den meisten Ländern durch die Aufsichtsbehörde erlassen wird — bindet die Gerichte noch nicht. Übrigens muß auch in den Ländern, in denen die oberste Landesverkehrsbehörde die Entscheidung nach § 10 zu erlassen hat, ein Vorverfahren stattfinden, ehe der Verwaltungsrechtsweg beschritten werden kann (§ 55).

4 **Erst wenn eine rechtskräftige verwaltungsgerichtliche Entscheidung vorliegt,** tritt eine Bindung der Verwaltungsbehörden und sämtlicher Gerichte mit Ausnahme der Strafgerichte ein. Diese Bindung beschränkt sich allerdings auf die Parteien des verwaltungsgerichtlichen Verfahrens und auf die Personen, auf die sich die Rechtskraft der verwaltungsgerichtlichen Entscheidung erstreckt (BGH 30. 4. 53 DVBl. 54, 329 = DÖV 53, 567 und v. 9. 7. 53 DÖV 730 = NJW 1667 und v. 17. 5. 56 NJW 1358; Koehler Anm. VIII 2 zu § 121 VwGO; a. M. Gall, der jede Bindung des verwaltungsgerichtlichen Urteils verneint). Infolge der beschränkten Wirkung dürfte eine Bindung des Strafrichters zu verneinen sein (a. M. wohl Eyermann-Fröhler Anm. 36 zu § 121 VwGO).

5 c) Die bis 1. 6. 61 bestehende Pflicht des Strafrichters, vor Durchführung des Strafverfahrens die Entscheidung des Landesverkehrsministeriums einzuholen (die nur die Bedeutung eines Gutachtens hatte; § 40 Abs. 3 PBefG 1934), ist im PBefG 1961 weggefallen.

6 d) **Vordrucke** für die Rechtsmittelbelehrung: BMV 9. 5. 60, VkBl. 194.

§ 11 Genehmigungsbehörden

(1) Die Genehmigung erteilt die von der Landesregierung bestimmte Behörde.

(2) Zuständig ist

1. bei einem Straßenbahn-, Obus- oder einem Linienverkehr mit Kraftfahrzeugen die Genehmigungsbehörde, in deren Bezirk der Verkehr ausschließlich betrieben werden soll,

2. bei einem Gelegenheitsverkehr mit Kraftfahrzeugen die Genehmigungsbehörde, in deren Bezirk der Unternehmer seinen Sitz oder seine Niederlassung im Sinne des Handelsrechts hat,

3. bei einem Gelegenheitsverkehr der Deutschen Bundespost oder der Deutschen Bundesbahn die Genehmigungsbehörde, in deren Bezirk sich der Sitz der betriebsleitenden Einsatzstelle befindet.

(3) Soll ein Straßenbahn-, Obusverkehr oder ein Linienverkehr mit Kraftfahrzeugen in den Bezirken mehrerer Genehmigungsbehörden desselben Landes betrieben werden, so ist die Genehmigungsbehörde zuständig, in deren Bezirk die Linie ihren Ausgangspunkt hat. Bestehen Zweifel über die Zuständigkeit, so wird die zuständige Genehmigungsbehörde von der von der Landesregierung bestimmten Behörde benannt. Die zuständige Genehmigungsbehörde trifft ihre Entscheidung im Einvernehmen mit den an der Linienführung beteiligten Genehmigungsbehörden. Kommt ein Einvernehmen nicht zustande, so entscheidet die von der Landesregierung bestimmte Behörde.

(4) Soll ein Straßenbahn-, Obusverkehr oder Linienverkehr mit Kraftfahrzeugen in mehreren Ländern betrieben werden, so ist Absatz 3 Satz 1 und 3 entsprechend anzuwenden. Bestehen zwischen den beteiligten Ländern Zweifel über die Zuständigkeit und kommt eine Einigung der obersten Landesverkehrsbehörden darüber nicht zustande, so entscheidet auf Antrag einer beteiligten obersten Landesverkehrsbehörde der Bundesminister für Verkehr. Das gleiche gilt, wenn über die Entscheidung eines Genehmigungsantrages zwischen den Genehmigungsbehörden der beteiligten Länder ein Einvernehmen nicht hergestellt und auch ein Einvernehmen zwischen den obersten Landesverkehrsbehörden darüber nicht erzielt werden kann.

a) **Die Zuständigkeit des RVM zur Bestimmung der zuständigen Behörden** (§ 8 PBefG 1934) war mit Inkrafttreten des Grundgesetzes auf die Verkehrsministerien der Länder übergegangen (Art. 83, Art. 129 Abs. 1 GG). Seit 1. 6. 61 ist die Landesregierung als solche ermächtigt, weil Art. 80 Abs. 1 Satz 1 GG eine Ermächtigung der Landesverkehrsminister durch den Bundesgesetzgeber nicht zuläßt. Die Zuständigkeit der von den Ländern einzurichtenden Genehmigungsbehörden erstreckt sich auch auf die Omnibuslinien von BBahn und BPost. Art. 87 GG steht nicht entgegen. Näheres hierüber bei Wessel, DVBl. 57, 477 und bei Rautenberg-Frantzioch, Anm. 1 zu § 11. 1

b) Bis 1. 6. 61 war bei **Linien, die durch mehrere Bezirke führen** (Abs. 3 und 4), gemäß § 6 DV 1935 diejenige Genehmigungsbehörde zuständig, in deren Bezirk „der größte Teil des Unternehmens" lag. Die kleinen Länder hielten diese Regelung für eine Benachteiligung, so daß sie durch eine weniger zweckmäßige ersetzt werden mußte. Die jetzige Regelung läßt die Frage offen, welches Ende der Linie ihr „Ausgangspunkt" ist. Die neue Regelung hat 2 vor allem den Nachteil, daß nun für mehrere Linien desselben Unternehmers verschiedene Genehmigungsbehörden zuständig sein können, obwohl sich die Aufsicht auch auf das Unternehmen als solches erstreckt. Man wird den Schluß ziehen müssen, daß alle beteiligten Genehmigungsbehörden die Aufsicht (§ 54) gemeinsam und in gegenseitigem Einvernehmen auszuüben haben.

3 c) Abs. 4 ist erforderlich, weil die Genehmigung Ländersache ist und folglich ein mehrere Länder berührender Verkehr nicht möglich wäre, wenn eine Einigung der Behörden nicht zustande kommt. Die Entscheidung des BMV erstreckt sich — so sagt der RegEntw. — nur auf den gestellten Antrag. Stellt sich im weiteren Genehmigungsverfahren heraus, daß der Antrag nur in abgeänderter Form genehmigt werden könnte, so muß zunächst aufs Neue der BMV angerufen werden.

4 Für den **Gelegenheitsvk** gilt die umständliche Regelung nicht. Er kann ohne weiteres in sämtlichen Ländern ausgeübt werden, wenn er in einem Land genehmigt worden ist.

5 Für **grenzüberschreitenden** Vk und Transitvk: §§ 52, 53.

§ 12 Antragstellung

(1) Der Antrag auf Erteilung der Genehmigung soll enthalten

1. in allen Fällen

a) Namen sowie Wohn- und Betriebssitz des Antragstellers, bei natürlichen Personen außerdem Geburtstag und Geburtsort,

b) Angaben darüber, ob der Antragsteller bereits eine Genehmigung für eine Verkehrsart besitzt oder besessen hat;

2. bei einem Straßenbahn- oder Obusverkehr

a) eine Übersichtskarte, in der die beantragte Strecke mit Haltestellen und alle in dem Verkehrsgebiet bereits vorhandenen Schienenbahnen, Obuslinien, Kraftfahrzeuglinien und Schiffahrtslinien, letztere soweit sie dem Berufsverkehr dienen, eingezeichnet sind,

b) Beförderungsentgelte und Fahrplan,

c) auf Verlangen der Genehmigungsbehörde einen Bauplan mit Kostenanschlag sowie Beschreibung der Anlage, Angaben über die höchste und tiefste Lage des Fahrdrahts, Längs- und Querschnitte sowie Pläne für notwendige Änderungen an öffentlichen Straßen, Beschreibung der Fahrzeuge einschließlich der Schaltpläne und der Betriebsweise;

3. bei einem Linienverkehr mit Kraftfahrzeugen

a) eine Übersichtskarte in der unter Nummer 2 Buchstabe a beschriebenen Form,

b) die Länge der Linie, bei Unterwegsbedienung auch der Teilstrecken, in Kilometern,

c) Angaben über die Zahl, die Art und das Fassungsvermögen (Sitz- und Stehplätze) der zu verwendenden Fahrzeuge,

d) Beförderungsentgelte und Fahrplan;

4. bei einem Gelegenheitsverkehr mit Kraftfahrzeugen

a) Verkehrsform des Gelegenheitsverkehrs (§ 46),

b) Angaben über die Zahl, die Art und das Fassungsvermögen (Sitzplätze) der zu verwendenden Fahrzeuge.

(2) Dem Antrag sind Unterlagen beizufügen, die ein Urteil über die Zuverlässigkeit des Antragstellers und die Sicherheit und Leistungsfähigkeit des Betriebs ermöglichen.

(3) Die Genehmigungsbehörde kann weitere Angaben und Unterlagen, insbesondere Vorlage eines polizeilichen Führungszeugnisses, verlangen. Sie hat bei einem Antrag auf Erteilung der Genehmigung von Linien- oder Gelegenheitsverkehr mit Kraftfahrzeugen das Kraftfahrt-Bundesamt um Auskunft über den Antragsteller zu ersuchen.

Die Angabe von Geburtstag und Geburtsort wird verlangt, damit ein Strafregisterauszug beigezogen werden kann. Im übrigen baut die Vorschrift auf § 7 DV 1935 auf. Die Anmerkungen der 21. Aufl. (S. 1054) sind noch verwertbar, soweit sie sich auf die bei der Antragstellung zu beachtenden Form beziehen. Der Obusverkehr wurde aus RVM 28. 2. 42 (RVkBl. B 33) hierher übernommen. 1

§ 13. Voraussetzung der Genehmigung

(1) Die Genehmigung darf nur erteilt werden, wenn

1. die Sicherheit und die Leistungsfähigkeit des Betriebs gewährleistet sind und

2. keine Tatsachen vorliegen, die die Unzuverlässigkeit des Antragstellers als Unternehmer dartun.

(2) Beim Straßenbahn-, Obusverkehr und Linienverkehr mit Kraftfahrzeugen ist die Genehmigung zu versagen, wenn

1. der Verkehr auf Straßen durchgeführt werden soll, die sich aus Gründen der Verkehrssicherheit oder wegen ihres Bauzustandes hierfür nicht eignen, oder

2. durch den beantragten Verkehr die öffentlichen Verkehrsinteressen beeinträchtigt werden, insbesondere

a) der Verkehr mit den vorhandenen Verkehrsmitteln befriedigend bedient werden kann,

b) der beantragte Verkehr ohne eine wesentliche Verbesserung der Verkehrsbedienung Verkehrsaufgaben übernehmen soll, die vorhandene Unternehmer oder Eisenbahnen bereits wahrnehmen,

c) die für die Bedienung dieses Verkehrs vorhandenen Unternehmer oder Eisenbahnen die notwendige Ausgestaltung des Verkehrs innerhalb einer von der Genehmigungsbehörde festzusetzenden angemessenen Frist selbst durchzuführen bereit sind. Im Schienenparallelverkehr und im Schienenersatzverkehr, der nicht Orts- oder Nachbarortslinienverkehr ist, ist das Schienenunternehmen bevorrechtigt, die notwendige Ausgestaltung des Verkehr durchzuführen. Schienenparallelverkehr ist der Linienverkehr mit Kraftfahrzeugen (§§ 42ff.) auf den in der Verkehrsrichtung der Schiene verlaufenden Straßen, wobei im wesentlichen die zu bedienenden Orte Bahnstationen sind oder bei dem das Verkehrsaufkommen der zu bedie-

nenden Orte überwiegend im engeren Einzugsgebiet der Schienenverbindung liegt; unter denselben Voraussetzungen ist ein solcher Linienverkehr Schienenersatzverkehr, wenn der Personenverkehr auf der Schienenverbindung stillgelegt wird. Nachbarortslinienverkehr ist der Verkehr zwischen Nachbarorten oder Teilen von ihnen, wenn diese wirtschaftlich und verkehrsmäßig so miteinander verbunden sind, daß der Verkehr nach der Tarifgestaltung und nach gegenwärtiger oder in naher Zukunft zu erwartender Häufigkeit einem Ortslinienverkehr vergleichbar ist. Die Verbindung mehrerer Nachbarortslinien fällt nicht unter den Begriff „Nachbarortslinienverkehr".

(3) Beim Verkehr mit Kraftdroschken ist die Genehmigung zu versagen, wenn die öffentlichen Verkehrsinteressen dadurch beeinträchtigt werden, daß das örtliche Droschkengewerbe durch die Ausübung des beantragten Verkehrs in seiner Existenz bedroht wird.

(4) Ist ein Verkehr von einem Unternehmer jahrelang in einer dem öffentlichen Verkehrsinteresse entsprechenden Weise betrieben worden, so ist dieser Umstand angemessen zu berücksichtigen; das gilt auch im Falle des Absatzes 2 Nr. 2 und des Absatzes 3. Wenn sich die Verbindung von Personen- und Postsachenbeförderung im öffentlichen Interesse bewährt hat, ist auch dies zugunsten des Linienverkehrs der Deutschen Bundespost zu berücksichtigen.

(5) Bei der Deutschen Bundespost, der Deutschen Bundesbahn und juristischen Personen des öffentlichen Rechts gelten die Genehmigungsvoraussetzungen nach Absatz 1 als gegeben.

(6) Bei der Genehmigung der Übertragung von Genehmigungen und bei der Genehmigung von Betriebsübertragungen (§ 2 Abs. 2) sind die Absätze 2 und 3 nicht anzuwenden.

Inhaltsübersicht

A. Die Entscheidung des BVerfG als Auslegungsgrundlage

1 § 13 wurde gegenüber dem RegEntw. erheblich geändert und versucht nunmehr die Entscheidung des BVerfG v. 8. 6. 60 zu berücksichtigen, die mit Gesetzeskraft zu § 9 PBefG 1934 ergangen war. Sie ist veröffentlicht in BGBl. I, 1319 (= NJW 60, 1515 = VRS 19, 241). Über die von Juni 1960 bis 1. 6. 61 bestehende Rechtslage siehe Abschnitt IV dieses Nach-

tragsbandes (S. 261). Über die Frage, ob die Genehmigung eine „Verleihung“ darstellt: (ausführlich) Rautenberg-Frantzioch, Anm. 1 zu § 2. Der Frage kommt wohl keine praktische Bedeutung zu, weil das PBefG 1961 nicht auf die Gewerbsmäßigkeit einer Personenbeförderung abstellt, ein Vergleich mit Gewerbekonzessionen also fehl am Platz wäre. Zu den Voraussetzungen des Abs. 1: Anm. 14.

a) **Wegfall der früheren Bedürfnisprüfung.** Die Bedürfnisprüfung war vom BVerfG bei Mietwagen und Droschken für unzulässig erklärt worden, weil sie gegen Art. 12 Abs. 1 GG verstieß (S. 262). Die gesetzgebenden Körperschaften waren offensichtlich der Ansicht, die Bedürfnisprüfung verstoße bei allen Verkehrsarten gegen das Grundgesetz und haben sie deshalb in das PBefG nicht übernommen. Eine versteckte Bedürfnisprüfung kann in dem früher verwendeten Begriff „Interesse des öffentlichen Verkehrs“ liegen, der vom PBefG 1961 durch den Begriff „öffentliche Verkehrsinteressen“ ersetzt worden ist. Das BVerfG hatte deshalb bei Mietwagen die Prüfung, ob das beantragte Unternehmen den Interessen des öffentlichen Verkehrs zuwiderlaufe, für unzulässig erklärt. Diese Prüfung hat es bei Droschken zugelassen, allerdings nur in dem nunmehr in Abs. 3 niedergelegten Sinn. 2

b) Da das PBefG den **Begriff der öffentlichen Verkehrsinteressen** bei der Darlegung der Gründe verwendet, die zur Versagung der Genehmigung eines Linienverkehrs führen, ist es fraglich, ob die in § 13 Abs. 2 Nr. 2 getroffene Regelung die Billigung des BVerfG finden wird. Über den Linienvk hat sich das BVerfG nur beiläufig und nicht ganz eindeutig geäußert. In überraschender Übereinstimmung mit den Darlegungen des BVerfG hat der schon aus dem Jahre 1958 stammende RegEntw. ausgeführt, nicht die Interessen der vorhandenen Unternehmer dürften im Genehmigungsverfahren geprüft werden, sondern lediglich das Interesse der Allgemeinheit. Mit den Vorschriften solle lediglich die Vernichtungskonkurrenz verhindert werden. Daneben dienten sie dem Schutz der nach gemeinwirtschaftlichen Grundsätzen betriebenen Unternehmen, die den Vk ohne Rücksicht auf seine Wirtschaftlichkeit durchzuführen haben, sofern nur ein echtes Verkehrsbedürfnis vorliege (verkehrsarme Gegenden, soziale Tarife); denn die Unwirtschaftlichkeit solcher Betriebe würde sich zu Lasten der Allgemeinheit auswirken. 3

Geht man von der Begründung des RegEntw. aus, so gelangt man zu einer einschränkenden Auslegung des Wortlauts von § 13 Abs. 2 Nr. 2, die mit den vom BVerfG entwickelten Grundsätzen in Einklang steht. Dieser Auslegung ist daher der Vorzug zu geben. Dies hat zur Folge, daß Rechtsprechung und Schrifttum zu § 9 PBefG 1934 und § 11 DV 1935 (siehe 21. Aufl. Anm. 1, Oppelt Anm. 4 und 6, je zu § 9, vgl. auch Heinze, NJW 60, 1561 und Fromm, DVBl. 60, 792) nur noch mit der durch die Entscheidung des BVerfG gebotenen Einschränkung verwertbar sind. Der Auslegung von Rautenberg-Frantzioch (Anm. 9—11 zu § 13), welche die Begründung des RegEntw. unbeachtet läßt, wird man wohl kaum folgen dürfen. 4

B. Einschränkende Auslegung der Zulassungsvoraussetzungen für den Linienvk 5

a) **Vorrang der Interessen der auf fremde Verkehrsmittel angewiesenen Bevölkerung.** Zwar scheinen die Vorschriften in Abs. 2 Nr. 2 Buchst. a bis c die Versagung der Genehmigung beim Linienvk auch in Fällen vorzuschreiben, in denen bis zum 1. 6. 61 nach § 11 Abs. 2 DV 1935 diese Versagung unzulässig war. Bei richtiger Auslegung ist aber auch in den Fällen der Buchstaben a bis c die Versagung nur zulässig, wenn die öffentlichen Verkehrsinteressen beeinträchtigt werden. Bei diesem Begriff ist auszugehen vom Blickpunkt der Personen, die auf die Benutzung fremder Verkehrsmittel angewiesen sind. Sie haben ein schutzwürdiges Interesse an möglichst bequemer, zuverlässiger und schneller Beförderung an das von ihnen gewünschte Ziel und am Einsatz möglichst vieler Linien und Fze. Diesen vom PBefG in den Mittelpunkt des Genehmigungsverfahrens gerückten öffentlichen Verkehrsinteressen haben sich alle anderen Interessen, insbesondere die Interessen der Unternehmer, unterzuordnen. Ein einwandfreies Funktionieren der der Allgemeinheit zur Verfügung stehenden Verkehrsverbindungen ist unerläßlich, wenn man einer weiteren Abwanderung großer Bevölkerungsteile zum eigenen Verkehrsmittel und einer dadurch unvermeidlichen Überlastung der Straßen begegnen will. Es ist Aufgabe der Genehmigungsbehörde, durch Handhabung des PBefG zu einem möglichst vollkommenen Ausbau des Verkehrsnetzes beizutragen (BVerwG 11. 10. 56, NJW 57, 436). 6

Eine Rücksichtnahme auf die sich aus der Neueinrichtung einer Linie ergebende Erhöhung der Kosten des Straßenunterhalts (die das BVerwG für zulässig erachtete) ist nicht möglich (Anm. 1 zu § 16), weil auch dem Anwachsen des privaten Verkehrs auf den Straßen keine Grenzen gesetzt werden (BVerfG a. a. O., vgl. auch Labs, DVBl. 59, 380). 7

Omnibusbetrieb stellt Gemeingebrauch und nicht etwa eine Sondernutzung der Straße dar (BadWürttVGH 31. 8. 50, DVBl. 754). Der Straßenunterhalt und die Notwendigkeit eines Ausbaues von Straßen darf nur berücksichtigt werden, wenn die für die neue Linie vorgesehenen Straßen ganz oder teilweise für Omnibusse (d. h. ganz allgemein für Kfze mit einem entsprechenden Gesamtgewicht) überhaupt ungeeignet sind (Abs. 2 Nr. 1). Über Sondernutzungsrecht in besonderen Fällen: 21. Aufl. S. 1056.

8 b) Das Interesse der Bevölkerung am **Ausbau des Netzes** des Linienverkehrs findet seine Grenzen an den wirtschaftlichen Möglichkeiten. Die Rentabilität der vorhandenen Linien darf nicht durch Neueinrichtung anderer Linien aufgehoben werden, weil dies zum Nachteil der Benutzer der schon bestehenden Linien ausschlagen würde. Folgen dieser Art können nur hingenommen werden, wenn sich durch die Umschichtung die Verkehrsverbindungen im ganzen gesehen erheblich verbessern. Darüber hinaus haben Unternehmen, die im Interesse verkehrsarmer Gegenden oder minderbemittelter Bevölkerungskreise unwirtschaftliche Linien betreiben (wie dies bei BBahn und BPost der Fall ist) Anspruch auf einen besonderen Schutz. Dieser Schutz besteht darin, daß Rücksicht auf die Rentabilität des gesamten Unternehmens zu nehmen ist, da diese erst den Betrieb unwirtschaftlicher Linien ermöglicht. Die vom Gesetz (Nr. 2 Buchst. c) angeordnete Bevorzugung bestehender Unternehmen bei der Eröffnung neuer Linien kann nur im Rahmen des oben Ausgeführten, nicht aber darüber hinaus gelten. Ein bestehendes Unternehmen, das mit Gewinn arbeitet, hat das Vorrecht, eine neue Linie einzurichten, nur, wenn es entweder schon eine unrentable Linie im Interesse der Allgemeinheit betreibt oder wenn es im Falle der Eröffnung der neuen Linie durch einen bisher im Verkehrswesen nicht tätig gewesenen Unternehmer in seinem Bestand ernstlich gefährdet wäre. Aus dem Gesagten ergibt sich, daß die im Schrifttum bis 1961 teilweise vertretene Ansicht (vgl. Becker, NJW 56, 1340) keine Geltung mehr beanspruchen kann, es genüge zur Versagung der Genehmigung, wenn die Rentabilität der beabsichtigten neuen Linie nicht feststehe. Eine unrentable Linie kann zwar den Interessen des Unternehmers zuwiderlaufen, nicht aber denen der auf fremde Verkehrsmittel angewiesenen Bevölkerung (vgl. BVerwG 2. 6. 55, VRS 9, 392).

9 c) **Bewerben sich mehrere schon bestehende Unternehmen** um die Genehmigung zur Eröffnung der gleichen Linie, so sind sie gegenüber der Genehmigungsbehörde grundsätzlich gleichberechtigt. Nr. 2 Buchst. c legt nur für den Schienenparallelverkehr und Schienenersatzverkehr eine abweichende Rangordnung fest.

10 Der RegEntw. enthielt (in Abs. 9) eine Vorschrift, die klarstellte, daß beim Eingang mehrerer auf die Genehmigung der gleichen Linie gerichteter Anträge die zeitliche Reihenfolge des Eingangs nicht entscheide. Dieser Grundsatz gilt, obwohl er nicht ausdrücklich ins Gesetz aufgenommen wurde. Die Genehmigungsbehörde ist andererseits gehalten, alsbald nach Eingang eines Antrages das Anhörverfahren einzuleiten und nach Ablauf der Zweiwochenfrist des § 14 Abs. 5 alsbald über den Antrag zu entscheiden. Sind entweder alle sich bewerbenden Unternehmen schon im Verkehr tätig oder alle noch nicht tätig, so hat die Genehmigungsbehörde demjenigen die Genehmigung zur Eröffnung der Linie zu erteilen, dessen Linie der Bevölkerung am besten dient. Dies wird in der Regel die Linie sein, die sich am vorteilhaftesten in das bestehende Verkehrsnetz einfügt. Die Rücksichtnahme auf eine Gesamtplanung (BVerwG 9, 284 v. 30. 10. 59) ist vom BVerfG nicht allgemein als unzulässig bezeichnet worden.

11 d) **Der Vorrang der Unternehmen, die bereits Personen befördern** (Abs. 2 Nr. 2 Buchst. a, b, c Satz 1; Abs. 4) gilt nicht etwa nur für von ihnen bereits betriebene Linien oder für die Verkehrsart, in der sie sich bisher betätigt haben, sondern allgemein, allerdings beschränkt auf die Ziele des Gesetzes (Anm. 8). Das Vorrecht steht allen Unternehmern zu, ohne Rücksicht auf die Art und den Umfang ihres Betriebes (Eisenbahn, Straßenbahn, Linienvk, Sonderform des Linienverkehrs, Gelegenheitsvk). Das PBefG 1961 hat auch den Unterschied zwischen Unternehmen, die Personen gewerbsmäßig befördern, und Unternehmen, die dies nur nebenbei tun, beseitigt. Beide Arten haben bei Anträgen auf Genehmigung seit dem 1. 6. 61 gleichen Rang. Das Vorrecht des Schienenparallelverkehrs gilt nicht nur für Eisenbahnen, sondern auch für Straßenbahnen. Einzelheiten über Schienenparallel- und Schienenersatzvk bei Rautenberg-Frantzioch, Anm. 12 und 13 zu § 13.

12

C. Sonderformen des Linienverkehrs (§ 43)

Für sie gilt die für den Linienvk geltende Regelung des Abs. 2. „Sonderformen“ sind Berufsvk, Schüler-, Markt-, Theaterfahrten und Ferienziel-Reisevk. Zum Berufsvk zählt auch der vom Arbeitsgeber (als Werkverkehr) durchgeführte. Hinsichtlich der Rangfolge (Abs. 2 Nr. 2) sind Unternehmer der Sonderformen den Unternehmern anderen Linienverkehrs gleichgestellt. Abs. 2 Nr. 2 Buchst. c gilt allerdings weder zugunsten noch zuungunsten der Unternehmer des Ferienziel-Reiseverkehrs (§ 45 Abs. 4); Buchst. a und b gilt nur zu ihren Ungunsten. Die Genehmigung zum Ferienziel-Reisevk darf nur Unternehmen erteilt werden, die über Erfahrungen im Reisevk verfügen (§ 43 Abs. 2). Diese Voraussetzung gilt nicht für Linienvk zu Ferienorten, bei denen der Unternehmer am Zielort keine Unterkunft bietet. Das im RegEntw. enthalten gewesene Verbot aller dem Ferienziel-Reisevk ähnlichen Reisen fand nicht die Billigung des Bundestags.

13 Sonderformen des Linienverkehrs, die am 1. 6. 61 betrieben wurden, ohne daß nach der bis dahin geltenden gesetzlichen Regelung eine Genehmigung hierfür erforderlich gewesen wäre, können von den bisherigen Unternehmern auch nach dem 1. 6. 61 ohne Genehmigung weiterbetrieben werden (Anm. 5 zu § 2). Diese Vergünstigung wirkt sich vor allem hinsichtlich aller Unternehmer aus, die bis 1. 6. 61 Berufsvk als Werkvk ausgeführt haben, aber auch hinsichtlich nichtgewerbsmäßiger Theaterfahrten oder Konzertfahrten von Theatern, Theatergemeinden oder anderen Besucherorganisationen. Soll nach dem 1. 6. 61 ein Verkehr dieser Art neu eröffnet werden, so ist die Genehmigung zum Betrieb einer „Sonderform des Linienverkehrs" erforderlich.

14

D. Voraussetzungen der Genehmigung im Gelegenheitsverkehr

Im Verfahren über einen Antrag auf Eröffnung eines Gelegenheitsverkehrs oder eines Ferienziel-Reiseverkehrs sind nur die Voraussetzungen des Abs. 1 zu prüfen. Einzelheiten zu diesen Voraussetzungen: Rautenberg-Frantzioch, Anm. 2 und 3 zu § 13.

15 a) Eine Besonderheit gilt für den Droschkenvk (Abs. 3); entsprechend der Entscheidung des BVerfG a. a. O. darf die Genehmigung nicht zur Existenzvernichtung der bestehenden Unternehmen führen.

16 b) **Der Vorrang bestehender Unternehmen** (Abs. 4 Satz 1) ist ebensowenig wie der nach Abs. 2 Nr. 2 Buchst. c auf eine bestimmte Verkehrsart beschränkt; er wirkt auch hinsichtlich einer vom Unternehmer bisher nicht betriebenen Verkehrsart. Die Vorschrift bezweckt in erster Linie die Erteilung einer neuen Genehmigung an den Unternehmer, dessen Genehmigung durch Zeitablauf erloschen ist (Anm. 2 zu § 16). Auch dieser Vorrang unterliegt der aus dem Ziel des Gesetzes abgeleiteten allgemeinen Einschränkung (Anm. 8). Das PBefG will z. B. nicht etwa den am 1. 6. 61 vorhandenen Droschkenunternehmen ein Monopol auf dem Gebiet des Droschkenverkehrs sichern; Abs. 4 verallgemeinert vielmehr den schon vor dem 1. 6. 61 anerkannten Grundsatz des Vertrauensschutzes (siehe vor allem OVG Rhld-Pfalz 10. 2. 56, VkBl. 722).

17

E. Veräußerung der durch die Genehmigung erlangten Rechtsstellung

Abs. 6 gestattet die entgeltliche und unentgeltliche Veräußerung („Übertragung") einer Genehmigung durch ihren derzeitigen Inhaber. Die Veräußerung bedarf zwar der Genehmigung, doch besteht ein Anspruch hierauf, wenn die Voraussetzungen des Abs. 1 vorliegen. Der RegEntw. wollte nur Personen über 60 Jahren und Gebrechlichen die Veräußerung gestatten. Die Abtretung des Rechts geschieht in der Form des § 413 BGB. Auch der Konkursverwalter ist hierzu berechtigt.

18

F. Vorrechte nach BundesevakuiertenG, BundesentschädigungsG und BundesvertriebenenG

Siehe Rautenberg-Frantzioch S. 77. Die dort (S. 76) angeführten Vorschriften des HeimkehrerG und HäftlingshilfeG können keine Anwendung finden, weil die Genehmigung nach PBefG keine Zulassung zu einer gewerblichen Tätigkeit darstellt (§ 1 Abs. 1).

§ 14. Anhörverfahren

(1) Vor der Entscheidung über den Antrag auf Erteilung der Genehmigung sind zu hören

1. bei Straßenbahn- oder Obusverkehr

a) die Träger der Straßenbaulast (Wegeunterhaltungspflichtige),

b) die beteiligten Gemeinden, bei kreisangehörigen Gemeinden auch die Landkreise oder die Kreisverwaltungsbehörden,

c) diejenigen, die im Verkehrsgebiet des beantragten Unternehmens bereits Schienenbahnen des Personenverkehrs, Obusverkehr, Kraftfahrlinien oder dem Berufsverkehr dienende Schiffahrtslinien betreiben; soweit die Deutsche Bundespost oder die Deutsche Bundesbahn solchen Verkehr betreiben, sind die Oberpostdirektion oder die Bundesbahndirektion zu hören, in deren Bezirk das beantragte Unternehmen betrieben werden soll,

d) die nach Landesrecht zuständigen Planungsbehörden,

e) gutachtlich die beteiligten Industrie- und Handelskammern, die zuständigen Fachgewerkschaften und die Fachverbände der Verkehrtreibenden;

2. bei Linienverkehr mit Kraftfahrzeugen

a) diejenigen, die im Verkehrsgebiet des beantragten Unternehmens bereits Schienenbahnen des Personenverkehrs, Obusverkehr, Kraftfahrlinien oder dem Berufsverkehr dienende Schiffahrtslinien betreiben,

b) die Oberpostdirektionen und die Bundesbahndirektionen, in deren Bezirk das beantragte Unternehmen betrieben werden soll,

c) die beteiligten Landkreise und kreisfreien Städte und, wenn an der Eignung der benutzten Straßen Zweifel nach § 13 Abs. 2 Nr. 1 bestehen, auch die Träger der Straßenbaulast (Wegeunterhaltungspflichtige),

d) gutachtlich die beteiligten Industrie- und Handelskammern, die zuständigen Fachgewerkschaften und die Fachverbände der Verkehrtreibenden;

3. bei Linienverkehr mit Kraftfahrzeugen innerhalb der Grenzen einer Gemeinde

a) die in Nummer 1 Buchstaben a bis c genannten Stellen,

b) gutachtlich die Industrie- und Handelskammer, die zuständigen Fachgewerkschaften und die Fachverbände der Verkehrtreibenden;

4. bei Gelegenheitsverkehr mit Kraftomnibussen nach den §§ 48 und 49 gutachtlich die für den Betriebssitz des Unternehmers zuständige Oberpostdirektion und Bundesbahndirektion, die für den Betriebssitz des Unternehmers zuständige Gemeindebehörde, die Industrie- und Handelskammer, die zuständigen Fachgewerkschaften und die Fachverbände der Verkehrtreibenden, bei Gelegenheitsverkehr mit Kraftomnibussen nach § 48 auch der Landes-Fremdenverkehrsverband;

5. Bei Gelegenheitsverkehr mit Personenkraftwagen nach den §§ 47, 48 und 49 Abs. 4 gutachtlich die für den Betriebssitz des Unternehmers zuständige Gemeindebehörde, die Industrie- und Handelskammer, die zuständigen Fachgewerkschaften und die Fachverbände der Verkehrtreibenden.

(2) Die Genehmigungsbehörde kann außer den in Absatz 1 genannten Stellen weitere Stellen gutachtlich hören.

(3) Die Genehmigungsbehörde kann von der Durchführung des Anhörverfahrens absehen, wenn sie aus eigener Kenntnis der Sachlage dem Antrag nicht entsprechen will.

(4) Der Anhörung der in Absatz 1 genannten Stellen bedarf es nicht, wenn durch denselben Unternehmer an Stelle eines bestehenden Straßenbahnverkehrs ein Obusverkehr eingerichtet werden soll.

(5) Die unter Absatz 1 genannten Stellen können sich binnen zwei Wochen, nachdem sie von dem Antrag in Kenntnis gesetzt worden sind, schriftlich gegenüber der Genehmigungsbehörde äußern. Einwendungen können zur Beschleunigung des Genehmigungsverfahrens mit dem Antragsteller und allen oder einzelnen Beteiligten mündlich erörtert werden.

Inhaltsübersicht

A. Das Anhörverfahren ist ein Teil des Genehmigungsverfahrens und war bis 1. 6. 61 in § 9 DV 1935 geregelt; es wurde mit Rücksicht auf die VwGO umgestaltet. Insbesondere ist die Möglichkeit gestrichen, daß eine der angehörten Stellen oder Personen schon vor der Entscheidung Widerspruch erhebt. Widerspruch ist vielmehr nach der VwGO die förmliche Einwendung eines Berechtigten gegen die bereits erteilte Genehmigung; sie führt zur Einleitung des Vorverfahrens. 1

a) **Einwendungen.** Sachlich hat sich dadurch, daß die Angehörten seit 1. 6. 61 nicht mehr Widerspruch erheben, sondern Einwendungen vorbringen (Abs. 5), wenig geändert. Die Einwendungen binden die Genehmigungsbehörde ebensowenig wie früher der Widerspruch. Die sachliche Berechtigung der vorgetragenen Bedenken ist freilich stets zu prüfen. Die Zurücknahme von Einwendungen hat nur die Folge, daß sie in der schriftlichen Begründung der Entscheidung nicht mehr gewürdigt zu werden brauchen (§ 15 Abs. 1). Der die Einwendung Zurücknehmende verliert aber nicht das Recht, gegen die ergehende Entscheidung Widerspruch einzulegen (falls er in eigenen Rechten verletzt ist); die Entscheidung braucht ihm allerdings nicht zugestellt zu werden. 2

b) **Anfechtungsberechtigte.** Lautet die Entscheidung auf Erteilung der Genehmigung (damit ist die Genehmigung noch nicht erteilt, § 17 Abs. 1) so hat jeder, der von der Entscheidung in eigenen Rechten betroffen ist, das Recht, Widerspruch einzulegen; denn der Widerspruch ist Voraussetzung der Anrufung des Verwaltungsgerichts und steht deshalb allen zu, die Klage erheben können. Die Anrufung der Verwaltungsgerichte wird durch §§ 40, 42 VwGO allgemein eröffnet; § 15 Abs. 1 Satz 2 PBefG berücksichtigt dies. Darauf, ob der Anfechtende am Anhörungsverfahren beteiligt war oder nicht und darauf, ob er hätte gehört werden sollen oder nicht, kommt es nicht an. In einem eigenen Recht betroffen (§ 42 Abs. 2 VwGO) und daher zur Anfechtung des die Genehmigung anordnenden Beschlusses berechtigt sind vor allem die durch § 13 Abs. 2 Nr. 2 Buchst. c und Abs. 4 begünstigten Unternehmer. Sie können sich darauf berufen, daß sie, weil sie schon Personen geschäftsmäßig befördern, vorrangig vor dem Antragsteller (oder — falls dieser schon ein Unternehmen betrieb — gleichrangig mit ihm) ein Recht haben, die geplante Linie selbst zu eröffnen (vgl. BVerwG 2. 6. 55, NJW 1453; 20. 11. 59, NJW 60, 548; auch Anm. 1 zu § 2). Die Beschränkung gemäß den Zielen des Gesetzes (Anm. 8 zu § 13) ist zwar materiell zu beachten, engt aber das formelle Recht zur Anfechtung nicht ein. Betreibt der Antragsteller noch keinen Personenvk, so haben auch andere Antragsteller, die in der gleichen Lage sind und sich um die gleiche Linie bewerben, die Möglichkeit, den Verwaltungsrechtsweg zu beschreiten, weil durch die Genehmigung der Linie des anderen ihr eigenes Recht auf Genehmigung dieser Linie beeinträchtigt wird. Gefährdet das neue Unternehmen die Rentabilität einer bestehenden Linie, so muß deren Unternehmer ein Recht, das Verwaltungsgericht anzurufen, auch zuerkannt werden, wenn er sich um die Genehmigung der geplanten Linie nicht selbst beworben hat. 3

Wird ein neues **Droschkenunternehmen** genehmigt oder der Einsatz eines zusätzlichen Kfzs für ein bestehendes Droschkenunternehmen, so haben alle vorhandenen Droschkenunternehmer das Recht, den Verwaltungsrechtsweg mit der Begründung zu beschreiten, ihre Existenz sei gefährdet.

Unternehmerverbände haben kein Recht, Widerspruch gegen die Erteilung einer Genehmigung zu erheben; BVerwG 29. 1. 60, NJW 883; OVG Münster 30. 1. 52, DAR 174.

Der **Antragsteller** hat einen Anspruch auf Genehmigung und daher ebenfalls ein Recht zum Widerspruch und anschließender Anrufung des Verwaltungsgerichts für den Fall, daß ihm die Genehmigung versagt wird.

4 c) Das **Vorverfahren,** das Voraussetzung für die Erhebung der Klage zum Verwaltungsgericht ist, wird mit dem in Anm. 3 dargelegten Widerspruch eingeleitet. In diesem Verfahren sind Rechtmäßigkeit und Zweckmäßigkeit der Versagung der Genehmigung oder der Anordnung, eine Genehmigung sei zu erteilen, nachzuprüfen. Der Widerspruch muß innerhalb eines Monats nach Bekanntgabe der Entscheidung der Behörde (an den Anfechtungsberechtigten) eingelegt werden. Die Zustellung nach § 15 Abs. 1 Satz 2 dient dem Zweck, diese Frist möglichst gleichzeitig gegenüber allen Beteiligten in Lauf zu setzen, damit über den Widerspruch verschiedener Personen in einem Verfahren entschieden werden kann. Das Vorverfahren muß auch durchgeführt werden, wenn die oberste Landesverkehrsbehörde oder der BMV den Verwaltungsakt selbst erlassen hat (§§ 52, 53, 55).

5 d) **Klageerhebung.** Nach Abschluß des Vorverfahrens kann jeder, dessen Recht durch die im Vorverfahren ergangene Entscheidung verletzt wird, Klage zum Verwaltungsgericht erheben, auch wenn er sich am Vorverfahren nicht beteiligt hat (§ 68 Abs. 1 Nr. 2 VwGO). Das Verwaltungsgericht überprüft die Gesetzmäßigkeit der Entscheidung und in diesem Rahmen vor allem die Frage, ob das geplante Unternehmen (die geplante Linie oder die geplante Erweiterung) öffentliche Verkehrsinteressen beeinträchtigt (BVerwG 11. 10. 56, NJW 57, 436 = DÖV 57, 582); hierbei handelt es sich um einen unbestimmten Rechtsbegriff (Weber, DÖV 55, 328; Witten, NJW 61, 753/756; BVerfG 8. 6. 60 a. a. O.). Das gleiche gilt für die Begriffe in § 13 Abs. 1 (Sicherheit, Leistungsfähigkeit, Zuverlässigkeit); so auch Rautenberg-Frantzioch Anm. 1 Abs. 4 zu § 13. Der Genehmigungsbehörde verbleibt allerdings im Rahmen von § 13 Abs. 2 ein gewisser Beurteilungsspielraum, vor allem wenn es sich um die Abwägung widerstreitender öffentlicher Verkehrsinteressen handelt oder wenn zwei bereits vorhandene Unternehmen sich um die Einrichtung der gleichen neuen Linie oder Verkehrsart bewerben (BVerwGE 9, 284 v. 30. 10. 59 = DVBl. 60, 169; BVerwG 1. 4. 60, DVBl. 60, 600). Soweit es sich um eine Ermessenserscheinung handelt, prüft das Gericht, ob die gesetzlichen Grenzen des Ermessens überschritten sind oder ob von dem Ermessen in einer dem Zweck der Ermächtigung nicht entsprechenden Weise Gebrauch gemacht ist (§ 114 VwGO; siehe Anm. 2 und 3 zu § 30).

6 **B. Die Ausstellung der Urkunde und die Erteilung der Genehmigung** darf erst erfolgen, wenn die Entscheidung der Genehmigungsbehörde unanfechtbar geworden ist (oder — im Fall der Anrufung des Gerichts — ein rechtskräftiges Urteil vorliegt); § 17 Abs. 1.

7 C. Durch **Nachweis des Einverständnisses** aller Beteiligten konnte der Antragsteller bis 1. 6. 61 das umständliche Anhörverfahren vermeiden (§ 9 Abs. 4 DV 1935). Die Streichung dieser Erleichterung begründet der RegEntw. mit dem Hinweis, sie habe sich nicht bewährt.

8 D. Der RegEntw. weist darauf hin, daß **interessierte Landesbehörden,** deren Anhörung im Gesetz nicht vorgesehen ist, „intern" gehört werden können, ferner auch darauf, daß der Reisebüro-Verband vom Landes-Fremdenverkehrsverband beteiligt werden solle. Die Genehmigungsbehörde hat in der Tat die Pflicht, nicht nur die vom Gesetz bezeichneten Stellen und Personen im Anhörverfahren zu hören, sondern auch in anderer Weise den Sachverhalt und die für und gegen das neue Unternehmen sprechenden Gründe aufzuklären. Den nicht im Gesetz genannten Stellen und Personen steht zwar kein formelles Recht zu Einwendungen zu, die Behörde muß aber bei der Entscheidung auch ihr Vorbringen berücksichtigen; hinsichtlich des Widerspruchs und des Verwaltungsgerichtsverfahrens stehen sie gleichberechtigt neben den nach dem Gesetz anzuhörenden Stellen und Personen. Für sie gilt allerdings die gleiche Einschränkung, daß der Verwaltungsrechtsweg voraussetzt, daß der Kläger in eigenen Rechten verletzt worden ist (oder — falls die Entscheidung unrichtig wäre — verletzt sein würde).

9 E. Der Begriff **„Verkehrsgebiet"** ist im Gesetz nicht näher erläutert; er ist aus § 9 Abs. 1 DV 1935 übernommen. Aus dem Sinn der Vorschrift in Verb. mit § 13 Abs. 2 Nr. 2 Buchrt. c ergibt sich, daß alle Unternehmer gehört werden müssen, die nach Art und Sitz ihres Unternehmens für die Einrichtung einer gleichartigen Linie in Frage kommen. Bei Fernlinien wird die Zahl dieser Unternehmer groß sein. Aus diesem Grund ist wenigstens für den Ferienziel-Reisevk in § 45 Abs. 4 angeordnet, daß die Anhörung nur nach § 14 Abs. 1 Nr. 4 erfolgt. Wer nur eine einstweilige Erlaubnis hat (§ 20), wird nicht gehört.

F. Nichtanhörung eines Anzuhörenden macht die Entscheidung nicht unrichtig oder anfechtbar, sofern hierdurch nicht sachliche Unrichtigkeiten entstanden und der Entscheidung zugrunde gelegt sind. Hat allerdings der Anzuhörende nach § 13 ein Recht, die Linie oder den Verkehr bevorzugt einzurichten, oder ist er sonst durch die Entscheidung in eigenen Rechten betroffen, so hat seine Nichtanhörung zur Folge, daß die Entscheidung nach § 15 nicht unanfechtbar wird und deshalb eine Genehmigungsurkunde nicht erteilt werden darf (§ 17 Abs. 1). Wurde die Anhörung fahrlässig unterlassen und die Genehmigungsurkunde trotzdem erteilt, so tritt Amtshaftung ein (§ 839 BGB, Art. 34 GG); die ordnungsgemäße Durchführung des Anhörverfahrens ist Amtspflicht der Beamten der Genehmigungsbehörde gegenüber allen materiell am Verfahren Beteiligten, vor allem gegenüber den im Gesetz ausdrücklich als Anzuhörende Bezeichneten. Die Anhörung kann allerdings im Verwaltungsgerichtsverfahren nachgeholt werden. 10

G. In einigen Ländern bestehen **Koordinierungsausschüsse,** denen Vertreter der BBahn, BPost, anderer Eisenbahnen, der Kommunalbetriebe und private Unternehmer, ferner auch Wirtschafts-, Industrie- und Verkehrsverbände angehören (Oppelt S. 66 m. Zitaten). Ihre Tätigkeit beschränkt sich auf Empfehlungen. Der Genehmigungsbehörde ist es keinesfalls verwehrt, das Gutachten des Koordinierungsausschusses einzuholen; sie muß in der Begründung ihrer Entscheidung allerdings selbständig zu den einzelnen im Gutachten vorgetragenen Gründen Stellung nehmen. Die im RegEntw. vertretene Ansicht, die Genehmigungsbehörde könne die zur Ablehnung eines Antrags ohne Anhörverfahren erforderliche „eigene Kenntnis der Sachlage" (Abs. 3) aus dem Gutachten eines Koordinierungsausschusses schöpfen, trifft zu, sofern sie in der Lage ist, das Gutachten selbst sachlich zu überprüfen. Legt in diesem Falle der Antragsteller Widerspruch gegen die Ablehnung der Genehmigung ein, so ist im Vorverfahren die Anhörung nach § 14 nachzuholen, wenn die zur Entscheidung berufene Behörde zur Ansicht kommt, die Genehmigungsbehörde habe zu Unrecht vom Anhörverfahren Abstand genommen. Das gleiche gilt für das Verwaltungsgerichtsverfahren. 11

H. Die Durchführung einer **mündlichen Erörterung** nach Abs. 5 dient der Beschleunigung des Verfahrens. Die Beiziehung Sachverständiger zur mündlichen Verhandlung ist nicht vorgesehen. 12

I. Das Gesetz spricht zwar (in Abs. 5) nur von einem **Recht des Anzuhörenden** zur Stellungnahme; Behörden sind jedoch im Rahmen der Amtshilfe verpflichtet, binnen zwei Wochen eine Stellungnahme abzugeben und zur Klärung des Sachverhalts beizutragen. Denn das Anhörverfahren dient in erster Linie der Ermittlung der für die Erteilung der Genehmigung bedeutsamen Tatsachen (BVerwG 2, 141 v. 2. 6. 55). Die „gutachtliche Anhörung" in Abs. 1 Nr. 1e, 2d, 3b, 4 und 5 und in Abs. 2 unterscheidet sich in keiner Weise von der Anhörung der übrigen Stellen und Personen; denn auch diese sind befugt, neben der Anführung von Tatsachen ihre Ansicht zur Frage der Erteilung der Genehmigung zu äußern. Den „gutachtlich" gehörten Stellen und Personen wird aber die Entscheidung nicht zugestellt (§ 15 Abs. 1), weil sie in der Regel nicht in eigenen Rechten betroffen werden. 13

K. Wer **Träger der Straßenbaulast** ist, richtet sich nach Landesrecht, soweit nicht § 5 BFStrG eingreift (21. Aufl. S. 1017, geändert durch Ges. v. 10. 7. 61, S. 398 d. Ergänzungsbandes). 14

L. Bundesbahn. Rautenberg-Frantzioch vertreten (in Anm. 4 zu § 14) die Ansicht, die BBahn sei nicht zu hören, wenn zwar ein Ort Bahnstation sei, aber nur ein Straßenbahn- oder Obusverkehr geschaffen werden solle, der sich auf diesen Ort beschränke und keine Verbindung zu einer anderen Bahnstation herstelle. Diese Ansicht scheint einleuchtend, solange sich die Bundesbahn auf Schienenparallel- und Schienenersatzverkehr freiwillig beschränkt. Es ist aber gefährlich, entgegen dem Gesetz Ausnahmen dieser Art zuzulassen, weil dann keine Grenze mehr zu sehen ist. Mit dem gleichen Recht könnte nämlich von der Anhörung der BBahn auch bei dem Antrag auf Genehmigung einer Überland-Omnibuslinie abgesehen werden, die keinen Schienen-Parallelvk darstellt. 15

§ 15. Erteilung und Versagung der Genehmigung

(1) Die Entscheidung über den Antrag ist zu begründen, mit einer Rechtsmittelbelehrung zu versehen und dem Antragsteller zuzustellen. In der Begründung sind auch die Einwendungen, soweit sie nicht zurückgenommen sind, zu würdigen. Die Entscheidung ist auch den nach § 14 Abs. 1 unter Nr. 1 Buchst aben a bis d, unter

Nr. 2 Buchstaben a und b und unter Nr. 3 Buchstabe a genannten Stellen zuzustellen, soweit diese Stellen Einwendungen erhoben und nicht zurückgenommen haben.

(2) Die Erteilung einer vorläufigen oder widerruflichen Genehmigung ist unzulässig.

(3) Die Genehmigungsbehörde hat die Genehmigung dem zuständigen Versicherungsamt wegen der Anmeldung des Betriebs zur Berufsgenossenschaft mitzuteilen. Die Anzeigepflicht des Unternehmers nach § 653 der Reichsversicherungsordnung bleibt unberührt.

(4) Ist die Genehmigung wegen mangelnder Sicherheit oder Leistungsfähigkeit des Betriebs oder wegen Unzuverlässigkeit des Antragstellers (§ 13 Abs. 1) versagt worden, so hat die Genehmigungsbehörde dem Kraftfahrt-Bundesamt die Versagung unter Angabe der Gründe mit Namen sowie Wohn- und Betriebssitz des Antragstellers mitzuteilen.

1 a) Die **Überschrift** des § 15 ist insofern **irreführend**, als in § 15 nicht die Erteilung der Genehmigung behandelt ist (diese ist in § 17 Abs. 1 geregelt), sondern die Entscheidung über den Antrag auf Genehmigung; in der Entscheidung ist entweder die Genehmigung zu versagen oder auszusprechen, daß die Genehmigung zu erteilen ist.

2 b) **Das Verfahren** richtet sich nach § 68ff. VwGO (Anm. 1 zu § 14). Vordrucke für Rechtsmittelbelehrungen: BMV 9. 5. 60; VkBl. 194. Die Versagung einer Genehmigung darf erst ausgesprochen werden, wenn dem Antragsteller Gelegenheit gegeben wurde, zu den einzelnen gegen seinen Antrag erhobenen Bedenken Stellung zu nehmen (Art. 103 GG; v. Winterfeld, NJW 61, 849/851; BVerfGE 9, 89/107 v. 8. 1. 59 = NJW 59, 427; a. M. OVG Lüneburg 11. 3. 55, VRS 9, 389). Die Erteilung der Genehmigung muß in der Form des § 17 Abs. 1 erfolgen, sobald die nach § 15 Abs. 1 ergangene Entscheidung unanfechtbar wird oder — sofern sie angefochten wurde — das verwaltungsgerichtliche Urteil rechtskräftig wird. Ist die Form des § 17 Abs. 1 nicht gewahrt, so ist eine Genehmigung nicht erteilt; es gibt mithin keine stillschweigende Genehmigung durch Duldung des Betriebs des Unternehmens; Hess VGH 20. 12. 50, O. S. 5. 50.

3 c) **Eine vorläufige Genehmigung** ist zwar, wie schon vor dem 1. 6. 61 (OVG Münster 19. 11. 57, VkBl. 58, 68), unzulässig; zulässig ist aber nunmehr die Erteilung einer einstweiligen Erlaubnis (§ 20). Sie stellt ein dem Personenbeförderungsrecht bis 1. 6. 61 unbekanntes Rechtsinstitut dar (RVM 27. 8. 37 war nichtig, OVG Münster a. a. O.).

4 d) **Sofortige Vollziehung.** Die Genehmigungsbehörde und — wenn ein Vorverfahren anhängig ist — die zur Entscheidung über den Widerspruch berufene Behörde können im öffentlichen Interesse oder im überwiegenden Interesse des Antragstellers die „sofortige Vollziehung" der Genehmigung anordnen (§ 80 Abs. 2 Nr. 4 VwGO) und auf diese Weise auch ohne einstweilige Erlaubnis die Eröffnung des Betriebes ermöglichen, sofern nur überhaupt eine Entscheidung über die Genehmigung vorliegt. Man wird § 17 Abs. 1 dahin auslegen müssen, daß in solchen Fällen schon vor Rechtskraft des die Erteilung der Genehmigung anordnenden Beschlusses die Genehmigung „erteilt" werden kann. In diesem Fall muß die Genehmigungsbehörde die Genehmigung zurücknehmen (§ 25), wenn nachträglich die Anordnung über ihre Erteilung im Vorverfahren oder durch Urteil des Verwaltungsgerichts aufgehoben wird.

5 e) **Versagung aus anderen Gründen.** Aus anderen als den in § 13 genannten Gründen darf die Genehmigung nicht versagt werden. Spielten andere Gründe eine Rolle, so muß die Entscheidung im Widerspruchsverfahren aufgehoben werden.

§ 16. Bedingungen, Auflagen und zeitliche Beschränkung der Genehmigung

(1) Die Genehmigung (§ 9) kann unter Bedingungen und Auflagen erteilt werden, die sich im Rahmen dieses Gesetzes und der zu seiner Durchführung erlassenen Vorschriften halten müssen.

(2) Die Genehmigung wird dem Unternehmer auf bestimmte Zeit erteilt (§§ 38, 44, 50).

a) **Bedingungen und Auflagen** sind nur zulässig, wenn der Zweck des PBefG sie rechtfertigt 1
(BVerwG 27. 2. 58, MDR 446); sie dürfen also z. B. nicht die Interessen des Trägers der Straßenbaulast berücksichtigen. Die bedingte Erteilung einer Genehmigung sollte — mit Ausnahme von § 28 Abs. 4 — im Interesse der Rechtssicherheit vermieden werden. Siehe im übrigen 21. Aufl. Anm. 5 zu § 13. Der Träger der Straßenbaulast hat bei Straßenbahnen und Obuslinien seine Interessen selbst zu wahren (§ 32); kommt eine Einigung nicht zustande, so entscheidet nicht die Genehmigungsbehörde, sondern eine andere von der Landesregierung zu bestimmende Behörde (§ 33). Bei Obuslinien bezieht sich dieses Recht des Trägers der Straßenbaulast übrigens nur auf Bau- und Betriebsanlagen, nicht etwa auf die Straßenfläche selbst. Die Benutzung der Straße bedarf ebensowenig wie bei Omnibuslinien der Zustimmung des Trägers der Straßenbaulast, weil sie zum Gemeingebrauch gehört (Anm. 7 zu § 13). Zulässig sind allerdings nicht nur für Straßenbahn- und Obusunternehmer, sondern auch für Omnibusunternehmer öffentlich-rechtliche Verträge mit dem Träger der Straßenbaulast. Diese Möglichkeit erlangt freilich in der Regel nur Bedeutung, wenn eine der Straßen, auf denen ein Omnibuslinienvk eingerichtet werden soll, zum Befahren mit Omnibussen ungeeignet ist (§ 13 Abs. 2 Nr. 1, Anm. 7 zu § 13). Die Benutzung von Haltestellenbuchten gehört zum Gemeingebrauch der Straße (Böhm, DVBl. 59, 615; BayGes. v. 22. 12. 60, GVBl. 298; a. M. Zeitler, DVBl. 60, 90/91; Nedden, DVBl. 60, 832). Sie ist mithin stets unentgeltlich, wie jedes Halten an einer Haltestelle. Gebührenpflichtig kann jedoch die Benutzung eines Omnibusbahnhofs sein (BGH 19. 10. 60, VRS 20, 43). Der Unternehmer ist schließlich nicht gehindert, sich durch öffentlich-rechtlichen Vertrag freiwillig zur Anlegung einer Haltestellenbucht zu verpflichten.

Auflagen können im Verwaltungsrechtsweg selbständig angefochten werden; OVG Hamburg 9. 11. 50, MDR 51, 248.

b) Die Vorschrift, daß **die Genehmigung** (wie schon vor dem 1. 6. 61) **stets nur auf Zeit erteilt** wird, verstößt nicht gegen das Grundgesetz; 21. Aufl. Anm. 2 zu § 10; Oppelt S. 87. 2
BVerwGE 1, 244 v. 30. 11. 54 beschränkt allerdings diese Ansicht auf Vks-Arten, an denen ein überwiegendes Interesse der Öffentlichkeit besteht. Durch die Befristung der Genehmigung erhält die Genehmigungsbehörde die Möglichkeit, die Gründe, die zur Genehmigung geführt haben, in regelmäßigen Abständen zu überprüfen. Der Unternehmer hat ein Recht darauf, daß ihm nach Ablauf der Zeit die Genehmigung erneuert wird, sofern nicht Gründe des § 13 Abs. 1 oder dringende öffentliche Verkehrsinteressen entgegenstehen (Anm. 16 zu § 13). Dies entspricht dem schon vor dem 1. 6. 61 von Schrifttum und Rechtsprechung allgemein anerkannten Grundsatz des Vertrauensschutzes (OVG RhldPf. 10. 2. 56, VkBl. 722 mit Zitaten). Andere als in § 13 Abs. 1 genannte Gründe werden eine Versagung in diesem Fall selten begründen können. In Frage kommt allenfalls das Vorrecht der Eisenbahnen, einen Schienenparallelvk selbst zu betreiben, auch wenn er bisher von einem anderen Unternehmer betrieben wurde. Wurde dagegen ein Schienenersatzvk bisher von einem anderen Unternehmer betrieben, so hat er seine Eigenschaft als Schienenersatzvk verloren. Die Erneuerung der Genehmigung kann allerdings auch versagt werden, wenn sich ein anderer Unternehmer, der bisher andere Linien betrieben hat, erbietet, die Linie, deren Genehmigung abgelaufen ist, zu übernehmen und in einer Weise auszubauen, daß für die Bevölkerung zweckmäßigere Verkehrsverbindungen entstehen. Das Vorrecht des bisherigen Unternehmers aus § 13 Abs. 4 muß in einem solchen Fall zurücktreten (Anm. 16 zu § 13).

c) **Saisonbetriebe.** Der RegEntw. hatte die Möglichkeit vorgesehen, Unternehmen jeweils 3
nur für bestimmte Zeitabschnitte im Jahr zu genehmigen („Saisonbetriebe"). Von einer Vorschrift dieser Art hat man zwar Abstand genommen, eine Regelung dieser Art wäre aber in der Form der Auflage zulässig. Im allgemeinen wird allerdings die Genehmigung der vorübergehenden Einstellung des Betriebes in den verkehrsarmen Wochen oder Monaten (§ 24 Abs. 1) genügen. Diese Art der Regelung ist vorzuziehen, weil der Unternehmer selbst am besten beurteilen kann, in welchen Zeitabschnitten eine Einstellung des Betriebs aus Gründen der Wirtschaftlichkeit erforderlich ist, und bei mehreren Gestaltungsmöglichkeiten stets diejenige gewählt werden muß, die die Freiheit des Unternehmers am wenigsten beschränkt.

d) Wird das **Unternehmen erweitert oder wesentlich geändert** oder wird der Betrieb (oder 4
die Ausübung der aus der Genehmigung erwachsenden Rechte und Pflichten) auf einen anderen übertragen (§ 2 Abs. 2), so verlängert sich die Zeit, für welche die Genehmigung er-

teilt war, nicht. Die Genehmigungsbehörde darf diese Zeit bei dieser Gelegenheit nicht verlängern, weil dies die Unternehmer benachteiligen würde, die sich für Eröffnung eines gleichartigen Betriebs interessieren und vielleicht ein Vorrecht hierauf haben, sobald die alte Genehmigung durch Zeitablauf erloschen ist. Für den Tod des Unternehmers bringt § 19 eine Sonderregelung.

5 e) **Wird versehentlich eine Genehmigung unbefristet erteilt,** so ist sie gesetzwidrig und muß sofort widerrufen werden. Bestehen dagegen am 1. 6. 61 unbefristete Genehmigungen zu Recht, so bleiben sie weiterhin unbefristet in Geltung.

Dies gilt vor allem für Straßenbahnunternehmen, denen früher in manchen Ländern die Genehmigung unbefristet erteilt zu werden pflegte. Gleiches gilt für Genehmigungen auf Zeit, bei denen der Zeitraum den nunmehr zulässigen übersteigt (§ 43 Abs. 1 Satz 2 PBefG 1934).

6 f) Die Genehmigungsbehörde bemißt die **Dauer der Genehmigung** innerhalb des gesetzlichen Rahmens nach den in §§ 38, 44, 50 bestimmten Grundsätzen. Beim Gelegenheitsvk handelt es sich um eine reine Ermessensentscheidung, dagegen sind beim Omnibuslinienvk die öffentlichen Verkehrsinteressen zu berücksichtigen. Die Beachtung und richtige Wertung dieses Begriffs unterliegt der Nachprüfung durch die Verwaltungsgerichte. Der für Straßenbahnen und Obusse geltende Grundsatz (§ 38 Satz 1), daß die Tilgung des Anlagekapitals möglich sein soll, gilt für Omnibuslinien nicht, weil im allgemeinen eine Erneuerung der Genehmigung nach Zeitablauf ohne Schwierigkeiten zu erlangen ist (Anm. 2) und dem Unternehmer jedenfalls die Möglichkeit bleibt, auf den Gelegenheitsvk auszuweichen.

§ 17. Genehmigungsurkunde

(1) Die Genehmigung wird, wenn die Entscheidung nach § 15 unanfechtbar geworden ist, durch Aushändigung der Genehmigungsurkunde erteilt.

(2) Die Genehmigungsurkunde muß enthalten

1. einen Hinweis auf dieses Gesetz,

2. den Namen sowie Wohn- und Betriebssitz des Unternehmers,

3. die Bezeichnung der Verkehrsart, für die die Genehmigung erteilt wird, im Gelegenheitsverkehr auch der Verkehrsform des Gelegenheitsverkehrs (§§ 47 bis 49),

4. die Dauer der Genehmigung,

5. die Bedingungen und Auflagen,

6. die Bezeichnung der Aufsichtsbehörde,

7. bei einem Straßenbahn- oder Obusverkehr die Streckenführung und im Falle des § 28 Abs. 4 einen Hinweis auf den Vorbehalt,

8. bei Linienverkehr mit Kraftfahrzeugen die Linienführung, die Zahl, die Art und das Fassungsvermögen (Sitz- und Stehplätze) der genehmigten Kraftfahrzeuge und Anhänger,

9. bei Gelegenheitsverkehr mit Kraftfahrzeugen die einzelnen Kraftfahrzeuge unter Angabe ihrer amtlichen Kennzeichen.

(3) Im Falle eines Austausches von Kraftfahrzeugen nach § 9 Abs. 2 Satz 2 hat der Unternehmer die Genehmigungsurkunde der Genehmigungsbehörde zur Ergänzung vorzulegen. Das gleiche gilt, wenn ein Unternehmer ein Kraftfahrzeug des Gelegenheitsverkehrs nicht mehr verwendet.

(4) Die Genehmigungsurkunde für Straßenbahnen, für Obusverkehr, der für die Öffentlichkeit wesentliche Inhalt der Genehmigung für den Linienverkehr mit Kraftfahrzeugen und deren Änderungen sind auf Kosten des Unternehmers im amtlichen Verkündungsblatt der Genehmigungsbehörde bekanntzumachen.

(5) Die erteilte Genehmigung kann nur durch die Genehmigungsurkunde oder eine amtliche Ausfertigung nachgewiesen werden.

(6) Im Gelegenheitsverkehr mit Kraftfahrzeugen ist die Genehmigungsurkunde oder eine gekürzte Ausfertigung auf der Fahrt mitzuführen und zuständigen Personen auf Verlangen zur Prüfung auszuhändigen.

(7) Hat eine Genehmigungsurkunde oder eine einstweilige Erlaubnis (§ 20) ihre Gültigkeit verloren, so ist sie unverzüglich einzuziehen oder, falls dies nicht möglich ist, auf Kosten des Unternehmers für kraftlos zu erklären.

(8) Von den Vorschriften des Absatzes 2 Nr. 9 kann die Genehmigungsbehörde für die Deutsche Bundespost und die Deutsche Bundesbahn sowie für bewährte Betriebe mit ausreichendem Fahrzeugbestand Ausnahmen zulassen.

a) **Die Erteilung der Genehmigung** (Abs. 1) ist von der Entscheidung über den Genehmigungsantrag (§ 15 Abs. 1) zu unterscheiden (Anm. 1 zu § 15) und setzt deren Unanfechtbarkeit voraus. Der Inhalt der Urkunde ähnelt dem der bis 1. 6. 61 gebräuchlichen Urkunde (§ 14 DV 1935); das gleiche gilt für die Veröffentlichung (§ 32 DV 1935). 1

b) Eine **stillschweigende Genehmigung** durch Duldung des Betriebs gibt es nicht (Anm. 3 zu § 15). Dies soll wohl auch der Sinn von Abs. 5 sein. Diese Vorschrift bestimmt mithin nicht etwa, wie man nach dem Wortlaut vermuten könnte, daß die Genehmigung durch Vernichtung oder Verlust der Urkunde erlischt. 2

c) Nach § 653 RVO hat, wer Mitglied der **Berufsgenossenschaft** wird (§ 537 Nr. 7 RVO), dem Versicherungsamt Anzeige zu machen (21. Aufl. Anm. 5 zu § 9). 3

§ 18. Aushändigung der Genehmigungsurkunde an juristische Personen

Eine Aktiengesellschaft, einer Kommanditgesellschaft auf Aktien, einer Gesellschaft mit beschränkter Haftung oder einer Genossenschaft darf die Genehmigungsurkunde erst ausgehändigt werden, wenn die Eintragung in das Register nachgewiesen ist.

Die genannten juristischen Personen entstehen erst durch die Eintragung ins Register, können also vorher keine Rechte haben. Die Vorschrift entspricht § 16 DV 1935 und § 15 Abs. 4 Satz 2 GüKG. Das gleiche muß ab 1. 6. 61 (Erstreckung auf nichtgewerbsmäßige Beförderungen) auch für den Verein nach § 21 BGB gelten. Der Registerrichter darf sich nicht wegen des Fehlens einer Genehmigung weigern, die Eintragung im Register vorzunehmen (§ 7 HGB; Full, DNotZ 57, 628/641). 1

§ 19. Tod des Unternehmers

(1) Nach dem Tode des Unternehmers kann der Erbe den Betrieb vorläufig weiterführen oder diese Befugnis auf einen Dritten übertragen; das gleiche gilt für den Testamentsvollstrecker, Nachlaßpfleger oder Nachlaßverwalter während einer Testamentsvollstreckung, Nachlaßpflegeschaft oder Nachlaßverwaltung.

(2) Die Befugnis erlischt, wenn nicht der Erbe oder der Dritte binnen drei Monaten nach Ablauf der für die Ausschlagung der Erbschaft vorgesehenen Frist oder die in Absatz 1 zweiter Halbsatz genannten Personen binnen drei Monaten nach der Annahme ihres Amtes oder ihrer Bestellung die Genehmigung beantragt haben; ein in der Person des Erben wirksam gewordener Fristablauf wirkt auch gegen den Nachlaßverwalter. Bei der Prüfung des Genehmigungsantrages ist § 13 Abs. 2 und 3 nicht anzuwenden. Wird dem Antrag stattgegeben, so ist als Zeitpunkt des Ablaufs der Genehmigung der Tag zu bestimmen, an dem die Genehmigung des Rechtsvorgängers abgelaufen sein würde.

(3) Bei Unternehmern mit Betriebspflicht nach § 21 hat die Genehmigungsbehörde dafür zu sorgen, daß der Betrieb keine Unterbrechung erfährt. Wird der Betrieb von den in Absatz 1 genannten Personen nicht vorläufig weitergeführt, so kann die Genehmigungsbehörde für die Übergangszeit zur Aufrechterhaltung des Betriebs eine einstweilige Erlaubnis nach § 20 an einen anderen erteilen.

1 a) **Geltungsbereich.** An die Stelle der bis 1. 6. 61 geltenden Regelung (§ 18 DV 1935) ist in Abs. 1 und 2 die aus § 19 GüKG übernommene getreten. Sie muß entsprechend auch auf die Gesamtrechtsnachfolge bei juristischen Personen angewendet werden, wie sie vor allem bei Verschmelzung und Umwandlung eintritt. In letzterem Fall kommt auch Gesamtrechtsnachfolge zwischen juristischen Personen und natürlichen Personen und umgekehrt in Betracht. Eine entsprechende Anwendung hat auch zu erfolgen, wenn der Unternehmer mit seinem Ehegatten Gütergemeinschaft vereinbart (§ 1415 BGB) oder wenn durch Tod eines Ehegatten fortgesetzte Gütergemeinschaft eintritt (§ 1483 BGB).

2 b) **Recht auf Genehmigung.** Da der Erbe das Recht hat, die Genehmigung ohne Rücksicht auf § 13 Abs. 2 und 3 zu erhalten, können dabei Bedingungen und Auflagen nur im Rahmen des § 13 Abs. 1 angeordnet werden.

3 c) Sind **mehrere Personen Erben** — wie dies häufig der Fall sein wird —, so stehen ihnen die Rechte aus § 19 gemeinschaftlich (zu gesamter Hand) zu. Falls sie nicht von ihrer Befugnis Gebrauch machen, die Weiterführung des Betriebs auf einen Dritten (oder auf einen der Erben) zu übertragen, ist Unternehmer die Erbengemeinschaft (Anm. 1 zu § 3). Dieser ist daher auch auf Antrag der Erben die Genehmigung zu erteilen. Ein Vorgang dieser Art ist nichts Ungewöhnliches (vgl. für eine Firma § 22 HGB).

4 d) **Unternehmen mit Betriebspflicht** sind diejenigen des Linienverkehrs und die Droschken. Bei Sonderformen des Linienverkehrs (§ 43) besteht die Möglichkeit, daß dem Erblasser Befreiung von der Betriebspflicht erteilt war (§ 45 Abs. 4). War dies nicht der Fall, so muß die verantwortliche Behörde (wie bei den übrigen Linienunternehmen und bei den Droschken) dafür sorgen, daß der Betrieb keine Unterbrechung erfährt. Ein Ermessensspielraum ist ihr nur hinsichtlich der dafür einzusetzenden Mittel eingeräumt. Versäumen die verantwortlichen Beamten ihre Pflicht, so entstehen Amtshaftungsansprüche der auf die Verkehrsverbindung angewiesenen Personen und der durch den Ausfall der Anschlüsse geschädigten Verkehrsunternehmen. Die nach Abs. 3 Satz 2 zu erteilende einstweilige Erlaubnis gibt kein Recht, in das Vermögen des Erblassers (Fze, Einrichtungen) einzugreifen oder sie zu verwenden (Begr. des RegEntw.).

§ 20. Einstweilige Erlaubnis

(1) Duldet die Einrichtung, Erweiterung oder wesentliche Änderung eines Linienverkehrs mit Kraftfahrzeugen keinen Aufschub, so kann die von der Landesregierung bestimmte Behörde, in deren Gebiet der Verkehr betrieben werden soll, eine jederzeit widerrufliche einstweilige Erlaubnis erteilen, wenn dies im öffentlichen Verkehrsinteresse geboten ist und die Voraussetzungen des § 13 Abs. 1 gegeben sind.

(2) Die einstweilige Erlaubnis erlischt nach sechs Monaten, soweit sie nicht vorher widerrufen wird. Sie begründet keinen Anspruch auf Erteilung einer Genehmigung.

(3) Über die einstweilige Erlaubnis ist für jedes verwendete Fahrzeug eine Bescheinigung zu erteilen. Die Bescheinigung hat zu enthalten

1. den Hinweis auf diese Vorschrift mit einem Zusatz, daß aus der einstweiligen Erlaubnis ein Anspruch auf die Erteilung einer Genehmigung nicht hergeleitet werden kann,

2. Begründung der Dringlichkeit der Einrichtung des Verkehrs im Sinne des Absatzes 1,

3. Name sowie Wohn- und Betriebssitz des Unternehmers,

4. die Bezeichnung der Fahrzeuge und ihrer amtlichen Kennzeichen,

5. die Dauer der einstweiligen Erlaubnis,

6. die Bezeichnung der Punkte, zwischen denen der Verkehr betrieben werden soll, gegebenenfalls auch der Wegstrecke,

7. Beförderungsentgelte und Fahrplan,

8. Bedingungen und Auflagen.

Die Bescheinigung ist auf der Fahrt mitzuführen und zuständigen Personen auf Verlangen zur Prüfung auszuhändigen.

(4) Die Voraussetzungen für die Erteilung einer einstweiligen Erlaubnis gelten im Falle des § 19 Abs. 3 Satz 2 als gegeben.

a) **Entstehungsgeschichte.** Die Möglichkeit einer einstweiligen Erlaubnis war zwar schon durch Runderl. des RVM v. 27. 8. 37 (RVkBl. B 92) eröffnet worden, doch war dieser Erlaß nicht verkündet worden, daher nicht rechtwirksam und — da er vom PBefG 1934 abwich — nichtig (OVG Münster 19. 11. 57, VkBl. 58, 68; vgl. auch Fromm, DAR 59, 228). 1

b) Ist die einstweilige Erlaubnis wegen **Ablaufs der sechs Monate erloschen,** so kann der gleichen Person eine neue einstweilige Erlaubnis erteilt werden (natürlich auch schon vor Ablauf der sechs Monate). Da das Verfahren, das zur Erteilung einer Genehmigung führt, in der Regel umständlich und zeitraubend ist (Anm. 1 bis 6 zu § 14), dürfte in den meisten Fällen die Erteilung der Genehmigung innerhalb eines halben Jahres nach Antragstellung unmöglich sein. Die vom Unterausschuß PBefG in der 2. Wahlp. vorgeschlagene Bestimmung, die Entscheidung über den Genehmigungsantrag sei innerhalb von sechs Monaten zu erlassen, wurde vom Bundestag als undurchführbar gestrichen. 2

c) Geht der Vk **über den Bezirk der Genehmigungsbehörde hinaus,** so gelten § 11 Abs. 3 und 4 entsprechend. Auch bei §§ 52, 53 gibt es eine einstweilige Erlaubnis. 3

§ 21. Betriebspflicht

(1) Der Unternehmer ist verpflichtet, den Betrieb ordnungsmäßig einzurichten und während der Dauer der Genehmigung nach den Bedürfnissen des Verkehrs und dem Stande der Technik ordnungssmäßig aufrechtzuerhalten.

(2) Die Genehmigungsbehörde kann dem Unternehmer für die Aufnahme des Betriebs eine Frist setzen.

Eine Betriebspflicht bestand **bis 1. 6. 61 nur im Linienvk** (§§ 23, 24 PBefG 1934). Nunmehr besteht Betriebspflicht auch bei den Sonderformen des Linienverkehrs und bei den Droschken (§ 48 Abs. 2, § 49 Abs. 3). Die Ausdehnung auf diese von einem Fahrplan unabhängigen Unternehmen kann nicht bedeuten, daß sie pausenlos Tag und Nacht in Betrieb sein müssen. Vielmehr haben diese Unternehmer einen Monats-, Halbjahres- oder Jahresplan aufzustellen, nach dem der Betrieb dann durchgeführt werden muß. Der Plan muß der Aufsichtsbehörde zur Einsicht aufliegen, weil diese sonst ihrer Überwachungspflicht nicht nachkommen kann. Eine Sicherheitsleistung für die Aufrechterhaltung des Betriebs braucht allerdings ab 1. 6. 61 nicht mehr zu erfolgen. 1

2 b) Auch für **die nicht dem Personenbeförderungsgewerbe angehörenden Unternehmen** besteht seit 1. 6. 61 eine Betriebspflicht; dies gilt vor allem für den Werkverkehr zwischen Arbeitsstätten (§ 2 Abs. 3) und für den im Werkverkehr ausgeführten Berufsverkehr (§ 43 Abs. 1 Nr. 1). Dem Wortlaut nach gilt die Betriebspflicht auch für Privatleute, die andere Personen gegen Entgelt oder unter Inanspruchnahme von Zeitungsanzeigen oder Mitfahrerzentralen befördern. Insoweit verstößt jedoch das PBefG 1961 gegen Art. 2 und Art. 19 Abs. 2 GG.

3 c) Die **Notwendigkeit,** ja überhaupt der Zweck der ab 1. 6. 61 geltenden Ausweitung der Betriebspflicht ist nicht zu erkennen. Auch der RegEntw. nimmt hierzu nicht Stellung.

4 d) **Die Betriebspflicht hat zur Folge,** daß der Unternehmer zur Einstellung oder erheblichen Einschränkung des Betriebs der Genehmigung bedarf (§ 24). Stellt er ihn ohne Genehmigung vorübergehend oder dauernd ein, so macht er sich gegenüber den auf den Betrieb angewiesenen Personen und gegenüber den auf die Anschlüsse angewiesenen Verkehrsunternehmen schadensersatzpflichtig. Eine Straftat oder Ordnungswidrigkeit liegt dagegen nicht vor (§§ 60, 61). Die Aufsichtsbehörde hat die Fortsetzung des Betriebs durch Zustellung einer schriftlichen Verfügung zu erzwingen (§ 61 Abs. 1 Nr. 4) oder nach schriftlicher Abmahnung die Genehmigung zurückzunehmen; § 25 Abs. 1 Nr. 2.

§ 22. Beförderungspflicht

Der Unternehmer ist zur Beförderung verpflichtet, wenn

1. **den geltenden Beförderungsbedingungen und den behördlichen Anordnungen entsprochen wird,**
2. **die Beförderung mit den regelmäßigen Beförderungsmitteln möglich ist und**
3. **die Beförderung nicht durch Umstände verhindert wird, die der Unternehmer nicht abwenden konnte und deren Auswirkung er auch nicht abzuhelfen vermochte.**

1 a) **Nur im Linien- und Droschkenvk** besteht — wie schon vor dem 1. 6. 61 — eine Beförderungspflicht (für Straßenbahnen war die Rechtslage vor dem 1. 6. 61 allerdings nicht eindeutig). Eine Ausweitung des Geltungsbereichs ergibt sich durch Einbeziehung der Sonderformen des Linienverkehrs (§ 43), doch sind dort Ausnahmegenehmigungen möglich (§ 45 Abs. 4). Beförderungspflicht besteht mithin nunmehr auch bei einem als Werkvk durchgeführten Berufsvk oder bei Theaterfahrten, obwohl die Öffentlichkeit von solchen Fahrten ausgeschlossen ist. Man wird sie nur dahin verstehen können, daß niemand, der an sich teilnehmeberechtigt wäre, von der Beförderung ausgeschlossen werden darf.

2 b) Bei **Droschken** besteht die Beförderungspflicht nur, solange sie sich im Einsatz befinden und nicht gerade andere Fahrgäste befördern, also solange sie das Freizeichen (§ 40 BOKraft) führen oder an Droschkenplätzen stehen (Anm. 2 zu § 40 BOKraft); vgl. im übrigen Anm. 2 zu § 29 BOKraft (S. 248 dieses Nachtragsbandes).

3 c) Eine Pflicht der Linienunternehmen, bei Bedarf **Einsatzwagen** fahren zu lassen, wird durch § 22 nicht geschaffen. Es dürfte sich aber empfehlen, bei der Genehmigung entsprechende Auflagen zu machen.

4 d) **Verstöße gegen die Beförderungspflicht** lösen Schadensersatzansprüche aus; so auch Rautenberg-Frantzioch, Anm. 1 zu § 22. Außerdem kann die Genehmigungsbehörde nach erfolgloser schriftlicher Abmahnung die Genehmigung zurücknehmen (§ 25 Abs. 1 Nr. 2). Personen, die auf die Beförderung angewiesen sind, können bei der Genehmigungsbehörde entsprechende Anträge stellen und notfalls vor dem Verwaltungsgericht weiter verfolgen. Eine Bestrafung ist seit 1. 6. 61 nicht mehr möglich (Zuwiderhandeln gegen schriftliche Verfügungen ist aber eine Ordnungswidrigkeit, § 61 Abs. 1 Nr. 4).

§ 23. Haftung, Versicherungsnachweis

(1) Der Unternehmer kann die ihm den beförderten Personen gegenüber obliegende Haftung für Personenschäden nicht ausschließen. Die Haftung für Sachschäden darf gegenüber jeder beförderten Person nur insoweit ausgeschlossen werden, als der Schaden 1000 Deutsche Mark übersteigt.

(2) Die Genehmigungsbehörde kann von dem Unternehmer jederzeit den Nachweis der Versicherung verlangen.

a) **Verbot des Haftungsausschlusses.** Im PBefG 1934 war der völlige Haftungsausschluß für Sachschäden gestattet, im übrigen entspricht die neue Vorschrift aber §§ 25, 26 PBefG 1934. Das Haftungsausschlußverbot gilt für Haftung aus Beförderungsvertrag, aus unerlaubter Handlung und aus den Bestimmungen des StVG (§ 8a StVG) oder des Sachschaden-HaftpflichtG v. 29. 4. 40 (RGBl. I 691, 21. Aufl. S. 398) und der VO v. 6. 5. 41, RGBl. I 252 (21. Aufl. S. 400). Die Haftung aus dem ReichshaftpflichtG v. 7. 6. 1871 i. d. F. v. 15. 8. 43 (RGBl. I 489), die sich nur auf Personenschäden bezieht, kann ohnedies nicht ausgeschlossen werden (dort § 5). Nachträglicher Verzicht auf Schadensersatzansprüche ist in allen Fällen zulässig. 1

b) Der **Nachweis der Versicherung** (Abs. 2) wird für die nicht dem PBefG unterliegenden Fze nur bei der Zulassung (oder beim Grenzübertritt) verlangt (§§ 29a—29d StVZO; PflVersG 21. Aufl. S. 274ff.; Haftpflvers. für ausländische Fze S. 282ff.). Obwohl sich das PBefG über die Höhe der Versicherungssumme nicht äußert, ist nicht etwa Versicherung in unbegrenzter Höhe erforderlich, es genügen vielmehr die in § 7 DVPflVersG vorgesehenen Versicherungssummen (21. Aufl. S. 280). Von praktischer Bedeutung ist § 23 Abs. 2 vor allem bei einem LKW, der gelegentlich zur Personenbeförderung eingesetzt wird; denn die für LKW vorgeschriebene Versicherungssumme reicht bei Personenbeförderungen nicht aus (§ 8 DVPfl-VersG, 21. Aufl. S. 281). Auch bei verbotener Personenbeförderung im LKW (§ 7) muß die der Anzahl der beförderten Personen entsprechende Versicherung abgeschlossen werden. 2

§ 24. Einstellung des Betriebs

(1) Die Genehmigungsbehörde kann den Unternehmer auf seinen Antrag von der Verpflichtung zur Aufrechterhaltung des Betriebs vorübergehend oder dauernd, und zwar für den Betrieb im ganzen oder für einen Teil, entbinden, wenn ihm die Weiterführung des Betriebs nicht mehr zugemutet werden kann oder die öffentlichen Verkehrsinteressen dies nicht mehr erfordern. Bis zur Entscheidung über den Antrag hat der Unternehmer den Betrieb weiterzuführen.

(2) Wird der Unternehmer von der Verpflichtung zur Aufrechterhaltung des Betriebs im ganzen dauernd entbunden, so erlischt damit die Genehmigung.

Die Vorschrift entspricht § 31 DV 1935. Über die Folgen nicht genehmigter Betriebseinstellung: Anm. 4 zu § 21. Obwohl die Einstellung des Betriebs die öffentlichen Verkehrsinteressen in der Regel nicht weniger beeinträchtigt als die Eröffnung eines Betriebes, ist die Genehmigungsbehörde nicht gehalten, das förmliche Anhörverfahren nach § 14 durchzuführen, ehe sie den Unternehmer von der Pflicht zur Aufrechterhaltung des Betriebs entbindet. Nicht einmal eine begrenzte Anhörpflicht, wie in § 40 Abs. 2, ist vorgesehen. Trotzdem hat die Genehmigungsbehörde zunächst die erforderlichen Ermittlungen durchzuführen, um das Ausmaß der für die Bevölkerung entstehenden Schädigung festzustellen. Ist die Beeinträchtigung der Bevölkerung erheblich, so darf der Unternehmer nicht eher von seiner Betriebspflicht entbunden werden, als ein anderer Unternehmer bereit und in der Lage ist, einen entsprechenden Betrieb aufzunehmen. Gegen die Entbindung von der Betriebspflicht können 1 die auf die Beförderung angewiesenen Personen und die durch Wegfall der Anschlüsse beeinträchtigten anderen Unternehmer den Verwaltungsrechtsweg beschreiten.

2 Neben der Regelung des § 24 bleibt die Anwendbarkeit des Ges. über Maßnahmen zur Aufrechterhaltung des Betriebs von Bahnunternehmen des öffentl. Verkehrs v. 7. 3. 34 (RGBl. II 91 i. d. F. des Allg. EisenbahnG v. 29. 3. 51 (BGBl. I 225, berichtigt S. 448) bestehen (§ 64 Abs. 2); vgl. auch RVM 4. 11. 36 RVkBl. B 43 und die Anm. zu § 34 in der 21. Aufl. (S. 1076); die Vorschriften gelten nun auch für Obusse und sind bei Rautenberg-Frantzioch Anm. 2 zu § 64 abgedruckt.

§ 25. Rücknahme der Genehmigung

(1) Die Genehmigungsbehörde hat die Genehmigung zurückzunehmen, wenn nicht mehr alle Voraussetzungen des § 13 Abs. 1 vorliegen. Die erforderliche Zuverlässigkeit des Unternehmers (§ 13 Abs. 1 Nr. 2) ist insbesondere nicht mehr gegeben, wenn in seinem Verkehrsunternehmen trotz schriftlicher Mahnung

1. die im Interesse der öffentlichen Sicherheit erlassenen Vorschriften nicht befolgt werden oder

2. den Verpflichtungen zuwidergehandelt wird, die dem Unternehmer nach diesem Gesetz oder auf Grund dieses Gesetzes erlassenen Rechtsvorschriften obliegen.

(2) Die Genehmigungsbehörde kann die Genehmigung zurücknehmen, wenn

1. die Genehmigung auf Grund unrichtiger Angaben erteilt worden ist, die der Unternehmer oder sein Beauftragter wissentlich oder grob fahrlässig gemacht hat,

2. gegen die Bedingungen oder Auflagen der Genehmigung verstoßen wird oder

3. der Unternehmer die ihm gesetzlich obliegenden arbeitsrechtlichen, sozialrechtlichen oder die sich aus seinem Unternehmen ergebenden steuerrechtlichen Verpflichtungen wiederholt nicht erfüllt hat.

(3) Auf Verlangen der Genehmigungsbehörde hat der Unternehmer den Nachweis der Erfüllung der in Absatz 2 Nr. 3 erwähnten Verpflichtungen zu führen; die Finanzbehörden dürfen den Genehmigungsbehörden Mitteilung über die wiederholte Nichterfüllung der steuerrechtlichen Verpflichtungen oder die Ableistung des Offenbarungseides nach § 325 der Reichsabgabenordnung machen.

(4) Die Rücknahme der Genehmigung wird durch schriftlichen Bescheid ausgesprochen, der zu begründen, mit Rechtsmittelbelehrung zu versehen und dem Unternehmer zuzustellen ist. Die Rücknahme der Genehmigung ist bei den in § 17 Abs. 4 genannten Verkehrsarten nach endgültiger Entscheidung hierüber auf Kosten des Unternehmers im amtlichen Verkündungsblatt der Genehmigungsbehörde zu veröffentlichen.

(5) Die Rücknahme der Genehmigung für den Linien- und Gelegenheitsverkehr mit Kraftfahrzeugen hat die Genehmigungsbehörde dem Kraftfahrt-Bundesamt unter Angabe der Gründe mit Namen sowie Wohn- und Betriebssitz des Unternehmers mitzuteilen.

(6) Absatz 1 bis 5 sind auf die Rücknahme der Genehmigung für die Betriebsübertragung entsprechend anzuwenden.

a) Bis 1. 6. 61 war die Rücknahme in allen Fällen **Ermessenssache;** nunmehr ist Abs. 1 „Mußvorschrift", Abs. 2 „Kannvorschrift". Im übrigen entsprechen die Vorschriften den §§ 13 und 31 Abs. 2 PBefG 1934 und § 22, 23 und 32 DV 1935. 1

b) **Der nachträgliche Wegfall** der in § 13 Abs. 2 und 3 genannten Voraussetzungen, also die nachträglich entstehende Beeinträchtigung öffentlicher Verkehrsinteressen, rechtfertigt die Rücknahme in keinem Fall. Der Wegfall kann allenfalls bei der Frage der Erneuerung der Genehmigung nach Zeitablauf eine Rolle spielen (Anm. 2 zu § 16). Ist bei der Erneuerung der Genehmigung bekannt, daß der Unternehmer unzuverlässig ist, so kann später zwar die Genehmigung nicht wegen Unzuverlässigkeit zurückgenommen werden, wohl aber aus bestimmten in Abs. 1 oder 2 aufgeführten Gründen. In diesem Sinne ist wohl auch die zur alten Rechtslage ergangene Entsch. des BVerwG v. 18. 10. 56 (NJW 57, 437 = VRS 12, 398) zu verstehen. Die Rücknahme setzt im übrigen stets ein Verschulden (zumindest Fahrlässigkeit) des Unternehmers voraus. Abs. 1 Nr. 1 und 2 sind nur beispielhaft. Auch Verstöße gegen StVO oder StVZO können, wenn sie erheblich sind, Anzeichen für den Mangel an Zuverlässigkeit sein. 2

c) **Verstöße** gegen die Betriebs- oder die Beförderungspflicht (§§ 21, 22) führen nach schriftlicher Abmahnung zur Rücknahme nach Abs. 1. 3

d) Die Rücknahme kann vom Unternehmer vor den Verwaltungsgerichten **angefochten** werden (Anm. 2 und 3 zu § 30). 4

e) Wird die Genehmigung für die **Betriebsübertragung** zurückgenommen, so lebt die dem Übertragenden früher erteilte Genehmigung wieder auf, sobald er den Betrieb vom Übernehmer zurückerhält. 5

§ 26. Erlöschen der Genehmigung

(1) Die Genehmigungsbehörde kann die Genehmigung für eine Straßenbahn oder für einen Obusverkehr für erloschen erklären, wenn der Betrieb nicht innerhalb der in der Genehmigung bestimmten Frist eröffnet wird.

(2) Im Linienverkehr mit Kraftfahrzeugen erlischt die Genehmigung, wenn der Unternehmer die nach § 21 Abs. 2 von der Genehmigungsbehörde gestellte Frist nicht einhält.

(3) Im Verkehr mit Kraftdroschken erlischt die Genehmigung, wenn der Unternehmer seinen Betriebssitz in eine andere Gemeinde verlegt.

(4) § 24 Abs. 2 bleibt unberührt.

a) Erlöschen setzt im Gegensatz zur Rücknahme (§ 25) **kein Verschulden** des Unternehmers voraus. 1

b) Das Erlöschen nach Abs. 2, 3 und 4 tritt **ohne Zutun** der Genehmigungsbehörde ein und kann nicht verhindert werden, während das Erlöschen nach Abs. 1 einer Anordnung der Genehmigungsbehörde bedarf und insoweit der Rücknahme gleicht. 2

c) Die Vorschrift entspricht etwa den §§ 21 und 31 Abs. 1 PBefG 1934. 3

§ 27. Zwangsmaßnahmen

Das Verwaltungszwangverfahren bestimmt sich nach den landesrechtlichen Vorschriften.

Anordnungen der Behörden und Pflichten des Unternehmers und der anderen Beteiligten können im Verwaltungsverfahren nur erzwungen werden, wenn das im Bereich der Behörde 1 geltende Landesrecht einen entsprechenden Verwaltungszwang vorsieht. Diese Regelung beruht auf der Tatsache, daß nach Art. 83, 84 GG die Durchführung der Bundesgesetze Länderangelegenheit ist. Auch das Verfahren richtet sich nach Landesrecht.

2 § 12 PBefG 1934 sagte — der damaligen Rechtslage entsprechend —: Die Genehmigungsbehörde kann die Durchführung aller Anordnungen nach den für polizeiliche Verfügungen geltenden Bestimmungen erzwingen. Verwaltungszwang war mithin stets zulässig. Dies ist nun nicht mehr der Fall, wenn das Landesrecht für Anordnungen dieser Art den Verwaltungszwang nicht vorsieht. In gewissem Sinn besteht allerdings auch noch nach dem 1. 6. 61 eine bundeseinheitliche Regelung: Der Behörde bleibt es unbenommen, eine schriftliche Anordnung nach § 61 Abs. 1 Nr. 4 zu erlassen.

III. Sonderbestimmungen für die einzelnen Verkehrsarten

A. Straßenbahnen

§ 28. Planfeststellung

(1) Neue Straßenbahnen dürfen nur gebaut und bestehende nur geändert werden, wenn der Plan für ihre Betriebsanlagen vorher festgestellt ist.

(2) Bei Änderungen oder Erweiterungen von unwesentlicher Bedeutung kann eine Planfeststellung unterbleiben. Fälle von unwesentlicher Bedeutung liegen insbesondere vor, wenn Rechte anderer nicht beeinflußt werden, oder wenn der Kreis der Beteiligten bekannt ist oder ohne ein förmliches Auslegungsverfahren ermittelt werden kann und mit den Beteiligten entsprechende Vereinbarungen getroffen werden. Die Entscheidung hierüber trifft die Genehmigungsbehörde.

(3) Sind Straßenbahnanlagen in Bebauungsplänen nach § 9 des Bundesbaugesetzes vom 23. Juni 1960 (Bundesgesetzbl. I S. 341) ausgewiesen, so ersetzen diese die Planfeststellung nach Absatz 1. Sofern eine Ergänzung nötig ist, ist die Planfeststellung insoweit zusätzlich durchzuführen.

(4) Ist nach den Absätzen 1 bis 3 eine Planfeststellung notwendig, so darf eine Genehmigung nach § 9 nur vorbehaltlich der Planfeststellung oder vorbehaltlich der nach Absatz 2 zu treffenden Vereinbarungen erteilt werden. Das Planfeststellungsverfahren kann gleichzeitig mit dem Genehmigungsverfahren durchgeführt werden.

Inhaltsübersicht

1 a) **Planfeststellung nach PBefG oder nach BBauG.** Ein Planfeststellungsverfahren war auch schon vor dem 1. 6. 61 Voraussetzung für den Bau einer Straßenbahn (§§ 19, 20 PBefG 1934, §§ 28, 29 DV 1935). Das Verfahren wurde vom PBefG 1961 dem in §§ 9, 17 BFStrG (21. Aufl. S. 1020, 1023; Änderung S. 263 dieses Nachtragbandes) geregelten Verfahren angeglichen und auf Obuslinien erweitert. Grundsätzlich enthält schon der von der Gemeinde als Satzung (gemäß §§ 8ff. BBauG v. 23. 6. 60, BGBl. I 341) erlassene Bebauungsplan die Grundlagen für die Verkehrsplanung, da er die städtebauliche Ordnung im ganzen regelt. Nach § 9 Abs. 1 Nr. 3 BBauG sind im Plan die Verkehrsflächen und nach Abs. 1 Nr. 11 die mit Fahr- und Leitungsrechten zugunsten der Allgemeinheit, eines Erschließungsträgers oder eines beschränkten Personenkreises zu belasteten Flächen festzusetzen. § 28 Abs. 3 PBefG muß dahin ausgelegt werden, daß über den Wortlaut der Vorschriften des BBauG hinaus die gesamten Einrichtungen und Betriebsanlagen für ein Straßenbahn- oder Obusunternehmen rechtswirksam in den als Ortssatzung zu erlassenden Bebauungsplan aufgenommen werden können

(allerdings nicht müssen); a. M. wohl Schütz-Frohberg Anm. 12 zu § 9 BBauG. Es empfiehlt sich freilich nicht, den Bebauungsplan mit diesen Einzelheiten zu belasten, da sie ohne weiteres einem Ergänzungsverfahren (Anm. 3) überlassen werden können. Soweit Feststellungen über Straßenbahn- oder Obusanlagen in anderen städtebaulichen Plänen enthalten sind (vor allem in Plänen nach den Aufbaugesetzen der Länder), die auf Grund § 173 Abs. 3 BBauG verbindliche Regelungen geblieben sind, so ist insoweit ebenfalls ein neues Planfeststellungsverfahren entbehrlich und nur erforderlichenfalls ein Ergänzungsverfahren nach Abs. 3 Satz 2 durchzuführen.

Während der **Bebauungsplan nach BBauG** ohne Beteiligung der Genehmigungsbehörde von der Gemeinde als Satzung beschlossen und von der höheren Verwaltungsbehörde genehmigt wird, stellt den Plan nach §§ 28ff. PBefG die Genehmigungsbehörde fest (§ 30 Abs. 1). Der Bebauungsplan nach BBauG wird durch öffentliche Bekanntmachung (§ 12 Satz 2 BBauG) rechtsverbindlich, dagegen tritt die Rechtsverbindlichkeit des Planes nach PBefG durch Bekanntmachung an die Beteiligten ein; § 30 Abs. 8 PBefG. Soweit Feststellungen in dem als Satzung erlassenen Plan enthalten sind, entfällt hierdurch die Beachtung der Formen der §§ 28ff. PBefG. Der Unterschied zwischen beiden Verfahren wirkt sich vor allem darin aus, daß der Bebauungsplan als Satzung vor den Verwaltungsgerichten nicht angefochten werden kann, sondern diese bindet (BVerwGE 1, 39 v. 8. 12. 53; BVerwGE 3, 258 v. 3. 5. 56; Einzelheiten bei Schütz-Frohberg, Komm. z. BBauG, Anm. 1 zu § 8; hinsichtl. der widersprechenden Ansichten siehe Zinkahn-Halstenberg-Henrichs, Schrifttumsnachweis Baurecht-SNB-Hamburg 1957—1960, Abtlg. 3), während gegen die Planfeststellung nach PBefG die Verwaltungsgerichte angerufen werden können. Anhaltspunkte für die Durchführung der Planfeststellung ergeben sich aus den entsprechenden Richtlinien der BBahn (Die Bundesbahn 55, 762). Die Länder haben im übrigen auch — bisher nicht veröffentlichte — Richtlinien für die Planfeststellung nach dem BFStrG vereinbart. 2

b) **Ergänzungsverfahren.** Der durch Ortssatzung festgestellte Bebauungsplan (BBauG) muß, soweit er nicht alle vom PBefG vorgeschriebenen Einzelheiten enthält (Anm. 7 zu § 29), im Ergänzungsverfahren nach § 28 Abs. 3 Satz 2 durch die erforderlichen Feststellungen ergänzt werden. Diese Feststellungen erfolgen nicht durch die Gemeinde, sondern durch die Genehmigungsbehörde. Die Planergänzung ist hinsichtlich Anfechtbarkeit und Durchführung (Enteignungsverfahren) ein selbständiger Plan. Die Ergänzung darf vom Bebauungsplan nicht abweichen, weil dieser als Ortssatzung Gesetzeskraft besitzt und nur durch eine andere Ortssatzung geändert werden kann (a. M. Rautenberg-Frantzioch Anm. 3 zu § 28). 3

c) **Wirkung der Planfeststellung.** Die Planfeststellung nach dem PBefG regelt die öffentlich-rechtlichen Beziehungen des Unternehmers zu allen Beteiligten rechtsgestaltend. Sie ändert jedoch die bürgerlichrechtlichen Beziehungen — außer den in § 29 Abs. 4 und § 35 bestimmten — nicht unmittelbar, sondern bildet lediglich eine Grundlage für die Änderung dieser Rechtsbeziehungen in einem aus historischen Gründen mit „Enteignung" bezeichneten Verfahren (§ 31). Diese Änderung kann sich auf dringliche Rechte beziehen (daher stammt der Name des Verfahrens), aber auch auf die Entstehung schuldrechtlicher Verpflichtungen. Die Planfeststellung rechtfertigt vor Rechtskraft der Enteignung einen Eingriff in fremde Rechte nicht, soweit diese nicht öffentlich-rechtlicher Natur sind (BVerwG 12. 7. 56, VkBl. 57, 168 = DÖV 56, 729); denn sie dient allein dem Zweck, eine einheitliche Sachentscheidung über die mit dem Bau oder der Veränderung von Anlagen einer Straßenbahn (in gewisser Hinsicht auch einer Obuslinie) zusammenhängenden öffentlichen Interessen durch eine Stelle zu sichern und damit alle weiteren behördlichen Zustimmungs- oder Genehmigungsverfahren überflüssig zu machen. 4

d) **Vereinfachtes Verfahren** nach Abs. 2. Es ist nur bei Änderungen oder Erweiterungen des Betriebs (eines Straßenbahn- oder Obusunternehmens) zulässig, nicht dagegen wenn eine neue Linie eingerichtet werden soll. Dieses Verfahren gestattet, weil keine Planfeststellung erfolgt, weder eine Enteignung, noch gibt es nachbarrechtliche Befugnisse. 5

e) **Baubeginn ohne Planfeststellung.** Vor Rechtskraft der Planfeststellung (und der Genehmigung) ist der Bau oder die Änderung von Straßenbahn- oder Obusanlagen untersagt (§ 9 Abs. 1, § 28 Abs. 1), auch wenn dabei in keiner Hinsicht fremde Rechte oder Interessen berührt werden. Wird vor Eintritt der Rechtskraft mit dem Bau oder der Änderung begonnen, so macht sich der Unternehmer gegenüber allen Beteiligten schadensersatzpflichtig (§ 823 Abs. 2 BGB). Der Unternehmer begeht allerdings weder eine strafbare Handlung noch eine Ordnungswidrigkeit. Letztere liegt erst vor, wenn er einer schriftlichen Verfügung der Aufsichtsbehörde zuwider die Arbeiten nicht sofort einstellt (§ 61 Abs. 1 Nr. 4). Vor Rechtskraft der Planfeststellung ist der Baubeginn gestattet, wenn die Genehmigungsbehörde anläßlich der Feststellung des Planes (oder später) im öffentlichen Interesse oder im über- 6 wiegenden Interesse des Antragstellers die „sofortige Vollziehung" des Planes anordnet (§ 80 Abs. 2 Nr. 4 VwGO). Gleiches gilt übrigens auch für die Erteilung der Genehmigung. Diese darf schon vor Rechtskraft des Planes erteilt werden, allerdings nur vorbehaltlich der Vollziehbarkeit des Planes (Abs. 4). Ist ein Vorverfahren anhängig, so kann im Widerspruchsbescheid ebenfalls die „sofortige Vollziehung" angeordnet und damit der Baubeginn ermöglicht werden. Erfolgt keine derartige Anordnung, so darf vor Rechtskraft des verwaltungsgerichtlichen Urteils der Bau oder die Änderung (Erweiterung) nicht in Angriff genommen werden.

7 f) **Zur eisenbahnrechtlichen Planfeststellung,** die manche Parallelen aufweist: Kruchen, DÖV 57, 172.

§ 29. Inhalt der Planfeststellung

(1) Die Planfeststellung ersetzt alle nach anderen Rechtsvorschriften notwendigen öffentlich-rechtlichen Genehmigungen, Verleihungen, Erlaubnisse und Zustimmungen. Durch sie werden alle öffentlich-rechtlichen Beziehungen zwischen dem Unternehmer und den durch den Plan Betroffenen rechtsgestaltend geregelt. Unberührt bleibt die Zuständigkeit der für die Baugenehmigung zuständigen Behörden, soweit es sich nicht um Betriebsanlagen (§ 28 Abs. 1) handelt.

(2) Im Planfeststellungsbeschluß sind dem Unternehmer die Errichtung und Unterhaltung der Anlagen aufzuerlegen, die für das öffentliche Wohl oder zur Sicherung der Benutzung der benachbarten Grundstücke gegen Gefahren oder Nachteile notwendig sind.

(3) Werden Anlagen zur Sicherung der baulichen oder betrieblichen Einrichtungen der Straßenbahn infolge Änderungen der benachbarten Grundstücke, von denen Gefährdungen dieser Einrichtungen ausgehen, nachträglich notwendig, so kann der Unternehmer durch Beschluß der Planfeststellungsbehörde zu ihrer Errichtung und Unterhaltung verpflichtet werden; die hierdurch entstehenden Kosten haben jedoch die Eigentümer der benachbarten Grundstücke zu tragen, es sei denn, daß die Änderungen durch natürliche Ereignisse oder höhere Gewalt verursacht worden sind.

(4) Ist der Plan rechtskräftig festgestellt, so sind Beseitigungs- und Änderungsansprüche gegenüber festgestellten Anlagen ausgeschlossen.

(5) Wird der Plan nicht innerhalb von fünf Jahren nach Rechtskraft durchgeführt, so tritt er außer Kraft, wenn er nicht von der Planfeststellungsbehörde im Benehmen mit der von der Landesregierung bestimmten Behörde auf weitere fünf Jahre verlängert wird. Bei Verlängerung können die vom Plan betroffenen Grundstückseigentümer verlangen, daß der Unternehmer ihre Grundstücke und Rechte insoweit erwirbt, als nach § 31 die Enteignung zulässig ist. Kommt keine Einigung zustande, so können sie die Durchführung des Enteignungsverfahrens bei der Enteignungsbehörde beantragen. Im übrigen gilt § 31.

(6) In den Fällen des § 28 Abs. 3 gelten die §§ 40 und 41 des Bundesbaugesetzes. Absatz 5 ist nicht anzuwenden.

A. Wirkung der Planfeststellung

1 a) **Der Inhalt der Planfeststellung** bestimmt sich nach deren Wirkung. Diese ist rechtsgestaltend, aber grundsätzlich nur öffentlich-rechtlich; Anm. 4 zu § 28.

2 b) **Nachbarrechtliche Wirkung**

aa) **Allgemein** (Abs. 4). Die Rechtskraft der Planfeststellung (nach PBefG) schließt (wie schon bisher: 21. Aufl. S. 1060) Beseitigungs- und Änderungsansprüche nicht nur anderer Verkehrsunternehmer, sondern auch der Grundstücksnachbarn aus. Diese Wirkung entspricht § 26 GewO. Die Duldungspflicht ist zwar primär öffentlich-rechtlicher Natur, hat aber wie die des § 26 GewO wegen § 906 BGB (i. d. F. v. 22. 12. 59) auch bürgerlich-rechtliche Folgen (Kruchen, DÖV 57, 172/173). Die Einwirkungen auf nicht zur Enteignung vorgesehene Nachbargrundstücke verpflichten den Unternehmer nicht zur Zahlung einer Entschädigung, solange die ortsübliche Benutzung des Nachbargrundstücks oder dessen Ertrag nicht über das zumutbare Maß hinaus beeinträchtigt wird. Dieser Grundsatz rechtfertigt sich auch aus der Erwägung, daß Grundstückseigentümer an den Unternehmer auch keinen Ausgleich für die durch die verkehrsmäßige Erschließung entstehende Wertsteigerung ihres Besitzes zu bezahlen brauchen. Der Eigentümer eines Nachbargrundstücks muß sein Recht aus § 906 Abs. 2 Satz 1 BGB, von dem Unternehmer alle wirtschaftlich zumutbaren Maßnahmen zur Verhinderung von Einwirkungen (vor allem durch Erschütterung und durch Geräusch) zu verlangen, im Planfeststellungsverfahren vorbringen (§ 29 Abs. 2) und notfalls durch Rechtsmittel gegen die Planfeststellung weiter verfolgen; denn mit Rechtskraft der Planfeststellung erlischt sein Recht (§ 29 Abs. 4).

bb) **Veränderungen am Grundstück.** Der Inhaber eines Nachbargrundstückes wird ferner 3
in der Nutzung seines Eigentums durch Abs. 3 beschränkt, der ihn für eine Änderung der Nutzung seines Grundstücks (vor allem der Bebauung) entschädigungspflichtig macht, sofern diese Änderung Änderungen der betrieblichen Einrichtung der Straßenbahn- oder Obuslinie erforderlich macht. Ausgenommen sind lediglich „natürliche" Ereignisse oder höhere Gewalt. Plant der Grundstückseigentümer eine derartige Nutzung seines Grundstücks, so wird er gut daran tun, dies im Planfeststellungsverfahren vorzutragen (§ 29 Abs. 2).

cc) **Beschränkung der Duldungspflicht auf nachbarrechtliche Wirkungen.** Die durch die 4
Planfeststellung entstehende Duldungspflicht bezieht sich nach der Begründung des RegEntw. allerdings nur auf „typisch" nachbarrechtliche Wirkungen, nicht z. B. auf das Anbringen von Haltevorrichtungen für elektrische Leitungen, Signale oder Haltestellenzeichen (§ 35). Es besteht insbesondere keine Duldungspflicht für sonstige Einrichtungen (Kanalisation, Zugangswege, Kiesentnahme oder Kiesablagerung, Bauhütten, Wartestellenhäuschen), solange nicht diese Einzelheiten erstens im Plan aufgenommen sind und zweitens für sie ein Enteignungsverfahren durchgeführt ist (§ 31). Vor allem braucht niemand den Beginn von Bauarbeiten auf seinem Grundstück oder das Betreten seines Grundstücks durch Bauarbeiter zu dulden, solange nicht die Enteignung rechtskräftig durchgeführt ist.

c) **Beeinträchtigung des Eigentums durch die drohende Enteignung.** Abs. 5 bestimmt, daß 5
die vom Plan betroffenen Grundstückseigentümer in den ersten fünf Jahren nach Planfeststellung die durch die drohende Enteignung entstandene Beeinträchtigung (vor allem, weil sich eine Bebauung nicht mehr lohnt) entschädigungslos hinnehmen müssen. Die Feststellung des Planes stellt nämlich — trotz dieser Beeinträchtigung und trotz der nachbarrechtlichen Wirkungen (Anm. 2 und 3) — keine Enteignung dar (vgl. BGH 28. 3. 55, NJW 946; 27. 4. 60, NJW 1343), sondern nur eine „Eigentumsbeschränkung". Diese Beschränkung wird jedoch durch bloßen Zeitablauf zur Enteignung, wenn sich die Durchführung des Enteignungsverfahrens „über Gebühr verzögert". Der BGH hat entschieden, daß sich eine Bausperre, die länger als drei Jahre dauert, vom Ablauf des dritten Jahres an immer „als Enteignung auswirkt" und die Entschädigungspflicht auch ohne Enteignungsverfahren auslöst. Der BGH hat darauf hingewiesen, daß es wegen Art. 14 GG nicht in der Macht des Gesetzgebers steht, Abweichendes anzuordnen (BGHZ 30, 338 v. 25. 6. 59). Allerdings steht eine infolge des Planes unmittelbar drohende Enteignung einer Bausperre nicht gleich; sie wird sich aber meist ähnlich auswirken. Es bestehen immerhin keine verfassungsrechtlichen Bedenken dagegen, daß Abs. 5 an die Stelle der Dreijahresfrist eine Fünfjahresfrist setzt. Falls jedoch im Einzelfall besondere Gründe zur sofortigen Beendigung des Schwebezustandes drängen sollten, geht Art. 14 GG dieser Regelung vor.

d) **Auswirkungen einer Planfeststellung nach dem BBauG.** Abs. 6 betrifft den Fall, daß 6
keine Planfeststellung nach § 30 Abs. 1, wohl aber eine solche nach § 10 BBauG erfolgt ist und diese Feststellung die Einrichtungen einer Straßenbahn oder eines Obusunternehmens enthält. In diesem Fall regelt sich die Frage, ob schon wegen der Planfeststellung allein eine Entschädigung verlangt werden kann, nicht nach § 29 Abs. 5 PBefG, sondern nach §§ 40, 41 BBauG (vgl. die Erläuterungen von Schütz-Frohberg, BBauG, Neuwied 1960, zu diesen Vorschriften). Sind die Grundlagen für eine bestimmte Einrichtung schon im Bebauungsplan vorhanden (Anm. 3 zu § 28), dagegen die Einzelheiten erst aus einem Ergänzungsplan nach PBefG zu entnehmen, so geht die Regelung der §§ 40, 41 BBauG vor. Dies gilt allerdings nicht hinsichtlich solcher Einrichtungen, die im Bebauungsplan nicht erwähnt sind.

7 e) Berührt ein Plan den Verlauf einer **Bundesstraße oder BBahnstrecke,** so muß daneben ein Planfeststellungsverf. nach § 17 BFStrG oder § 36 BbG durchgeführt werden (a. M. Rautenberg-Frantzioch Anm. 1 zu § 29).

8 **B. Inhalt des Planes**

Da die Enteignung nur zur Ausführung eines rechtskräftig festgestellten Planes und nur hinsichtlich der darin bezeichneten einzelnen Einrichtungen möglich ist, muß der Plan nach dem PBefG nicht nur alle Angaben enthalten, die für die Entscheidung von Bedeutung sein können, ob die Genehmigung nach PBefG zu erfolgen hat, sondern außerdem alle Tatsachen, die in dem Enteignungsverfahren eine Rolle spielen können. Insbesondere muß jeder erforderliche Eingriff in fremde bürgerliche Rechte in seinem Ausmaß und seiner Dauer genau in allen Einzelheiten festgelegt sein. Der Eingriff in dingliche Rechte verträgt keine Ungenauigkeiten. Aber auch ein Schuldverhältnis, z. B. Miete, das durch enteignenden Verwaltungsakt zur Entstehung gebracht werden soll, muß seinem Inhalt nach genau beschrieben sein. Sind die Angaben im Plan nicht ausreichend, so wird insofern die Enteignung unzulässig und es muß zunächst ein neues Planergänzungsverfahren durchgeführt werden, das wegen seines eigenen Rechtsmittelzuges äußerst zeitraubend sein kann. Bei der Aufstellung des Planes ist daher genaue Kenntnis der Enteignungsvorschriften des entsprechenden Landes erforderlich (§ 31 Abs. 3). Insbesondere muß im Plan wegen des die Enteignung beherrschenden Grundsatzes der Verhältnismäßigkeit festgelegt sein, inwieweit Entziehung des Eigentums erforderlich ist und inwieweit die zwangsweise Entstehung von Grundstücksbelastungen (vor allem Dienstbarkeiten) ausreicht und landesrechtlich (z. B. nach § 18 Abs. 2 PreußEnteignungsG v. 11. 6. 74 oder nach Art. I Satz 2 Bay. ZwangsabtretungsG, vgl. auch Anm. 1 zu § 31) zulässig ist. Auch auf die landesrechtlich verschiedene Zulässigkeit der Enteignung von Grundstücksteilen muß Rücksicht genommen werden. Dagegen hat der Plan nichts über die Höhe der Entschädigung zu enthalten, ferner auch nichts darüber, ob die geplante Enteignung den Restbesitz des Enteigneten unwirtschaftlich macht (OVG Münster 14. 11. 56, BB 57, 277) oder ob der Grundstückseigentümer nach Landesrecht an Stelle der im Plan vorgesehenen Belastung des Grundstücks mit einer Dienstbarkeit eine Enteignung verlangen kann.

9 **C. Sonstige Wirkungen der Planfeststellung**

Sie ergeben sich aus Abs. 1. Die Planfeststellung ersetzt nicht nur alle bau- und wegerechtlichen Genehmigungen, sondern auch die wasser- und bergrechtlichen, ja sogar die gewerberechtlichen. Über das Verhältnis zum KreuzungsG siehe Rautenberg-Frantzioch Anm. 1 a. E. zu § 29.

§ 30. Planfeststellungsverfahren

(1) Die Genehmigungsbehörde stellt den Plan fest.

(2) Die Pläne sind der von der Landesregierung bestimmten Behörde zur Stellungnahme zuzuleiten. Diese führt die Stellungnahmen aller beteiligten Behörden des Bundes, der Länder, der Gemeinden und der übrigen Beteiligten herbei und leitet sie nach Abschluß des Anhörungsverfahrens der Planfeststellungsbehörde zu.

(3) Die Pläne mit Beilagen sind in den Gemeinden, durch deren Bereich die Straßenbahnen führen soll, zwei Wochen zur Einsicht auszulegen. Zeit und Ort der Auslegung sind ortsüblich bekanntzumachen, um jedermann, dessen Belange durch den Bau der Straßenbahn berührt werden, Gelegenheit zur Äußerung zu geben.

(4) Einwendungen gegen den Plan sind bei der nach Absatz 2 Satz 1 bestimmten Behörde oder bei der von dieser bezeichneten Stelle spätestens innerhalb von zwei Wochen nach Beendigung der Auslegung schriftlich oder zur Niederschrift zu erheben.

(5) Nach Ablauf der Frist des Absatzes 4 sind die Einwendungen gegen den Plan von der nach Absatz 2 Satz 1 bestimmten Behörde mit allen Beteiligten zu erörtern. Kommt eine Einigung nicht zustande, so wird über die Einwendungen in der Planfeststellung entschieden.

(6) Werden öffentliche Interessen berührt, für die die Zuständigkeit von Bundesbehörden oder von Behörden, die im Auftrag des Bundes tätig werden, gegeben ist, und kommt eine Verständigung zwischen der Planfeststellungsbehörde und den genannten Behörden nicht zustande, so hat die Planfeststellungsbehörde im Benehmen mit dem Bundesminister für Verkehr zu entscheiden.

(7) Kommt eine Verständigung über Einwendungen von Unternehmern nichtbundeseigener Eisenbahnen oder Bergbahnen nicht zustande, so ist die Entscheidung der von der Landesregierung bestimmten Behörde einzuholen und der Planfeststellung zugrunde zu legen.

(8) Die Feststellung des Planes und die Entscheidungen über die Einwendungen sind zu begründen und den durch den Plan Betroffenen und den sonst am Verfahren Beteiligten mit Rechtsmittelbelehrung zuzustellen.

a) **Neue Verfahrensvorschriften.** Das bis 1. 6. 61 in §§ 28, 29 DV 1935 geregelt gewesene Verfahren wurde dem des BFStrG (dort § 18; 21. Aufl. S. 1024) angeglichen und mit der VwGO in Einklang gebracht; siehe die Anmerkungen zu § 28. 1

b) **Verwaltungsrechtsweg.** Die Planfeststellung nach PBefG ist — im Gegensatz zu der nach dem BBauG, Anm. 2 zu § 28 — im Verfahren vor den Verwaltungsgerichten anfechtbar (§ 30 Abs. 8); dies entspricht der bis 1. 6. 61 geltenden Rechtslage (Oppelt 5. Aufl. S. 107). Zur Erhebung der Klage berechtigt sind außer dem Antragsteller alle Personen, deren Rechte durch den Plan beeinträchtigt werden. Eine Beeinträchtigung dieser Art liegt vor, wenn in eine Rechtsstellung des öffentlichen Rechts eingegriffen wird; denn insoweit wirkt die Planfeststellung unmittelbar rechtsgestaltend. Eine zur Klage berechtigende Beeinträchtigung liegt aber auch bei Eingriffen in bürgerliche Rechte vor; denn insoweit bedarf die Planfeststellung zwar (in der Regel) eines Vollzugs durch das Enteignungsverfahren, sie schafft aber für dieses eine die Beteiligten bindende Rechtsgrundlage, gegen die diese sich im Enteignungsverfahren nicht mehr wenden können (§ 31 Abs. 1 Satz 2). Im übrigen ist die Wirkung der Planfeststellung, daß Beseitigungs- und Änderungsansprüche ausgeschlossen sind, mindestens teilweise auch privatrechtlicher Natur (Anm. 2 zu § 29). 2

Im verwaltungsgerichtlichen Verfahren, das mit dem Vorverfahren beginnt (§ 68 VwGO; Anm. 4 und 5 zu § 14), wird die Gesetzmäßigkeit der im Widerspruchsverfahren getroffenen Entscheidung überprüft. Die Behörde, die den Plan festgestellt oder den Widerspruchsbescheid erlassen hat, kann im öffentlichen Interesse oder im überwiegenden Interesse des Antragstellers die sofortige Vollziehung des Planes anordnen (§ 80 Abs. 2 Nr. 4 VwGO). Das Verwaltungsgericht kann diese sofortige Vollziehung außer Kraft setzen (§ 80 Abs. 5 VwGO). Das Gericht erforscht den Sachverhalt von Amts wegen (§ 86 VwGO). Soweit die Genehmigungsbehörde ermächtigt ist, nach ihrem Ermessen zu handeln — und dies ist im Planfeststellungsverfahren weitgehend der Fall — prüft das Gericht auch, ob der Verwaltungsakt oder dessen Ablehnung rechtswidrig ist, weil die gesetzlichen Grenzen des Ermessens überschritten sind oder von dem Ermessen in einer dem Zweck der Ermächtigung nicht entsprechenden Weise Gebrauch gemacht ist (§ 114 VwGO). 3

Zusätzliche Planfeststellung. Ist eine Verkehrseinrichtung schon im allgemeinen Bebauungsplan festgelegt und wird die Planfeststellung nur zusätzlich durchgeführt, weil der Bebauungsplan die erforderlichen Einzelheiten nicht enthält (§ 28 Abs. 3 Satz 2), so beschränkt sich die Anfechtbarkeit durch Anrufung der Verwaltungsgerichte auf diese Ergänzung (Anm. 3 zu § 28). Der die Grundlage bildende Bebauungsplan bindet die Verwaltungsgerichte, weil er als Ortssatzung erlassen ist und daher Gesetzeskraft hat. Insoweit erweitert sich aber die Befugnis der ordentlichen Gerichte zur Überprüfung der Rechtsgrundlagen, wenn im Enteignungsverfahren (§ 31) eine Entscheidung begehrt wird. 4

Behörden sind durch die Planfeststellung nicht in eigenen Rechten verletzt und daher nicht anfechtungsberechtigt. 5

§ 31. Enteignung

(1) Zur Errichtung der Straßenbahnanlagen eines Unternehmens ist die Enteignung zulässig, soweit sie zur Durchführung eines nach den §§ 28 bis 30 festgestellten Bauvorhabens notwendig ist. Einer weiteren Feststellung der Zulässigkeit der Enteignung bedarf es nicht.

(2) Der nach den §§ 28 bis 30 festgestellte Plan ist dem Enteignungsverfahren zugrunde zu legen und für die Enteignungsbehörde bindend.

(3) Im übrigen gelten die Enteignungsvorschriften der Länder.

1 a) Maßgebend sind nach Abs. 3 die **Enteignungsvorschriften der Länder.** Abgesehen von den mit Art. 14 GG inhaltlich übereinstimmenden Vorschriften zahlreicher Länderverfassungen kommen vor allem in Frage:

PreußEnteignungsG 11. 6. 74, GS 221; 26. 7. 22, GS 211. **Baden:** EnteignungsG i. d. F. 24. 12. 08, GVBl. 703; Änderungen 12. 5. 21, GVBl. 127; 13. 8. 34, GVBl. 239. **Bayern:** ZwangsabtretungsG 17. 11. 37, BayBS I 203; EnteignungsG i. d. F. v. 9. 12. 43, BayBS I 207; Art. 16ff. AGZPO v. 23. 2. 1879, BayBS III 143. **Hamburg:** EnteignungsG 26. 4. 20, ABl. 605; Änderung 15. 10. 46, GVBl. 107. **Hessen:** EnteignungsG i. d. F. 30. 9. 1899, RegBl. 735; Vereinf. Enteignungsverf. 4. 10. 35, RegBl. 193; AufbauG 25. 10. 48, GVBl. 139; Änderungen: 15. 1. 49, GVBl. 9 und 23. 10. 49, GVBl. 164. **Niedersachsen:** AufbauG 17. 5. 55, GVBl. Sb. I 398. **NRW:** VO v. 25. 11. 48, GS 411; AufbauG i. d. F. 29. 4. 52, GS 455. **Rheinland-Pfalz:** AufbauG 1. 8. 49, GVBl. 317. **Schleswig-Holstein:** AufbauG 21. 5. 49, GVBl. 93. **Württemberg:** ZwangsenteignungsG 20. 12. 1888, RegBl. 446 i. d. F. des FGG v. 28. 7. 1899, RegBl. 423; Änderungen 18. 7. 33, RegBl. 331; 23. 9. 39, RegBl. 124.

2 b) **Bebauungsplan nach BBauG.** Soweit die Einrichtungen einer Straßenbahn oder eines Obusunternehmens in einem Bebauungsplan (§§ 8ff. BBauG) enthalten sind, erfolgt die Enteignung nicht nach Landesrecht, sondern nach §§ 85ff. BBauG im Verfahren nach §§ 104 BBauG. Dies ergibt sich aus § 85 Abs. 1 Nr. 1 BBauG. Die dort geregelten Verwaltungsakte können durch Antrag auf gerichtliche Entscheidung angefochten werden; über den Antrag entscheidet das Landgericht, Kammer für Baulandsachen. Einzelheiten des Verfahrens siehe bei Schütz-Frohberg, Komm. z. BBauG. Soweit die Enteignung ausschließlich auf einem Ergänzungsplan beruht (Anm. 3 zu § 28 und 6 zu § 29), wird die Enteignung nach Landesrecht durchgeführt.

3 c) Soweit die Planfeststellung nach § 30 Abs. 1 erfolgt ist, gilt die **landesrechtliche Regelung.** Die Planfeststellung nach §§ 28 bis 30 ersetzt in diesem Fall die in den Landesgesetzen geregelte Planfestsetzung. Das landesrechtliche Verfahren muß hinsichtlich der Höhe der Entschädigung den Rechtsweg vor den ordentlichen Gerichten zulassen (Art. 14 Abs. 3 Satz 4 GG); doch entscheidet in diesem Fall das Amtsgericht oder die Zivilkammer des Landgerichts, soweit nicht das Landesrecht ebenfalls die Zuständigkeit der Kammer für Baulandsachen anordnet; § 15 EGZPO.

4 d) Die **Höhe der Enteignungsentschädigung** richtet sich nicht nach dem Wert des Grundstücks, der Sache oder Belastung am Tag der Planfeststellung, sondern nach dem Wert am Tag der letzten mündlichen Verhandlung des ersten Rechtszugs (im Verfahren über die Höhe der Entschädigung); BGHZ 30, 281 v. 8. 6. 59 = NJW 59, 1915. Für entgangenen Gewinn gibt es keine Entschädigung; BGH 16. 3. 59, Baurechtssammlg. Bd. 9, 262.

5 **Übersicht über die Rechtsprechung des BGH** in Enteignungssachen: Pagendarm, WM (Wertpapiermitteilungen Teil IV B) 58, 1350. **Schrifttum** zum Enteignungsrecht: Neufang, Grundstücksenteignungsrecht, Tübingen 1952; Seufert, Bayer. Enteignungsrecht, Berlin 1957; Meyer-Thiel-Frohberg, Enteignung von Grundeigentum, Berlin 1959 (f. ehemal. Preußen); Palandt, 20. Aufl. Anm. 5 d ee zu § 903 BGB.

6 e) **Das PBefG gibt dem Grundstückseigentümer kein Recht, die Enteignung zu verlangen,** wenn die Duldungspflicht des § 29 Abs. 4 über das in Art. 14 Abs. 2 Satz 2 GG bestimmte Maß hinaus sein Eigentum so erheblich beeinflußt, daß er in dessen Gebrauch erheblich beeinträchtigt ist. Ist dies der Fall, so liegt zwar ohne weiteres eine den Unternehmer zur Entschädigung verpflichtende Enteignung vor, die aber nicht den Eigentumsübergang, sondern lediglich die Belastung des Eigentums zum Gegenstand hat. Ob der Eigentümer in solchen Fällen vom Unternehmer vollständige Enteignung des Eigentums verlangen kann, richtet sich nach Landesrecht.

7 f) Auch **gegenüber dem Grundstückseigentümer der Straßen,** die vom Unternehmer für den Betrieb der Straßenbahn gemäß dem festgestellten Plan benutzt werden sollen, ist das Enteignungsverfahren durchzuführen, wenn keine vertragliche Einigung zustandekommt. Im Planfeststellungsverfahren ist darauf Rücksicht zu nehmen, in welcher Form (Dienstbarkeit oder Miete) die Benützung erfolgen soll. Das Entgelt wird nach dem Sprachgebrauch der Gesetze als Konzessionsabgabe bezeichnet (vgl. Konzessionsabgabenordnung v. 4. 3. 41,

RAnz. Nr. 57 und 120, i. d. F. des Gesetzes v. 24. 12. 56, BGBl. I 1076, mit DurchführungsVO v. 27. 2. 43 und AusführungsVO v. 27. 2. 43, RAnz. Nr. 75, siehe auch KörpStRichtlinien 1955 Abschnitt 25). Die Konzessionsabgabe stellt einen Ausgleich für den Eigentümer der Straße dar für den Verzicht, die Straßenbahn selbst zu bauen und zu betreiben. Gemäß dem wirtschaftlichen Wert dieses Verzichts ist die Höhe der laufenden Konzessionsabgabe zu berechnen. Das Wort ist insofern irreführend, als es an eine Gewerbekonzession erinnert. mit dieser wesensmäßig aber nichts gemein hat. Zu unterscheiden von der Konzessionsabgabe ist das an den Träger der Straßenbaulast zu leistende Entgelt für dessen Mehraufwendungen für den Unterhalt der Straße (§ 32).

Der Träger der Straßenbaulast hat allerdings landesrechtlich weitgehend die Befugnis erhalten, die Rechte der Eigentümer der Straßengrundstücke ganz oder teilweise auszuüben (§ 3 StrRegG v. 26. 3. 34, 21. Aufl. Anhang 3 S. 1028; Art. 13 Bay. Straßen- und Wegegesetz v. 11. 7. 58, BayGVBl. 147; Zippelius DÖV 58, 846). Für Bundesstraßen gilt zwar diese Regelung nicht mehr (§ 25 BFStrG, Anhang 2 der 21. Aufl.), doch geht § 8 BFStrG offensichtlich davon aus, daß die Straßenbaubehörde (oder bei Ortsdurchfahrten die Gemeinde) weiterhin ermächtigt ist, die Rechte der Grundstückseigentümer geltend zu machen. Sowohl nach dem BFStrG wie nach dem landesrechtlichen Wegerecht besteht außerdem unter gewissen Voraussetzungen ein Recht oder sogar eine Pflicht des Trägers der Straßenbaulast, das Eigentum an den Grundstücken zu erwerben. Da mithin der Träger der Straßenbaulast fast ausnahmslos befugt ist, von einem Straßenbahnunternehmer nicht nur ein öffentlich-rechtliches Entgelt für erhöhte Straßenunterhaltskosten (§ 32 Abs. 5), sondern auch eine bürgerlich-rechtliche Konzessionsabgabe zu verlangen und da häufig beide Entgelte in demselben Vertrag vereinbart werden, gerät der Unterschied nur zu leicht in Vergessenheit. Er ist jedoch für die Frage des Rechtswegs von Bedeutung, ferner auch für die offensichtlich in § 32 Abs. 1 dem Träger der Straßenbaulast eingeräumte Befugnis, seine Zustimmung von der Anerkennung einer öffentlich-rechtlichen Zahlungspflicht abhängig zu machen, und schließlich auch für die Zustimmungsbedürftigkeit derartiger Verträge (§ 32 Abs. 5). Einzelheiten siehe Anm. 8 bis 10 zu § 32 und 2 bis 4 zu § 33. 8

§ 32. Benutzung öffentlicher Straßen

(1) Soll von der Straßenbahn eine öffentliche Straße benutzt werden, so hat der Unternehmer die Zustimmung des Trägers der Straßenbaulast (Wegeunterhaltungspflichtigen) beizubringen.

(2) Absatz 1 gilt sinngemäß auch für höhengleiche Kreuzungen von öffentlichen Straßen mit Straßenbahnen.

(3) Wird eine Straße, die von einer Straßenbahn benutzt wird, erweitert oder verlegt, so kann der Träger der Straßenbaulast (Wegeunterhaltungspflichtiger) von dem Unternehmer einen entsprechenden Beitrag zu den Kosten der Erweiterung oder Verlegung der Straße verlangen. Dabei ist angemessen zu berücksichtigen, ob und inwieweit die Erweiterung oder Verlegung der Straße durch die Straßenbahn, den sonstigen Straßenverkehr oder andere Gründe veranlaßt ist. Bestehende Verträge zwischen dem Unternehmer und dem Träger der Straßenbaulast (Wegeunterhaltungspflichtigen) bleiben unberührt.

(4) Auf Verlangen des Trägers der Straßenbaulast hat der Unternehmer bei Ablauf der Genehmigung die Straßenbahnanlagen zu beseitigen und den benutzten Teil der Straße wieder ordnungsgemäß herzustellen. Für die Erfüllung dieser Verpflichtungen kann die Genehmigungsbehörde die Stellung einer Sicherheit verlangen.

(5) Vereinbarungen über die Höhe des Entgelts für die Benutzung einer Straße bedürfen der Zustimmung der Genehmigungsbehörde. Absatz 3 Satz 3 ist entsprechend anzuwenden.

(6) Auf Vereinbarungen des Unternehmers mit dem Träger der Straßenbaulast über die Benutzung öffentlicher Straßen ist im Planfeststellungsbeschluß hinzuweisen.

1 a) Die **Zulässigkeit einer bundesrechtlichen Regelung** fußt auf Art. 74 Nr. 23 GG. Sie geht den wegerechtlichen Vorschriften der Länder vor. Dies entspricht auch der Rechtslage vor dem 1. 6. 61 (§§ 15, 16 PBefG 1934). Eine Straße erhält ihre Eigenschaft als öffentliche Straße durch Widmung. Diese richtet sich bei Bundesfernstraßen nach § 2 BFStrG, im übrigen nach Landesrecht.

2 b) Die **Zustimmung des Trägers der Straßenbaulast** (Abs. 1) läßt die Rechte des Eigentümers der Straße unberührt (so auch die Begründung des RegEntw.). Dieser braucht den Bau der Linie nur zu dulden, wenn er sich vertraglich hierzu verpflichtet hat oder wenn er enteignet worden ist (Anm. 7 und 8 zu § 31). Die Enteignung kann auch in diesem Fall — wenn das Landesrecht dies zuläßt — in der Schaffung einer Dienstbarkeit oder einer bloßen schuldrechtlichen Verpflichtung bestehen. Ist der Träger der Straßenbaulast befugt, die Rechte des Grundstückseigentümers wahrzunehmen (Anm. 8 zu § 31), so wird im allgemeinen nach Landesrecht ein förmliches Enteignungsverfahren nicht stattzufinden brauchen, selbst wenn sich der Träger der Straßenbaulast weigert, die „Konzession" zu erteilen. Hat die nach § 33 von der Landesregierung zu bestimmende Behörde die Zustimmung des Trägers der Straßenbaulast ersetzt, so kann — wenn das Landesrecht nichts anderes bestimmt — anschließend das ordentliche Gericht sofort zur Festsetzung der Höhe der Enteignungsentschädigung (Konzessionsabgabe) angerufen werden. Die „Behörde" ist hierzu nicht befugt, weil sie nur die öffentlich-rechtliche Entschädigung festzusetzen hat, deren Höhe nicht vom ordentlichen Gericht, sondern vom Verwaltungsgericht zu überprüfen ist, da es sich hierbei um keine Enteignung handelt.

3 c) **Wirkung der Planfeststellung auf das Verfahren nach § 33.** Die Planfeststellung wirkt, sofern sie nach dem PBefG durchgeführt wird, trotz ihrer allgemeinen öffentlich-rechtlichen Wirkung gegenüber dem Träger der Straßenbaulast nur insoweit rechtsgestaltend, als dieser die Rechte des Eigentümers der Straße ausübt (Anm. 2 zu § 32 und Anm. 8 zu § 31). Dies geht aus Abs. 6 hervor. Der Bau oder die Änderung der Straßenbahnlinie ist mithin trotz allgemein rechtsverbindlicher Planfeststellung erst zulässig, wenn der Träger der Straßenbaulast in seiner Eigenschaft als solcher seine Zustimmung erteilt. Dies ging (bis 1. 6. 61) aus § 24 Abs. 1 DV 1935 deutlicher hervor als aus dem jetzigen § 32. Wird der Bau ohne Zustimmung des Trägers der Straßenbaulast durchgeführt, so muß die Genehmigungsbehörde ihre nach § 37 erforderliche Zustimmung zur Eröffnung des Betriebs versagen, sofern nicht in diesem Zeitpunkt eine rechtskräftige Ersetzung der Zustimmung durch die nach § 33 zuständige Behörde oder durch ein Verwaltungsgericht vorliegt. Dagegen ist nicht erforderlich, daß bei Eröffnung des Betriebs bereits eine Einigung über die Höhe der laufend fälligen Entschädigungszahlungen für die Erhöhung der Straßenunterhaltungskosten (§ 32 Abs. 5) oder über die Höhe der Konzessionsabgabe (Anm. 7 und 8 zu § 31) vorliegt. Letztere hat in diesem Verfahren überhaupt außer Betracht zu bleiben, da sie dem bürgerlichen Recht angehört.

4 **Umfang der Zustimmung.** Die Zustimmung des Trägers der Straßenbaulast ist nur erforderlich, soweit die Straße von einer Straßenbahn benutzt (oder gekreuzt) werden soll oder soweit ein Obusunternehmen Bau- und Betriebsanlagen auf den zur Straße gehörenden Grundstücken errichten will; dazu gehört auch der Fahrdraht im Luftraum über der Straße. Dagegen bezieht sich die Zustimmung des Trägers der Straßenbaulast nicht auf die Benutzung des Straßenkörpers durch die Fze der Obuslinie; denn dies gehört ebenso wie die Benutzung einer Straße durch eine Omnibuslinie zum Gemeingebrauch der Straße und verpflichtet deshalb weder zur Zahlung einer Entschädigung für die erhöhte Straßenabnutzung noch zur Zahlung einer Konzessionsabgabe (Anm. 7 und 8 zu § 31, Anm. 1 zu § 16). Nur in dem genannten Umfang kann die Zustimmung im Verfahren nach § 33 ersetzt werden. Gibt der Träger der Straßenbaulast seine Zustimmung freiwillig (z. B. in einem Vertrag), so bedarf es hierzu der Zustimmung der Genehmigungsbehörde (Abs. 5) und nicht etwa, wie man meinen sollte, seiner vorgesetzten Behörde oder der nach § 33 zuständigen Behörde. Diese Zustimmung muß versagt werden, wenn in dem vorgelegten Vertrag ein unangemessen hohes oder geringes Entgelt vereinbart ist. Angemessen ist ein Entgelt, das den Mehraufwendungen entspricht, die dem Träger der Straßenbaulast durch den Bau der Straßenbahn entstehen. Der Vertragsinhalt ist nur insoweit zustimmungsbedürftig, als er sich nicht auf die Konzessionsabgabe bezieht (Anm. 7 zu § 31); denn die Vereinbarungen über die Konzessionsabgabe sind privatrechtlicher Natur und in § 32 nicht geregelt. Streitigkeiten aus dem öffentlich-rechtlichen Inhalt des Vertrags, insbesondere Klagen auf Zahlung des vereinbarten Entgelts, gehören vor die Verwaltungsgerichte (Anm. 8). Am 1. 6. 61 bestehende Verträge

bleiben von der Gesetzesänderung unberührt, sofern ihnen nicht durch Wegfall der Geschäftsgrundlage der Boden entzogen worden ist.

d) **Höhe des Entgelts.** Das Entgelt wird dem Träger der Straßenbaulast dafür geschuldet, 5
daß ihm infolge der Benutzung der Straße durch die Straßenbahn höhere Aufwendungen für die Instandhaltung der Fahrbahn entstehen. Dementsprechend berechnet sich die Höhe der im Verfahren nach § 33 festzusetzenden Gegenleistung des Unternehmers aus der Höhe des Mehraufwands des Trägers der Straßenbaulast für den Straßenunterhalt. Oppelt (Anm. 3 zu § 15) möchte dem Träger der Straßenbaulast allerdings auch ein Entgelt für die Nutzungen zubilligen, die er hätte ziehen können, wenn die Straßenbahn nicht gebaut würde. Gegen diese Ansicht ist nichts einzuwenden, doch ist nicht zu erkennen, in welcher Weise der Träger der Straßenbaulast eine Straße gewinnbringend nutzen könnte, da für den Gemeingebrauch ein Entgelt nicht gefordert werden darf und Sondernutzungen nicht dem Träger der Straßenbaulast, sondern dem Eigentümer der Straße zustehen (RGZ 88, 14; 123, 181/183; 125, 108/110; 132, 398/400; 150, 216/218 vom 11. 1. 16, 16. 2. 29, 10. 6. 29, 16. 5. 31, 7. 2. 36; BGHZ 19, 85 v. 18. 11. 55 = NJW 56, 104; BGHZ 21, 319 v. 14. 7. 56 = NJW 56, 1475; BGH 19. 10. 60 VRS 20, 43; a. M. Nedden NJW 56, 81 und 469). Auch wenn der Träger der Straßenbaulast die bürgerlich-rechtlichen Ansprüche geltend machen darf, ändern sie ihre Rechtsnatur nicht. Vor allem Zippelius (DÖV 58, 838/846) hat auf dieses Nebeneinanderbestehen bürgerlichrechtlicher und öffentlich-rechtlicher Ansprüche hingewiesen, wenn er auch die Abgrenzung in etwas anderer Weise vornimmt. Nach seiner Ansicht ist aber ebenfalls dann dem Träger der Straßenbaulast ein Entgelt nicht geschuldet, wenn die Sondernutzung den Gemeingebrauch der Straße nicht berührt. Dies wird in der Regel bei Obuslinien der Fall sein, wenn die Befestigung des Fahrdrahts außerhalb der eigentlichen Straßenfläche erfolgt und die Masten die Fahrbahn nicht einengen. Denn die Benutzung der Fahrbahn durch die Fze ist auch bei Obuslinien Gemeingebrauch.

Die Gegenleistung des Unternehmers an den Träger der Straßenbaulast wird häufig in der 6
Weise vereinbart, daß der Unternehmer die Straßenbaulast für den Teil der Straße, in dem die Schienen liegen (einschließlich schmaler Begrenzungsstreifen) selbst übernimmt und den Träger der Straßenbaulast insoweit von der Straßenbau- und Unterhaltungspflicht freistellt. In diesem Falle kann ein weiteres Entgelt öffentlich-rechtlicher Art nicht gefordert werden. Die Pflicht zur Zahlung einer Konzessionsabgabe (Anm. 7 zu § 31) kann allerdings auch in solchen Fällen bestehen.

Soll für die Errichtung einer Straßenbahnlinie eine Bundesfernstraße benutzt werden, 7
so trifft § 8 Abs. 3 Satz 1 BFStrG im Interesse der in jenem Gesetz geregelten Übernahme der Straßenbaulast durch den Bund eine Regelung zugunsten des Bundes. Zippelius a. a. O. meint, die dort geregelte „Sondernutzungsgebühr" umfasse die bürgerlichrechtliche Entschädigung an den Straßeneigentümer nicht. Die Bestimmung, daß in Gemeinden über 9000 Einwohner die eine Hälfte der Gebühr der Bund, die andere die Gemeinde erhält, deutet aber darauf hin, daß nicht nur die öffentlich-rechtliche Gebühr, sondern auch die privatrechtliche Konzessionsabgabe in dieser Weise geteilt werden soll. Es handelt sich mithin lediglich um eine ungenaue Ausdrucksweise. Das Recht, die Gebühr und die Konzessionsabgabe vom Unternehmer zu verlangen, hat bei Bundesfernstraßen einheitlich der Träger der Straßenbaulast; er muß beides aber getrennt geltend machen.

e) **Das Verfahren.** Die rechtliche Trennung von Konzessionsabgabe und Gebühr nach § 32 8
ist weniger wegen der Person des Gläubigers von Bedeutung (da in der Regel der Träger der Straßenbaulast ermächtigt ist, beides gegenüber dem Unternehmer geltend zu machen) als wegen des bei der Festsetzung und Beitreibung des Entgelts einzuhaltenden Verfahrens. Während das Entgelt für den Träger der Straßenbaulast in dem in § 33 geregelten Verfahren festgesetzt wird (Anm. 4), setzt das ordentliche Gericht die Höhe der Konzessionsabgabe fest, wenn es nicht zu einer Einigung kommt (Art. 14 Abs. 3 Satz 4 GG). Ist eine vertragliche Vereinbarung erfolgt, kommt aber der Unternehmer mit Zahlungen in Rückstand, so ist hinsichtlich der Gebühr nach § 32 der Verwaltungsrechtsweg oder — wo das Landesrecht dies zuläßt — das Verwaltungszwangsverfahren zu beschreiten, bei der Konzessionsabgabe dagegen Klage vor dem ordentlichen Gericht zu erheben (siehe die in Anm. 5 angeführten Entscheidungen).

f) Der **Unterschied zwischen Konzessionsabgabe und Entgelt (Gebühr)** nach § 32 ist auch 9
für folgendes von Bedeutung:

I. Die Zustimmung des Trägers der Straßenbaulast nach § 32 kann nicht von der Vereinbarung einer Konzessionsabgabe abhängig gemacht werden; der Träger der

Straßenbaulast darf vielmehr bei der Entscheidung, ob er seine Zustimmung zum Bau der Straßenbahn erteilen soll, nur von Erwägungen ausgehen, welche die Straßenbaulast und den Unterhalt der Straße betreffen. Spielen sachfremde Erwägungen, insbesondere aus dem Eigentum an der Straße hergeleitete Interessen eine Rolle, so hat das Verwaltungsgericht die Versagung der Zustimmung aufzuheben.

II. Vereinbarungen über die Konzessionsabgabe bedürfen nicht der Zustimmung der Genehmigungsbehörde nach Abs. 5. Diese Vorschrift ist zwar allgemein gefaßt, kann aber aus dem Zusammenhang mit den anderen Absätzen von § 32 nicht anders verstanden werden (a. M. Rautenberg-Frantzioch Anm. 5 zu § 32).

10 g) **Obuslinien** fallen zwar unter die Regelung des § 32; aber erstens sind die Absätze 3 und 5 ausgenommen (§ 41 Abs. 2) und zweitens kann — wie bei Omnibussen — für die Benutzung der Straßenfläche durch die Fze weder vom Träger der Straßenbaulast noch vom Grundstückseigentümer ein Entgelt verlangt werden; denn diese Benutzung ist Gemeingebrauch. Ein an den Träger der Straßenbaulast zu bezahlendes Entgelt ist in der Regel nicht geschuldet; die Höhe der Konzessionsabgabe entspricht der Kostenersparnis, die durch Verwendung von Obussen an Stelle von Omnibussen entsteht. Dies ergibt sich aus der Tatsache, daß Omnibusverkehr sowohl vom Träger der Straßenbaulast als auch vom Grundstückseigentümer der Straße unentgeltlich zu dulden ist.

11 h) **Erweiterung und Verlegung von Straßen.** Abs. 3 schafft seit 1. 6. 61 Pflichten des Unternehmers gegenüber dem Träger der Straßenbaulast, die bis dahin nicht bestanden. Der RegEntw. bemerkt hierzu nur, die Vorschrift schließe eine Lücke. Die neue Vorschrift gilt zwar nur für den Straßenbahnunternehmer (§ 41 Abs. 2), ist aber für diesen sehr einschneidend. Denn er muß, wenn der Träger der Straßenbaulast die von der Straßenbahn benutzte Straße nach dem 1. 6. 61 erweitert oder verlegt, nicht nur die hohen Unkosten selbst tragen, die ihm durch die Verlegung der Gleisanlage entstehen, ohne daß er hierfür einen Anlaß gegeben hätte, sondern ist darüber hinaus sogar verpflichtet, zu den Kosten der Straßenerweiterung oder Straßenverlegung beizutragen, die durchaus nicht in seinem Interesse liegt.

Soweit die Verlegung nicht durch den Unternehmer oder den Betrieb der Straßenbahn erforderlich geworden ist, stellt die neue Vorschrift nichts anderes dar, als eine Abwälzung öffentlicher Lasten auf private Unternehmer oder gemeinwirtschaftliche Betriebe. Für am 1. 6. 61 bestehende Straßenbahnunternehmen stellt sie in dieser Hinsicht eine entschädigungslose Enteignung dar und ist daher insofern nach Art. 14 Abs. 3 Satz 2 GG nichtig. Künftige Straßenbahnlinien müssen dagegen die ihnen durch Abs. 3 auferlegten Kosten tragen, soweit sie nicht vorziehen, diese Frage durch öffentlich-rechtlichen Vertrag mit dem Träger der Straßenbaulast zu regeln (§ 8 Abs. 5 BFStrG).

§ 33. Entscheidung bei fehlender Einigung

Kommt in den Fällen des § 32 Abs. 1 bis 3 keine Einigung zustande, so entscheiden die von der Landesregierung bestimmten Behörden.

1 **A. Die von der Landesregierung zu bestimmende Behörde hat zu entscheiden:**

a) Wenn der Träger der Straßenbaulast sich weigert, sein Einverständnis mit der Errichtung einer Straßenbahn- oder Obuslinie zu erklären (§ 32 Abs. 1).

b) Wenn der Träger der Straßenbaulast seine Zustimmung zwar erteilt, aber über die Höhe der Entschädigung (Anm. 5 zu § 32) Streit besteht (nicht aber, wenn über die Höhe der Konzessionsabgabe, Anm. 7, 8 zu § 31, Anm. 8, 9 zu § 32, Streit besteht).

c) Wenn ein Straßenbahnunternehmer sich weigert, sich an den Kosten für eine Erweiterung oder Verlegung einer Straße zu beteiligen oder wenn über die Höhe des zu leistenden Beitrags Streit entsteht.

2 **B. Berechnung des Entgelts**

In der Regel wird der nach § 32 Abs. 1 oder Abs. 2 zu leistende Beitrag zu den Kosten des Straßenunterhalts als laufende Rente, dagegen der nach § 32 Abs. 3 zu leistende als einmalige Zahlung festzusetzen sein. Bei § 32 Abs. 1 und 2 läßt sich die Höhe aus den durch den Bau und den Betrieb der Straßenbahn entstehenden Mehraufwendungen errechnen (Anm. 5 zu § 32), bei Abs. 3 wird in den Fällen, in denen die Erweiterung oder Verlegung der Straße nur wegen des Straßenbahnbetriebes erforderlich geworden ist, dem Unternehmer der Gesamtbetrag der

Kosten aufzuerlegen sein, allerdings abzüglich der Summe, die der Träger der Straßenbaulast wegen der durchgeführten Baumaßnahme erspart, sei es weil sich der Ausbau einer anderen Straße hierdurch erübrigt oder weil der neu gebaute Straßenabschnitt in den ersten Jahren nach Beendigung der Arbeiten keine so hohen Unterhaltungskosten verursacht wie der aufgelassene Abschnitt.

C. Anordnung der Duldungspflicht 3

Liegt die rechtskräftige Planfestsetzung vor, so hat die Behörde die Duldungspflicht anzuordnen, falls nicht außergewöhnliche Gründe entgegenstehen. Ein Grund dieser Art könnte z. B. vorliegen, wenn durch den Bau der Straßenbahn eine so starke Behinderung des gesamten Verkehrs auf dem Straßenabschnitt eintreten würde, daß eine Umleitung des Verkehrs durch andere Straßen erforderlich würde. Das Entstehen höherer Straßenunterhaltungskosten ist jedoch kein Grund zur Versagung der Zustimmung; denn für diese Kostenerhöhung wird das festzusetzende Entgelt bezahlt.

D. Die Entscheidung der Behörde kann binnen eines Monats nach Zustellung mit Widerspruch **angefochten werden.** Gegen die Entscheidung im Widerspruchsverfahren ist der Verwaltungsrechtsweg gegeben (Anm. 3 bis 5 zu § 14, Anm. 3 zu § 30). 4

§ 34. Vorarbeiten

(1) Die Genehmigungsbehörde kann dem Antragsteller die zur Planung erforderlichen Vorarbeiten gestatten, wenn im Wege einer vorläufigen Prüfung festgestellt ist, daß die Voraussetzungen für die Erteilung der Genehmigung gemäß § 13 vorliegen. Die Dauer der Erlaubnis beträgt höchstens zwei Jahre. Bei der Durchführung der Vorarbeiten sind die Interessen Dritter möglichst zu schonen. Das Betreten von Wohnungen kann nicht verlangt werden. Der Eigentümer und der Nutzungsberechtigte sind vor Betreten von Gebäuden oder Grundstücken oder vor Beseitigung von Hindernissen zu benachrichtigen. Die Benachrichtigung unterbleibt, wenn sie undurchführbar ist. Die Gestattung der Vorarbeiten gibt keinen Anspruch auf die Erteilung der Genehmigung nach § 9.

(2) Wird dem Unternehmer das Betreten von Gebäuden oder Grundstücken oder die Beseitigung von Hindernissen verwehrt, so entscheidet die Genehmigungsbehörde mit Wirkung für und gegen die Beteiligten über die Zulässigkeit der beabsichtigten Handlung.

(3) Für einen durch die Vorarbeiten verursachten Schaden ist vom Antragsteller Entschädigung zu leisten. Aber die Höhe der Entschädigung entscheiden im Streitfalle die ordentlichen Gerichte.

a) **Die Zulässigkeit von Vorarbeiten vor Rechtskraft der Genehmigung** und vor Rechtskraft des Planes ist vom PBefG 1961 neu geschaffen. Sie bedarf eines vorgängigen Verwaltungsakts der Genehmigungsbehörde („Gestattung"). Vorarbeiten sind auch schon vor Stellung eines Antrags auf Planfeststellung zulässig, ja sollen diesen sogar erst ermöglichen. Zu einem Beginn der eigentlichen Bauarbeiten ist der Unternehmer aber nicht berechtigt, solange nicht Planfeststellung, Enteignung und Genehmigung rechtskräftig sind und der Träger der Straßenbaulast seine Zustimmung erteilt hat (Anm. 6 zu § 28). Auch letzterer kann sich allerdings der Durchführung von Vorarbeiten nicht widersetzen. 1

b) Die Gestattung von Vorarbeiten durch § 34 ist nicht nur eine öffentlich-rechtliche Genehmigung, sondern die Eröffnung eines **Eingriffs in private Rechte.** Hat die Genehmigungsbehörde nach Abs. 2 die Zulässigkeit der beabsichtigten Handlung festgestellt, so dürfen die Eigentümer und sonstigen Berechtigten die Durchführung nicht verhindern. Der Unternehmer kann mit einstweiliger Verfügung vor den Zivilgerichten gegen sie vorgehen, weil die Entscheidung der Genehmigungsbehörde eine materielle Rechtsgrundlage schafft, sobald sie rechtskräftig wird. Da die Entscheidung im Verwaltungsrechtsweg angefochten werden kann, kann sich allerdings ihre Durchführung erheblich verzögern. Im übrigen machen sich Grundstückseigentümer oder sonstige Berechtigte, die die Vorarbeiten rechtswidrig verhindern, 2 gegenüber dem Unternehmer schadensersatzpflichtig. Nach § 61 Abs. 1 Nr. 4 liegt ferner eine Ordnungswidrigkeit vor.

3 c) Die in Abs. 3 bestimmte **Entschädigungspflicht** ist einer der Fälle des bürgerlichrechtlichen Ausgleichsanspruchs (vgl. § 906 Abs. 2 Satz 2 BGB).

§ 35. Duldung technischer Einrichtungen

Die Eigentümer von Grundstücken und Baulichkeiten aller Art sind verpflichtet, das Anbringen oder Errichten von Haltevorrichtungen für elektrische Leitungen, von Signalen und Haltestellenzeichen zu dulden. Für Schäden, die dem Betroffenen durch Maßnahmen nach Satz 1 oder durch das Entfernen der in Satz 1 bezeichneten Gegenstände entstehen, ist ihm vom Unternehmer eine Entschädigung in Geld zu leisten. Über die Verpflichtung zur Duldung der Anbringung oder Errichtung ist bei Einrichtung neuer Unternehmen im Planfeststellungsverfahren zu entscheiden; im übrigen entscheidet die Genehmigungsbehörde. Über die Höhe der Entschädigung entscheiden im Streitfalle die ordentlichen Gerichte.

1 Die Vorschrift entspricht etwa § 14 Abs. 3 BOStrab, der damit gegenstandslos wird. Sie gilt auch für Obusse und hinsichtlich der Haltestellen sogar für Omnibusse (§ 45 Abs. 1). Die Genehmigungsbehörde entscheidet über die Duldungspflicht

2 a) bei Omnibuslinien,

b) bei Straßenbahn- und Obuslinien dann, wenn die Änderung der Haltestelle oder der Haltevorrichtungen nicht so erheblich ist, daß ein Planfeststellungsverfahren notwendig wäre (§ 28 Abs. 2). Der Umstand, daß die Verlegung der Haltevorrichtungen in fremde Rechte eingreift, stellt keinen „Einfluß" auf fremde Rechte im Sinn von § 28 Abs. 2 Satz 2 dar.

§ 36. Bau- und Unterhaltungspflicht

Der Unternehmer ist verpflichtet, auf Grund der Genehmigung innerhalb einer von der Genehmigungsbehörde festzusetzenden Frist die Straßenbahn zu bauen und während der Dauer der Genehmigung nach den Bedürfnissen des Verkehrs und dem Stand der Technik ordnungsgemäß zu unterhalten. Auf Verlangen der Genehmigungsbehörde ist Sicherheit zu stellen. Werden die Verpflichtungen nach Satz 1 nicht erfüllt, so kann die Genehmigungsbehörde die gestellte Sicherheit oder einen Teil derselben als verfallen erklären.

1 Die Anmerkungen 1 bis 3 zu § 21 (21. Aufl.) können weiter verwendet werden.

2 Die Vorschrift entspricht etwa § 21 PBefG 1934. Eine Zuwiderhandlung ist eine Ordnungswidrigkeit nach § 61 Abs. 1 Nr. 1. Die Verfallerklärung nach § 36 Abs. 4 tritt zur Geldbuße hinzu. Die Verpflichtung zum „Bau" ist erst erfüllt, wenn die Abnahme nach § 37 erfolgt ist.

§ 37. Abnahme und Eröffnung des Betriebs

Die Genehmigungsbehörde erteilt im Benehmen mit der für die technische Aufsicht zuständigen Behörde die Zustimmung zur Eröffnung des Betriebs auf Grund einer Abnahme der Straßenbahn und ihrer Einrichtungen.

1 **Zustimmung der Genehmigungsbehörde** ist Voraussetzung einer ordnungsgemäßen Betriebseröffnung nach § 36. Im übrigen ist die Aufsichtsbehörde (§ 54) für die weitere Überwachung des Betriebs zuständig. Neu ist die bei der Abnahme erforderliche Einschaltung einer „für die technische Aufsicht zuständigen Behörde". Die Verantwortung für eine Versagung der Abnahme trägt jedoch stets die Genehmigungsbehörde allein. Gegen ihre Entscheidung richtet sich daher auch die verwaltungsgerichtliche Klage.

Anmerkungen der 21. Auflage: Die Anmerkungen 1 und 2 zu § 22 sind noch weiter zu verwenden. Mitgliedschaft bei der Berufsgenossenschaft: Anm. 5 zu § 9. 2

Verstreicht infolge **Verweigerung der Zustimmung** zur Eröffnung des Betriebs die nach § 36 Satz 1 gesetzte Frist, so tritt Verfallserklärung (§ 36 Satz 3) ein. 3

§ 38. Dauer der Genehmigung

Die Dauer der Genehmigung ist so ausreichend zu bemessen, daß der Unternehmer das Anlagekapital tilgen kann. Bei Erneuerung der Genehmigung soll die Dauer in der Regel auf fünfundzwanzig Jahre festgesetzt werden, wenn die bisherige Verkehrsart beibehalten werden soll. Die Vereinbarungen (§ 32) und die Entscheidungen (§ 33) über die Benutzung öffentlicher Straßen sind hinsichtlich ihrer Dauer mit der Genehmigungsdauer in Einklang zu bringen.

a) **„Anlagekapital“** sind nicht etwa nur die vom Unternehmer aufgenommenen Fremdgelder; es ist vielmehr vor allem sein eigenes im Unternehmen arbeitendes Kapital. Ist, wie heute häufig, infolge der Sozialtarife und der hohen Konzessionsabgaben an eine Tilgung des Anlagekapitals in absehbarer Zeit überhaupt nicht zu denken, so muß trotzdem die Genehmigung befristet erteilt werden. Die Regeldauer von 25 Jahren soll nicht wesentlich überschritten werden, doch wird man die häufig üblich gewesenen 50 Jahre auch ab 1. 6. 61 nicht beanstanden können. 1

b) Die Entscheidung über die Dauer der Genehmigung obliegt im übrigen dem **pflichgemäßen Ermessen** der Genehmigungsbehörde (VGH Stuttgart 18. 1. 51, bei Oppelt S. 86). 2

c) Über Erteilung einer **neuen Genehmigung** nach Ablauf der Frist: Anm. 2 zu § 16. 3

§ 39. Beförderungsentgelte, Beförderungsbedingungen

(1) Beförderungsentgelte und deren Änderung bedürfen der Zustimmung der Genehmigungsbehörde. Mit der Zustimmung sind die Beförderungsentgelte allgemein verbindlich.

(2) Die Genehmigungsbehörde hat die Beförderungsentgelte insbesondere daraufhin zu prüfen, ob sie unter Berücksichtigung der wirtschaftlichen Lage des Unternehmers, einer ausreichenden Verzinsung und Tilgung des Anlagekapitals und der notwendigen technischen Entwicklung angemessen sind und mit den öffentlichen Verkehrsinteressen und dem Gemeinwohl in Einklang stehen.

(3) Die nach Absatz 1 festgestellten Beförderungsentgelte dürfen nicht über- oder unterschritten werden; sie sind gleichmäßig anzuwenden. Ermäßigungen, die nicht unter gleichen Bedingungen jedermann zugute kommen, sind verboten und nichtig.

(4) Die Zustimmung zu den Beförderungsentgelten kann von der Genehmigungsbehörde nach Anhörung des Unternehmers widerrufen werden, wenn die für die Bildung der Beförderungsentgelte maßgebenden Umstände sich wesentlich geändert haben; in diesem Falle kann die Genehmigungsbehörde nach Anhörung des Unternehmers die Beförderungsentgelte anderweitig festsetzen.

(5) Eine Erhöhung der Beförderungsentgelte tritt frühestens am siebenten Tage nach der Veröffentlichung in Kraft.

(6) Die Beförderungsbedingungen sind vor ihrer Einführung der Genehmigungsbehörde zur Zustimmung vorzulegen, soweit sie von den Allgemeinen Beförderungsbedingungen (§ 58 Abs. 1 Nr. 4) für das Unternehmen im Einzelfalle abweichen (Besondere Beförderungsbedingungen). Das gleiche gilt für Änderungen der Besonderen Beförderungsbedingungen. Die Genehmigungsbehörde kann eine Ände-

rung der Beförderungsbedingungen verlangen, wenn die für ihre Festsetzung maßgebenden Umstände sich wesentlich geändert haben oder sich für die bessere Ausgestaltung des Verkehrs in einem Gebiet neue Gesichtspunkte ergeben, denen durch eine Änderung der Besonderen Beförderungsbedingungen Rechnung getragen werden kann.

(7) Die Beförderungsentgelte und die Besonderen Beförderungsbedingungen sind vom Unternehmer vor ihrer Einführung ortsüblich bekanntzumachen; die Bekanntmachung ist in den zum Aufenthalt der Fahrgäste bestimmten Räumen auszuhängen.

1 a) § 17 PBefG 1934 und § 26 DV 1935 sind **zusammengefaßt** und insoweit geändert worden, als

1. die **Fahrpläne** nunmehr in einer eigenen Vorschrift (§ 40) geregelt sind und
2. **Entgelt** und **Beförderungsbedingungen** nunmehr getrennt geregelt sind, während sie bisher unter der Sammelbezeichnung „Tarif“ zusammengefaßt waren.

2 b) Die Vorschriften gelten auch für den **Linienvk mit Kfzen** (§ 45 Abs. 3).

3 c) Die Anmerkungen der **21. Aufl.** (zu § 17) sind nicht mehr verwendbar.

4 d) Das **Tarifschema** stellt der **Unternehmer** auf (Abs. 1), nicht etwa die Genehmigungsbehörde; diese kann aber bei der Prüfung des ihr vorgelegten Tarifschemas dem Unternehmer bekanntgeben, unter welchen Voraussetzungen (Änderungen des Schemas) die Zustimmung erteilt werde. Im Gegensatz hierzu setzt beim Widerruf der Zustimmung (Abs. 4) die Genehmigungsbehörde die Entgelte fest.

5 e) **Festpreischarakter.** Gleichgültig ob die Entgelte vom Unternehmer oder von der Genehmigungsbehörde festgesetzt sind, sie haben — wie schon vor dem 1. 6. 61 — Festpreischarakter. Der RegEntw. bemerkt hierzu, dies sei erforderlich zu der im Interesse der Gesamtwirtschaft und Ordnung im Vk unerläßlichen Koordinierung der Beförderungsentgelte. Rechtszweifel, entstanden durch die Auslegung der Anordnung über Preisbildung und Preisüberwachung nach der Währungsreform vom 25. 6. 48 (WiGBl. 61), seien durch PR Nr. 45/52 vom 16. 6. 52 (BAnz. Nr. 118 v. 21. 6. 52, nunmehr aufgehoben durch § 65 Abs. 2 Nr. 18) behoben worden. Der Vorschlag des RegEntw., daß die Genehmigungsbehörde ihre Zustimmung zu den Beförderungsentgelten im Einvernehmen mit der obersten Preisbehörde des Landes erteilen solle, fand nicht die Billigung des Bundestags. Die letzte Entscheidung über die Höhe der angemessenen Entgelte liegt allerdings bei den Verwaltungsgerichten, die gegen die Versagung der Zustimmung ebenso angerufen werden können wie gegen die Festsetzung von Entgelten durch die Genehmigungsbehörde im Falle des Abs. 4. Die in Abs. 2 festgelegten Grundsätze, die bei der Berechnung des angemessenen Entgelts maßgebend sein sollen, sind allerdings recht allgemein gehalten. Unter ihnen dürfte dem „Gemeinwohl“ die ausschlaggebende Bedeutung zukommen, weil eine angemessene Verzinsung und Tilgung des Anlagekapitals — jedenfalls bei Straßenbahnen — heute kaum jemals erreichbar sein wird. Unter „Gemeinwohl“ will der RegEntw. auch die „Gemeinwirtschaftlichkeit“ der staatlichen und der kommunalen Verkehrsträger verstehen.

6 f) **Ermäßigungen,** die unter gleichen Bedingungen jedermann zugute kommen, sind nach Abs. 3 Satz 2 gestattet. Die früheren Runderlasse des RVM und das Gesetz v. 11. 5. 37 über die Beförderung von Polizeivollzugsorganen (RGBl. I 577) sind gegenstandslos geworden. Gültig ist nur noch die VO des Ministerrats f. d. Reichsverteidigung v. 23. 12. 43 (RGBl. 1944 I 5) über Vergünstigungen für Kriegsbeschädigte (vgl. dazu auch BMV 30. 9. 57, VkBl. 57, 495 betreffend Ausweise für Schwerbeschädigte).

7 g) Wer sich als Unternehmer im Linienvk ein **höheres oder niedrigeres Entgelt** als das mit Zustimmung der Genehmigungsbehörde festgesetzte versprechen läßt, fordert oder annimmt, begeht wegen der Aufhebung von PR Nr. 45/52 nicht mehr eine Zuwiderhandlung im Sinne des Wirtschaftsstrafgesetzes i. d. F. der Bekanntmachung vom 25. 3. 1952.

8 h) Die **Beförderungsbedingungen** regeln die Rechtsbeziehungen zwischen Unternehmer und Fahrgast. „Allgemeine Beförderungsbedingungen f. d. Straßenbahn-, Obus- und Omnibuslinienvk“: BMV 17. 4. 53 VkBl. 175. Sie gelten als Richtlinien (Muster). Es ist beabsichtigt, auf Grund der Ermächtigung in § 58 Abs. 1 Nr. 5 allgemeine Beförderungsbedingungen durch RechtsVO festzusetzen. Darüber hinaus kann jedes Unternehmen „Besondere Beförderungs-

bedingungen“ einführen. Weitere Einzelheiten Anm. 4 und 5 zu § 13 BOKraft (S. 242 dieses Nachtragsbandes).

§ 40. Fahrpläne

(1) Der Fahrplan muß die Führung der Linie, ihren Ausgangs- und Endpunkt sowie die Haltestellen und Fahrzeiten enthalten.

(2) Fahrpläne und deren Änderungen bedürfen der Zustimmung der Genehmigungsbehörde. Werden durch Fahrplanänderungen die Interessen anderer Verkehrsunternehmen berührt, so sind diese vor der Zustimmung zu hören; § 9 Abs. 2 Satz 1 bleibt unberührt. Bei geringfügigen Fahrplanänderungen kann die Genehmigungsbehörde auf ausdrückliche Zustimmung zu der ihr anzuzeigenden Änderung verzichten. In diesem Falle gilt die Zustimmung als erteilt, wenn die Genehmigungsbehörde nicht innerhalb einer von ihr allgemein zu bestimmenden Frist widerspricht.

(3) Die Genehmigungsbehörde kann Änderungen des Fahrplans verlangen, wenn die maßgebenden Umstände sich wesentlich geändert haben oder sich für die bessere Ausgestaltung des Verkehrs in einem Gebiet neue Gesichtspunkte ergeben, denen durch eine Änderung des Fahrplans Rechnung getragen werden kann.

(4) Fahrpläne und Fahrplanänderungen sind vom Unternehmer ortsüblich bekanntzumachen. Ferner sind die gültigen Fahrpläne in den zum Aufenthalt der Fahrgäste bestimmten Räumen anzubringen. An den Haltestellen sind mindestens die Abfahrtzeiten anzuzeigen.

a) Die Vorschrift ist eine Zusammenfassung von §§ 17, 24 PBefG 1934 und § 26 Abs. 2, 3 und §§ 33, 34 DV 1935. 1

b) Den Fahrplan hat der Unternehmer zu entwerfen. Bisher konnte die Behörde den Fahrplan von sich aus ändern (BVerwG 30. 11. 54, NJW 55, 845). Diese Befugnis der Behörde besteht seit 1. 6. 61 nicht mehr. 2

c) Der Fahrplan ist, da § 40 lex specialis ist, nicht mehr — wie vor dem 1. 6. 61 — Inhalt der dem Unternehmer für den Betrieb der Linie zu erteilenden Genehmigung (§ 9 Abs. 1 Nr. 3, § 17 Abs. 2). Während früher bei wesentlichen Fahrplanänderungen das Anhörverfahren (nun § 14) durchgeführt werden mußte (Oppelt Anm. 3 zu § 17), kommt dies auch dann nicht mehr in Frage, wenn durch den Wegfall der Anschlüsse weite Bevölkerungskreise und andere Verkehrsunternehmen empfindlich in Mitleidenschaft gezogen werden (a. M. Rautenberg-Frantzioch Anm. 4 zu § 2). Die Genehmigungsbehörde hat jedoch von sich aus den Sachverhalt eingehend zu ermitteln; außerdem sind nach Abs. 2 Satz 2 andere Verkehrsunternehmen, deren Interessen berührt werden, vorher zu hören. 3

B. Verkehr mit Obussen

§ 41. Verkehr mit Obussen

(1) Die Vorschriften der §§ 28 bis 31 und der §§ 34 bis 37 sind auf die Errichtung von Bau- und Betriebsanlagen für den Obusverkehr entsprechend anzuwenden.

(2) Zur Errichtung von Bau- und Betriebsanlagen auf öffentlichen Straßen bedarf der Unternehmer der Zustimmung des Trägers der Straßenbaulast; § 32 Abs. 1, 2, 4 und 6 sowie § 33 sind entsprechend anzuwenden.

(3) Im übrigen sind auf den Obusverkehr die Vorschriften der §§ 38 bis 40 entsprechend anzuwenden. Die Dauer der Genehmigung (§ 38) soll in der Regel fünfundzwanzig Jahre betragen. Ist jedoch bei Umstellung eines Straßenbahnverkehrs

auf Obusverkehr (§ 14 Abs. 4) die für die Straßenbahn geltende, noch nicht abgelaufene Genehmigungsdauer länger als dieser Zeitraum, so kann die Genehmigung für den Obusverkehr bis zu der für die Straßenbahn geltenden Genehmigungsdauer erstreckt werden.

1 a) Hinsichtlich der **Begriffsbestimmung „Obus“** (in § 4 Abs. 3) wird auf Anm. 4 zu § 4 verwiesen. Die Unterscheidung zwischen Omnibussen und Obussen ist anderen Gesetzen (StVG, StVZO) fremd. Sogar in der BOKraft zählt der Obus zu den Omnibussen und unterliegt den für sie geltenden Vorschriften. Die Herausstellung als eigene Verkehrsart im PBefG rechtfertigt sich wegen der zur Aufstellung der Masten und Anbringung des Fahrdrahts unter Umständen erforderlichen Enteignung, die ihrerseits wieder ein Planfeststellungsverfahren voraussetzt. Dagegen ist die Benutzung der Fahrbahn (einschließlich der Haltestellenbuchten, Anm. 1 zu § 16) durch die Obusse Gemeingebrauch der Straße und rechtfertigt weder ein Entgelt an den Träger der Straßenbaulast (§ 32) noch an den Eigentümer der Straßengrundstücke (Anm. 10 zu § 32). § 32 Abs. 3 und 5 sind deshalb in § 41 für unanwendbar erklärt. Im übrigen gelten sämtliche die Straßenbahnen betreffenden Vorschriften — zumindest entsprechend — auch für Obusse.

2 b) § 27 **BOKraft** gibt für Obusse einige Sondervorschriften (siehe S. 246).

C. Linienverkehr mit Kraftfahrzeugen

§ 42. Begriffsbestimmung Linienverkehr

Linienverkehr ist eine zwischen bestimmten Ausgangs- und Endpunkten eingerichtete regelmäßige Verkehrsverbindung, auf der Fahrgäste an bestimmten Haltestellen ein- und aussteigen können. Er setzt nicht voraus, daß ein Fahrplan mit bestimmten Abfahrts- und Ankunftszeiten besteht oder Zwischenhaltestellen eingerichtet sind.

1 a) **Linienverkehr mit Omnibussen** ist mit Ausnahme des Linienverkehrs zwischen Arbeitsstätten desselben Unternehmens (§ 2 Abs. 3) stets genehmigungspflichtig. Dagegen ist **Linienverkehr mit PKW** nur genehmigungspflichtig, wenn er in Ausübung des Personenbeförderungsgewerbes betrieben wird, weil die Ausweitung des PBefG auf nichtgewerbsmäßige Fahrten im PKW gegen das Grundgesetz verstößt (Anm. 18, 19 und 23 zu § 1).

2 b) Die **Begriffsbestimmung** (früher § 4 PBefG 1934 und § 3 Abs. 3 DV 1935) ist nun klarer gefaßt worden (vgl. Anm. 5 zu § 2 der 21. Aufl.). Die Betriebspflicht ist kein Merkmal des Linienverkehrs mehr. Neu in der Begriffsbestimmung ist der Hinweis auf Haltestellen. Er besitzt nicht allzugroße Unterscheidungskraft, da z. B. auch bei Ausflugsfahrten (§ 48) ein fester Abfahrtspunkt sowohl für die Hinfahrt wie auch für die Rückfahrt festgelegt sein muß. Der RegEntw. weist daher zutreffend auf das allerdings nicht in § 42, sondern in § 48 (negativ) aufgenommene Merkmal des Fahrgastwechsels hin. Dieser liege vor, wenn an der Rückfahrt des Fzs andere Personen teilnehmen als an der Hinfahrt oder wenn unterwegs Fahrgäste aussteigen und ihre Plätze von einsteigenden anderen Personen eingenommen werden. Der RegEntw. stellt dem Linienverkehr mit Streckenbindung und Fahrgastfreiheit die Ausflugsfahrten (§ 48) und die Ferienziel-Reisen (§ 43 Abs. 2) gegenüber, deren gemeinsame Merkmale der Ausschluß einer Unterwegsbedienung, die Streckenfreiheit und die Fahrgastbindung seien.

3 Diese in der Begründung des RegEntw. gemachte Unterscheidung kommt aber weder im Wortlaut noch im Sinn des Gesetzes zum Ausdruck und kann daher der Auslegung nicht zugrunde gelegt werden. Insbesondere ist die Streckenfreiheit kein unterscheidungskräftiges Merkmal der Ausflugsfahrten. Sie wird häufig vorliegen; aber Ausflugsfahrten sind auch gegeben, wenn unter Fahrgastbindung täglich Fahrten nach festem Fahrplan mit demselben Fahrzeug zu demselben Ausflugsziel auf derselben Strecke ausgeführt werden. Umgekehrt ist beim Linienverkehr die zwischen Ausgangs- und Endpunkt zu durchfahrende Strecke nicht notwendig festgelegt. Auch wenn die durchfahrene Strecke wechselt, liegt Linienverkehr vor. Das Wort „Fahrgastwechsel“ ist im übrigen nicht eindeutig. Bei § 23 BOKraft liegt kein Fahrgastwechsel vor, wenn an der Rückfahrt andere Personen teilnehmen. Um eine unterscheidungsfähige Begriffsbestimmung zu finden, muß man die in § 48 Abs. 1 Satz 2 festgelegten negativen Merkmale mit einbeziehen; man gelangt dann unter Auflösung des Begriffs Fahrgastfreiheit etwa zu folgender **Begriffsbestimmung:**

Linienverkehr ist die planmäßig wiederholte Beförderung von Personen zwischen bestimmten Ausgangs- und Endpunkten, sofern nicht alle Fahrgäste mit demselben Fahrzeug — ohne daß in diesem inzwischen andere Personen befördert worden wären — wieder zum Ausgangspunkt zurückfahren oder sofern dies zwar der Fall ist, die Fahrgäste die Fahrt aber nach dem Willen des Unternehmers nicht aus einem für alle gleichen und gemeinsam zu verfolgenden Zweck ausführen sollen. Zum Linienverkehr zählen nicht Fahrten mit Droschken oder Mietwagen, sofern die für diese Verkehrsarten geltenden Bestimmungen beachtet werden und sofern nicht mehrere Personen mit einer gewissen Regelmäßigkeit zu ihrer Arbeitsstätte gefahren werden. 4

Einzelheiten zu letzterer Einschränkung siehe Anm. 1 (a. E.) zu § 47.

c) **Nichtgewerbsmäßiger Linienverkehr.** Omnibusfahrten, die die Merkmale des Linienverkehrs erfüllen, fallen unter die hierfür ins Gesetz aufenommenen Vorschriften, auch wenn die Beförderung weder gewerbsmäßig noch gegen Entgelt erfolgt. Es genügt vielmehr der auf wiederholte Personenbeförderung gerichtete Wille des Halters (Anm. 4, 5, 16 zu § 1; Rautenberg-Frantzioch Anm. 1 und 2 zu § 1). Genehmigungspflichtiger Linienverkehr liegt mithin seit 1. 6. 61 auch bei nichtgewerbsmäßigen Fahrten zu Flugplätzen, Kasernen, Krankenhäusern, Heil- und Pflegeanstalten, Heilstätten oder Gefängnissen vor (Anm. 28 zu § 1), sofern derartige Fahrten wiederholt mit gleichem Ausgangs- und Endpunkt durchgeführt werden. Darauf, ob die Fahrten in hoheitlicher oder privater Tätigkeit ausgeführt werden, kommt es nach dem PBefG 1961 nicht an. Insbesondere sind regelmäßige Gefangenentransporte nun genehmigungspflichtig geworden, sofern sie in Kraftfahrzeugen mit mehr als 9 Sitzplätzen ausgeführt werden. 5

d) **Grenzfälle des Linienverkehrs,** die bisher streitig (siehe BVerwG, Der Personenvk 56, 202) waren, sind im Interesse der Rechtssicherheit nun (in § 43) zu „Sonderformen des Linienverkehrs“ erklärt und den Vorschriften des Linienverkehrs unterstellt worden. Sie stellen keine vom Linienvk verschiedene Verkehrsart dar (§ 9 Abs. 1) und dürfen daher mit Omnibussen ausgeführt werden, die auch zu anderem Linienvk eingesetzt sind. Dagegen ist Unternehmern, die zum Gelegenheitsverkehr zugelassen sind (§ 46ff.), die Ausführung von Sonderformen des Linienverkehrs ausnahmslos untersagt. Ausnahmegenehmigungen sind unzulässig (§ 9 Abs. 1 Satz 2, Abs. 3). Diese Vorschrift dient der wirtschaftlichen Stützung der dem Linienverkehr dienenden Unternehmen (Anm. 4 zu § 9). Ob sie auch im Interesse des auf Beförderung angewiesenen Bevölkerungsteiles liegt, muß vor allem bei Schüler- und Theaterfahrten bezweifelt werden. 6

Die **„Sonderformen des Linienverkehrs“** umfassen Fahrten, die unter den Begriff des Linienverkehrs fallen und daher schon vor dem 1. 6. 61 genehmigungspflichtig waren, und Fahrten, die die Merkmale des Linienverkehrs nicht erfüllen, sondern nur wegen § 43 Abs. 1 als Linienverkehr zu behandeln sind. Zur letzteren Art gehören z. B. die regelmäßigen Fahrten zwischen Wohnung und Arbeitsstätte, bei denen das Kfz an der Arbeitsstätte bis Arbeitsende stehen bleibt. Dagegen waren schon vor dem 1. 6. 61 die nicht vom Arbeitgeber unternommenen Fahrten zwischen Arbeitsstätte und Wohnung genehmigungspflichtig, sofern bei ihnen die durch Schichtwechsel freigewordenen Arbeitnehmer sofort nach dem Aussteigen der soeben angekommenen neuen Schicht zur Wohnung zurückbefördert wurden. Im übrigen darf nicht übersehen werden, daß Personenbeförderung nur genehmigungspflichtig war, wenn sie im Rahmen eines Personenbeförderungsgewerbes ausgeübt wurde. Seit dem 1. 6. 61 hat sich mithin die Zahl der genehmigungspflichtigen Fahrten im Linienverkehr erheblich erhöht (Anm. 5, 6 zu § 2). 7

Was in Anm. 7 über Linienverkehr bei Schichtwechsel der Arbeitnehmer ausgeführt wurde, gilt auch für Schichtunterricht in Schulen und für Ferienziel-Reiseverkehr, bei dem nach dem Aussteigen der Reisenden am Ferienziel-Ort sofort diejenigen zur Rückfahrt einsteigen, die ihren Pauschalaufenthalt beendet haben (daher die in der Schweiz übliche Bezeichnung „Pendelverkehr“). Diese Fahrten waren auch schon vor dem 1. 6. 61 Linienverkehr, während nunmehr auch Fahrten zu Erholungsaufenthalten darunterfallen, bei denen der Omnibus am Zielort bis zur Rückreise stehen bleibt. Wenn auch bei Sonderformen des Linienverkehrs die Unterscheidung seit 1. 6. 61 gegenstandslos geworden ist, so ist sie doch auch jetzt noch bei Fahrten von Bedeutung, die nach anderen Orten wie Erholungsaufenthalten (z. B. in Großstädte — Rom — Paris —) ausgeführt werden; denn diese Fahrten sind, auch wenn alle anderen Merkmale eines Ferienziel-Reiseverkehrs vorliegen, nicht Sonderformen des Linienverkehrs geworden, weil das Reiseziel kein Erholungsaufenthalt ist. Das im RegEntw. enthalten gewesene Verbot solcher Reisen fand nicht die Zustimmung des Bundestags (Anm.12 8 zu § 13). Reisen dieser Art können mithin auch noch nach dem 1. 6. 61 entweder als Ausflugsfahrten oder als Linienverkehr veranstaltet werden. Bei keiner dieser beiden Verkehrsarten ist es dem Unternehmer verwehrt, in das Entgelt einen Pauschalaufenthalt am Zielort oder unterwegs mit einzubeziehen. Linienverkehr ist auch derjenige Ferienziel-Reiseverkehr, der nicht unter die Vorschrift des § 43 Abs. 2 fällt, weil kein Pauschalaufenthalt am Ort des Erholungsaufenthalts angeboten wird.

9 e) **Linienverkehr darf auch mit PKW ausgeführt werden.** Vor allem werden Kleinbusse in Frage kommen; ein Verkehr dieser Art ist vor allem auf Strecken angebracht, auf denen sich ein Omnibus nicht rentieren würde. Untersagt ist Linienverkehr mit LKW.

10 f) Bei Linienverkehr mit Omnibussen dürfen ausnahmsweise **Anhänger** verwendet werden (§ 32a Satz 5 StVZO, vgl. Anm. 1 zu § 21 BOKraft); dies gilt nunmehr auch für die Sonderformen des Linienverkehrs. Die Beförderung von Personen in Anhängern hinter Kfzen ist sonst ausnahmslos verboten.

11 g) Linienverkehr ist **nicht genehmigungspflichtig,** wenn er vom **Arbeitgeber** zur Beförderung seiner Arbeitnehmer zwischen Arbeitsstätten desselben Betriebs zu betrieblichen Zwecken ausgeführt wird (§ 2 Anm. 3). Derartiger Linienverkehr unterliegt aber im übrigen den für diese Verkehrsart geltenden Vorschriften und genießt das Vorrecht der Erweiterung nach § 13 Abs. 2 Nr. 2 Buchstabe c.

12 h) **BOKraft.** Im Linienverkehr mit Kfzen sind vor allem die Vorschriften in §§ 3 bis 16 und 18 bis 33 BOKraft (S. 234ff.) zu beachten. Seit 1. 6. 61 sind in den Sonderformen des Linienverkehrs Stehplätze zulässig geworden (§ 22 BOKraft). Dies gilt — theoretisch — sogar für den Ferienziel-Reiseverkehr. Dafür sind vom gleichen Tag an die strengeren Bestimmungen über Höhenmaße des Innenraums (§ 24 BOKraft) für die Sonderformen des Linienverkehrs in Kraft getreten. Diese Vorschrift trifft den Ferienziel-Reisevk in unbilliger Weise, da sie mit der Vorschrift über die Zulässigkeit von Stehplätzen zusammenhängt. Im Ferienziel-Reiseverkehr ist übrigens seit 1. 6. 61 den Fahrgästen das Rauchen verboten, soweit die Wagen nicht ausdrücklich als „Raucher" gekennzeichnet sind. Es dürfte sich empfehlen, diese Unbilligkeiten möglichst bald durch Rechtsverordnung zu beheben.

13 i) **Bürgerlichrechtliche Auswirkungen** wie das Planfeststellungsverfahren (Anm. 2 zu § 29) hat die Genehmigung einer Kfz-Linie (mit Ausnahme der Anwendbarkeit von § 35 auf Haltestellenschilder) nicht. Die Ansicht der 21. Aufl. (S. 1060) über eine Duldungspflicht der Nachbarn gilt daher für das PBefG 1961 nur noch im Rahmen des § 906 BGB.

§ 43. Sonderformen des Linienverkehrs

(1) Eine Sonderform des Linienverkehrs ist der Verkehr, der unter Ausschluß anderer Fahrgäste der regelmäßigen Beförderung

1. von Berufstätigen zwischen Wohnung und Arbeitsstelle (Berufsverkehr),

2. von Schülern zwischen Wohnung und Lehranstalt (Schülerfahrten),

3. von Personen zum Besuch von Märkten (Marktfahrten),

4. von Theaterbesuchern

dient.

(2) Eine Sonderform des Linienverkehrs ist auch der Ferienziel-Reiseverkehr. Ferienziel-Reisen sind Reisen zu Erholungsaufenthalten, die der Unternehmer mit Kraftomnibussen oder Personenkraftwagen nach einem von ihm aufgestellten Plan zu einem Gesamtentgelt für Beförderung und Unterkunft mit oder ohne Verpflegung anbietet und ausführt. Eine Unterwegsbedienung ist unzulässig; jedoch kann die Genehmigungsbehörde für benachbarte Orte oder für Einzelfälle Ausnahmen gestatten. Die Fahrgäste sind zu einem für alle Teilnehmer gleichen Reiseziel zu bringen und an den Ausgangspunkt der Reise zurückzubefördern. Auf der Rückfahrt dürfen nur Reisende befördert werden, die der Unternehmer zum Reiseziel gebracht hat. Die Genehmigung darf nur solchen Unternehmern erteilt werden, die auf dem Gebiet des Reiseverkehrs über ausreichende Erfahrungen verfügen.

a) Auch die Sonderformen des Linienverkehrs **können nichtgewerbsmäßig betrieben werden.** Dies wird bei Schülerfahrten und beim Berufsverkehr (der auch den Werkberufsverkehr umfaßt) häufig der Fall sein (Anm. 5 zu § 42). Über die bisherige Rechtslage: Anm. 7 zu § 42. 1

b) Nicht nur mit einem Omnibus, sondern **auch mit einem PKW** können die Sonderformen betrieben werden. Allerdings fallen bei Benutzung eines PKW nur die im Rahmen eines Personenbeförderungsgewerbes ausgeführten Fahrten unter die Regelung. Erfaßt wird z. B. nicht der Vater, der täglich nicht nur seine eigenen Kinder, sondern auch Kinder aus der Nachbarschaft in seinem PKW zur Schule fährt, auch wenn er dafür von den Eltern ein Entgelt erhält (Anm. 23 zu § 1). 2

c) **Fze des Gelegenheitsverkehrs.** Der Zweck der Regelung ist in Anm. 6 zu § 42 dargelegt. Die neuen Bestimmungen werden als einschneidend empfunden werden, weil sie Fze, die zum Gelegenheitsvk. zugelassen sind, von den Sonderformen des Linienverkehrs ausschließen (§ 9 Abs. 1 Satz 2, Abs. 3) und Ausnahmen nicht zulassen; Anm. 5 zu § 45. Sie lassen sich auch nicht etwa dadurch umgehen, daß die Schule (bei Schülerfahrten), die Theatergemeinde (bei Theaterfahrten) oder ein Reisebüro (bei Ferienziel-Reisen) als Unternehmer nach außen auftritt und einen Mietomnibus chartert; denn § 9 Abs. 1 Satz 2 stellt ausdrücklich auf das einzelne Fz ab. Die Schulen, Theatergemeinden und Reisebüros sind mithin gezwungen, sich nunmehr eigene Omnibusse zuzulegen. Eine Ausnahme wurde lediglich zugunsten Berlins getroffen: Ferienziel-Reisen dürfen auch mit in Berlin zum Gelegenheitsverkehr zugelassenen Omnibussen ausgeführt werden, wenn sie in Berlin ihren Ausgangspunkt haben und wenn eine entsprechende Ausnahmegenehmigung erteilt wird (§ 45 Abs. 4 Satz 4). 3

d) **Unterarten der Sonderformen des Linienverkehrs.** Sie sind sämtlich Linienvk. im Sinne der übrigen Vorschriften. Ein Fz. kann mithin auch gleichzeitig zu mehreren Sonderformen oder nebenbei auch zum allgemeinen Linienvk. zugelassen sein. **Berufsverkehr** ist jede Beförderung beruflich Tätiger, die in einem Fz. gemeinsam zum gleichen Arbeitsplatz fahren oder gemeinsam vom gleichen Arbeitplatz abfahren (vgl. § 23 BOKraft). Arbeitnehmer benachbarter Betriebe können zu gemeinsamem Berufsvk. zusammengefaßt werden, wenn sie an derselben Haltestelle einsteigen. Die Beförderung einer einzelnen Person an ihren Arbeitsplatz oder vom Arbeitsplatz nachhause ist kein Berufsvk. Tun sich aber mehrere zusammen, um gemeinsam eine Droschke oder einen Mietwagen zu benützen, so liegt Berufsvk. vor, wenn derartige Fahrten wiederholt ausgeführt werden. Das gleiche gilt von Schülern, die eine Droschke zur Fahrt in die Schule benutzen. **Marktfahrten** sind nach dem RegEntw. nur Fahrten zu in kurzen Zeitabständen stattfindenden Märkten, z. B. zu Wochenmärkten. **Theaterfahrten** dienen nach dem RegEntw. der systematischen Heranführung von Theaterbesuchern (Theaterabonnenten) aus der näheren oder weiteren Umgebung zu Theateraufführungen nach bestimmten Plänen; Konzertfahrten seien wie Theaterfahrten zu behandeln. Hierzu ist zu bemerken, daß offenbar an Fahrten von Theater- und Konzertbesucherorganisationen gedacht ist („Theatergemeinden", „Volksbühnen"). Abonnent ist in diesen Fällen der Verein. Neben den Besucherorganisationen ist aber auch den Theatern selbst gestattet, für ihre Abonnenten Theaterfahrten einzurichten und sich hierfür Omnibusse anzuschaffen (vgl. Anm. 3). Im übrigen ist nicht recht einzusehen, warum die Vergünstigung nicht auch den Filmclubs und anderen Filmtheaterbesucherorganisationen zugute kommen soll (vgl. Heinze NJW 58, 1508 zu VGH Stuttgart 28. 11. 57 NJW 58, 684). Im übrigen macht die neue Vorschrift den Gelegenheitsvk zum Theaterbesuch und zu ähnlichen Veranstaltungen nicht unzulässig, sofern er nicht nach einem bestimmten Plan durchgeführt wird (so auch der RegEntw.). 4

e) **Anhörverfahren.** Der RegEntw. hatte vorgeschlagen, einen nur kurze Zeit währenden Linienvk (z. B. zu Ausstellungen) vom Anhörverfahren zu befreien, ist aber damit nicht durchgedrungen. Die Genehmigung zu den Sonderformen des Linienverkehrs setzt mithin stets ein Anhörverfahren voraus. Andererseits kann auch eine einstweilige Erlaubnis gewährt werden (§ 20). 5

f) Der **Ferienziel-Reisevk** sollte nach dem RegEntw. als eigene Verkehrsart (§ 49 des Entw.) gelten. Nun ist er den anderen Sonderformen (mit Ausnahme von § 43 Abs. 2 und § 45 Abs. 4) weitgehend gleichgestellt. Bei dieser Gelegenheit wurde aus dem RegEntw. auch das Verbot für Reisebüros gestrichen, andere als ortsansässige Unternehmen zu beauftragen, ferner auch das Verbot von Ferienziel-Reisen ins Ausland. 6

7 g) **Vorschriften für die Sonderformen,** die für den übrigen Linienvk nicht gelten, sind in § 43 Abs. 2 und § 45 Abs. 4 enthalten. Die Sonderformen können von der Betriebspflicht (Anm. 1 zu § 21), der Beförderungspflicht (Anm. 1 zu § 22) und von den Vorschriften über Beförderungs-Entgelte und -Bedingungen und über Fahrpläne befreit werden. Von dieser Befreiung sollte weitgehend Gebrauch gemacht werden. Für **Ferienziel-Reisen** gelten noch folgende Besonderheiten: **1. Das Anhörverfahren** ist das des Gelegenheitsverkehrs. Es ist vereinfacht, weil es andernfalls wegen der großen Zahl gleichartig interessierter Unternehmer zu umständlich wäre. 2. Es gibt **kein Vorrecht** der bestehenden Unternehmen, vorrangig (vor neuen Antragstellern) Ferienziel-Reisevk einzurichten, andererseits aber auch kein Vorrecht der Ferienziel-Reiseunternehmer, anderen Linienbetrieb einzurichten. 3. Ferienziel-Reisen, die von **Berlin** ausgehen, sind auf Grund einer Ausnahmegenehmigung auch mit Omnibussen zulässig, die zum Gelegenheitsvk zugelassen sind (Anm. 3). 4. Ferienziel-Reisen dürfen nur solchen Unternehmern genehmigt werden, die über **ausreichende Erfahrungen** auf dem Gebiet des Reiseverkehrs verfügen (§ 43 Abs. 2 Satz 6). Der RegEntw. erachtet eine einjährige Tätigkeit in einem Betrieb für ausreichend, der mit solchen Reisen befaßt war; es genüge auch Zusammenarbeit mit „bewährten" Reisebüros; zur Prüfung der Voraussetzung empfehle sich die Beteiligung der Fremdenverkehrsreferenten der Länder. Ausreichende Erfahrungen können freilich auch in anderen Unternehmen des Reiseverkehrs, vor allem in Reisebüros erworben werden. Ist der Unternehmer eine juristische Person (§ 3 Abs. 1), so genügt es, wenn ein Angestellter die Voraussetzungen erfüllt.

8 h) Sonderformen des Linienverkehrs, die bis 1. 6. 61 **keiner Genehmigung** bedurften und die am 1. 6. 61 betrieben wurden, dürfen ihren Betrieb auch nach diesem Tag genehmigungsfrei weiterführen; die Vorschriften des PBefG 1961 sind insoweit nichtig, als sie eine Genehmigungspflicht ohne Berücksichtigung der Interessen solcher Unternehmen vorschreiben (Anm. 5 zu § 2; Anm. 12 und 13 zu § 13).

§ 44. Dauer der Genehmigung

Die Geltungsdauer der Genehmigung ist unter Berücksichtigung der öffentlichen Verkehrsinteressen zu bemessen. Im Höchstfalle beträgt sie acht Jahre.

1 Die bis 1. 6. 61 geltende Frist von 10 Jahren (§ 17 Satz 2 DV 1935) wurde „mit Rücksicht auf die ständige Weiterentwicklung des Verkehrs" (RegEntw.) auf acht Jahre verkürzt. Es liegt im Ermessen der Genehmigungsbehörde, eine kürzere Dauer zu bestimmen (Oppelt S. 86). Ausschlaggebend ist die voraussichtliche Dauer des Verkehrsbedürfnisses.

§ 45. Sonstige Vorschriften

(1) Auf den Linienverkehr mit Kraftfahrzeugen ist § 35, soweit diese Vorschrift sich auf das Anbringen oder Errichten von Haltestellenzeichen bezieht, entsprechend anzuwenden; über die Verpflichtung zur Duldung entscheidet die Genehmigungsbehörde ohne Planfeststellungsverfahren.

(2) Die Beförderungsentgelte und Beförderungsbedingungen der Deutschen Bundesbahn sind vom Bundesminister für Verkehr zu genehmigen, die Beförderungsentgelte und Beförderungsbedingungen der Deutschen Bundespost sind nach § 14 des Postverwaltungsgesetzes festzusetzen. Genehmigung und Festsetzung der Beförderungsentgelte erfolgen im Einvernehmen mit dem Bundesminister für Wirtschaft. Die Beförderungsentgelte und Beförderungsbedingungen der Deutschen Bundesbahn und die Fahrpläne und Fahrplanänderungen der Deutschen Bundespost und der Deutschen Bundesbahn sind in ihren amtlichen Mitteilungsblättern zu veröffentlichen; die Ausgabe der amtlichen Kursbücher ersetzt die Veröffentlichung.

(3) In den Fällen der Absätze 1 und 2 sind die §§ 39 und 40 entsprechend anzuwenden.

(4) Die Genehmigungsbehörde kann bei den Verkehrsformen nach § 43 auf die Einhaltung der Vorschriften über die Betriebspflicht (§ 21), die Beförderungspflicht (§ 22), die Beförderungsentgelte und Beförderungsbedingungen (§ 39) sowie über die Fahrpläne (§ 40) ganz oder teilweise verzichten. Beim Ferienziel-Reiseverkehr sind die in § 14 Abs. 1 Nr. 4 genannten Stellen gutachtlich zu hören. § 13 Abs. 2 Nr. 2 Buchstabe c ist auf den Ferienziel-Reiseverkehr nicht anzuwenden; § 13 Abs. 2 Nr. 2 Buchstaben a und b gilt nicht zugunsten vorhandener Unternehmer des Ferienziel-Reiseverkehrs. Ferienziel-Reisen können in besonderen Fällen auf Grund von Ausnahmegenehmigungen der von der Landesregierung bestimmten Behörde als Verkehr mit Mietomnibussen oder mit Mietwagen durchgeführt werden, wenn sie durch Gebiete außerhalb des Geltungsbereichs dieses Gesetzes führen, Ausgangs- und Zielort jedoch im Geltungsbereich dieses Gesetzes liegen.

(5) Bei zeitweilig gesteigertem Verkehr kann der Unternehmer, soweit dadurch die Interessen anderer Verkehrsunternehmer nicht berührt werden, weitere ihm für diese Verkehrsart genehmigte Fahrzeuge im Rahmen des bestehenden Fahrplans einsetzen.

(6) Ist eine Genehmigung für den Linienverkehr mit Personenkraftwagen erteilt, so dürfen diese Fahrzeuge nur für den Linienverkehr verwendet werden. § 9 Abs. 3 bleibt unberührt.

a) **Beförderungsbedingungen, Fahrpläne.** Die Verweisung in Abs. 3 auf §§ 39 und 40 ist zunächst nur verständlich, soweit sie sich auf Abs. 2 (Linien der BBahn und der BPost) bezieht. Die Verweisung auf Abs. 1 (Haltestellenzeichen) soll aber wohl bedeuten, daß die Vorschriften über Beförderungs-Entgelte und -Bedingungen und über Fahrpläne (§§ 39, 40) für den Linienvk mit Kfzen — auch für dessen Sonderformen — gelten sollen. Man wird die Verweisung insofern einschränken müssen, als sie für den Werkvk nicht gelten kann. Im übrigen kann die Genehmigungsbehörde bei Sonderformen auf die Anwendung der Vorschriften „verzichten" (Abs. 4). 1

b) **Straßensperren.** Fahrpreiserhöhungen im Omnibusvk sollen nach Ansicht des BMV bei Umwegen, die infolge Straßensperrungen notwendig werden, nur gestattet werden, wenn sie das „übliche Maß" übersteigen (BMV 2. 1. 57, abgedr. bei Rautenberg-Frantzioch Anm. 4 zu § 45). 2

c) Die **Auslegung von Abs. 4** ist in Anm. 7, 8 zu § 43 behandelt. 3

d) Die Erlaubnis, **Einsatzwagen** zu den im Fahrplan bestimmten Zeiten fahren zu lassen (so schon früher § 34 Satz 2 DV 1935) verpflichtet trotz der Beförderungspflicht nicht zu solchem Einsatz. 4

e) Abs. 6 will die Verwendung der im Linienvk eingesetzten PKW als **Selbstfahrerfahrzeuge** verhindern. Das gleiche gilt für Droschken (§ 47 Abs. 5), nicht aber für Mietwagen. § 45 Abs. 6 geht allerdings noch darüber hinaus; die Vorschrift untersagt auch die Benützung des PKW **für den eigenen Bedarf,** also für Privatfahrten des Eigentümers. Dagegen kann die zusätzliche Verwendung des PKW als Droschke oder als Mietwagen gestattet werden (aber nicht umgekehrt!). Droschkenunternehmer, die nebenbei Linienvk ausführen wollen, müssen sich erst von der Verpflichtung zur Aufrechterhaltung des Droschkenbetriebs entbinden lassen, damit ihre Genehmigung erlischt (§ 24 Abs. 2, § 26 Abs. 4), und sich dann um eine Genehmigung zum Linienvk bewerben. Nach Durchführung des Anhörverfahrens kann ihnen neben der Genehmigung zum Linienvk auch die Genehmigung zum Droschkenvk erneut erteilt werden (vgl. auch Anm. 3 zu § 43 und Anm. 1 zu § 47). 5

D. Gelegenheitsverkehr mit Kraftfahrzeugen

§ 46. Formen des Gelegenheitsverkehrs

(1) Gelegenheitsverkehr ist die Beförderung von Personen mit Kraftfahrzeugen, die nicht Linienverkehr nach den §§ 42 und 43 ist.

(2) Als Formen des Gelegenheitsverkehrs sind nur zulässig

1. Verkehr mit Kraftdroschken (Taxen, § 47),

2. Ausflugsfahrten (§ 48),

3. Verkehr mit Mietomnibussen und mit Mietwagen (§ 49).

(3) In Orten mit mehr als 50000 Einwohnern oder in den von der höheren Verwaltungsbehörde bestimmten Orten unter 50000 Einwohnern darf eine Genehmigung für den Kraftdroschkenverkehr und den Mietwagenverkehr nicht für denselben Personenkraftwagen erteilt werden.

1 a) **Die Bedeutung der Vorschrift** geht weit über den Gelegenheitsverkehr hinaus. Sie liegt in dem darin ausgesprochenen Verbot, Personen mit Kfzen geschäftsmäßig oder entgeltlich zu befördern, sofern diese Beförderung nicht im Rahmen eines Linienverkehrs, eines Droschenkenverkehrs, eines Verkehrs mit Mietomnibussen oder Mietwagen oder als Ausflugsfahrt stattfindet. § 46 ist also die notwendige Ergänzung zu § 1. **Jede Fahrt mit einem Kfz, die nicht die sämtlichen Merkmale wenigstens einer dieser Verkehrsarten erfüllt, ist verboten, aber nicht strafbar** (§ 60 Abs. 1). In Anm. 23, 24 zu § 1 ist dargelegt, daß die Vorschrift wegen ihres Eingriffs nicht nur in die Berufsfreiheit, sondern vor allem auch in die persönliche Freiheit der Kraftrad- und Personenkraftwagenhalter in gewisser Hinsicht gegen das Grundgesetz verstößt und daher insoweit nichtig ist (bei Krafträdern in vollem Umfang, bei PKW, soweit nicht gewerbsmäßige Personenbeförderung vorliegt).

2 b) **Die Einteilung des Gelegenheitsverkehrs,** wie sie bis zum 1. 6. 61 galt (§ 38 DV 1935), ist nur geringfügig geändert. Die Verkehrsform des „Überlandwagens“ war schon durch das Gesetz vom 16. 1. 52 (BGBl. I 21) gestrichen worden. Die verschiedenene Formen sind seit 1. 6. 61 keine eigenen Verkehrsarten mehr (wie noch in § 38 Abs. 2 Satz 1 DV 1935); § 9 Abs. 1 Nr. 4 faßt sie vielmehr nun zu e i n e r Verkehrsart zusammen und gestattet den Einsatz desselben Fzs in mehreren Formen des Gelegenheitsverkehrs. Die Änderung ist wohl auf BVerwG 29. 6. 54, NJW 1660 zurückzuführen, wo die Ansicht vertreten wurde, die frühere Regelung verstoße gegen Art. 12 GG. Eine Ausnahme findet sich nur noch in § 46 Abs. 3 (wie schon vor dem 1. 6. 61 in RVM 26. 6. 35 RVkBl. B 87); Art. 12 GG steht ihrer Wirksamkeit nicht entgegen.

§ 47. Verkehr mit Kraftdroschken (Taxen)

(1) Verkehr mit Kraftdroschken (Taxen) ist die Beförderung von Personen mit Personenkraftwagen, die der Unternehmer auf öffentlichen Straßen oder Plätzen bereitstellt und mit denen er Fahrten zu einem vom Fahrgast bestimmten Ziel ausführt.

(2) Die Genehmigung für den Verkehr mit Kraftdroschken wird zur Ausführung von Fahrten innerhalb einer Gemeinde oder in einem größeren Bezirk erteilt.

(3) Kraftdroschken dürfen auf öffentlichen Straßen oder Plätzen nur in der Gemeinde bereitgestellt werden, in der sich der Betriebssitz des Unternehmers befindet, und nur an den behördlich zugelassenen Stellen. Das Nähere wird durch Droschkenordnungen, die nach Landesrecht erlassen werden, bestimmt; für die Festsetzung von Droschkenordnungen gilt § 51 Abs. 1 Satz 1 und 2 entsprechend.

In Ausnahmefällen kann die Genehmigungsbehörde die Bereitstellung auch auf Straßen und Plätzen außerhalb des Betriebssitzes des Unternehmers gestatten.

(4) Die Beförderungspflicht (§ 22) besteht nur für Fahrten innerhalb des Geltungsbereichs der nach § 51 Abs. 1 Satz 1 festgesetzten Beförderungsentgelte.

(5) Die Vermietung von Kraftdroschken an Selbstfahrer ist verboten.

a) Die **Neufassung** der bis 1. 6. 61 in § 39 Abs. 1 und § 41 Abs. 1 DV 1935 enthalten gewesenen Vorschriften entspricht nach dem RegEntw. den „praktischen Erfahrungen". Der Hinweis auf den „öffentlichen Verkehr" wurde, wie im ganzen PBefG 1961, vermieden. Gestrichen wurde insbesondere das in § 41 Abs. 1 DV 1935 enthalten gewesene Verbot, den Verkehr zwischen bestimmten Punkten planmäßig zu bedienen. Fahrten zwischen bestimmten Punkten (z. B. zwischen Bahnhof und Ausstellungsgelände) sind mithin nicht mehr verboten, auch wenn das Fz den ganzen Tag über fast ausschließlich auf dieser Strecke eingesetzt ist. Die Grenze gegenüber dem Linienvk liegt darin, daß sich die Droschke nur an einem Droschkenplatz bereithalten darf und daß das Anlocken von Fahrgästen verboten ist (§ 38 BOKraft), vor allem aber in der Beförderungspflicht, die es dem Droschkenfahrer verbietet, Fahrten zu anderen als von ihm vorgesehenen Zielen zu verweigern. Die neue Vorschrift über die Sonderformen des Linienverkehrs (§ 43) betrifft allerdings auch die Tätigkeit der Droschkenunternehmer und untersagt ihnen, mehrere Personen wiederholt zur gleichen Arbeitsstätte zu befördern oder von dort nach Hause zu fahren. Denn solche Fahrten sind seit 1. 6. 61 Berufsverkehr, bedürfen der Genehmigung als Linienvk (§ 43 Abs. 1) und können einem Unternehmer im Droschkenvk nicht zusätzlich gestattet werden (Anm. 5 zu § 45). 1

b) Die Vorschrift, daß **in der Genehmigung das Gebiet zu bezeichnen** ist, innerhalb dessen Fahrten ausgeführt werden dürfen, bedeutet nicht, daß dieses „Gebiet" kleiner sein muß als das Reichsgebiet von 1937. Das Gebiet kann auch das Ausland umfassen (§ 52 Abs. 1). 2

c) Die in Abs. 4 geregelten **Grenzen der Beförderungspflicht** stimmen mit der Regelung in § 29 Abs. 2 BOKraft überein. 3

d) **Voraussetzungen** für die Erteilung einer Genehmigung zum Droschkenvk: § 13 Abs. 3. 4

§ 48. Ausflugsfahrten

(1) Ausflugsfahrten sind Fahrten, die der Unternehmer mit Kraftomnibussen oder Personenkraftwagen nach einem bestimmten, von ihm aufgestellten Plan und zu einem für alle Teilnehmer gleichen und gemeinsam verfolgten Ausflugszweck anbietet und ausführt. Ein Wechsel der Fahrgäste (Unterwegsbedienung) ist unzulässig; jedoch kann die Genehmigungsbehörde für benachbarte Orte oder für Einzelfälle Ausnahmen zur Aufnahme von Fahrgästen gestatten. Die Fahrt muß wieder an den Ausgangsort zurückführen. Die Fahrgäste müssen im Besitz eines für die gesamte Fahrt gültigen Fahrscheins sein, der die Beförderungsstrecke und das Beförderungsentgelt ausweist. Bei Ausflugsfahrten, die als Pauschalfahrten ausgeführt werden, genügt im Fahrschein die Angabe des Gesamtentgelts an Stelle des Beförderungsentgelts.

(2) Die Vorschriften der §§ 21 und 22 sind auf Ausflugsfahrten nicht anzuwenden.

(3) Ausflugsfahrten dürfen nicht so ausgeführt werden, daß sie die öffentlichen Verkehrsinteressen beeinträchtigen; dies ist der Fall, wenn durch Ausflugsfahrten einem Schienen-, Obusverkehr oder Linienverkehr mit Kraftfahrzeugen in erheblichem Umfang Fahrgäste entzogen werden.

a) Ausflugsfahrten waren bis 1. 6. 61 nur mit **„Ausflugswagen"** d. h. mit Omnibussen gestattet; nunmehr sind auch Fahrten im PKW (Kleinbus oder Kombiwagen) zulässig. Bei An- 1 trägen auf Genehmigung ist nur § 13 Abs. 1 zu prüfen. Die Genehmigung kann für dasselbe Fz zugleich für Fahrten als Mietwagen bzw. Mietomnibus erteilt werden. Dies wird wohl in Zukunft sogar zur Regel werden.

2 b) Bei **Ausflugfahrten, die Übernachtungen vorsehen,** müssen diese weder im Preis einbegriffen noch überhaupt vom Unternehmer vorbestellt sein. Der Unternehmer kann den Teilnehmern in dieser Beziehung volle Freiheit lassen. Der Vorschlag des RegEntw., dies zu untersagen, fand nicht die Billigung des Bundestags.

3 c) Die Frage, ob Ausflugsfahrten **öffentliche Verkehrsinteressen** beeinträchtigen, ist nicht im Genehmigungsverfahren zu prüfen (Anm. 1), sondern ist im Rahmen der Aufsichtspflicht (§ 54) schriftlich zu beanstanden. Erst bei Zuwiderhandlungen gegen eine solche Verfügung liegen Ordnungswidrigkeiten vor (§ 61 Abs. 1 Nr. 4); denn § 48 Abs. 3 ist in § 61 Abs. 1 Nr. 3 Buchst. f nicht genannt; eine Schadensersatzpflicht kann aber schon vorher entstehen.

4 d) Der RegEntw. hatte vorgeschlagen, den **Reisebüros** die Veranstaltung von Ausflugsfahrten zu untersagen, konnte damit aber nicht durchdringen.

5 e) Über die **Abgrenzung der Ausflugsfahrten vom Linienvk** siehe Anm. 2, 3 und 4 zu § 42. Die Feststellung, ob eine Ausflugsfahrt vorliegt, ist oft schwierig, weil es darauf ankommt, ob nach dem Willen des Unternehmers die Teilnehmer an der Fahrt den gleichen oder einen gemeinsamen Ausflugszweck haben sollen, weil also ein subjektives Merkmal den Ausschlag gibt. Man wird Feststellungen über den Willen des Unternehmers in der Regel nur auf Grund der Vorankündigungen treffen können, unter Umständen auch aus der Art der Durchführung früherer Fahrten. Man wird aber nicht verlangen können, daß der Unternehmer alles in seiner Macht liegende tut, um Teilnehmer von der Verfolgung anderer Zwecke abzuhalten; dies wurde allerdings zum PBefG 1934 teilweise von der Rechtsprechung gefordert, siehe 21. Aufl. S. 1073 bei § 38 DV und Oppelt S. 120—125, vor allem die dort S. 122 wiedergegebene Entscheidung des OVG für Niedersachsen und Schleswig-Holstein vom 5. 9. 56; vgl. auch BGH 7. 1. 58, DAR 135 = VRS 14, 280. Bei Fahrten in Großstädte muß aber am Zielort ein gemeinsames Programm vorgesehen werden. Das Wort „Ausflugszweck" hat keinen anderen Inhalt als „Zweck der Fahrt".

6 f) Die Möglichkeit der **Begrenzung der Genehmigung** auf Ausflugsfahrten in einem bestimmten Gebiet **besteht nicht mehr.** Der Unternehmer darf auch am Zielort Rundfahrten durchführen, die im Programm nicht vorgesehen waren. Denn da nunmehr die Genehmigungsbehörde am Sitz des Unternehmens für alle Fahrten des Unternehmers im Gelegenheitsverkehr zuständig ist (§ 11 Abs. 2 Nr. 2), umfaßt die Genehmigung alle Ausflugsfahrten mit dem hierzu genehmigten Kfz und nicht nur — wie früher (BMV 29. 8. 51, abgedr. bei Oppelt S. 125) — die vom Sitz des Unternehmens ausgehenden Fahrten.

7 g) Unternehmer, die eine Genehmigung zu Ausflugsfahrten haben, können **keine Genehmigung zum Linienverkehr** mit denselben Fahrzeugen erhalten, auch nicht zum Betrieb von Sonderformen des Linienverkehrs (Anm. 3 zu § 42), wohl aber umgekehrt (§ 9 Abs. 3); vgl. Anm. 5 zu § 45.

8 h) **Vorschriften für Omnibusse:** §§ 22—27, 33, 34 BOKraft. Die Beförderung von Personen in Anhängern ist verboten.

9 i) Bis 1. 6. 61 wurde die Genehmigung zum **Betrieb eines Ausflugwagens** erteilt. Daß nun von Ausflugfahrten die Rede ist, bedeutet nicht, daß nunmehr nicht mehr das Unternehmen, sondern die einzelne Fahrt genehmigungspflichtig wäre. Der Unternehmer kann vielmehr mit den zu Ausflugsfahrten zugelassenen Kfzen beliebig viele und beliebige weite Fahrten veranstalten. Er hat nur die Verpflichtung, hierfür im voraus einen Plan aufzustellen. Die Aufsichtsbehörde (§ 54) kann Vorlage des Plans verlangen. Eine Veröffentlichung des Plans ist weder vorgeschrieben, noch kann sie von der Aufsichtsbehörde verlangt werden.

10 k) In der Form der Genehmigung für Ausflugsfahrten wird die Genehmigung zur **Benutzung eigener Omnibusse** an Wanderbühnen, Orchester, Chöre, Fußballklubs und Vereine usw. erteilt, soweit nicht Genehmigungsfreiheit nach § 2 Abs. 3 vorliegt, weil nur Arbeitnehmer des Halters des Kfzs teilnehmen. Da diese Unternehmen einen Sitz haben, an den jede Fahrt — vielleicht erst nach Monaten — zurückführt, sind die Merkmale der Ausflugsfahrt gegeben.

11 l. **Transporte von Strafgefangenen oder von Anstaltsinsassen** dürfen ab 1. 6. 61 weder mit eigenen Omnibussen der Verwaltungen noch mit gemieteten Omnibussen (oder sonstigen Transportfahrzeugen) durchgeführt werden. Eine Ausflugsfahrt liegt nicht vor, weil die Fahrgäste mit dem Omnibus nicht zurückkehren; die Anmietung fremder Omnibusse ist ebenso unzulässig, weil beim Mietomnibus die Fahrgäste über Ziel und Ablauf der Fahrt einig sein

müssen, dies aber bei Strafgefangenen oder Anstaltsinsassen — vor allem bei Geisteskranken — nicht zu erreichen ist (Anm. 1 zu § 49). Derartige Transporte dürfen daher, sofern sie nicht als Linienvk genehmigt werden können, seit 1. 6. 61 nur noch mit PKW (oder Kleinbussen) ausgeführt werden, weil die Beförderung nicht gewerbsmäßig erfolgt und die Regelung des PBefG 1961 wegen Verstoßes gegen das Grundgesetz nichtgewerbsmäßige Fahrten im PKW nicht erfaßt (§ 23 zu § 1). Beamte, die sich an die neuen Vorschriften nicht halten, machen sich allerdings nicht strafbar, weil die Ausführung vom Gesetz verbotener Fahrten nicht unter Strafe gestellt ist und auch keine Ordnungswidrigkeit darstellt (Anm. 4 zu § 60).

§ 49. Verkehr mit Mietomnibussen und mit Mietwagen

(1) Verkehr mit Mietomnibussen ist für die Beförderung von Personen mit Kraftomnibussen, die nur im ganzen zur Beförderung angemietet werden und mit denen der Unternehmer Fahrten ausführt, deren Zweck, Ziel und Ablauf der Mieter bestimmt. Die Teilnehmer müssen ein zusammengehöriger Personenkreis und über Ziel und Ablauf der Fahrt einig sein.

(2) Die Voraussetzungen des Absatzes 1 Satz 1 sind nicht gegeben, wenn Fahrten unter Angabe des Fahrtziels vermittelt werden. Mietomnibusse dürfen nicht durch Bereitstellen auf öffentlichen Straßen oder Plätzen angeboten werden.

(3) Die Vorschriften der §§ 21 und 22 sind nicht anzuwenden.

(4) Auf die Beförderung mit gemieteten Personenkraftwagen (Mietwagen) sind die Vorschriften der Absätze 1 bis 3 entsprechend anzuwenden. Ein Bereitstellen von Mietwagen, durch das ein droschkenähnlicher Verkehr erreicht wird, ist verboten. Die Art der Werbung darf nicht zur Verwechslung mit dem Kraftdroschkenverkehr führen. Bei Leerfahrten dürfen Fahrgäste nicht aufgenommen werden, es sei denn, daß es sich um eine in der Wohnung oder in den Geschäftsräumen des Unternehmers eingegangene Bestellung auf Abholung von Fahrgästen handelt. Den Kraftdroschken vorbehaltene Zeichen und Merkmale dürfen nicht verwendet werden.

a) **Unterscheidungsmerkmale.** Ausschlaggebend ist, daß erstens der Mieter des Fzs den Zweck, das Ziel und den Ablauf der Reise bestimmt, daß zweitens die Teilnehmer ein zusammengehöriger Personenkreis sind und über Ziel und Ablauf der Reise einig sind und daß drittens die Fahrt nicht unter Angabe des Fahrtziels vermittelt worden ist. Fehlt eines dieser drei Merkmale, so ist die Durchführung der Fahrt zwar verboten; es liegt aber, wenn sie trotzdem durchgeführt wird, weder eine strafbare Handlung noch eine Ordnungswidrigkeit vor (Anm. 2 zu § 60). 1

b) Schon während der Diskussion über den Gesetzesentwurf wurde darauf hingewiesen, daß beim **Transport der Insassen einer Anstalt** mit einem gemieteten Kfz das Merkmal fehle, daß sich alle Personen über Ziel und Ablauf der Fahrt einig seien, und daß daher Transporte dieser Art ab 1. 6. 61 verboten seien. Diese Ansicht trifft zu. Die Folgen der neuen Regelung sind nur deshalb nicht so einschneidend, weil die Ausführung verbotener Fahrten weder strafbar ist noch eine Ordnungswidrigkeit darstellt. 2

c) **Keine einengende Auslegung.** Rautenberg-Frantzioch vertreten die Ansicht, man müsse den gesetzlichen Tatbestand des § 49 einengend dahin auslegen, daß als weiteres — ungeschriebenes — Merkmal der Mietwagen- (Mietomnibus-)Fahrt zu fordern sei, daß die Insassen des Fzs auch außerhalb der Fahrt durch gemeinsame, nicht mit der Fahrt zusammenhängende Zwecke miteinander verbunden seien (Anm. 6 zu § 49). Hierfür ergibt weder der Zweck des Gesetzes noch sein Wortlaut einen Anhalt. Die Erforderlichkeit des weiteren Merkmals würde übrigens — was offenbar Rautenberg-Frantzioch nicht bedenken — zur Folge haben, daß 3

Fahrten, bei denen das zusätzliche Merkmal fehlt, genehmigungsfrei, wenn auch an sich verboten sein würden.

4 d) **Abgrenzung gegenüber dem Linienvk;** siehe auch Anm. 2 und 3 zu § 42. Gegenüber dem Linienvk grenzt sich der Vk mit Mietwagen und Mietomnibussen dadurch ab, daß nicht der Unternehmer, sondern der Fahrgast das Ziel der Fahrt bestimmt. Die übrigen Merkmale des Mietwagen- und Omnibusverkehrs sind nicht unterscheidungskräftig; denn es ist einem zusammengehörigen Personenkreis nicht untersagt, eine gemeinsame Fahrt mit Kfzen des Linienverkehrs auszuführen. Der Unternehmer darf sogar — wenn im Tarif vorgesehen — solchen Gruppenreisenden Fahrpreisvergünstigungen einräumen. Zur Abgrenzung der Mietwagenfahrt gegenüber dem Berufsvk siehe Anm. 4 zu §.43.

5 d) **Abgrenzung des Mietwagenverkehrs gegenüber dem Droschkenverkehr.** Mietwagen dürfen die der Kenntlichmachung von Droschken dienenden Merkmale (§ 39 BOKraft) nicht aufweisen, sofern sie nicht zugleich als Droschken zugelassen sind (§ 46 Abs. 3; Anm. 2 zu § 39 BOKraft, S. 251). Dem Mietwagenunternehmer ist es nicht verboten, Funksprechanlagen zum Zweck des Herbeirufens telefonisch angeforderter Wagen zu verwenden; er darf allerdings die Wagen nicht „Funktaxis" nennen (Einzelheiten bei Rautenberg-Frantzioch Anm. 10 zu § 49).

§ 50. Dauer der Genehmigung

Die Genehmigung für den Gelegenheitsverkehr ist für die Dauer von höchstens vier Jahren zu erteilen.

Die Dauer betrug ursprünglich (§ 17 DV 1935) zwei Jahre und war durch RVM 26. 6. 35, RVkBl. B 87, auf fünf Jahre verlängert worden. Die Genehmigungsbehörde kann nach pflichtgemäßem Ermessen die Dauer auch kürzer festsetzen.

§ 51. Beförderungsentgelte, Beförderungsbedingungen

(1) Für den Gelegenheitsverkehr mit Kraftdroschken setzt die Landesregierung Beförderungsentgelte und Beförderungsbedingungen durch Rechtsverordnung fest; sie kann diese Ermächtigung durch Rechtsverordnung auf die Genehmigungsbehörden übertragen. Ist die Genehmigungsbehörde ermächtigt, so hat sie vor der Festsetzung der Beförderungsentgelte der zuständigen Gemeindebehörde, den Fachverbänden des Verkehrsgewerbes und der zuständigen Industrie- und Handelskammer Gelegenheit zur Stellungnahme zu geben. Die Vorschriften über Beförderungsentgelte und Beförderungsbedingungen sind in jedem Kraftfahrzeug mitzuführen und dem Fahrgast auf Verlangen vorzulegen. § 39 Abs. 3 ist anzuwenden.

(2) Die Landesregierung kann für den Gelegenheitsverkehr mit Kraftomnibussen durch Rechtsverordnung Beförderungsentgelte und Beförderungsbedingungen festsetzen, soweit nicht Rahmenvorschriften für Beförderungsentgelte nach § 58 Abs. 1 Nr. 5 entgegenstehen oder Beförderungsbedingungen nach § 58 Abs. 1 Nr. 4 festgesetzt sind; Absatz 3 bleibt unberührt. Die Landesregierung kann diese Ermächtigung durch Rechtsverordnung auf die Genehmigungsbehörden übertragen. Ist die Genehmigungsbehörde ermächtigt, so hat sie vor der Festsetzung der Beförderungsentgelte den in Absatz 1 genannten Stellen sowie der zuständigen Oberpostdirektion und Bundesbahndirektion Gelegenheit zur Stellungnahme zu geben.

(3) Im Gelegenheitsverkehr der Deutschen Bundespost und der Deutschen Bundesbahn setzen diese die Beförderungsentgelte unter Beachtung der erlassenen Rahmenvorschriften und die Beförderungsbedingungen selbst fest. Auf Verlangen des Bundesministers für Verkehr ist zu der Festsetzung sein Einvernehmen einzuholen; er hat bei Festsetzung der Beförderungsentgelte den Bundesminister für Wirtschaft zu beteiligen.

a) **Unterschiede gegenüber der Regelung vor dem 1. 6. 61.** Die Regelung war früher in § 32 PBefG 1934 und in § 45 DV 1935 enthalten; sie wurde vor allem im Hinblick auf Art. 80 GG geändert. Abs. 3 trägt der Einbeziehung von BBahn und BPost in die gesetzliche Regelung Rechnung; bis 1. 6. 61 waren diese Betriebe durch § 33 PBefG 1934 ausgenommen. 1

b) **Rechtsvereinheitlichung.** Die Vorschriften der BOKraft (hier handelt es sich vor allem um die Regelung für Droschken in §§ 34 ff.) können durch Landesrecht nicht geändert werden. Der BMV ist über das bisherige Recht hinaus im Einvernehmen mit dem BMWi befugt, Rahmenvorschriften über Beförderungsentgelte im Gelegenheitsvk mit Omnibussen zu erlassen (§ 58 Abs. 1 Nr. 4 und 5, Abs. 2). Für den Verkehr mit Mietwagen dürfen Beförderungsbedingungen und Beförderungsentgelte nicht einheitlich geregelt werden. Der Mietwagenunternehmer behält insbesondere die Befugnis, das Beförderungsentgelt nach Belieben entweder nach der zurückgelegten Entfernung oder nach dem Zeitaufwand zu vereinbaren oder den Mietwagen gegen einen Pauschbetrag zur Verfügung zu stellen. Eine gewisse Einschränkung erfährt diese Freiheit durch die noch immer geltende preisrechtlichr Anordnung PR. Nr. 17/49 v. 12. 3. 49 (VkBl. 53); Näheres Anm. 3 zu § 17 BOKraft (S. 243). 2

c) **Regelung für Droschken und für den Gelegenheitsvk mit Omnibussen.** Die den Landesregierungen in Abs. 1 Satz 1 und Abs. 2 Satz 1 zum Erlaß von Rechtsverordnungen erteilte Ermächtigung ist nichtig, weil ihr Inhalt, ihr Zweck und ihr Ausmaß im Gesetz nicht bestimmt ist (Art. 80 Abs. 1 Satz 2 GG). Beförderungsentgelte und Beförderungsbedingungen können mithin nur durch Landesgesetze geregelt werden, ebenso wie die in § 42 BOKraft vorgesehenen Droschkenordnungen. Auf die Gültigkeit von Satz 2 und 3 hat die Nichtigkeit von Satz 1 keinen Einfluß. Dies gilt für die entsprechenden Sätze in Abs. 2 ebenso wie für die in Abs. 1. 3

d) Der RegEntw. hatte vorgeschlagen, der Genehmigungsbehörde aufzugeben, die Ermächtigung im Einvernehmen mit der **Preisbehörde** zu handhaben. Diese Vorschrift fand nicht die Billigung des Bundestags. 4

IV. Auslandsverkehr

§ 52. Grenzüberschreitender Verkehr

(1) Für die Beförderung von Personen im grenzüberschreitenden Verkehr mit Kraftfahrzeugen durch Unternehmer, die ihren Betriebssitz im Inland oder Ausland haben, gelten, soweit nichts anderes bestimmt ist, die Vorschriften dieses Gesetzes und die hierzu erlassenen Rechtsverordnungen.

(2) Die nach diesem Gesetz erforderliche Genehmigung eines grenzüberschreitenden Linienverkehrs erteilt für die deutsche Teilstrecke der Bundesminister für Verkehr im Benehmen mit der von der Landesregierung bestimmten Behörde, für Anträge der Deutschen Bundespost auch im Benehmen mit dem Bundesminister für das Post- und Fernmeldewesen.

(3) Die von der Landesregierung bestimmte Behörde läßt das Anhörverfahren nach § 14 durchführen und leitet das Ergebnis mit ihrer Stellungnahme dem Bundesminister für Verkehr zu. In der Genehmigung ist die zuständige Aufsichtsbehörde zu bestimmen.

(4) Einer Genehmigung für den grenzüberschreitenden Gelegenheitsverkehr von Unternehmern, die ihren Betriebssitz im Ausland haben, bedarf es nicht, soweit entsprechende Übereinkommen mit dem Ausland bestehen. Besteht ein solches Übereinkommen nicht oder soll abweichend von den Bedingungen des Übereinkommens grenzüberschreitender Gelegenheitsverkehr ausgeführt werden, so kann der Bundesminister für Verkehr entsprechenden Anträgen stattgeben.

(5) Im kleinen Grenzverkehr (Zollgrenzbezirk) tritt an die Stelle des Bundesministers für Verkehr die von der Landesregierung bestimmte Behörde.

(6) Die Grenzzollstellen sind berechtigt, Kraftfahrzeuge, die im Ausland oder in den unter ausländischer Verwaltung stehenden Gebieten des Deutschen Reichs nach dem Stand vom 31. Dezember 1937 zugelassen sind, zurückzuweisen, wenn nicht die erforderliche Genehmigung, deren Mitführung vorgeschrieben ist, vorgelegt wird.

1 a) **Grenzüberschreitender Vk** sind Fahrten mit Kfzen (nicht jedoch Fahrten mit Straßenbahnen oder Obussen), die über die Reichsgrenze vom 31. 12. 1937 führen; Ausnahmen von diesem Grundsatz: in Abs. 6. Für grenzüberschreitenden Gelegenheitsvk mit Kfzen ist für deutsche Fze (gesamtes Reichsgebiet!) keine besondere Genehmigung erforderlich. Ausländische Fze bedürfen allerdings einer Genehmigung nach dem PBefG, soweit sie nicht durch Übereinkommen hiervon befreit sind (Abs. 4). Inwieweit eine Genehmigung des anderen Staates für ins Ausland führende Fahrten deutscher Kfze erforderlich ist, bestimmt das Recht dieses Staates. Es bestehen aber zahlreiche Abkommen und Vereinbarungen (Vorb. 5 vor § 1).

2 b) Für die **Genehmigung** grenzüberschreitenden Linienverkehrs ist der BMV zuständig (Abs. 2). Zum Linienvk gehören auch dessen Sonderformen, also vor allem Theaterfahrten und Ferienziel-Reisevk (§ 43 Abs. 1 Nr. 4 und Abs. 2). Daß entgegen Art. 83, Art. 84 Abs. 5 GG dem Bund eine Verwaltungsaufgabe zu eigener Erledigung übertragen wird, dürfte wegen Art. 32 GG mit Art. 87 Abs. 3 Satz 1 GG zu vereinbaren sein. Das Verfahren vor dem BMV unterscheidet sich nicht von dem Verfahren vor den Genehmigungsbehörden der Länder, mit Ausnahme der Vorschrift in Abs. 3, daß das Anhörverfahren von der zuständigen Genehmigungsbehörde durchgeführt wird. Dies hindert den BMV aber nicht, eigene Erhebungen durchzuführen; er ist vielmehr hierzu verpflichtet, wenn das von der Genehmigungsbehörde durchgeführte Anhörverfahren unvollständig war oder keine ausreichenden Feststellungen über den der Entscheidung zugrunde zu legenden Sachverhalt zuläßt. § 55 wird wohl entsprechend anzuwenden sein. Will jemand Klage zum Verwaltungsgericht erheben, so hat er mithin zunächst Widerspruch beim BMV einzulegen. Der BMV ist übrigens auch befugt, einstweilige Erlaubnisse zu erteilen (§ 20). Anlaß hierfür wird sich vor allem im Ferienziel-Reisevk ausländischer Unternehmer ergeben.

3 c) **Die bisherigen Erlasse des RVM** (vor allem der sog. Olympiade-Erlaß v. 27. 6. 36 RVkBl. B 239 und der Erlaß v. 19. 1. 37, RVkBl. B 8) waren auf Grund von § 38 PBefG 1934 ergangen. Letzterer galt bis 1. 6. 61 (§ 65 Abs. 2 Nr. 13).

4 d) **Ermächtigung.** Der BMV hat das Recht, den grenzüberschreitenden Vk abweichend von den Vorschriften des Gesetzes zu regeln, soweit dies zur Durchführung internationaler Übereinkommen erforderlich ist (§ 58 Abs. 1 Nr. 3). Diese Ermächtigung ist wirksam, weil die (durch Gesetz zu ratifizierenden) Übereinkommen den Inhalt der Regelung festlegen. Die Bundesrepublik Deutschland ist seit 1. 1. 51 Mitglied des Abkommens „Freiheit der Straße", das gewisse Grundsätze für das Genehmigungsverfahren im internationalen Straßenpersonenvk festgelegt.

5 e) Über die beim grenzüberschreitenden **Linienvk** und gewerblichen Gelegenheitsvk zu beachtenden Formalitäten siehe Oppelt S. 166 bis 170 und Rautenberg-Frantzioch S. 272 und 273. Das Zollabkommen v. 18. 5. 56 (Ges. v. 3. 7. 61, BGBl. II 837) ist noch nicht in Kraft.

6 f) Hinsichtlich des **Interzonenverkehrs** siehe Rautenberg-Frantzioch S. 267. Interzonenvk ist kein grenzüberschreitender Vk. Eine Zuständigkeit des BMV ist nicht gegeben. Die zuständige Genehmigungsbehörde ergibt sich vielmehr aus § 11. Das PBefG kennt keine Beschränkungen im innerdeutschen Verkehr.

7 g) Die Aufgaben der nach Abs. 3 Satz 2 zu bestimmenden **Aufsichtsbehörde** sind in § 54 bestimmt.

§ 53. Transit-(Durchgangs-)Verkehr

(1) Für die Beförderung von Personen im Transit-(Durchgangs-)Verkehr mit Kraftfahrzeugen, der das Gebiet des Geltungsbereichs dieses Gesetzes unter Ausschluß innerdeutschen Zwischenverkehrs berührt, gelten, soweit nichts anderes bestimmt ist, die Vorschriften dieses Gesetzes und die hierzu erlassenen Rechtsverordnungen.

(2) Die Genehmigung erteilt der Bundesminister für Verkehr im Benehmen mit den von den beteiligten Landesregierungen bestimmten Behörden, für Anträge der Deutschen Bundespost auch im Benehmen mit dem Bundesminister für das Post- und Fernmeldewesen.

(3) § 14 ist nicht anzuwenden. In der Genehmigung ist die zuständige Aufsichtsbehörde zu bestimmen.

(4) § 52 Abs. 4 ist auf den Gelegenheitsverkehr vom Ausland durch das Gebiet des Geltungsbereichs dieses Gesetzes entsprechend anzuwenden. § 52 Abs. 6 gilt entsprechend.

a) **Transitvk** sind Fahrten mit Kfzen, die vom Ausland her durch die Bundesrepublik oder durch Berlin (West) hindurch in einen dritten Staat führen; „Innerdeutscher Transitvk" ins Ausland fällt mithin nicht unter die Bestimmungen. 1

b) Für die **Genehmigung** einer Fahrt im Transitvk ist — sofern nicht wegen eines zwischenstaatlichen Übereinkommens die Fahrt genehmigungsfrei ist — der BMV zuständig. Ein Anhörverfahren findet nicht statt. 2

c) Auch hier ist eine **Ermächtigung** in § 58 Abs. 1 Nr. 3 enthalten. 3

V. Aufsicht

§ 54. Aufsicht

(1) Der Unternehmer unterliegt hinsichtlich der Erfüllung der Vorschriften dieses Gesetzes sowie der hierzu erlassenen Rechtsverordnungen und der Einhaltung der durch die Genehmigung auferlegten Verpflichtungen (Bedingungen, Auflagen) der Aufsicht der Genehmigungsbehörde. Die von der Landesregierung bestimmte Behörde kann die Genehmigungsbehörde ermächtigen, die Aufsicht über den Linien- und Gelegenheitsverkehr mit Kraftfahrzeugen auf nachgeordnete Behörden zu übertragen. Die technische Aufsicht über Straßenbahnen und Obusunternehmen wird von der von der Landesregierung bestimmten Behörde ausgeübt.

(2) Die Aufsichtsbehörde kann sich über alle ihrer Zuständigkeit unterliegenden Einrichtungen und Maßnahmen des Unternehmers unterrichten. Der Unternehmer hat der Aufsichtsbehörde alle wesentlichen Veränderungen ohne Aufforderung unverzüglich anzuzeigen.

(3) Die Deutsche Bundespost und die Deutsche Bundesbahn sind für die Erfüllung der technischen Vorschriften dieses Gesetzes und der hierzu erlassenen Rechtsverordnungen für ihre Kraftfahrbetriebe selbst verantwortlich.

(4) Die Aufsichtsbehörde kann Unternehmen, die einen Omnibusbahnhof betreiben, anhalten, die Benutzung durch den Linien- und Gelegenheitsverkehr mit Kraftfahrzeugen und den Betrieb so zu regeln, daß der Verkehr ordnungsgemäß abgewickelt und den Pflichten nach § 39 Abs. 7 und § 40 Abs. 4 genügt werden kann.

a) **Aufgaben der Aufsichtsbehörde.** Die Vorschrift entspricht etwa § 11 PBefG 1934, § 21 DV 1935 und RVM 23. 2. 42 (RVkBl. B 22). Die Aufsichtsbehörde ist dafür verantwortlich, daß die Unternehmer die Vorschriften des PBefG, der BOKraft, der BOStrab, der übrigen Verordnungen des § 65 Abs. 3 und der auf Grund des PBefG noch zu erlassenden Rechtsverordnungen beachten, ferner auch die bei Erteilung der Genehmigung gemachten Bedingungen und Auflagen. In diesem Rahmen, aber nicht darüber hinaus, darf sie den Unternehmern Weisungen erteilen. Die Nichtbeachtung schriftlicher Weisungen ist eine Ordnungswidrigkeit, soweit in ihnen auf § 61 Abs. 1 Nr. 4 hingewiesen worden war. Es ist nicht Aufgabe der Aufsichtsbehörde, zu überwachen, ob die Unternehmer andere Gesetze (etwa die StVZO, die 1

Steuergesetze oder die sozialrechtlichen Vorschriften) beachten. Weisungen in dieser Hinsicht sind unzulässig. Das Rücknahmeverfahren (§ 25) ist nicht Aufgabe der Aufsichtsbehörde, sondern der Genehmigungsbehörde.

2 b) Für **BBahn und BPost** gilt § 46 BOKraft (S. 255).

3 c) Die **Bemerkungen zu § 11 PBefG 1934** (21. Aufl.) sind nicht mehr verwertbar. Aufrechterhalten wird allerdings die dort niedergelegte Ansicht, daß die Straßenverkehrsbehörde befugt ist, mittelbar, z. B. durch Anbringung geschwindigkeitsbeschränkender Verkehrszeichen auf der Strecke der Omnibuslinie, auf den Betrieb des Unternehmens einzuwirken. Die Abgrenzung zwischen dem Aufgabenbereich der Straßenverkehrsbehörde und dem der Aufsichtsbehörde ergibt sich aus Anm. 1 und den dort dargelegten Grenzen des Aufgabenbereichs der Aufsichtsbehörde.

4 d) Soll eine **Starkstromleitung** gebaut werden, die eine in Betrieb befindliche Straßenbahn- oder Obuslinie kreuzt, so sind die **Bahnkreuzungsvorschriften** entsprechend anzuwenden. Einzelheiten Anm. 2 zu § 27 BOKraft (S. 246). Der Unternehmer hat der Aufsichtsbehörde Mitteilung zu machen. In der Regel braucht aus dem genannten Anlaß kein neues Planfeststellungsverfahren durchgeführt zu werden, weil die Änderung „von unwesentlicher Bedeutung" ist (§ 28 Abs. 2 Satz 1). Besteht die Starkstromleitung schon vor dem Bau der Straßenbahn- oder Obuslinie, so wird die Angelegenheit im Planfeststellungsverfahren rechtsverbindlich mitgeregelt.

5 e) **Rechtsweg.** Der Unternehmer und die anderen durch eine Weisung der Aufsichtsbehörde betroffenen Personen können gegen die Verfügung im Verwaltungsrechtsweg vorgehen (Anm. 4 und 5 zu § 14). Wegen fahrlässiger Unterlassung der gebotenen Aufsicht können andere Unternehmer und Fahrgäste Schadensersatz wegen Amtspflichtverletzung im ordentlichen Rechtsweg fordern, da § 54 ihren Schutz bezweckt.

6 f) **Omnibusbahnhöfe.** § 54 Abs. 4 gibt der Aufsichtsbehörde ein Recht (und damit auch eine Pflicht) zu Weisungen gegenüber Personen und Behörden, die im übrigen vom PBefG nicht betroffen sind. Nichtbeachtung einer solchen Weisung ist für diese Personen oder Beamten eine Ordnungswidrigkeit (§ 61 Abs. 1 Nr. 4). Die Inhaber von Omnibusbahnhöfen können, auch wenn diese auf öffentlichem Verkehrsgrund liegen — was sogar die Regel sein wird —, von den Unternehmern ein Entgelt für die Benutzung verlangen (BGH 19. 10. 60 VRS 20, 43). Die Inhaber der Omnibusbahnhöfe können aber keinen Benutzungszwang einführen, da das PBefG einen derartigen Zwang nicht kennt.

VI. Rechtsmittelverfahren

§ 55. Vorverfahren bei der Anfechtung von Verwaltungsakten

Bei der Anfechtung von Verwaltungsakten, die von der obersten Landesverkehrsbehörde selbst erlassen worden sind, ist das Vorverfahren der Verwaltungsgerichtsordnung durchzuführen.

1 Das Verfahren ist in §§ 68ff. VwGO geregelt (Anm. 3 zu § 14). § 55 muß entsprechend auch auf Verwaltungsakte angewendet werden, die der BMV erlassen hat (Anm. 4 zu § 14). Derartige Verwaltungsakte sind in §§ 52, 53 vorgesehen.

§ 56. Verfahren in besonderen Fällen

Werden die Interessen der Deutschen Bundespost oder der Deutschen Bundesbahn in erheblichem Umfang betroffen und kommt vor der Genehmigungsbehörde keine Einigung zustande, so soll auf Antrag der Deutschen Bundespost oder der Deutschen Bundesbahn die Genehmigungsbehörde die Stellungnahme des Bundesministers für Verkehr einholen und bei ihrer Entscheidung verwerten.

1 a) **Die Vorschrift ist erforderlich** geworden, weil seit 1. 6. 61 die Omnibusse von BBahn und BPost dem PBefG fast in vollem Umfang unterstehen. Lediglich für die BOKraft gibt es noch die Ausnahmevorschrift des § 46. Das PBefG räumt zwar der BBahn und BPost eine gewisse Sonderstellung ein, doch ist diese geringfügig (Anm. 26 zu § 1).

b) **Die Stellungnahme des BMV** muß zwar „eingeholt“ und „verwertet“ werden, bindet aber die Genehmigungsbehörde nicht (so auch der RegEntw.). § 55 soll es dem BMV ermöglichen, der Genehmigungsbehörde darzulegen, wie vom Standpunkt des Bundes die Aufgabe der überregionalen Verkehrsbedienung durch die beiden Bundesverkehrsanstalten im Einzelfall mit dem Gesamtverkehr in Einklang zu bringen ist. Die Genehmigungsbehörde ist gehalten, sich in der Begründung ihrer Entscheidung mit der Stellungnahme auseinanderzusetzen. 2

c) **Rechtsmittelverfahren.** Der Ansicht von Rautenberg-Frantzioch, § 56 komme wegen der Überschrift des Abschnitts VI nur im Rechtsmittelverfahren in Betracht, kann man wohl kaum folgen. Im Rechtsmittelverfahren (gemeint ist: im Vorverfahren) entscheidet außer bei den obersten Landes- und Bundesbehörden nicht die Genehmigungsbehörde, sondern eine übergeordnete Dienststelle. Die Genehmigungsbehörde hat mithin im Rechtsmittelverfahren in der Regel keine Gelegenheit, die Stellungnahme zu verwerten. Hieraus ist zu schließen, daß sich die Überschrift des Abschnittes VI nicht auf § 56 bezieht. 3

VII. Erlaß von Rechtsverordnungen und Allgemeinen Verwaltungsvorschriften

§ 57. Bau- und Betriebsvorschriften

(1) Der Bundesminister für Verkehr erläßt mit Zustimmung des Bundesrates die erforderlichen Rechtsverordnungen

1. über den Bau und Betrieb von Straßenbahnen und Obussen, welche

a) die Anforderungen an Bau, Einrichtungen und Betriebsweise der Anlagen und Fahrzeuge nach dem jeweiligen Stand der Technik und nach den internationalen Abmachungen einheitlich regeln,

b) die notwendigen Vorschriften zum Schutz der Anlagen und des Betriebs der Straßenbahnen und Obusse gegen Schäden und Störungen enthalten;

2. über den Betrieb von Kraftfahrunternehmen im Personenverkehr, welche

a) die Anforderungen an den Bau und die Einrichtungen der in diesen Unternehmen verwendeten Kraftfahrzeuge nach dem jeweiligen Stand der Technik und nach den internationalen Abmachungen einheitlich regeln,

b) die notwendigen Vorschriften über die Sicherheit und Ordnung des Betriebs enthalten.

(2) Soweit es die öffentliche Sicherheit erfordert, können einzelne Vorschriften der nach Absatz 1 Nr. 2 erlassenen Rechtsverordnung auf Beförderungen ausgedehnt werden, die nach § 2 von der Genehmigungspflicht befreit sind oder für die nach § 58 Abs. 1 Nr. 1 Befreiung erteilt wird.

(3) Rechtsverordnungen zur Durchführung der Vorschriften nach Absatz 1 Nr. 1 und 2 bedürfen nicht der Zustimmung des Bundesrates. Der Bundesminister für Verkehr hat vor dem Erlaß der Rechtsverordnungen die von den Landesregierungen bestimmten Behörden zu hören.

a) **Zuständigkeit zum Erlaß von Verordnungen.** Die Vorschrift entspricht Art. 80 GG (Abs. 3 entspricht Art. 80 Abs. 2 GG). Bis 1. 6. 61 bestanden Ermächtigungen in § 1 Abs. 3, § 8, § 38 und in § 39 Abs. 1 PBefG 1934. Sie waren, da sie auf den Reichsverkehrsminister lauteten, nach § 129 GG auf die obersten Landesbehörden übergegangen. Ab 1. 6. 61 ist diese Zuständigkeit erloschen. 1

b) Die **Ermächtigung** betrifft vor allem Rechtsverordnungen mit dem Inhalt der jetzigen BOKraft und BOStrab; beide Verordnungen gelten als Rechtsverordnungen zunächst weiter (§ 65 Abs. 3). Die BOKraft ist in diesem Nachtragsband S. 230 abgedruckt, die BOStrab in der 21. Aufl. S. 1109. 2

3 c) Daß die Verordnungen auch für Beförderungen erlassen werden können die zwar dem PBefG unterliegen, aber keiner Genehmigung bedürfen, versteht sich von selbst; **Abs. 2 dient lediglich der Klarstellung.**

§ 58. Sonstige Rechtsverordnungen

(1) Der Bundesminister für Verkehr kann mit Zustimmung des Bundesrates Rechtsverordnungen erlassen,

1. **durch die für bestimmte, im Rahmen des Gesamtverkehrs nicht besonders ins Gewicht fallende Beförderungsfälle allgemein Befreiung von den Vorschriften dieses Gesetzes erteilt wird,**
2. **durch die der Gelegenheitsverkehr zum Zwecke des Krankentransports, insbesondere die Anwendung der §§ 4, 13, 14, 21, 22 und 49 auf diesen Verkehr sowie die Voraussetzungen für die erforderliche Fachkunde und die Bereitstellung ausreichenden und geschulten Personals geregelt werden,**
3. **durch die der grenzüberschreitende (§ 52) und der Transit-(Durchgangs-) Verkehr (§ 53), soweit dies zur Durchführung internationaler Übereinkommen erforderlich ist, abweichend von den Vorschriften dieses Gesetzes geregelt werden,**
4. **über einheitliche Allgemeine Beförderungsbedingungen für den Straßenbahn- und Obusverkehr sowie für den Linienverkehr mit Kraftfahrzeugen und, vorbehaltlich des § 51 Abs. 1 Satz 1, für den Gelegenheitsverkehr mit Kraftfahrzeugen, insbesondere für Ausflugsfahrten (§ 48),**
5. **über Rahmenvorschriften für Beförderungsentgelte im Verkehr mit Kraftomnibussen,**
6. **über Gebühren für behördliche oder amtlich angeordnete Maßnahmen bei der Genehmigung und Beaufsichtigung der Verkehrsunternehmen,**

(2) In den Fällen des Absatzes 1 Nr. 5 und 6 ergehen die Rechtsverordnungen im Einvernehmen mit dem Bundesminister für Wirtschaft.

1 a) **Rechtswirksamkeit der Ermächtigungen.** Ermächtigungen dieser Art gab es vor dem 1. 6. 61 nicht. Die Ermächtigungen Nr. 4, 5 und 6 in Abs. 1 entbehren der erforderlichen Bestimmtheit, weil sie Inhalt, Zweck und Ausmaß der zu erlassenden Vorschriften nicht festlegen, sondern ins freie Ermessen des BMV stellen. Diese Ermächtigungen verstoßen daher gegen Art. 80 Abs. 1 Satz 2 GG und sind nichtig.

2 b) Ob **Beförderungen durch die Bundeswehr** als „im Rahmen des Gesamtverkehrs nicht besonders ins Gewicht fallende Beförderungsfälle" bezeichnet werden können, wie Rautenberg-Frantzioch Anm. 2 Abs. 1 zu § 58 meinen, muß angesichts der großen Zahl der von der Bundeswehr beförderten Personen bezweifelt werden.

§ 59. Allgemeine Verwaltungsvorschriften

Die zur Durchführung dieses Gesetzes erforderlichen allgemeinen Verwaltungsvorschriften erläßt der Bundesminister für Verkehr mit Zustimmung des Bundesrates.

1 Die Vorschrift entspricht Art. 84 Abs. 2 GG.

VIII. Straf- und Bußgeldvorschriften

§ 60. Straftaten

(1) Wer vorsätzlich oder fahrlässig Personen mit Straßenbahnen, Obussen oder Kraftfahrzeugen ohne die nach diesem Gesetz erforderliche Genehmigung oder

einstweilige Erlaubnis befördert, wird mit Geldstrafe oder mit Gefängnis bis zu sechs Monaten bestraft. Neben Gefängnis kann auf Geldstrafe erkannt werden.

(2) Hängt die Entscheidung davon ab, ob eine Beförderung den Vorschriften dieses Gesetzes unterliegt, und ist eine endgültige Entscheidung nach § 10 nicht ergangen, so kann das Verfahren ausgesetzt werden, bis über diese Frage endgültig entschieden ist.

a) **Strafrahmen.** Bis 1. 6. 61 galt als Strafvorschrift § 40 PBefG 1934. Die Höchststrafe war drei Monate Gefängnis; das BPefG 1961 hat sie aufs Doppelte erhöht. Außerdem ist nun Geldstrafe neben der Freiheitsstrafe zulässig geworden. Auch der sachliche Bereich hat sich erweitert. Die Vorschrift gilt auch für den Betrieb (nicht aber für den Bau) einer Straßenbahn- oder Obuslinie. Weggefallen ist am 1. 6. 61 die Möglichkeit, die Einziehung der Fze anzuordnen. 1

b) **Verbotsirrtum.** Angesichts der unklaren Regelung, für welche Fahrten eine Genehmigung erforderlich ist (Anm. 1 und 18 bis 24 zu § 1) wird häufig entschuldbarer Verbotsirrtum vorliegen. 2

c) **„Ohne die erforderliche Genehmigung"** handelt nicht nur, wer überhaupt keine Genehmigung zur Personenbeförderung besitzt, sondern auch, wer zwar für eine Verkehrsart eine Genehmigung besitzt, aber eine andere genehmigungsbedürftige Verkehrsart betreibt. Dies gilt nicht nur für die einzelnen Verkehrsarten, sondern auch für die einzelnen Formen jeder Verkehrsart. Strafbar ist mithin auch, wer einen zu Ausflugsfahrten zugelassenen Wagen als Mietwagen einsetzt und umgekehrt, sofern er nicht die Genehmigung für beide Formen des Gelegenheitsverkehrs hat. Auch die einzelnen Sonderformen des Linienverkehrs (Berufsvk, Schülerfahrten, Marktfahrten, Theaterfahrten, Ferienziel-Reisevk) sind voneinander und gegenüber dem allgemeinen Linienvk durch die Strafdrohung abgegrenzt. Strafbar macht sich also z. B. der Unternehmer einer Omnibuslinie, wenn er auf dieser ohne Genehmigung Fahrten nur für Schüler einlegt. 3

d) **Nur die Ausführung von Fahrten, die nach dem Gesetz genehmigungspflichtig und genehmigungsfähig sind, ist strafbar.** Wer vom Gesetz verbotene Fahrten ausführt (Anm. 1 zu § 46), macht sich nicht strafbar und begeht im übrigen auch keine Ordnungswidrigkeit (§ 61). Angesichts des beschränkten Katalogs der nach dem PBefG 1961 genehmigungsfähigen Fahrten macht sich — wie früher (LVG Köln 21. 12. 54, RdK 55, 32), so auch seit 1. 6. 61 — nur strafbar, wer eine Fahrt ausführt, die sämtliche Merkmale einer genehmigungsfähigen Verkehrsform aufweist. Dies ergibt sich aus der Tatsache, daß § 2 Abs. 1 nicht etwa alle nach § 1 den Vorschriften des PBefG unterliegenden Personenbeförderungen für genehmigungspflichtig erklärt, sondern aus der Zahl dieser Personenbeförderungen nur gewisse genehmigungspflichtige Tatbestände herausgreift, nämlich bei Kraftfahrzeugen den Linienvk (§§42, 43) und die drei in § 46 beschriebenen Formen des Gelegenheitsverkehrs. Daß § 2 Abs. 1 die nichtgenehmigungsfähigen Fahrten nicht erfaßt, ergibt sich aus dem Wortlaut seines Satzes 1. Dies hat zur Folge, daß sich auch § 60 Abs. 1 nur auf genehmigungsfähige Fahrten beziehen kann; so wohl auch Rautenberg-Frantzioch Anm. 1 (letzter Absatz) zu § 2. Eine andere Auslegung würde im übrigen zu der sicher nicht beabsichtigten Folge führen, daß die dem Gesetz unterliegenden Personenbeförderungen der Polizei, des Bundesgrenzschutzes und der Bundeswehr seit 1. 6. 61 strafbare Handlungen wären, nur weil keine der nach dem Gesetz genehmigungsfähigen Formen der Personenbeförderung vorliegt. 4

e) **Verbotene Einstellung des Betriebs.** Wer eine Straßenbahn- oder Obuslinie ohne Genehmigung baut oder wer den Betrieb einer Straßenbahn, einer Obus- oder Omnibuslinie ohne Genehmigung einstellt (§ 24), macht sich nicht strafbar. Da diese Handlungen die Allgemeinheit meist wesentlich stärker schädigen als eine ungenehmigte Personenbeförderung, sollte der Unrechtsgehalt der Straftat des § 60 — trotz der erfolgten Erhöhung des Strafrahmens — nicht zu hoch eingeschätzt werden. 5

f) **Einzelheiten.** Die folgenden Anmerkungen der 21. Aufl. zu § 40 (S. 1078, 1079) sind noch verwertbar: 1, 2, 5, 6 und 7 (letztere bezüglich § 61). Zu Anm. 1 ist noch zu bemerken, daß sich der Kfz-Führer wegen Beihilfe strafbar macht, wenn er bei ungenehmigten Fahrten (in Kenntnis dieser Tatsache) das Fz lenkt. Betreibt er auf eigene Faust ohne Wissen des Unternehmers genehmigungspflichtigen Verkehr, so macht er sich selbst als Täter strafbar. Zu Anm. 7 a. E. sind noch nachzutragen: OLG Celle 26. 5. 54, VRS 7, 440; OLG München 24. 3. 55, NJW 1319; OLG Frankfurt a. M., Der Personenvk 60, 56. Die Frage, ob ein Schutz- 6 gesetz vorliegt, hat an Bedeutung verloren, weil nunmehr der eingerichtete Gewerbebetrieb als durch § 823 Abs. 1 BGB geschütztes Rechtsgut von der Rechtsprechung anerkannt wird (BayObLGZ 60, 324/327 v. 5. 8. 60).

7 g) **Aussetzung des Verfahrens.** Die Pflicht, eine Entscheidung der Verwaltungsbehörde vor Erlaß des Urteils einzuholen, ist seit 1. 6. 61 weggefallen; sie verstieß ohnedies gegen das GG. Es ist allerdings weiterhin zulässig, das Strafverfahren auszusetzen, doch bindet eine nach § 10 ergehende Entscheidung der Verwaltungsbehörde den Strafrichter nicht (Anm. 4 zu § 10), sondern dient nur als Gutachten.

8 h) Eine **Einziehung des Fzs** nach § 40 StGB ist unzulässig; BGH v. 5. 12. 56 VRS 12, 190.

9 i) **Verstöße gegen Bedingungen und Auflagen** der Genehmigung sind stets nur Ordnungswidrigkeiten (§ 61 Abs. 1 Nr. 1). Dem steht nicht entgegen, daß eine Genehmigung nicht vorliegt, solange die mit der Genehmigung verbundene aufschiebende Bedingung nicht erfüllt ist.

§ 61. Ordnungswidrigkeiten

(1) Ordnungswidrig handelt, wer vorsätzlich oder fahrlässig

1. den Bedingungen oder Auflagen der Genehmigung zuwiderhandelt;

2. einen Verkehr mit Straßenbahnen, Obussen oder einen Kraftfahrlinienverkehr betreibt, ohne daß die nach diesem Gesetz vorgeschriebene Zustimmung zu den Beförderungsentgelten oder Fahrplänen durch die Genehmigungsbehörde erteilt ist;

3. den Vorschriften dieses Gesetzes über

a) die Mitteilungspflicht bei Betriebsstörungen im Verkehr, die den vorübergehenden Einsatz von Kraftfahrzeugen zur Folge haben (§ 2 Abs. 4 Satz 2),

b) das Mitführen und Vorzeigen von Urkunden (§ 17 Abs. 6, § 20 Abs. 3 Satz 3),

c) die Einhaltung der Beförderungsentgelte (§ 39 Abs. 3, § 41 Abs. 3, § 45 Abs. 3, § 51),

d) die Bekanntmachung der Beförderungsentgelte, der Besonderen Beförderungsbedingungen und der gültigen Fahrpläne (§ 39 Abs. 7, § 40 Abs. 4, § 41 Abs. 3, § 45 Abs. 3, § 51 Abs. 1 Satz 3),

e) die ausschließliche Verwendung von Kraftfahrzeugen im Linien- oder Kraftdroschkenverkehr (§ 45 Abs. 6, § 47 Abs. 5),

f) Ferienziel-Reisen oder Ausflugsfahrten (§ 43 Abs. 2, § 48 Abs. 1) oder

g) den Verkehr mit Mietomnibussen und Mietwagen (§ 49 Abs. 2 Satz 2 und Abs. 4)

zuwiderhandelt;

4. einer Rechtsvorschrift oder schriftlichen Verfügung zuwiderhandelt, die auf Grund dieses Gesetzes oder auf Grund von Rechtsvorschriften, die auf diesem Gesetz beruhen, erlassen worden ist, soweit die Rechtsvorschrift oder die Rechtsvorschrift und die schriftliche Verfügung ausdrücklich auf diese Vorschrift verweisen oder

5. den Vorschriften der Verordnung über den Bau und Betrieb von Straßenbahnen (BOStrab) vom 13. November 1937 (Reichsgesetzbl. I S. 1247) in der Fassung vom 14. August 1953 (Bundesgesetzbl. I S. 974), der Verordnung über den Betrieb von Kraftfahrunternehmen im Personenverkehr (BOKraft) vom 13. Februar 1939 (Reichsgesetzbl. I S. 231) in der Fassung vom 7. Juli 1960

(Bundesgesetzbl. I S. 553) oder den auf Grund dieser Verordnungen erlassenen schriftlichen Verfügungen, soweit diese ausdrücklich auf diese Vorschriften verweisen, zuwiderhandelt.

(2) Die Ordnungswidrigkeit kann, wenn sie vorsätzlich begangen ist, mit einer Geldbuße bis zu 10000 Deutsche Mark, wenn sie fahrlässig begangen ist, mit einer Geldbuße bis zu 5000 Deutsche Mark geahndet werden.

(3) Verwaltungsbehörde im Sinne des § 73 des Gesetzes über Ordnungswidrigkeiten ist die Genehmigungsbehörde; sie nimmt auch die Befugnisse der obersten Verwaltungsbehörde im Sinne des § 66 Abs. 2 des Gesetzes über Ordnungswidrigkeiten wahr.

a) Die Vorschrift ist **ab 1. 6. 61 an die Stelle von § 41 PBefG 1934 getreten,** der den Tatbestand einer Übertretung nach dem StGB festlegte. Der Tatbestand war allgemein gefaßt. Insbesondere war danach jede Zuwiderhandlung gegen Bestimmungen des PBefG unter Strafe gestellt. Im Gegensatz hierzu liegt eine Ordnungswidrigkeit nach dem PBefG 1961, was Verstöße gegen Vorschriften dieses Gesetzes betrifft, nur vor, wenn einer der in Nr. 1, 2 oder 3 genannten Tatbestände verwirklicht ist. Andererseits ist nach Nr. 5 jede Zuwiderhandlung gegen eine Vorschrift der BOStrab oder BOKraft eine Ordnungswidrigkeit. § 45 BOStrab und § 47 BOKraft gelten seit 1. 6. 61 nicht mehr. 1

b) **Einzelheiten zum Gesetz über Ordnungswidrigkeiten:** Kommentar von Rotberg, 2. Aufl. Berlin 1958. Ordnungswidrigkeiten sind keine Zuwiderhandlungen nach § 2 Wirtschaftsstrafgesetz 1954 i. d. F. v. 19. 12. 56 (BGBl. I 294); eine Einziehung des Mehrerlöses kommt mithin nicht in Betracht. 2

c) **Personenkreis.** Ordnungswidrig handelt auch, wer nicht Unternehmer ist, z. B. der Fahrer, Schaffner, Betriebsleiter oder Fahrgast. Dies wirkt sich vor allem hinsichtlich der in der BOStrab und der BOKraft enthaltenen Vorschriften aus (Anm. 2 und 3 zu § 47 BOKraft, S. 255). Bei Abs. 1 Nr. 1 bis 3 wird allerdings in der Regel nur der Unternehmer eine Ordnungswidrigkeit begehen. Rautenberg-Frantzioch vertreten sogar die Ansicht, diese Vorschriften richteten sich ausschließlich gegen den Unternehmer, z. B. auch die Vorschrift des Abs. 1 Nr. 3 Buchst. b. Aus dem Gesetz ergibt sich diese Einschränkung nicht. 3

IX. Übergangs- und Schlußbestimmungen

§ 62. Frühere Genehmigungen

(1) Die auf Grund des bisherigen Rechts erteilten Genehmigungen für Straßenbahnen, Obusverkehr und Linienverkehr mit Kraftfahrzeugen sowie für den Gelegenheitsverkehr mit Kraftfahrzeugen behalten ihre Gültigkeit bis zum Ablauf der Dauer der Genehmigung; dabei gelten die für den bisherigen Gelegenheitsverkehr mit Ausflugswagen erteilten Genehmigungen als Genehmigungen für Ausflugsfahrten nach § 48 dieses Gesetzes und, soweit sie zur Ausführung von Ferienziel-Reisen berechtigen, als Genehmigungen für Ferienziel-Reisen nach § 43 Abs. 2 dieses Gesetzes. Berufsverkehr (§ 43 Abs. 1 Nr. 1), der nachweisbar am 1. Januar 1961 mit Mietwagen betrieben wurde, gilt bis zum Ablauf der Mietwagengenehmigungen als Verkehr mit Mietomnibussen (§ 49).

(2) Für Linien, die von der Deutschen Bundespost und der Deutschen Bundesbahn bei Inkrafttreten dieses Gesetzes betrieben werden, haben die Genehmigungsbehörden Genehmigungen (Sammelgenehmigungen) mit mindestens fünf- und höchstens achtjähriger Gültigkeit, gerechnet vom Zeitpunkt des Inkrafttretens dieses Gesetzes, auszustellen. Die Deutsche Bundespost und die Deutsche Bundesbahn werden bei Inkrafttreten dieses Gesetzes den zuständigen Genehmigungsbehörden die für die Ausfertigungen dieser Genehmigungen erforderlichen Angaben

unaufgefordert mitteilen. Der Durchführung eines besonderen Anhörverfahrens nach § 14 dieses Gesetzes bedarf es in diesen Fällen nicht.

(3) Nach Ablauf der Gültigkeitsdauer der nach Absatz 2 erteilten Genehmigungen gelten für die Fortführung dieser Linien ausschließlich die Bestimmungen dieses Gesetzes.

1 a) Die Vorschrift enthält die **Überleitungsvorschriften für am 1. 6. 61 bestehende Unternehmen.** Der Unternehmer, die bis 1. 6. 61 keiner Genehmigung bedurften, weil sie kein Personenbeförderungsgewerbe betreiben, wurde hierbei nicht gedacht. Es sind dies vor allem alle Arbeitgeber, die für ihre Arbeitnehmer Berufsvk ausführten, und die Theater und Vereine (Theatergemeinden), die regelmäßig Theaterfahrten ausführten. Diese Unternehmer wurden am 1. 6. 61 entschädigungslos enteignet, weil sie seitdem ihre Tätigkeit ohne Genehmigung nicht mehr ausüben dürfen, die Erlangung der Genehmigung aber nicht nur an persönliche Voraussetzungen geknüpft, also ungewiß und zumindest zeitraubend ist. Diese Enteignung hat zur Folge, daß die neuen Vorschriften wegen Verstoßes gegen Art. 14 Abs. 3 Satz 2 GG nichtig sind (vgl. Anm. 5 zu § 2, Anm. 12, 13 zu § 13, Anm. 8 zu § 43). Gleiches gilt wohl auch für Orchester, Chöre, Musikvereine, Fußballklubs u. a., die am 1. 6. 61 im Rahmen ihrer Tätigkeit Personen in Omnibussen beförderten. Der Fall liegt hier allerdings insofern anders, als die Erlangung einer Genehmigung für Ausflugsfahrten (Anm. 10 zu § 48) nur an die Voraussetzungen des § 13 Abs. 1 geknüpft ist. Bei Schülerfahrten, Transporten von Strafgefangenen oder Anstaltsinsassen und ähnlichen Beförderungen wird man allerdings, wenn sie von staatlichen oder kommunalen Behörden hoheitlich durchgeführt worden sind, nicht von „Enteignung" sprechen können. Die Behörden haben sich vielmehr dem Gesetzesbefehl unmittelbar zu fügen.

2 b) Soweit auf Grund von Genehmigungen zur Ausführung von Gelegenheitsvk bis 1. 6. 61 **Sonderformen des Linienverkehrs** betrieben werden durften, bleiben diese Genehmigungen für den bisherigen Zweck (auf die Dauer der Erteilung) weiterhin gültig. Dies gilt nicht nur für Berufsvk und Ferienziel-Reisen (wie das Gesetz in Abs. 1 sagt), sondern wegen Art. 14 Abs. 3 Satz 2 GG für alle Sonderformen des Linienverkehrs.

3 c) **Vorläufige Genehmigungen** waren bis 1. 6. 61 unzulässig; eine Übergangsvorschrift erübrigte sich daher.

§ 63. Ruhende Genehmigungen

Die nach dem Runderlaß des Reichsverkehrsministers vom 11. Dezember 1939 — K 2/1.13573 — (Reichsverkehrsblatt Ausgabe B S. 393) für „ruhend" erklärten Genehmigungen für den Linien- und Gelegenheitsverkehr, die

1. **inzwischen durch Zeitablauf erloschen sind, aber nach dem Runderlaß des Reichsverkehrsministers vom 15. Januar 1944 — K 11.21069/43 — (Reichsverkehrsblatt Ausgabe B S. 7) ihre rechtliche Gültigkeit bis auf weiteres beibehalten haben,**
2. **durch Zeitablauf noch nicht erloschen sind, auf Grund deren Berechtigung aber der Betrieb noch nicht wieder aufgenommen ist,**

werden mit dem Inkrafttreten dieses Gesetzes ungültig.

1 Die Vorschrift berücksichtigt BVerwGE 1, 171 v. 1. 7. 54 = NJW 1661; vgl. im übrigen Oppelt S. 92 und 93.

§ 64. Andere Gesetze

(1) Durch dieses Gesetz werden die Vorschriften

1. **des Straßenverkehrsgesetzes vom 19. Dezember 1952 (Bundesgesetzbl. I S. 837) sowie die auf Grund dieses Gesetzes erlassenen Vorschriften,**
2. **des Gesetzes betreffend die Verbindlichkeit zum Schadenersatz für die bei dem Betriebe von Eisenbahnen, Bergwerken usw. herbeigeführten Tötungen und**

Körperverletzungen vom 7. Juni 1871 (Reichsgesetzbl. S. 207) in der Fassung des Gesetzes zur Änderung des Reichshaftpflichtgesetzes vom 15. August 1943 (Reichsgesetzbl. I S. 489),

3. des Gesetzes über die Haftpflicht der Eisenbahnen und Straßenbahnen für Sachschäden vom 29. August 1940 (Reichsgesetzbl. I S. 691),

4. des Gesetzes über die Einführung der Pflichtversicherung für Kraftfahrzeughalter und zur Änderung des Gesetzes über den Verkehr mit Kraftfahrzeugen sowie des Gesetzes über den Versicherungsvertrag vom 7. November 1939 (Reichsgesetzblatt I S. 2223) und

5. des Gesetzes über die Haftpflichtversicherung für ausländische Kraftfahrzeuge und Kraftfahrzeuganhänger vom 24. Juli 1956 (Bundesgesetzbl. I S. 667)

nicht berührt, soweit sich nicht aus § 23 Abs. 1 etwas anderes ergibt.

(2) Die Vorschriften des Gesetzes über Maßnahmen zur Aufrechterhaltung des Betriebs von Bahnunternehmen des öffentlichen Verkehrs vom 7. März 1934 (Reichsgesetzbl. II S. 91) in der Fassung des § 9 Abs. 4 des Allgemeinen Eisenbahngesetzes vom 29. März 1951 (Bundesgesetzbl. I S. 225) sind auf Straßenbahnen und auf Obusunternehmen mit der Maßgabe entsprechend anzuwenden, daß zuständige Aufsichtsbehörde im Sinne des vorgenannten Gesetzes die von der Landesregierung bestimmte Genehmigungsbehörde ist, und daß, wenn eine Straßenbahn oder ein Obusunternehmen das Gebiet mehrerer Länder berührt, die von der Landesregierung bestimmte Genehmigungsbehörde ihre Entscheidung im Einvernehmen mit der von der Landesregierung des mitbeteiligten Landes bestimmten Genehmigungsbehörde trifft.

(3) Für die Begriffe „Obus" (§ 4 Abs. 3), „Personenkraftwagen", „Kraftomnibus" (§ 4 Abs. 4) und „Nachbarortslinienverkehr" (§ 13 Abs. 2 Nr. 2 Buchstabe c) gilt nicht § 2 des Gesetzes zur Wiedererhebung der Beförderungssteuer im Möbelfernverkehr und im Werkfernverkehr und zur Änderung von Beförderungsteuersätzen vom 2. März 1951 (Bundesgesetzbl. I S. 159). Die in § 43 Abs. 1 Nr. 2 bis 4 und Abs. 2 genannten Verkehrsformen sind nicht Linienverkehr im Sinne des Beförderungsteuerrechts.

(4) Der Titel VII der Gewerbeordnung sowie die auf Grund dieses Titels erlassenen Vorschriften gelten auch für Straßenbahnbetriebe.

(5) In § 38 des Bundesbaugesetzes vom 23. Juni 1960 (Bundesgesetzbl. I S. 341) werden die Worte „Gesetzes über die Beförderung von Personen zu Lande in der Fassung vom 6. Dezember 1937 (Reichsgesetzbl. I S. 1319)" ersetzt durch die Worte „Personenbeförderungsgesetzes vom 21. März 1961 (Bundesgesetzbl. I S. 241)".

a) **Begriffsbestimmungen.** Abs. 1 und 3 stellen insbesondere klar, daß die im PBefG angewendeten — teilweise neuartigen — Begriffsbestimmungen (z. B. die für „Obus" oder für „Kraftfahrzeug") nicht für andere Gesetze gelten und umgekehrt. 1

b) Das in Titel VII der GewO enthaltene **Arbeitsschutzrecht** galt vor dem 1. 6. 61 nicht für Straßenbahnen, weil sie im Sinn der GewO zu den Eisenbahnen zählen. Der RegEntw. bemerkt hierzu, die allgemeine Entwicklung des Arbeitsrechts fordere eine Herausnahme des Titels VII. In den Verwaltungsvorschriften solle insbesondere festgelegt werden, daß die Gewerbeaufsichtsbehörde die Aufsicht in den Werkstätten und den Verwaltungsgebäuden ausübe, während die technischen Aufsichtsbehörden im Sinne dieses Gesetzes die Betriebe als Ganzes, insbesondere hinsichtlich des Baues und Betriebes der Anlagen und Fahrzeuge zu beaufsichtigen hätten. 2

§ 65. Inkrafttreten, Aufhebung von Rechtsvorschriften

(1) Dieses Gesetz tritt am ersten Tage des auf die Verkündung folgenden dritten Kalendermonats in Kraft.

(2) Am gleichen Tage treten den Bestimmungen dieses Gesetzes widersprechende oder den gleichen Gegenstand regelnde Vorschriften außer Kraft. Hierzu gehören insbesondere

1. das Gesetz über die Beförderung von Personen zu Lande vom 4. Dezember 1934 (Reichsgesetzbl. I S. 1217) in der Fassung des Gesetzes vom 6. Dezember 1937 (Reichsgesetzbl. I S. 1319),
2. das Gesetz über das Inkrafttreten von Vorschriften des Gesetzes über die Beförderung von Personen zu Lande vom 16. Januar 1952 (Bundesgesetzbl. I S. 21),
3. das Gesetz zur Änderung des Gesetzes über die Beförderung von Personen zu Lande vom 12. September 1955 (Bundesgesetzbl. I S. 573),
4. die Verordnung zur Durchführung des Gesetzes über die Beförderung von Personen zu Lande vom 26. März 1935 (Reichsgesetzbl. I S. 473),
5. Artikel 5 Abs. 1 des Gesetzes zur Sicherung des Straßenverkehrs vom 19. Dezember 1952 (Bundesgesetzbl. I S. 832),
6. die „Erste Anordnung zum Gesetz zur Änderung des Gesetzes über die Beförderung von Personen zu Lande“ vom 6. Dezember 1937 (Reichsverkehrsblatt Ausgabe B S. 150),
7. die Anordnung über „Geltungsbereich der Genehmigung für den Droschken- und Mietwagenverkehr“ vom 17. Mai 1935 (Reichsverkehrsblatt Ausgabe B S. 65),
8. die Anordnung über „Genehmigungen für den Gelegenheitsverkehr“ vom 26. Juni 1935 (Reichsverkehrsblatt Ausgabe B S. 87),
9. die Anordnung über „Reisebüros als Unternehmer von Gelegenheitsverkehr“ vom 16. November 1935 (Reichsverkehrsblatt Ausgabe B S. 176),
10. die Anordnung über „Bereithalten von Ausflugswagen“ vom 16. November 1935 (Reichsverkehrsblatt Ausgabe B S. 183),
11. die Anordnung über „Verwendung von Linienfahrzeugen im Gelegenheitsverkehr“ vom 15. Februar 1936 (Reichsverkehrsblatt Ausgabe B S. 33),
12. die Anordnung über Erteilung einer „Einstweiligen Erlaubnis“ für den Linien- und Gelegenheitsverkehr vom 27. August 1937 (Reichsverkehrsblatt Ausgabe B S. 92),
13. die Anordnung über „Gelegenheitsverkehr mit Kraftfahrzeugen vom Auslande her“ vom 19. Januar 1937 (Reichsverkehrsblatt Ausgabe B S. 8),
14. die Anordnung über „Anzeigen der Deutschen Reichspost und Deutschen Reichsbahn wegen Einrichtung von Linienverkehr“ vom 22. April 1941 (Reichsverkehrsblatt Ausgabe B S. 63),

15. die Anordnung über „Übertragung der aus der Genehmigung erwachsenden Rechte und Pflichten des Unternehmers auf einen anderen“ vom 5. Januar 1942 (Reichsverkehrsblatt Ausgabe B S. 1),
16. die Anordnung über „Vorschriften über die Beförderung von Personen zu Lande“ vom 28. Februar 1942 (Reichsverkehrsblatt Ausgabe B S. 33),
17. die Anordnung über „Vereinfachung des Anhörungsverfahrens nach § 9 DV PBefG“ vom 12. Dezember 1942 (Reichsverkehrsblatt Ausgabe B S. 192),
18. die Verordnung PR Nr. 45/52 über Fahrpreise für die Beförderung von Personen mit Straßenbahnen und im Linienverkehr mit Landfahrzeugen vom 16. Juni 1952 (Bundesanzeiger Nr. 118 vom 21. Juni 1952 S. 1).

(3) Als Rechtsverordnungen gelten bis auf weiteres fort, soweit sie diesem Gesetz nicht widersprechen,

1. die Verordnung über den Bau und Betrieb der Straßenbahnen (BOStrab) vom 13. November 1937 (Reichsgesetzbl. I S. 1247) in der Fassung vom 14. August 1953 (Bundesgesetzbl. I S. 974),
2. die Verordnung über die Bestätigung und Prüfung der Betriebsleiter von Straßenbahnbetrieben vom 23. Dezember 1953 (Bundesgesetzbl. I S. 1590),
3. die Signalordnung für Straßenbahnen vom 14. Juni 1958 (Bundesgesetzbl. I S. 397),
4. die Verordnung zur Durchführung der Straßenbahn-Bau- und Betriebsordnung vom 29. März 1956 (Bundesgesetzbl. I S. 250),
5. die Verordnung über den Betrieb von Kraftfahrunternehmen im Personenverkehr (BOKraft) vom 13. Februar 1939 (Reichsgesetzbl. I S. 231) in der Fassung vom 7. Juli 1960 (Bundesgesetzbl. I S. 553),
6. die Vorläufige Gebührenordnung für den Gelegenheitsverkehr vom 27. November 1936 (Reichsgesetzbl. I S. 996),
7. die Verordnung über Einführung einheitlicher Haltestellenzeichen für Straßenbahnen und Kraftfahrlinien vom 19. Juli 1939 (Deutscher Reichsanzeiger und Preußischer Staatsanzeiger Nr. 172 vom 28. Juli 1939).

Das PBefG 1961 ist am 1. 6. 61 in Kraft getreten. Die Aufzählung in Abs. 2 ist nur beispielhaft und nicht erschöpfend. Dagegen ist die Aufzählung in Abs. 3 erschöpfend. Die übrigen auf Grund von Ermächtigungen des PBefG 1934 ergangenen Rechtsverordnungen sind am 1. 6. 61 außer Kraft getreten. 1

§ 66. Geltung im Land Berlin

(1) Dieses Gesetz gilt nach Maßgabe des § 13 Abs. 1 des Dritten Überleitungsgesetzes vom 4. Januar 1952 (Bundesgesetzbl. I S. 1) auch im Land Berlin. Rechtsverordnungen, die auf Grund dieses Gesetzes erlassen werden, gelten im Land Berlin nach § 14 des Dritten Überleitungsgesetzes.

(2) An Stelle der Deutschen Bundespost oder einer zuständigen Oberpostdirektion tritt in Berlin die Landespostdirektion Berlin. Die Vorschriften des § 14 Abs. 1 Nr. 1 Buchstabe c, Nr. 2 Buchstabe b, Nr. 4, des § 51 Abs. 2 und des § 56 gelten, soweit sie sich auf die Deutsche Bundesbahn beziehen, nicht in Berlin.

IX. Fünfte Verordnung über Ausnahmen von den Vorschriften der Straßenverkehrs-Zulassungs-Ordnung

(Fünfte Ausnahmeverordnung zur StVZO)
Vom 21. Juni 1961
(BGBl. I, 798 v. 28. 6. 61)

Auf Grund des § 6 Abs. 1 des Straßenverkehrsgesetzes wird nach Anhören der zuständigen obersten Landesbehörde verordnet:

§ 1

(1) Abweichend von § 35b Abs. 2 Satz 2 der Straßenverkehrs-Zulassungs-Ordnung dürfen in Kraftomnibussen des Ferienziel-Reiseverkehrs, des Ausflugs- und des Mietomnibusverkehrs (§ 43 Abs. 2, § 48 und § 49 des Personenbeförderungsgesetzes vom 21. März 1961, Bundesgesetzbl. I S. 241) neben dem Platz des Fahrzeugführers zwei Sitze für das Begleitpersonal vorhanden sein, wenn an diesen Sitzen die Aufschrift „Nur für Begleitpersonal" an gut sichtbarer Stelle gut lesbar angebracht ist.

(2) Absatz 1 gilt auch, wenn diese Kraftomnibusse im Linienverkehr (§ 42 und § 43 Abs. 1 Nr. 1 bis 4 des Personenbeförderungsgesetzes) verwendet werden.

§ 2

Diese Verordnung gilt nach § 14 des Dritten Überleitungsgesetzes vom 4. Januar 1952 (Bundesgesetzbl. I S. 1) in Verbindung mit Artikel 7 des Gesetzse zur Sicherung des Straßenverkehrs vom 19. Dezember 1952 (Bundesgesetzbl. I S. 832) und mit Artikel 9 des Gesetzes über Maßnahmen auf dem Gebiet des Verkehrsrechts und des Verkehrshaftpflichtrechts vom 16. Juli 1957 (Bundesgesetzbl. I S. 710) auch im Land Berlin.

§ 3

Diese Verordnung tritt am Tage nach ihrer Verkündung in Kraft.

X. Gesetz zur Änderung des Bundesfernstraßengesetzes

Vom 10. Juli 1961 (BGBl. I, 877 v. 15. 7. 61)
(Full)

Änderung des Anhangs 2 der 21. Aufl. (S. 1016ff). Vgl. auch die Änderung von § 9 und § 17 durch das BBauG v. 23. 6. 1960, S. 263 dieses Ergänzungsbandes.

Der Bundestag hat mit Zustimmung des Bundesrates das folgende Gesetz beschlossen:

Artikel 1

Das Bundesfernstraßengesetz vom 6. August 1953 (Bundesgesetzbl. I S. 903) in der Fassung des Bundesbaugesetzes vom 23. Juni 1960 (Bundesgesetzbl. I S. 341) wird wie folgt geändert:

1. a) **§ 1 Abs. 1** erhält folgende Fassung:

„(1) Bundesstraßen des Fernverkehrs (Bundesfernstraßen) sind öffentliche Straßen, die ein zusammenhängendes Verkehrsnetz bilden und einem weiträumigen Verkehr dienen oder zu dienen bestimmt sind. In der geschlossenen Ortslage (§ 5 Abs. 4) gehören zum zusammenhängenden Verkehrsnetz die zur Aufnahme des weiträumigen Verkehrs notwendigen Straßen."

b) **§ 1 Abs. 4 Nr. 1** erhält folgende Fassung:

„1. der Straßenkörper; das sind besonders der Straßengrund, der Straßenunterbau, die Straßendecke, die Brücken, Tunnel, Durchlässe, Dämme, Gräben, Entwässerungsanlagen, Böschungen, Stützmauern, Trenn-, Seiten-, Rand- und Sicherheitsstreifen;"

2. **§ 2** wird wie folgt geändert:
   a) Die **Überschrift** erhält die Fassung:
   „Widmung, Umstufung, Einziehung".
   b) **Absatz 1** erhält folgende Fassung:
   „(1) Eine Straße erhält die Eigenschaft einer Bundesfernstraße durch Widmung."
   c) In **Absatz 2** werden die Worte „in den Besitz nach § 19 Abs. 3 eingewiesen ist" ersetzt durch die Worte „den Besitz durch Vertrag, durch Einweisung nach § 19 Abs. 3 oder in einem sonstigen gesetzlichen Verfahren erlangt hat".
   d) Folgender **Absatz 3a** wird eingefügt:
   „(3a) Eine öffentliche Straße, die die Voraussetzung des § 1 Abs. 1 oder 3 erfüllt, ist zur Bundesautobahn oder Bundesstraße, eine Bundesstraße, die die Voraussetzungen des § 1 Abs. 3 erfüllt, zur Bundesautobahn aufzustufen."
   e) Die **Absätze 4 bis 6** erhalten folgende Fassung:
   „(4) Eine Bundesfernstraße, bei der die Voraussetzungen des § 1 weggefallen sind, ist entsprechend ihrer Verkehrsbedeutung in die sich aus dem Landesrecht ergebende Straßenklasse abzustufen oder, wenn sie jede Verkehrsbedeutung verloren hat oder überwiegende Gründe des öffentlichen Wohls vorliegen, einzuziehen.

   (5) Die Absicht der Einziehung ist drei Monate vorher in den Gemeinden, die die Straße berührt, öffentlich bekanntzumachen, um Gelegenheit zu Einwendungen zu geben. Von der Bekanntmachung kann abgesehen werden, wenn die zur Einziehung vorgesehenen Teilstrecken in den im Planfeststellungsverfahren ausgelegten Plänen (§ 18 Abs. 2) als solche kenntlich gemacht worden sind oder Teilstrecken im Zusammenhang mit Änderungen von unwesentlicher Bedeutung (§ 17 Abs. 2) eingezogen werden sollen. Die Abstufung soll nur zum Ende eines Rechnungsjahres ausgesprochen und drei Monate vorher angekündigt werden.

   (6) Über Widmung, Umstufung und Einziehung entscheidet die oberste Landesstraßenbaubehörde. Sie hat vor einer Widmung oder Aufstufung das Einverständnis des Bundesministers für Verkehr herbeizuführen. Die Entscheidung ist in einem vom Land zu bestimmenden Amtsblatt bekanntzumachen."

3. **§ 5** wird wie folgt geändert:
   a) In **Absatz 2** wird die Zahl „9000" durch „50 000" ersetzt.
   b) An die Stelle des Absatzes 3 treten folgende **Absätze 3 und 3a:**
   „(3) In den Ortsdurchfahrten der übrigen Gemeinden ist die Gemeinde Träger der Straßenbaulast für Gehwege und Parkplätze.

   (3a) Führt die Ortsdurchfahrt über Straßen und Plätze, die erheblich breiter angelegt sind als die Bundesstraße, so ist von der Straßenbaubehörde im Einvernehmen mit der Gemeinde die seitliche Begrenzung der Ortsdurchfahrt besonders festzulegen. Kommt ein Einvernehmen nicht zustande, so entscheidet die oberste Landesstraßenbaubehörde."

4. Nach § 5 wird folgender § 5a eingefügt:

„§ 5a

Zuwendungen für fremde Träger der Straßenbaulast

(1) Zum Bau oder Ausbau von Ortsdurchfahrten im Zuge von Bundesstraßen und zum Bau oder Ausbau von Zubringerstraßen zu Bundesautobahnen kann der Bund Zuschüsse oder Darlehen gewähren.

(2) Soweit Mittel für Zuwendungen an fremde Baulastträger im Bundeshaushalt aus dem zweckgebundenen Mehraufkommen der Mineralölsteuer bereitgestellt werden, gewährt der Bund im Einvernehmen mit dem beteiligten Land daraus auch Zuschüsse zum Bau oder Ausbau von Gemeinde- und Kreisstraßen, die Zubringerstraßen zu Bundesstraßen in der Baulast des Bundes sind.

(3) Zuwendungen nach den Absätzen 1 und 2 werden gewährt, wenn ein Interesse des weiträumigen Verkehrs besteht."

5. In **§ 6** wird folgender **Absatz 1a** eingefügt:
   „(1a) Der bisherige Träger der Straßenbaulast hat dem neuen Träger der Straßenbaulast dafür einzustehen, daß er die Straße in dem durch die Verkehrsbedeutung gebotenen Umfang ordnungsgemäß unterhalten und den notwendigen Grunderwerb durchgeführt hat."

6. In **§ 7** wird folgender **Absatz 2a** eingefügt:

„(2a) Macht die dauernde Beschränkung des Gemeingebrauchs durch die Straßenbaubehörde die Herstellung von Ersatzwegen notwendig, so haben die für die Ersatzwege zuständigen Träger der Straßenbaulast gegen den Träger der Straßenbaulast der Bundesfernstraßen insoweit einen Anspruch auf Erstattung der Herstellungskosten."

7. In **§ 8** wird folgender **Absatz 4a** eingefügt:

„(4a) Werden durch den Ausbau von Bundesstraßen Zufahrten zu Grundstücken unterbrochen, die keine anderweitige ausreichende Verbindung mit dem öffentlichen Verkehrsnetz besitzen, so hat der Träger der Straßenbaulast einen angemessenen Ersatz zu schaffen oder eine angemessene Entschädigung in Geld zu gewähren. Das gilt nicht für Zufahrten, die auf Grund einer widerruflichen Erlaubnis bestehen."

8. In **§ 8 Abs. 5** wird der Punkt durch ein Semikolon ersetzt und folgender Halbsatz angefügt: „dies gilt nicht für Haltestellenbuchten an Bundesstraßen."

9. a) **§ 9 Abs. 4 Satz 1** erhält folgende Fassung:

„Bei geplanten Bundesfernstraßen gelten die Beschränkungen der Absätze 1 und 2 vom Beginn der Auslegung der Pläne im Planfeststellungsverfahren an (§ 18 Abs. 2)."

b) **§ 9 Abs. 8** erhält folgende Fassung:

„(8) Die oberste Landesstraßenbaubehörde kann im Einzelfall Ausnahmen von den Absätzen 1, 2 und 4 bis 6 zulassen, wenn die Durchführung der Vorschriften im Einzelfalle zu einer offenbar nicht beabsichtigten Härte führen würde und die Abweichung mit den öffentlichen Belangen vereinbar ist oder wenn Gründe des Wohles der Allgemeinheit die Abweichung erfordern."

c) In **§ 9** werden folgende **Absätze 9 und 10** angefügt:

„(9) Wird infolge der Anwendung der Absätze 1, 2, 4 und 5 die bauliche Nutzung eines Grundstücks, auf deren Zulassung bisher ein Rechtsanspruch bestand, ganz oder teilweise aufgehoben, so kann der Eigentümer insoweit eine angemessene Entschädigung in Geld verlangen, als seine Vorbereitungen zur baulichen Nutzung des Grundstücks in dem bisher zulässigen Umfang für ihn an Wert verlieren oder eine wesentliche Wertminderung des Grundstücks eintritt. Zur Entschädigung ist der Träger der Straßenbaulast verpflichtet.

(10) Im Falle des Absatzes 4 entsteht der Anspruch nach Absatz 9 erst, wenn der Plan rechtskräftig festgestellt oder mit der Ausführung begonnen worden ist, spätestens jedoch nach Ablauf von vier Jahren, nachdem die Beschränkungen der Absätze 1 und 2 in Kraft getreten sind."

10. Nach § 9 wird folgender § 9a eingefügt:

„§ 9a

Veränderungssperre

(1) Vom Beginn der Auslegung der Pläne im Planfeststellungsverfahren an (§ 18 Abs. 2) dürfen auf den vom Plan betroffenen Flächen bis zu ihrer Übernahme durch den Träger der Straßenbaulast wesentlich wertsteigernde oder den geplanten Straßenbau erheblich erschwerende Veränderungen nicht vorgenommen werden (Veränderungssperre). Veränderungen, die in rechtlich zulässiger Weise vorher begonnen worden sind, Unterhaltungsarbeiten und die Fortführung einer bisher ausgeübten Nutzung werden hiervon nicht berührt.

(2) Dauert die Veränderungssperre länger als vier Jahre, so können die Eigentümer für die dadurch entstandenen Vermögensnachteile vom Träger der Straßenbaulast eine angemessene Entschädigung in Geld verlangen. Sie können ferner die Übernahme der vom Plan betroffenen Flächen verlangen, wenn es ihnen mit Rücksicht auf die Veränderungssperre wirtschaftlich nicht zuzumuten ist, die Grundstücke in der bisherigen oder einer anderen zulässigen Art zu benutzen. Kommt keine Einigung über die Übernahme zustande, so können die Eigentümer die Entziehung des Eigentums an den Flächen verlangen. Im übrigen gilt § 19 (Enteignung).

(3) Zur Sicherung der Planung neuer Bundesfernstraßen kann die oberste Landesstraßenbaubehörde im Benehmen mit der Landesplanungsbehörde Planungsgebiete festlegen. Auf diese ist Absatz 1 sinngemäß anzuwenden. Die Festlegung ist auf höchstens zwei Jahre zu befristen. Sie tritt mit Beginn der Auslegung der Pläne im Planfeststellungsverfahren außer Kraft. Ihre Dauer ist auf die Vierjahres-Frist nach Absatz 2 anzurechnen.

(4) Die Festlegung eines Planungsgebietes ist in den Gemeinden, deren Bereich betroffen wird, ortsüblich bekanntzumachen. Planungsgebiete sind außerdem in Karten kenntlich zu machen, die in den Gemeinden während der Geltungsdauer der Festlegung zur Einsicht auszulegen sind.

(5) Die oberste Landesstraßenbaubehörde kann Ausnahmen von der Veränderungssperre zulassen, wenn überwiegende öffentliche Belange nicht entgegenstehen."

11. **§ 10** erhält die **Überschrift**:

„Schutzwaldungen und Gehölze".

In **Absatz 1** werden hinter dem Wort „Waldungen" die Worte „und Gehölze" eingefügt.

12. In **§ 11 Abs. 2 Satz 1** werden die Worte „durch Sichtbehinderung" gestrichen.

13. In **§ 12** treten an die Stelle der Absätze 2 und 3 folgende **Absätze 2, 3 und 3a:**

„(2) Werden mehrere Straßen gleichzeitig neu angelegt oder an bestehenden Kreuzungen Anschlußstellen neu geschaffen, so haben die Träger der Straßenbaulast die Kosten der Kreuzungsanlage im Verhältnis der Fahrbahnbreiten zu tragen. Bei der Bemessung der Fahrbahnbreiten sind die Rad- und Gehwege, die Trennstreifen und befestigten Seitenstreifen einzubeziehen.

(3) Wird eine Straße ausgebaut, so hat der Träger der Straßenbaulast dieser Straße die Kosten der notwendigen Änderungen von Kreuzungen zu tragen. Werden mehrere Straßen gleichzeitig ausgebaut, so haben die beteiligten Träger der Straßenbaulast die Kosten der dadurch bedingten Änderungen von Kreuzungen anteilig in dem Verhältnis zu tragen, in dem die Kosten der von ihnen veranlaßten Änderungen bei getrennter Durchführung zueinander stehen würden.

(3a) Wird die Änderung einer Kreuzung unabhängig von dem Ausbau einer Straße wegen der Entwicklung des Verkehrs erforderlich, so gilt für die Kosten dieser Änderung die Regelung des Absatzes 2. Beträgt jedoch der durchschnittliche tägliche Verkehr mit Kraftfahrzeugen auf einer der Straßen nicht mehr als 20 vom Hundert des Verkehrs auf der anderen Straße, so hat der Träger der Straßenbaulast dieser anderen Straße die Änderungskosten allein zu tragen."

14. **§ 13 Abs. 4** erhält folgende Fassung:

„(4) Nach einer wesentlichen Änderung einer bestehenden Kreuzung haben die Träger der Straßenbaulast ihre veränderten Kosten für Unterhaltung und Erneuerung sowie für Wiederherstellung im Falle der Zerstörung durch höhere Gewalt ohne Ausgleich zu tragen."

15. **§ 14** erhält folgenden **Absatz 5:**

„(5) Die Absätze 1 bis 4 gelten entsprechend, wenn neue Bundesfernstraßen vorübergehend über andere öffentliche Straßen an das Bundesfernstraßennetz angeschlossen werden müssen."

16. **§ 17 Abs. 7** entfällt.

17. **§ 19** wird wie folgt geändert:

a) In **Absatz 1 Satz 2** sowie in den **Absätzen 2 und 3** wird jeweils „§ 17" durch „§ 18 Abs. 5" ersetzt;

b) **Absatz 5** erhält folgende Fassung:

„(5) Im übrigen gelten die für die öffentlichen Straßen geltenden Enteignungsgesetze der Länder."

18. In **§ 20 Abs. 1** werden die Worte „nach diesem Gesetz" durch die Worte „für die Bundesfernstraßen" ersetzt.

Artikel 2

Das Eigentum an den Ortsdurchfahrten der Bundesstraßen geht auf die Gemeinden über, soweit sie Träger der Straßenbaulast für die Ortsdurchfahrten sind und das Eigentum bisher dem Bund, einem Land oder einem Gemeindeverband zustand. § 6 des Bundesfernstraßengesetzes ist anzuwenden.

Artikel 3

(1) Der Bund ist Träger der Straßenbaulast für Brücken im Zuge von Bundesfernstraßen über Gewässern im Rahmen des § 5 Abs. 3 des Bundesfernstraßengesetzes auch dann, wenn die Baulast bei Inkrafttreten dieses Gesetzes anderen Gebietskörperschaften, gemeindlichen Zweckverbänden oder Wasser- und Bodenverbänden oblag. Dies gilt nicht für Brücken innerhalb der geschlossenen Ortslage (§ 5 Abs. 4 Satz 2 und 3 des Bundesfernstraßengesetzes) in Gemeinden, die bei der Volkszählung am 13. September 1950 mehr als 50 000 Einwohner hatten.

(2) Die mit der Brückenbaulast zusammenhängenden Ansprüche der bisherigen Baulastträger gegen Dritte gehen auf den Bund über.

Artikel 4

Der Bundesminister für Verkehr wird ermächtigt, den Wortlaut des Bundesfernstraßengesetzes in der nach diesem Gesetz geltenden Fassung mit dem Datum der Bekanntmachung neu bekanntzumachen und dabei Unstimmigkeiten des Wortlauts zu beseitigen.

Artikel 5

Dieses Gesetz gilt nach Maßgabe des § 13 Abs. 1 des Dritten Überleitungsgesetzes vom 4. Januar 1952 (Bundesgesetzbl. I S. 1) auch im Land Berlin.

Artikel 6

(1) Artikel 1 Nr. 3 Buchstabe a und Artikel 3 treten am 1. Januar 1962 in Kraft. Im übrigen tritt das Gesetz am Tage nach seiner Verkündung in Kraft. Am gleichen Tage tritt § 7 Abs. 2 des Gesetzes über die vermögensrechtlichen Verhältnisse der Bundesautobahnen und sonstigen Bundesstraßen des Fernverkehrs vom 2. März 1951 (Bundesgesetzbl. I S. 157) außer Kraft.

(2) Artikel 1 Nr. 13 findet keine Anwendung auf Bauvorhaben, für die vor dem Inkrafttreten dieses Gesetzes der Plan festgestellt oder eine Kostenregelung vereinbart worden ist.

Stichwortverzeichnis

(Es beziehen sich sämtliche großen Zahlen auf die Seiten, die kleinen hochgestellten auf die Anmerkungen. Dabei bedeuten fette Zahlen Gesetzestext und kursivgedruckte Zahlen Verwaltungsanweisungen).

A

E

Große Zahlen = Seiten (fett = Gesetz; kursiv = DA), kleine = Anmerkungen

G

P

U